高等职业教育课程
改革系列规划教材

财务会计类

New Practical Tutorials for
Accounting Informationization

新编会计信息化
实用教程

赵杰 林淑清 主编

东北财经大学出版社　大连
Dongbei University of Finance & Economics Press

图书在版编目(CIP)数据

新编会计信息化实用教程 / 赵杰，林淑清主编 . —大连：东北财经大学出版社，2016.8（2017.11重印）

（高等职业教育课程改革系列规划教材·财务会计类）

ISBN 978-7-5654-2355-0

Ⅰ . 新… Ⅱ .①赵… ②林… Ⅲ . 会计-管理信息系统-高等职业教育-教材 Ⅳ .F232

中国版本图书馆 CIP 数据核字（2016）第 138130 号

东北财经大学出版社出版

（大连市黑石礁尖山街217号 邮政编码 116025）

网 址：http：//www.dufep.cn

读者信箱：dufep@dufe.edu.cn

大连雪莲彩印有限公司印刷 东北财经大学出版社发行

幅面尺寸：185mm×260mm 字数：577千字 印张：24.25 插页：1

2016年8月第1版 2017年11月第2次印刷

责任编辑：包利华 张爱华 曲以欢 责任校对：仲 果

封面设计：冀贵收 版式设计：钟福建

定价：37.80元

前　言

为适应职业教育工学结合一体化课程改革的需要，更好地培养应用型会计人才和企业信息化管理人才，立足区域经济，贴近服务对象，满足高等职业教育教学的实际需要，在总结会计等相关专业教学实践经验的基础上，结合新形势下高等职业教育教学改革所做的一些探索，我们与用友新道科技有限公司以及教授本课程的一线教师共同编写了《新编会计信息化实用教程》一书。相较其他同类教材，本教材有以下特色：

1. 以"用友 ERP-U8V10.1"为蓝本，以北京阳光信息技术有限公司（股份制企业）财务活动为主线，结合教学和学习规律编写而成。

2. 形式活泼、栏目丰富。各项目设置了：①【财务专家温馨提示】栏目，由财务专家对实际操作过程中的细节问题给予了适当提示，对部分难点问题开展有针对性的解剖分析；②【常见问题解析】栏目，作者通过多年教学和实务经验积累，总结了在实际操作中易出错的问题，剖析出错原因，给出相应的操作提示，增强了教学和实践的实用性，培养了学生分析问题及解决问题的能力。

3. 各项目均附有【职业知识与能力考核】，其中设置"入职基本知识测试题"和"职业能力测试题"，在强化学生对会计信息化理论知识理解的基础上，结合历年会计信息化大赛真题进行实务训练，以满足学生参加会计从业资格考试、会计技能大赛的学习需求。

4. 配套资源丰富。本教材配有配套教学 PPT，并提供了"入职基本知识测试题"参考答案，任课教师可登录东北财经大学出版社网站（www.dufep.cn）下载使用。

5. 数据资料完整。本书在教学过程中所展示的账套信息与每一项目、情境的内容均能匹配。向学生提供完整的账套资源，并辅以相应的录屏，帮助学生学习与记忆，任课教师请登录东北财经大学出版社网站（www.dufep.cn）下载使用。

全书由导论和八个项目构成，具体内容包括：会计信息化理论认知、系统管理、企业应用平台与基础档案设置、总账系统管理、固定资产系统管理、薪资系统管理、应收款系统管理、应付款系统管理、UFO 报表系统管理。

本教材由辽宁金融职业学院赵杰教授、林淑清副教授任主编，由张红玲副教授、李微娜讲师、鲁元媛讲师任副主编，用友新道科技有限公司沈阳分公司的马春参与编写。全书由赵杰教授统稿，具体分工如下：导论部分由马春编写；项目一、项目二由李微娜编写；项目三由赵杰编写；项目四、项目五由林淑清编写；项目六、项目七由鲁元媛编写；项目八由张红玲编写。

在编写的过程中，我们得到了用友新道科技有限公司的大力支持，在此深表感谢！

由于时间仓促，加之水平有限，书中难免存在错误和不妥之处，敬请广大读者批评指正。

编　者

2016 年 8 月

目　录

导　论

会计信息化理论认知

知识目标
①了解会计信息化的主要内容。
②理解会计信息化的意义。
③理解会计信息系统的组成。

能力目标
①能够将会计信息化与企业实际情况相结合。
②能够明确了解会计核算系统各个组成部分及其相互间的关系。

一　会计信息化的含义

会计信息化是指将会计信息作为管理信息资源，全面运用计算机、网络通信为主的信息技术对其进行获取、加工、传输、应用等处理，为企业经营管理、控制决策和经济运行提供充足、实时、全方位的信息。会计信息化是信息社会的产物，是未来会计的发展方向。会计信息化不仅仅是将计算机、网络通信等先进的信息技术引入会计学科，与传统的会计工作相融合，在业务核算、财务处理等方面发挥作用，它还包含更深的内容，如会计基本理论信息化、会计实务信息化、会计教育信息化、会计管理信息化等。

会计信息化是会计与信息技术的结合，是信息社会对企业财务信息管理提出的一个新要求，是企业会计顺应信息化浪潮所做出的必要举措，是网络环境下企业领导者获取信息的主要渠道，有助于增强企业的竞争力，解决会计电算化存在的"孤岛"现象，提高会计管理决策能力和企业管理水平。纵观20多年来中国会计信息化的发展，会计信息系统的功能得到不断增强，应用也越来越普及，尤其是大中型企业目前已经不同程度地实现了会计信息化，应用了核算型会计软件。

总之，会计信息化是一门由信息技术、管理学和会计学融为一体的边缘学科，研究对象是凭借现代信息技术进行会计核算、会计管理、会计辅助决策及相关的所有工作，研究目的是通过现代化核算手段发挥会计参与管理、决策的职能，为提高管理水平、促进企业发展和提高经济效益服务。从会计信息化的研究对象和研究目的来看，会计信息化即研究如何运用信息技术获取会计信息的全过程，还研究如何满足企业管理的需求，提升现行会计工作效率和效果。

二、会计信息化的意义

（一）降低工作强度，提高工作效率

企业实施会计信息化后，只需将基础会计数据录入会计信息系统，财务数据的计算、分类、汇总、储存和传输等工作，无须人为计算，系统自动完成。会计人员脱离了繁杂的记账、算账和报账工作，在提高会计工作效率的同时，还能为管理提供全面、及时和准确的会计信息。

（二）促进会计工作规范化，提高会计工作质量

由于会计信息系统的应用，对会计数据要求更加规范，且数据处理过程中始终能得到控制，这就杜绝了手工操作中的不规范、不统一、易出错、易遗漏等问题。会计信息化既能促进会计基础工作的规范化程度不断提高，又能使会计工作的质量进一步提高。

（三）转变会计职能，提高人员素质

企业实施会计信息化后，由会计信息系统代替会计人员进行会计核算，会计人员脱离繁杂的记账、算账及报账工作，从而有时间和精力参与企业的经营管理，促进会计职能的转变。会计信息系统要求会计专业和计算机专业复合型人才进行操作，迫使会计人员进一步学习业务知识，开拓知识面。会计信息系统在会计工作中的应用，也为会计人员的素质提升提供了时间和机会，使会计人员有更多精力学习和交流新知识，完善会计人员的知识结构、提高自身素质和管理水平。

（四）奠定管理基础

企业实施会计信息化后，由会计信息系统详细地记录了企业的经营活动，并能及时准确地获取企业经营活动的即时数据，并依此预测经营活动和市场变化趋势，为分析、预测和决策提供了可靠的依据。

（五）促进理论发展

会计信息化不仅仅是会计核算手段和处理技术的变革，对财务处理的内容、方式、程序和对象等会计理论和实务也有巨大的影响。会计信息化对会计理论和实务提出新的问题和要求，推动了会计理论不断发展，使之进入一个全新的发展阶段。

三、会计信息化的特征

（一）普遍性

会计的所有领域（包括会计理论、会计工作、会计管理、会计教育等）要全面运用现代信息技术。在上述领域中，后三个方面有不同程度的运用，而且可以说是起步晚、发展快、成效大，只是还不能真正达到会计信息化的水平，而在会计理论方面却相对滞后。准确地讲，现阶段会计信息化赖以存在的还是传统的会计理论，既没有修正传统的会计理论体系，更没有构建起适应现代信息技术发展的完善的会计理论体系。从会计信息化的要求

来看，首先就是现代信息技术在会计理论、会计工作、会计管理、会计教育等诸多领域的广泛应用，并形成完整的应用体系。

（二）集成性

会计信息化将对传统会计组织和业务处理流程进行重整，以支持"虚拟企业""数据银行"等新的组织形式和管理模式。这一过程的出发点和终结点就是实现信息的集成化。信息集成包括三个层面：一是在会计领域实现信息集成，即实现财务会计和管理会计之间的信息集成，协调和解决会计信息真实性和相关性的矛盾；二是在企业组织内部实现财务和业务的一体化，即集成财务信息和业务信息，在两者之间实现无缝联结，使财务信息和业务信息能够做到你中有我、我中有你；三是建立企业组织与外部利害关系人（客户、供应商、银行、税务、财政、审计等）的信息网络，实现企业组织内外信息系统的集成。信息集成的结果是信息共享。企业组织内外与企业组织有关的所有原始数据只要一次输入，就能做到分次利用或多次利用，既减少了数据输入的工作量，又实现了数据的一致性，还保证了数据的共享性。建立在会计信息化基础上的21世纪会计信息系统是与企业组织内外信息系统有机整合、高度数字化、多元化、实时化、个性化、动态化的信息系统，具有极强的适应力。

（三）动态性

动态性，又名实时性或同步性。会计信息化在时间上的动态性表现为：首先，会计数据的采集是动态的。无论是企业组织外部的数据（例如发票、订单）还是企业组织内部的数据（例如入库单、产量记录），也无论是局域数据还是广域数据，一旦发生，都将存入相应的服务器，并及时送到会计信息系统中等待处理。其次，会计数据的处理是实时的。在会计信息系统中，会计数据一经输入系统，就会立即触发相应的处理模块，对数据进行分类、计算、汇总、更新、分析等一系列操作，以保证信息实时地反映企业组织的财务状况和经营成果。最后，会计数据采集和处理的实时化、动态化。这使得会计信息的发布、传输和利用能够实时化、动态化，会计信息的使用者也就能够及时地做出管理决策。

（四）渐进性

现代信息技术对会计模式重构具有主观能动性。这种能动性的体现是一个渐进的过程，具体应分三步走：第一步，以信息技术去适应传统会计模式，即建立核算型会计信息系统，实现会计核算的信息化。第二步，现代信息技术与传统会计模式相互适应，表现为：传统会计模式为适应现代信息技术而对会计理论、方法做局部的小修小改；扩大所用技术的范围（从计算机到网络、从核算到管理），实现会计管理的信息化。第三步，以现代信息技术去重构传统会计模式，以形成现代会计信息系统，实现包括会计核算信息化、会计管理信息化和会计决策支持信息化在内的会计信息化。

四、会计信息系统的组成

一个会计信息系统的结构应当包括系统的硬件结构、软件结构和功能结构。会计信息系统的硬件结构和软件结构是根据系统的规模和企业的管理信息系统结构来确定的，对于中小型企事业单位可采用单机系统结构；对于大中型企事业单位则要采用局部网络结构；对于大型集团公司或跨国公司则要采用基于Internet平台的网络结构。

一个完整的会计信息系统应当由会计核算系统、会计管理系统和会计决策支持系统组成，它们分别满足业务操作层、管理控制层和计划决策层的用户需求。

在我国，会计核算系统已有许多成熟的商品化软件，不同行业的会计信息系统功能结构是有区别的，工业企业会计信息系统的主要功能模块一般包括账务处理、报表处理、往来核算、材料核算、工资核算、固定资产核算、产品销售核算、成本核算、财务分析、领导查询和系统管理等模块。各模块又可有某些下级的功能模块，形成一个完整的功能模块体系。

五、会计核算系统的组成及其相互间的关系

会计核算系统一般包括会计账务处理子系统、工资核算子系统、固定资产核算子系统、材料核算子系统、成本核算子系统、销售核算子系统、会计报表处理子系统等模块。它们之间以会计账务处理子系统为核心，以转账机制凭证为接口连接在一起，构成一个完整的会计数据处理系统。其结构如图0-1所示。

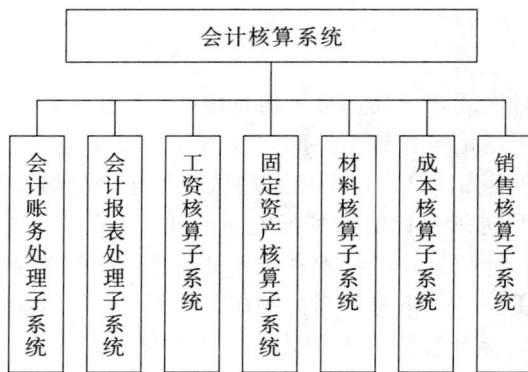

图0-1　会计核算系统构成

会计核算系统反映了资金运动的过程，即材料核算模块处理了供应过程中产生的费用及成本，将货币资金形态转化为储备资金形态；材料核算模块、固定资产核算模块和工资核算模块处理了生产过程中发生的固定资产折旧，以及材料消耗等物化劳动和劳动者的活劳动的费用，将储备资金形态转化为生产资金形态；成本核算模块处理了生产过程中的产品成本及费用，将生产资金形态转化为成品资金形态；销售核算模块处理了销售过程中企业出售产品的收入，以及销售过程中交付的销售费用、税金、销售成本，计算财务成果，将成品资金形态又转化为货币资金形态。这样的周而复始，通过资金流、物流、信息流来阐明企业的经营过程，这就是会计核算系统要描述的过程。其中：

会计账务处理是一个完整的会计循环，即从编制凭证至审核凭证、登记各类账簿至结出总分类账余额表。会计报表处理是通过编制报表来反映整个会计核算的过程，因此往往将它和会计账务处理过程合在一起。

会计账务处理模块和会计报表处理模块主要是以现金、银行存款等原始凭证和其他核算过程输出的转账机制凭证作为输入数据，经账务处理的加工后，输出明细汇总表，再经加工形成会计报表。它的处理是以记账凭证为原始数据的，通过加工形成明

细汇总表、会计报表、成本资料等信息，再经财务分析，输出为决策支持服务的最终会计信息。

　　材料核算模块是以材料的采购单、入库单、领料单等单据作为输入数据，经材料核算处理，将材料的转账机制凭证输出到会计账务处理模块中去，将材料分配表输出到成本核算模块中去。

　　工资核算模块是以人员调动单、考勤单、扣款单等单据作为输入数据，经工资核算处理，将工资的转账机制凭证输出到会计账务处理模块中去，将工资分配表输出到成本核算模块中去。

　　固定资产核算模块是以固定资产的增加与减少等单据作为输入数据，经固定资产核算处理，将固定资产和累计折旧的转账机制凭证输出到会计账务处理模块中去，将累计折旧分配表输出到成本核算模块中去。

　　成本核算模块是以产品完工单、提货单、材料分配表、工资分配表、累计折旧分配表和会计账务处理模块中明细汇总表的费用科目汇总数等作为输入数据，经成本核算处理，将成本的转账机制凭证输出到会计账务处理模块中去，将成本资料输出到上一层的会计信息系统中去，将产成品库存汇总表输出到销售核算模块中去。

　　销售核算模块是将销售发票、产成品库存汇总表等作为输入数据，经销售核算处理，输出销售的转账机制凭证到会计账务处理模块中去。

　　这些业务核算模块的输入都是以原始凭证为数据，通过核算产生转账机制凭证作为信息，再经加工产生更直观的会计信息。图 0-2 是整个会计核算系统的数据处理过程。

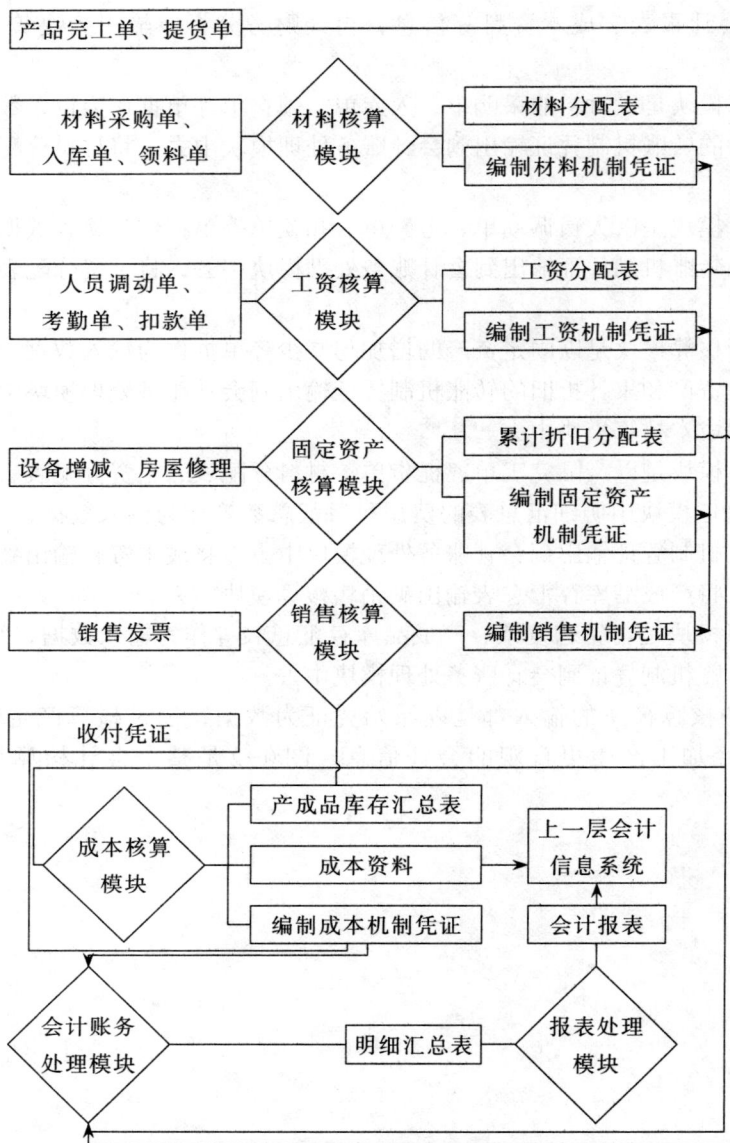

图 0-2　会计核算系统的数据处理过程

项目一

系统管理

知识目标 ◄----------

①熟悉系统管理的主要功能。

②理解账套管理的主要内容。

③掌握用户赋权的方法。

④掌握账套备份的方法。

能力目标 ◄----------

①能够创建账套。

②能够根据企业的需要设置操作员及赋予权限。

③能够进行账套备份及其他特殊操作。

系统管理是用友 ERP-U8V10.1 管理软件中一个非常特殊的组成部分，主要功能是对用友 ERP-U8V10.1 管理软件的各个产品进行统一的操作管理和数据维护，具体包括账套管理、年度账管理、操作员及权限的集中管理、系统数据及运行安全的管理等方面。系统管理工作过程与岗位对照如图 1-1 所示。

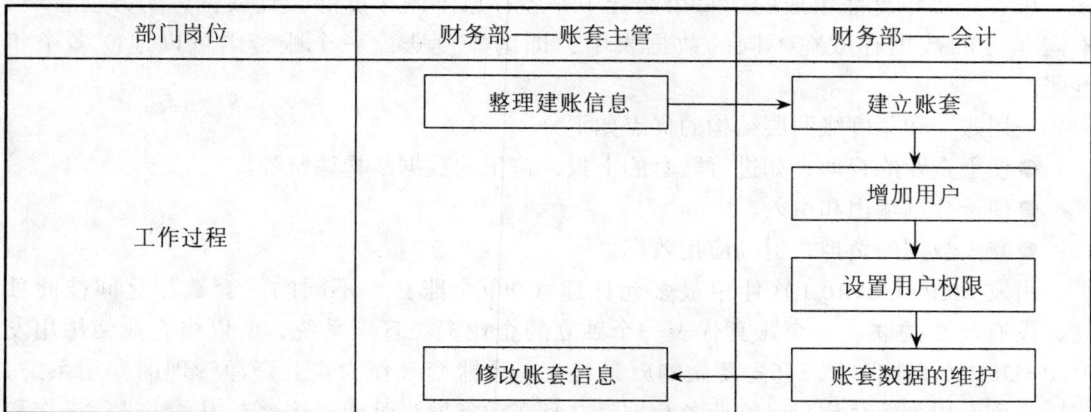

部门岗位	财务部——账套主管	财务部——会计
工作过程	整理建账信息 →	建立账套
		↓
		增加用户
		↓
		设置用户权限
		↓
	修改账套信息 ←	账套数据的维护

图 1-1　系统管理工作过程与岗位对照

通过图1-1中的岗位，可以看出系统管理所对应的具体情境任务和工作过程：第一，账套管理；第二，权限管理。

<table>
<tr><td>学习情境一</td><td>账套管理</td></tr>
</table>

北京阳光信息技术有限公司成立于2014年，已经完成了财务软件的安装与试运行，从2015年1月1日起采用用友ERP-U8V10.1软件进行企业的相关业务核算，按照要求，以用友U8系统中的系统管理员admin进行如下的任务操作：第一，建立账套；第二，账套数据的维护。账套管理学习情境结构如图1-2所示。

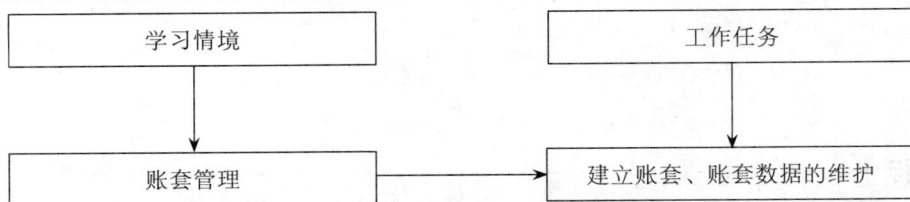

图1-2　账套管理学习情境结构

【任务一】 建立账套

一、任务描述

以系统管理员admin的身份在用友U8系统中建立北京阳光信息技术有限公司的账套。

二、入职知识准备

1.账套与年度账。

用友ERP-U8V10.1软件的账套采用账套和年度账两层结构。

账套是用于存放企业财务和业务数据的特定载体。用友ERP软件多提供的是管理平台和管理工具，企业用户在购买软件后必须根据企业的业务管理和核算需要进行个性化的设置，以使软件功能与企业的具体业务相衔接。这就好比从市场上买来了账簿，必须通过建账（即在账簿中定义账簿的具体记录内容）才能使账簿真正成为业务核算的载体。

账套是由年度账组成的。每个账套中一般存放不同年度的会计数据，为方便管理，不同年度的数据存放在不同的数据表中，即为年度账。一个账套内可以建立多个年度账。

采用账套和年度账两层结构的优点如下：

● 便于企业的管理，如进行账套的上报，跨年的数据结构调整等。

● 便于数据输出和引入。

● 减少数据的负担，提高应用效率。

用友ERP-U8V10.1软件中最多允许建立999个账套。不同的账套数据之间彼此独立，没有丝毫关联。一个账套代表一个独立的企业资源管理系统，所以当企业使用用友ERP-U8V10.1软件时，首先要做的就是建立一个账套来作为企业资源管理的专用系统，依托这个专用系统存放自己的业务数据，并且在业务发生时通过这个专用系统进行操作和数据处理。

2.账套号。

在用友 ERP-U8V10.1 软件中，每个账套用一个账套号和一个账套名称来表示，账套号不能重复，账套号和账套名称也是相互对应的。账套号可以由用户自由选择，系统也可以按顺序自动排序编号。

3.结转上年数据。

（1）结转的原因。

会计核算过程中，都是假定企业是持续经营的，因此企业的会计工作是一个连续不断的工作。每到年末，就要封存旧账套，启用新账套，这时应将上年度相关账户的余额及其他信息结转到新年度的新账套中。

（2）操作。

年度账建立成功后，执行"系统"中的"注销"命令，再以新年度重新注册，执行"年度账"中的"结转上年数据"命令，进行上年数据结转。

（3）顺序。

结转上年数据时，各模块必须遵循以下顺序：首先要对供应链模块、薪资模块、固定资产模块、资金管理模块等进行结转；然后再对应收款模块、应付款模块、成本管理模块等进行结转；最后再对总账模块进行结转。

财务专家温馨提示 — - — - — - — - — - — - — - — - — - — - — - — - — - — - — - — - — - — - —

◆ 成功结转上年余额后，在新年度日常业务开始之前，可以对某些事项做调整。例如，可以增加、修改或删除科目；对于已经两清的单位和个人项目可以删除等。

◆ 相关事项调整完毕后，就可以开始新年度的日常业务处理了。若某年度账错误太多，或不希望将上年度的余额或其他信息全部转到下年度，应执行年度账的清空年度数据命令。清空并不一定是将年度账的数据全部清空，也可以保留一些必要的信息，如基础信息、科目等。保留这些信息主要是为了方便用户使用清空后的年度账重新做账。

三、任务内容

1.账套信息。

账套号：111；账套名称：北京阳光信息技术有限公司；启用日期：2015 年 1 月 1 日；会计期间设置：1 月 1 日—12 月 31 日。

2.单位信息。

单位名称：北京阳光信息技术有限公司；单位简称：阳光信息；单位地址：北京海淀区中关村路甲 999 号；法人代表：肖剑；邮政编码：100888；联系电话及传真均为：62898899；电子邮件：yg@163.com；税号：110109200711013。

3.核算类型。

该企业的记账本位币：人民币（BMB）；企业类型：工业；行业性质：股份制；账套主管：陈明；选中"按行业性质预置科目"复选框。

4.基础信息。

该企业有外币核算，进行经济业务处理时，需要对存货、客户、供应商进行分类。

5.分类编码方案。

该企业的分类方案如下：存货分类编码级次：1223；客户和供应商分类编码级次：

223；收发类别编码级次：12；部门编码级次：122；结算方式编码级次：12；地区分类编码级次：223；科目编码级次：42222。

6.数据精度。

该企业对存货数量、单价小数位定为2位。

四、任务执行

（一）登录系统管理

1.启动计算机后，单击【开始】|【程序】|【用友ERP-U8V10.1】|【系统服务】|【系统管理】，进入系统管理窗口，如图1-3所示。

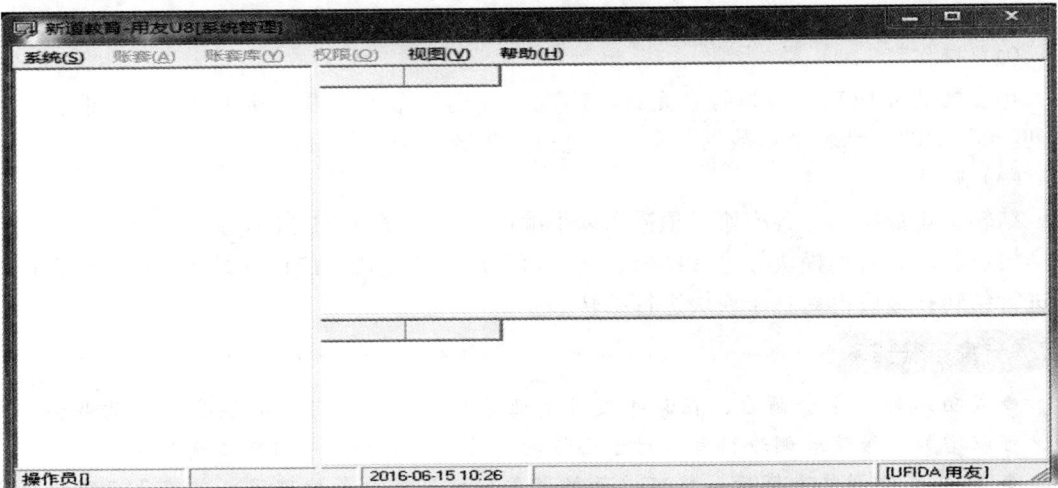

图1-3　打开系统管理

2.单击【系统】|【注册】，打开"登录"对话框，如图1-4所示。

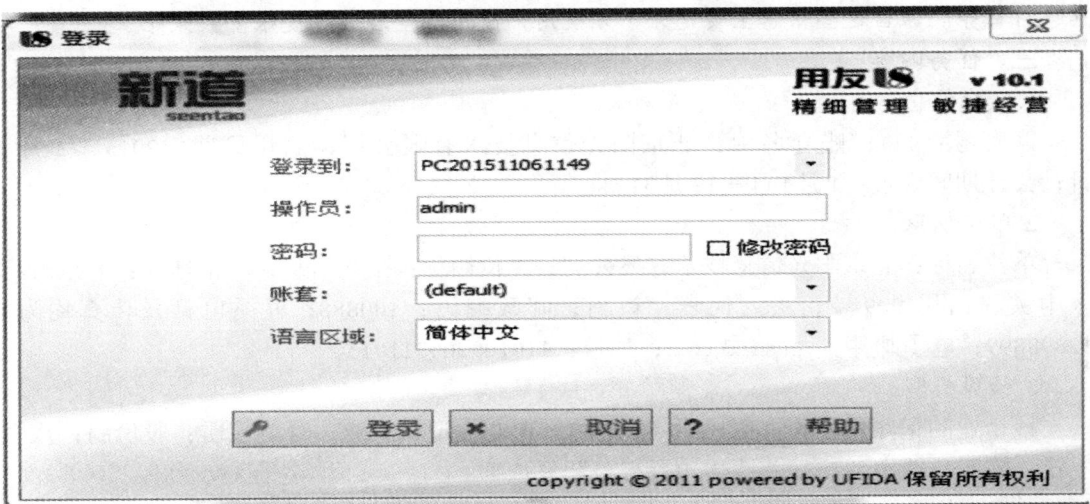

图1-4　打开"登录"对话框

3.在"登录"对话框中，【登录到】选择本地计算机，【操作员】输入"admin"，【密码】为空，【账套】选择"（default）"（系统默认），单击【登录】按钮后完成注册并进入到系统管理界面，如图1-5所示。

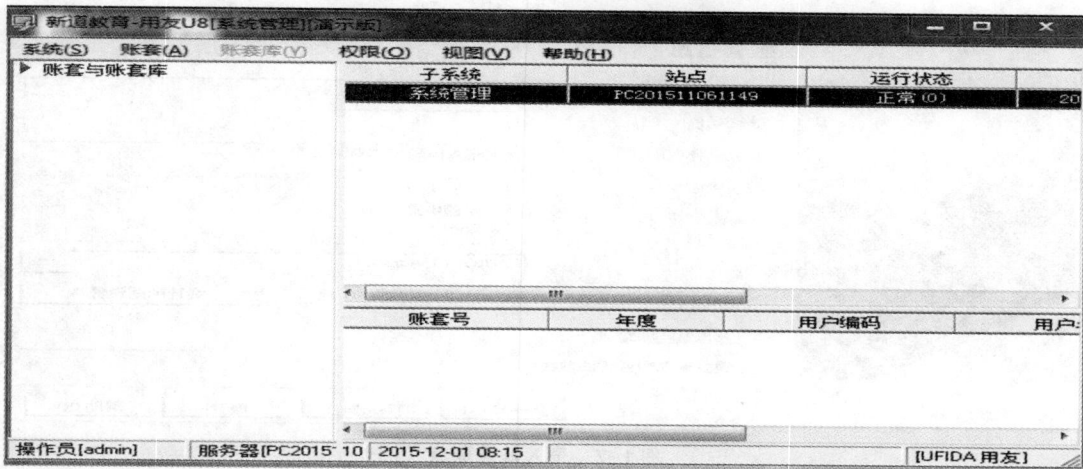

图1-5 登录系统管理

财务专家温馨提示 - - - - - - - - - - - - - - - -

◆一定要牢记设置的系统管理员密码，否则无法以系统管理员的身份进入系统管理，也就不能执行账套数据的引入和输出。

◆考虑实际教学环境，建议不要设置系统管理员密码。

◆为了保证系统的安全性，在"登录"对话框中，可以设置或更改系统管理员的密码。如设置系统管理员密码为"super"的操作步骤如下：第一，选中修改密码复选框和系统默认账套，单击【登录】按钮；第二，系统弹出设置操作员密码对话框，在新密码和确认新口令后面的输入框中均输入"super"，单击【确定】按钮返回。

（二）建立账套

1.以系统管理员的身份进入系统管理后，在系统管理界面单击【账套】|【建立】，系统弹出"创建账套"对话框，选中【新建空白账套】，单击【下一步】按钮，如图1-6所示。

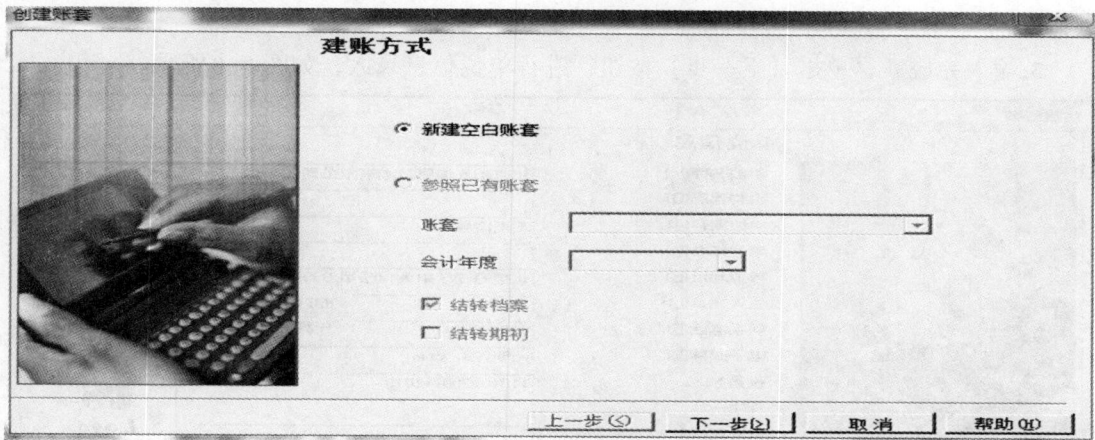

图1-6 打开"创建账套"对话框

2.录入账套信息：【账套号】为"111"，【账套名称】为"北京阳光信息技术有限公司"，【启用会计期】为"2015"年"1"月，如图1-7所示。

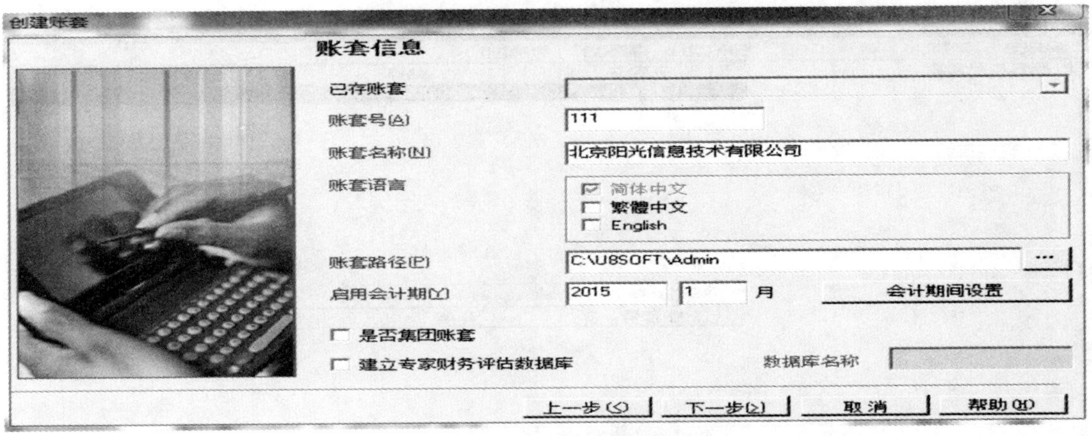

图1-7　录入账套信息

财务专家温馨提示

◆参照已有账套：系统中已存在的账套在下拉列表框中显示，用户可以将该参照账套的相关信息引入过来，作为新账套的基础，这样比较节省时间。

◆已存账套：系统中已存在的账套在下拉列表框中显示，用户只能查看，不能修改和删除。

◆账套号：由于在一个会计信息系统中，可以建立多个企业账套，取值范围为001～999，其中998、999为系统演示账套，用户尽量不要选用。

◆账套名称：必录项，账套名称一般用来描述账套的基本特性，可以输入核算单位简称或用该账套的用途命名，不能超过40个字符。

◆账套路径：用来指明账套在计算机系统中的存放位置，为方便用户，应用系统中一般预设一个存储位置，称其为默认路径，系统默认的路径为C：\U8SOFT\Admin，用户可以人工更改，也可以利用【…】按钮进行参照输入。

◆启用会计期：是用于规定该企业用计算机进行业务处理的起点，要指定年、月，必录项。一般情况下系统默认为计算机的系统日期，用户在此处也可更改为自己账套的使用时间。

3.输入完成后，单击【下一步】按钮，进行单位信息录入，如图1-8所示。

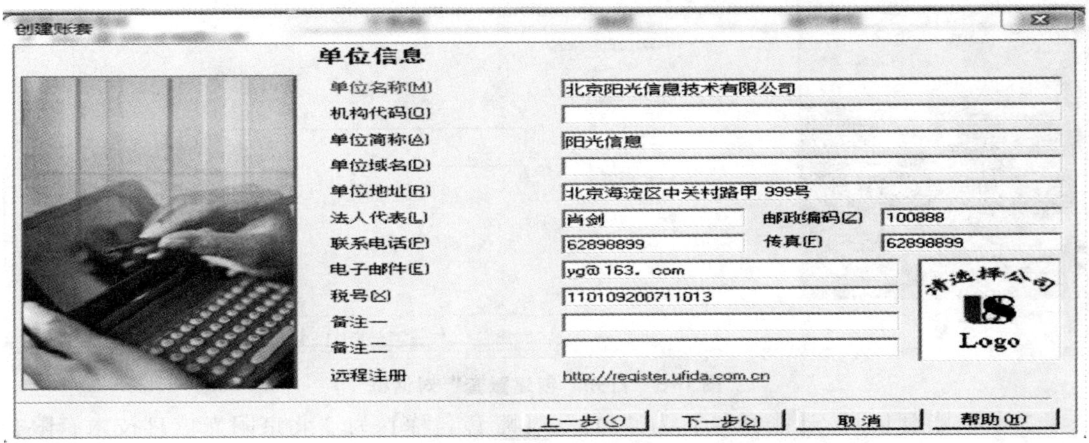

图1-8　录入单位信息

4.输入完成后，单击【下一步】按钮，进行核算类型录入，如图1-9所示。

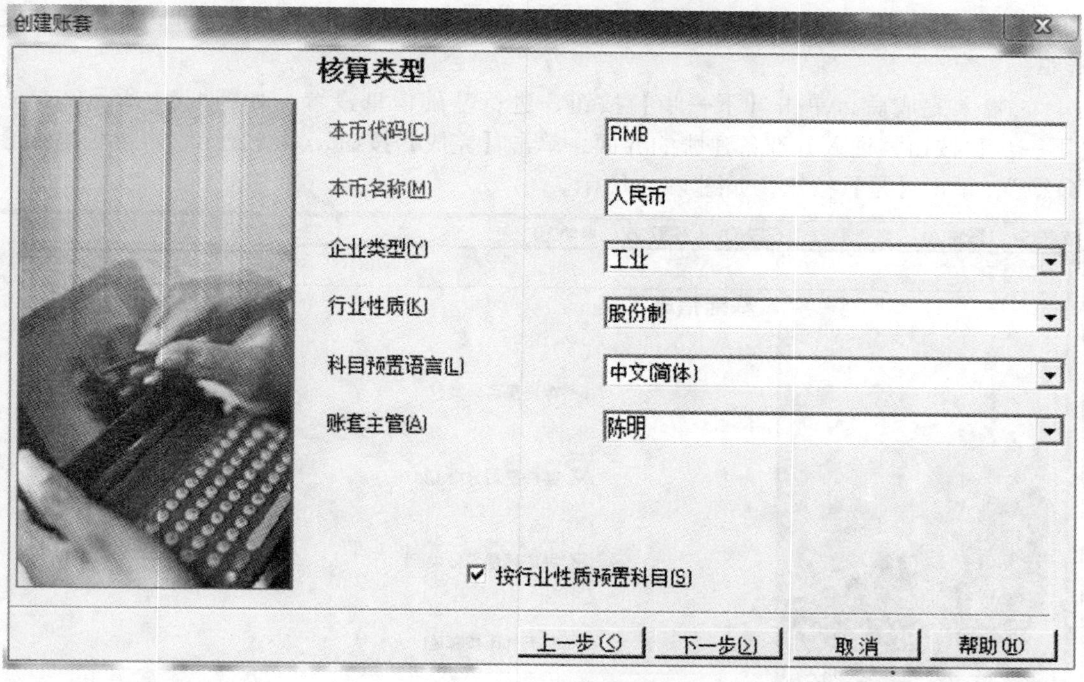

图1-9 录入核算类型

财务专家温馨提示

◆单位名称：用户单位的全称，必录项。全称只在发票打印时使用，其余情况全部使用简称。

◆单位简称：用户单位的简称，最好输入。

◆其他栏目：参照实验资料输入即可。

◆本币代码：必录项，用来输入新建账套所用的记账本位币的代码。

◆本币名称：必录项，是企业必须明确指定的，通常系统默认为人民币，很多软件也提供以某种外币作为记账本位币的功能。为了满足多币种核算的要求，系统都提供设置外币及汇率的功能。

◆企业类型：是区分不同企业业务类型的必要信息，选择不同的企业类型，系统在业务处理范围上有所不同。用户必须从下拉列表框中选择输入。系统提供了工业、商业、医药流通3种模式。如果选择工业模式，则系统不能处理受托代销业务；如果选择商业模式，委托代销和受托代销业务都能处理。

◆行业性质：表明企业所执行的会计制度。从方便使用出发，系统一般设置不同行业的一级科目和部分常用二级科目供用户选择使用，在此基础上，用户可以根据本单位的实际需要增设或修改必要的明细核算科目。用户必须从下拉列表框中选择输入，系统按照所选择的行业性质预置科目。

◆科目预置语言：中文（简体）。U8V10.1为多语言版本。

◆账套主管：系统默认是demo，如果预先设置好操作员为账套主管，必须从下拉列表框中选择输入。

　　◆按行业性质预置科目：如果用户希望预置所属行业的标准一级科目，则选中该复选框。

　　5.输入完成后，单击【下一步】按钮，进行基础信息设置，如图1-10所示。单击【下一步】按钮，进入到准备建账的界面，单击【完成】按钮，系统提示"可以创建账套了么?"，单击【是】按钮，如图1-11所示。

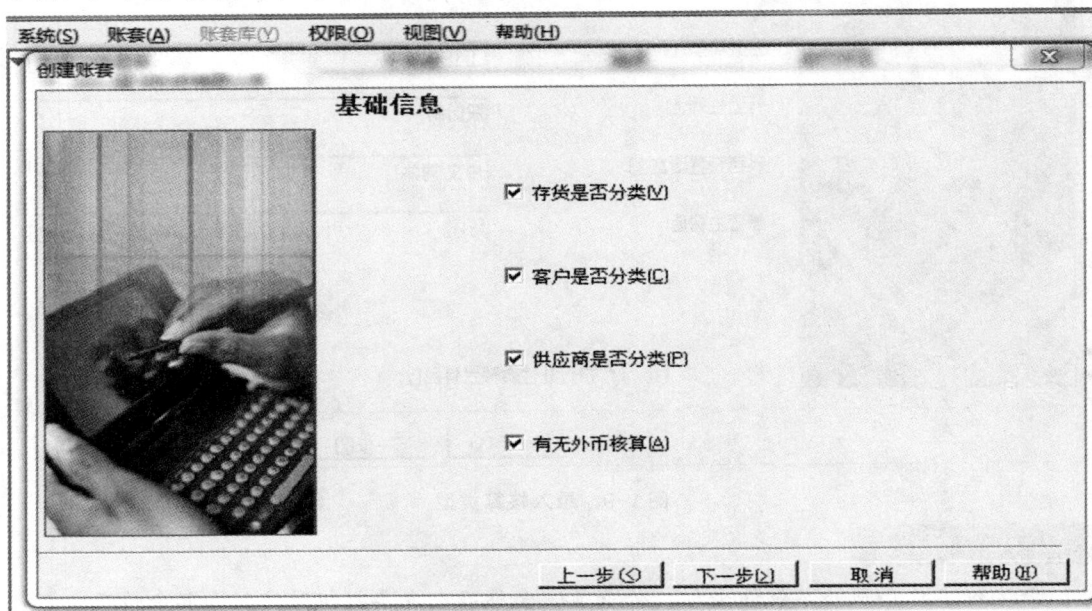

图1-10　设置基础信息

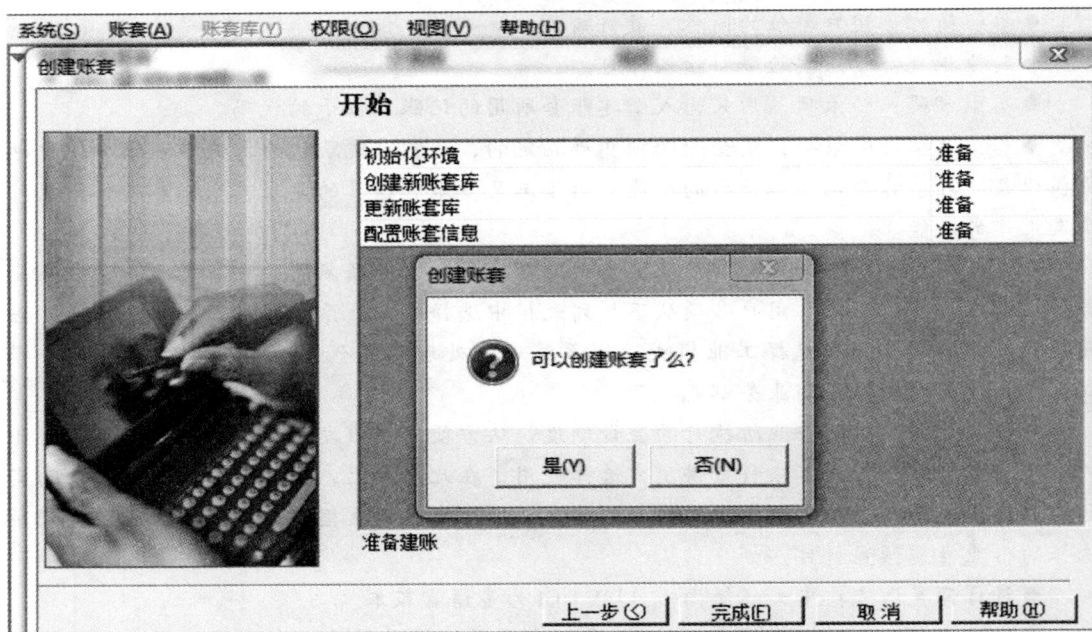

图1-11　创建账套

财务专家温馨提示

◆进行经济业务处理时，需要对存货、客户、供应商进行分类。

◆如果单位的存货、客户、供应商相对较多，可以对他们进行分类核算。

◆如果此时不能确定是否进行分类核算，也可以在建账完成后，由账套主管在"修改账套"功能中设置分类核算。

◆有无外币核算，用户可根据企业的实际业务情况选择。

6.建账之后系统会弹出"编码方案"对话框，根据单位制订的编码方案进行设置，如图1-12所示。单击【确定】按钮，关闭该对话框。

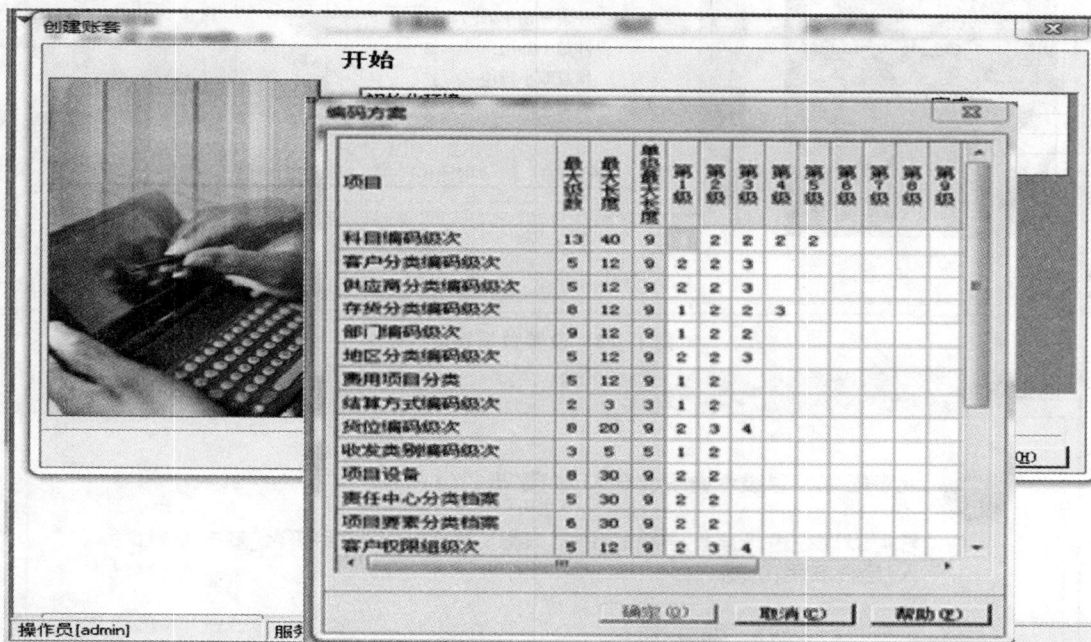

图1-12　设置编码方案

财务专家温馨提示

◆科目编码级次中第1级科目编码长度根据建账时所选行业性质自动确定，此处显示为灰色，不能修改，只能设定第2级之后的科目编码长度。

常见问题解析

◆修改编码方案后，系统没有任何反应。这是系统正常现象，单击【确定】按钮后不会自动进入下一步。建议操作：修改编码方案后，单击【确定】按钮，待【确定】按钮变成灰色后再单击【取消】按钮。

7.在"数据精度"对话框中，根据单位要求确定所有的小数位，此处采用系统默认，如图1-13所示。单击【确定】按钮。新账套创建成功后系统会提示进行系统启用的设置，如图1-14所示。此处单击【否】按钮，暂不进行系统启用的设置。系统提示"请进入企业应用平台进行业务操作！"，如图1-15所示。单击【确定】按钮，然后单击【退出】按钮，建账工作完成。

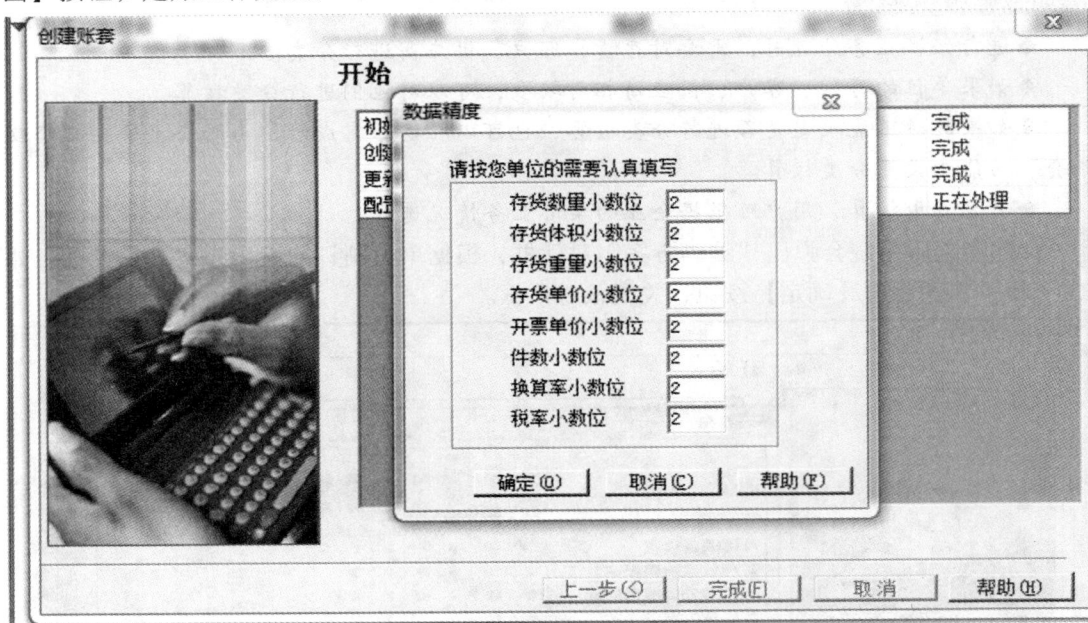

图 1-13 设置数据精度

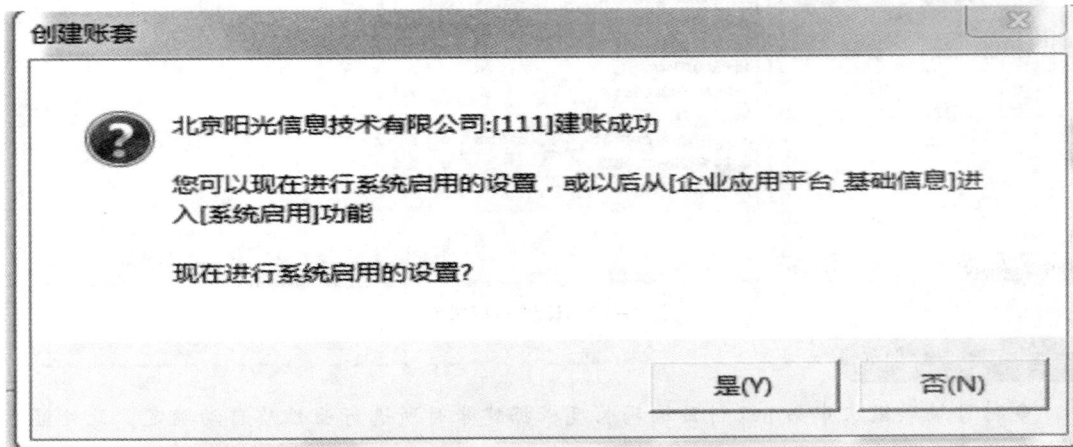

图 1-14 设置系统启用

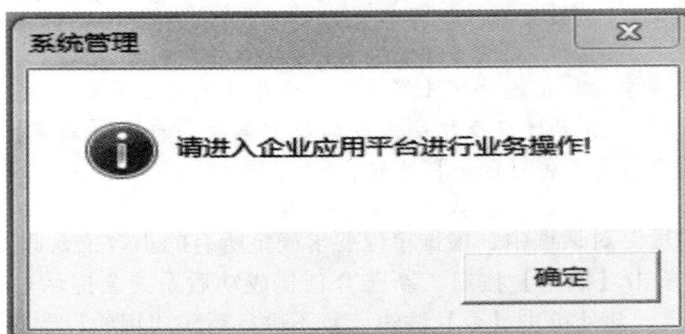

图 1-15 建账成功提示

财务专家温馨提示 --

◆编码方案、数据精度、系统启用项目可以由账套主管在进入企业应用平台后，在【基础设置】的【基本信息】中进行修改。

【任务二】账套数据的维护

一、任务描述

2015年1月1日，北京阳光信息技术有限公司的系统管理员admin进行如下操作：

1.设置自动备份计划，发生频率为每天，备份文件路径为D盘指定文件夹下。

2.输出账套到D盘下的指定文件夹中。

二、入职知识准备

引入和输出即通常所指的数据的恢复和备份。

引入账套功能是指将系统对外某账套数据引入本系统中。对集团公司来说，可以将子公司的账套数据定期引入到母公司系统中，以便进行有关账套数据的分析和合并工作。

账套输出的实质就是数据备份或清除数据。以【admin】身份进行注册，进入"系统管理"窗口，单击【账套】|【输出】，系统弹出"账套输出"对话框，选择需要输出备份的账套。如果将该账套输出备份之后，希望将其在用友软件系统中原存的账套数据全部删除，则勾选【删除当前输出账套】选项。单击【确认】按钮，系统出现正在备份进度提示，最后系统提示备份到指定文件夹中。

财务专家温馨提示 --

◆如果需要定期将子公司的账套数据引入到总公司系统中，最好预先在建立账套时就进行规划，为每一个子公司设置不同的账套号，以避免引入某子公司数据时因为账套号相同而覆盖其他子公司账套的数据。

◆账套输出时，输出两个文件，UfErpAct.Lst为账套信息文件，UFDATA.BAK是账套数据文件。

◆输出账套功能是指将所选的账套数据做一个备份，对年度账数据来说，也有引入和输出的操作对象不是针对整个账套，而是针对账套中的某一年度的年度账。在账套输出时，如果该账套中只保存有一年的业务信息，则输出内容为该账套的账套信息和该年度账的业务和核算信息；如果该账套中保存有多年的业务信息，则输出内容为该账套的账套信息和所有年度账的业务和核算信息。

三、任务内容

对北京阳光信息技术有限公司的账套数据进行备份、引入、输出、修改。

四、任务执行

（一）设置自动备份计划

1.以系统管理员和账套主管的身份进入系统管理后，单击【系统】|【设置备份计划】，打开"备份计划设置"对话框。

2.单击【增加】，打开"备份计划详细情况"对话框，输入具体的备份计划信息，如图1-16所示。

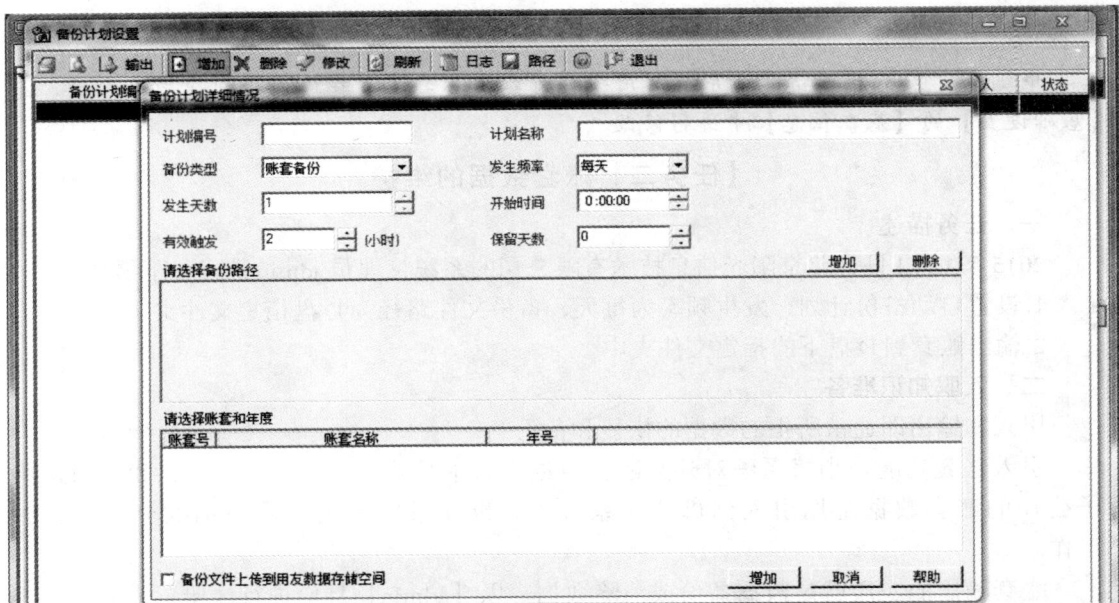

图 1-16　设置自动备份计划

（二）手工进行账套备份

1. 以系统管理员和账套主管的身份进入系统管理后，单击【账套】|【输出】，打开"账套输出"对话框。

2. 在【账套号】下拉列表中选择需要输出的账套"［111］北京阳光信息技术有限公司"，在【输出文件位置】右侧的【…】中选择用于存放账套备份的目录，并双击打开，单击【确认】按钮，如图 1-17 所示。

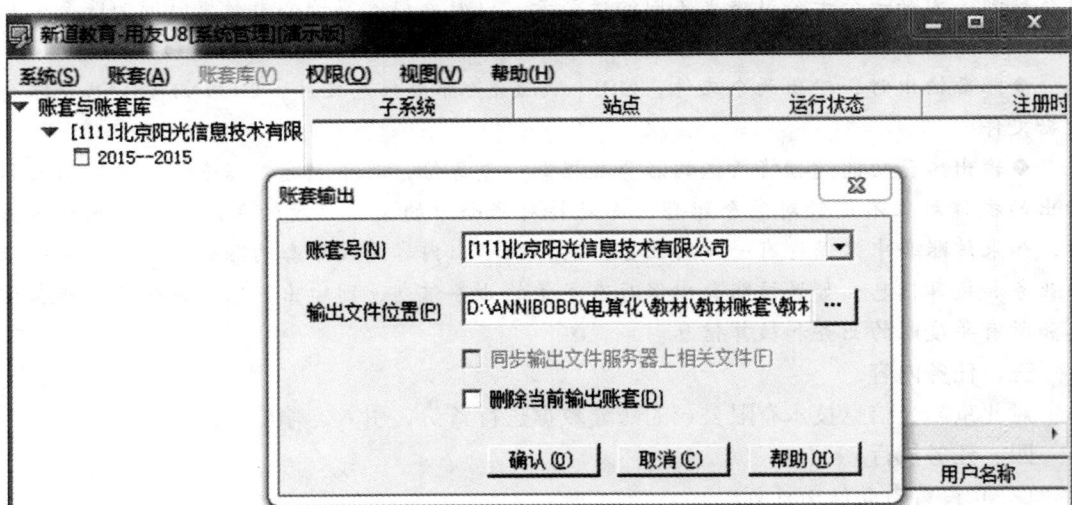

图 1-17　设置手动备份

3. 数据拷贝完毕后，系统会提示账套备份输出成功，单击【确定】按钮，如图 1-18、图 1-19 所示。

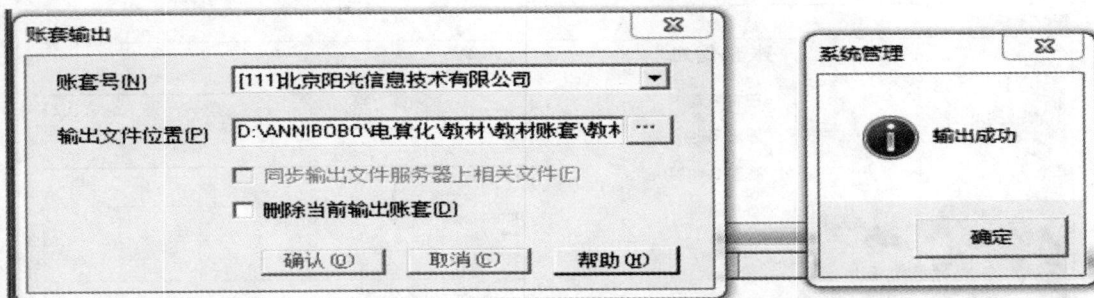

图 1-18　备份成功提示

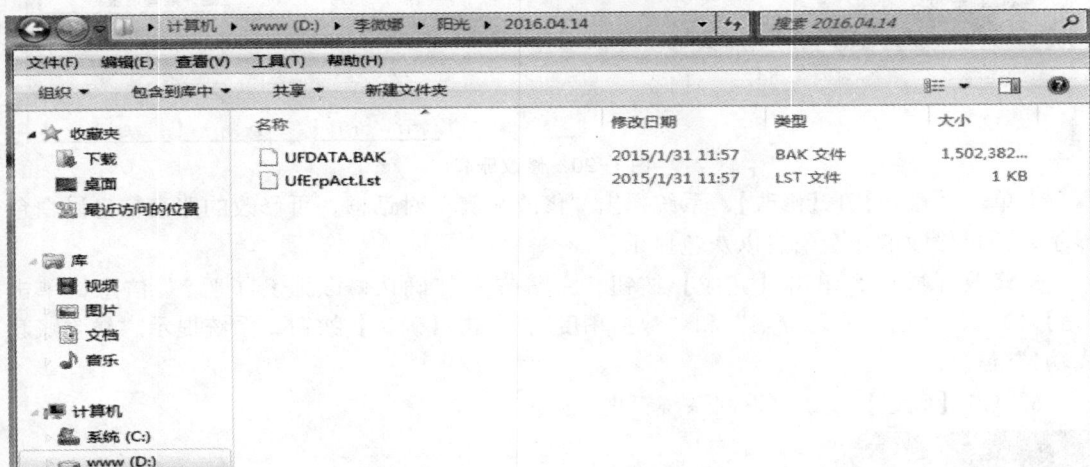

图 1-19　备份文件显示格式

财务专家温馨提示

◆只有系统管理员（admin）才有权进行账套的输出。

◆若要删除账套，在图1-18中，将【删除当前输出账套】复选框选中，在输出完成后系统将弹出"真要删除该账套吗？"的提示，单击【是】按钮后系统将账套数据从用友ERP-U8V10.1系统中删除。

（三）账套的修改

账套建立完成后，如果发现参数有误需要修改，或者希望查看建账时所设定的信息，可以执行账套修改功能。只有账套主管有权修改账套，即便如此，有些系统已使用的关键信息仍无法修改，如账套号、启用会计日期。用户要以账套主管的身份注册，选择相应的账套，进入系统管理界面，选择【账套】|【修改】，进入修改账套界面，如图1-20所示，系统自动列示出所选账套的账套信息、单位信息、核算类型、基础信息。其具体修改方法如下：

1.在系统管理界面，单击【系统】|【注册】，打开"登录"对话框。

2.在【操作员】中输入"001"或"陈明"，选择"111北京阳光信息技术有限公司"，操作日期为2015年1月1日。

3.单击【登录】按钮，进入系统管理界面，菜单中显示为黑色字体的部分为账套主管可以操作的内容。

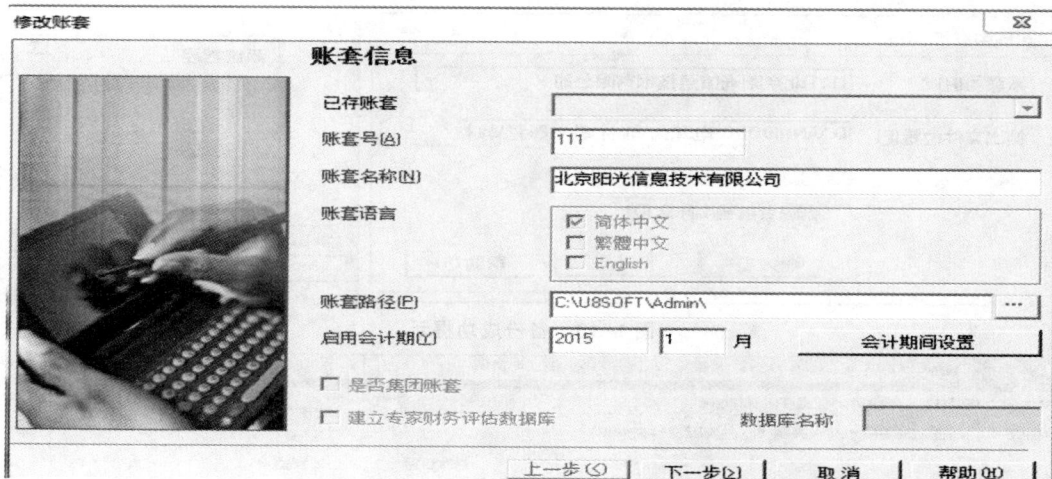

图1-20 修改账套

4.单击【账套】|【修改】，系统弹出"修改账套"对话框，可修改的账套信息以白色显示，不可修改的账套信息以灰色显示。

5.修改完成后，单击【完成】按钮，系统提示"确认修改账套了吗？"信息，单击【是】按钮，确定"编码方案"和"数据精度"，单击【确认】按钮，系统提示"修改账套成功！"信息。

6.单击【确定】按钮，返回系统管理。

财务专家温馨提示

◆如果此前是以系统管理员的身份注册进入系统管理，那么需要首先执行【系统】中的【注销】命令，注销当前系统管理员，再以账套主管的身份登录。

（四）账套的引入与恢复

账套的引入，就是把保存好的业务数据引入到软件系统中来。该功能可以用来恢复被破坏的软件系统业务记录，也可用于集团公司中母公司合并子公司数据所需。

1.以系统管理员的身份进入系统管理，在系统管理的界面单击【账套】|【引入】，打开"请选择账套备份文件"对话框。

2.选择要引入的账套数据备份文件后，单击【确定】按钮，继续选择默认路径和账套引入系统哪个盘的目录，如图1-21所示。

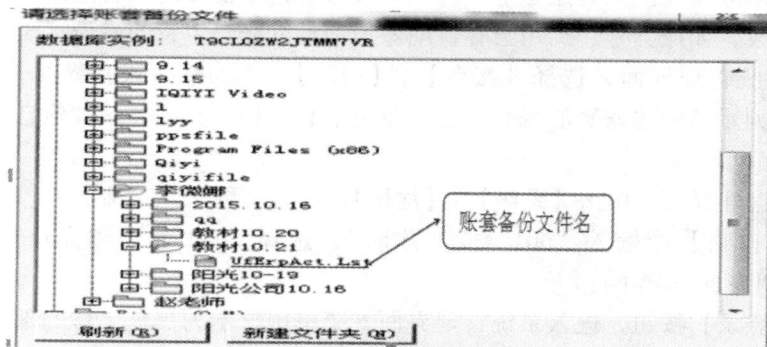

图1-21 选择账套引入备份文件

3.如果引入的账套与系统中已有账套的账套号重复，系统会弹出相关提示信息，如图1-22所示。单击【否】按钮，取消账套引入操作；单击【是】按钮，开始引入账套，稍后系统会提示引入完成，如图1-23所示。

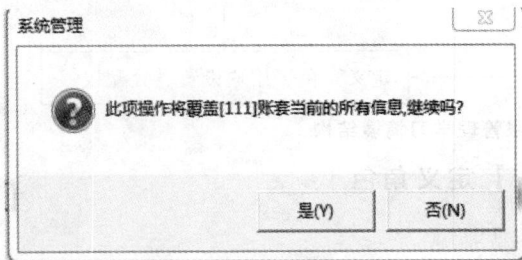

图1-22　账套引入提示（一）　　　　　图1-23　账套引入提示（二）

五、知识拓展

（一）清除系统运行异常

系统管理对每一个登录系统的子系统定时进行巡回检查，如发现有死机、网络阻断等情况，就在该子系统相对应的任务栏的"运行状态"栏内显示"运行不稳定"。这时，如果在系统管理界面单击【视图】|【清除异常任务】，就会把这些异常任务所申请的系统资源予以释放，并恢复可能被破坏的系统数据库和用户数据库，同时任务栏也将清除这些异常情况。

> **常见问题解析**
>
> ◆系统提示：某机器正在执行某操作，当前功能暂时不能执行，请在退出其他功能后再执行当前功能，主要原因是在操作过程中有错误的操作出现。建议操作：以系统管理员的身份进入系统管理，在【视图】菜单下进行清除异常任务操作。

（二）清除单据锁定

各个系统在使用过程中，由于不可预见的原因可能会造成单据锁定，此时单据的正常操作将不能使用。为恢复单据的正常操作，可使用"清除单据锁定"功能。在系统管理界面单击【视图】|【清除单据锁定】，将恢复单据的正常功能地使用。

（三）上机日志

为保证系统的安全运行，系统随时对各个模块的操作员的上下机时间、操作的具体功能等情况进行登记，形成上机日志，以便使所有的操作都有记录，以后一旦发现问题，方便查找。

学习情境二　　权限管理

软件的使用离不开具体的人员。企业对ERP软件开发利用的程度越高，渗透到企业业务的层面就越广，所涉及的用户及相应的权限就越大，对用户的管理要求也就越高。本情境是为北京阳光信息技术有限公司财务部的三名员工定义角色、用户设置、分配权限，以便今后企业财务处理的便利。权限管理学习情境结构如图1-24所示。

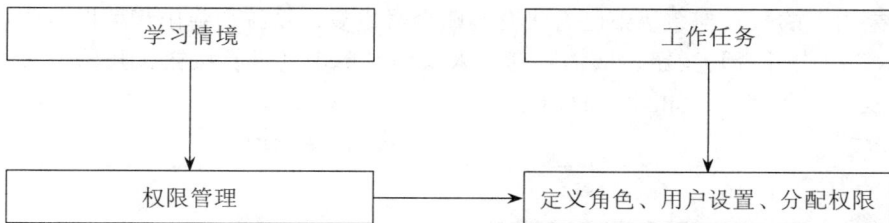

图1-24 权限管理学习情境结构

【任务一】 定义角色

一、任务描述

北京阳光信息技术有限公司财务部共有三名员工：陈明、王晶、马芳，其中陈明为财务部主管，王晶为出纳，马芳为会计。依据用友U8系统中预设的用户角色，为以上三名员工分别定义专属角色，方便账套的分工操作。

二、入职知识准备

角色是指在企业管理中拥有某一类职能的组织，这个角色组织可以是实际的部门，也可以是由拥有同一类职能的人构成的虚拟组织。例如，实际工作中最常见的会计和出纳两个角色（他们既可以是同一部门的人员，也可以分属不同的部门，但工作职能是一样的）。在设置了角色后，就可以定义角色的权限，当用户归属某一角色后，就相应地拥有了该角色的权限。设置角色的方便之处在于可以根据职能统一进行权限的划分，方便授权。

三、任务内容（见表1-1）

表1-1 角色列表

角色编码	角色名称
MANAGER-CN	出纳
MANAGER-KJ	会计

四、任务执行

1.以系统管理员的身份进入系统管理，在系统管理界面单击【权限】|【角色】，打开"角色管理"对话框，如图1-25所示。

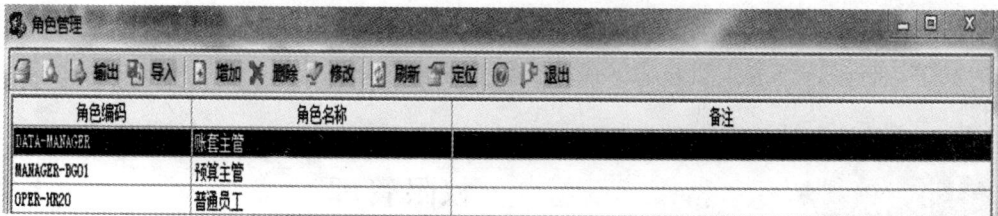

图1-25 打开"角色管理"对话框

2.单击【增加】，进入"角色详细情况"对话框，输入角色编码和名称，如图1-26所示，输入完成后，单击【增加】按钮保存角色信息，并重复上述步骤继续增加其他角色。

3.所有角色都增加完毕后，单击【取消】按钮结束，返回"角色管理"对话框，所有角色以列表方式显示。全部信息都录入完毕，再单击【退出】，返回系统管理界面。

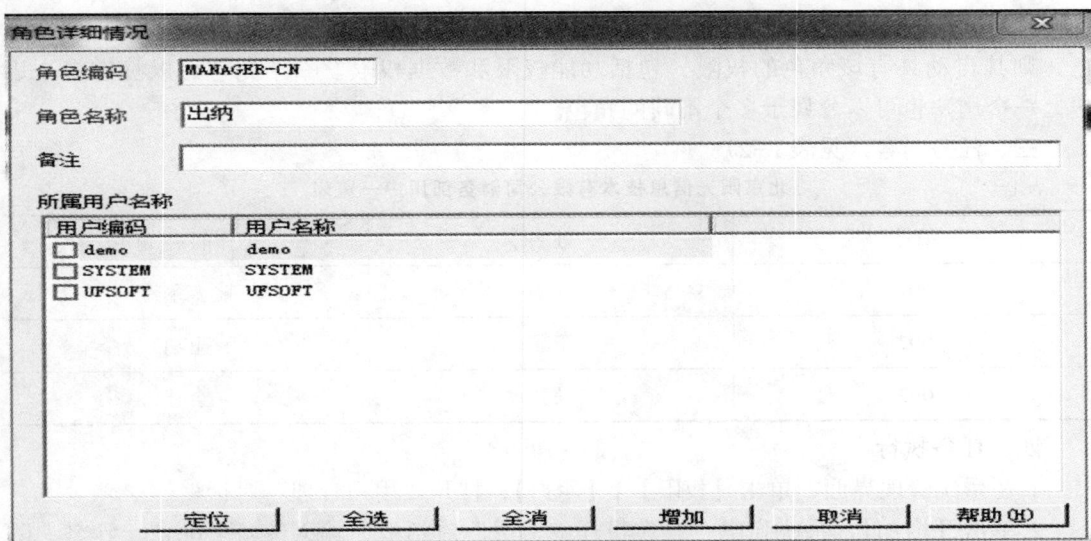

图1-26　增加角色

财务专家温馨提示

　　◆角色是对每一个操作员赋予的一个名称，企业可以根据自身的情况为操作员定义角色。

　　◆U8系统只在角色中预设了三种：账套主管、预算主管、普通员工。

　　◆对于操作员，用友软件中包括角色和用户两个不同的概念。角色是指在企业管理中拥有某一类职能的组织，这个角色组织可以是实际的部门，也可以是由拥有同一类职能的人构成的虚拟组织。例如，实际工作中最常见的会计和出纳两个角色（他们可以是一个部门的人员，也可以不是一个部门但工作职能是一样的角色统称）。我们在设置角色后，可以定义角色的权限，如果用户被归属于某角色，那么该用户就相应地具有该角色的权限。用户是指有权登录系统、对系统进行操作的人员，即通常意义上的"操作员"。每次注册登录系统，都要进行用户身份的合法性检查。只有设置了具体的用户之后，才能进行相关操作。

【任务二】用户设置

一、任务描述

　　北京阳光信息技术有限公司财务部的三名员工的角色已经定义完毕，现在可以将三名员工分别添加到系统管理中，使其能在今后登录平台进行账套的相关业务操作。

二、入职知识准备

　　用户是指有权限登录系统、对系统进行操作的人员，即通常意义上的"操作员"。每次注册登录系统，都要进行用户身份的合法性检查。只有设置了具体的用户之后，才能进行相关操作。

　　设置用户的目的在于避免与业务无关的人员对系统进行操作，保证系统数据的安全、保密。一般由系统管理员进行用户的设置。

　　用户和角色的设置可以不分先后顺序，但对于自动传递权限来说，应该首先定义角色，然后分配权限，最后进行用户的设置。这样在设置用户的时候，选择其归属哪一个角色，则其自动具有该角色的权限，包括功能权限和数据权限。一个角色可以拥有多个用户，一个用户也可以分属于多个不同的角色。

三、任务内容（见表1-2）

表1-2　　　　　　　　北京阳光信息技术有限公司财务部用户一览表

编号	姓名	工作职责/角色
001	陈明	账套主管
002	王晶	出纳
003	马芳	会计

四、任务执行

1.在系统管理界面，单击【权限】|【用户】，打开"用户管理"对话框。

2.单击【增加】，系统弹出"操作员详细情况"对话框，输入编号"001"、姓名"陈明"、口令无、所属部门"财务部"，在所属角色中勾选"账套主管"，单击【增加】按钮保存用户信息，如图1-27所示，并重复上述步骤继续增加其他用户。

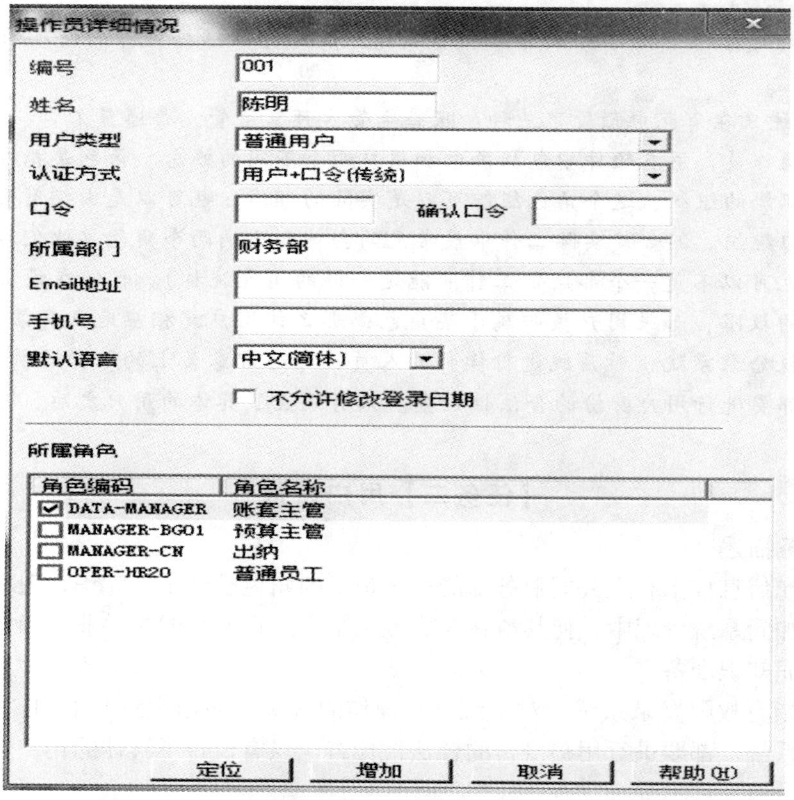

图1-27　增加操作员

3.所有用户都增加完成后，单击【取消】按钮结束，返回"用户管理"对话框，所有用户以列表方式显示，如图1-28所示。全部信息都录入完毕，再单击【退出】，返回系统管理界面。

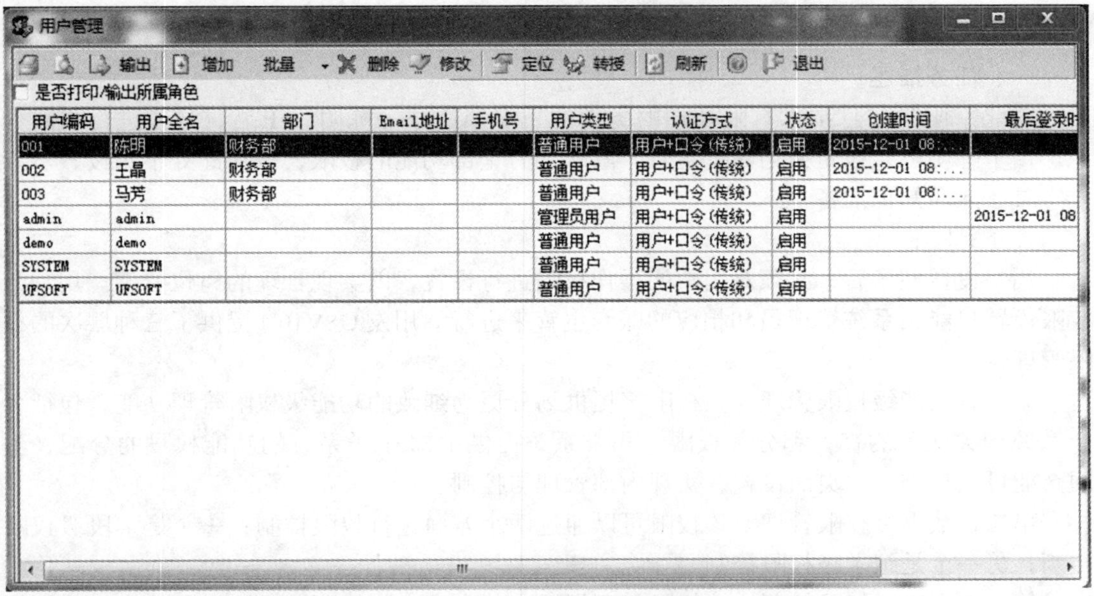

用户编码	用户全名	部门	Email地址	手机号	用户类型	认证方式	状态	创建时间	最后登录时
001	陈明	财务部			普通用户	用户+口令(传统)	启用	2015-12-01 08:...	
002	王晶	财务部			普通用户	用户+口令(传统)	启用	2015-12-01 08:...	
003	马芳	财务部			普通用户	用户+口令(传统)	启用	2015-12-01 08:...	
admin	admin				管理员用户	用户+口令(传统)	启用		2015-12-01 08
demo	demo				普通用户	用户+口令(传统)	启用		
SYSTEM	SYSTEM				普通用户	用户+口令(传统)	启用		
UFSOFT	UFSOFT				普通用户	用户+口令(传统)	启用		

图1-28　显示操作员列表

4.若要修改用户信息，在“用户管理”对话框中，先单击选中要修改的用户，再单击【修改】，进入“操作员详细情况”对话框进行修改，修改完成后，单击【增加】按钮保存。

5.若要删除用户，在“用户管理”对话框中，先单击选中要删除的用户，再单击【删除】，系统提示确认删除用户信息，单击【是】按钮。

财务专家温馨提示

◆只有系统管理员才有权限设置角色和用户。

◆用户编号在系统中必须唯一，即使是不同的账套，用户编号也不能重复。

◆设置操作员口令时，为保密起见，输入的口令字以“*”号在屏幕上显示。

◆修改用户信息时，编号不能修改，除非将该用户删除后重新输入。

◆所设置的操作员用户一旦被引用，便不能被修改和删除。

◆如果操作员调离企业，可以通过“修改”功能“注销当前用户”。

◆在“操作员详细情况”对话框中，蓝色字体标注的项目为必输入项，其余项目为可选项，这一规则适用于所有界面。

◆要想删除已经定义角色的用户，需先删除用户的角色信息。

常见问题解析

◆无法删除用户。其主要原因是系统禁止删除已被赋予角色的用户。建议操作：先取消角色，再进行删除操作。如果取消角色后，仍无法删除，可能是因为在日志文件中已存在，则删除日志文件后方可删除。

◆找不到数据源或账套为空，无法注册。其常见原因：没有权限、密码错误。建议操作：系统管理员对操作员进行账套权限分配和密码修改。

【任务三】分配权限

一、任务描述

对北京阳光信息技术有限公司财务部的三名员工——陈明、王晶、马芳进行权限分配。由于陈明已经被定义为账套主管，默认拥有全部功能的权限，故在此处不用设置。

二、入职知识准备

1.分配权限。

用户设置完毕后，必须对用户的操作权限进行设置，以实现合理的岗位分工。用户的权限设置只能由系统管理员和相应的账套主管来进行。用友U8V10.1提供了三种层次的权限管理：

第一，功能级权限管理。该权限将提供划分更为细致的功能级权限管理功能，包括各个系统相关业务的查看和分配权限，用友系统提供了51个子系统的功能权限的分配，不同企业可以根据需要灵活设置，实现内部管理与控制。

第二，数据级权限管理。该权限可以通过两个方面进行权限控制：一个是字段级权限控制；另一个是记录级权限控制。

第三，金额级权限控制。该权限主要用于完善内部金额控制，实现对具体金额数量划分级别，对不同岗位和职位的用户进行金额级别控制，限制他们制单时可以使用的金额数量。

功能权限的分配在系统管理中就可以操作。而数据权限和金额权限需要在企业应用平台中的【系统服务】|【权限】中的【数据权限分配】和【金额权限分配】进行分配，并且必须在功能权限已经分配完毕后再进行分配。

2.系统管理员与账套主管。

系统允许以两种身份注册进入系统管理：一种是以系统管理员的身份；另一种是以账套主管的身份。

系统管理员与账套主管的权限分工对比见表1-3。

表1-3　　　　　　　　　　**系统管理员与账套主管的权限分工对比表**

项目	系统管理员（admin）	账套主管
系统操作	设置账套和年度账备份计划；升级SQL数据库	设置年度账备份计划；升级SQL数据库
账套管理	建立、引入、删除、输出	修改
年度账管理	不能操作	建立、清空、引入、删除、输出、结转上年数据
权限	增加、注销、修改、删除用户和角色；设置账套主管及其他用户权限	设置账套主管及其他用户权限
安全管理	阅读上机日志、清除异常任务、清除单据锁定	不承担
企业应用平台	不可登录	可登录，拥有全部业务权限

系统管理员负责整个系统的总体控制和数据维护工作，他可以管理该系统中所有的账套。以系统管理员身份注册进入，可以进行账套的建立、引入、删除和输出；设置角色和用户；指定或撤销账套主管；设置和修改用户权限等。

账套主管负责所选账套的维护工作，主要包括对所选账套参数进行修改、对年度账的管理（包括年度账的建立、清空、引入、删除、输出和结转上年数据），以及该账套操作员权限的设置。

年度账管理由账套主管承担，系统的账套管理除了修改账套必须由账套主管承担外，其他的账套管理操作均由系统管理员执行。

三、任务内容

出纳王晶（002）——具有总账系统的出纳签字权，库存现金、银行存款日记账和资金日报表的查询及打印权，支票登记权以及银行对账操作权限。

会计马芳（003）——具有公共目录、总账系统、薪资系统、固定资产系统、应收款系统、应付款系统的全部操作权限。

四、任务执行

1.以系统管理员的身份进入系统管理，在系统管理界面单击【权限】|【操作员权限】，打开"操作员权限"对话框，选择111账套，如图1-29所示。

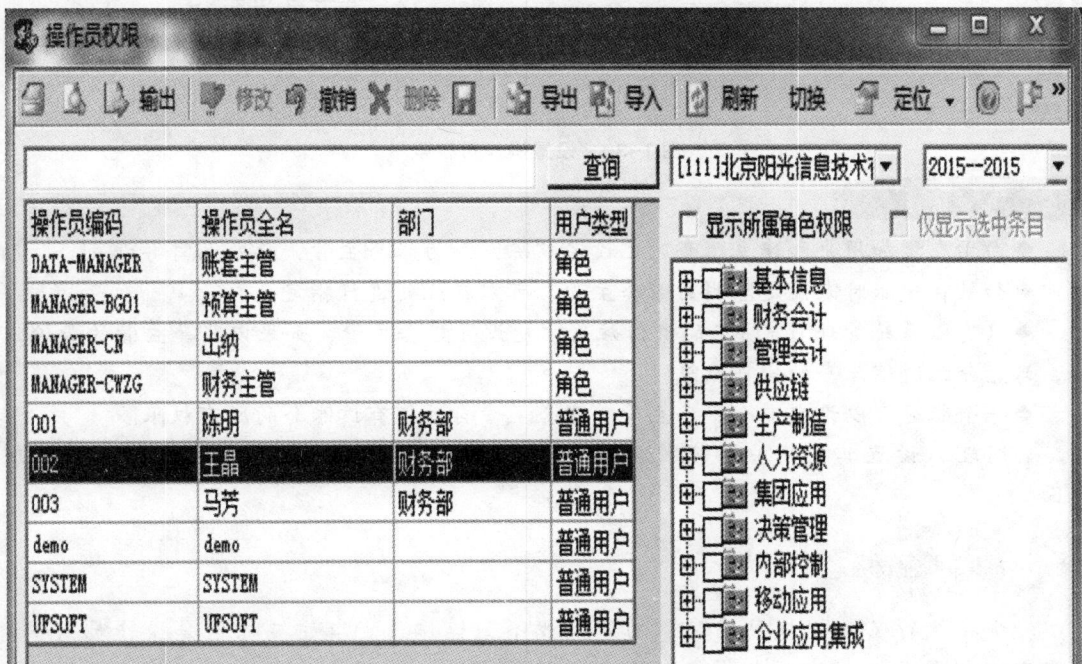

图1-29　打开"操作员权限"对话框

2.从对话框左侧操作员列表中选择"002王晶"，单击【修改】，进入权限修改状态，选中【财务会计】前带框的"+"符号，展开【总账】|【凭证】，选中【出纳签字】权限，再选中【总账】下的【出纳】权限，以及【财务会计】中的【出纳管理】，单击【保存】（软盘图标），如图1-30所示。

3.同样的操作把马芳的权限也进行设置。

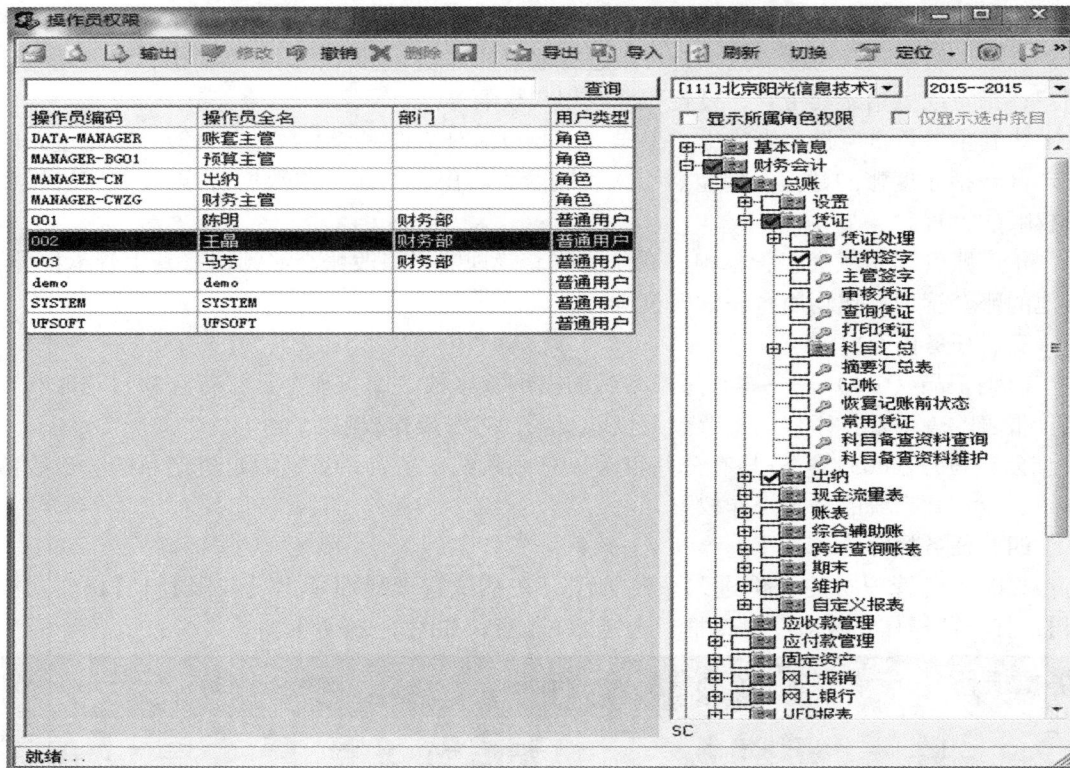

图1-30　设置操作员权限

财务专家温馨提示

◆由于在增加用户和建立账套时已设定"陈明"为账套主管，此处无需再设置。

◆如果在建账时未设定陈明为账套主管，可以在此处进行指定。

◆只有以系统管理员admin的身份注册才能设置账套主管，如果以账套主管的身份注册，只能分配所辖账套的操作权限。

◆一个账套可以设定多个账套主管。账套主管自动拥有该账套的所有权限。

4.同理，设置其他用户的操作权限。设置完成后，单击【退出】，返回系统管理界面。

常见问题解析

◆在执行"数据权限分配"功能时找不到操作员。其主要原因是操作员对该账套有权限后才能进行数据级和金额级权限设置。建议操作：由系统管理员在系统管理中给有关操作员赋权，在总账系统"选项"的"账簿"选项卡中取消明细账查询权限控制到科目和凭证审核权限控制到操作员，再执行"数据权限分配"功能。

◆找不到设置权限的操作员。其主要原因是该操作员被注销了（被注销的操作员不能设置权限）。建议操作：重新启用操作员后再进行授权即可。

职业知识与能力考核

■ 入职基本知识测试题

一、判断题

1.系统管理员一般具有最高的操作权限,可直接对系统弹出数据库文件进行操作,可任意增删、修改账套数据和源程序。　　　　　　　　　　　　　　　　　　　　　　　　　　　　　　　　（　　）

2.在用友软件中,账套号是区分系统内不同账套的唯一标志。　　　　　　　　　　　（　　）

3.在用友软件中,账套主管只能设置账套,而不允许操作账套内的会计业务。　　　　（　　）

4.如果软件本身预置了操作员,则必须删除系统预置的操作员后才能增加新的操作员。（　　）

5.在用友软件中,系统将操作员权力适用范围分为所有用户、本组用户和当前用户三个层次。

　　（　　）

6.在用友ERP管理系统中,只能有一个系统管理员但可以有多个账套主管。　　　（　　）

7.在用友ERP管理系统中,引入账套时只能按系统默认路径引入,不能自由选择。　（　　）

8.只有在建立账套时设置了系统启用的系统才能进行登录。　　　　　　　　　　　　（　　）

9.企业安装用友ERP管理系统后,应及时设置系统管理员的密码,以保障系统的安全性。（　　）

10.查看每个用户权限时并不能看到该用户自动拥有的所属角色的权限,只能看到额外单独授权的内容。　　　　　　　　　　　　　　　　　　　　　　　　　　　　　　　　　　　　　（　　）

二、单项选择题

1.在用友软件中,具有账套设置和用户权限分配权限的是（　　　　）。

A.账套主管　　　　　　B.系统管理员　　　　　C.任一操作员　　　　　　D.会计档案管理人员

2.账套数据存储路径是指（　　　　）。

A.安装财务软件时放置程序文件的文件夹　　　　B.存放用户账套数据资料的文件夹

C.存放账套数据备份文件的文件夹　　　　　　　D.C盘上的“Program Files”文件夹

3.确定会计科目编码方案时,应满足的要求是（　　　　）。

A.所有科目的编码长度相同

B.编码要符合简洁性和可扩展性原则

C.编码的级长不要超过二级

D.编码方案是软件内定的,即共分4级,长度分别为4位、2位、2位、2位

4.设置会计科目编码的要求是（　　　　）。

A.可以任意设置

B.总账科目和规范的二级科目编码的设置必须符合会计准则（指南）中的有关规定

C.所有科目全部由财政部门制定的会计准则（指南）统一规定

D.各级科目的编码长度要相同

5.会计科目编码定义为最多6级,每级编码长度分别为4位、3位、3位、3位、2位、2位,则以下不规则的科目编码是（　　　　）。

A.66020220202　　　　B.6602022022002　　　C.6602002　　　　　　D.6602022002

6.电算化账务处理程序与手工账务处理程序的区别是（　　　　）。

A.依据不同的会计理论　　　　　　　　　　　　B.由不同的会计准则指导

C.处理不同的会计业务　　　　　　　　　　　　D.采用不同的数据存储方式

7.（　　　　）可以作为区分不同账套数据的唯一标识。

A.账号　　　　　　　　B.账套主管　　　　　　C.账套名称　　　　　　　D.单位名称

8.（　　　　）是区分不同操作员的唯一标识。

A.操作员权限　　　　　B.操作员口令　　　　　C.操作员编号　　　　　　D.操作员姓名

9.（　　）有权在系统管理中建立企业账套。

A 企业老总　　　　　B.销售总监　　　　　C 系统管理员　　　　　D.账套主管

10.能进入用友系统管理和企业门户进行操作的是（　　）。

A.系统管理员　　　　　B.账套主管　　　　　C.财务主管或会计主管　D.CEO

三、多项选择题

1.系统初始化工作的内容包括（　　）。

A.建立账套和设置用户　　　　　　　　　B.建立会计科目表并录入科目余额

C.设置凭证类型　　　　　　　　　　　　D.填制会计凭证

2.进行操作员分工的作用是（　　）。

A.避免与业务无关的人员或无权限的人员对系统进行操作

B.使所有用户都具有系统管理员的操作权限

C.明确人员的职责和权限，以便所有人员各司其职

D.保障会计数据的安全性和会计信息的保密性

3.账套管理包括（　　）。

A.账套建立　　　　　B.账套修改　　　　　C.账套引入　　　　　D.账套输出

4.设置操作员密码，下列说法正确的有（　　）。

A.可以输入数字　B.必须输入两次　C.不能为空　　D.不能修改

5.关于删除账套，下列说法正确的有（　　）。

A.系统不提供删除账套的功能　　　　　B.删除账套前系统会进行强制备份

C.正在使用的账套不允许删除　　　　　D.只有系统管理员才能删除账套

■ 职业能力测试题

（一）企业基本情况

企业名称：山东顺业有机硅有限公司（简称：顺业有机硅）（位于山东烟台市高新工业区15号）；企业类型：生产型企业；法定代表人：徐国华；联系电话和传真均为：0535-1111111；纳税人识别号：370802195003967。

（二）账套信息

账套号：123；账套名称：山东顺业有机硅有限公司；启用日期：2015年1月1日。

基础信息：存货分类，客户、供应商不分类，有外币核算。

编码方案：科目编码：4-2-2-2-2；部门：2-2；收发类别：1-2；存货：2-2；其他采用系统默认。

数据精度：采用系统默认。

（三）操作员及权限（见表1-4）

表1-4　　　　　　　　　　操作员及权限分配表

操作员编号	操作员姓名	工作职责	系统权限
001	徐明华	账套主管	
002	王永祥	业务主管	公用目录设置、公共单据、采购管理、销售管理、库存管理、存货核算
003	吴道铭	财务主管	公用目录设置、总账管理、薪资管理、固定资产管理、应收款管理、应付款管理

资料来源　第六届"用友杯"全国大学生会计信息化技能大赛试题（有改动）。

【操作要求与提示】

1.用 admin 的身份进入系统管理界面建立账套并补充账套信息。

2.在系统管理界面上分别设置角色、用户、权限。

项目二

企业应用平台与基础档案设置

　　企业应用平台是用友ERP-U8V10.1软件的唯一入口,实现了用友ERP-U8V10.1软件各产品统一登录、统一管理的功能。操作员的角色及权限决定了其是否有权登录系统,是否可以使用企业应用平台中的各功能单元。用友ERP-U8V10.1系统的企业应用平台中包括:基础设置、业务工作、系统信息。基础设置包括基本信息、基础档案、业务参数、个人参数、单据设置等。每个功能包含了几个不同的子功能,这些功能是基于企业实际筹备、注册、运营整个过程的考虑而设置的。

　　公司的成立基于公司主管部门或股东间对公司经营范围的确定和宏观的规划,在此基础上确定公司的生产经营模式、设置哪些部门、招聘何种员工、股东出资比例等,然后拟定公司名称,按照相关规定流程完成公司的注册登记。

　　基于公司成立运营的实际角度考量,会计电算化系统由若干个子系统组成。企业核算涉及哪个子系统,就可以将其启用。总账子系统是会计电算化系统中的核心子系统。一般情况下,需要启用此系统才能进行其他系统的设置和操作。若暂时不使用某个子系统,以后可以在企业应用平台的【基础设置】|【基本信息】|【系统启用】中完成。

　　为了使用友ERP-U8V10.1软件能够成为连接企业员工、用户合作伙伴的公共平台,使系统资源能够得到高效、合理的利用,在用友ERP-U8V10.1软件中设立了企业应用平台,通过企业应用平台,系统使用者能够从单一入口访问其所需的个性化信息,定义自己的业务工作,并设计自己的工作流程。在企业具体的工作岗位中,与本项目对应的工作过程主要包括基础信息设置工作过程和基础档案设置工作过程，如图2-1和图2-2所示。

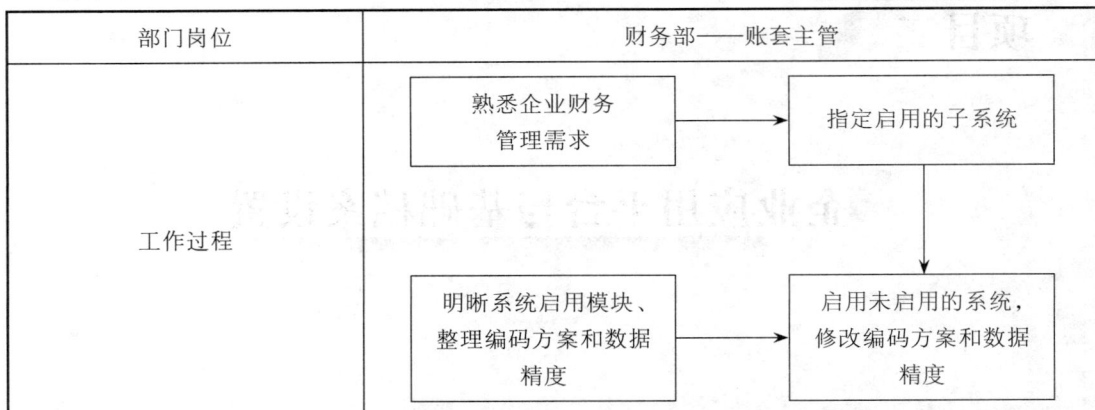

部门岗位	财务部——账套主管	
工作过程	熟悉企业财务管理需求 → 指定启用的子系统	
	明晰系统启用模块、整理编码方案和数据精度 → 启用未启用的系统，修改编码方案和数据精度	

图2-1　基础信息设置工作过程

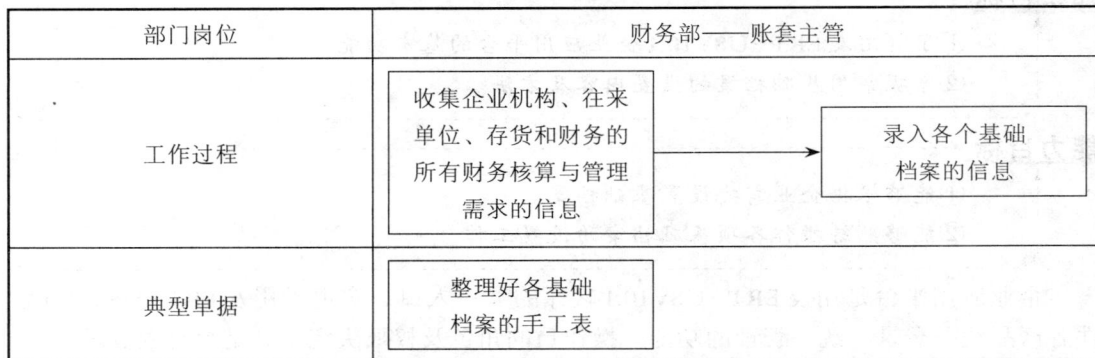

部门岗位	财务部——账套主管	
工作过程	收集企业机构、往来单位、存货和财务的所有财务核算与管理需求的信息 → 录入各个基础档案的信息	
典型单据	整理好各基础档案的手工表	

图2-2　基础档案设置工作过程

　　依据以上工作流程的分布，本项目设置了两个学习情境：设置基础信息和设置基础档案。

学习情境一　　　设置基础信息

　　北京阳光信息技术有限公司的账套已经建立完毕，相关操作员也已对应。如果想进一步完成企业日常经济业务核算的话，还需要将基础资料录入系统中，以便登记业务时方便使用。设置基础信息学习情境结构如图2-3所示。

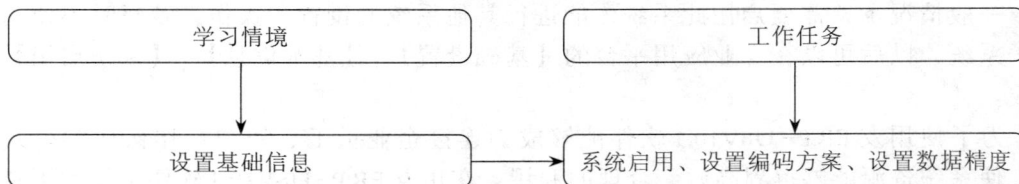

学习情境　　　　　　　工作任务

设置基础信息 → 系统启用、设置编码方案、设置数据精度

图2-3　设置基础信息学习情境结构

【任务一】 系统启用

一、任务描述

北京阳光信息技术有限公司已经成功建立了账套号为"111"的公司账套，从2015年1月1日起，以账套主管陈明的身份登录用友ERP企业应用平台，根据公司核算和管理的需要，进行会计信息系统的具体实施与应用。

二、入职知识准备

系统启用是指设定各个子系统开始使用的日期。只有启用后的子系统才能进行登录。系统启用的方法有两种：一种是在企业建账完成后立即进行系统启用；另外一种是在建账结束后由账套主管在系统管理中进行系统启用设置。

在系统启用时，只有系统管理员和账套主管有系统启用权限，且应注意各系统的启用会计时间必须大于等于账套的启用会计时间。以上账套参数确定后，应用系统会自动建立一套符合用户特征要求的账簿体系。

用友ERP-U8V10.1管理系统分为财务会计、管理会计、供应链、生产制造、人力资源、集团应用、决策支持和企业应用集成等产品组，每个产品组中又包含若干模块，它们中大多数既可以独立运行，又可以集成使用，但两种用法的流程是有差异的。一方面企业可以根据本身的管理特点选购不同的子系统；另一方面企业也可以采取循序渐进的策略有计划地先启用一些模块。系统启用为企业提供了选择的便利，它可以表明企业在何时启用了哪些子系统。只有设置了系统启用的模块才可以登录。

三、任务内容

启用总账系统、固定资产系统、薪资系统、应收款系统和应付款系统。

四、任务执行

（一）启用

1.单击【开始】|【程序】|【用友ERP-U8V10.1】|【企业应用平台】，系统弹出"登录"对话框。输入【操作员】"001"或"陈明"；在【账套】下拉列表框中选择"111（default）北京阳光信息技术有限公司"；更改【操作日期】为"2015-01-01"；单击【登录】按钮，进入"新道教育—UFIDA U8"窗口，如图2-4、图2-5所示。

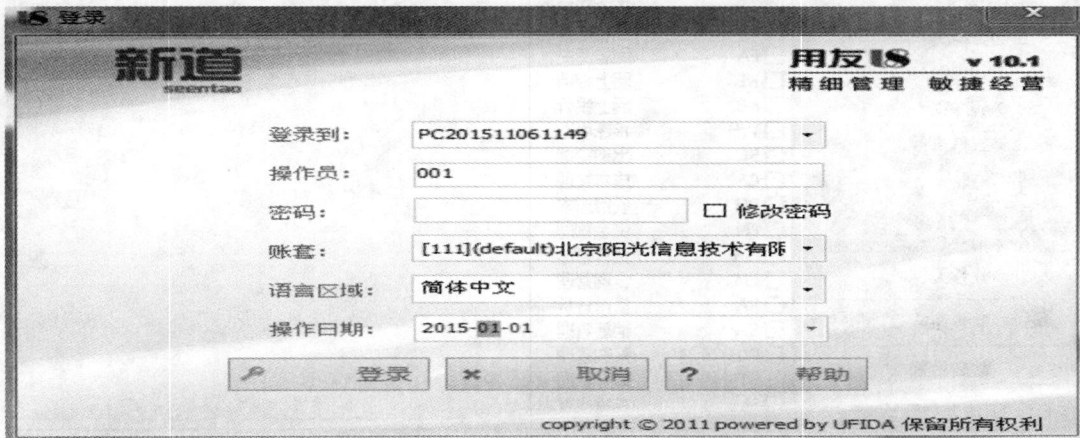

图2-4 登录企业应用平台（一）

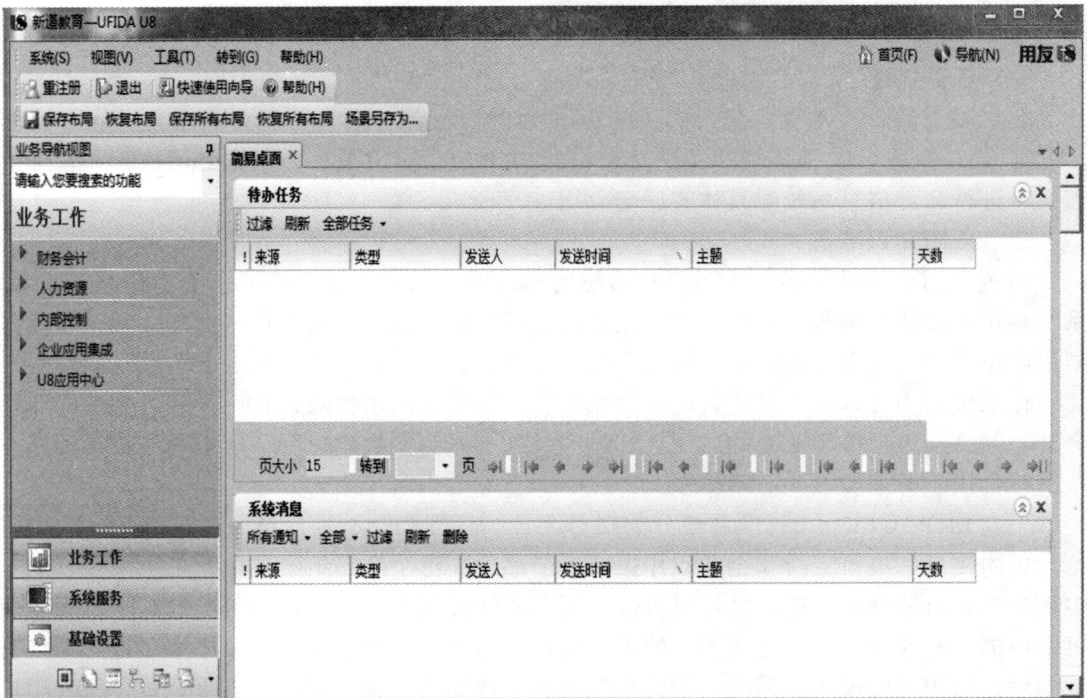

图2-5　登录企业应用平台（二）

2.在企业应用平台中，单击【基础设置】|【基本信息】|【系统启用】，打开"系统启用"对话框。启用总账系统，启用日期为"2015-01-01"，如图2-6至图2-8所示。

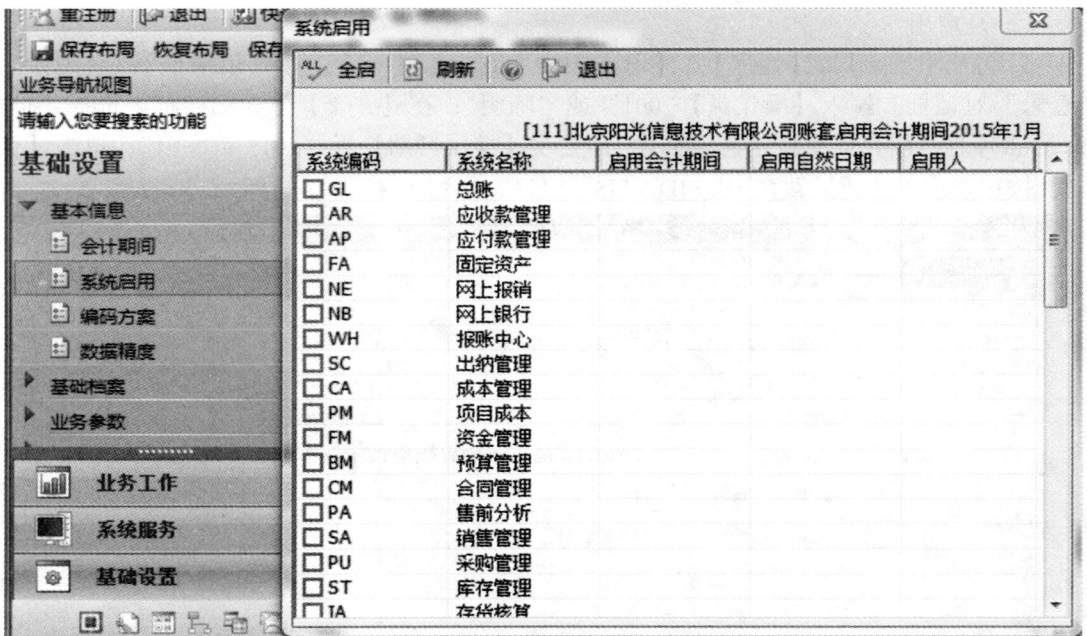

图2-6　启用总账系统（一）

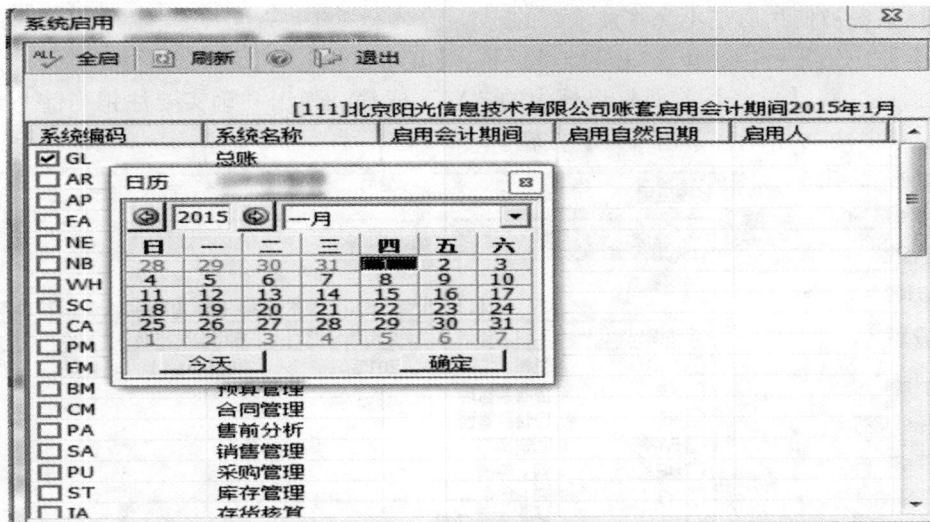

图2-7 启用总账系统（二）

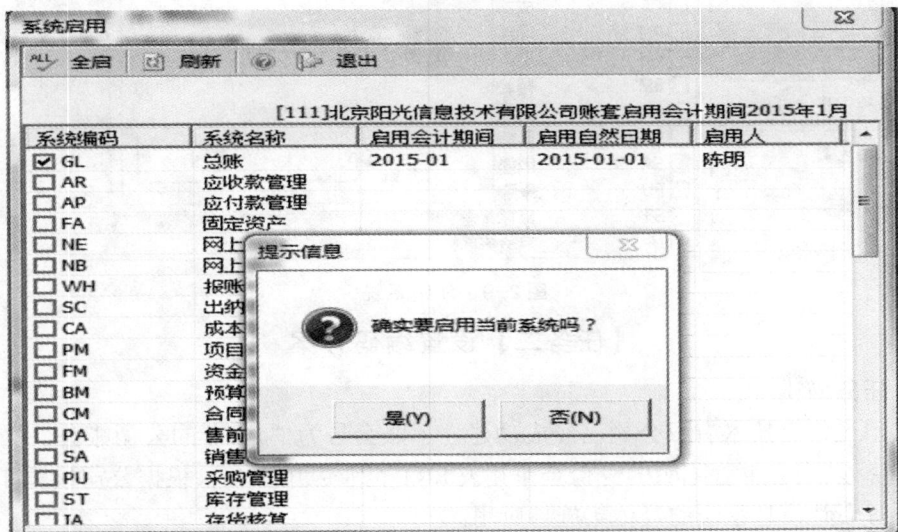

图2-8 启用总账系统（三）

3.系统启用完毕后，单击【退出】，其他系统如固定资产、薪资、应收款和应付款系统的启用方法可参照总账系统。

常见问题解析

◆基础档案设置时，找不到部门档案等菜单。其主要原因是没有启动总账系统或启动总账系统后没有重新登录系统以刷新界面信息。建议操作：以账套主管身份登录企业应用平台，单击【基础设置】|【基本信息】|【系统启用】，启用总账系统，重新登录即可。

（二）注销

系统启用后，如果想要取消启用，可以用注销的方法，但是必须保证该系统没有被使用，一旦系统被使用后是不允许被注销的。

　　在企业应用平台中，单击【基础设置】|【基本信息】|【系统启用】，打开"系统启用"对话框。将【总账】前面复选框中的"√"取消，弹出"确实要注销当前系统吗?"的提示，如图2-9所示，单击【是】按钮。

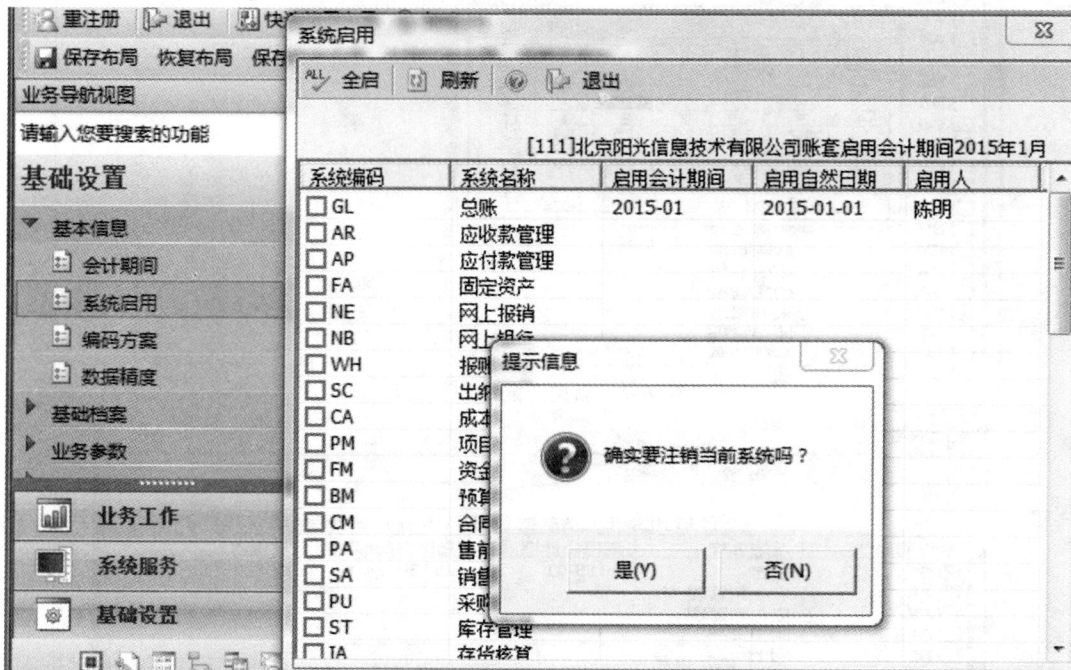

图2-9　注销系统

【任务二】设置编码方案

一、任务描述

　　北京阳光信息技术有限公司已经成功建立了账套号为"111"的公司账套，从2015年1月1日起，以账套主管陈明的身份登录用友ERP企业应用平台，根据公司核算和管理的需要，进行会计信息系统的具体实施与应用。

二、入职知识准备

　　在建账的过程中，如果编码方案设置有误或者需要修改的话，可在企业应用平台完成。在企业应用平台中更改编码方案时，必须由账套主管来完成。

三、任务内容

　　北京阳光信息技术有限公司核算账套的编码方案：存货分类编码级次：1223，客户和供应商分类编码级次：223，收发类别编码级次：12，部门编码级次：122，结算方式编码级次：12，地区分类编码级次：223，科目编码级次：42222。

四、任务执行

　　在企业应用平台中，单击【基础设置】|【基本信息】|【编码方案】，打开"编码方案"对话框，如图2-10所示。可在此对编码方案进行修改，操作完成后，单击【确定】按钮，待【确定】按钮变成灰色后再单击【取消】按钮，完成编码方案的设置。

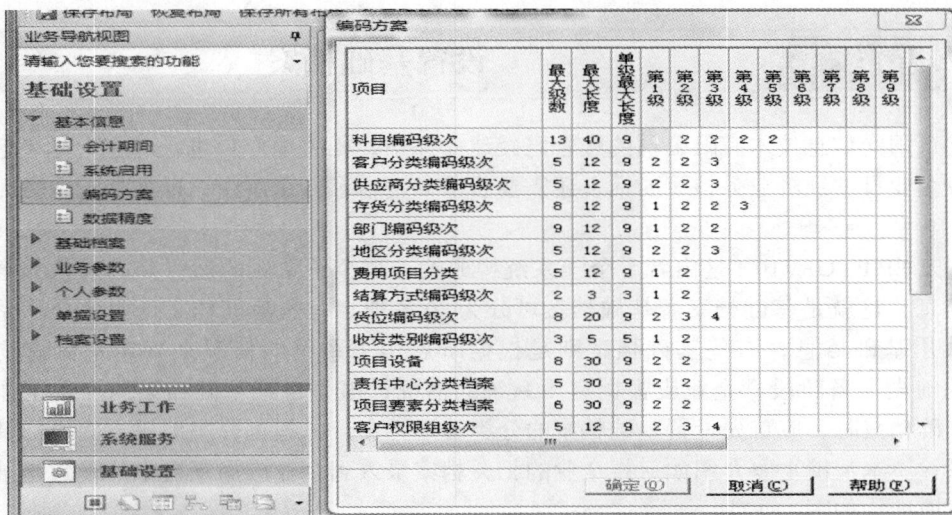

图 2-10　设置编码方案

【任务三】设置数据精度

一、任务描述

北京阳光信息技术有限公司已经成功建立了账套号为"111"的公司账套,从 2015 年 1 月 1 日起,以账套主管陈明的身份登录用友 ERP 企业应用平台,根据公司核算和管理的需要,进行会计信息系统的具体实施与应用。

二、入职知识准备

在建账的过程中,如果数据精度设置有误或者需要修改的话,可在企业应用平台完成。在企业应用平台中更改数据精度时,必须由账套主管来完成。

三、任务内容

北京阳光信息技术有限公司核算账套的数据精度:存货数量、单价小数位定为 2 位。

四、任务执行

在企业应用平台中,单击【基础设置】|【基本信息】|【数据精度】,打开"数据精度"对话框,如图 2-11 所示。可在此对数据精度进行修改,操作完成后,单击【确定】按钮,完成数据精度的设置。

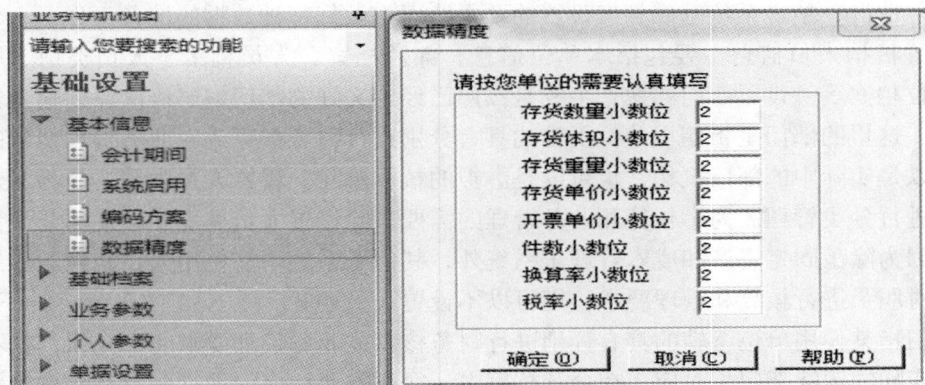

图 2-11　设置数据精度

学习情境二　　　　设置基础档案

北京阳光信息技术有限公司的账套已经建立完毕，相关操作员也已对应。如果想进一步完成企业日常经济业务核算的话，还需要将基础资料录入系统中，以便登记业务时方便使用。

用友ERP-U8V10.1是由若干个子系统构成的，每个子系统的运行都必须依靠企业的基础信息，这就是基础档案。基础档案可分为30多种，有些基础档案是由各个子系统共享的共用基础信息，有些基础档案则是根据所启用子系统的情况来确定是否需要。在ERP的前期准备阶段，企业应根据启用系统的情况，事先做好基础档案的准备工作。在设计基础档案时，应首先设置基础档案的分类编码方案，并根据分类编码方案进行基础档案的设计。本情境主要介绍如何将企业的相关档案录入到企业应用平台中。设置基础档案学习情境结构如图2-12所示。

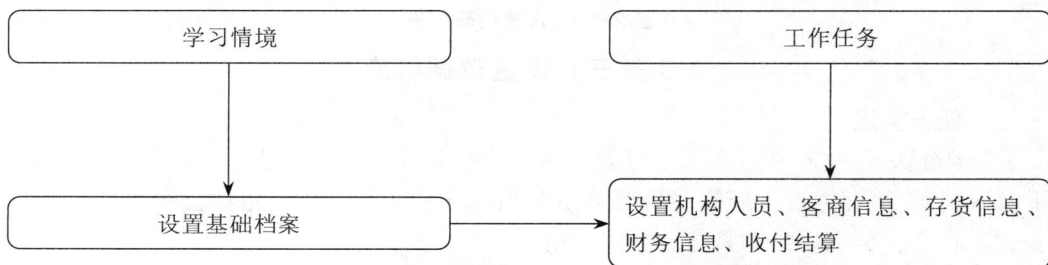

图2-12　设置基础档案学习情境结构

【任务一】设置机构人员

一、任务描述

北京阳光信息技术有限公司的各项前期工作均已完成，相关子系统也已启用完毕，本任务由账套主管陈明在企业应用平台中录入公司的部门、人员档案。

二、入职知识准备

基础档案是系统处理日常业务必需的基础资料，是系统运行的基石。一个账套总是由若干个子系统构成的，这些子系统共享共用基础档案信息。在启用新账套之前，应根据企业的实际情况，结合系统基础档案设置的要求，事先做好基础数据的准备工作。

设置机构人员信息主要包括本单位信息、部门档案、人员档案、人员类别、职务档案、岗位档案等。设置部门档案，主要是按照已经定义好的部门编码级次原则输入部门及其信息，这里的部门是指使用单位下辖的具有分别进行财务核算或者业务管理要求的单元体，可以是实际中的部门机构，也可以是虚拟的核算单元。设置人员类别，是为了对企业的人员进行分类管理。为了核算和业务管理的需要，除设置人员类别外，还需要设置人员档案，因为除了固定资产和成本管理子系统外，其他子系统均需使用人员档案。如果企业不需要对职员进行核算和管理要求，则可以不设置人员档案。

部门指某使用单位下辖的具有分别进行财务核算或业务管理要求的单元体，其不一定与企业实际的职能部门相对应。在会计核算中，往往需要按部门进行分类和汇总。部门档案用于设置部门相关信息，包括部门编码、名称、属性等。

　　如果需要管理个人的信息资料，就需要设置人员档案。人员是指企业的各个职能部门中参与企业的业务活动，且需要对其进行核算和业务管理的人员。

三、任务内容

北京阳光信息技术有限公司机构人员资料如下：

1.部门档案（见表2-1）。

表2-1　　　　　　　　　　　　部门档案列表

部门编码	部门名称	部门属性	部门编码	部门名称	部门属性
1	综合部	管理部门	203	销售三部	专售软件
101	总经理办公室	综合管理	204	销售四部	售配套用品
102	财务部	财务管理	3	供应部	采购供应
2	销售部	市场营销	4	制造部	研发制造
201	销售一部	专售打印纸	401	产品研发	技术开发
202	销售二部	专售硬件	402	制造车间	生产制造

2.人员类别（见表2-2）。

表2-2　　　　　　　　　　　　人员类别列表

分类编码	分类名称
10101	管理人员
10102	行政人员
10103	销售人员
10104	采购人员
10105	开发人员
10106	生产人员

3.人员档案（见表2-3）。

表2-3　　　　　　　　　　　　人员档案列表

职员编号	职员名称	性别	人员类别	所属部门	人员属性	是否业务员
101	肖剑	男	管理人员	总经理办公	总经理	是
102	陈明	女	管理人员	财务部	主管	是
103	王晶	女	行政人员	财务部	出纳	是
104	马芳	女	行政人员	财务部	会计	是
201	赵斌	男	管理人员	销售一部	部门经理	是
202	宋佳	男	销售人员	销售二部	经营人员	是
203	孙健	男	管理人员	销售三部	部门经理	是
204	王华	男	销售人员	销售四部	经营人员	是
301	白雪	男	采购人员	供应部	部门经理	是
401	周月	女	开发人员	产品研发	部门经理	是
402	李彤	男	生产人员	制造车间	部门经理	是

四、任务执行

（一）部门档案

1.在企业应用平台中，单击【基础设置】|【基础档案】|【机构人员】|【部门档

案】，打开"部门档案"对话框，如图2-13所示。

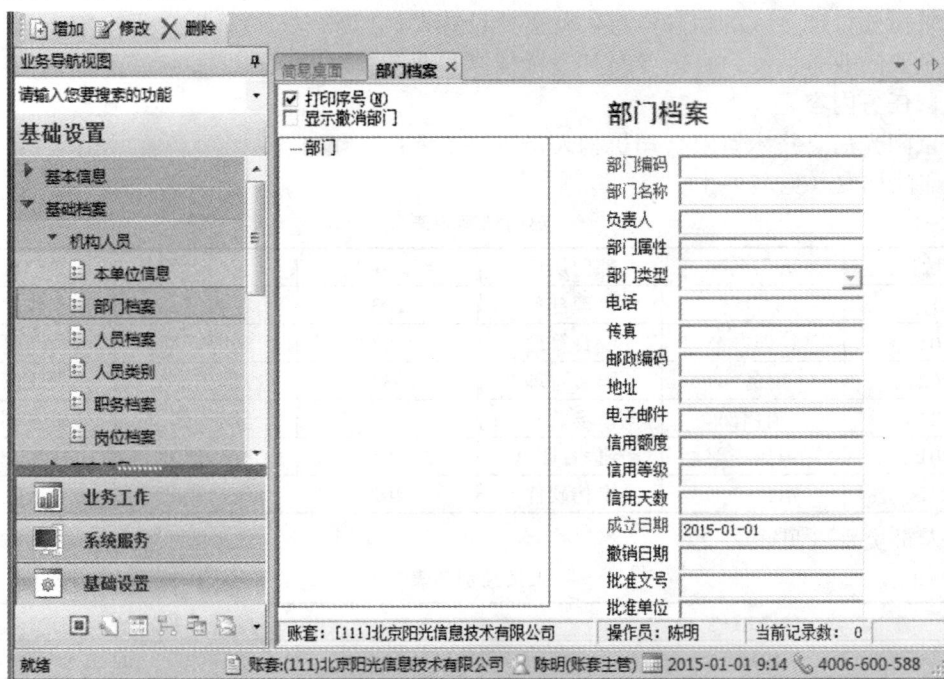

图2-13 打开"部门档案"对话框

2.新增部门档案。单击【增加】，输入【部门编码】"1"、【部门名称】"综合部"、【部门属性】"管理部门"、【成立日期】"2015-01-01"，其他可为空；单击【保存】（软盘图标）即可增加新部门，如图2-14所示，然后依次增加其他部门档案。

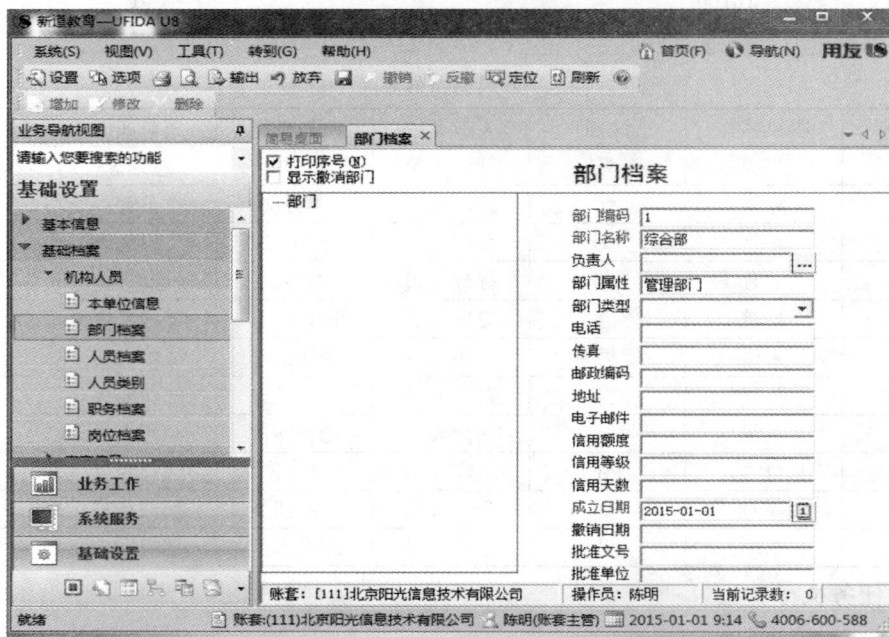

图2-14 新增部门档案

3.修改部门档案：在部门档案界面左边，将光标定位到要修改的部门上，单击【修改】。这时界面处于修改状态，除部门编码不能修改外，其他信息均可修改。

4.删除部门档案：在部门列表中选择准备要删除的部门，背景显示蓝色表示选中，单击【删除】，弹出"确信删除编码为1的档案吗？"的提示信息，单击【是】按钮，即可删除此部门档案，如图2-15所示。

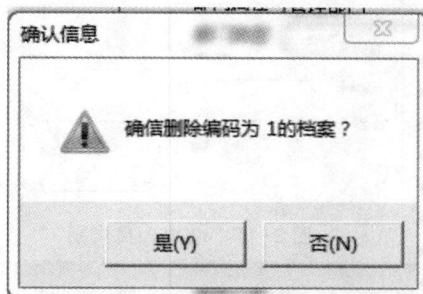

图2-15　删除部门档案

财务专家温馨提示

◆若部门被其他对象引用后就不能被删除。

◆刷新档案记录：在网络操作中，可能同时有多个操作员在操作相同的目录，可以利用【刷新】，查看到当前最新目录情况。

◆录入的部门编码必须符合部门编码方案。

◆部门编码和名称是唯一对应关系。

（二）人员类别

1.在企业应用平台中，单击【基础设置】|【基础档案】|【机构人员】|【人员类别】，打开"人员类别"对话框，如图2-16所示。

图2-16　打开"人员类别"对话框

2.单击选择【正式工】，然后单击【增加】，打开"增加档案项"对话框，如图2-17所示，输入相应的人员类别数据。

3.输入完成后，单击【确定】按钮，然后依次增加其他人员类别，如图2-18所示。

（三）人员档案

1.在企业应用平台中，单击【基础设置】|【基础档案】|【机构人员】|【人员档案】，打开"人员档案"对话框，选中对应部门后，单击【增加】，进入到人员档案新增界面，如图2-19所示。

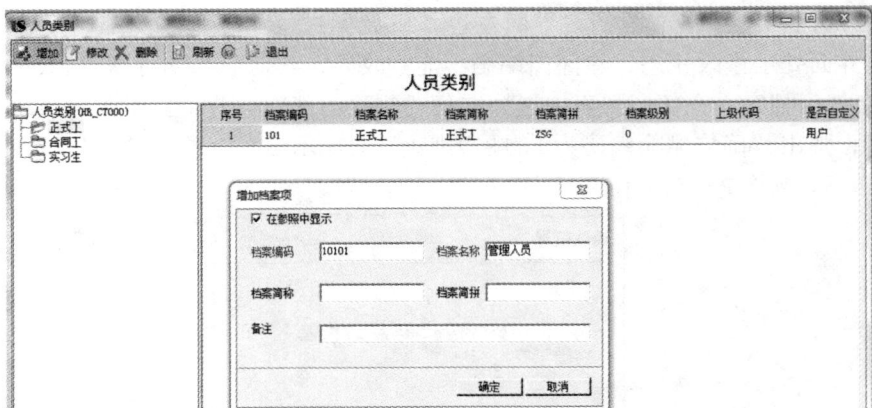

图 2-17　增加人员类别

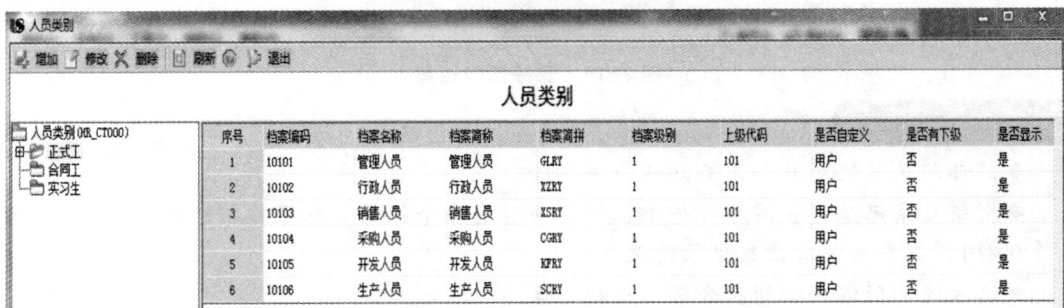

图 2-18　显示人员类别列表

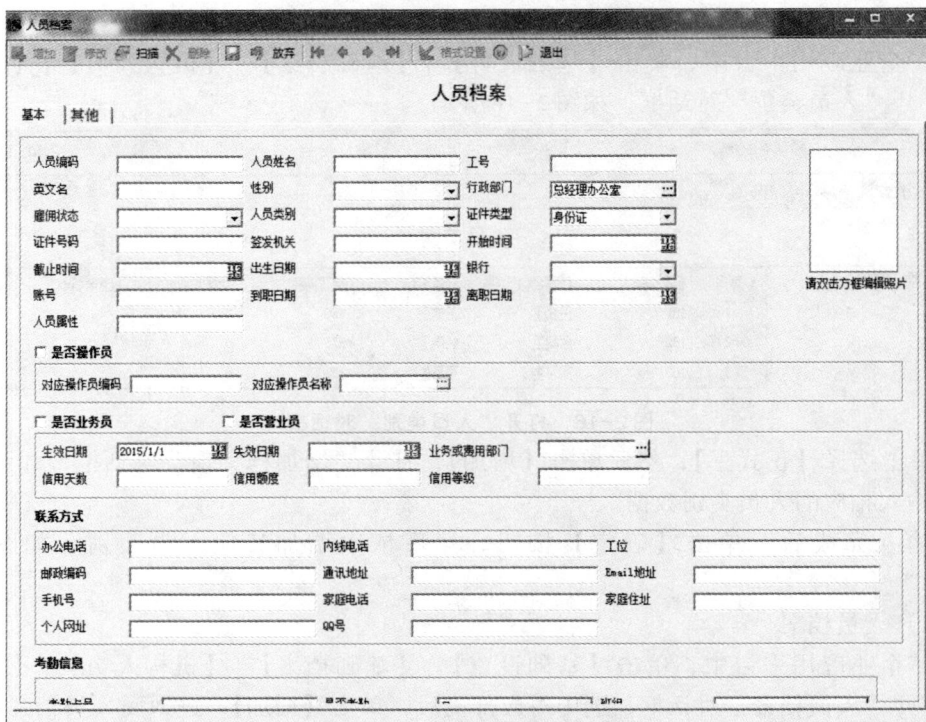

图 2-19　打开"人员档案"对话框

2.在人员档案新增界面，输入【人员编码】"101"、【人员姓名】"肖剑"，选择【性别】"男"、【行政部门】"总经理办公室"、【雇佣状态】"在职"、【人员类别】"管理人员"，输入【人员属性】"总经理"，选中业务员选项等，其中蓝色字的为必输入项，其他为任选项，单击【保存】（软盘图标）即可，如图2-20、图2-21所示，然后依次输入全部人员档案，如图2-22所示。

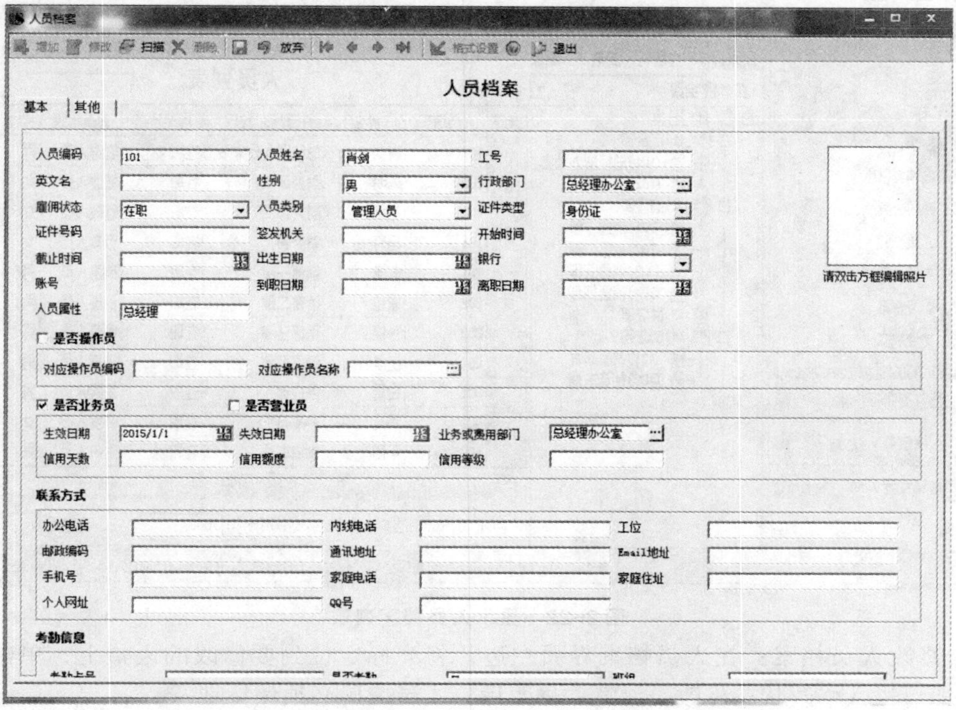

图2-20　增加人员档案

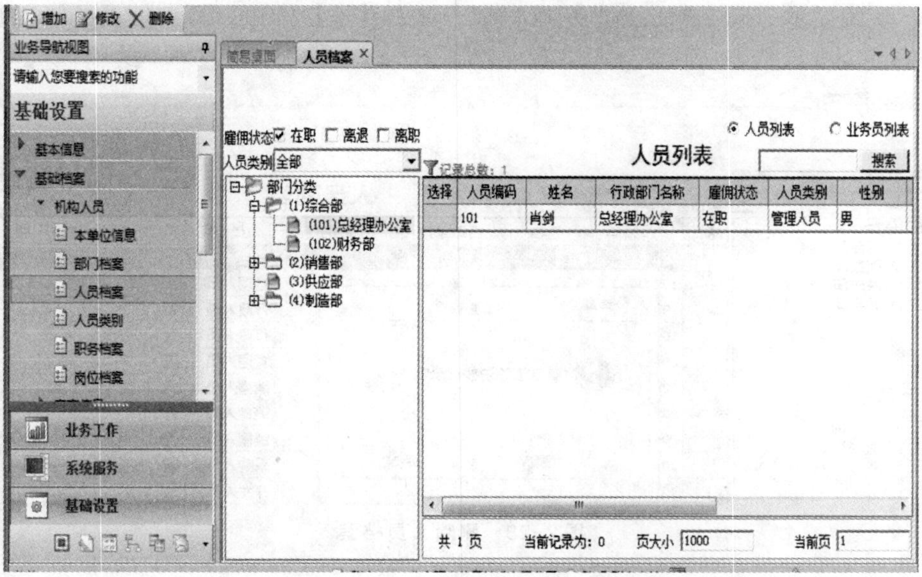

图2-21　显示人员档案列表

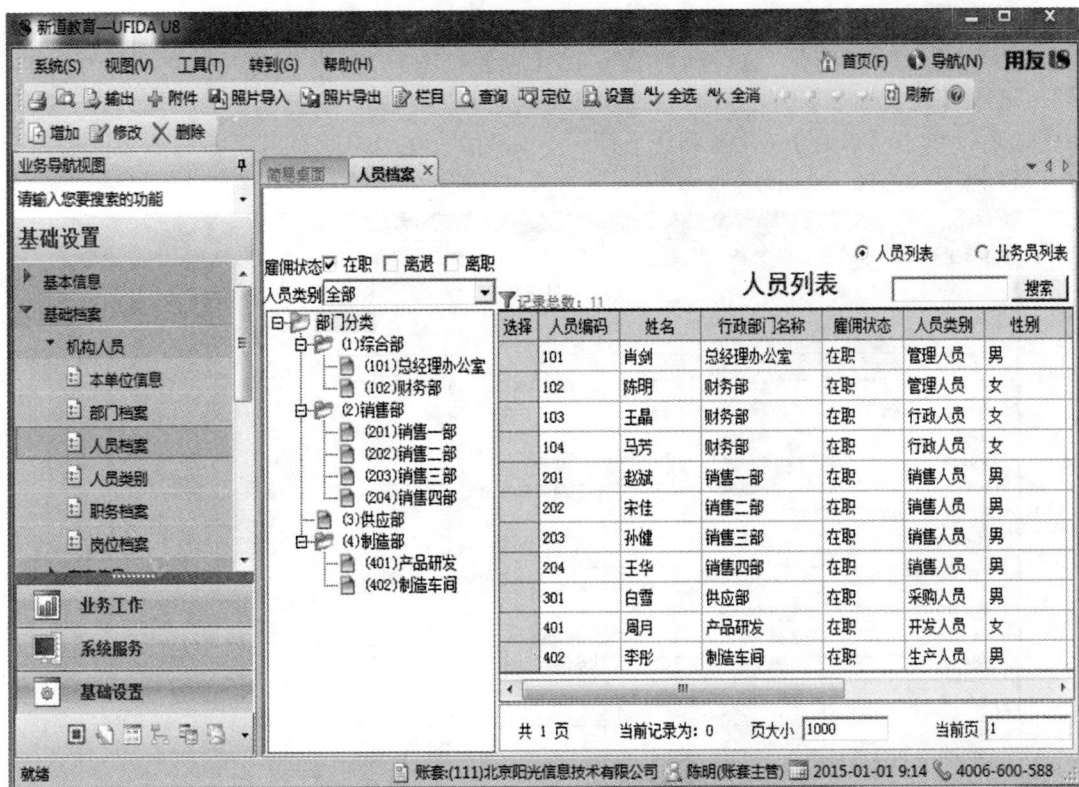

图 2-22　显示人员档案列表

3. 修改人员档案：在人员档案界面左边，将光标定位到要修改的人员上，单击【修改】，即可进入修改状态修改。注意：修改后，人员编码必须保持唯一。

4. 删除人员档案：双击准备删除的人员档案记录前的【选择】，出现"Y"，然后单击【删除】，系统提示"确定删除这些记录吗？"，单击【是】按钮，则该条人员档案被删除，如图 2-23 所示。

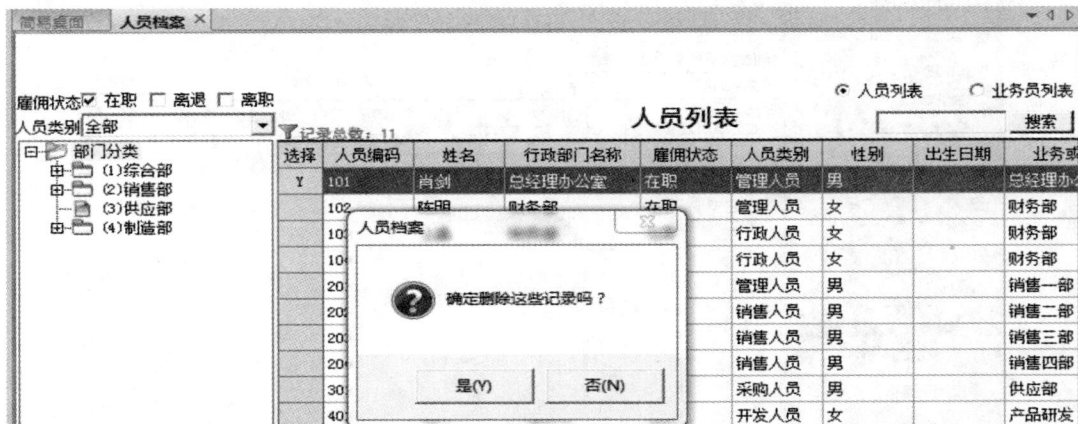

图 2-23　删除人员档案

常见问题解析

◆ 录入完一个部门的人员档案，再录入其他部门的人员档案时，过滤不到对应的部门。其主要原因是系统自动带出上一个人员的部门名称，再过滤也找不到其他部门。建议操作：删除系统自动带出的部门编码，再参照过滤就可以找到对应的部门。

【任务二】设置客商信息

一、任务描述

北京阳光信息技术有限公司的各项前期工作均已完成，相关子系统也已启用完毕，本任务由账套主管陈明在企业应用平台中录入公司的地区分类、客户档案、供应商档案。

二、入职知识准备

客户档案和供应商档案主要用于录入往来客户和供应商的信息资料，以便对客户和供应商进行管理和业务分析。

设置客商信息的前提是在建立公司账套的时候已经选择了客户、供应商分类。

建立供应商档案主要是为公司的采购、库存、应付款系统服务的。在填制采购入库单、采购发票、进行采购结算、应付款结算以及有关供货单位统计等时都会用到供应商档案。已被引用的供应商分类不能被删除。没有对供应商进行分类管理需求的用户可以不使用本功能。

建立客户档案主要是为公司的销售、库存、应收款系统服务的。在填制销售发票、销售发货单以及办理应收款结算等时，都会用到客户档案。已被引用的客户分类不能被删除。不需要对客户进行分类管理的用户可不使用本功能。

三、任务内容

北京阳光信息技术有限公司客商信息档案资料如下：

1.地区分类（见表2-4）。

表2-4　　　　　　　　　　　　地区分类列表

地区分类	分类名称
01	东北地区
02	华北地区
03	华东地区

2.客户与供应商分类（见表2-5）。

表2-5　　　　　　　　　　　客户与供应商分类列表

客户分类编码	客户分类名称	供应商分类编码	供应商分类名称
01	事业单位	01	硬件供应商
0101	学校	02	软件供应商
0102	机关	03	材料供应商
02	企业单位	04	其他
0201	工业		
0202	商业		
0203	金融		
03	其他		

3. 供应商档案（见表2-6）。

表2-6　　　　　　　　　　　　　**供应商档案列表**

编号	名称	简称	分类	税号	开户银行	银行账号	地址	邮政编码	分管部门	分管业务员
001	北京万科有限公司	万科	02	110567453698462	中行	48723367	北京市朝阳区十里堡8号	100025	供应部	白雪
002	北京联想分公司	联想	01	110479865267583	中行	76473293	北京市海淀区开拓路108号	100085	供应部	白雪
003	南京多媒体教学研究所	多媒体研究所	04	320888465372657	工行	55561215	南京市湖北路100号	210008	供应部	白雪
004	上海信息记录纸厂	记录纸厂	03	310103695431012	工行	85115076	上海市浦东新区东方路1号	200120	供应部	白雪

4. 客户档案（见表2-7）。

表2-7　　　　　　　　　　　　　**客户档案列表**

编号	名称	简称	分类	税号	开户银行	银行账号	地址	邮政编码	折扣率	分管部门	分管业务员
001	北京世纪学校	世纪学校	0101	120009884732788	工行	73853654	北京市海淀区上地信息路1号	100085	1	销售一部	赵斌
002	天津海达公司	海达公司	0202	120008456732310	工行	69325581	天津市南开发区华苑路1号	300310		销售二部	宋佳
003	上海万邦证券	万邦证券	0203	310106548765432	工行	36542234	上海市徐汇区天平路8号	200030		销售三部	孙健
004	哈尔滨飞机制造厂	哈飞	0201	108369856003251	中行	43810548	哈尔滨市平房区和平路116号	150008	2	销售四部	王华

四、任务执行

（一）地区分类

1. 以账套主管陈明的身份进入企业应用平台，单击【基础设置】|【基础档案】|【客商信息】|【地区分类】，打开"地区分类"对话框，如图2-24所示。

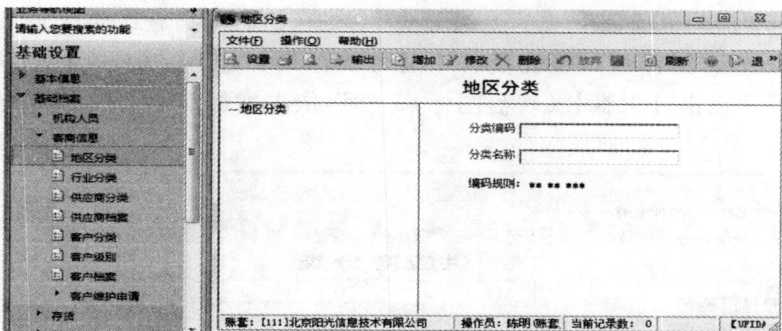

图2-24　打开"地区分类"对话框

2.单击【增加】，依次录入地区【分类编码】"01"和【分类名称】"东北地区"，如图2-25所示。

3.录入完成后，单击【保存】（软盘图标）。

4.所有分类信息录入完成后，将会按照层级结构依次排列在"地区分类"对话框的左侧，如图2-26所示。

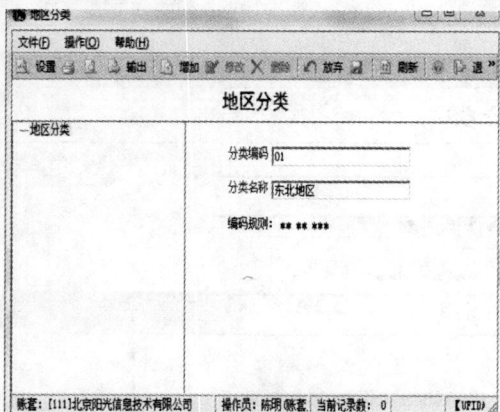

图2-25　增加地区分类

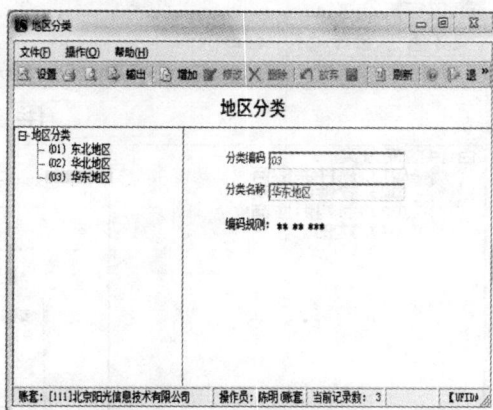

图2-26　显示地区分类列表

（二）供应商分类

1.在企业应用平台中，单击【基础设置】|【基础档案】|【客商信息】|【供应商分类】，打开"供应商分类"对话框，如图2-27所示。

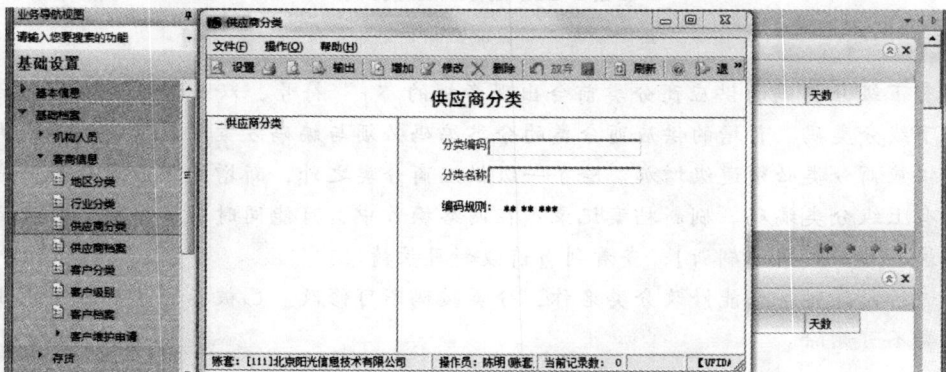

图2-27　打开"供应商分类"对话框

2.选择要增加的供应商分类的上级分类，单击【增加】，在编辑区输入分类编码和名称等分类信息，例如：本账套资料中【分类编码】输入"01"；【分类名称】输入"硬件供应商"。点击【保存】（软盘图标），然后依次增加其他供应商分类，如图2-28所示。

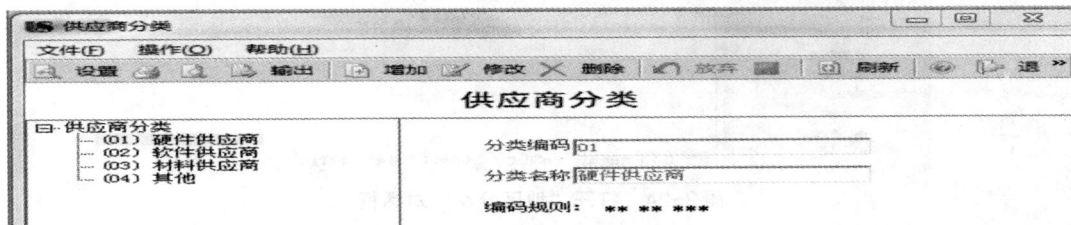

图2-28　增加供应商分类

3.修改供应商分类：选择要修改的供应商分类，单击【修改】。

4.删除供应商分类：选择要删除的供应商分类，单击【删除】，弹出"确信删除编码为01的档案？"的提示，单击【是】按钮，如图2-29所示。

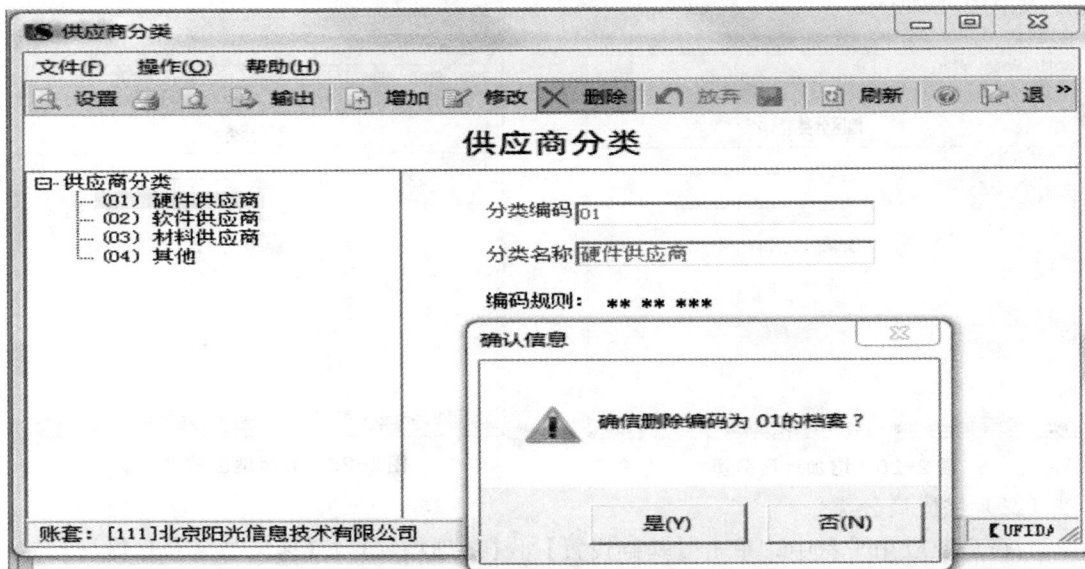

图2-29　删除供应商分类

财务专家温馨提示

◆有下级分类码的供应商分类前会出现带框的"+"符号，双击该分类码时，会出现或取消下级分类码。新增的供应商分类的分类编码必须与编码方案中设定的编码级次结构相符。供应商分类必须逐级增加。除了一级供应商分类之外，新增的供应商分类的分类编码必须有上级分类编码。刷新档案记录：在网络操作中，可能同时有多个操作员在操作相同的目录，可以利用【刷新】，查看到当前最新目录情况。

◆进行修改时，只能修改分类名称，分类编码不可修改。已被其他基础档案调用的供应商分类不可删除。

常见问题解析

◆ 无法增加客户或供应商分类。这通常是因为建立账套时，没有选择"客户或供应商分类"。建议操作：以账套主管身份登录系统管理，单击【账套】|【修改】进入"基础信息"对话框，在【客户是否分类】、【供应商是否分类】前的复选框内打钩。

（三）供应商档案

1.在企业应用平台中，单击【基础设置】|【基础档案】|【客商信息】|【供应商档案】，打开"供应商档案"对话框，如图2-30所示。

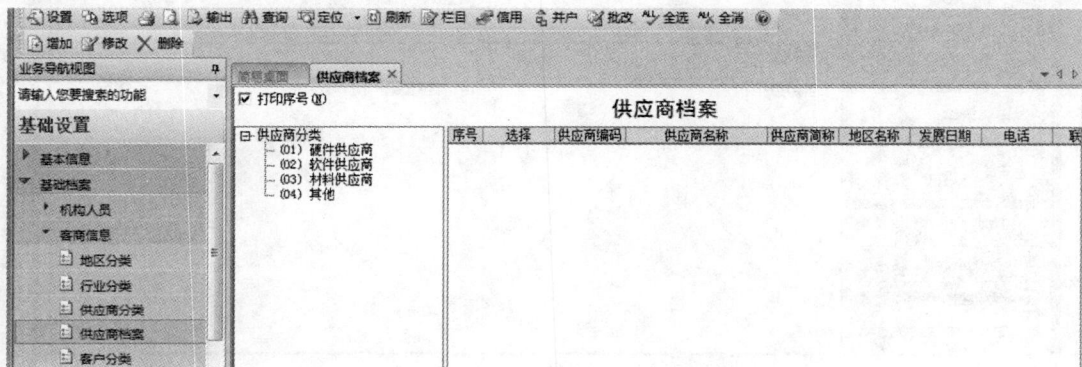

图2-30 打开"供应商档案"对话框

2.新增供应商档案：在左边的树形列表中选择一个末级的客户分类，单击【增加】，进入增加状态。选择【基本】、【联系】、【信用】、【其他】页签进行相关供应商的信息录入，也可通过工具栏上的【联系】、【银行】两个功能按钮来设置供应商联系人管理和供应商银行档案，其中【联系】页签和【联系】功能按钮的意义相同，都是记录供应商联系人信息的，可选择其中一个来进行设置，如图2-31至图2-36所示。

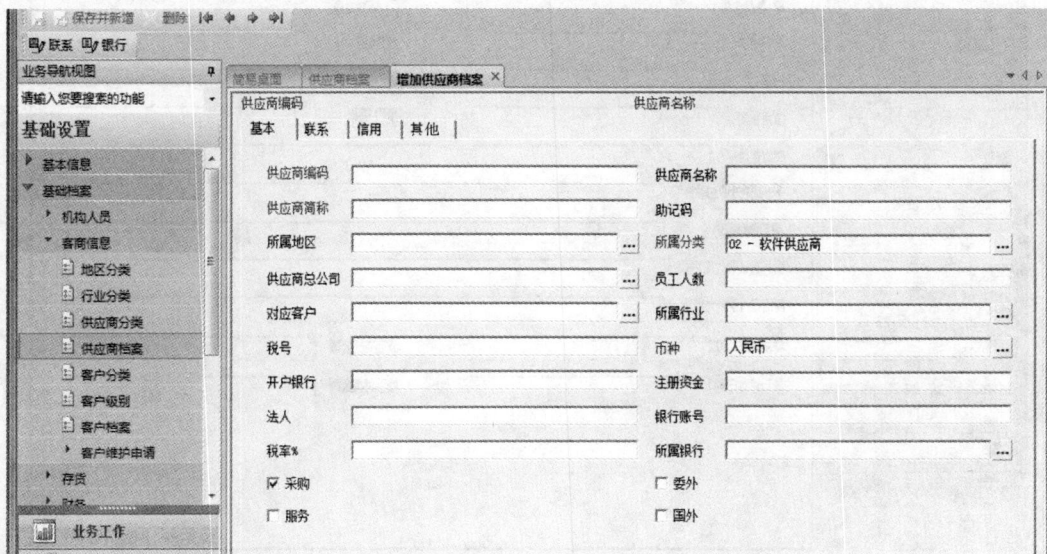

图2-31 增加供应商档案（一）

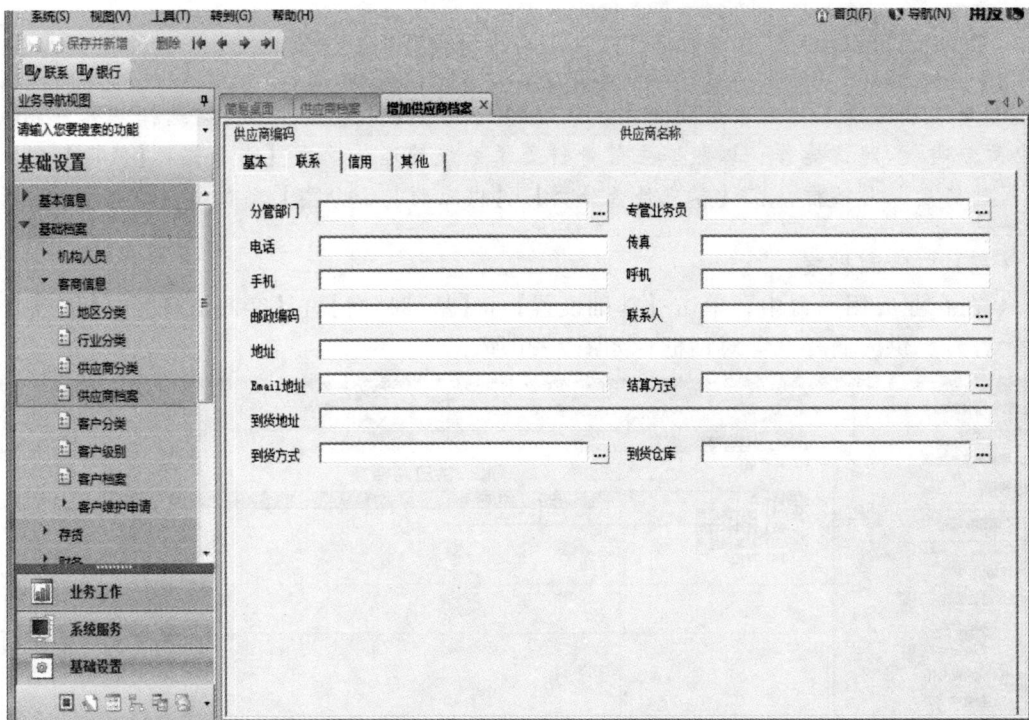

图 2-32 增加供应商档案（二）

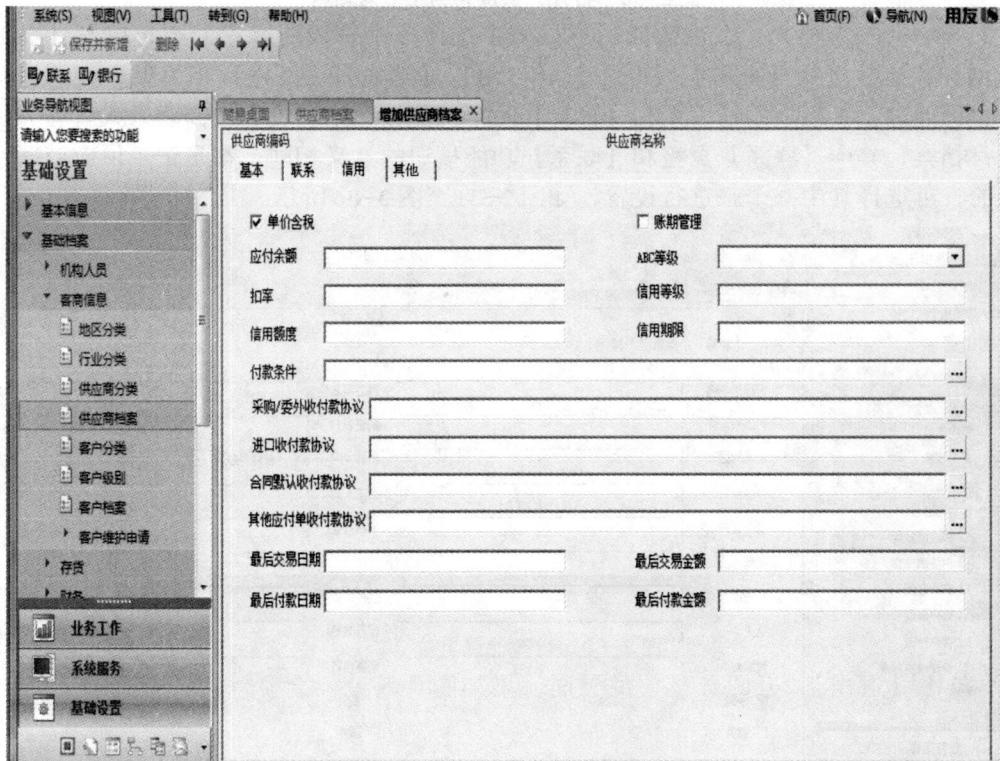

图 2-33 增加供应商档案（三）

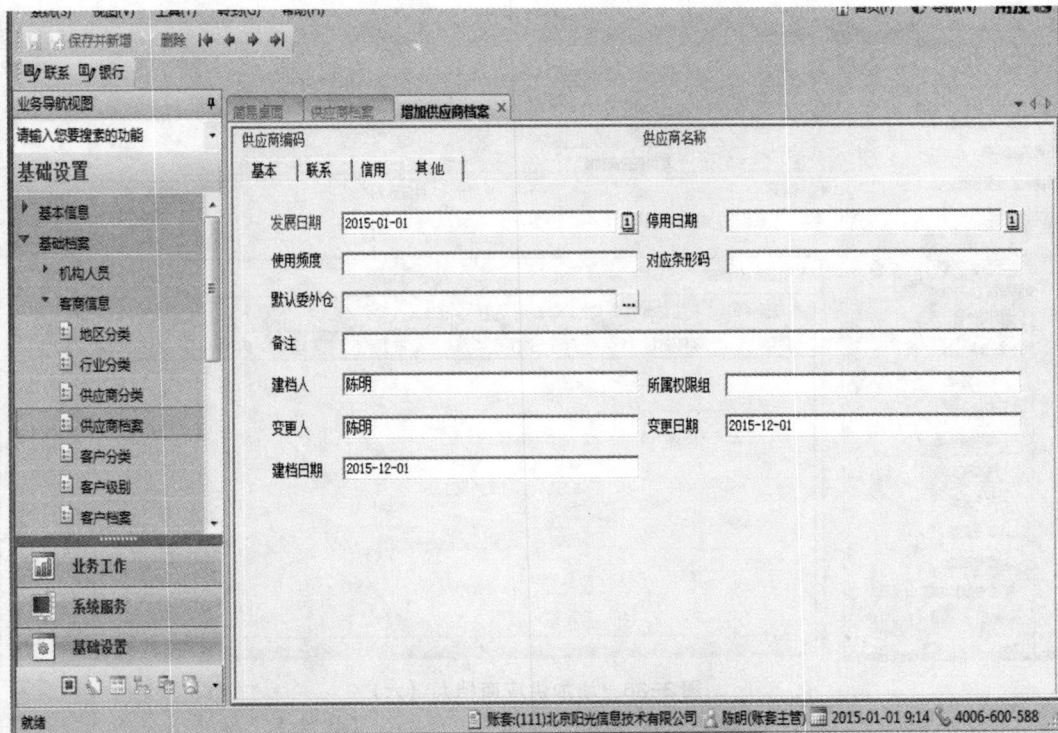

图 2-34　增加供应商档案（四）

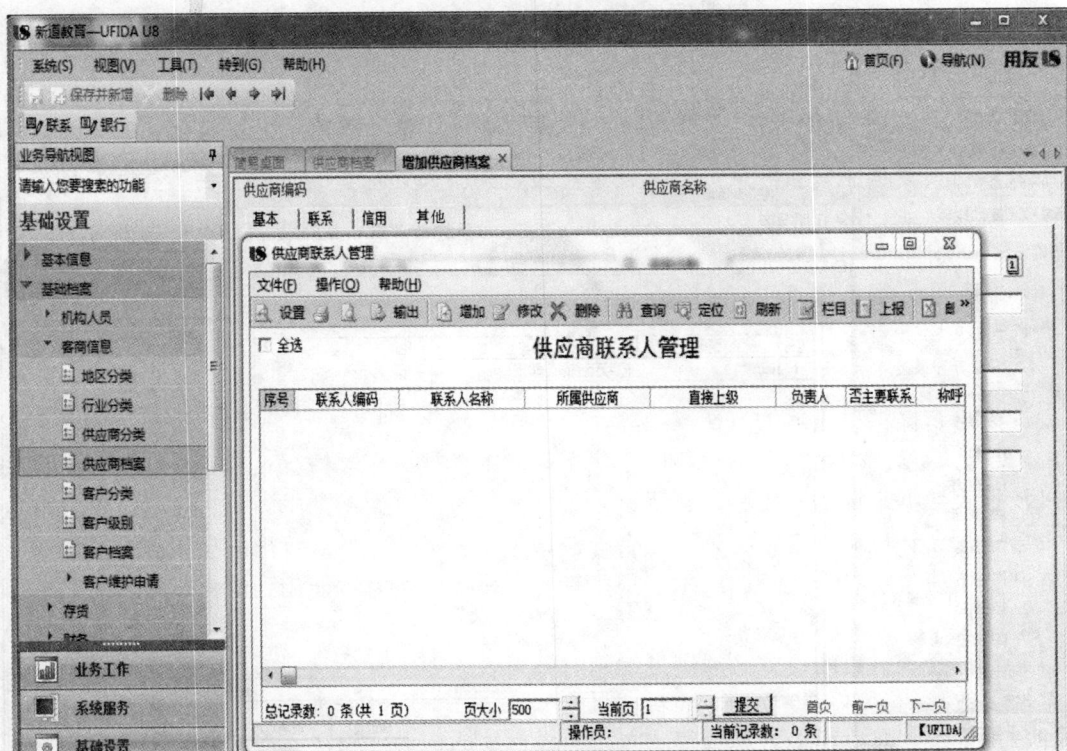

图 2-35　增加供应商档案（五）

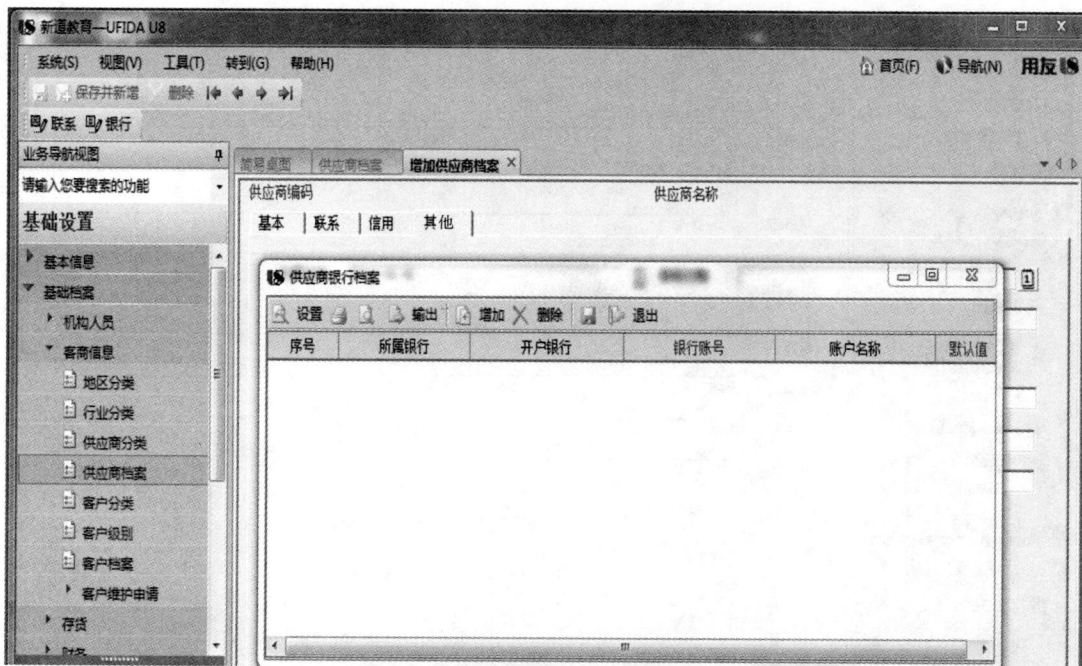

图 2-36　增加供应商档案（六）

3.修改供应商档案：选择要修改的供应商记录，点击【修改】，修改方法与新增方法相同，注意供应商编码不可修改。

4.删除供应商档案：选择要删除的供应商记录，点击【删除】，弹出相关提示信息，单击【确定】，如图 2-37 所示。

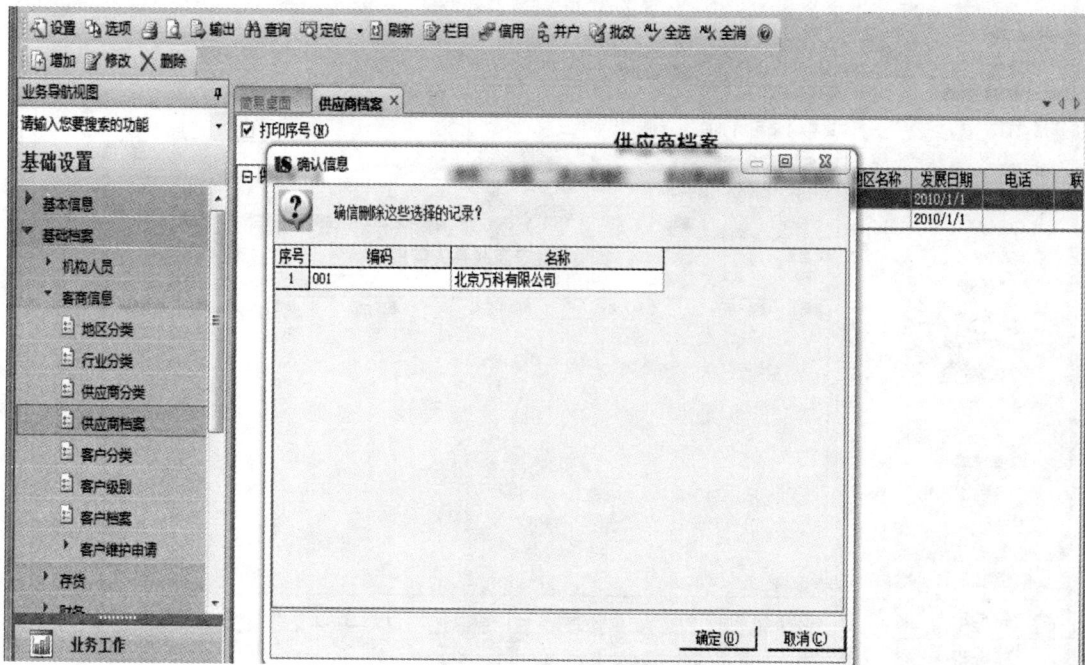

图 2-37　删除供应商档案

财务专家温馨提示

　　◆有下级分类码的供应商档案前会出现带框的"+"符号，双击该分类码时，会出现或取消下级分类码。新增的供应商档案的分类编码必须与编码方案中设定的编码级次结构相符。

　　◆进行修改时，只能修改供应商名称，供应商编码不可修改。

　　◆已被其他基础档案调用的供应商档案不可删除。

　　◆使用过滤条件：在档案列表界面，可以使用过滤条件查询用户需要的信息记录。过滤条件分"过滤条件"和"高级过滤条件"。可以使用的过滤条件是基础档案中的输入项，在基础档案设置时输入的内容越全面，在这里可以使用的过滤条件就越多，过滤结果就越精确。使用高级过滤条件时用户可以使用系统提供的逻辑关系、条件项、关系选择和条件值，使用"加入条件"和"清除条件"编辑过滤条件表达式，将用户自己设置的表达式作为过滤条件，过滤查询。

　　◆定位查询：在档案列表界面，可以使用定位查询快速查到用户需要的信息记录。

　　◆常规搜索：输入要查找的内容，选择查找范围。查找范围为基础档案中的所有列，可选择在单列查找，也可选择在所有列中查找。

　　◆在供应商档案其他页中不同于客户档案管理的内容有以下两项：第一，单价是否含税；第二，对应条形码，对存货进行条形码管理时，若存货条形码中有供应商信息，则需要在对应供应商中输入对应编码信息。

　　（四）客户分类

　　1.在企业应用平台中，单击【基础设置】|【基础档案】|【客商信息】|【客户分类】，打开"客户分类"对话框，如图2-38所示。

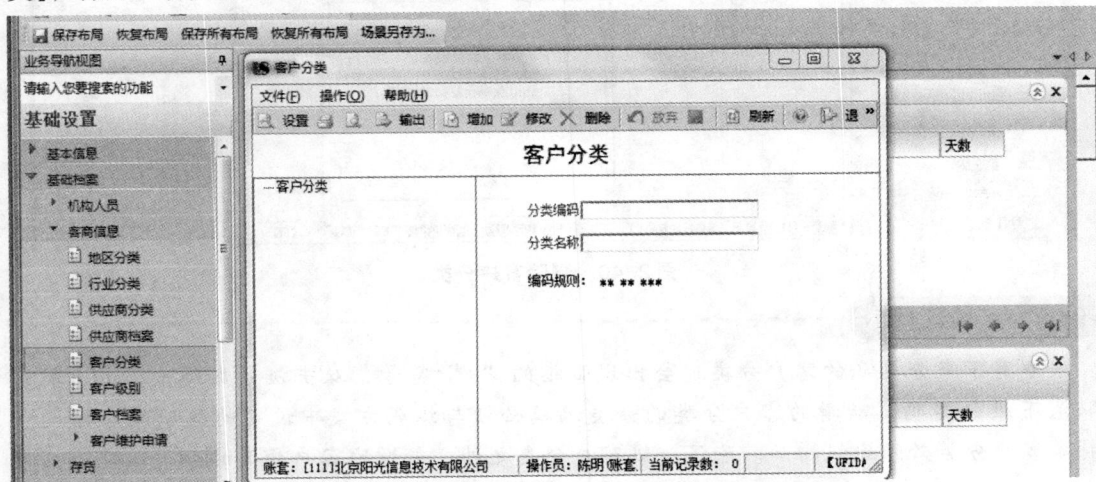

图2-38　打开"客户分类"对话框

　　2.选择要增加客户分类的上级分类，单击【增加】，在编辑区输入分类编码和名称等分类信息，例如：本账套资料中【分类编码】输入"01"；【分类名称】输入"事业单位"。点击【保存】（软盘图标），然后依次再增加其他客户分类，如图2-39所示。

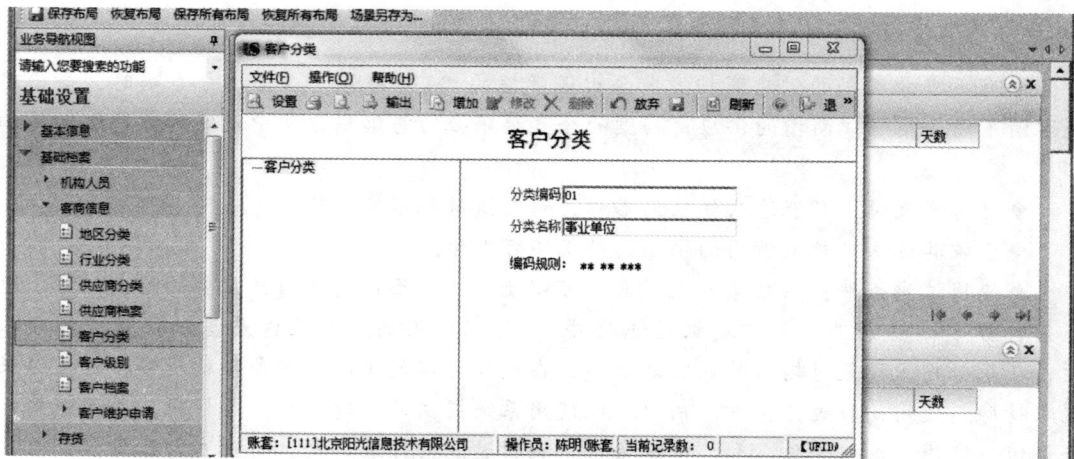

图2-39　增加客户分类

3.修改客户分类：选择要修改的客户分类，单击【修改】。

4.删除客户分类：选择要删除的客户分类，单击【删除】，弹出"确信删除编码为0101的档案?"的提示，单击【是】按钮，如图2-40所示。

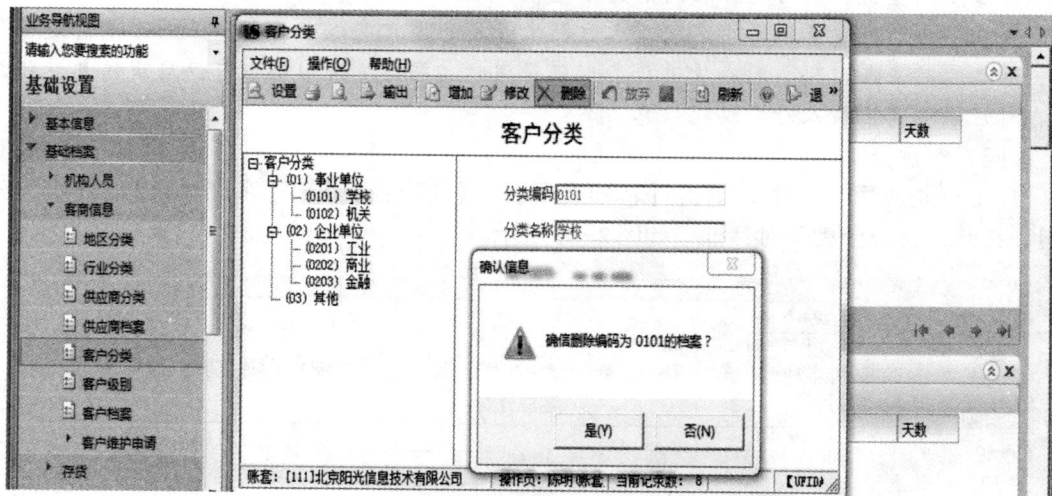

图2-40　删除客户分类

财务专家温馨提示

◆有下级分类码的客户分类前会出现带框的"+"符号，双击该分类码时，会出现或取消下级分类码。新增的客户分类的分类编码必须与编码方案中设定的编码级次结构相符。客户分类必须逐级增加。除了一级客户分类之外，新增的客户分类的分类编码必须有上级分类编码。刷新档案记录：在网络操作中，可能同时有多个操作员在操作相同的目录，可以利用【刷新】，查看到当前最新目录情况。

◆进行修改时，只能修改分类名称，分类编码不可修改。

◆已被其他基础档案调用的客户分类不可删除。

（五）客户档案

1.在企业应用平台中，单击【基础设置】|【基础档案】|【客商信息】|【客户档

案】，打开"客户档案"对话框，如图2-41所示。

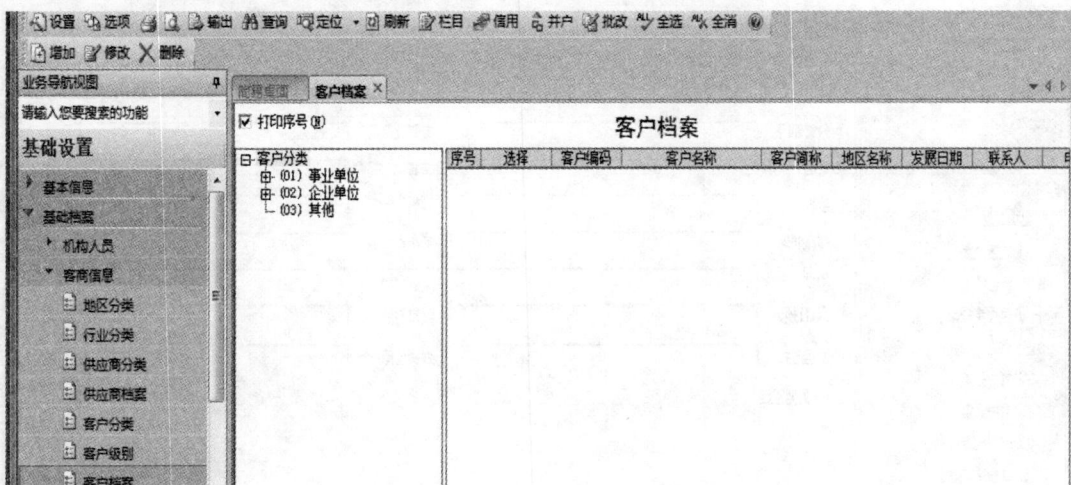

图2-41　打开"客户档案"对话框

2.新增客户档案：在左边的树形列表中选择一个末级的客户分类，单击【增加】，进入增加状态。选择【基本】、【联系】、【信用】、【其他】页签进行相关客户的信息录入，也可通过工具栏上的【银行】、【地址】【联系】、【开票】四个功能按钮来设置客户银行档案、客户地址档案、客户联系人管理、客户开票单位档案，其中【联系】页签和【联系】功能按钮的意义相同，都是记录客户联系人信息的，可选择其中一个来进行设置，如图2-42至图2-49所示。增加完成后，单击【保存】（软盘图标）或者【保存并新增】。

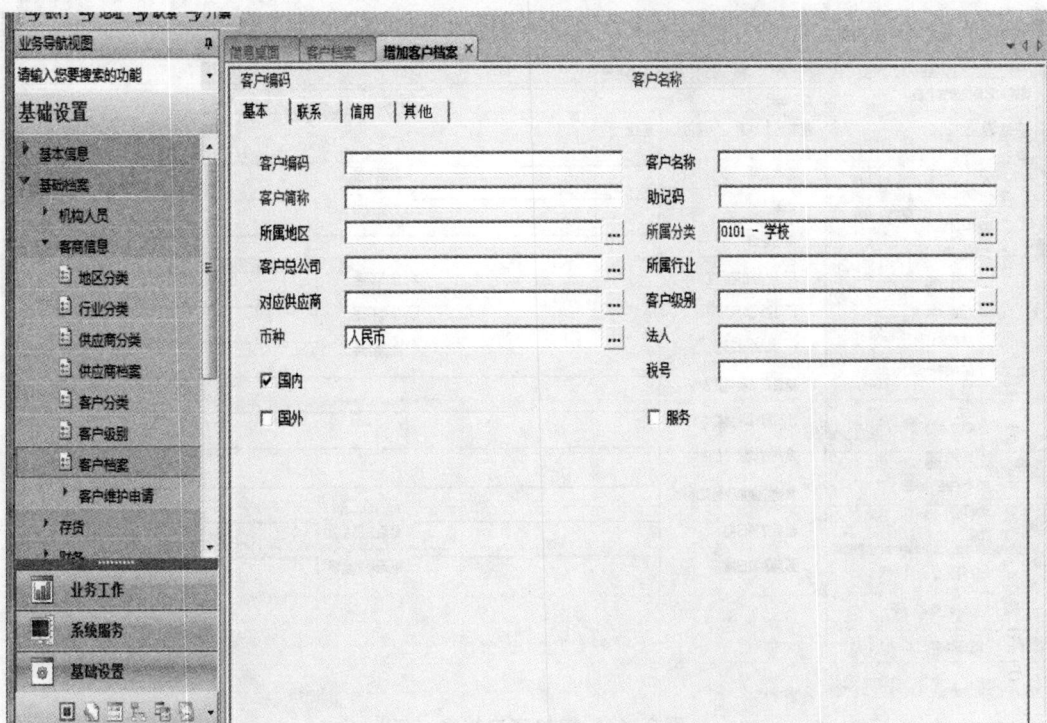

图2-42　增加客户档案（一）

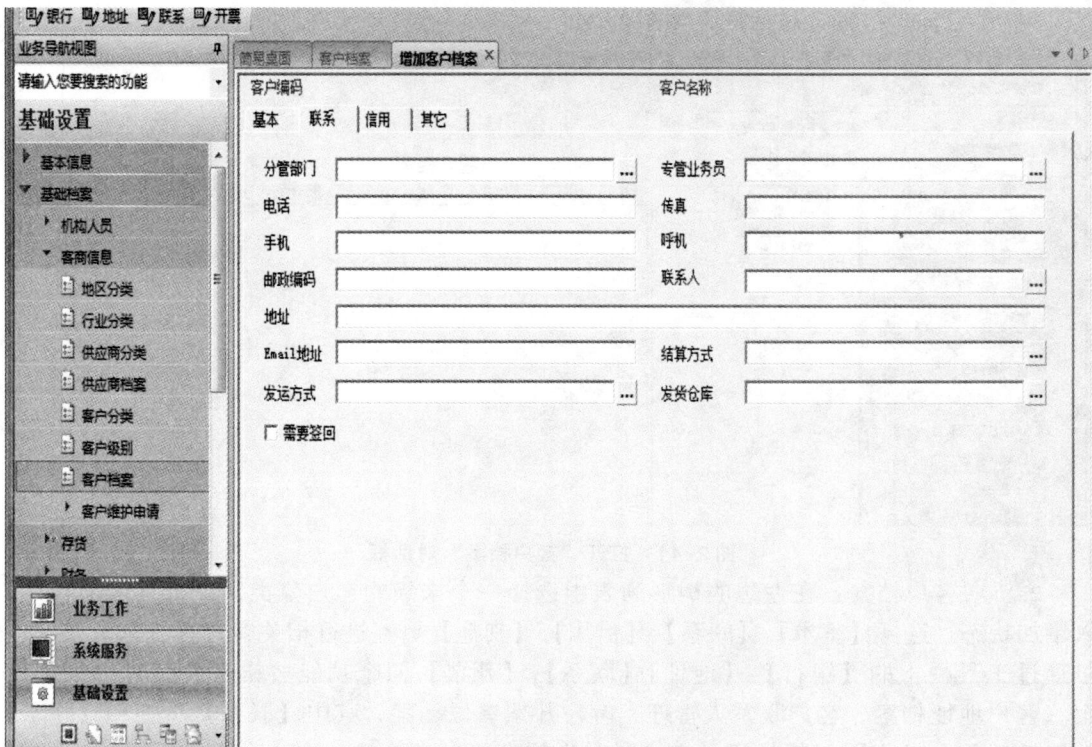

图2-43　增加客户档案（二）

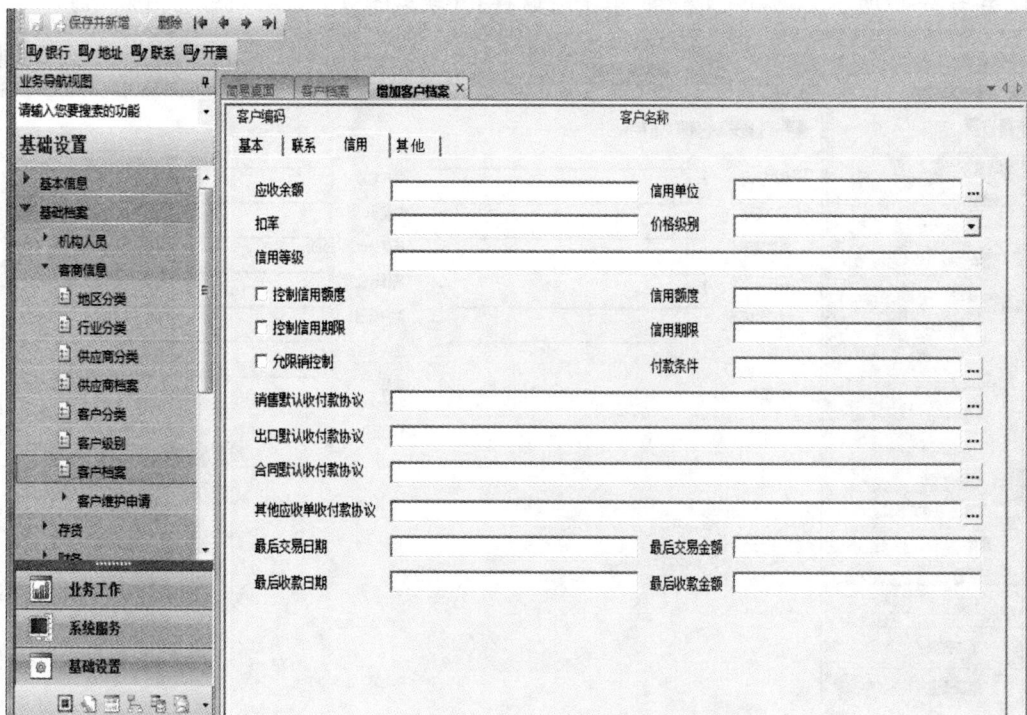

图2-44　增加客户档案（三）

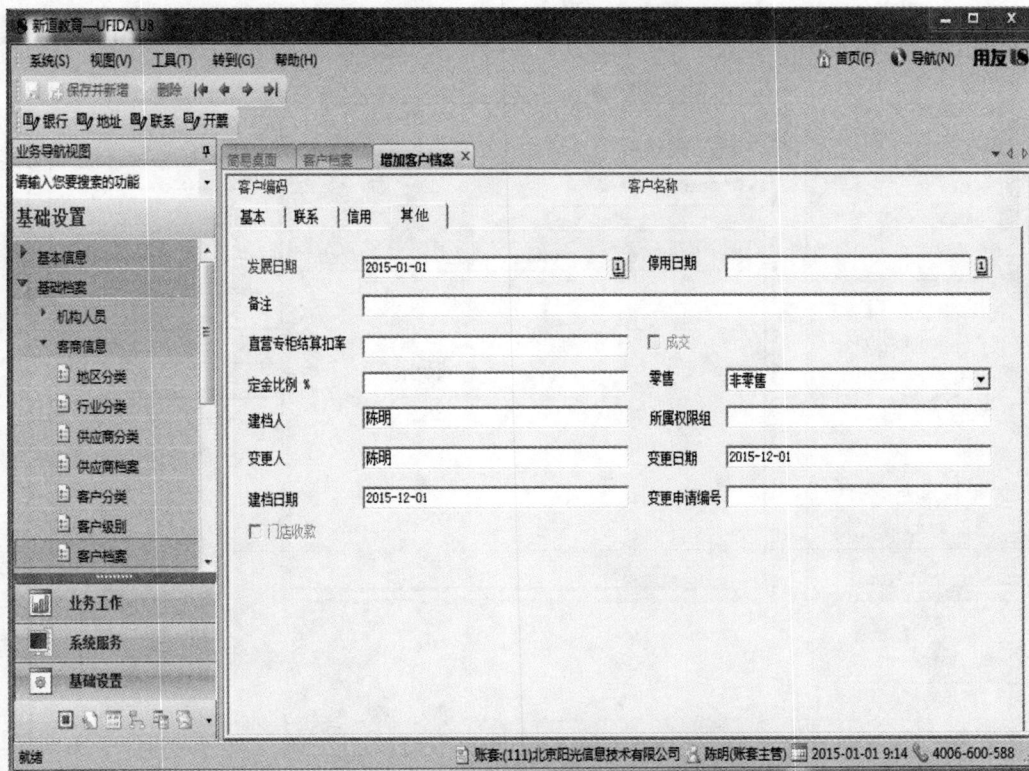

图 2-45　增加客户档案（四）

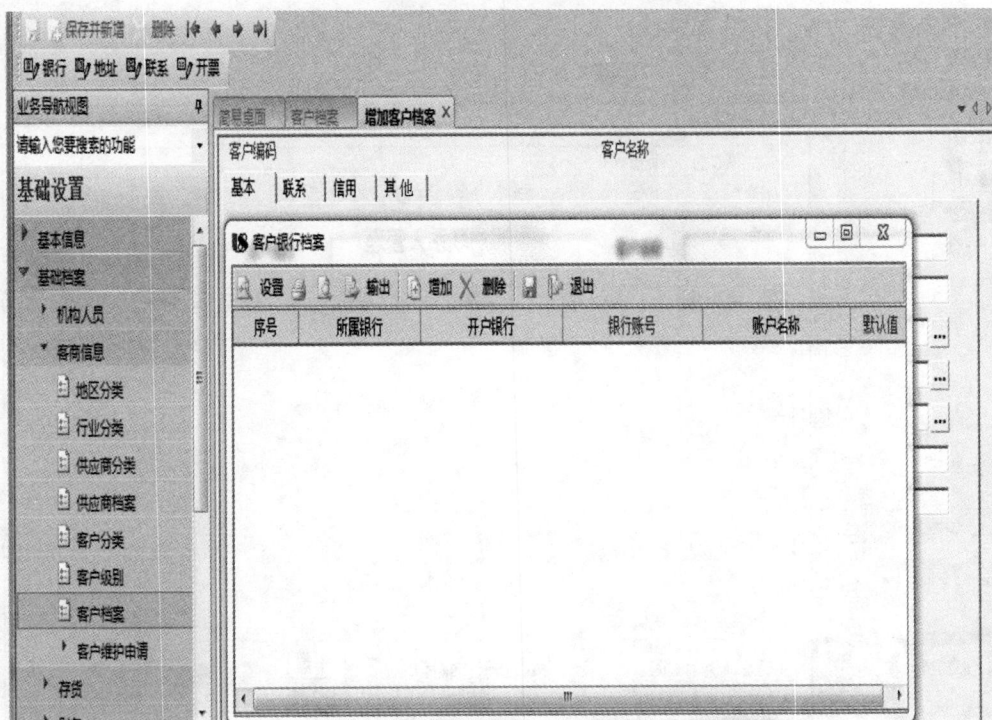

图 2-46　增加客户档案（五）

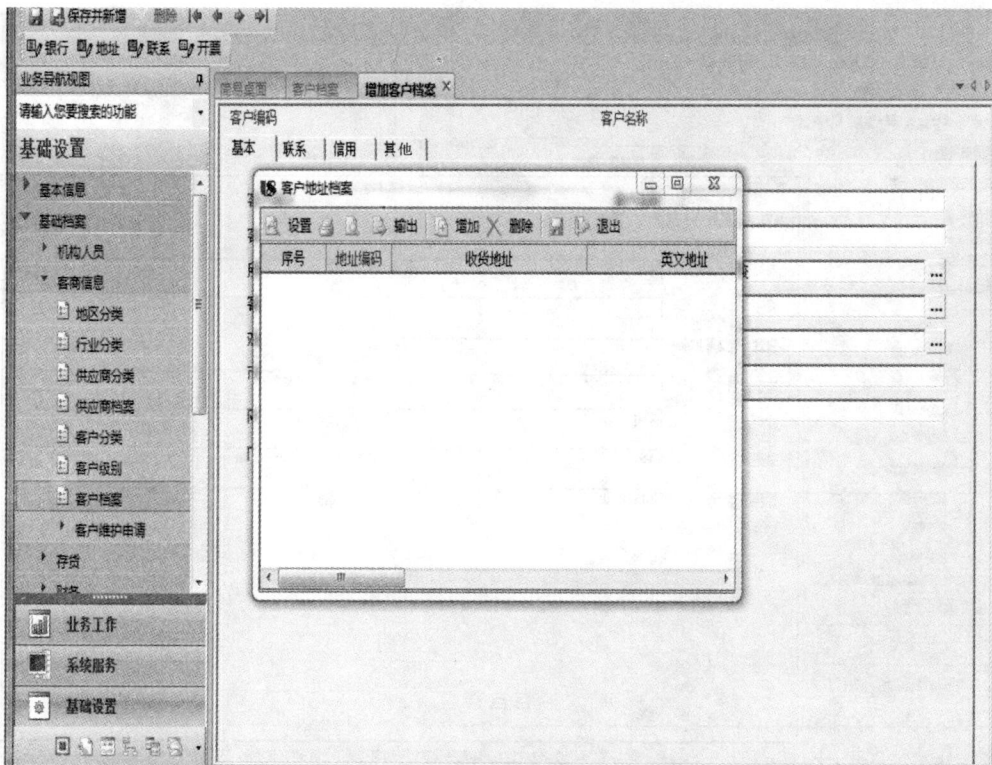

图 2-47 增加客户档案（六）

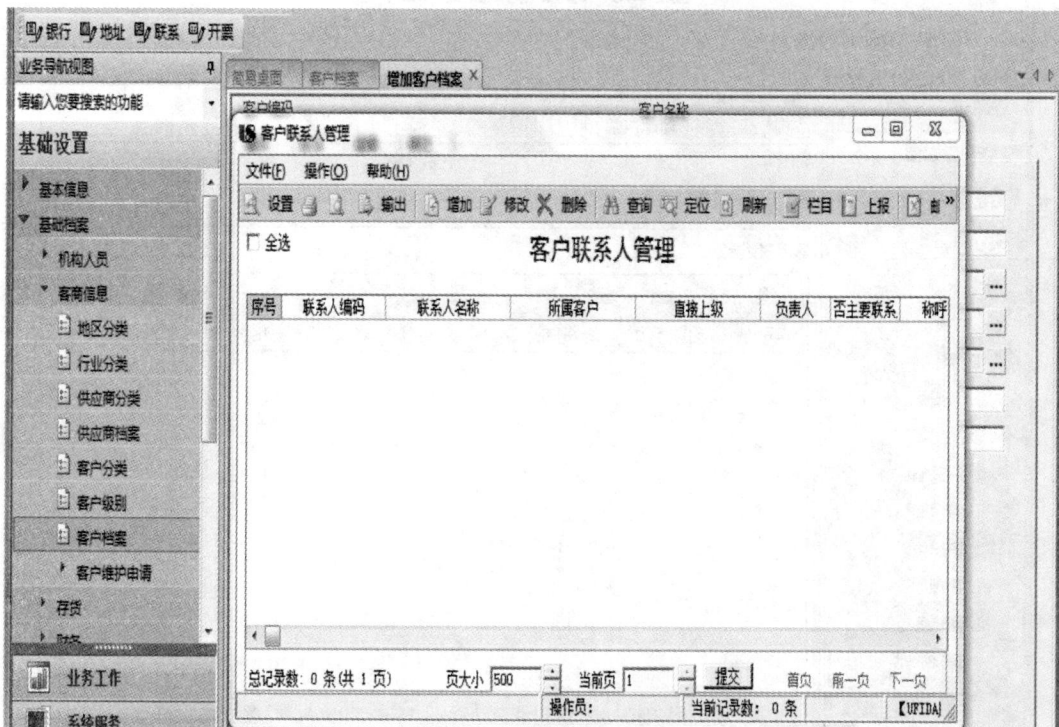

图 2-48 增加客户档案（七）

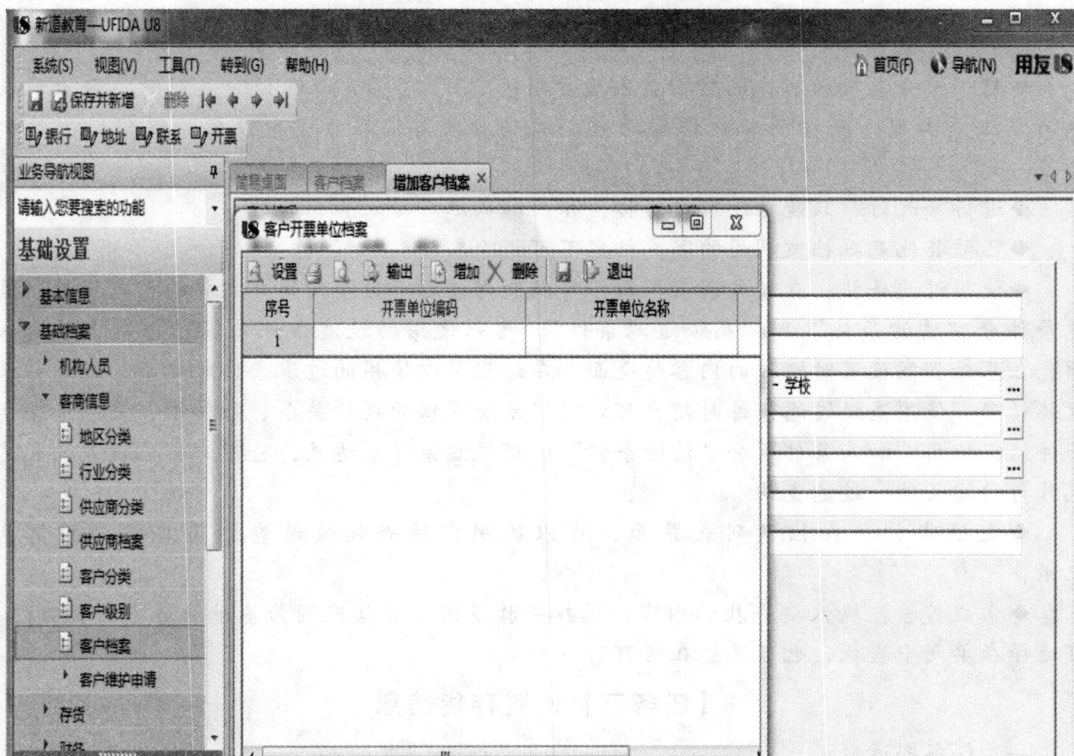

图2-49　增加客户档案（八）

3.修改客户档案：选择要修改的客户记录，点击【修改】，修改方法与新增方法相同，注意客户编码不可修改。

4.删除客户档案：选择要删除的客户记录，点击【删除】，弹出相关提示信息，单击【确定】，如图2-50所示。

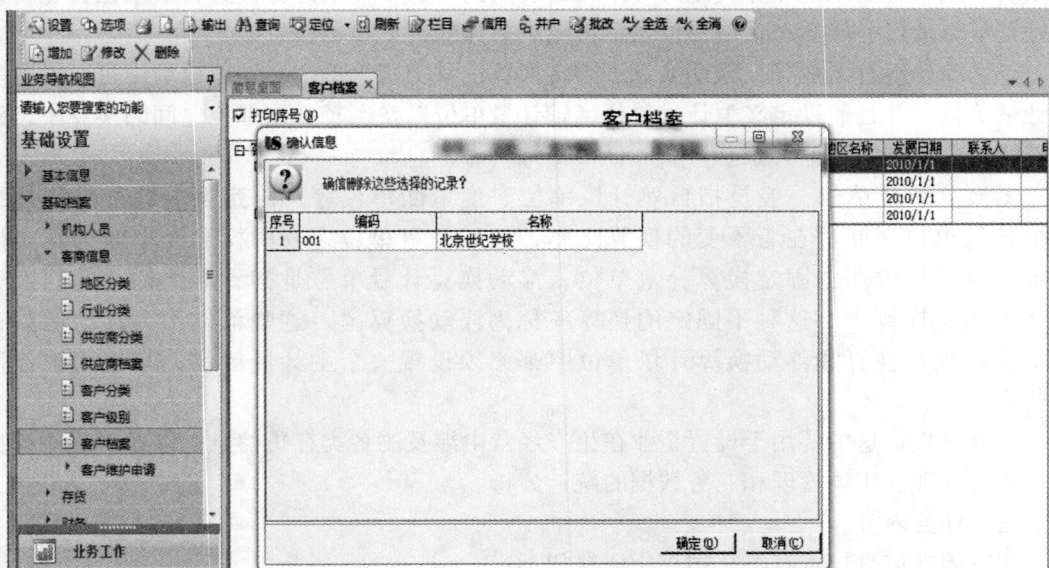

图2-50　删除客户档案

财务专家温馨提示

◆有下级分类码的客户档案前会出现带框的"+"符号，双击该分类码时，会出现或取消下级分类码。新增的客户档案的分类编码必须与编码方案中设定的编码级次结构相符。

◆进行修改时，只能修改客户名称，客户编码不可修改。

◆已被其他基础档案调用的客户档案不可删除。

◆使用过滤条件：在档案列表界面，可以使用过滤条件查询用户需要的信息记录。过滤条件分"过滤条件"和"高级过滤条件"。可以使用的过滤条件是基础档案中的输入项，在基础档案设置时输入的内容越全面，在这里可以使用的过滤条件就越多，过滤结果就越精确。使用高级过滤条件时用户可以使用系统提供的逻辑关系、条件项、关系选择和条件值，使用"加入条件"和"清除条件"编辑过滤条件表达式，将用户自己设置的表达式作为过滤条件，过滤查询。

◆定位查询：在档案列表界面，可以使用定位查询快速查到用户需要的信息记录。

◆常规搜索：输入要查找的内容，选择查找范围。查找范围为基础档案中的所有列，可选择在单列中查找，也可选择在所有列中查找。

【任务三】设置存货信息

一、任务描述

北京阳光信息技术有限公司的各项前期工作均已完成，相关子系统也已启用完毕，本任务由账套主管陈明在企业应用平台中录入公司的存货档案和计量单位。

二、入职知识准备

计量单位主要用于设置对应存货的计量单位组和计量单位信息。在应收款系统、应付款系统、成本管理系统和存货系统等中，都会用到计量单位信息。设置计量单位首先要设置好计量单位组，然后在计量单位组下再增加具体的计量单位信息。

计量单位组有无换算、浮动换算、固定换算三种类别。每个计量单位组中可以设置多个计量单位，并且通过定义主计量单位、辅计量单位以及主辅计量单位之间的换算率，建立计量单位之间的换算关系。

无换算计量单位一般是指自然计量单位、度量衡单位等；固定换算计量单位是指各个计量单位之间存在着不变的换算比率，这种计量单位之间的换算比率即为固定换算率，这些单位即为固定换算计量单位；浮动换算计量单位是指计量单位之间的换算比率无固定换算率，这种不固定的换算率称为浮动换算率，这些单位称为浮动换算计量单位。固定换算和浮动换算计量单位中都必须设置一个主计量单位，其他为辅计量单位。

设置存货信息主要用于设置企业在生产经营中涉及的各类存货信息，以便对这些存货进行资料管理、实物管理和业务数据的统计分析。

三、任务内容

北京阳光信息技术有限公司存货资料如下：

1.存货分类（见表2-8）。

表2-8 **存货分类列表**

存货类别编码	存货类别名称
1	原材料
101	主机
10101	芯片
10102	硬盘
102	显示器
103	键盘
104	鼠标
2	产成品
201	计算机
3	配套用品
301	配套材料
302	配套硬件
30201	打印机
30202	传真机
303	配套软件
9	应税劳务

2.计量单位组（见表2-9）。

表2-9 **计量单位组列表**

计量单位组编号	计量单位组名称	计量单位组类别
01	无换算关系	无换算率

3.计量单位（见表2-10）。

表2-10 **计量单位列表**

计量单位编号	计量单位名称	所属计量单位组名称
01	盒	无换算关系
02	台	无换算关系
03	只	无换算关系
04	千米	无换算关系

4.存货档案（见表2-11）。

表2-11　　　　　　　　　　　　　　**存货档案列表**

存货编码	存货名称	所属单位	主计量单位	税率	存货属性
001	PIII芯片	10101芯片	盒	17%	外购，生产耗用，内销
002	160GB硬盘	10102硬盘	盒	17%	外购，生产耗用，内销
003	21英寸显示器	102显示器	台	17%	外购，生产耗用，内销
004	键盘	103键盘	个	17%	外购，生产耗用，内销
005	鼠标	104鼠标	个	17%	外购，生产耗用，内销
006	计算机	201计算机	台	17%	自制，外销
007	1600K打印机	30201打印机	台	17%	外购，内销
008	运输费	9应税劳务	千米	17%	外购，内销，应税劳务

四、任务执行

（一）存货分类

1.在企业应用平台中，单击【基础设置】|【基础档案】|【存货】|【存货分类】，打开"存货分类"对话框，如图2-51所示。

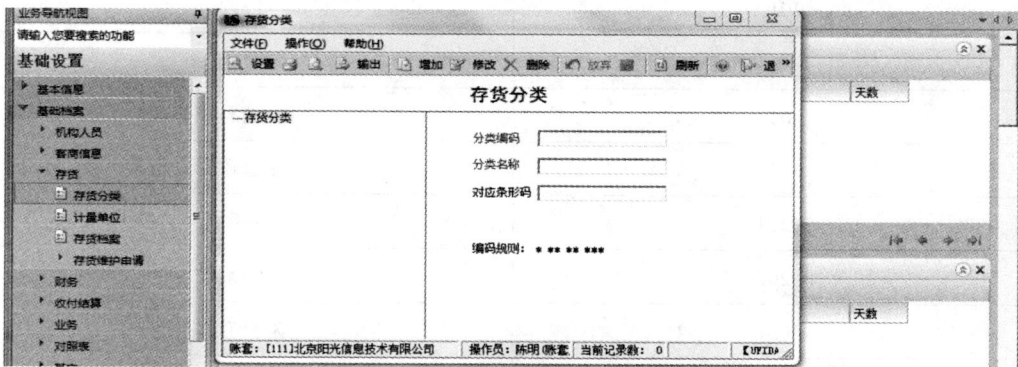

图2-51　打开"存货分类"对话框

2.单击【增加】，依次录入存货分类编码、分类名称，录入完毕后，单击【保存】（软盘图标），如图2-52所示。存货分类全部录入完成后，可单击左侧浏览窗口的【存货分类】，存货分类列表将展示在左侧界面，如图2-53所示。

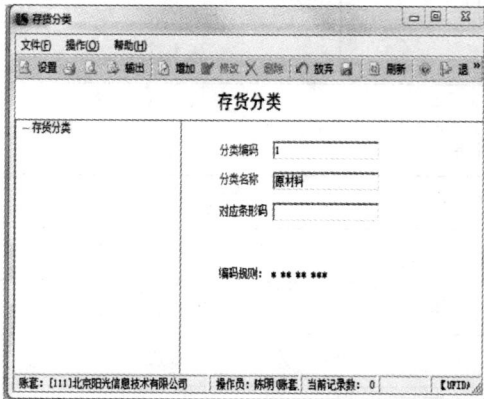

图2-52　增加存货分类

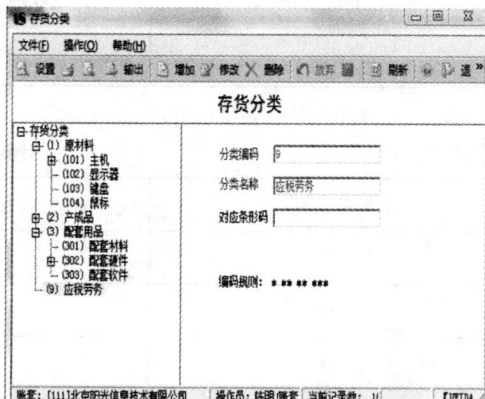

图2-53　显示存货分类列表

3.修改存货分类：选择要修改的存货分类记录，点击【修改】，修改方法与增加方法相同，注意存货分类编码不可修改。

4.删除存货分类：选择要删除的存货分类记录，点击【删除】，弹出"确信删除编码为102的档案？"的提示，单击【是】按钮，如图2-54所示。

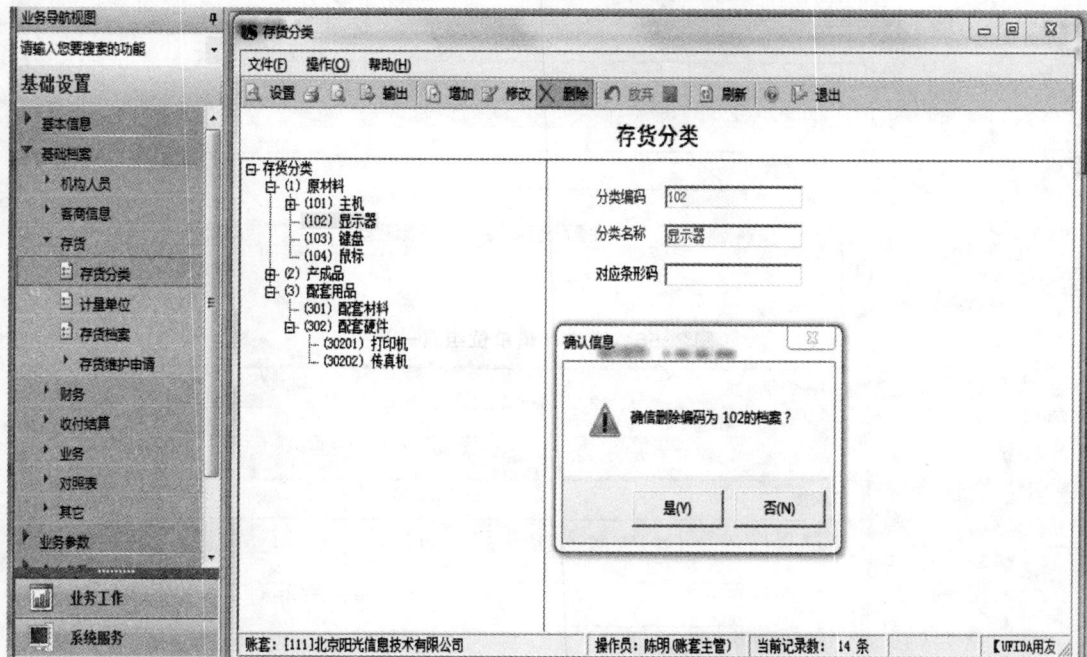

图2-54　删除存货分类

财务专家温馨提示

◆录入的存货分类编码必须符合存货分类编码方案。

◆存货分类编码和存货分类名称是唯一对应关系。

（二）计量单位

1.在企业应用平台中，单击【基础设置】|【基础档案】|【存货】|【计量单位】，打开"计量单位-计量单位组"对话框，如图2-55所示。

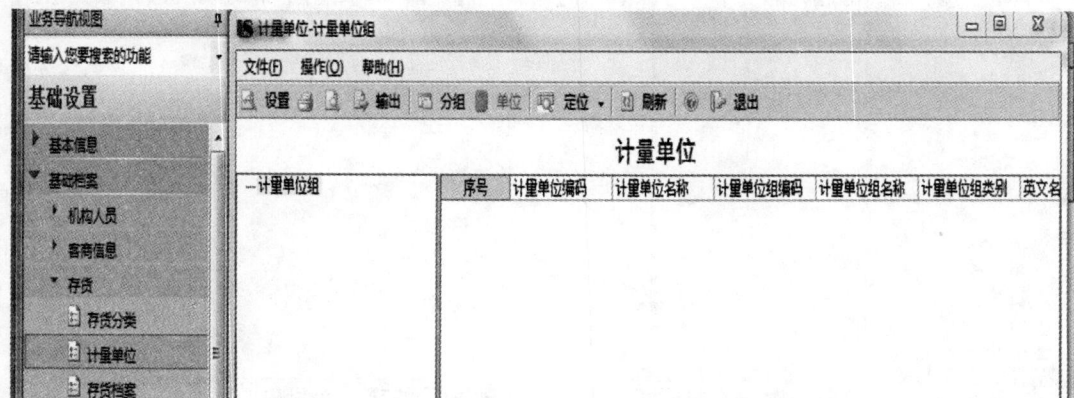

图2-55　打开"计量单位-计量单位组"对话框

2.单击【分组】，打开"计量单位组"对话框，如图2-56所示。然后单击【增加】，录入计量单位组信息，如图2-57所示。录入完毕后，单击【保存】（软盘图标）|【退出】，返回计量单位界面，如图2-58所示。

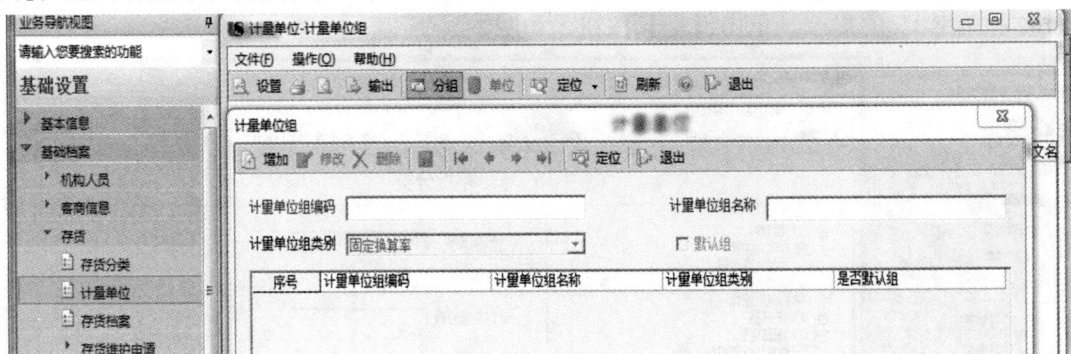

图2-56　增加计量单位组（一）

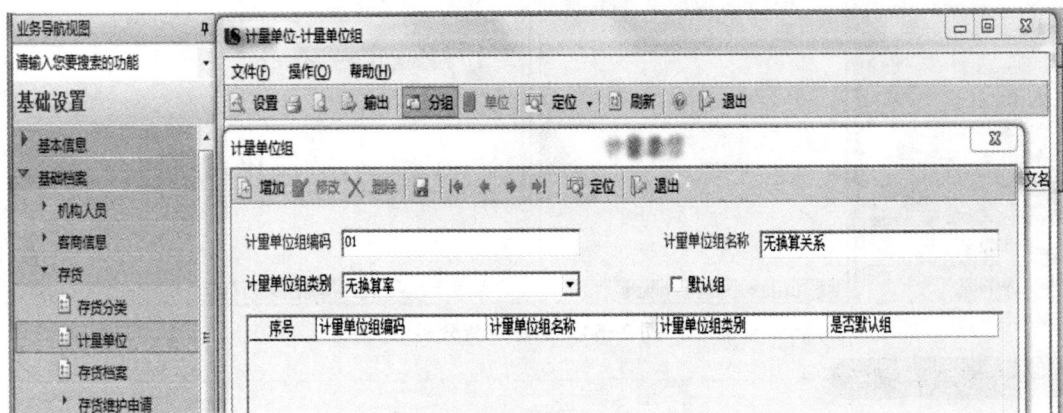

图2-57　增加计量单位组（二）

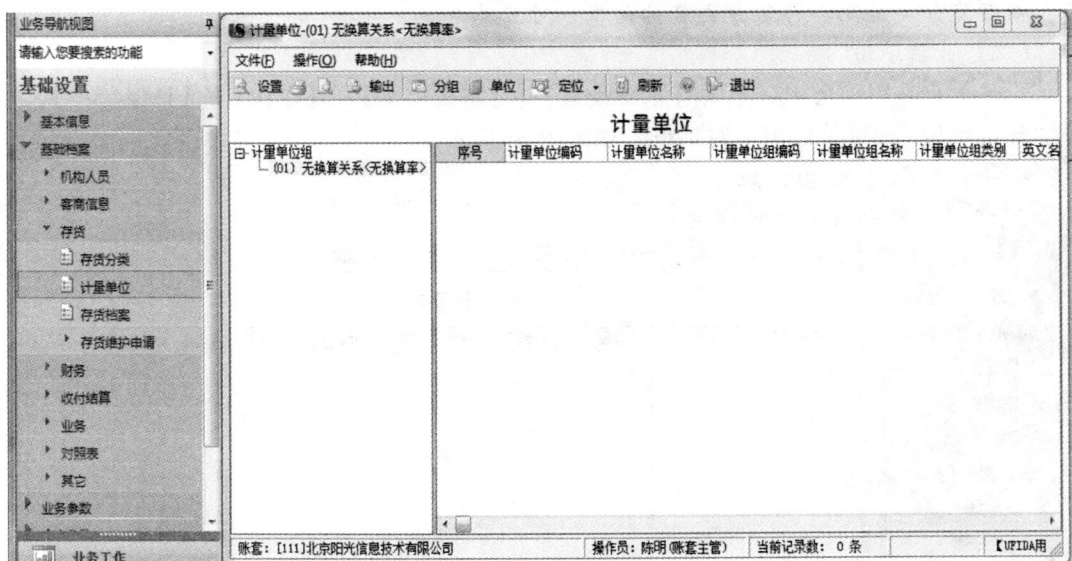

图2-58　增加计量单位组（三）

3.在计量单位界面左侧计量单位列表中选中想要增加计量单位的分组，然后单击【单位】，打开"计量单位"的对话框，如图2-59所示。

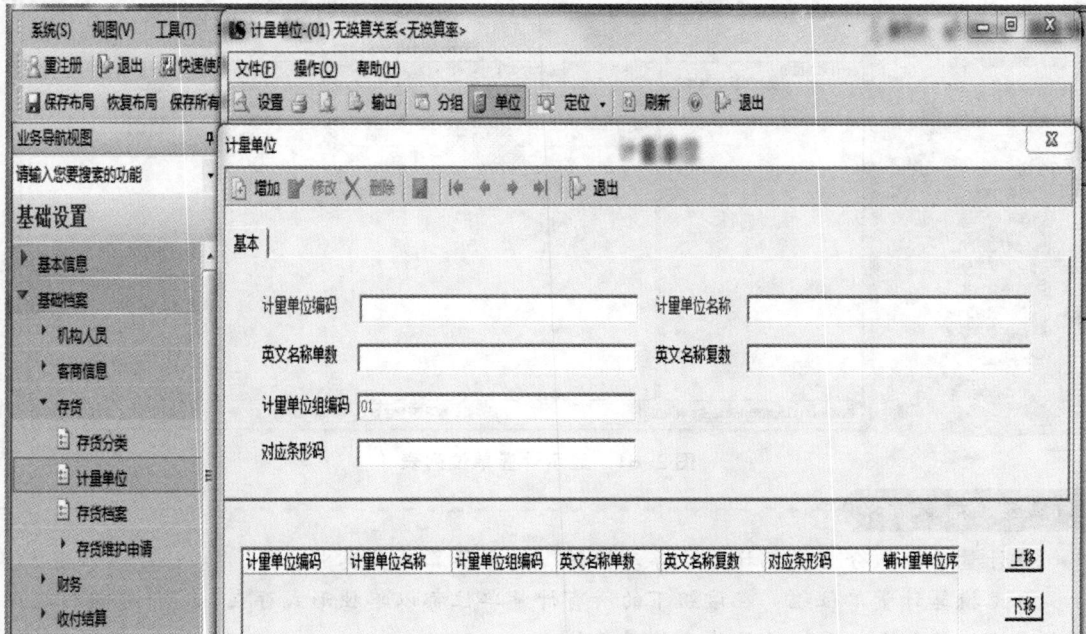

图2-59　增加计量单位（一）

4.单击【增加】，依次录入计量单位编码和名称，然后单击【保存】（软盘图标），完成计量单位信息的录入，如图2-60所示。

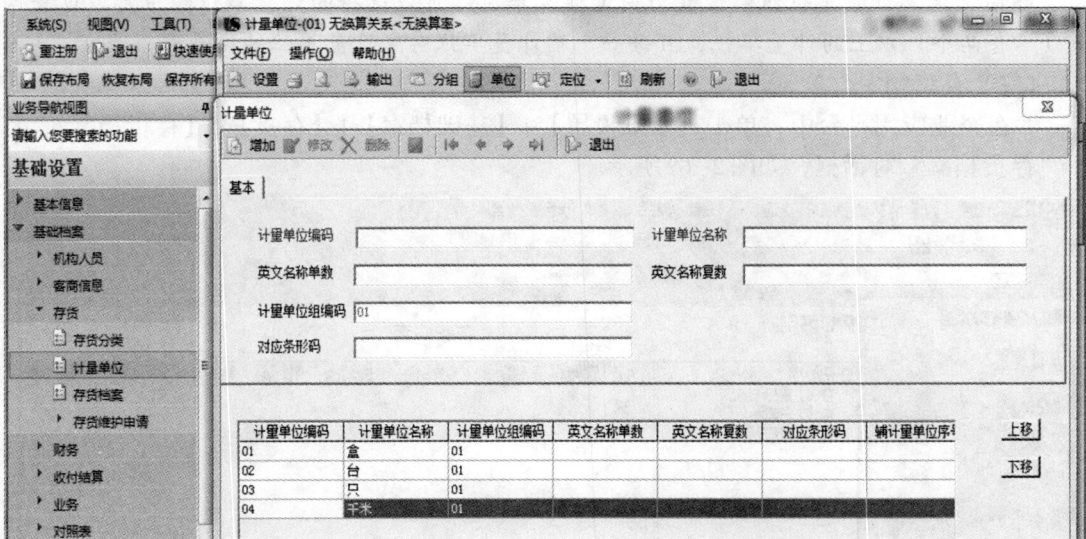

图2-60　增加计量单位（二）

5.单击【退出】，返回计量单位界面，增加的计量单位会显示在界面的右侧，如图2-61所示。

图2-61　显示计量单位列表

财务专家温馨提示

◆计量单位组分为：无换算、浮动换算、固定换算三种类别。

◆无换算计量单位组：在该组下的所有计量单位都以单独形式存在，各计量单位之间不需要输入换率，系统默认为主计量单位。

◆浮动换算计量单位组：设置为浮动换算率时，可以选择的计量单位组中只能包含两个计量单位。

◆固定换算计量单位组：设置为固定换算率时，可以选择的计量单位组中可以包含两个（不含两个）以上的计量单位，且每一个辅计量单位对主计量单位的换算率不为空。

（三）存货档案

1.在企业应用平台中，单击【基础设置】|【基础档案】|【存货】|【存货档案】，打开"存货档案"对话框，如图2-62所示。

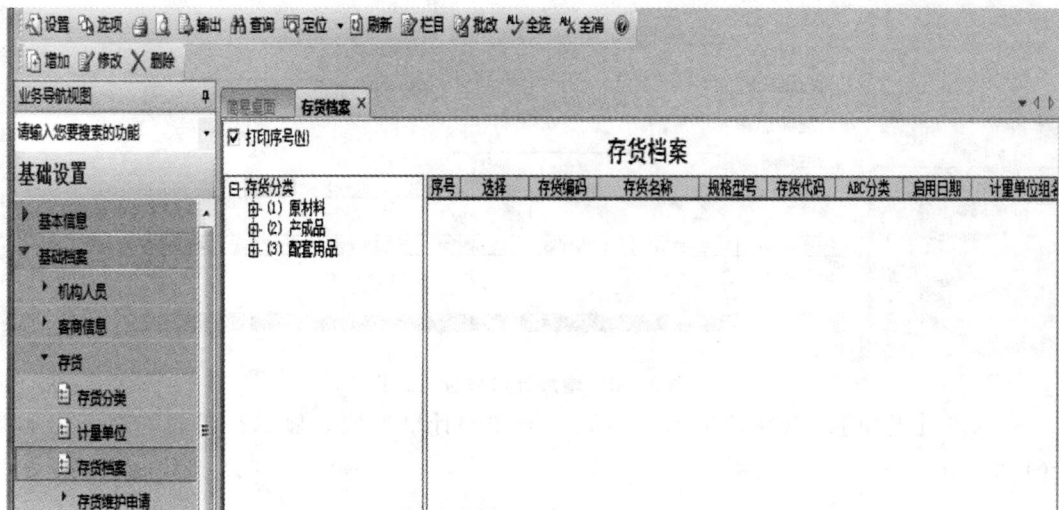

图2-62　打开"存货档案"对话框

2.单击界面左侧的"存货分类——原材料"前带框的"+"符号，在【存货分类】中选择"10101芯片"，单击【增加】，打开"增加存货档案"对话框，如图2-63所示。在【基本】【成本】【控制】【其他】【计划】【MPS/MRP】【图片】【附件】等页签录入与存货资料相应的信息。

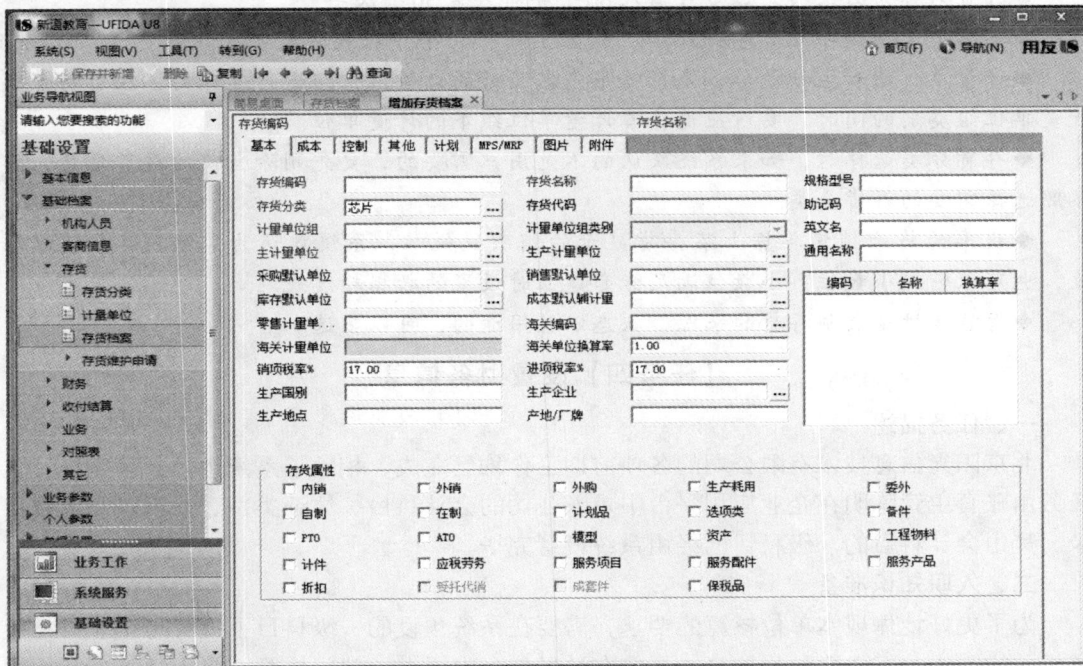

图2-63 增加存货档案

3.录入完毕后，单击【保存】（软盘图标）|【退出】，返回"存货档案"对话框，如图2-64所示。

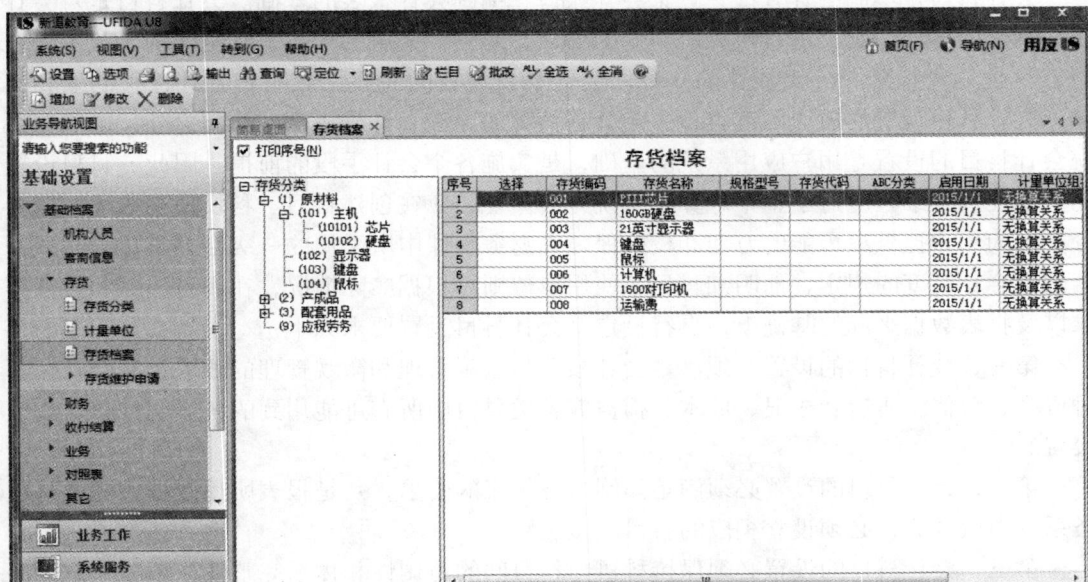

图2-64 显示存货档案列表

财务专家温馨提示 --

◆存货档案的编码为必录项，最多可输入20个数字或者字符。

◆存货编码用数字或者字符表示。

◆存货名称为必录项，最多可输入60个字符或者30个汉字。

◆规格型号用数字或者字符表示，最多可输入60个字符或者数字。

◆计量单位组和主计量单位是根据事先定义好的计量单位组进行选择的，在自动带入计量单位组类别的同时，要对应选择本计量单位组下的计量单位。

◆存货分类选择时，如果系统默认的不是用户需要的，要先删除当前的存货分类，再参照选择需要的存货分类。

◆税率为将来销售单据上某存货显示的销项税税率，系统默认为17%。税率可以修改，也可以输入小数位，小数位满足账套建立时设置的数据精度规则。

◆存货属性是表明存货的来源、状态以及用途的，可以多选。

【任务四】设置财务信息

一、任务描述

北京阳光信息技术有限公司的各项前期工作均已完成，相关子系统也已启用完毕，本任务由账套主管陈明在企业应用平台中录入公司的会计科目、凭证类别、外币以及项目目录。其中会计科目的一级科目已经由系统设置完毕。

二、入职知识准备

为了更好地体现本单位核算的要求，需要在系统预设的一级科目下设置与企业日常业务相关的二级、三级等科目信息。系统在科目信息中提供了部门核算、个人往来、客户往来、供应商往来、项目核算以及自定义项等辅助核算项目供企业选择。

1.会计科目。

会计科目是填制会计凭证、登记会计账簿、编制会计报表的基础。会计科目是对会计对象具体内容分门别类进行核算所规定的项目，是一个完整的体系，它是区别于流水账的标志，是复式记账和分类核算的基础。会计科目设置的完整性影响着会计过程的顺利实施，会计科目设置的层次深度直接影响会计核算的详细、准确程度。除此之外，电算化系统会计科目的设置是用户应用系统的基础，是实施各个会计手段的前提。因此，科目设置的完整性、详细程度对于整个电算化系统尤其重要，应在创建科目、科目属性描述、账户分类上为用户提供尽可能的方便和校验保障。财务软件中所采用的一级会计科目，必须符合国家会计制度的规定，而明细科目各使用单位则可根据实际情况，在满足核算和管理要求以及报表数据来源的基础上，自行设定。会计科目设置要求如下：

第一，会计科目的设置必须满足会计核算与宏观管理和微观管理的要求，在会计核算时资产、负债、所有者权限、成本、损益等各类科目中所有可能用到的各级明细科目均须设置。

第二，会计科目的设置必须满足编制财务报表的要求，凡是报表所用数据，需要从账务系统中取数的，必须设立相应的科目。

第三，会计科目的设置必须保持科目与科目间的协调性和体系完整性。不能只有下级科目，而没有上级科目，既要设置财务科目又要设置明细科目，用来提供总括和详细的会计核算资料。

第四，会计科目要保持相对稳定，会计年中不能删除。会计科目名称的设置，一级会计科目名称按国家会计制度的规定，明细科目的名称要通俗易懂，具有普遍的适用性。

第五，设置会计科目要考虑到与子系统的衔接。因为，在账务系统中，只有末级会计科目才允许有发生额，才能接受各个转入的数据，所以要将各个子系统中的核算大类设置为末级科目。

指定会计科目是确定出纳的专管科目。指定会计科目分为现金科目、银行科目、现金流量科目。被指定为现金、银行科目的在出纳功能中要查询库存现金、银行存款日记账，进行银行对账，并且在制单中进行支票控制和资金赤字控制，从而实现现金、银行管理的保密性。

一般情况下，现金科目要设为日记账；银行科目要设为银行账和日记账。

如果需要现金流量核算的，在此处可指定现金流量科目，供编制现金流量科目系统自动弹出对话框要求指定当前输入分录的现金流量项目使用。

2.凭证类别。

根据企业管理和核算要求，将会计凭证进行分类编制，系统提供了设置凭证类别的功能，以便于管理、记账和汇总，但是无论如何分类都不会影响记账结果。

用户完全可以按照本单位的需要对凭证进行分类，对选择的凭证分类可以在制单时设置有目的限制条件，如果是第一次进行凭证类别设置，可以按以下几种常用分类方式进行定义：

第一，记账凭证；

第二，收款、付款、转账凭证；

第三，现金、银行、转账凭证；

第四，现金收款、现金付款、银行收款、银行付款、转账凭证；

第五，自定义凭证类别。

选择"分类方式"后，可以设置该种凭证的限制条件，以便提高凭证处理的准确性。凭证类别的限制条件是指限制该凭证类别的使用范围。

某些类别的凭证在制单时对科目有一定限制，用友U8系统共有七种限制类型可供选择：

第一，借方必有：制单时，此类凭证借方至少有一个限制科目发生。

第二，贷方必有：制单时，此类凭证贷方至少有一个限制科目发生。

第三，凭证必有：制单时，此类凭证无论借方还是贷方至少有一个限制科目发生。

第四，凭证必无：制单时，此类凭证无论借方还是贷方不可有一个限制科目发生。

第五，无限制：制单时，此类凭证可使用所有合法的科目限制，科目由用户输入，可以是任意级次的科目，科目之间用逗号分隔，数量不限，也可参照输入，但不能重复录入。

第六，借方必无：金额发生在借方的科目集必须不包含借方必无科目，可在凭证保存时检查。

第七，贷方必无：金额发生在贷方的科目集必须不包含贷方必无科目，可在凭证保存时检查。

3.外币。

汇率管理是专为外币核算服务的。企业有外币业务，要进行外币及汇率的设置。其作用是：一方面减少录入汇率的次数和差错；另一方面可以避免在汇率发生变化时出现错误。

4.项目目录。

一个单位项目核算的种类可能多种多样，例如，在建工程、开发项目、对外投资、技术改造、融资成本、在产品成本、课题、合同订单等，为此应允许企业定义多个种类的项目核算。可以将具有相同特性的一类项目定义成一个项目大类，一个项目大类可以核算多个项目。为了便于管理，还可以对这些项目进行分类管理。

使用项目核算与管理的首要步骤是设置项目档案，项目档案设置包括增加或修改项目大类，定义项目核算科目、项目分类、项目栏目结构，并进行项目目录的维护。

三、任务内容

北京阳光信息技术有限公司财务档案资料如下：

1.会计科目表（见表2-12）。

表2-12　　　　　　　　　　　　　**会计科目列表**

科目名称	辅助核算	方向	币种／计量	期初余额
库存现金（1001）	日记账	借		
银行存款（1002）	银行账、日记账	借		
工行存款（100201）	银行账、日记账	借		
中行存款（100202）	银行账、日记账	借	美元	
应收账款（1131）	客户往来	借		
其他应收款（1191）		借		
个人（119101）	个人往来	借		
报刊费（119102）		借		
坏账准备（1132）		贷		
预付账款（1151）	供应商往来	借		
在途物资（1201）		借		
生产用在途物资（120101）		借		
其他在途物资（120102）		借		
原材料（1211）		借		
生产用原材料（121101）	数量核算	借	吨	
其他原材料（121102）		借		
包装物（1221）		借		
材料成本差异（1232）		借		
库存商品（1241）		借		

科目名称	辅助核算	方向	币种／计量	期初余额
多媒体教程（124101）	数量核算	借	册	
多媒体课件（124102）	数量核算	借	套	
委托加工物资（1251）		借		
固定资产（1501）		借		
累计折旧（1502）		贷		
固定资产减值准备（1507）		贷		
在建工程（1506）		借		
人工费（150601）	项目核算	借		
材料费（150602）	项目核算	借		
其他（150603）	项目核算	借		
待处理财产损溢（1901）		借		
待处理流动财产损溢（190101）		借		
待处理固定财产损溢（190102）		借		
无形资产（1701）		借		
短期借款（2101）		贷		
应付账款（2121）	供应商往来	贷		
预收账款（2131）	客户往来	贷		
应付职工薪酬（2151）		贷		
应付工资（215101）		贷		
应付福利费（215102）		贷		
应交税费（2171）		贷		
应交增值税（217101）		贷		
进项税额（21710101）		贷		
销项税额（21710105）		贷		
其他应付款（2181）		贷		
其他（218101）		贷		
借款利息（218102）		贷		
社会保险（218103）				
股本（3101）		贷		
本年利润（3131）		贷		

续表

科目名称	辅助核算	方向	币种／计量	期初余额
利润分配（3141）		贷		
未分配利润（314115）		贷		
生产成本（4101）		借		
基本生产成本（410101）		借		
直接材料（41010101）	项目核算	借		
直接人工（41010102）	项目核算	借		
制造费用（41010103）	项目核算	借		
折旧费（41010104）	项目核算	借		
其他（41010105）	项目核算	借		
制造费用（4105）		借		
工资（410501）		借		
折旧费（410502）		借		
主营业务收入（5101）		贷		
其他业务收入（5102）		贷		
主营业务成本（5401）		借		
营业税金及附加（5402）		借		
其他业务成本（5405）		借		
销售费用（5502）		借		
管理费用（5503）		借		
工资（550301）	部门核算	借		
福利费（550302）	部门核算	借		
办公费（550303）	部门核算	借		
差旅费（550304）	部门核算	借		
招待费（550305）	部门核算	借		
折旧费（550306）	部门核算	借		
其他（550307）	部门核算	借		
财务费用（5504）		借		
利息支出（550401）		借		

说明：

◆将"库存现金（1001）"科目指定为现金科目。

◆将"银行存款（1002）"科目指定为银行科目。

◆将"库存现金（1001）"和"银行存款（1002）"指定为现金流量科目。

◆将"库存商品"科目的明细科目成批复制给"主营业务收入"科目和"主营业务成本"的明细科目。

2.凭证类别（见表2-13）。

表2-13　　　　　　　　　　凭证类别列表

类型	限制类型	限制科目
收款凭证	借方必有	1001，1002
付款凭证	贷方必有	1001，1002
转账凭证	凭证必无	1001，1002

3.外币及汇率。

币符：USD；币名：美元；固定汇率：1：6.275。

4.项目目录（见表2-14）。

表2-14　　　　　　　　　　项目目录表

项目设置步骤	设置内容
项目大类	生产成本
核算科目	生产成本（4101） 直接材料（41010101） 直接人工（41010102） 制造费用（41010103） 折旧费（41010104） 其他（41010105）
项目分类	1　自行开发项目 2　委托开发项目
项目目录维护	名称：101普通打印纸-A4　所属分类码：1　不结算 名称：102凭证套打纸-8X　所属分类码：1　不结算

四、任务执行

（一）会计科目

1.会计科目增加。

（1）在企业应用平台中，单击【基础设置】|【基础档案】|【财务】|【会计科目】，打开"会计科目"对话框，显示所有预设科目，如图2-65所示。

（2）单击【增加】，弹出"新增会计科目"对话框，输入【科目编码】"100201"、【科目名称】"工行存款"，勾选【日记账】、【银行账】，如图2-66所示。科目编码与科目编码方案的设置要一致。

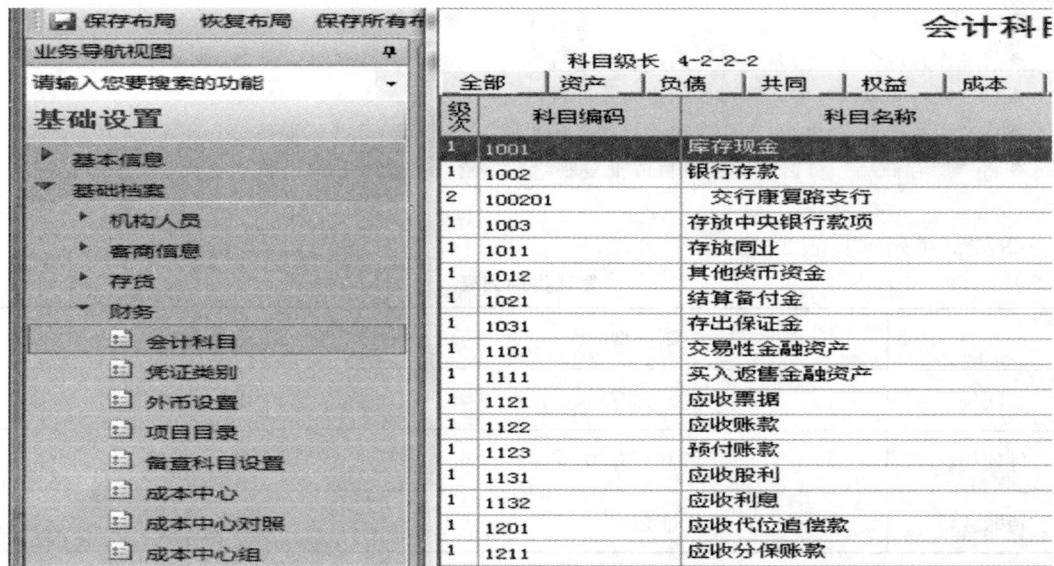

图2-65 打开"会计科目"对话框

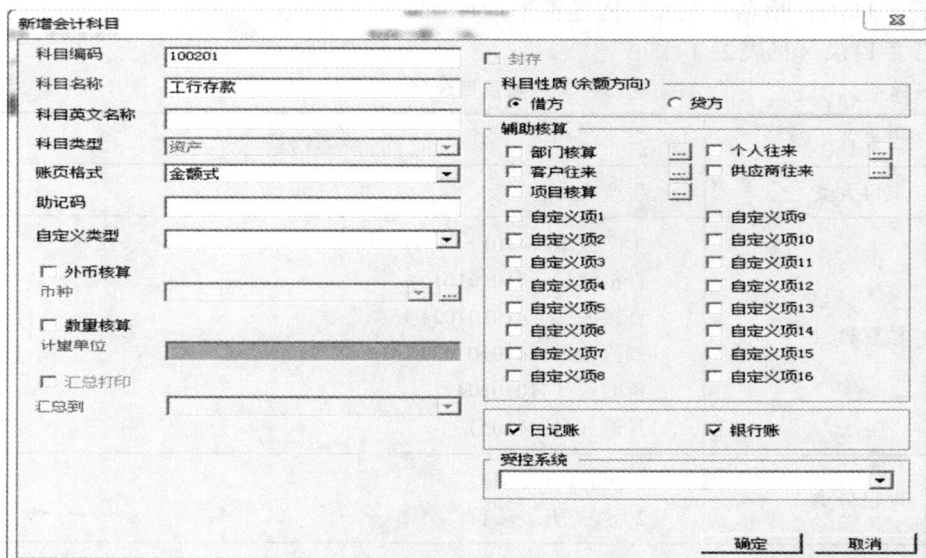

图2-66 新增会计科目

栏目说明

◆外币核算：科目需外币核算时，勾选【外币核算】，并选择其核算的币种及该科目是否需要输出日记账或银行账（比如"库存现金"科目勾选【日记账】，"银行存款"科目勾选【日记账】与【银行账】），如图2-67所示。

◆辅助核算：明确该科目是否需要完成不同的辅助核算。如管理费用需要核算到部门或者个人，应收账款核算到客户，应付账款核算到供应商，而生产成本或者管理费用也可以核算到项目上，如图2-68所示。

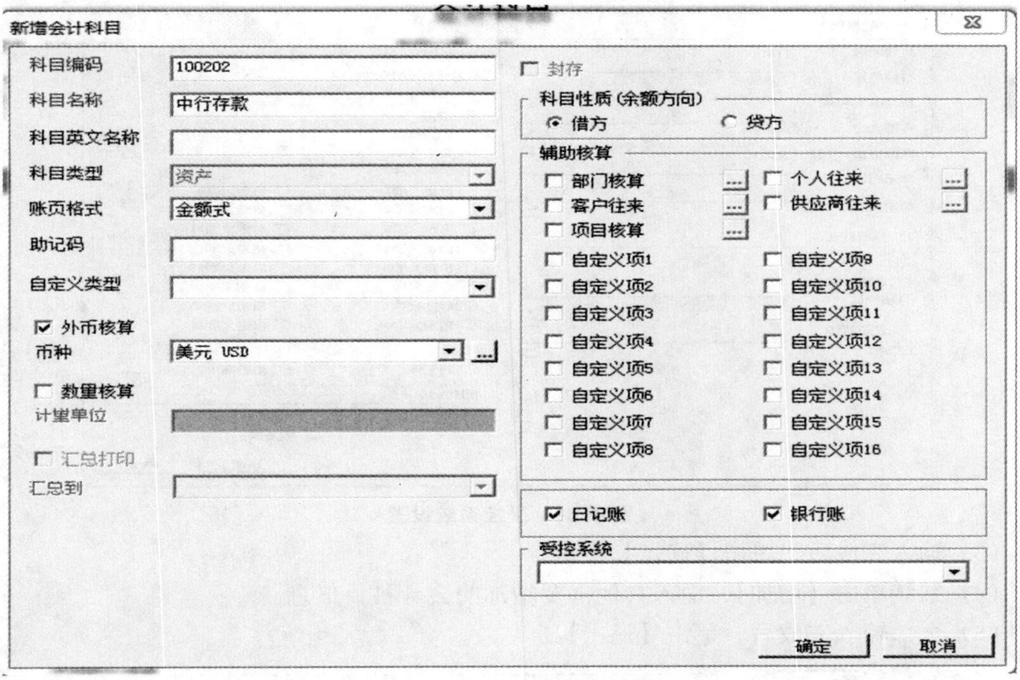

图2-67　外币核算设置

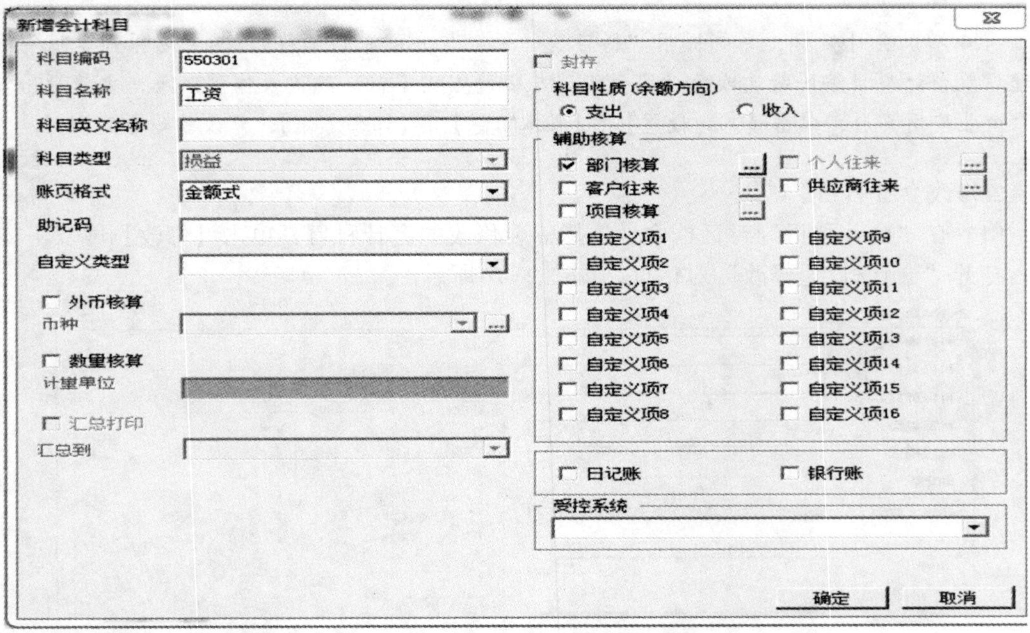

图2-68　辅助核算设置

◆受控系统：如果该科目只允许所指定的系统（应收系统、应付系统、存货核算）使用，其他系统不得使用（包括在总账管理系统中填制凭证），则可以在此将其设置为所指定系统的受控科目，如图2-69所示。

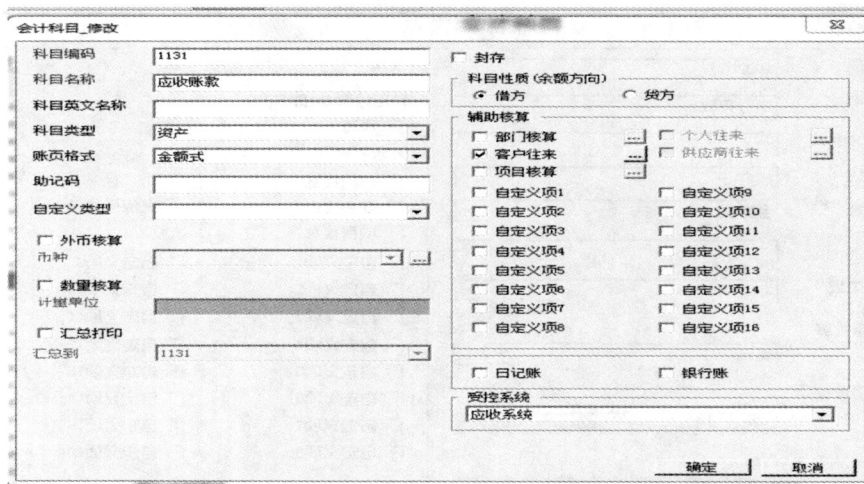

图 2-69　受控系统设置

（3）输入完成后，单击【确定】按钮。

（4）继续单击【增加】，输入其他需要增加的会计科目信息。

（5）全部输入完成后，单击【退出】。

常见问题解析

◆增加会计科目，系统提示"科目编码长度与分配原则不符"。其主要原因是没有合理设置会计科目编码级次或会计科目编码与编码方案不符。建议操作：以账套主管身份登录企业应用平台，单击【基础设置】|【基本信息】|【编码方案】，修改编码方案即可。

2.修改会计科目。

（1）在"会计科目"对话框中，选择需要修改的会计科目，单击【修改】或双击该科目，打开"会计科目_修改"对话框，如图 2-70 所示。

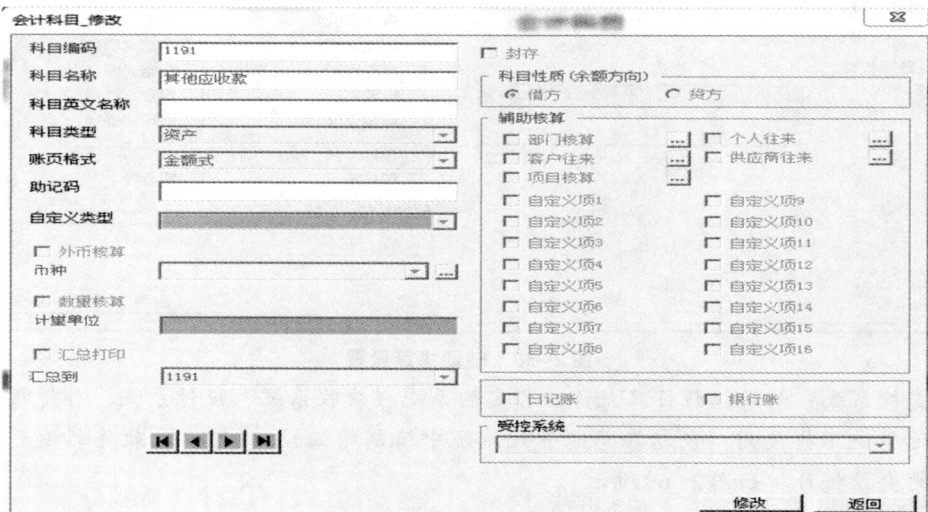

图 2-70　修改会计科目（一）

（2）单击【修改】按钮，进入修改状态，如图2-71所示。修改完成后，单击【确定】按钮保存。

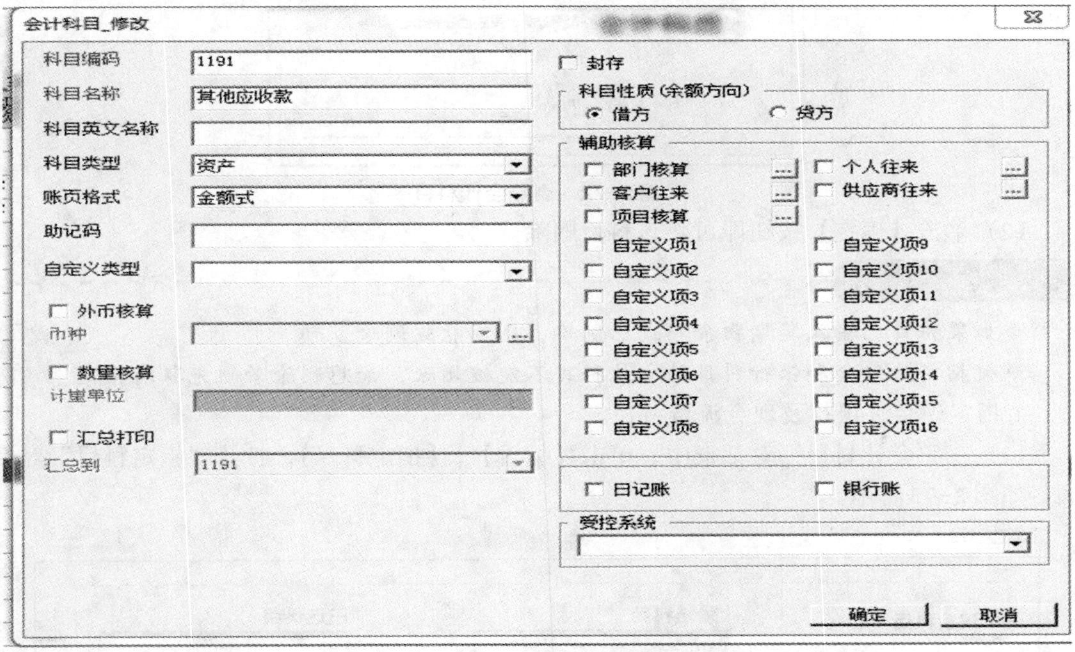

图2-71 修改会计科目（二）

财务专家温馨提示

◆只有处于修改状态才能设置汇总打印和封存。汇总打印是指在同一张凭证中，当某科目或有同一上级科目的末级科目有多笔同方向的分录时，如果希望将这些分录按科目汇总成一笔打印，则需要在修改该科目时设置为汇总打印，汇总到的科目设置成该科目的本身或其上级科目；被封存的科目在制单时不可以使用。没有会计科目设置权的用户只能在此浏览科目的具体定义，而不能进行修改；已有下级科目的，不能修改其编码，应遵循"自下而上"的原则，即先删除下一级科目，然后修改本级科目；已经输入余额的科目，不能修改其编码，必须先删除本级及其下级科目的期初余额（设为0），才能修改该科目；已有数据的科目不能修改科目的相应属性。

常见问题解析

◆会计科目无法勾选【外币核算】选项。其常见原因是建账时没有选择"有外币核算"。建议操作：以账套主管身份登录系统管理，单击【账套】|【修改】，进入"基础信息"对话框，在【有无外币核算】前的复选框内打钩。

3.删除会计科目。

（1）选择要删除的会计科目，单击【删除】，提示"记录删除后不能修复！真的删除此记录吗?"，如图2-72所示。

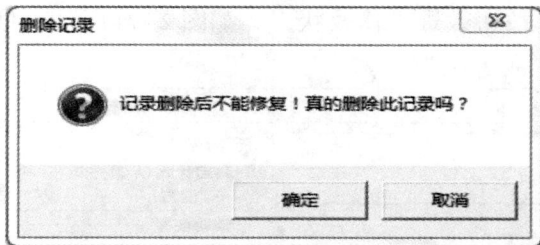

图2-72　删除会计科目

（2）单击【确定】按钮即可将该科目删除。

财务专家温馨提示 --------------------------------

◆如果科目已输入其期初余额或已制单，则不能被删除。

◆被指定为现金和银行科目的会计科目不能被删除，如想删除必须先取消指定。

4.指定现金、银行及现金流量科目。

（1）在"会计科目"对话框中，单击【编辑】|【指定科目】，打开"指定科目"对话框，如图2-73所示。

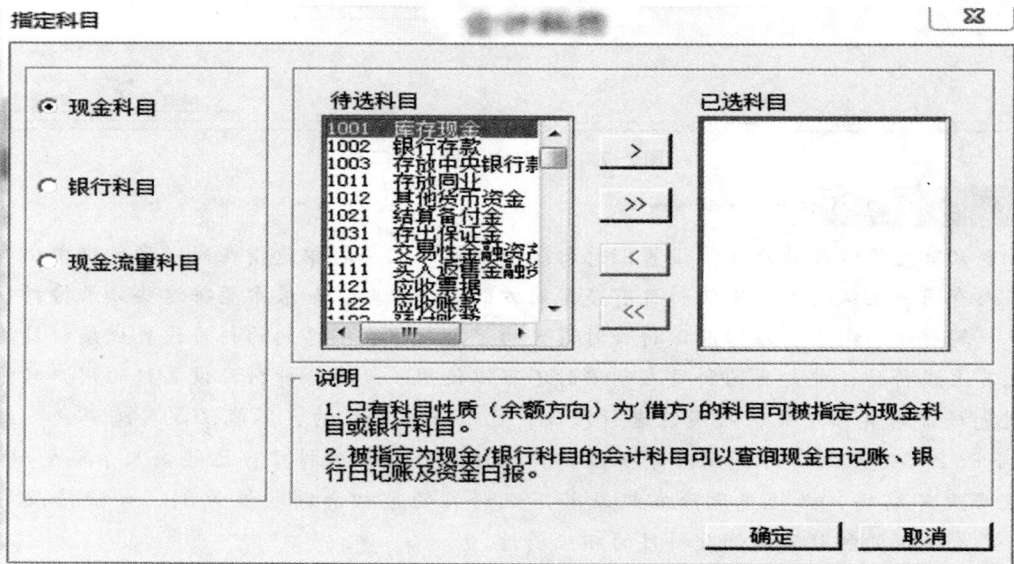

图2-73　打开"指定科目"对话框

（2）选中【现金科目】。

（3）在【待选科目】框中选择"1001库存现金"科目。

（4）单击【>】按钮或双击该科目，将其添加到【已选科目】框中，如图2-74所示。

（5）单击【确定】按钮保存。同样将"银行科目"与"1002银行存款"也进行指定。

5.成批复制。

（1）在"会计科目"对话框中，单击【编辑】|【成批复制】，打开"成批复制"对话框，如图2-75所示。

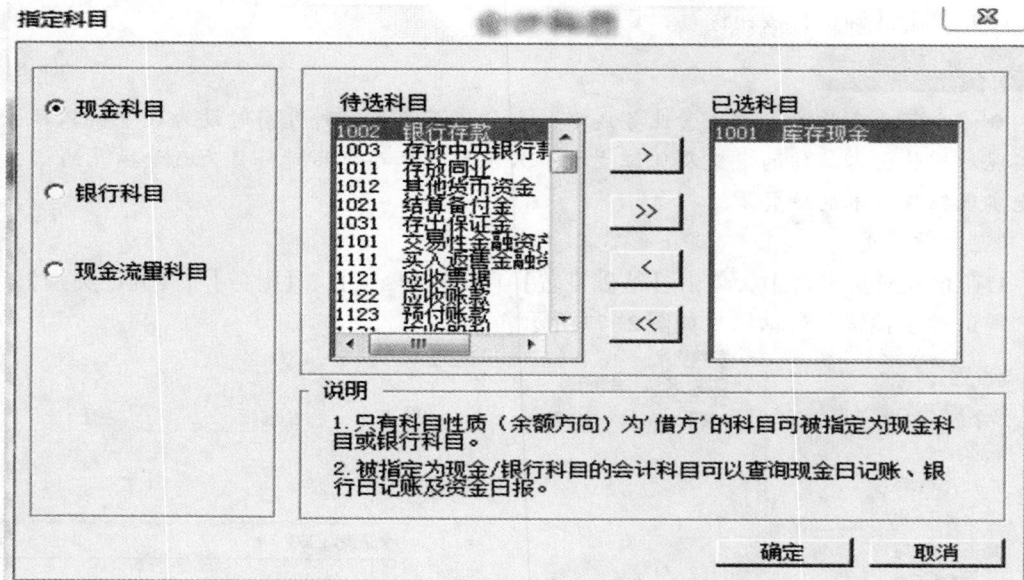

图2-74 指定会计科目

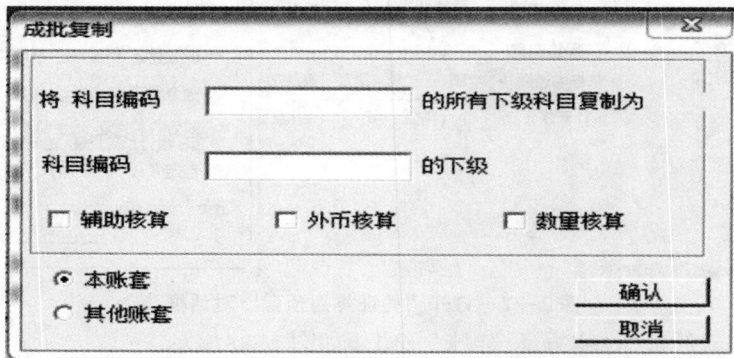

图2-75 打开"成批复制"对话框

（2）将"库存商品"科目（科目编码1241）的所有下级科目复制为"主营业务收入"科目（科目编码5101）及"主营业务成本"科目（科目编码5401）的下级科目，并勾选【数量核算】复选框，如图2-76所示。

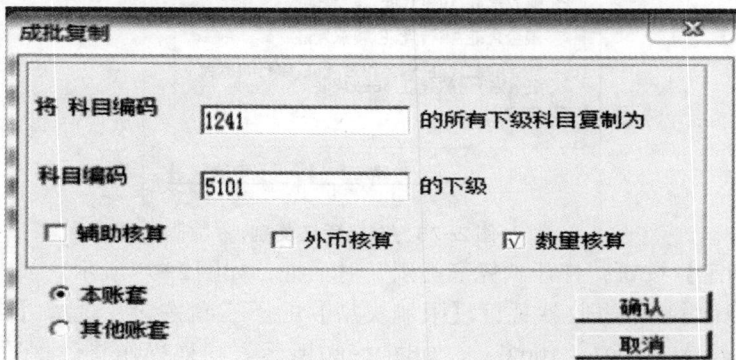

图2-76 设置成批复制

（3）单击【确认】按钮保存，复制完成。

> **财务专家温馨提示** -
>
> ◆ "主营业务收入"、"主营业务成本"和"库存商品"科目同时设为数量核算时，可以实现对销售成本结转的定义及凭证生成；只设置"库存商品"科目为数量核算的话，则不能实现销售成本的结转。

（二）凭证类别

1.在企业应用平台中，单击【基础设置】|【基础档案】|【财务】|【凭证类别】，打开"凭证类别预置"对话框，如图2-77所示。

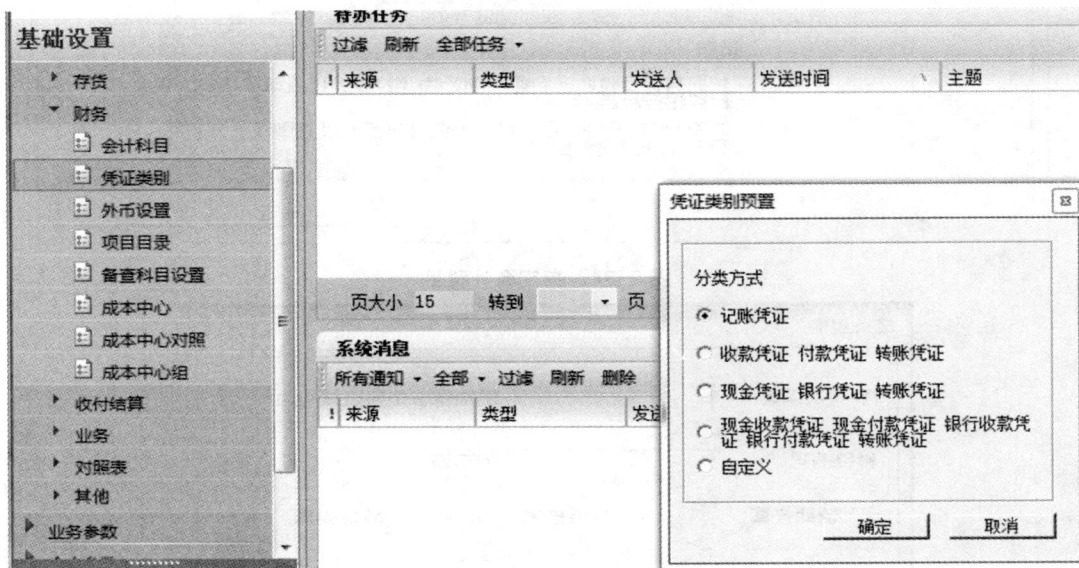

图 2-77　打开"凭证类别预置"对话框

2.选中【收款凭证 付款凭证 转账凭证】，如图2-78所示。

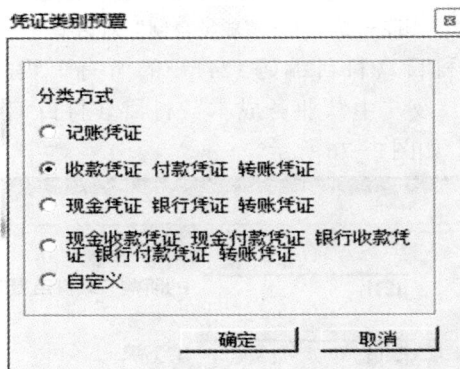

图 2-78　选择凭证类别

3.单击【确定】按钮，打开"凭证类别"对话框，如图2-79所示。

4.单击【修改】，单击收款凭证【限制类型】的下三角按钮，选择【借方必有】；在【限制科目】栏输入"1001，1002"，如图2-80所示。同样操作将付款凭证和转账凭证也进行修改。

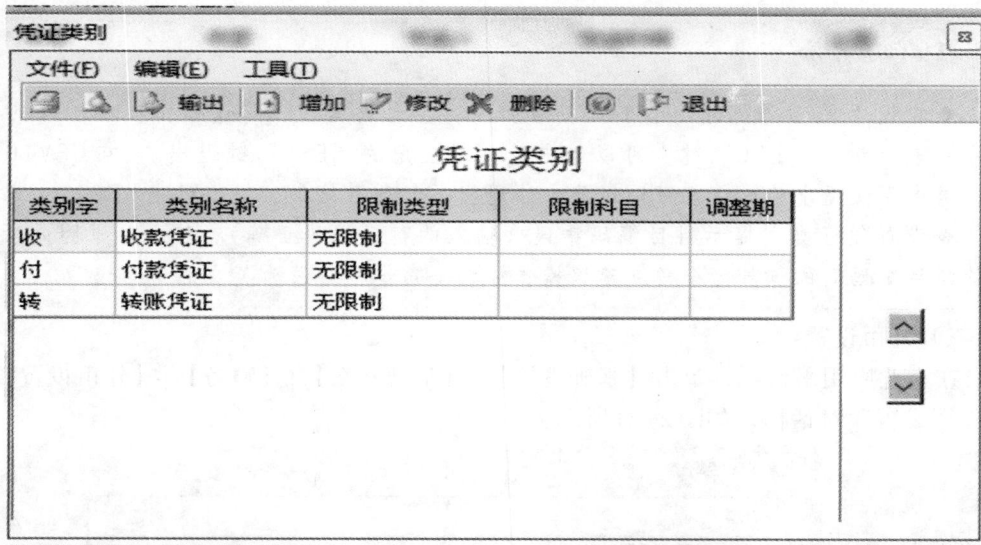

图2-79　打开"凭证类别"对话框

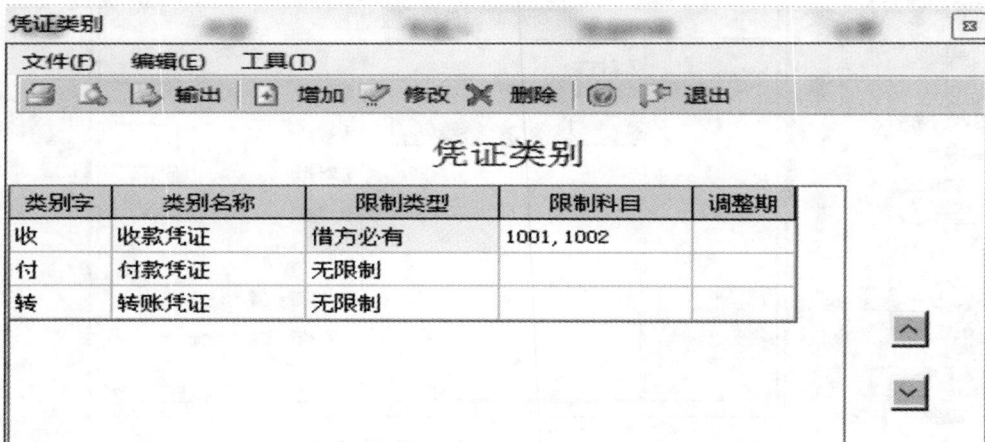

图2-80　修改凭证类别

5.设置完成后，单击【退出】。

财务专家温馨提示

◆已使用的凭证类别不能被删除，也不能修改类别字。

◆若限制类型已选有（不是"无限制"），则至少要输入一个限制科目；若限制类型选"无限制"，则不能输入限制科目。

◆若限制科目为非末科目，则在制单时，其所有下级科目都将受到同样的限制。例如，若分类如上所设，且1001科目下有100101、100102两个下级科目，那么在填制凭证时，将不能使用100101、100102两个明细科目。

◆表格右侧的上下箭头按钮可以调整凭证类别的前后顺序，它将决定明细账中凭证的排列顺序。例如，凭证类别设置中凭证类别的排列顺序为收、付、转，那么在查询明细账、日记账时，同一日的凭证，将按照收、付、转的顺序进行排列。

常见问题解析

◆在设置凭证类别时，不小心多增加一行，无法退回。建议操作：在U8V10.1中命令撤销键为“ESC”键，可以单击键盘左上角的“ESC”键退出。(在U8V10.1中，很多无法退出的操作都可以以此方法退出，如项目档案、银行对账单等)。

◆设置凭证类别提示科目编码错误（输入的科目编码正确）。其主要原因是所输入的科目编码间的逗号为全角。建议操作：将全角逗号修改为英文的半角逗号。

（三）外币设置

1.在企业应用平台中，单击【基础设置】|【基础档案】|【财务】|【外币设置】，打开“外币设置”对话框，如图2-81所示。

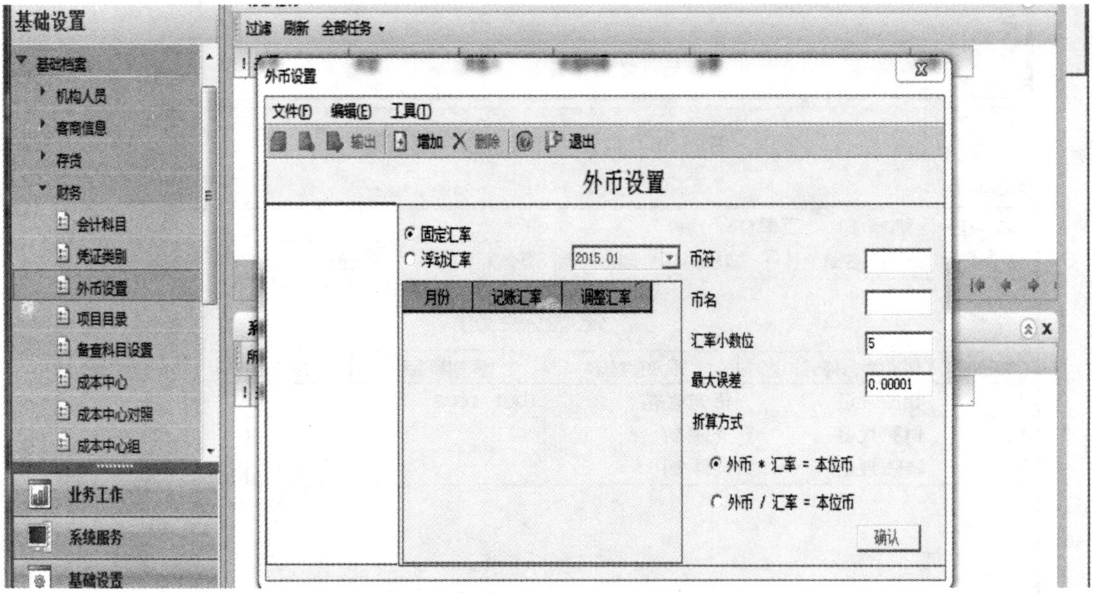

图2-81 打开“外币设置”对话框

2.单击【增加】，输入外币的币符“USD”及币名“美元”，汇率选择固定汇率（也可根据需要选择浮动汇率），设置完毕，单击【确认】按钮，如图2-82所示。

3.在中间窗口的一月份【记账汇率】单元格中输入“6.27500”，然后单击回车键，如图2-83所示。单击【退出】，退出“外币设置”对话框。

财务专家温馨提示

◆在创建账套时要在【有无外币核算】前的复选框内打钩。

常见问题解析

◆已设置外币汇率，但使用时却显示汇率为空。其通常原因是在录入汇率后没有保存就退出了。建议操作：进入“外币设置”对话框，录入汇率后单击回车键或将光标在别处单击一下完成保存。

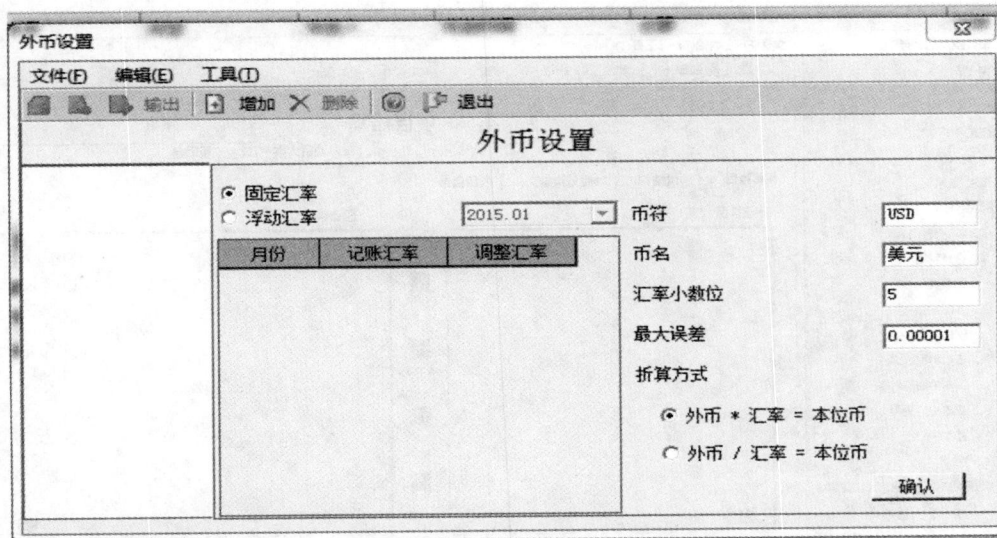

图2-82　设置外币

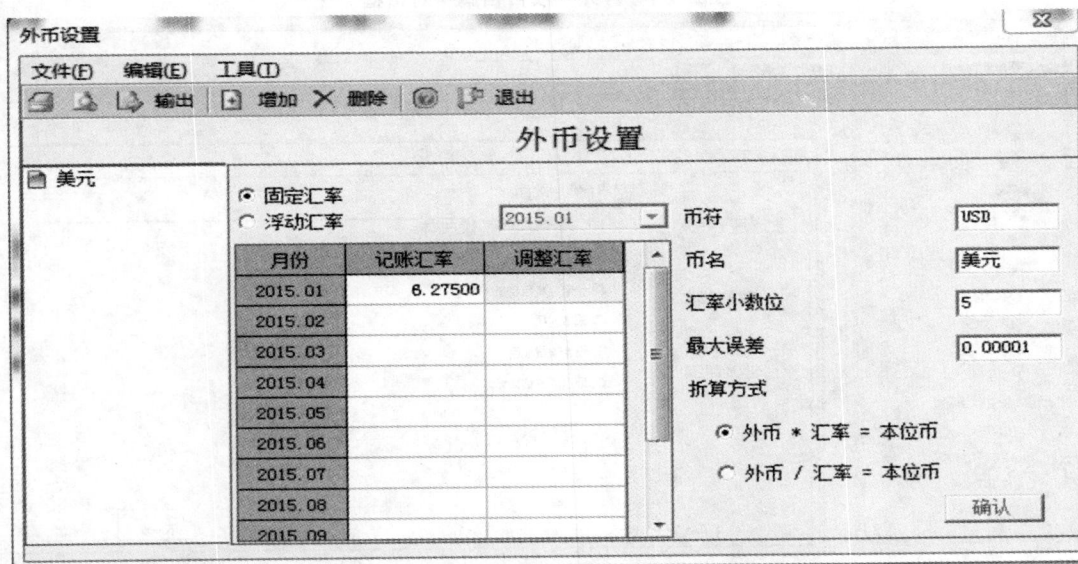

图2-83　输入外币汇率

（四）项目目录

1.定义项目大类。

（1）在企业应用平台中，单击【基础设置】|【基础档案】|【财务】|【项目目录】，打开"项目档案"对话框，如图2-84所示。

（2）单击【增加】，打开"项目大类定义_增加"对话框。

（3）输入新项目大类名称"生产成本"，如图2-85所示。

（4）单击【下一步】按钮，输入要定义的项目级次，假设本例采用系统默认值。

（5）单击【下一步】按钮，输入要修改的项目栏目，假设本例采用系统默认值。

（6）单击【完成】按钮，返回"项目档案"对话框。

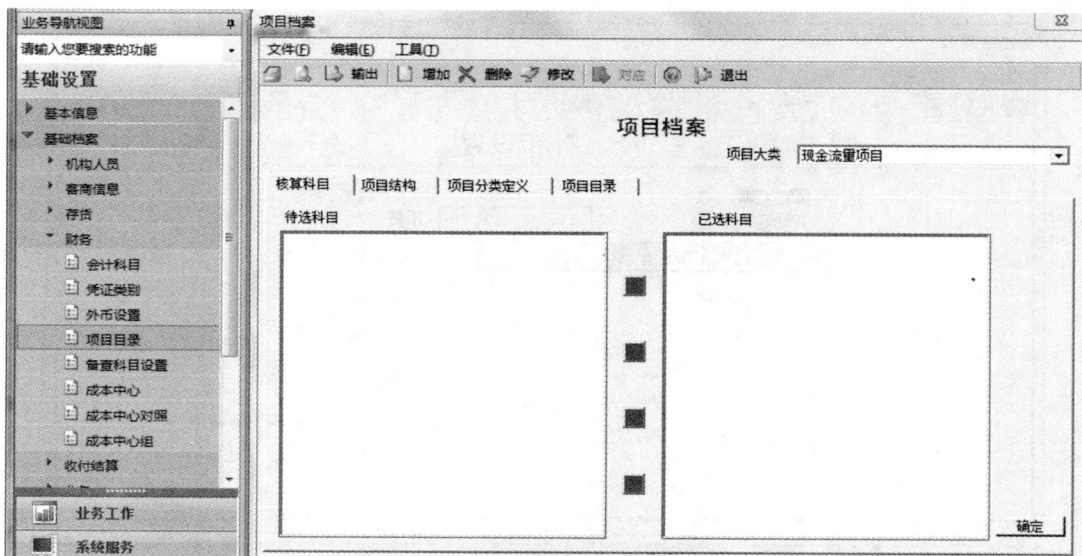

图2-84　打开"项目档案"对话框

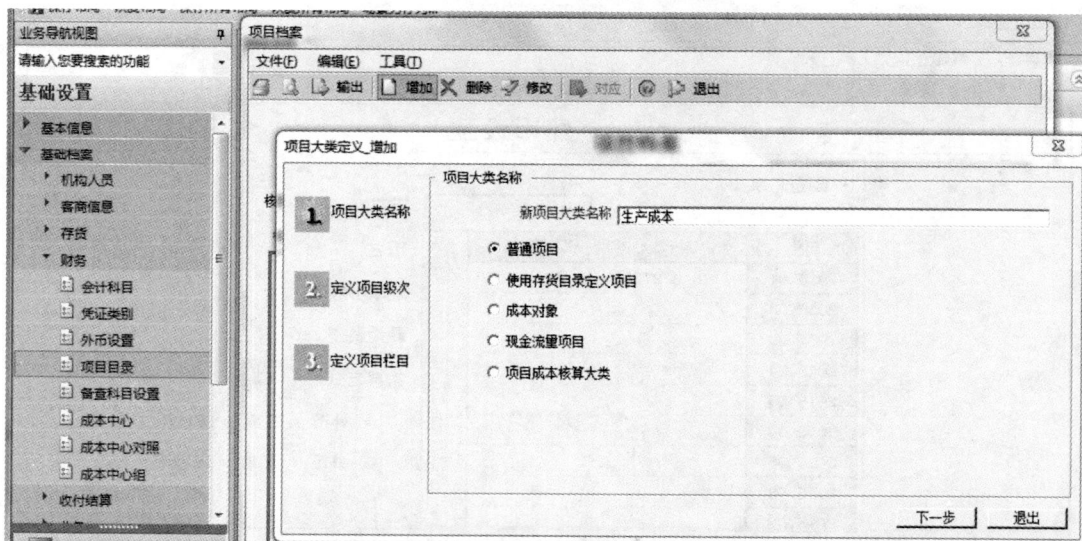

图2-85　增加项目大类

财务专家温馨提示

◆设置科目辅助核算：在会计科目设置功能中先设置相关的项目核算科目，如对生产成本及其下级科目设置项目核算的辅助账类。

◆项目大类名称：项目大类名称是该类项目的总称，而不是会计科目名称。例如，在建工程按具体工程项目核算，其项目大类名称应为"工程项目"而不是"在建工程"。

◆定义项目级次：即项目编码方案，项目分类共分8级，总长度22位，单级级长不能超过9位。

◆定义项目栏目：编辑项目栏目的名称和各栏目的属性。系统默认的栏目有【项目编号】、【项目名称】、【是否结算】及【所属分类码】，用户要根据需要，利用【增加】【删除】功能键增加或删除项目栏目。

2.指定核算科目。

（1）在"项目档案"对话框中，单击【核算科目】。

（2）选择项目大类"生产成本"，如图2-86所示。

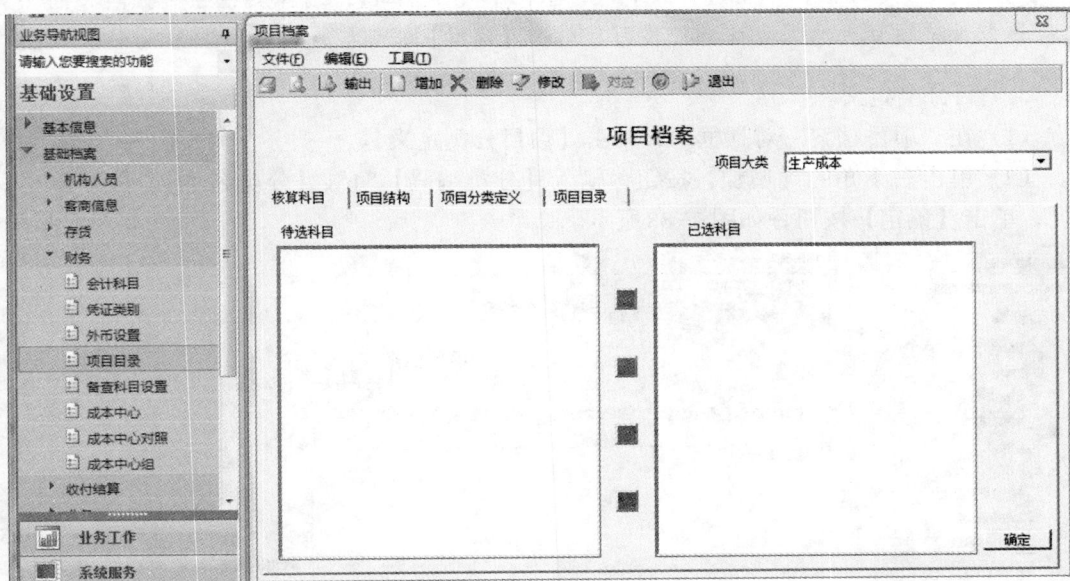

图2-86　打开项目大类

（3）单击【>】按钮，将"直接材料（41010101）"等科目选为参加核算的科目，如图2-87所示，单击【确定】按钮。

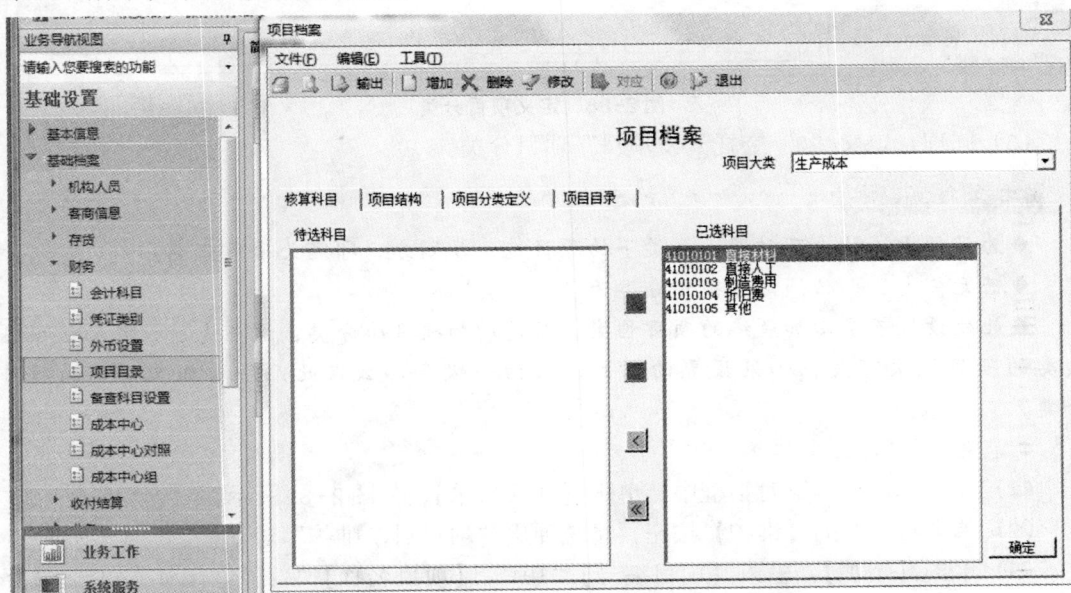

图2-87　定义核算科目

常见问题解析

◆设置项目目录时，核算科目下没有出现相关科目。其主要原因是相关项目没有选择"项目核算"辅助核算或是将会计科目归入到其他项目大类下。建议操作：进入"会计科目"对话框，单击【修改】，并选中【项目核算】；选择其他项目大类，将不应该属于该项目大类的会计科目移回后单击【确定】按钮。

3.项目分类定义。

（1）在"项目档案"对话框中，单击【项目分类定义】。

（2）单击右下角的【增加】按钮，输入【分类编码】"1"、【分类名称】"自行开发项目"，单击【确定】按钮，如图2-88所示。

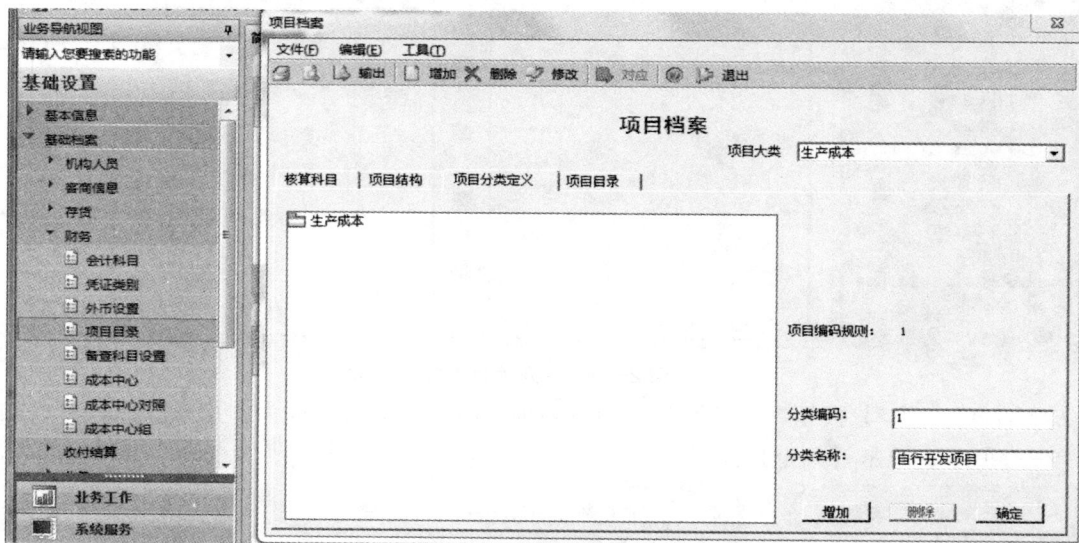

图2-88　定义项目分类

（3）同理，定义"2　委托开发项目"项目分类。

财务专家温馨提示

◆为了便于统计，可对同一大类下的项目进一步划分，即定义项目分类。

◆若无分类，也必须定义项目分类为"无分类"。

◆此处设置不是增加最终的项目档案，而是增加项目小分类，这与先前设置的该项目大类的项目级次有关，如果设置的项目级次为一级，那么在此无法增加其下属的项目分类。

4.定义项目目录。

（1）在"项目档案"对话框中，单击【项目目录】，如图2-89所示。

（2）单击右下角的【维护】按钮，系统弹出"项目目录维护"对话框。

（3）单击【增加】，输入【项目编号】"101"、【项目名称】"普通打印纸－A4"，选择【所属分类码】"1"，如图2-90所示。

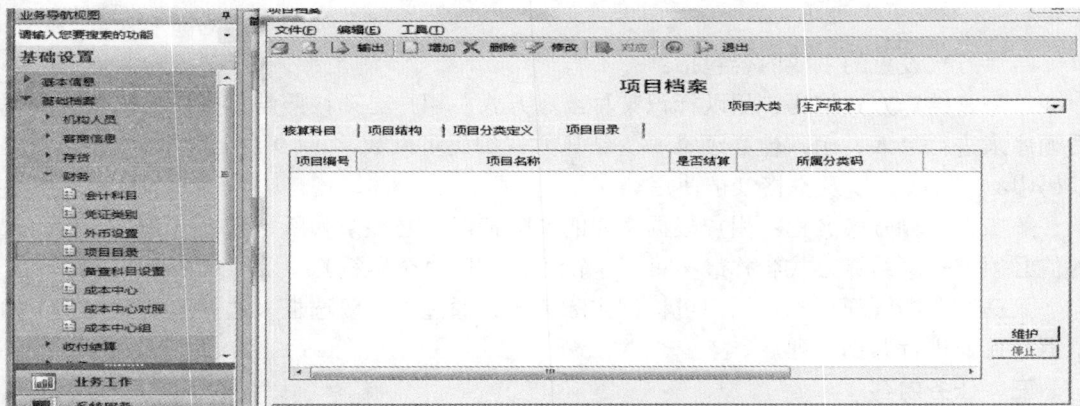

图2-89　定义项目目录（一）

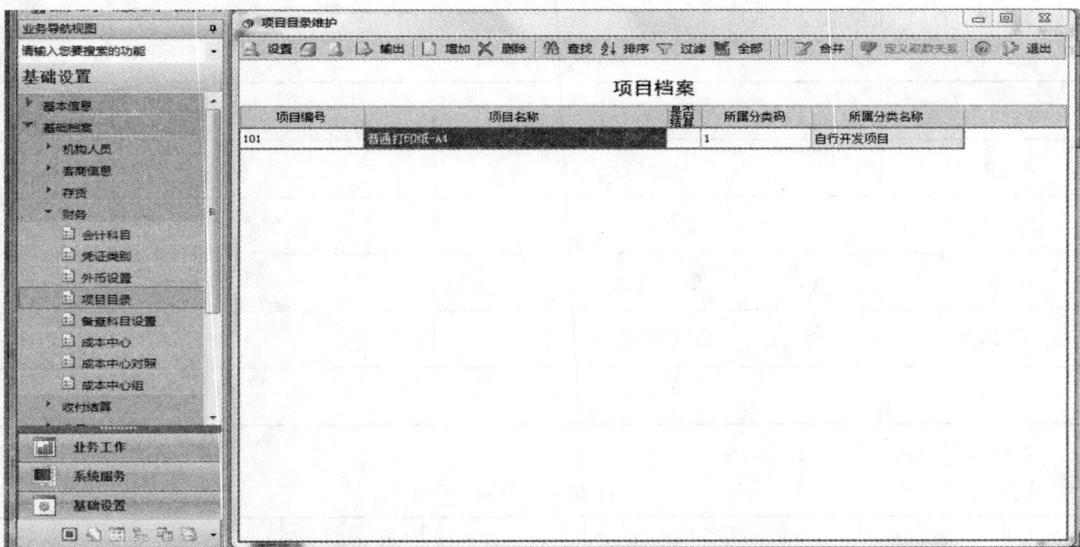

图2-90　定义项目目录（二）

（4）同理，继续增加"102凭证套打纸-8X"项目档案。

财务专家温馨提示

◆标示结算后的项目将不能再使用。

【任务五】设置收付结算

一、任务描述

北京阳光信息技术有限公司的各项前期工作均已完成，相关子系统也已启用完毕，本任务由账套主管陈明在企业应用平台中录入公司的结算方式、付款条件、银行档案以及本单位开户银行。

二、入职知识准备

结算方式是用来建立和管理企业在经营活动中所涉及的结算方式的。它与财务结算方式一致，如现金结算、支票结算等。企业根据自己的实际情况来设置现金结算和银行结算方式。结算方式最多可以分为2级。结算方式一旦被引用，便不能进行修改和删除的操作。

结算方式设置的主要内容包括：

第一，结算方式编码：用以标识某种结算方式。用户必须按照结算方式编码级次的先后顺序来进行录入，录入值必须唯一。结算方式编码可以数字0～9或字符A～Z表示，但编码中&、"、；、-以及空格禁止使用。

第二，结算方式名称：用户根据企业的实际情况，必须录入所用结算方式的名称，录入值必须唯一。结算方式名称最多可写6个汉字（即12个字符）。

第三，票据管理标志：用户可根据实际情况，通过单击复选框来选择该结算方式下的票据是否要进行票据管理。

三、任务内容

北京阳光信息技术有限公司收付结算资料如下：

1.结算方式（见表2-15）。

表2-15　　　　　　　　　　　　　　　　**结算方式列表**

结算方式编码	结算方式名称	票据管理
1	现金结算	否
2	支票结算	是
201	现金支票	是
202	转账支票	是
9	其他	否

2.付款条件（见表2-16）。

表2-16　　　　　　　　　　　　　　　　**付款条件列表**

编码	信用天数	优惠天数1	优惠率1	优惠天数2	优惠率2	优惠天数3	优惠率3
01	30	1	2				
02	60	5	4	15	2	30	1
03	90	5	4	20	2	45	1

3.银行档案（见表2-17）。

表2-17　　　　　　　　　　　　　　　　**银行档案列表**

编码	银行名称	企业账户规则	个人账户规则
05	中国银行中关村分行	14	11/8

4.本单位开户银行（见表2-18）。

表2-18　　　　　　　　　　　　　　　　**本单位开户银行列表**

编码	银行账号	币种	开户银行	所属银行编码
01	83165879620005	人民币	中国银行中关村分行	05

四、任务执行

（一）结算方式

1.在企业应用平台中，单击【基础设置】|【基础档案】|【收付结算】|【结算方式】，打开"结算方式"对话框，如图2-91所示。

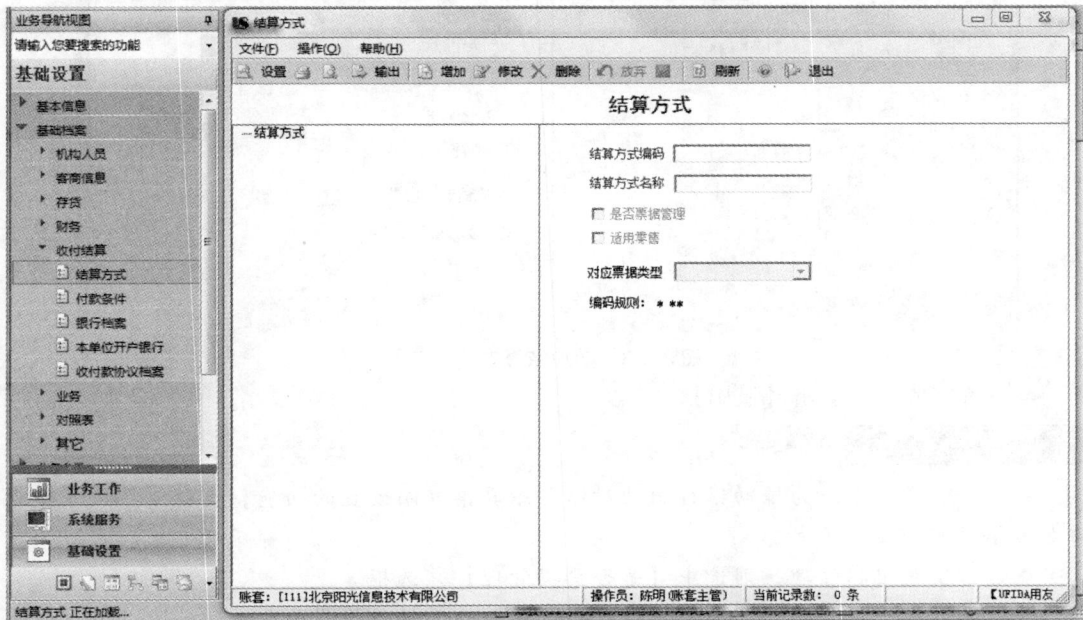

图2-91　打开"结算方式"对话框

2.单击【增加】，输入【结算方式编码】"1"、【结算方式名称】"现金结算"，单击【保存】（软盘图标），如图2-92所示。

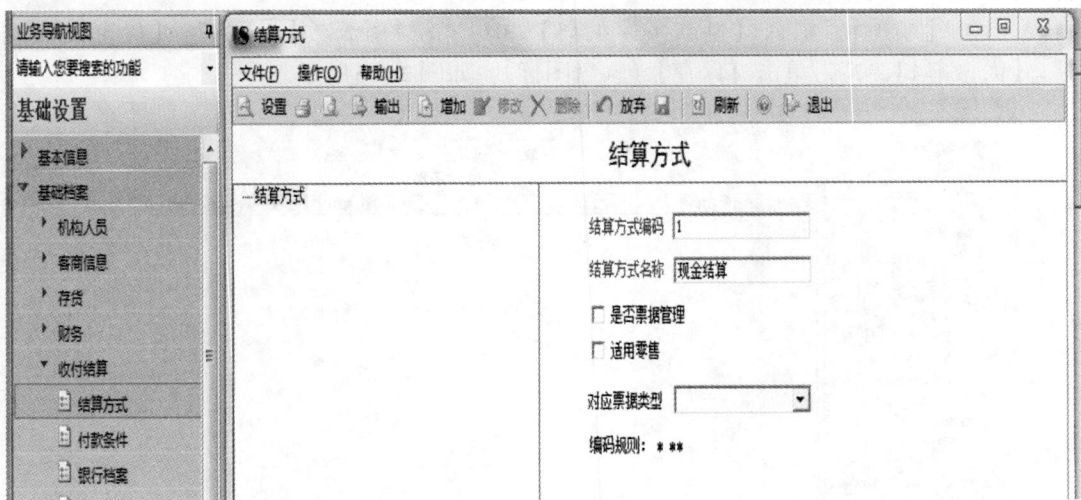

图2-92　增加结算方式（一）

3.依次输入其他结算方式。对于"现金支票"和"转账支票"要选中【是否票据管理】复选框，并在"对应票据类型"选项中选择对应的选项，以"现金支票"为例如图2-93所示。

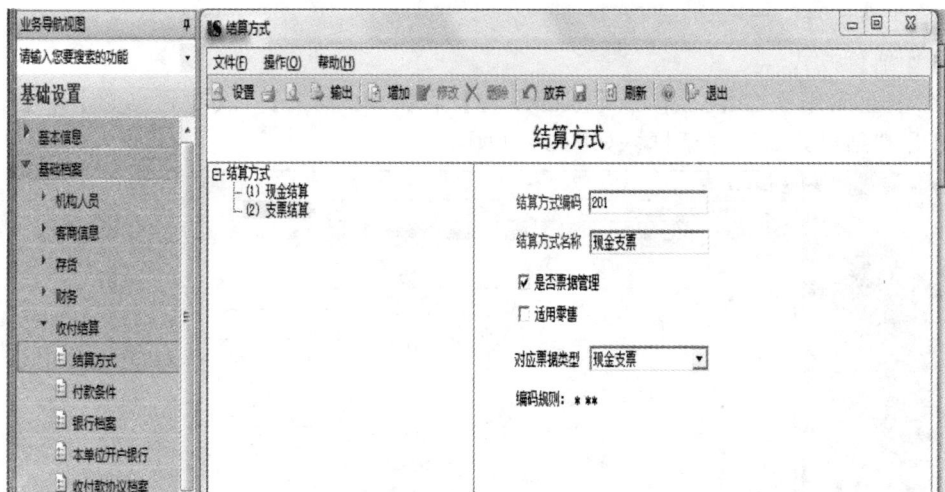

图 2-93　增加结算方式（二）

4.设置完成后，单击【退出】。

◆ 票据管理是系统为辅助银行出纳对银行结算票据而设置的功能，类似于手工系统中的支票登记簿的管理方式。

◆ 若需实施票据管理，则选中【是否票据管理】复选框。

◆ 结算方式一旦被使用，则不能进行修改和删除的操作。

（二）付款条件

1.在企业应用平台中，单击【基础设置】|【基础档案】|【收付结算】|【付款条件】，打开"付款条件"对话框，如图2-94所示。

2.单击【增加】，输入【付款条件编码】"01"、【信用天数】"30"、【优惠天数1】"1"；【优惠率1】"2"，单击【保存】（软盘图标），如图2-95所示。

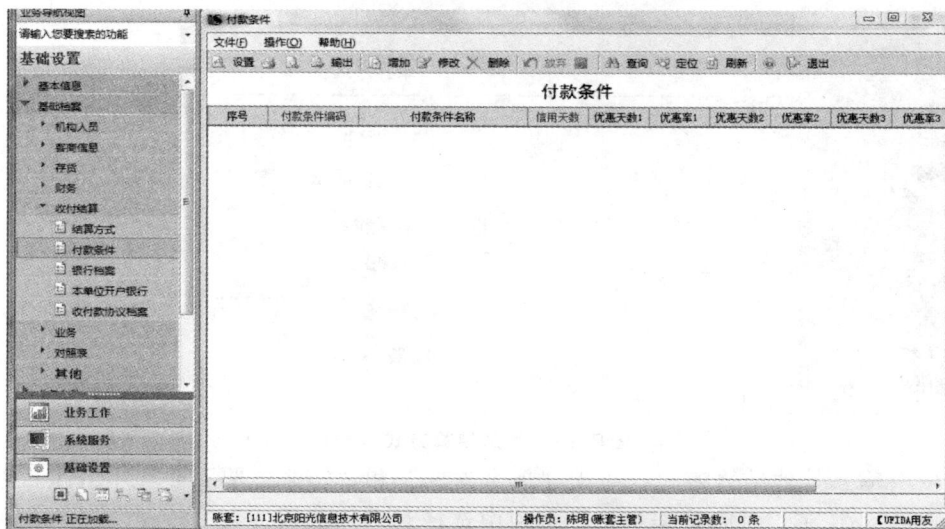

图 2-94　打开"付款条件"对话框

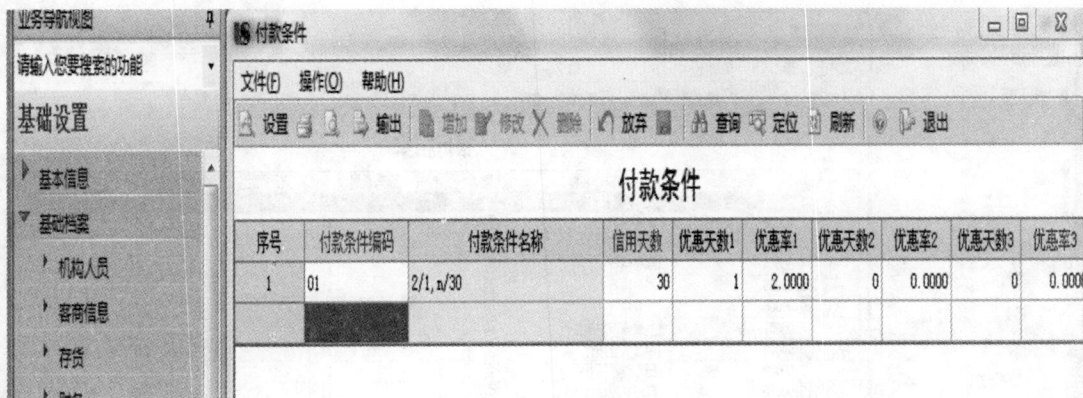

图2-95　增加付款条件（一）

3.依次输入其他付款条件，如图2-96所示。

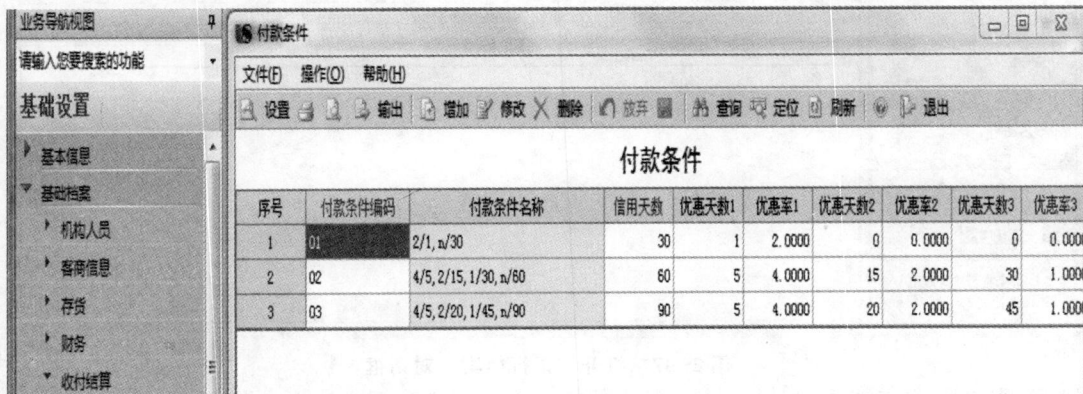

图2-96　增加付款条件（二）

4.设置完成后，单击【退出】。

（三）银行档案

1.在企业应用平台中，单击【基础设置】|【基础档案】|【收付结算】|【银行档案】，打开"银行档案"对话框，如图2-97所示。

2.单击【增加】，输入【银行编码】"05"、【银行名称】"中国银行中关村分行"；【企业账户规则】选中【定长】，输入【账号长度】"14"；【个人账户规则】选中【定长】，输入【账号长度】"11"、【自动带出账号长度】"8"，单击【保存】（软盘图标），如图2-98所示。

3.设置完成后，单击【退出】，系统提示"是否保存对当前档案的编辑？"，单击【否】，如图2-99所示。

（四）本单位开户银行

1.在企业应用平台中，单击【基础设置】|【基础档案】|【收付结算】|【本单位开户银行】，打开"本单位开户银行"对话框，如图2-100所示。

2.单击【增加】，输入【编码】"01"、【开户银行】"中国银行中关村分行"、【银行账号】"83165879620005"；【币种】选择"人民币"；【所属银行编码】选择"05"，单击【保存】（软盘图标），如图2-101所示。

图 2-97 打开"银行档案"对话框

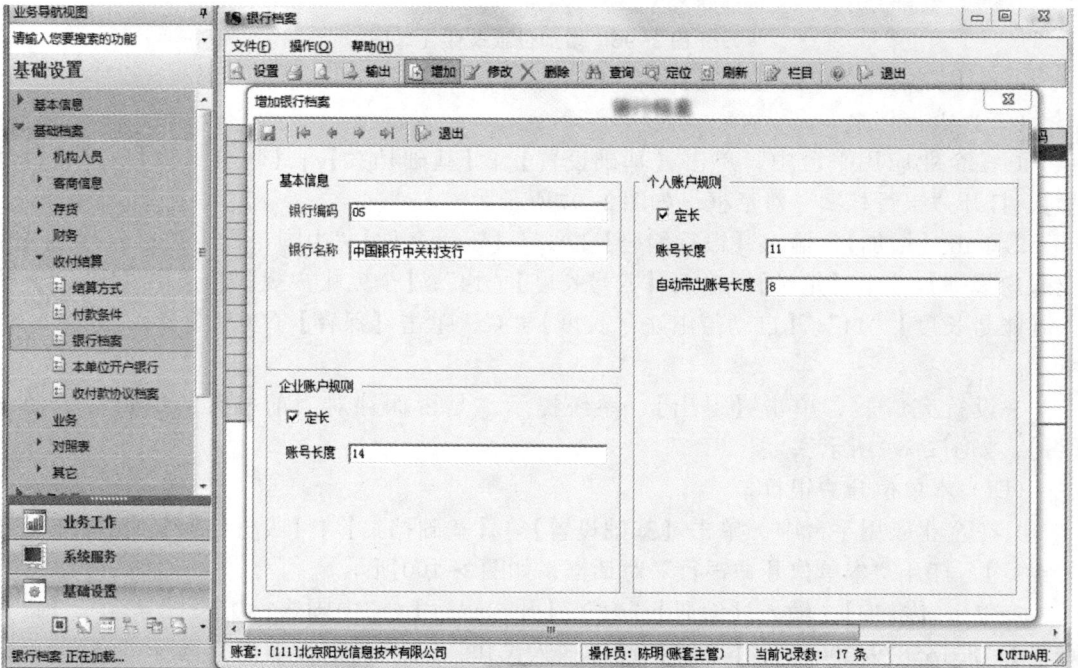

图 2-98 增加银行档案（一）

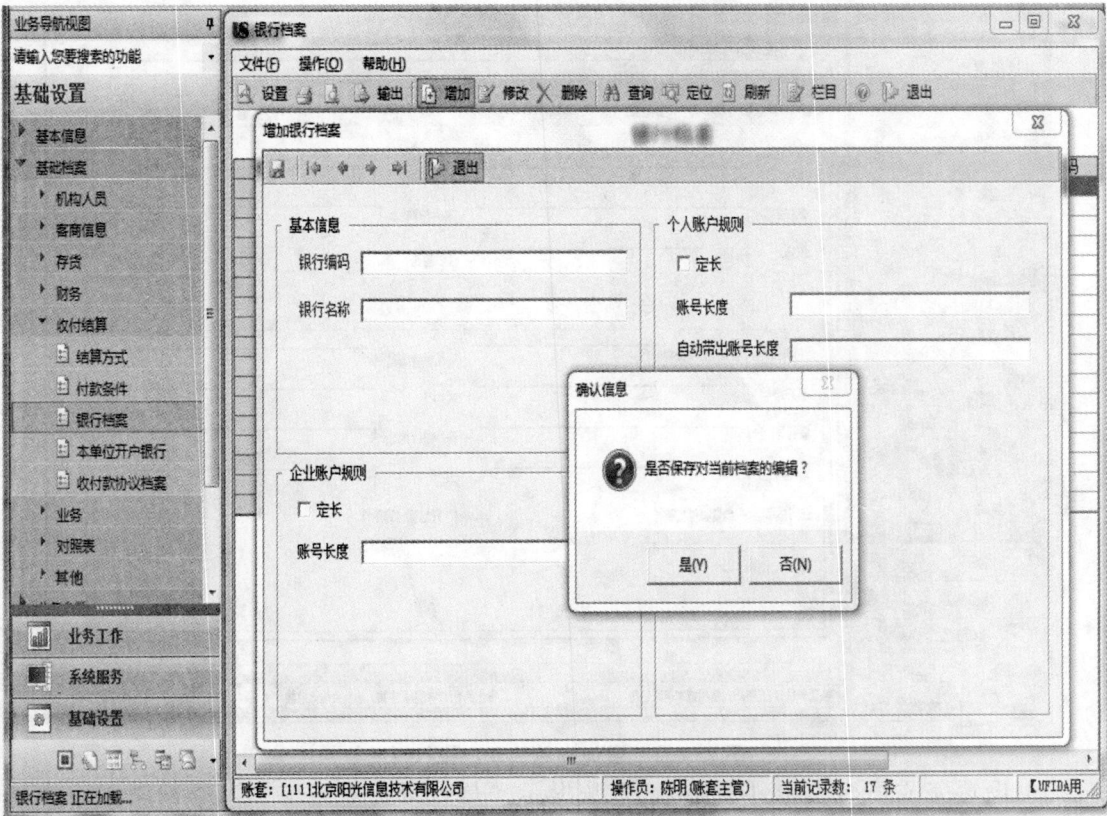

图2-99　增加银行档案（二）

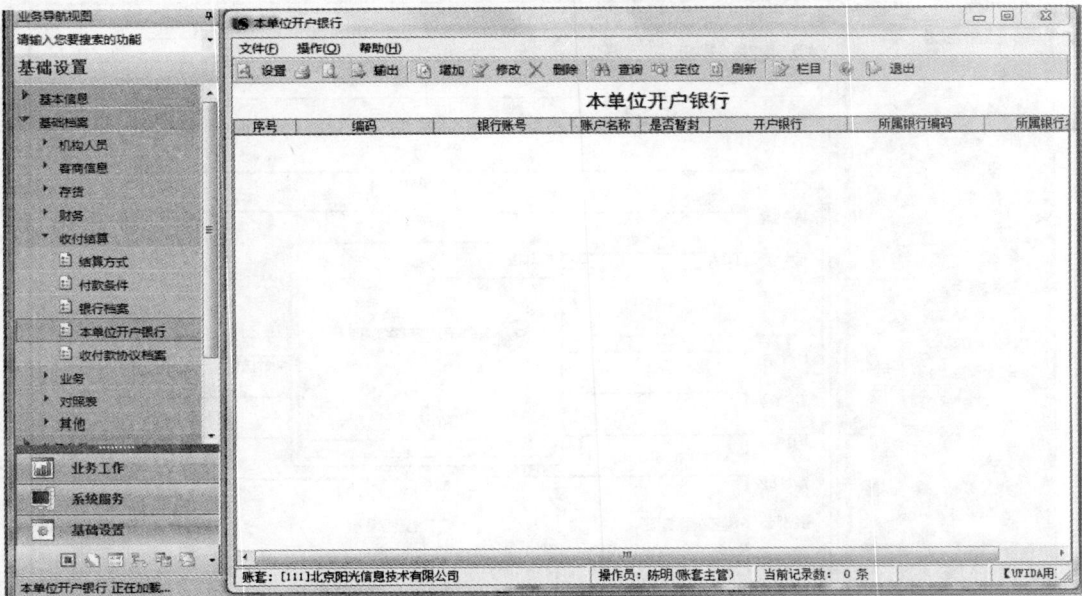

图2-100　打开"本单位开户银行"对话框

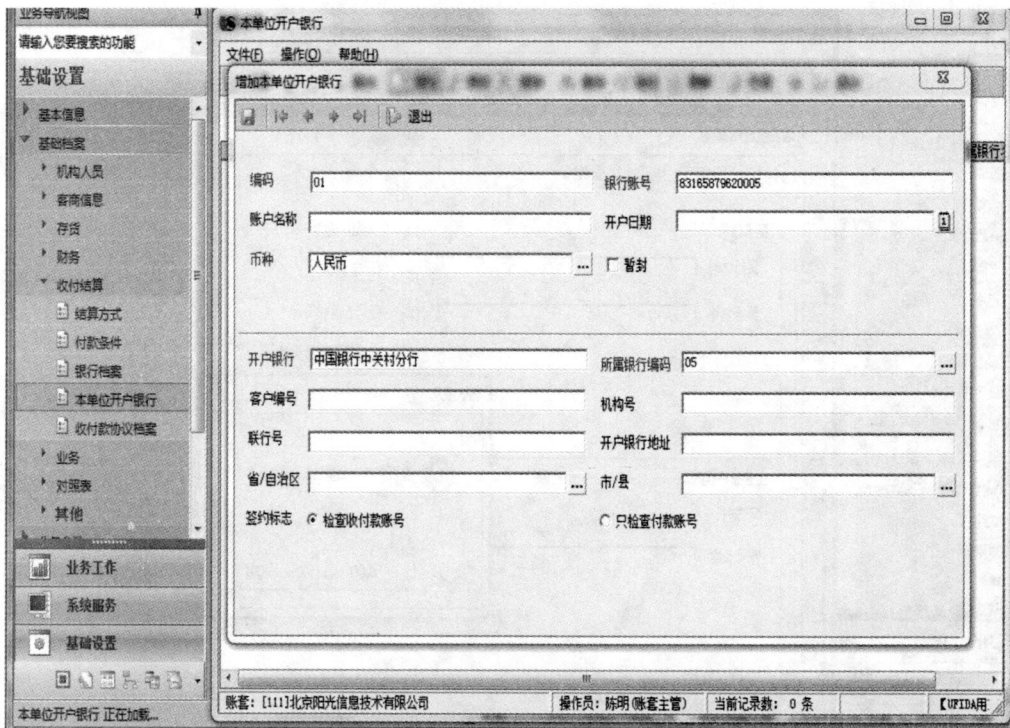

图2-101 增加本单位开户银行（一）

3.设置完成后，单击【退出】，系统提示"是否保存对当前档案的编辑？"，单击【否】，如图2-102所示。

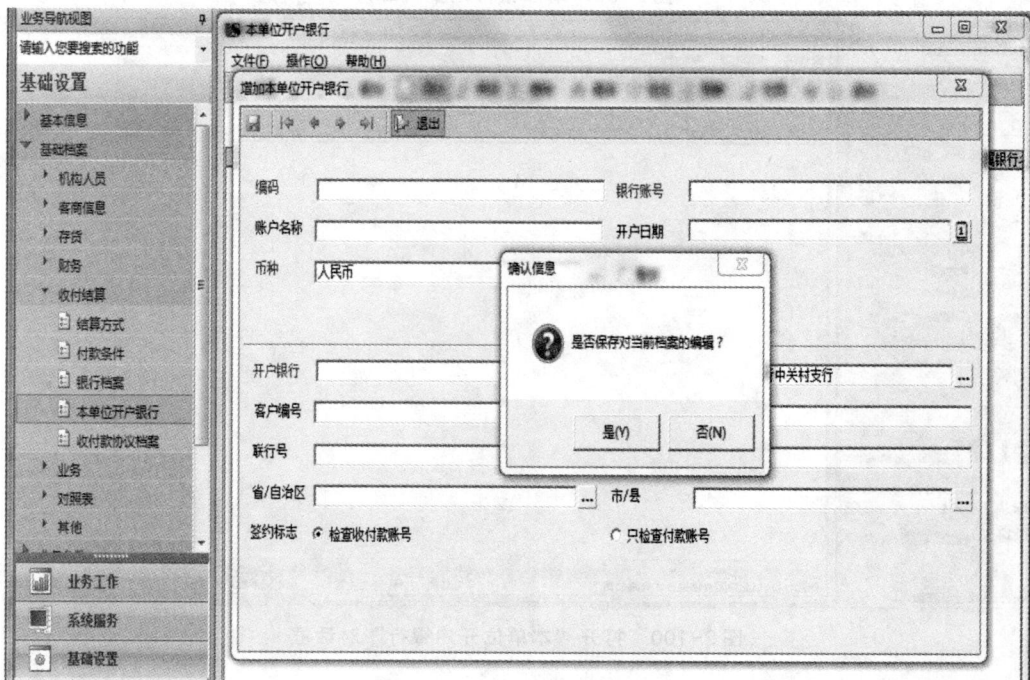

图2-102 增加本单位开户银行（二）

五、知识拓展——设置单据

(一)修改单据格式

1.在企业应用平台中,单击【基础设置】|【单据设置】|【单据格式设置】,打开"单据格式设置"对话框,如图2-103所示。

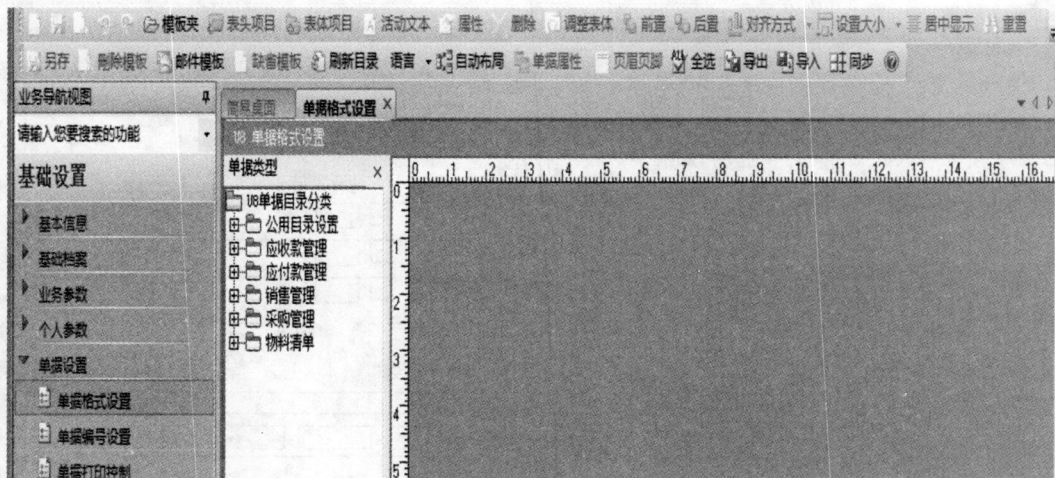

图2-103 打开"单据格式设置"对话框

2.单击【销售管理】|【销售专用发票】|【显示】|【销售专用发票显示模版】,在销售专用发票界面,单击表头部分的【销售类型】,单击【删除】,系统提示"是否删除当前选择项目?",单击【是】按钮,单击【保存】(软盘图标),如图2-104所示。

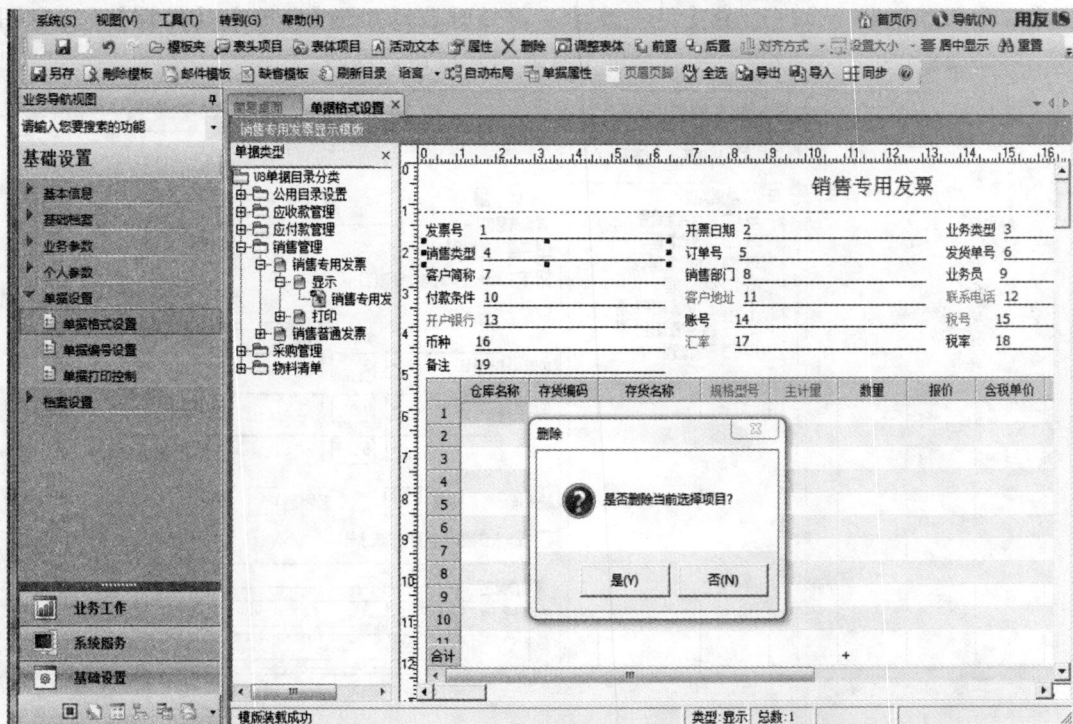

图2-104 修改单据格式

（二）设置单据编号

1.在企业应用平台中，单击【基础设置】|【单据设置】|【单据编号设置】，打开"单据编号设置"对话框，如图2-105所示。

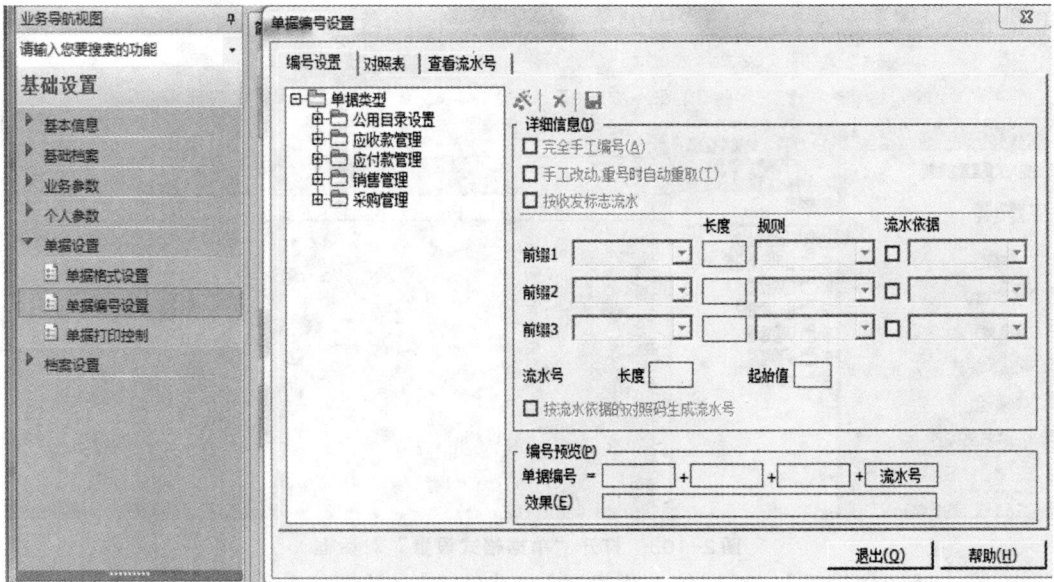

图2-105　打开"单据编号设置"对话框

2.在【编号设置】中，单击【单据类型】|【销售管理】|【销售专用发票】，然后单击【修改】（ 图标），选中【手工改动，重号时自动重取】，单击【保存】（软盘图标），如图2-106所示。设置完毕后，单击【退出】按钮，返回。

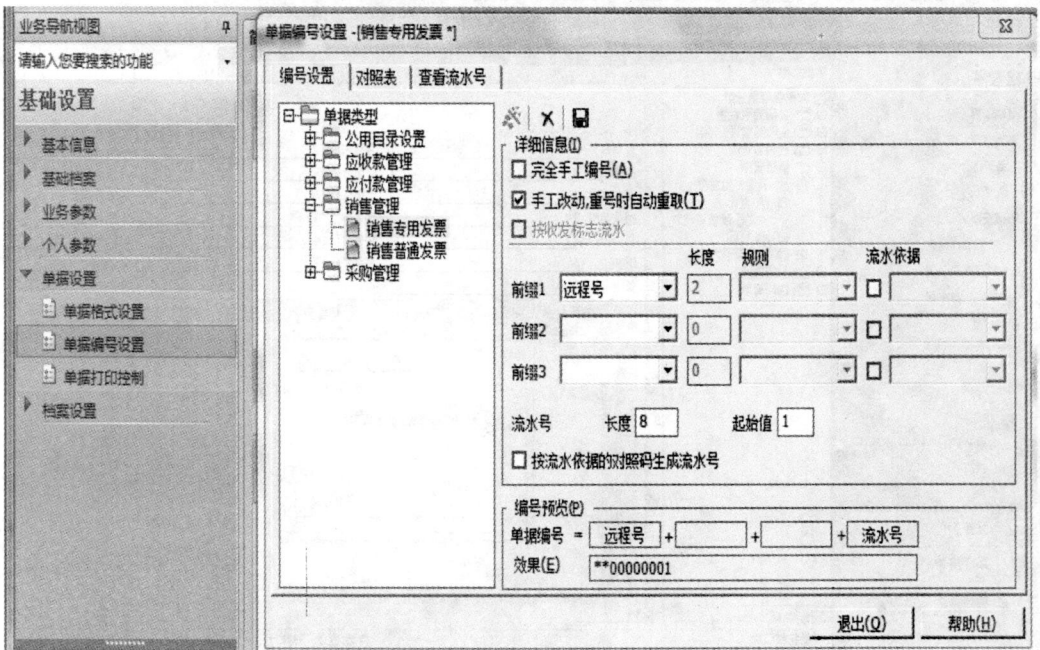

图2-106　修改单据编号

（三）设置明细权限

在需要对操作员的操作权限做进一步细化时，如希望制单权限控制到科目，凭证审核权限控制到操作员，明细账查询控制到科目等，首先应在设置系统参数时，将上述选项做选中标志，再到【明细权限】功能中进行设置。

（四）数据权限控制设置及分配

1.在企业应用平台中，单击【系统服务】|【权限】|【数据权限控制设置】，打开"数据权限控制设置"对话框，如图2-107所示。

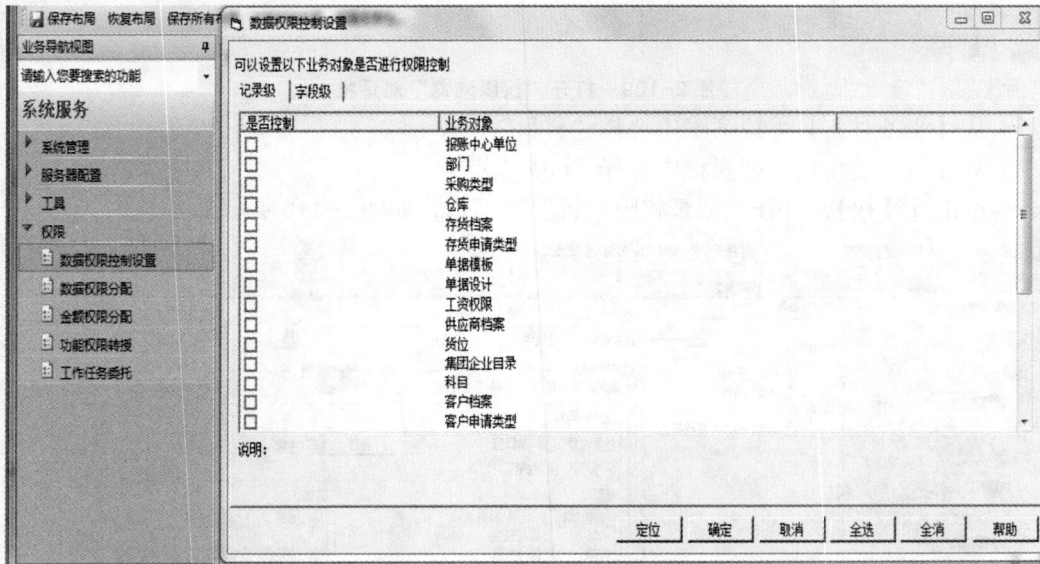

图2-107　打开"数据权限控制设置"对话框

2.单击【记录级】，选中【部门】和【科目】，单击【确定】按钮返回，如图2-108所示。

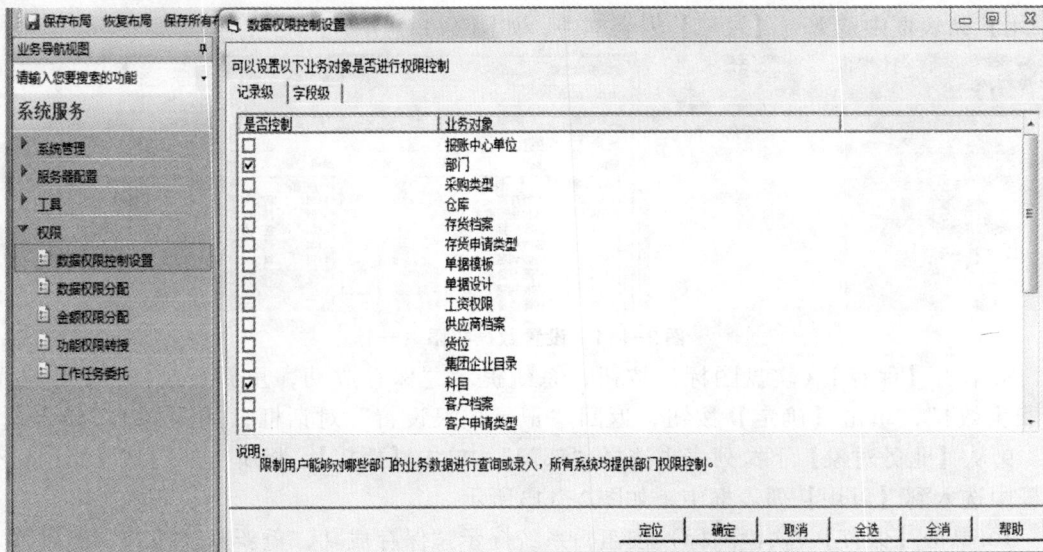

图2-108　设置数据权限

3.单击【权限】|【数据权限分配】，打开"权限浏览"对话框，如图2-109所示。

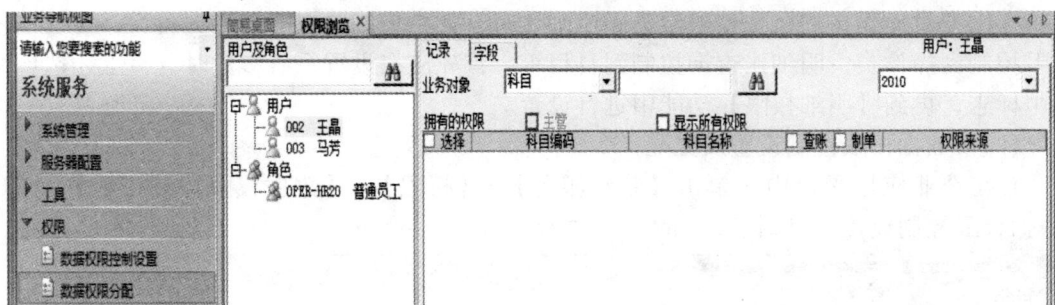

图2-109　打开"权限浏览"对话框

4.从【业务对象】下拉列表中选择"科目"。

5.从【用户及角色】列表框中选择"003马芳"。

6.单击【授权】，打开"记录权限设置"对话框，如图2-110所示。

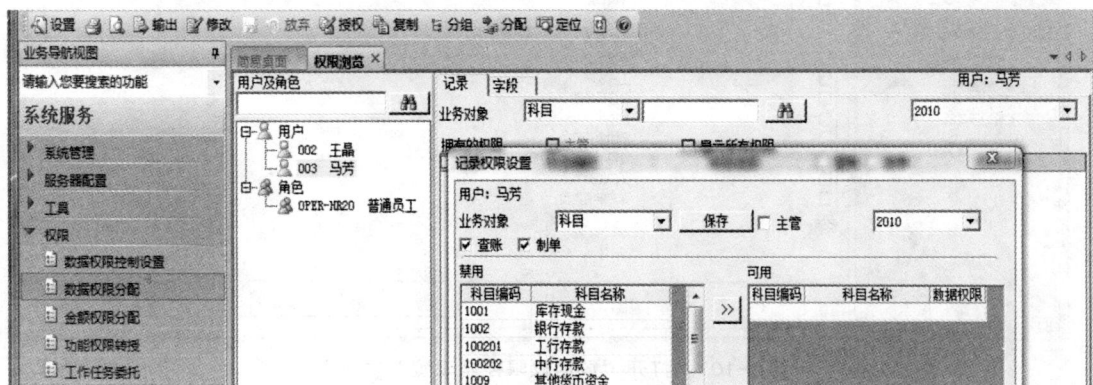

图2-110　打开"记录权限设置"对话框

7.分别将"应收账款""预付账款""应付账款""预收账款""其他应收款"科目从【禁用】列表框中选入到【可用】列表框中，如图2-111所示。

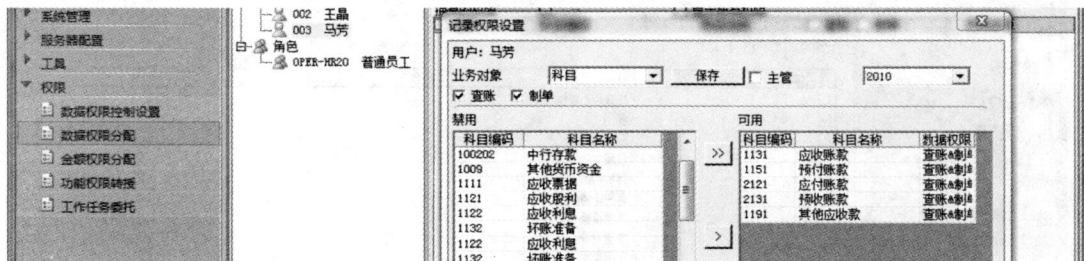

图2-111　设置数据权限（一）

8.单击【保存】（软盘图标）按钮，系统提示"保存成功，重新登录门户，此设置才能生效！"，单击【确定】按钮，返回"记录权限设置"对话框，如图2-112所示。

9.从【业务对象】下拉列表中选择"部门"，单击【授权】，将所有部门从【禁用】列表框中选入到【可用】列表框中，如图2-113所示。

10.单击【保存】（软盘图标）按钮，系统提示"保存成功，重新登录门户，此设置才能生效！"，单击【确定】按钮返回，如图2-114所示。

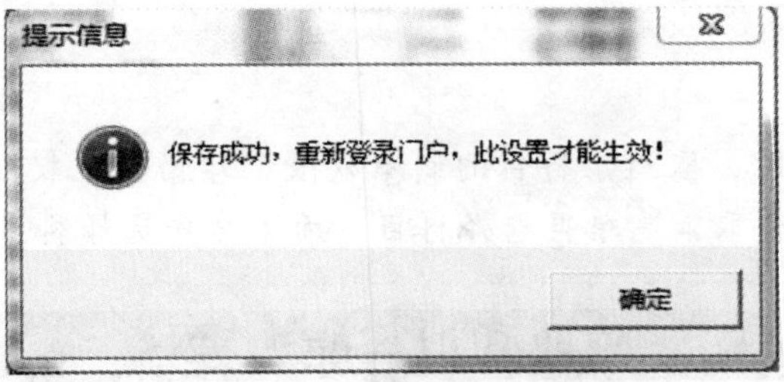

图2-112 设置数据权限（二）

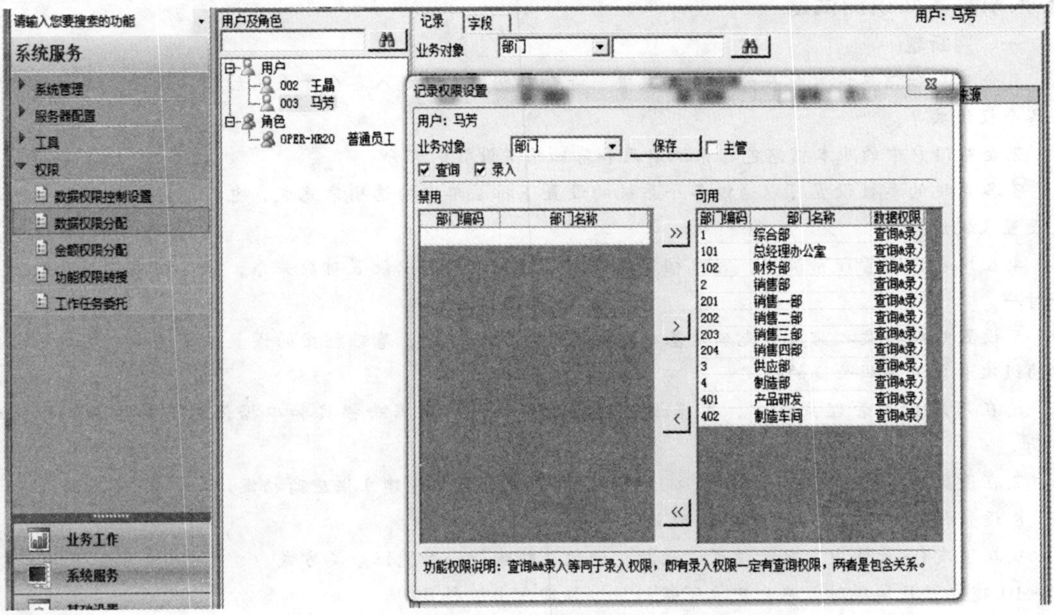

图2-113 数据权限授权

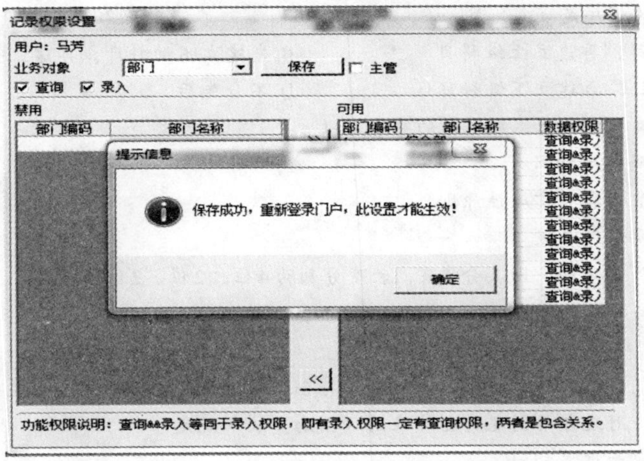

图2-114 保存数据权限分配设置

财务专家温馨提示

◆若希望每个操作员都可查询所有科目的明细账，可在"选项"对话框的"账簿"选项卡中，取消"明细账查询权限控制到科目"的设置即可。

常见问题解析

◆ 设置数据权限时，取消了科目的制单权限，却仍出现权限限制。其常见原因是操作次序错误：应该先取消制单再选择科目，而不是先选择科目再取消制单。

职业知识与能力考核

■ 入职基本知识测试题

一、判断题

1.企业基础信息设置既在公共管理模块中进行，也可以在进入各个子系统后进行设置，其结果都是由各个模块共享。 （ ）

2.企业门户中的基本信息包括系统启用和基础档案设置两部分。 （ ）

3.各系统的参数设置可以通过各个系统的设置下拉菜单中的选项来完成，也可通过基础设置中的参数设置来完成。 （ ）

4.在用友ERP管理系统中，客户档案和供应商档案记录可以设置对应关系，且这种对应关系只能是一对一。 （ ）

5.设置基础档案之前应首先确定基础档案的分类编码方案，基础档案的设置必须遵循分类编码方案中的级次和各级编码长度的设定。 （ ）

6.在用友ERP管理系统中，单据设计的内容主要包括单据头栏目和单据体栏目的增加、删除和布局。 （ ）

7.在设置供应商分类的前提下，必须先设置供应商分类才能建立供应商档案。 （ ）

8.设置科目编码时，各级科目编码必须唯一。 （ ）

9.在用友U8软件中，只能设置"收款、付款、转账"一种凭证分类方式。 （ ）

10.建立科目编码时，应先建立下级科目，再建立上级科目。 （ ）

二、单项选择题

1.会计科目建立的顺序是（ ）。

A.先建立下级科目，再建立上级科目　　　　B.先建立明细科目，再建立一级科目

C.先建立上级科目，再建立下级科目　　　　D.不分先后

2.确定会计科目编码方案时，应满足的要求是（ ）。

A.所有科目的编码长度相同

B.编码要符合简洁性和可扩展性原则

C.编码的级长不要超过二级

D.编码方案是软件内定的，即共分4级，长度分别为4位、2位、2位、2位

3.设置会计科目编码的要求是（ ）。

A.可以任意设置

B.总账科目和规范的二级科目编码的设置必须符合会计准则（指南）中的有关规定

C.所有科目全部由财政部门制定的会计准则（指南）统一规定

D.各级科目的编码长度要相同

4.若会计科目定义错误，需要修改，则以下选项中（ ）有权限修改。

A.账套主管　　　　B.系统管理员　　　　C.操作员　　　　D.任何人

5.对于"应交税费（2221）——应交增值税（01）——进项税额（01）"科目，下列（ ）是不正确的。

A. "应交税费"的完整编码为"2221"

B. "应交增值税"的完整编码为"222101"

C. "应交增值税"是"应交税费"的二级科目，也是最末级科目

D. "进项税额"是"应交税费"的三级科目，也是最末级科目

6.企业基础信息的设置，一般在（   ）模块中进行。

A.账套设置   B.可以在公共管理模块，也可以在各个子系统

C.各子系统   D.公共管理

7.（   ）不属于企业基础信息设置。

A.多栏账定义   B.客户档案   C.职员档案   D.部门档案

8.部门档案用于设置部门相关信息，一般不包括（   ）。

A.部门属性   B.部门编码   C.部门名称   D.部门位置

9.在进行科目编码设置时，必须输入（   ）。

A.外币   B.科目编码   C.英文科目名称   D.助记码

10.指定会计科目是指定（   ）专管科目。

A.会计   B.系统管理员   C.账套主管   D.出纳

三、多项选择题

1.以下编码中，可作为往来单位编码或往来单位类别编码使用的有（   ）。

A.W001   B.W000001   C.W0000001   D.W001001

2.会计科目编码的原则有（   ）

A.系统性   B.随意性   C.简洁性   D.可扩展性

3.基础信息设置中包括的分类信息有（   ）。

A.存货分类   B.职员分类   C.地区分类   D.客户分类

4.企业在"项目目录"功能中可以进行下列（   ）等多项操作。

A.定义项目大类   B.定义项目目录   C.指定项目核算科目   D.定义项目分类

5.外汇汇率设置通常有（   ）。

A.固定汇率   B.买入汇率   C.浮动汇率   D.卖出汇率

■ 职业能力测试题

（一）启用系统

启用总账、应收、应付、固定资产、薪资管理、采购、销售、库存、存货习题，启用日期统一为2015年1月1日。

（二）设置基础档案

1.部门档案（见表2-19）

表2-19   **部门档案列表**

部门编码	部门名称	部门编码	部门名称
01	经理室	06	生产部
02	企管部	0601	硅粉车间
03	销售部	0602	分馏车间
04	采购部	0603	生胶车间
05	财务部	07	仓库

2.人员类别（以下人员从属于10在职人员大类）（见表2-20）

表2-20　　　　　　　　　　　　**人员类别列表**

分类编码	分类名称
101	管理人员
102	营销人员
103	采购人员
104	生产人员
105	其他在职人员

3.人员档案（见表2-21）

表2-21　　　　　　　　　　　**人员档案列表**

人员编号	人员姓名	性别	行政部门	人员类别	是否业务员
001	郭永力	男	经理室	管理人员	是
002	王永祥	男	企管部	管理人员	是
003	徐明华	女	财务部	管理人员	是
004	吴道铭	男	财务部	管理人员	是
005	董亚婷	女	采购部	采购人员	是
006	王进进	女	采购部	采购人员	是
007	邢东瀛	男	销售部	营销人员	是
008	解鹏	男	销售部	营销人员	是
009	屈晓晨	男	硅粉车间	生产人员	是
010	吴月娥	女	分馏车间	生产人员	是
011	张玮瑜	男	分馏车间	生产人员	是
012	吴佳桐	女	生胶车间	生产人员	是
013	韩海滨	男	生胶车间	生产人员	是
014	杨凤琴	女	仓库	管理人员	是

4.供应商档案（见表2-22）

表2-22　　　　　　　　　　　**供应商档案列表**

编号	供应商名称	简称	纳税号	开户银行	银行账号
001	包头市恒顺达物资有限责任公司	恒顺达物资	150398454112092	建行先锋路支行	61922145643
002	太原市元汇通物资有限责任公司	汇通物资	140111222006230	工行双塔支行	16363586578
003	衢州惟嘉贸易有限责任公司	惟嘉贸易	330802788645121	工行衢化支行	10355872177

5.客户档案（见表2-23）

表2-23　　　　　　　　　　　　客户档案列表

编号	客户名称	简称	纳税号	开户银行	银行账号
001	包头市核新环保技术有限责任公司	核新环保	150224787052657	工行南郊支行	06320110208
002	杭州明珠化学清洗有限责任公司	明珠化学	330107741040006	农行高新支行	347850232712
003	河北鑫通橡塑制品有限责任公司	鑫通橡塑	130103741565790	建行景县支行	122853320536

6.结算方式（见表2-24）

表2-24　　　　　　　　　　　　结算方式列表

编号	结算名称
1	现金支票
2	转账支票
3	商业承兑汇票
4	银行承兑汇票
5	电汇

7.银行档案

银行编码：06；银行名称：工行山东省分行；账号长度：14位。

8.本单位开户银行（见表2-25）

表2-25　　　　　　　　　　　本单位开户银行列表

编号	银行账号	开户银行
001	98765432109876	工行高新支行

9.凭证类型（见表2-26）

表2-26　　　　　　　　　　　　凭证类型列表

类型	限制类型	限制科目
记账凭证	无限制	

10.存货分类（见表2-27）

表2-27　　　　　　　　　　　　存货分类列表

分类编号	分类名称
01	原材料类
0101	主要原材料
0102	辅助原材料
0103	备品备件
02	产成品
03	其他

11.计量单位（相互之间无换算关系）

计量单位为千克、吨、桶、件、只、米、元。

12.存货档案（表2-28中数据是由存货核算系统提供）

表2-28　　　　　　　　　　　　　　**存货档案列表**

存货编码	存货名称	所属分类码	计量单位	税率	存货属性
0101001	金属硅	0101	吨	17%	外购、生产耗用
0101002	氯甲烷	0101	吨	17%	外购、生产耗用
0101003	盐酸	0101	吨	17%	外购、生产耗用
0101004	高沸	0101	吨	17%	外购、生产耗用
0102001	硅油添加剂	0102	千克	17%	外购、生产耗用
0102002	裂解防爆剂	0102	千克	17%	外购、生产耗用
0102003	导热油	0102	桶	17%	外购、生产耗用
0102004	聚氨酯发泡剂	0102	千克	17%	外购、生产耗用
0103001	密封件	0103	件	17%	外购、生产耗用
0103002	螺栓	0103	只	17%	外购、生产耗用
0103003	分析管	0103	米	17%	外购、生产耗用
0103004	仪表器	0103	只	17%	外购、生产耗用
02001	107胶	02	吨	17%	自制、内销
02002	高含氢硅油	02	吨	17%	自制、内销
02003	高温硅橡胶	02	千克	17%	自制、内销
02004	混炼胶	02	千克	17%	自制、内销
03001	运输费	03	元	7%	应税劳务

资料来源　第六届"用友杯"全国大学生会计信息化技能大赛试题（有改动）。

【操作要求与提示】

1.用001账套主管的身份进入企业应用平台启用相关子系统。

2.在企业应用平台的基础设置中分别将本企业的基础资料录入系统。

项目三

总账系统管理

知识目标◀┈┈

①熟悉用友ERP-U8 V10.1总账系统的功能。

②掌握总账系统的业务处理流程。

③掌握凭证录入的方法。

④掌握凭证审核、记账的方法。

⑤掌握错账更正的方法。

⑥掌握总账期末业务处理的方法。

能力目标◀┈┈

①能够根据企业需要进行总账系统的初始化设置。

②能够正确录入凭证并且审核、记账。

③能够熟练进行账簿查询并进行银行对账。

④能够熟练进行期末转账定义的相关设置并生成凭证。

企业进行会计核算的基本方法包括设置账户、复式记账、填制和审核凭证、登记账簿、成本计算、财产清查和编制财务会计报告。这些方法互相联系、紧密结合，形成一个完整的会计方法体系。为适应计算机管理的需要，将设置账户、复式记账、填制和审核凭证、登记账簿等统称为账务处理，完成账务处理工作的子系统称为总账系统。总账系统的任务就是利用建立的会计科目体系，输入和处理各种记账凭证，完成记账、对账工作，输出各种总分类账、日记账、明细账和有关辅助账。

总账系统是财务及企业管理软件的核心系统，适合于各行各业进行财务核算及管理工作。总账系统既可独立运行，也可同其他系统协同运行。其他各子系统都是围绕总账系统展开的。

总账系统的主要功能有系统初始化、凭证处理、出纳管理、账簿管理、辅助核算管理和期末处理等。

（一）系统初始化

系统初始化的主要工作包括总账系统参数的设置以及期初余额的录入。

（二）凭证处理

凭证处理提供资金赤字控制、支票控制、预算控制、外币折算误差控制及查看最新余额等功能，加强对所发生经济业务的及时管理和控制，完成凭证的录入、审核、记账、查询、打印及出纳签字、常用凭证定义等。

（三）出纳管理

出纳管理提供支票登记簿功能，用来登记支票的领用情况；可完成银行存款日记账、库存现金日记账的登记工作，随时输出最新的货币资金日报表；定期将企业银行存款日记账与银行出具的对账单进行核对，并编制银行存款余额调节表。

（四）账簿管理

账簿管理提供总账、余额表、明细账、日记账等标准账表的随时查询、打印等功能。

（五）辅助核算管理

辅助核算管理具有以下方面的功能：

1.个人往来核算

个人往来核算提供了个人借款明细账、催款单、余额表、账龄分析报告及自动清理核销已清账目等功能。

2.单位往来核算

用于客户和供应商往来款项的发生、清欠管理工作，及时掌握往来款项的最新情况。单位往来核算提供供应商和客户往来款项的总账、明细账、催款单、往来账清理、账龄分析报告等功能。

3.部门核算

部门核算提供各级部门总账和明细账的查询以及对部门收入与费用进行的部门收支分析等功能。

4.项目核算

用于生产成本、在建工程等业务的核算，以项目为中心，为使用者提供各项目的成本、费用、收入等汇总与明细情况，以及项目计划报告等；也可用于核算科研课题、专项工程、产成品成本、合同、订单等；还可以提供项目总账、明细账及项目统计表的查询。

（六）月末处理

灵活的自定义转账功能、各种取数公式可以满足各类业务的转账工作。自动完成月末分摊、计提、对应转账、期间损益结转等业务。进行试算平衡、对账、结账、生成月末工作报告。围绕着总账的功能，企业会周而复始地不断进行经济业务处理的循环流程，如图3-1所示。

总账系统经济业务处理的流程与实际工作过程相结合，总账系统初始设置工作过程及总账系统工作过程与岗位的对照关系如图3-2至图3-6所示。

```
                    ┌─────────────┐
                    │  启动总账系统  │
                    └──────┬──────┘
  ┌ ─ ─ ─ ─ ─ ─ ─ ─ ─ ─ ─ │ ─ ─ ─ ─ ─ ─ ─ ─ ─ ┐
            ┌──────┴──────┐              ◁ 初始设置
  │         │  建立会计科目  │                        │
            └──────┬──────┘
  │              ╱─────┴─────╲      N               │
             ╱   是否辅助核算    ╲ ─────────┐
  │          ╲                 ╱           │        │
               ╲─────┬─────╱              │
  │                  │ Y                  │         │
        ┌────────────┴────────────────┐   │
  │     │ 建立部门、个人、客户、供应商、项目档案 │   │        │
        └────────────┬────────────────┘   │
  │                  ├──────────────────┘            │
     ┌────────┬──────┴────────┬───────────┐
  │  ┌────┴───┐  ┌─────┴────┐  ┌────┴────┐            │
     │设置凭证类别│  │设置外币及汇率│  │设置结算方式│
  │  └────────┘  └─────┬────┘  └─────────┘           │
                 ┌─────┴─────┐
  │              │  输入期初余额  │                      │
                 └─────┬─────┘
  └ ─ ─ ─ ─ ─ ─ ─ ─ ─ │ ─ ─ ─ ─ ─ ─ ─ ─ ─ ┘
┌ ─ ┐ ┌ ─ ─ ─ ─ ─ ─ ─ │ ─ ─ ─ ─ ─ ─ ─ ─ ─ ┐
        │        ┌─────┴─────┐            ◁ 日常处理
│每│ │  │        │  填制凭证   │                      │
 月       │        └─────┬─────┘
│重│ │  │   ┌────┴────┐     ┌────────┐          │
 复       │   │  审核凭证  │◄────│ 出纳签字  │
│  │ │  │   └────┬────┘     └────────┘         │
        │      ┌──┴───┐
└ ─ ┘ │  │      │  记账  │                          │
             └──┬───┘
      │  ┌───────┼───────────┐                    │
      │ ┌──┴───┐┌───┴────┐┌────┴────┐              │
         │查询日记账││查询总账、明细账││ 查询辅助账 │
      │ └──────┘└────────┘└─────────┘             │
  ─ ─ ┘ └ ─ ─ ─ ─ ─ │ ─ ─ ─ ─ ─ ─ ─ ─ ─ ┘
┌ ─ ─ ─ ─ ─ ─ ─ ─ ─ │ ─ ─ ─ ─ ─ ─ ─ ─ ─ ┐
            ┌────────┴────────┐           ◁ 期末处理
│           │    银行对账       │                    │
            └────────┬────────┘
│  ┌─┐       ┌──────┴──────┐                       │
   │下│      │   自动转账     │
│  │月│      └──────┬──────┘                       │
   │业│         ┌───┴───┐
│  │务│         │  对账  │                          │
   └─┘         └───┬───┘
│               ┌──┴───┐                           │
                │  结账  │
│               └──┬───┘                           │
          ┌────────┴────────┐
│    ┌────┴─────┐      ┌────┴────┐                 │
     │ 会计档案备份 │      │  打印账簿  │
│    └──────────┘      └─────────┘                │
└ ─ ─ ─ ─ ─ ─ ─ ─ ─ ─ ─ ─ ─ ─ ─ ─ ─ ─ ┘
```

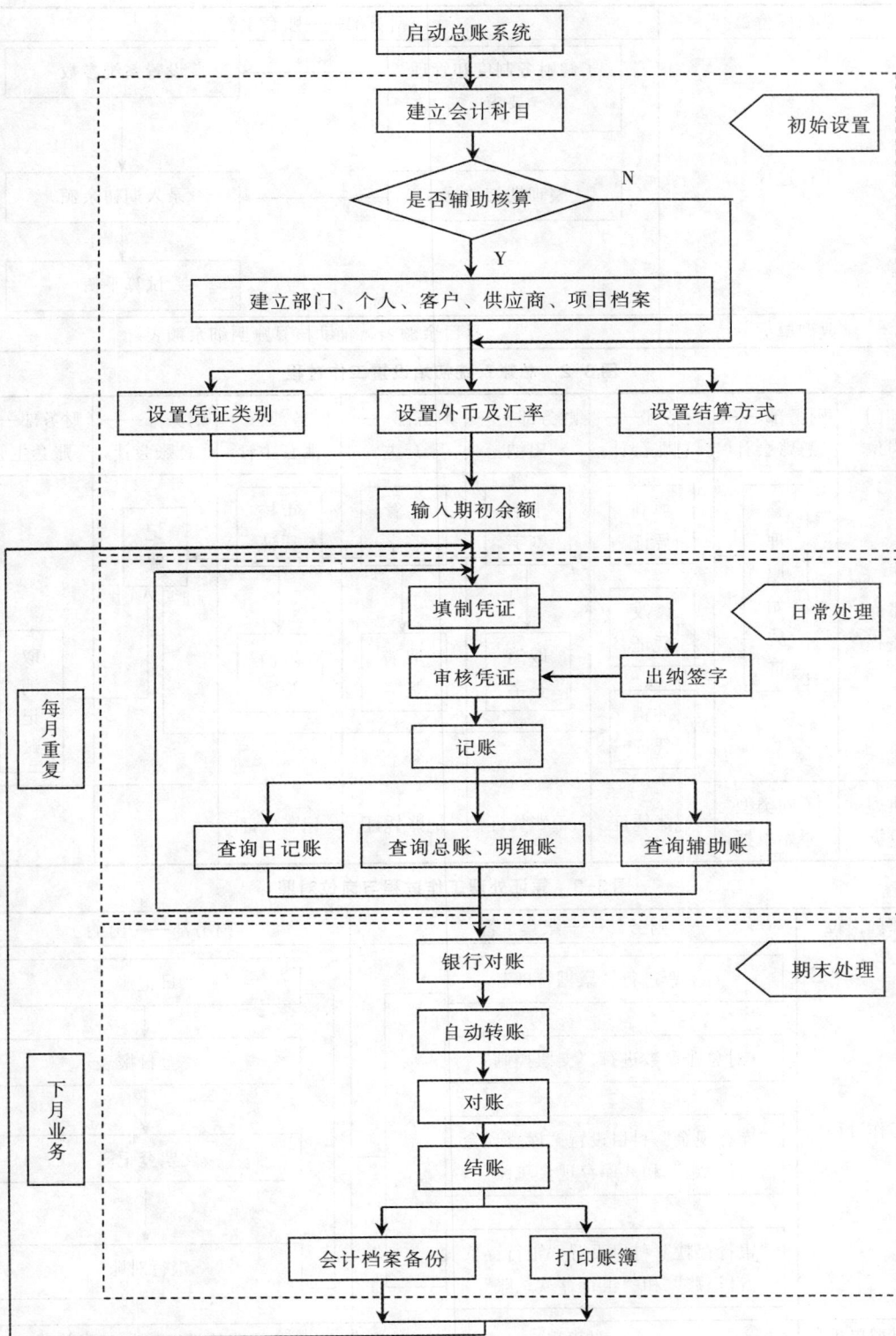

图 3-1　经济业务处理循环流程

部门岗位	财务部——账套主管	
工作过程	了解财务制度和管理要求 → 设置系统参数	
	整理期初数据 → 录入期初余额 ↓ 试算平衡	
典型单据	科目余额表、辅助核算账明细余额表	

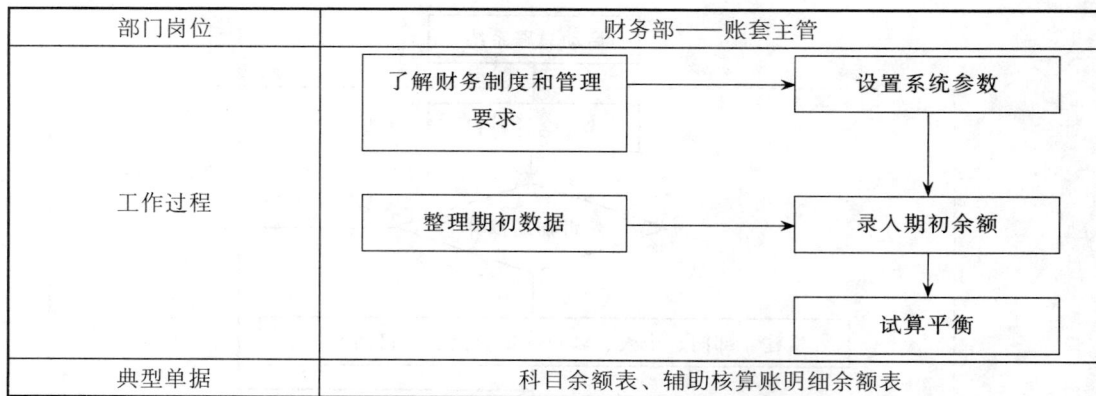

图3-2 总账系统初始设置工作过程

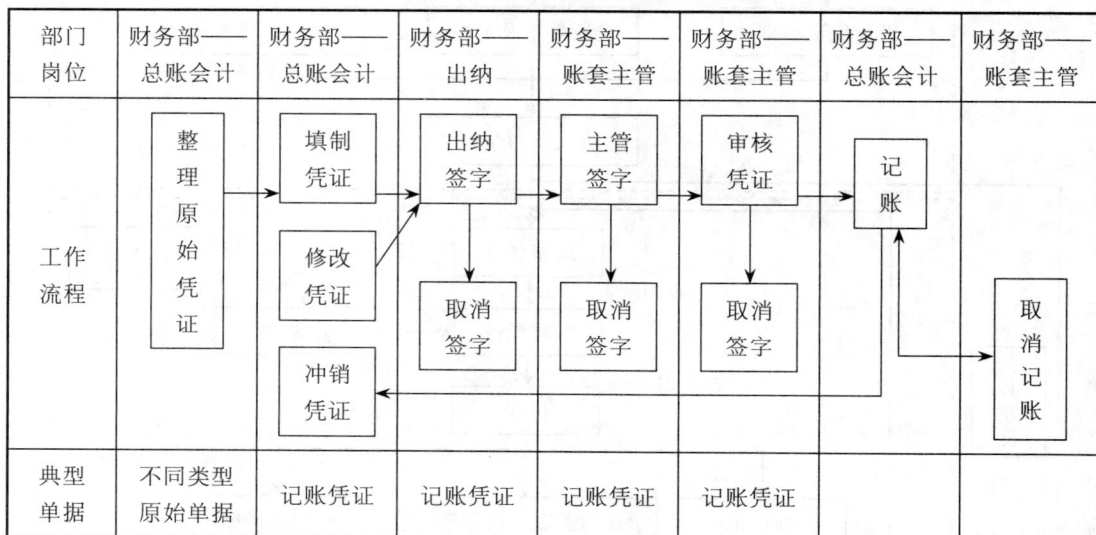

部门岗位	财务部——总账会计	财务部——总账会计	财务部——出纳	财务部——账套主管	财务部——账套主管	财务部——总账会计	财务部——账套主管
工作流程	整理原始凭证	填制凭证 / 修改凭证 / 冲销凭证	出纳签字 / 取消签字	主管签字 / 取消签字	审核凭证 / 取消签字	记账	取消记账
典型单据	不同类型原始单据	记账凭证	记账凭证	记账凭证	记账凭证		

图3-3 凭证处理工作过程与岗位对照

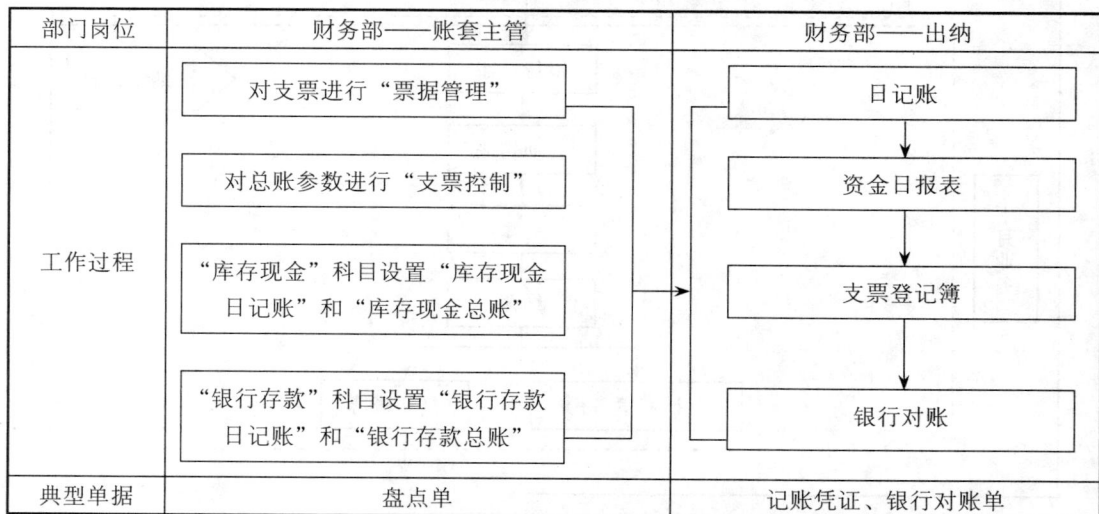

部门岗位	财务部——账套主管	财务部——出纳
工作过程	对支票进行"票据管理"	日记账
	对总账参数进行"支票控制"	资金日报表
	"库存现金"科目设置"库存现金日记账"和"库存现金总账"	支票登记簿
	"银行存款"科目设置"银行存款日记账"和"银行存款总账"	银行对账
典型单据	盘点单	记账凭证、银行对账单

图3-4 出纳管理工作过程与岗位对照

部门岗位	财务部——账套主管、总账会计	
工作过程	总账（查询、打印） 明细账（查询、打印） 辅助账（往来账管理、查询、打印）	余额表（查询、打印） 多栏账（设置、查询、打印）

图3-5　账表管理工作过程与岗位对照

部门岗位	财务部——总账会计	财务部——总账会计	财务部——账套主管	财务部——账套主管	财务部——总账会计	财务部——账套主管
工作流程	转账定义 日常凭证记账	转账凭证 账簿管理	主管签字	审核凭证	转账凭证记账 对账结账	取消记账
典型单据	记账凭证	机制凭证				

图3-6　期末处理工作过程与岗位对照

学习情境一　　总账系统期初数据

北京阳光信息技术有限公司账套的基础设置已经全部完毕，可以进入企业日常经济业务。但是在登记经济业务之前，首先要把前一年的期末余额结转到本年，作为本年度的期初余额，并且设置相应的系统参数，便于操作。

总账系统的初始化包括两个方面的内容：首先是在系统中设置系统参数；其次是输入基本的业务信息，从而使业务处理具备信息基础。本学习情境结构图如图3-7所示。

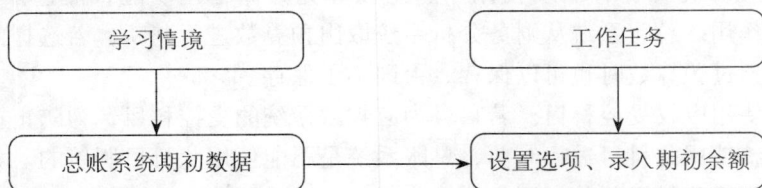

图3-7　总账系统期初数据学习情境结构图

【任务一】设置选项

一、任务描述

在首次启动总账系统时，需要确定反映总账系统核算要求的各种参数，使通用总账系统满足用户的具体核算要求。系统的业务参数将决定系统的输入控制、处理方式、数据流向、输出格式等，设定后一般不能随意更改。

二、入职知识准备

（一）凭证参数

凭证参数设置是设置与凭证相关的控制项，主要内容包括以下方面：

1.制单控制

制单控制主要是用户对凭证填制的有关设置进行选择，由用户指定系统应对哪些操作进行控制。

（1）制单序时控制。此项和"系统编号"选项联用，若勾选此选项，则在制单时凭证编号必须按日期顺序排列。例如，9月20日编制60号凭证，则9月21日只能从61号凭证开始编制，即制单序时。企业根据自身业务需要，如有特殊需要的可以不勾选此项，则为不序时制单。

（2）支票控制。若勾选此项，在制单时使用"银行存款"科目编制凭证时，系统针对票据管理的结算方式进行登记，如果录入的支票号在支票登记簿中已存在，系统提供登记支票报销的功能；否则，系统提供在支票登记簿中登记支票的功能。

（3）赤字控制。若勾选此项，在制单时，当"资金及往来科目"或"全部科目"的最新余额出现负数时，系统将予以提示。

（4）制单权限控制到科目。要使用"制单权限控制到科目"功能，需要在【企业门户】|【基础信息】|【数据权限】|【数据权限设置】中设置科目权限，再勾选此项，权限设置才有效。选择此项，则在制单时操作员只能使用具有制单权限的科目制单。

（5）允许修改、作废他人填制的凭证。若勾选此项，则在制单时操作员可修改或作废别人填制的凭证，否则不能修改或作废别人填制的凭证。

（6）制单权限控制到凭证类别。要使用"制单权限控制到凭证类别"功能，需要在【企业门户】|【基础信息】|【数据权限】|【数据权限控制设置】中设置凭证类别权限，再选择此项，权限设置才有效。选择此项，则在制单时只显示此操作员有权限的凭证类别，同时在凭证参照中按人员的权限过滤出有权限的凭证类别。

（7）操作员进行金额权限控制。若勾选此项，可以对不同级别的人员进行金额大小的控制。例如，财务主管可以对10万元以上的经济业务制单，一般财务人员只能对3万元以下的经济业务制单，这样可以减少由于不必要的责任事故带来的经济损失。

（8）超出预算允许保存。要使用"超出预算允许保存"功能，需选择"预算控制"后，此项才起作用。总账系统从财务分析系统取出预算数进行判断，若选择此项，制单输入分录的金额超过预算数时也可以保存，否则不予保存。

（9）可以使用应收受控科目。若科目为应收款系统的受控科目，为防止重复制单，只允许应收款系统使用此科目进行制单，总账系统是不能使用此科目制单的。如果希望在总账系统中也能使用此科目制单，则应选择此项。

（10）可以使用应付受控科目。若科目为应付款系统的受控科目，为防止重复制单，只允许应付款系统使用此科目进行制单，总账系统是不能使用此科目制单的。如果希望在总账系统中也能使用这些科目制单，则应选择此项。

（11）可以使用存货受控科目。若科目为存货核算系统的受控科目，为防止重复制单，只允许存货核算系统使用此科目进行制单，总账系统是不能使用此科目制单的。如果希望在总账系统中也能使用此科目制单，则应选择此项。

2.外币核算

如果企业有外币业务，则应选择相应的汇率方式（固定汇率或浮动汇率）。如果选择固定汇率，在制单时，一个月只按一个固定的汇率折算本位币金额；如果选择浮动汇率，在制单时，按当日汇率折算本位币金额。

3.凭证控制

凭证控制主要是用户对凭证审核、查询等权限的有关设置，由用户指定系统应对哪些操作进行控制。

（1）打印凭证页脚姓名。若勾选此项，则在打印凭证时，自动打印制单人、出纳、审核人、记账人的姓名，否则不予打印。

（2）权限设置。如只允许某操作员审核本部门操作员填制的凭证，则应选择"凭证审核控制到操作员"；若要求库存现金、银行存款科目凭证必须由出纳人员核对签字后才能记账，则选择"出纳凭证必须经由出纳签字"，如要求所有凭证必须由主管签字后才能记账，则选择"凭证必须经主管签字"；如允许操作员查询他人凭证，则选择"可查询他人凭证"。

（3）自动填补凭证断号。如果选择凭证编号方式为系统编号，则在新增凭证时，系统按凭证类别自动查询本月的第一个断号，并将其默认为本次新增凭证的凭证号。

（4）现金流量科目必录现金流量项目。选择此项后，在录入凭证时如果使用现金流量科目，则必须输入现金流量项目及金额。

（5）批量审核凭证进行合法性校验。批量审核凭证时，针对凭证进行二次审核，以提高凭证输入的正确率。

（6）凭证编号方式。系统在"填制凭证"功能中，一般按照凭证类别按月自动编制凭证编号，即"系统编号"；但有的企业需要系统允许在制单时手工录入凭证编号，即"手工编号"。

（7）预算控制。该选项从财务分析系统取数，若选择该项，则在制单时，当某一科目下的实际发生数导致多个科目及辅助项的发生数及余额总数超过预算或报警数时则报警。

（二）账簿参数

账簿参数设置主要是对账簿打印的一些要求进行设置。

1.打印位数宽度

定义正式账簿打印时各栏目的宽度，包括摘要、金额、外币、数量、汇率、单价。

2.明细账（日记账、多栏账）打印输出方式

明确打印正式明细账、日记账或多栏账时，按年排页还是按月排页。

（1）按月排页即打印时从所选月份范围的起始月份开始，将明细账顺序排页，再从第一页开始将其打印输出，打印起始页号为"1页"。这样，若所选月份不是第一个月，打印结果的页号也从"1页"开始排。

（2）按年排页即打印时从本会计年度的第一个会计月份开始将明细账按顺序排页，再将打印月份范围所在的页打印输出，打印起始页号为所打月份在全年总排页中的页号。这样，若所选月份不是第一个月，则打印结果的页号有可能不是从"1页"开始排。

3.凭证、账簿套打

明确打印凭证、账簿是否使用套打纸进行打印。套打纸是指用友公司为各位用户专门印制的各种凭证、账簿的标准表格线。选择套打打印时，系统只将凭证、账簿的数据内容打印到相应的套打纸上，而不打印各种表格线。

（1）凭证套打分为金额式凭证和外币数量式凭证；

（2）明细账套打分为金额式明细账和外币数量式明细账；

（3）日记账套打分为金额式日记账、外币金额式日记账、数量金额式日记账和外币数量式明细账；

（4）多栏账套打只有金额式多栏账。

4.凭证、正式账每页打印行数

"凭证打印行数"可对凭证每页的行数进行设置，"正式账每页打印行数"可对明细账、日记账、多栏账的每页打印行数进行设置。双击表格或按空格对行数直接进行修改即可。

5.明细账查询权限控制到科目

"明细账查询权限控制到科目"是权限控制的开关，需要在【企业门户】|【基础信息】|【数据权限】|【数据权限设置】中设置明细账查询权限，且必须在总账系统的"选项"中选择，才能起到控制作用。

6.制单、辅助账查询权限控制到辅助核算

设置此项权限，制单时才能使用有辅助核算属性的科目录入分录，辅助账查询时只能查询有权限的辅助项内容。

（三）会计日历

可查看各会计期间的起始日期与结束日期，以及启用会计年度和启用日期。此处仅能查看会计日历的信息，如需修改各个模块的启用会计年度和启用日期，需要到【企业门户】|【基础信息】中进行修改操作。

三、任务内容

以账套主管陈明（001）的身份进行登录，登录日期为2015年1月1日，设置北京阳光信息技术有限公司总账系统的参数（部分）选项，见表3-1。

表3-1　　　　　　　　　　　　**总账系统参数表（部分）**

选项卡	选项设置
凭证	制单时控制；支票控制；赤字控制（资金及往来科目）；赤字控制方式（提示可以使用存货受控科目）；凭证编号方式采用系统编号
账簿	账簿打印位数按软件的标准设定；明细账打印按年排页
预算控制	超出预算允许保存
权限	出纳凭证必须经由出纳签字；所有凭证必须经由主管会计签字；允许修改、作废他人填制的凭证；可查询他人凭证；明细账查询权限控制到科目
会计日历	会计日历为1月1日—12月31日；数量小数位和单价小数位设置为2位
其他	外币核算采用固定汇率；部门、个人、项目按编码方式排序

四、任务执行

（一）登录

1.单击【开始】|【程序】|【用友ERP-U8 V10.1】|【企业应用平台】，打开"登录"对话框。

2.输入操作员001；选择账套"111北京阳光信息技术有限公司"；输入操作日期"2015-01-01"，单击【确定】，总账系统启用。

3.在【业务工作】选项卡中，单击【财务会计】|【总账】，展开总账下级菜单，如图3-8所示。

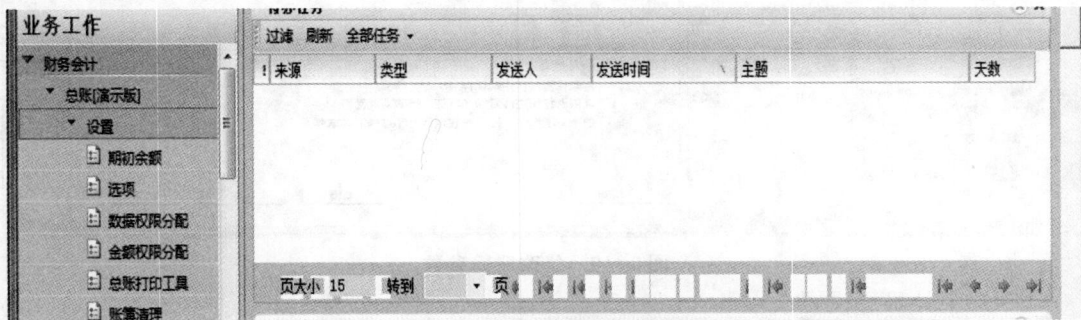

图3-8　打开总账系统

（二）凭证参数设置

单击【财务会计】|【总账】|【设置】|【选项】，系统弹出"选项"对话框，在此对话框的"凭证"选项卡中按任务要求分别设置凭证参数，如图3-9所示。

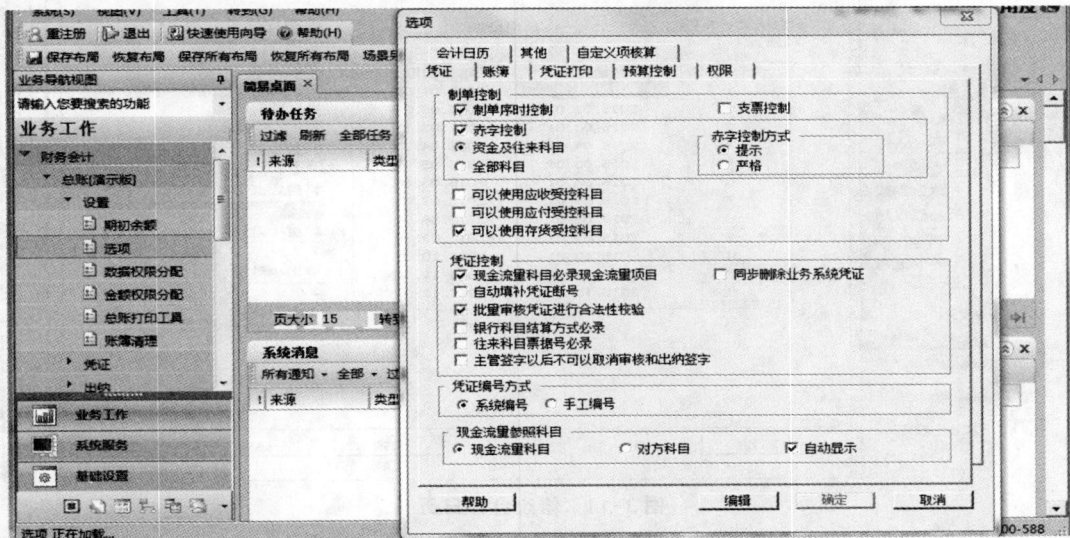

图3-9　修改凭证参数

财务专家温馨提示

◆报警只针对总账的凭证。

（三）账簿参数设置

单击【财务会计】|【总账】|【设置】|【选项】，系统弹出"选项"对话框。在此

对话框的"账簿"选项卡中按任务要求分别设置账簿参数，如图3-10所示。

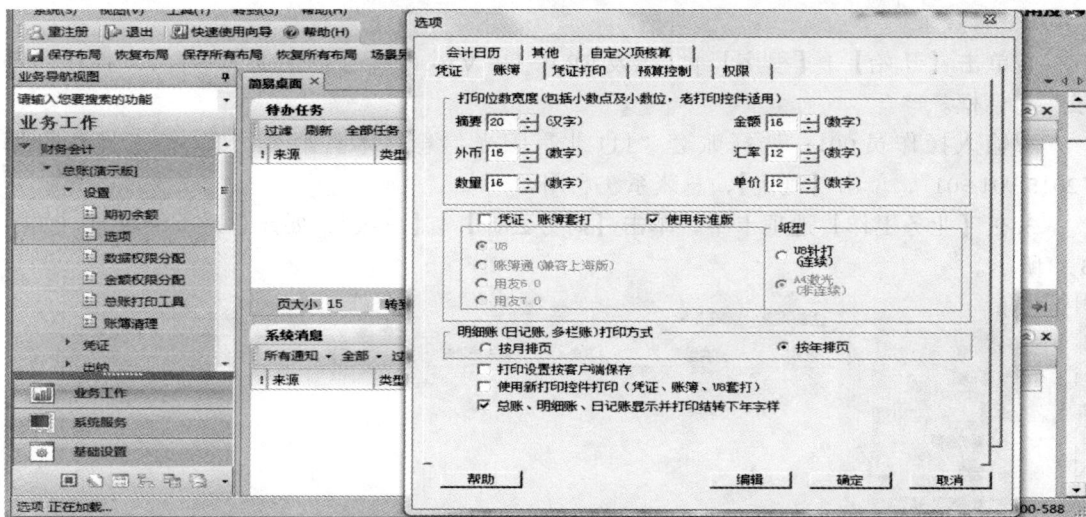

图3-10　修改账簿参数

（四）会计日历设置

单击【财务会计】|【总账】|【设置】|【选项】，系统弹出"选项"对话框。在此对话框的"会计日历"选项卡中按任务要求设置会计日历，如图3-11所示。

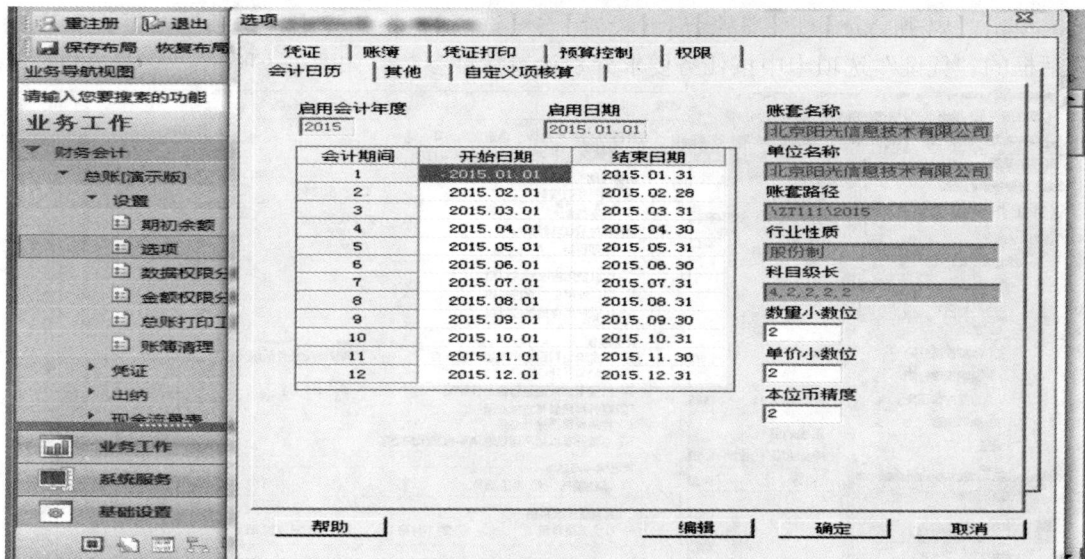

图3-11　修改会计日历

1.数量小数位。在制单与查账时，按此处定义的小数位输出小数，不足位数用"0"补齐。例如，定义为3位，而数量为10.2米，则系统将按10.200显示输出。系统允许设置的数量小数位范围为2到6位。

2.单价小数位。在制单与查账时，按此处定义的小数位输出小数，不足位数用"0"补齐。例如，定义为5位，而单价为2元，则系统将按2.00000显示输出。系统允许设置的单价小数位范围为2到8位。

3.本位币精度。若数据精确到整数（无小数位），则在制单中按汇率和外币金额折算成本位币时，系统会自动四舍五入为整数。

（五）其他设置

1.部门排序方式。在查询部门账或参照部门目录时，是按部门编码排序还是按部门名称排序，用户可根据需要在此设置。

2.个人排序方式。在查询个人账或参照个人目录时，是按个人编码排序还是按个人名称排序，用户可根据需要在此设置。

3.项目排序方式。在查询项目账或参照项目目录时，是按项目编码排序还是按项目名称排序，用户可根据需要在此设置。

常见问题解析

◆账套启用时间错误。常见原因是操作马虎。建议操作：在【总账】|【设置】|【账簿清理】中重新设置启用时间，或在【设置（基础设置）】|【基本信息】|【系统启用】中修改启用时间。账簿清理操作要慎重，此操作将会清理本年录入的所有发生额及余额，请在操作前做好数据备份。

【任务二】 录入期初余额

一、任务描述

总账系统核算要求的各种参数设置完成后，便可录入期初余额，北京阳光信息技术有限公司2015年年初的余额已经计算完毕，以账套主管陈明（001）的身份进入平台将期初余额录入到总账系统中。

二、入职知识准备

在总账系统设置参数后，还必须把用户的期初财务数据输入系统。由于用户启用财务软件的时间各有不同，因此对输入期初余额的要求也各有不同。如果用户是在年初时启用系统，则只需输入年初余额；如果用户是在年中启用系统。则需要输入启用月份的月初余额和年初到该月份的各科目借、贷方累计发生额，系统将根据输入的数据自动计算出年初余额。因此，在输入期初余额前，必须事先整理科目数据，编制好科目余额表。

在总账期初余额录入的界面中有三种不同的颜色：

（1）白色，表示该科目是末级科目，可以直接录入科目余额。

（2）灰色，表示该科目是非末级科目，此余额不需录入，系统将根据其下级明细科目的余额自动汇总计算。

（3）黄色，表示该科目为带有辅助项的会计科目余额，将光标移至设有辅助项的科目处，双击鼠标，进入相应的辅助核算期初录入窗口，录入辅助核算期初数据，系统将自动计算汇总其辅助核算项金额。

（4）若为年中账套的话，会有借、贷方累计发生额，直接将汇总数输入即可。

三、任务内容

以账套主管陈明（001）的身份进行登录，录入北京阳光信息技术有限公司的期初余额，登录日期为2015年1月1日。

1.期初余额表（见表3-2）。

表3-2　　　　　　　　　　　　　**期初余额表**　　　　　　　　　　单位：元

科目名称	辅助核算	方向	币种／计量	期初余额
库存现金（1001）	日记	借		6 875.70
银行存款（1002）	银行日记	借		193 829.16
工行存款（100201）	银行日记	借		193 829.16
中行存款（100202）	银行日记	借		
		借	美元	
应收账款（1131）	客户往来	借		157 600.00
其他应收款（1191）		借		4 442.00
个人（119101）	个人往来	借		3 800.00
报刊费（119102）		借		642.00
坏账准备（1132）		贷		800.00
预付账款（1151）	供应商往来	借		
在途物资（1201）		借		−294 180.00
生产用在途物资（120101）		借		−101 000.00
其他在途物资（120102）		借		−193 180.00
原材料（1211）		借		2 058 208.00
生产用原材料（121101）	数量核算	借	吨	150 000.00
其他原材料（121102）		借		1 908 208.00
包装物（1221）		借		
材料成本差异（1232）		借		1 000.00
库存商品（1241）		借		544 000.00
多媒体教程（124101）	数量核算	借		10 880.00
		借	册	340.00
多媒体课件（124102）	数量核算	借		533 120.00
		借	套	15 232.00
委托加工物资（1251）		借		
固定资产（1501）		借		260 860.00
累计折旧（1502）		贷		47 120.91
固定资产减值准备（1507）		贷		
在建工程（1506）		借		

科目名称	辅助核算	方向	币种／计量	期初余额
人工费（150601）	项目核算	借		
材料费（150602）	项目核算	借		
其他（150603）	项目核算	借		
待处理财产损溢（1901）		借		
待处理流动财产损溢（190101）		借		
待处理固定财产损溢（190102）		借		
无形资产（1701）		借		58 500.00
短期借款（2101）		贷		200 000.00
应付账款（2121）	供应商往来	贷		276 850.00
预收账款（2131）	客户往来	贷		
应付职工薪酬（2151）		贷		8 200.00
工资（215101）				8 200.00
职工福利费（215102）		贷		
应交税费（2171）		贷		−16 800.00
应交增值税（217101）		贷		−16 800.00
进项税额（21710101）		贷		−33 800.00
销项税额（21710105）		贷		17 000.00
其他应付款（2181）		贷		2 100.00
其他（218101）		贷		2 100.00
借款利息（218102）				
社会保险（218103）				
股本（3101）		贷		2 609 052.00
本年利润（3131）		贷		
利润分配（3141）		贷		−119 022.31
未分配利润（314115）		贷		−119 022.31
生产成本（4101）	项目核算	借		17 165.74
直接材料（410101）	项目核算	借		10 000.00
直接人工（410102）	项目核算	借		4 000.74
制造费用（410103）	项目核算	借		2 000.00
折旧费（410104）	项目核算	借		1 165.00

科目名称	辅助核算	方向	币种／计量	期初余额
其他（410105）	项目核算	借		
制造费用（4105）		借		
工资（410501）		借		
折旧费（410502）		借		
主营业务收入（5101）		贷		
多媒体教程（510101）	数量核算	贷		
		贷	册	
多媒体课件（510102）	数量核算	贷		
		贷	套	
其他业务收入（5102）		贷		
主营业务成本（5401）		借		
多媒体教程（540101）	数量核算	借		
		借	册	
多媒体课件（510102）	数量核算	借		
		借	套	
营业税金及附加（5402）		借		
其他业务成本（5405）		借		
销售费用（5502）		借		
管理费用（5503）		借		
工资（550301）	部门核算	借		
福利费（550302）	部门核算	借		
办公费（550303）	部门核算	借		
差旅费（550304）	部门核算	借		
招待费（550305）	部门核算	借		
折旧费（550306）	部门核算	借		
其他（550307）	部门核算	借		
财务费用（5504）		借		
利息支出（550401）		借		

2.辅助账期初余额表（见表3-3至表3-6）。

表3-3　　　　　　　　　　**其他应收款期初余额表**

会计科目：119101其他应收款——个人　　　　　　　　　　余额：借3 800元

日期	凭证号数	部门	个人	摘要	方向	本币期初余额
2014-12-26	付118	总经理办公室	肖剑	出差借款	借	2 000.00
2014-12-27	付156	销售一部	赵斌	出差借款	借	1 800.00

表3-4　　　　　　　　　　**应收账款期初余额表**

会计科目：1131应收账款　　　　　　　　　　余额：借157 600元

日期	凭证号	客户	摘要	方向	金额	业务员	票号	票据日期
2014-12-10	转15	海达公司	销售商品	借	58 000	宋佳	Z111	2014-12-10
2014-12-25	转118	世纪学校	销售商品	借	99 600	宋佳	P111	2014-12-25

表3-5　　　　　　　　　　**应付账款期初余额表**

会计科目：2121应付账款　　　　　　　　　　余额：贷276 850元

日期	凭证号	供应商	摘要	方向	金额	业务员	票号	票据日期
2014-11-21	转45	万科	购买商品	贷	276 850	宋佳	C000	2014-11-21

表3-6　　　　　　　　　　**生产成本期初余额表**

会计科目：4101生产成本　　　　　　　　　　余额：借17 165.74元

科目名称	普通打印纸	凭证套打纸	合计
直接材料（410101）	4 000.00	6 000.00	10 000.00
直接人工（410102）	1 500.00	2 500.74	4 000.74
制造费用（410103）	800.00	1 200.00	2 000.00
折旧费（410104）	500.00	665.00	1 165.00
合计	6 800.00	10 365.74	17 165.74

四、任务执行

（一）一般核算科目期初余额

在总账系统中，单击【设置】|【期初余额】，系统弹出"期初余额录入"对话框，如图3-12所示。直接输入末级科目（底色为白色）的累计发生额和期初余额，上级科目的累计发生额和期初余额自动汇总产生，如图3-13所示。

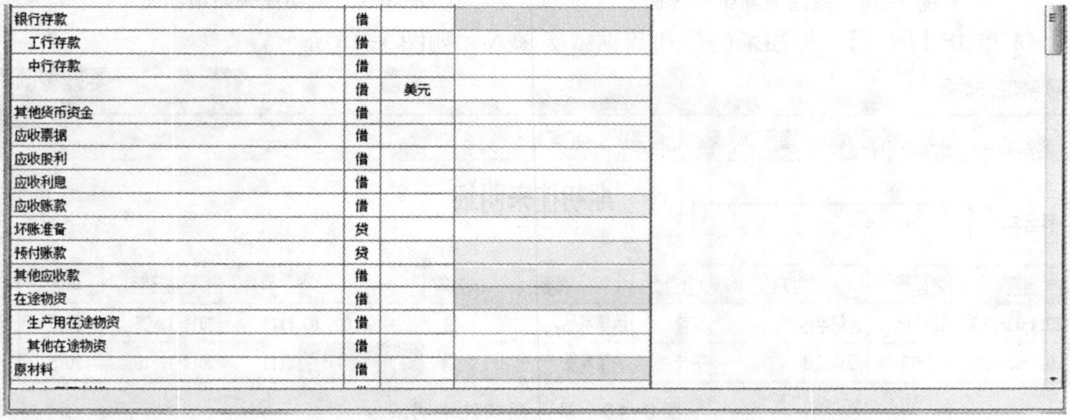

图3-12　打开期初余额表

银行存款	借		193,629.16
工行存款	借		193,629.16
中行存款	借		
	借	美元	
其他货币资金	借		
短期投资	借		
短期投资跌价准备	借		
应收票据	借		
应收股利	借		
应收利息	借		
应收账款	借		
坏账准备	贷		
预付账款	贷		
应收补贴款	借		
其他应收款	借		
在途物资	借		
生产用在途物资	借		
其他在途物资	借		
原材料	借		

图 3-13　输入期初余额

财务专家温馨提示

　　◆如果年初建账，可以直接录入年初余额。

　　◆如果年中建账，则需要录入建账月份的期初余额和从该年年初到该月月初的借、贷方累计的发生额，系统会自动计算年初余额。

　　◆凭证记账后，期初余额变为浏览、只读状态，不能再修改，只可以查询或打印。

　　◆如果确实需要修改，则需将所有已记账的凭证取消记账方可。

（二）辅助核算科目期初余额

1.双击已设置了往来辅助核算的科目，进入辅助期初余额界面，如图 3-14 所示。

2.单击工具栏上的【往来明细】，进入期初往来明细界面，如图 3-15 所示。

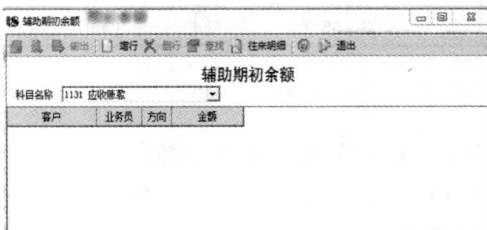

图 3-14　辅助期初余额界面　　　　　　　图 3-15　期初往来明细界面

　3.单击【增行】，将往来的期初数据依次录入，如图 3-16 所示。

期初往来明细

科目名称 1131 应收账款

日期	凭证号	客户	业务员	摘要	方向	金额	票号	票据日期	年度
2014-12-25	转-118	世纪学校	宋佳	销售商品	借	99,600.00	P111	2014-12-25	2015
2014-12-10	转-15	海达公司	宋佳	销售商品	借	58,000.00	Z111	2014-12-10	2015

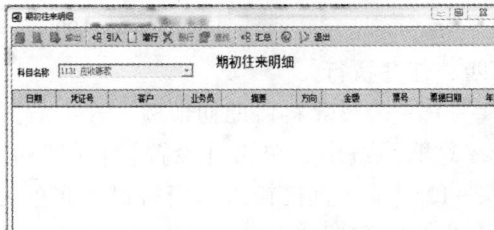

图 3-16　录入期初往来明细

4.录入完成后单击【汇总】，这时系统会提示"完成了往来明细到辅助期初表的汇总！"，如图3-17所示。将已输入的往来明细数据汇总后，回填到往来科目的辅助期初余额处，如图3-18所示。

5.单击【退出】，返回期初余额表界面。

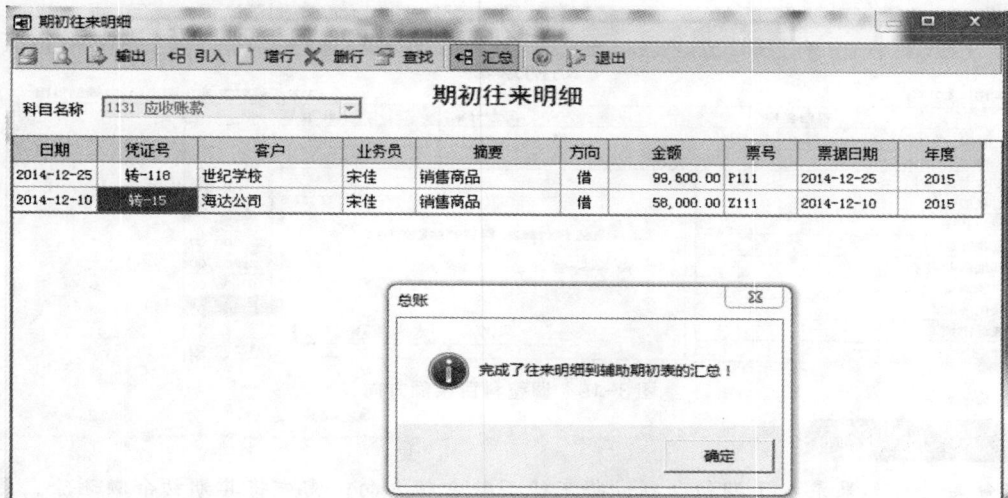

图3-17　往来明细汇总

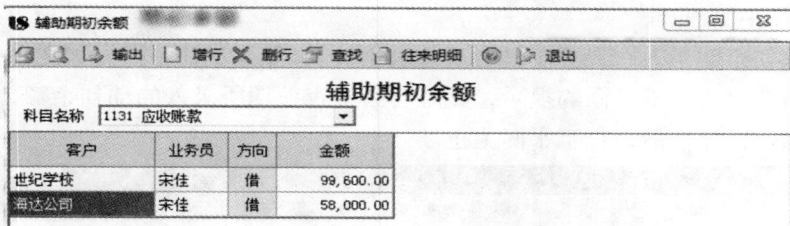

图3-18　生成辅助期初余额数据

财务专家温馨提示

◆部门核算、个人往来均适用于上述操作步骤。

◆客户往来、供应商往来期初余额的录入操作也同上，不同的是需要录入往来业务的经手业务员、票号、票据日期。

◆如果在选项设置中，设置了在总账系统中进行客户、供应商往来核算，则期初余额的录入方式的操作流程如上所述。

◆如果在选项设置中，设置成在应收款系统和应付款系统中进行客户、供应商往来的核算，则应该到应收款系统和应付款系统中进行该科目明细的期初余额录入，而在此只录入该科目的总余额。

◆项目核算科目因为没有往来明细，所以直接在"辅助期初余额"界面进行录入即可。

◆如果应收款、应付款系统中已经有相应的上年单据，比如销售发票、采购发票等，可以在"期初往来明细"界面选择"引入"，将应收应付系统的期初单据数据引入到总账期初余额中。

（三）科目余额方向调整

选择需要调整余额方向的科目，然后单击"期初余额录入"对话框工具栏上的【方向】，系统弹出"是否调整预付账款科目的余额方向？"对话框。确实要调整时，单击【是】，如图3-19所示。

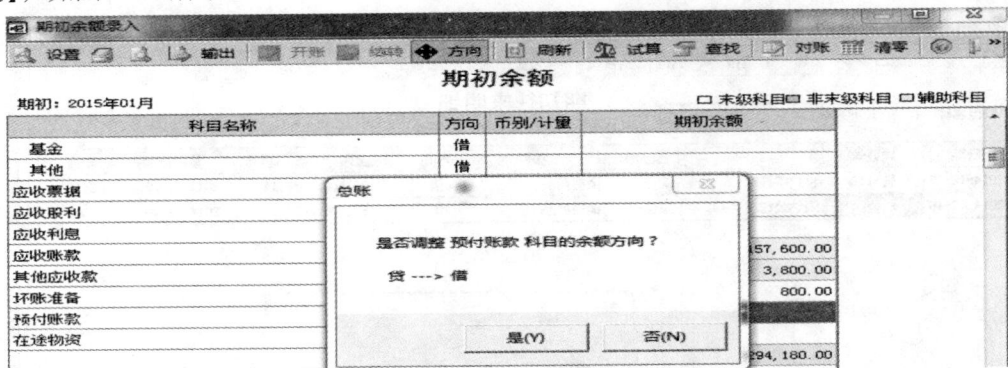

图3-19　调整科目余额方向

财务专家温馨提示

◆某科目如果录入了期初余额，将不能调整余额方向，需先将其期初余额删除，然后再调整该科目的余额方向。

（四）试算平衡

单击"期初余额录入"界面工具栏上的【试算】，如果试算平衡，如图3-20所示。如果不平衡、系统会给出不平衡的提示，此时要去检查前期所录入的期初余额，将其数据更正后，再次运行试算功能，直至平衡为止。

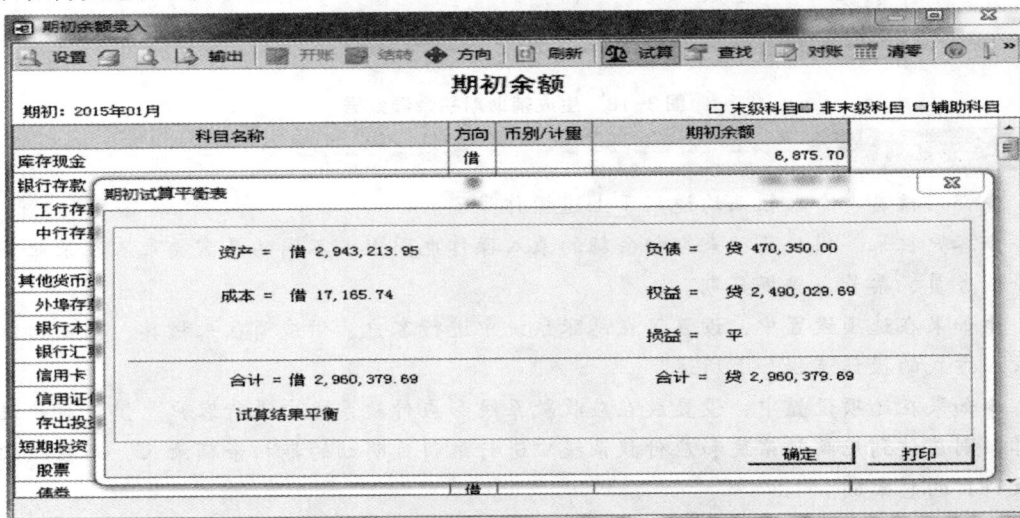

图3-20　期初余额试算平衡

财务专家温馨提示

◆期初余额不平衡，不影响凭证的录入，但不能记账。

◆已经记过账，则不能再输入、修改期初余额，也不能选择"结转上年余额"功能。

常见问题解析

◆登录时提示演示账到期。常见原因是非正版软件做账时间不能超过3个月，核算期间超过限制。建议操作：出现此类错误后就无法登录到期账套，只能重新引入未提示到期的账套备份文件。

◆不能修改上月（已经结账）错误期初余额。常见原因是已结账月份的期初余额是不能直接修改的。建议操作：先将本月进行反结账和反记账操作，再进行上个月的反结账、反记账操作，就可以修改期初余额了。

◆有辅助核算项的会计科目期初余额对账错误。常见原因有二：一是录入了期初余额后定义辅助核算；二是没有把期初余额填写到明细栏再汇总。建议操作：先删除辅助核算项的期初余额，再把该科目的辅助核算属性去掉，然后将期初余额中错误的余额删掉，重新设置会计科目的辅助核算项，最后在"期初余额录入"中录入该项目辅助核算明细余额。

◆试算不平衡。常见原因是录入不认真或不按流程操作，造成数据错误，有辅助核算的会计科目对账错误。建议操作：先对期初数据进行对账操作，检查是否有错误，如有总账和明细账不平的错误，先将辅助核算项目的明细删除，然后将该科目的辅助核算项目去掉，再进入期初余额窗口将该科目的余额删除，重新设置该科目的辅助核算项后再填写辅助项的明细余额。

学习情境二　　　　　　凭证处理

北京阳光信息技术有限公司2015年1月份共发生经济业务11笔，其中，现金业务2笔；差旅费业务1笔；外币业务1笔；采购业务1笔；往来业务4笔；其他业务2笔。这些经济业务需要会计、出纳、主管共同合作来完成。

本学习情境主要是以记账凭证为主。记账凭证是登记账簿的依据，是总账系统的唯一数据源。凭证处理的内容包括：填制凭证、凭证审核、凭证汇总、凭证记账等功能。本学习情境结构图如图3-21所示。

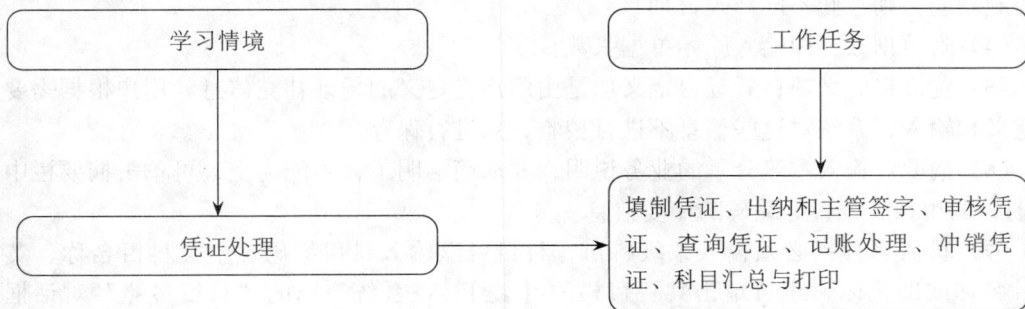

图 3-21　凭证处理学习情境结构图

【任务一】 填制凭证

一、任务描述

北京阳光信息技术有限公司2015年1月共发生11笔经济业务，原始凭证已经过会计的审核，现可以登记入账。

二、入职知识准备

（一）凭证

填制记账凭证是日常账务处理工作的起点，是最基础和频繁的工作。

生成记账凭证的途径有3种：

（1）根据审核无误的原始凭证直接在计算机上编制记账凭证；

（2）先由人工编制记账凭证，再输入计算机；

（3）计算机自动生成机制凭证。

凭证输入采用键盘输入、软盘引入、网络传输和自动生成机制凭证4种方式，键盘输入是最常用的形式。

（二）凭证各要素的填制说明

1.基本要素的填制

（1）凭证类别：单击凭证类别旁的【▦】，选择所需的凭证类别。

（2）凭证编号：若在"选项"中设置为系统编号，则凭证编号由系统自动取流水号。一般情况下，由系统分类按月自动编制，即每类凭证每月都从0001号开始，对于网络用户，如果是几个人同时制单，在凭证的左上角，系统先提示一个参考凭证编号，真正的凭证编号只有在凭证保存时才给出，如果只有一个人制单或使用单用户版制单，凭证左上角的凭证编号即正在填制的凭证的编号。系统同时也自动管理凭证编号，系统规定每页凭证有5条记录，当某号凭证不止一页时，系统自动在凭证号后标上分单号，例如，收-0001号0002/0003表示收款凭证0001号凭证共有3张分单，当前光标所在分录在第2张分单上。如果在启用账套时设置凭证编号方式为手工编号，则用户可在此处手工录入凭证编号。

（3）制单日期：即填制凭证的日期。系统自动取系统弹出账务系统前输入的业务日期为记账凭证填制的日期，如果日期不对，可进行修改或参照输入。（但如果选用了制单序时控制功能，则在此不能修改日期）

（4）附单据数：即输入原始单据张数。

（5）凭证自定义项：凭证自定义项是由用户自定义的凭证补充信息。用户根据需要自行定义和输入，系统对这些信息不进行校验，只进行保存。

（6）摘要：输入本笔分录的业务说明，要求简洁明了，不能为空，可单击摘要栏中的【▦】，调用预先设置好编码的摘要信息。

（7）科目名称：必须输入末级科目，科目可以输入科目编码、中文科目名称、英文科目名称或助记码，也可单击其科目栏的【▦】，在系统弹出的"科目参照"对话框中进行选择。在"科目参照"对话框中，若需要的科目原先并没有设置，可以直接在该对话框中单击【编辑】，进行新增科目的编辑，而不用退回到系统初始化的对话框中进行科目设置。

（8）辅助信息：对于要进行辅助核算的科目，系统提示输入相应的辅助核算信息。辅助核算信息包括客户往来、供应商往来、个人往来、部门核算、项目核算。如果需要对所输入的辅助项进行修改，可双击所要修改的项，系统显示辅助信息录入窗，可进行修改。

（9）金额：即该笔分录的借方或贷方发生额。金额不能为零，但可以是红字，红字金额以负数的形式输入，可以单击键盘上的空格键调整金额方向。

2.辅助核算要素填制

（1）个人往来核算科目。若填制凭证涉及个人往来辅助核算的科目，如录入"其他应付款——个人"科目（该科目已设置为个人往来），按回车键时，系统会弹出"辅助项"对话框，单击【▦】选择具体核算到某一职员。如果该笔业务不仅发生在一名职员身上，则可以单击"辅助明细"选择多名职员。

（2）部门核算、项目管理、客户及供应商核算的操作方式与个人往来录入方式类似。录入辅助核算后，具体核算的对象不显示在科目名称栏中，而是显示在凭证下方的备注栏中，如果要修改其辅助项数据，用鼠标双击具体项目即可。

（3）外币核算科目。外币核算科目增加凭证的方法与本位币一致，但在科目栏选用了外币核算科目后，系统会自动更改凭证录入格式为外币式。汇率是在初始设置时在"外币及汇率"中已设置好的，由系统根据所设置的汇率自动带出（可在此调整），录入外币金额，由系统自动推算出本位币金额。

3.凭证的辅助管理功能

（1）借贷平衡检验。对于最后一笔分录，可在其金额录入处输入"="，系统会自动计算出该分录的结果，以达到借贷平衡的效果。

（2）余额一览表。将鼠标放在凭证中的会计科目上，单击【余额】，系统会弹出科目的余额一览表。

（3）联查单据。在填制凭证对话框中，打开"查看"菜单，可以在此查看与当前分录中会计科目相关的明细账和原始单据（有的凭证不是在总账系统中填制生成的，而是在其他系统中由其他单据制单生成的，比如在应收款系统中由收款单据而生成的收款凭证，这样在此就可以联查到该张收款单据）等。如果该张凭证是由其他系统传递过来的，将鼠标放在凭证名称上，单击鼠标左键，则可以看到该张凭证的来源信息。

4.保存凭证

单击【保存】，保存该张凭证（借贷不平则系统不予保存）。

5.项目资料

在凭证填制过程中，若某科目为银行科目、外币科目、数量科目、辅助核算科目、现金流量科目中的一种，输完科目名称后，则须继续输入该科目的辅助核算信息。

三、任务内容

以会计主管马芳（003）的身份填制北京阳光信息技术有限公司2015年1月发生经济业务的记账凭证：

（1）1月2日，销售一部赵斌购买了200元的办公用品，以现金支付，附单据一张。

借：销售费用（5502）　　　　　　　　　　　　　　　　　　　　　200

　贷：库存现金（1001）　　　　　　　　　　　　　　　　　　　　　　200

（2）1月3日，财务部王晶从工行提取现金10 000元，作为备用金，附单据一张，现金支票号XJ001。

借：库存现金（1001）　　　　　　　　　　　　　　　　　　　　　10 000

　　贷：银行存款——工行存款（100201）　　　　　　　　　　　　　　　　10 000

（3）1月5日，收到泛美集团投资资金10 000美元，汇率1：6.275，转账支票号ZZW001。

借：银行存款——中行存款（100202）　　　　　　　　　　　　　　　62 750

　　贷：股本（3101）　　　　　　　　　　　　　　　　　　　　　　　62 750

（4）1月8日，供应部白雪采购原纸10吨，每吨5 000元，材料直接入库，货款以银行存款支付，转账支票号ZZR001。

借：原材料——生产用原材料（121101）　　　　　　　　　　　　　　50 000

　　应交税费——应交增值税（进项税额）(21710101)　　　　　　　　　8 500

　　贷：银行存款——工行存款（100201）　　　　　　　　　　　　　　　58 500

（5）1月12日，销售二部宋佳收到北京世纪学校转来的转账支票一张，金额99 600元，用以偿还前欠货款，转账支票号ZZR002。

借：银行存款——工行存款（100201）　　　　　　　　　　　　　　　99 600

　　贷：应收账款（1131）　　　　　　　　　　　　　　　　　　　　　99 600

（6）1月14日，供应部白雪从南京多媒体研究所购入"管理革命"课件光盘100套，单价80元，货税款暂欠，商品已验收入库，适用税率13%。

借：库存商品——多媒体课件（124102）　　　　　　　　　　　　　　8 000

　　应交税费——应交增值税（进项税额）（21710101）　　　　　　　　1 040

　　贷：应付账款（2121）　　　　　　　　　　　　　　　　　　　　　9 040

（7）1月15日，销售四部王华向北京世纪学校售出多媒体教学教程600册，单价32元。货税款尚未收到，适用税率13%。

借：应收账款（1131）　　　　　　　　　　　　　　　　　　　　　21 696

　　贷：主营业务收入——多媒体教程（510101）　　　　　　　　　　　19 200

　　　　应交税费——应交增值税（销项税额）（21710105）　　　　　　　2 496

（8）1月16日，总经理办公室支付业务招待费1 200元，转账支票号ZZR003。

借：管理费用——招待费（550305）　　　　　　　　　　　　　　　　1 200

　　贷：银行存款——工行存款（100201）　　　　　　　　　　　　　　　1 200

（9）1月18日，总经理办公室肖剑出差归来，报销差旅费1 800元，交回剩余现金200元。

借：管理费用——差旅费（550304）　　　　　　　　　　　　　　　　1 800

　　库存现金（1001）　　　　　　　　　　　　　　　　　　　　　　　200

　　贷：其他应收款——个人（肖剑）（119101）　　　　　　　　　　　　2 000

（10）1月20日，生产部领用原纸5吨，单价5 000元，用于生产普通打印纸-A4。

借：生产成本——基本生产成本（直接材料）（41010101）　　　　　　25 000

　　贷：原材料——生产用原材料（121101）　　　　　　　　　　　　　25 000

（11）22日，销售二部宋佳向海达公司售出多媒体课件3 000套，单价35元，适用税率13%，通过银行转账结算，支票号ZZP021。

借：银行存款——工行存款（100201）　　118 650
贷：主营业务收入——多媒体课件（510102）　　105 000
应交税费——应交增值税（销项税额）（21710105）　　13 650

四、任务执行

（一）增加凭证

业务1

1.选择【凭证】|【填制凭证】，系统弹出"填制凭证"对话框。

2.单击【增加】，增加一张空白凭证。

3.选择凭证类型（单击【付款凭证】）；输入制单日期"2015.01.02"；输入附单据数：1。

4.输入摘要"购买办公用品"；输入科目名称5502，借方金额200.00，按Enter键；摘要自动带到下一行，输入科目名称1001，贷方金额200.00，如图3-22所示。

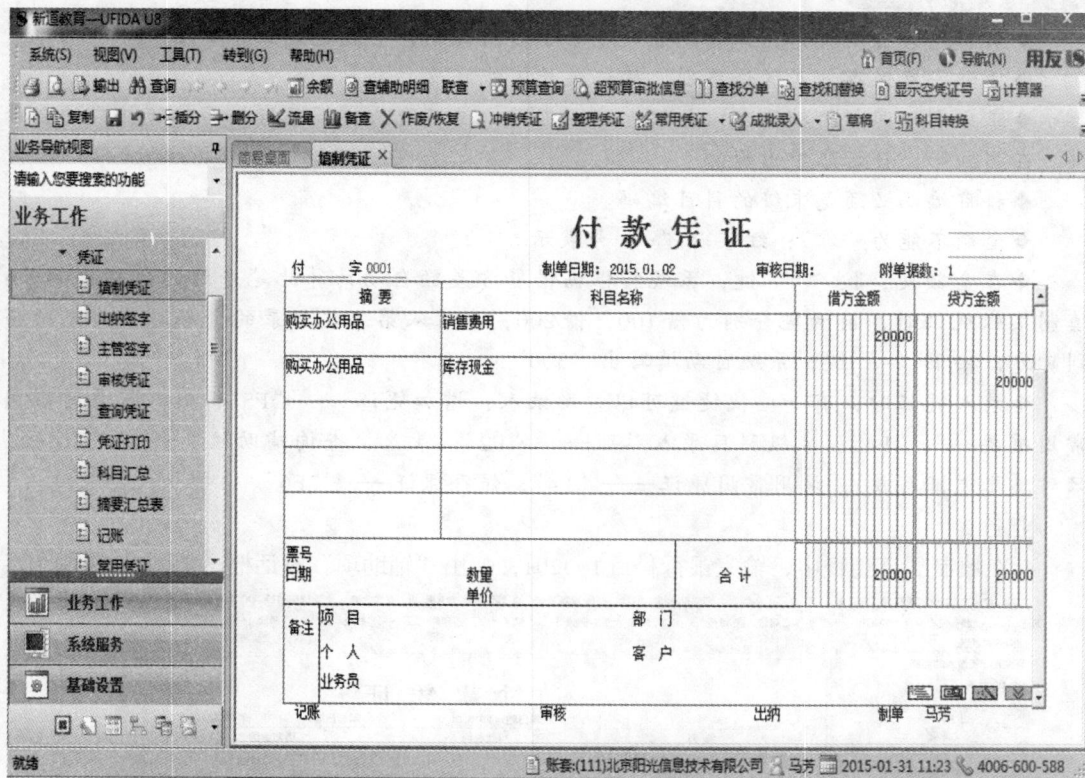

图3-22　填制凭证

5.按【保存】，打开"现金流量录入修改"对话框。在【项目编码】中，依次选择【经营活动】|【现金流出】|【支付其他与经营活动有关的现金】，如图3-23所示，单击【确定】返回。

6.单击【保存】，系统弹出"凭证已成功保存！"信息提示框，单击【确定】。

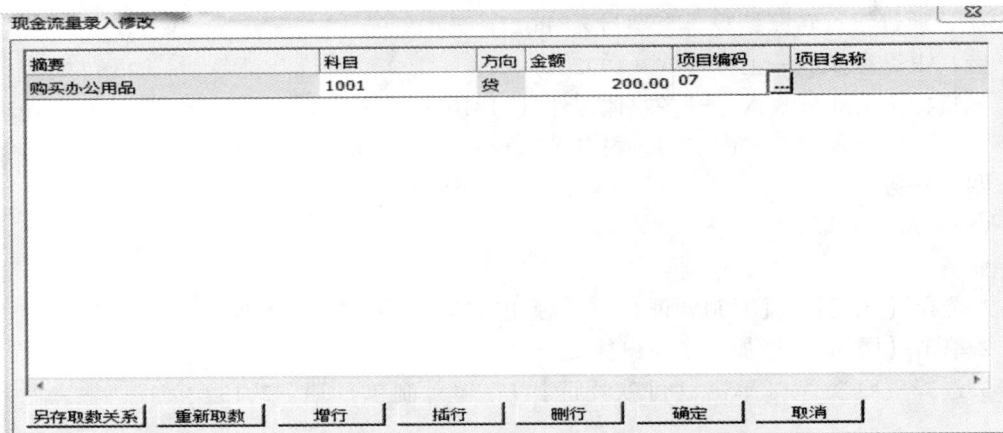

图 3-23 选择现金流量项目

财务专家温馨提示

◆采用序时控制时，凭证日期应大于等于启用日期，不能超过业务日期。

◆凭证一旦保存，其凭证类别、凭证编号不能修改。

◆正文中不同行的摘要可以相同也可以不同，但不能为空。每行摘要将随相应的会计科目在明细账、日记账中出现。

◆科目编码必须是末级的科目编码。

◆金额不能为"零"；红字以"−"号表示。

◆在金额处，按"="键，系统将根据借贷方差额自动计算此笔分录的金额。例如：填制某张凭证时，前两笔分别为借100，借200，在录入第三笔分录的金额时，将光标移到贷方，按下"="键，系统自动填写出"300"。

◆录入凭证时，有一些快捷键可以帮助录入：增加凭证——"F5"；输入摘要时调用常用摘要——"F4"；末级科目录入参照——"F2"；录入、查询辅助核算——"Ctrl+S"只对总账凭证有效）；调用常用凭证——"F4"；保存凭证——"F6"。

业务2

1.在填制凭证过程中，输完银行科目100201，弹出"辅助项"对话框，如图3-24所示。

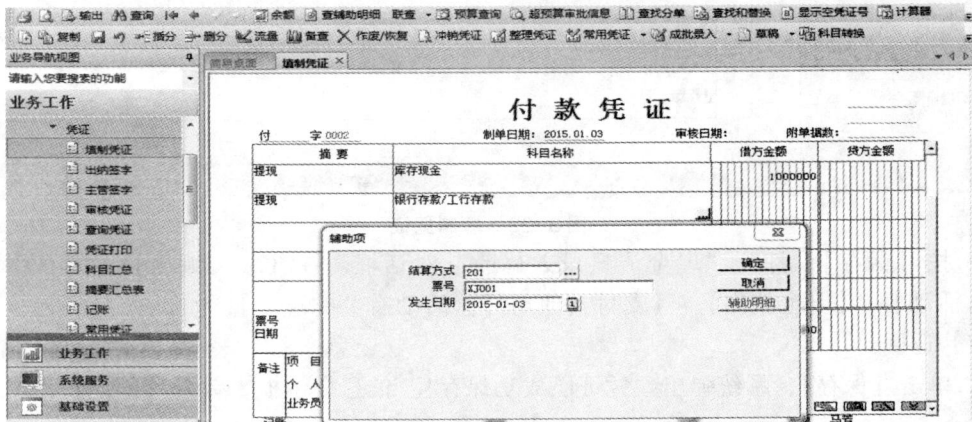

图 3-24 录入结算方式

2.输入结算方式201，票号XJ001，发生日期"2015-01-03"，单击【确定】保存。

3.凭证输入完成后，单击【保存】，若此张支票未登记，则系统提示"此支票尚未登记，是否登记?"，如图3-25所示。

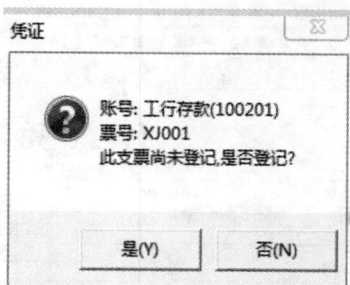

图3-25　支票登记

4.单击【是】，弹出"票号登记"对话框，如图3-26所示。

图3-26　票号登记

5.输入领用日期"2015-01-03"，领用部门"102-财务部"，姓名"103-王晶"，限额"10 000.00"，用途"备用金"，单击【确定】，系统提示"凭证已成功保存"。

财务专家温馨提示

◆如果希望在制单时也可以进行支票登记，则应在选项中选择支票控制，即该结算方式设为支票管理，银行账辅助信息不能为空，而且该方式的票号应在支票登记簿中有记录。在制单时，如果所输的结算方式使用支票登记簿，在输入支票号后，系统会自动勾销支票登记簿中未报销的支票，并在报销日期处填上制单日期。若支票登记簿中未登记该支票，系统将显示支票录入窗口，供使用者将该支票内容登记到支票登记簿中，同时填上报销日期。

◆"库存现金"和"银行存款"科目均是现金流量辅助核算科目，但本业务属于现金各项目之间的增减变动，不影响现金流量的净额，因此，不填写现金流量项目。

业务3

1.在填制凭证过程中，输完外币科目100202后，按回车键，凭证上会多出一列"外币"如图3-27所示，输入外币金额"10 000.00"，显示外币汇率"6.27500"，自动算出并显示本位币金额"62 750.00"，如图3-28所示。

2.全部输入完成后，单击【保存】，保存凭证。

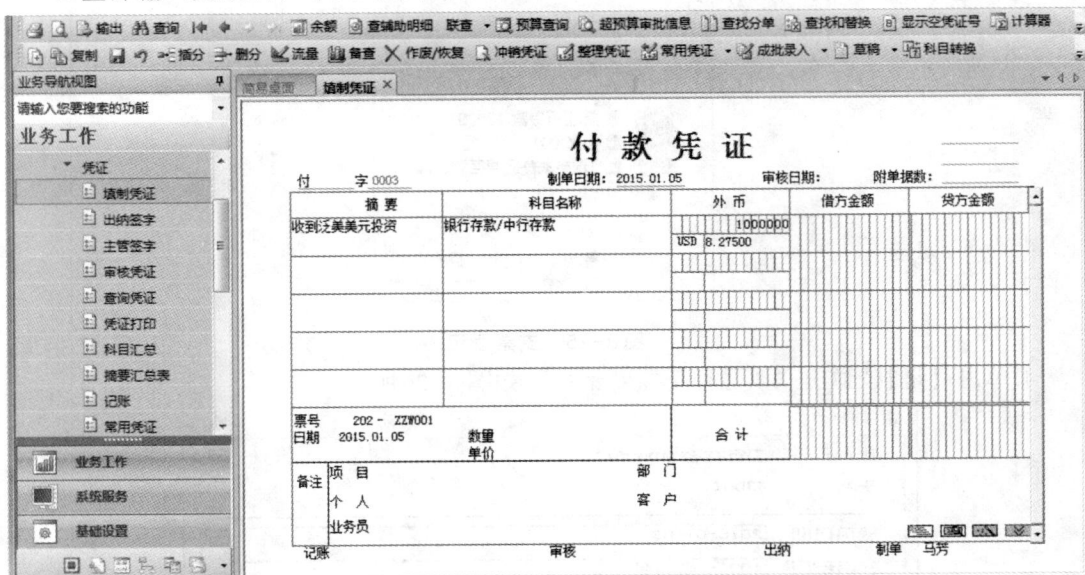

图 3-27　输入外币（一）

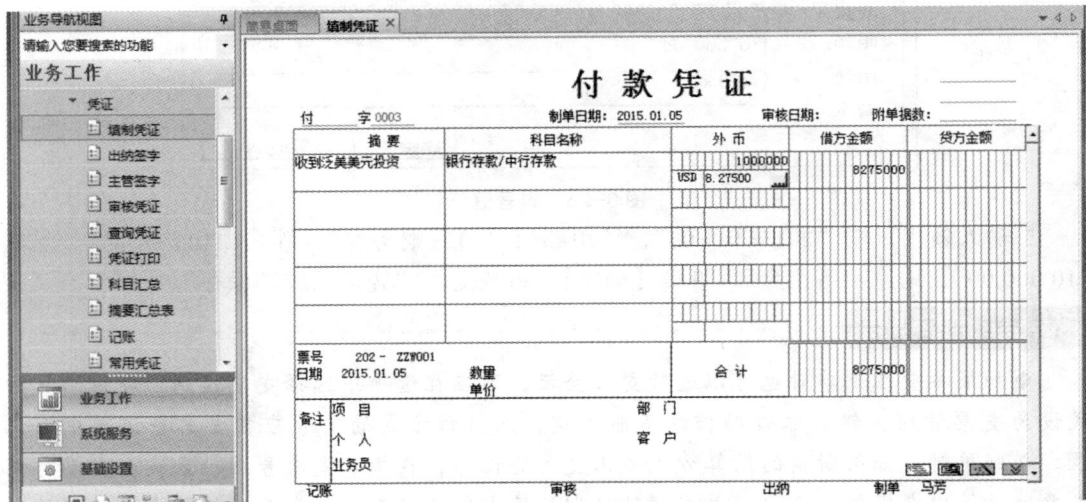

图 3-28　输入外币（二）

财务专家温馨提示

◆ 汇率栏中的内容是固定的，不能输入或修改。如使用浮动汇率，汇率栏中显示最近一次输入的汇率，可以直接在汇率栏中修改。

◆ 该笔业务的现金流量项目为"筹资活动产生的现金流量"的"吸收投资收到的现金"。

业务4

1.在填制凭证过程中，输入数量科目"121101"，弹出"辅助项"对话框，输入数量

10.00，单价5 000，如图3-29所示，单击【确定】。

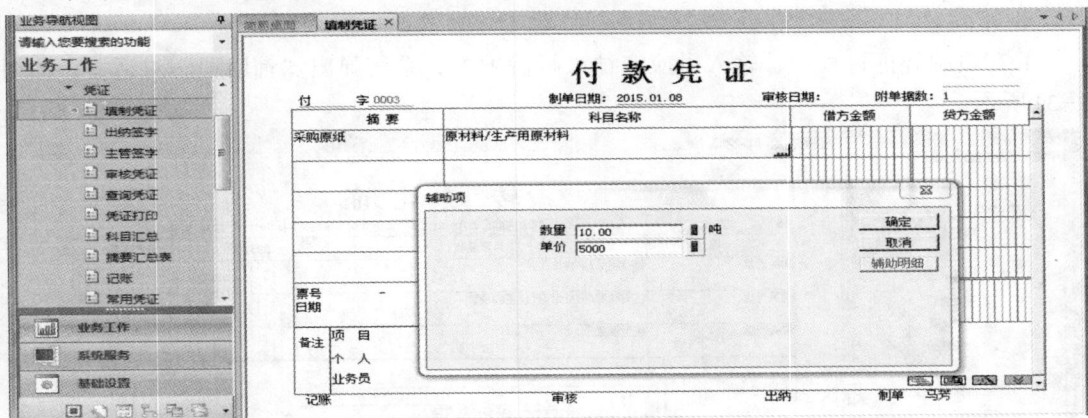

图3-29　输入辅助项数量单价

2.全部输入完后，单击【保存】，保存凭证。

财务专家温馨提示

◆该笔业务的现金流量项目为"经营活动产生的现金流量"的"购买商品、接受劳务支付的现金"。

◆转账支票也需在支票登记簿中登记。

◆系统根据数量乘以单价自动计算出金额，并将金额先放在借方，如果方向不符，可将光标移动到贷方后，按"Space"（空格）键即可调整金额方向。

业务5

1.在填制凭证过程中，输入客户往来科目1131，弹出"辅助项"对话框。

2.输入客户"世纪学校"，发生日期"2015-01-12"，单击【确定】，如图3-30所示。

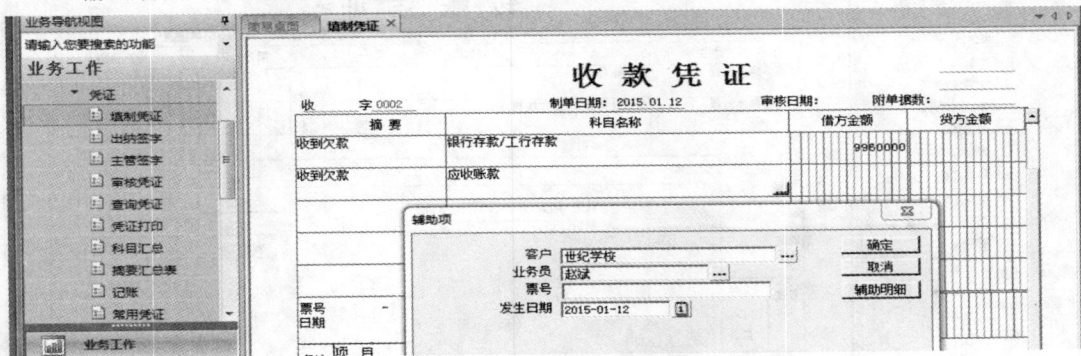

图3-30　输入辅助项客户

财务专家温馨提示

◆该笔业务的现金流量项目为"经营活动产生的现金流量"的"销售商品、提供劳务收到的现金"。

◆如果往来单位不属于已定义的往来单位，则要正确输入往来单位的辅助信息，系统会自动追加到往来单位目录中。

◆客户或者供应商往来辅助项中的票号为与此业务有关的应收单据的票号，由于不是必录项，所以在总账中可以省略。

业务6

1.在填制凭证过程中，输入供应商往来科目2121，系统弹出"辅助项"对话框，如图3-31所示。

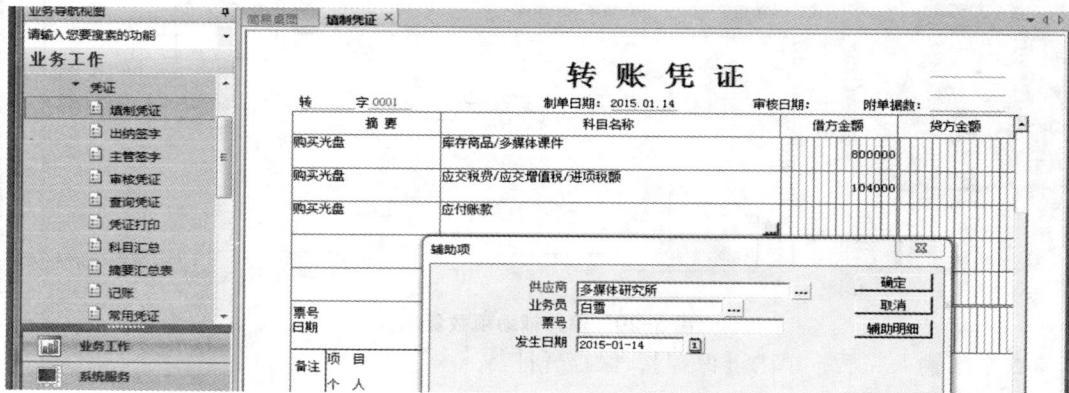

图3-31　输入辅助项供应商

2.输入供应商"多媒体研究所"，业务员"白雪"，发生日期"2015-01-14"，单击【确定】。

业务7

在填制凭证过程中，输入收入科目510101，系统弹出"辅助项"对话框，如图3-32所示，输入数量和单价，单击【确定】。

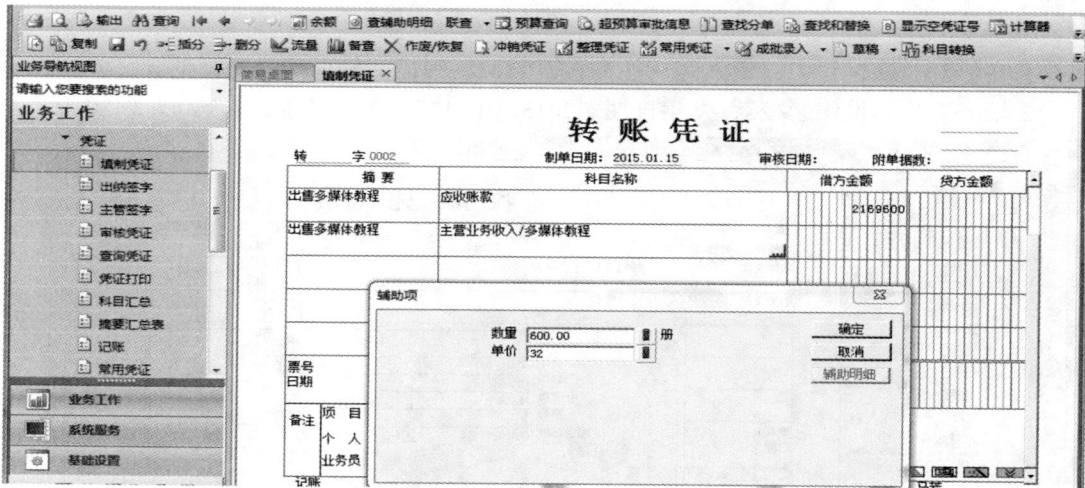

图3-32　输入辅助项数量单价

财务专家温馨提示

◆该笔业务的"主营业务收入"设置了数量核算。

业务8

1.在填制凭证过程中，输入部门核算科目550305，系统弹出"辅助项"对话框，如图3-33所示。

2.输入部门"总经理办公室"，单击【确定】。

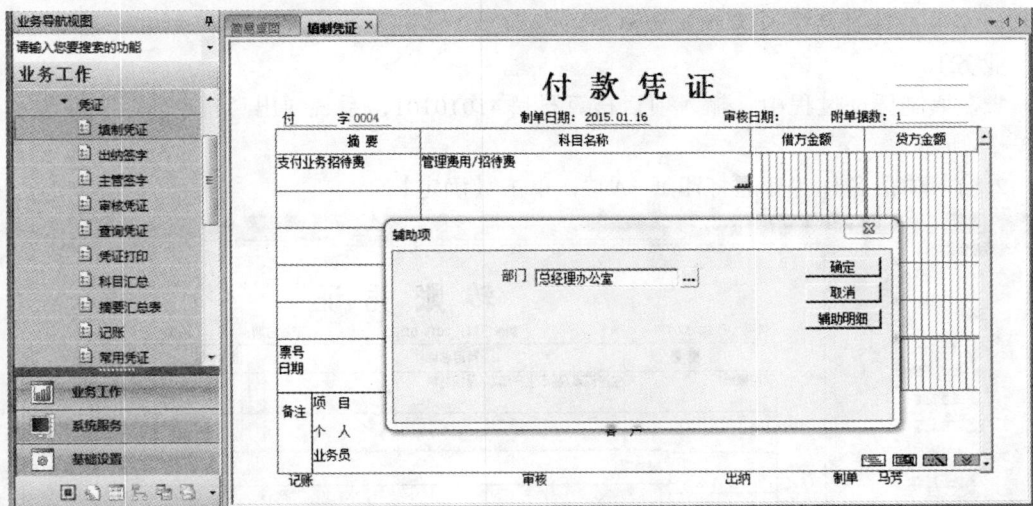

图3-33　输入辅助项部门

财务专家温馨提示

◆该笔业务的现金流量项目为"经营活动产生的现金流量"的"支付其他与经营活动有关的现金"。

业务9

1.在填制凭证过程中，输入个人往来科目119101，系统弹出"辅助项"对话框。

2.输入部门"总经理办公室"，个人"肖剑"，发生日期"2015-01-18"，如图3-34所示，单击【确定】。

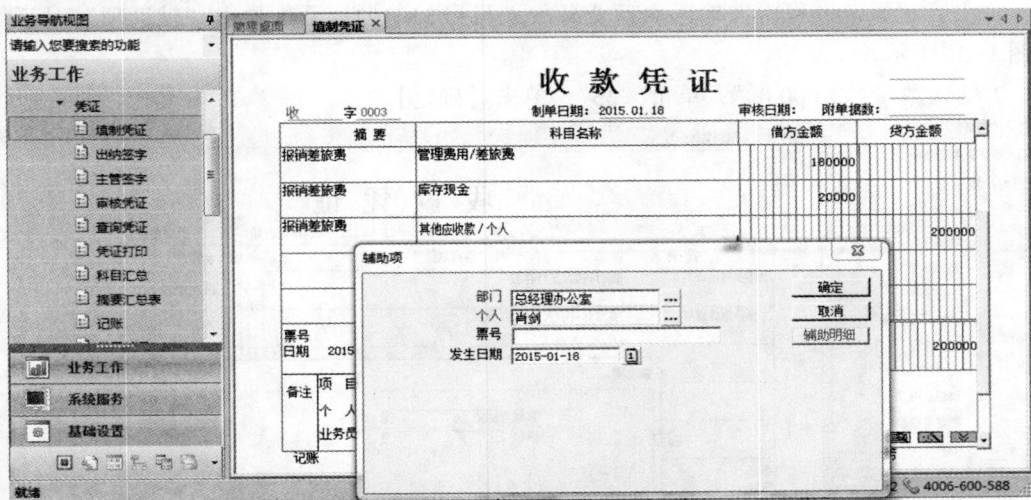

图3-34　输入辅助项部门和个人

财务专家温馨提示

◆该笔业务的现金流量项目为"经营活动产生的现金流量"的"收到其他与经营活动有关的现金"。

◆在输入个人信息时，若不输入"部门"名称只输入"个人"名称时，系统将根据所输入的个人名称自动输入其所属的部门。

业务10

1.在填制凭证过程中，输入项目核算科目41010101，系统弹出"辅助项"对话框，如图3-35所示。

2.输入项目名称"普通打印纸-A4"，单击【确定】。

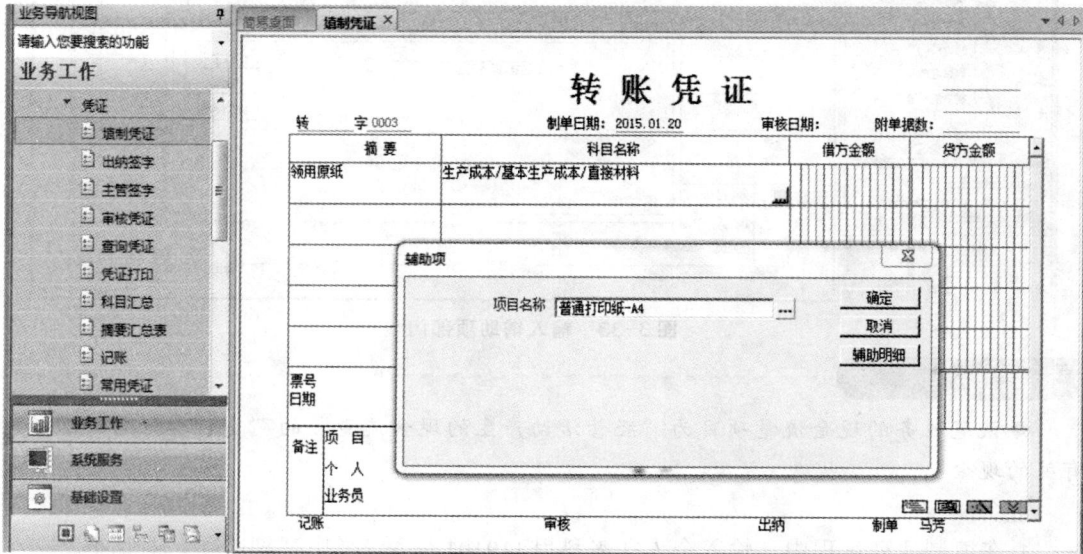

图3-35　输入辅助项项目名称

业务11

1.在填制凭证过程中，输入主营业务收入科目510102，系统弹出"辅助项"对话框，如图3-36所示。

2.输入数量"3 000.00"，单价"35"，单击【确定】。

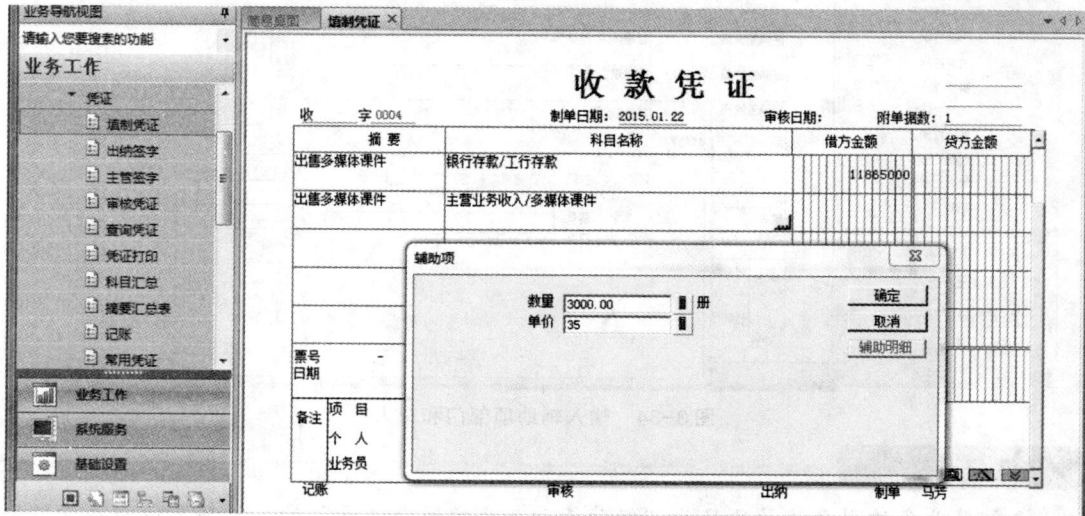

图3-36　输入数量和单价

常见问题解析

◆制单人员错误。常见原因是选用错误的操作员登录制单。建议操作：以账套主管身份进入总账，修改系统参数，选中【允许修改、作废他人填制的凭证】后，再以正确的制单人身份登录系统，对制单人错误的凭证进行"假修改"后保存，制单人更正为当前正确的操作员。

◆"不满足借方必有条件"等提示。常见原因是没有选择正确的凭证类别，或凭证类别限制条件设置错误。建议操作：选择正确的凭证类别，或是检查凭证类别的限制条件，修改不正确的限制条件。

◆凭证业务日期和凭证号错误。建议操作：以账套主管身份将总账参数"系统编号"的凭证编号方式修改为"手工编号"，取消"制单序时控制"，就可以修改凭证日期和编号了。

◆提示"不能使用应收（应付）系统的受控科目"。常见原因是总账参数设置的限制。建议操作：以账套主管身份在【总账】|【选项】中勾选【可以使用应收（应付）系统受控科目】。

◆提示"项目已结算"。常见原因是在设置项目目录时错点了项目的结算。建议操作：重新修改项目目录，将项目状态下的"Y"去掉。

◆提示"此项目核算科目没有指定项目大类"。常见原因是没有正确设置项目的核算科目。建议操作：以账套主管身份进入【项目档案】，将错选在其他项目下的核算项目从【已选项目】转入【待选项目】，再选择正确的项目大类，将核算科目从【待选科目】转入【已选科目】后单击【确定】。

◆提示"发生日期不能大于制单日期"。常见原因是凭证上有辅助科目的业务发生时间大于制单时间。建议操作：修改辅助核算项目的票据日期。

（二）修改凭证

1.选择【凭证】|【查询凭证】，系统弹出"凭证查询"对话框，如图3-37所示。

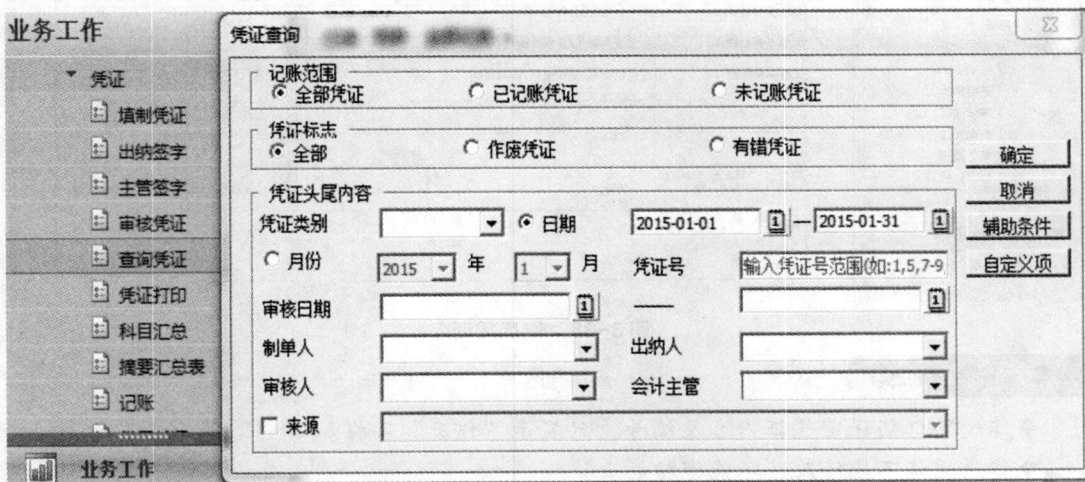

图3-37　打开凭证查询

2.对于凭证的一般信息，将光标放在要修改的地方，单击工具栏上的【修改】，直接修改。如果要修改凭证的辅助项信息，首先选中辅助核算科目行，然后将光标置于备注栏辅助项，待鼠标图形变为笔形时双击，弹出"辅助项"对话框，在对话框中修改相关信息。

3.修改完成后，单击【保存】，保存相关信息。

财务专家温馨提示

◆未经审核的错误凭证可通过"填制凭证"功能直接修改；已审核的凭证应先取消审核后，再进行修改。

◆若已采用制单序时控制，则在修改制单日期时，不能在上一张凭证的制单日期之前。

◆若选择"不允许修改或作废他人填制的凭证"权限控制，则不能修改或作废他人填制的凭证。

◆如果涉及银行科目的分录已录入支票信息，并对该支票做过报销处理，修改操作将不影响"支票登记簿"中的内容。

◆外部系统传过来的凭证不能在总账系统中进行修改，只能在生成该凭证的系统中进行修改。

（三）删除凭证

1.作废/恢复凭证。

（1）先查询到要作废的凭证。

（2）在"填制凭证"对话框中，选择【制单】|【作废/恢复】。

（3）凭证的左上角显示"作废"字样，表示该凭证已作废，如图3-38所示。

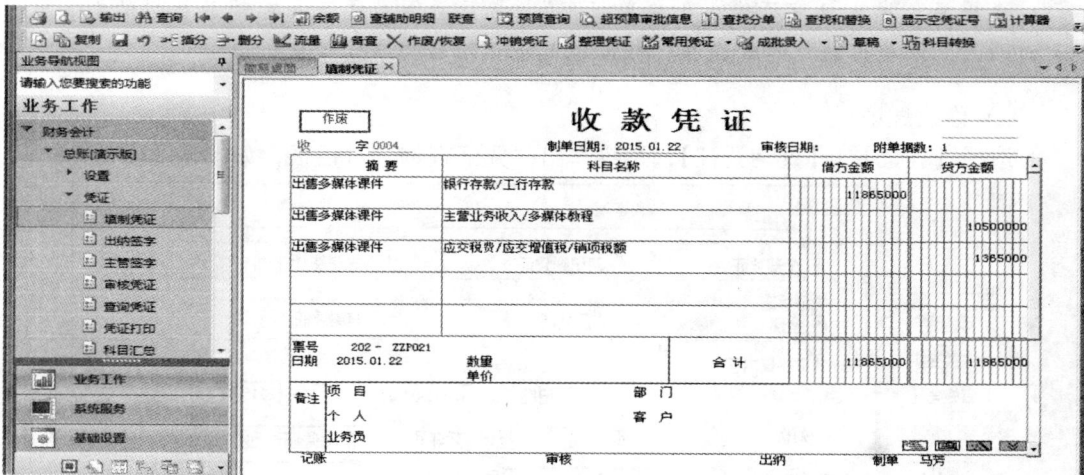

图3-38　作废凭证

财务专家温馨提示

◆作废凭证仍保留凭证内容及编号，只显示"作废"字样。

◆作废凭证不能修改，不能审核。

◆在记账时，已作废的凭证应参与记账，否则月末无法结账，但不对作废凭证做数据处理，相当于一张空白凭证。

◆账簿查询时，查不到作废凭证的数据。

◆若当前凭证已作废，选择【作废】|【恢复】，可取消作废标志，将当前凭证恢复为有效凭证。

2.整理凭证。

（1）在"填制凭证"对话框中，选择工具栏上的【整理凭证】，系统弹出"凭证期间选择"对话框。

（2）选择要整理的"月份"，如图3-39所示。

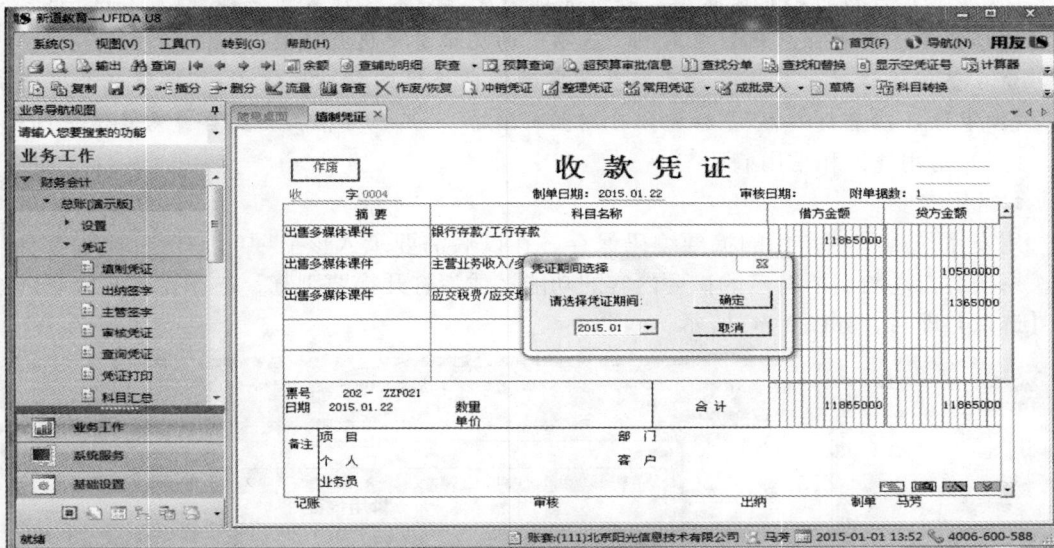

图3-39　打开凭证期间选择

（3）单击【确定】，打开"作废凭证表"对话框。

（4）选择真正要删除的作废凭证，如图3-40所示。

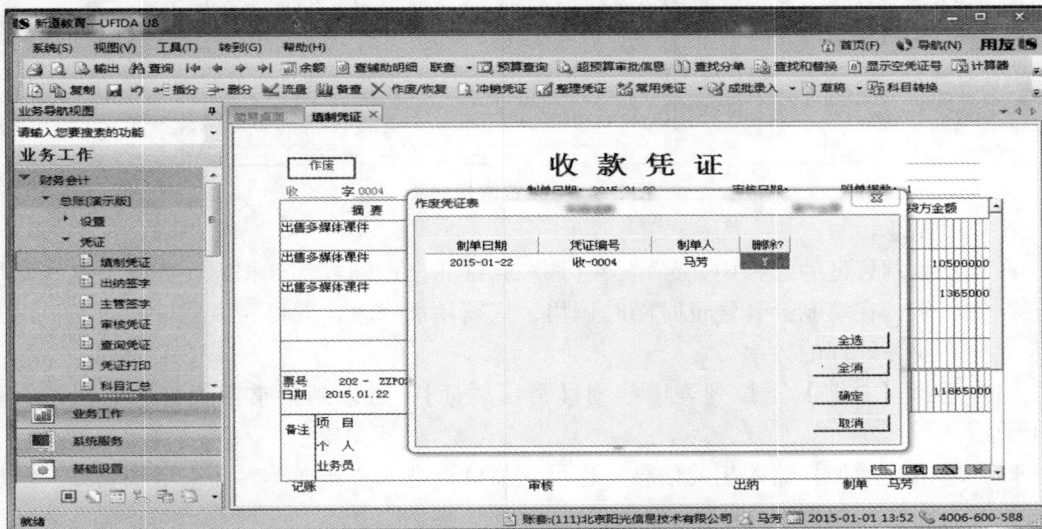

图3-40　凭证整理删除

（5）单击【确定】，系统将这些凭证从数据库中删除并对剩下的凭证重新排号。

财务专家温馨提示 -

◆如果不想保留作废凭证，则可以通过"凭证整理"功能，将其彻底删除，并对未记账凭证重新编号。

◆只能对未记账凭证做凭证整理。在进行凭证整理时，若本月已有凭证记账，那么在本月最后一张记账凭证之前的凭证不能做凭证整理，只能对其后的未记账凭证做凭证整理。若想对记账凭证做凭证整理，应先利用"恢复记账前状态"功能（将在期末处理中讲解），恢复本月月初的记账前状态，再做凭证整理。如果在作废的凭证被删除后，想自动填补凭证断号，需要在总账管理系统"选项"的凭证页中进行设置。

◆在整理凭证时，系统将对已经整理完的凭证提供三种排序方式："按凭证号重新编排""按审核日期重新编排""按凭证日期重新编排"。用户可根据企业自身需要进行选择。

（四）常用凭证和常用摘要

1.常用摘要。

用友系统提供将常用的摘要编码保存，在以后需要录入该摘要时，直接录入摘要编码，系统会自动给出所对应的摘要内容的功能；或者打开摘要浏览，选择需要的摘要，单击【选入】即可，如图3-41所示。

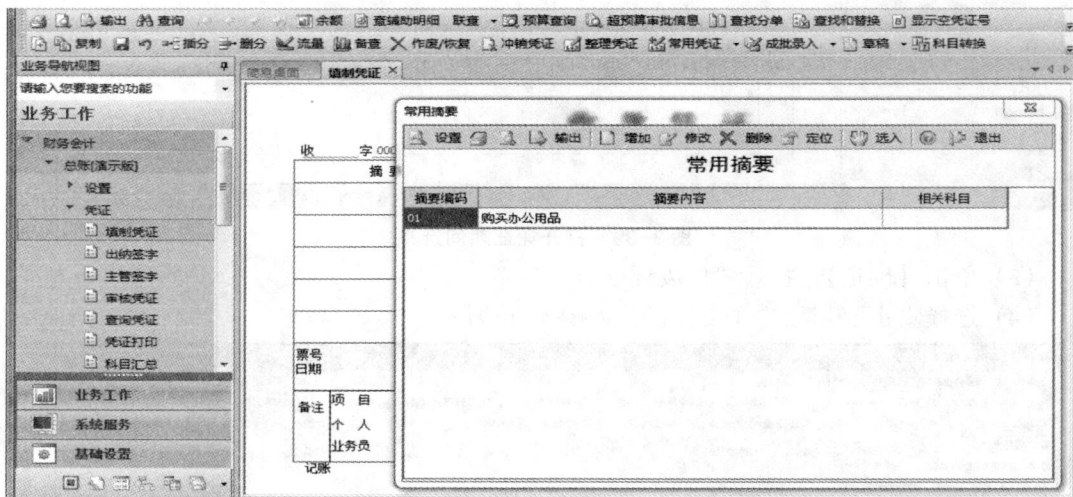

图3-41　设置常用摘要

2.常用凭证。

在日常填制凭证的过程中，经常会有许多凭证完全相同或部分相同，如果将这些常用凭证存储起来，在填制会计凭证时随时调用，只需稍加修改，就可完成凭证的填制，这必将大大提高业务处理的效率。

（1）选择【总账】下拉列表中找到【常用凭证】，进入到"常用凭证"界面，如图3-42所示。

（2）单击【增加】输入相关信息，也可从菜单栏进入"详细"界面来增加明细。增加完后，退出即可，如图3-43所示。

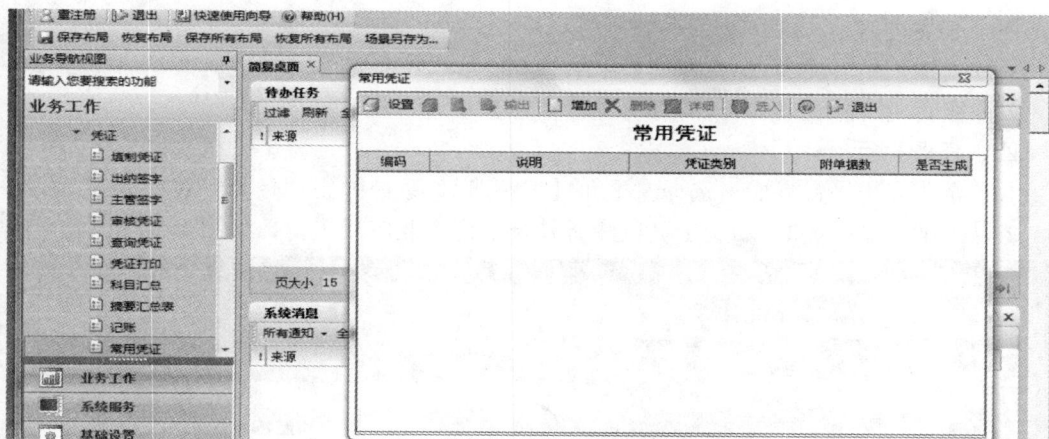

图 3-42 打开常用凭证

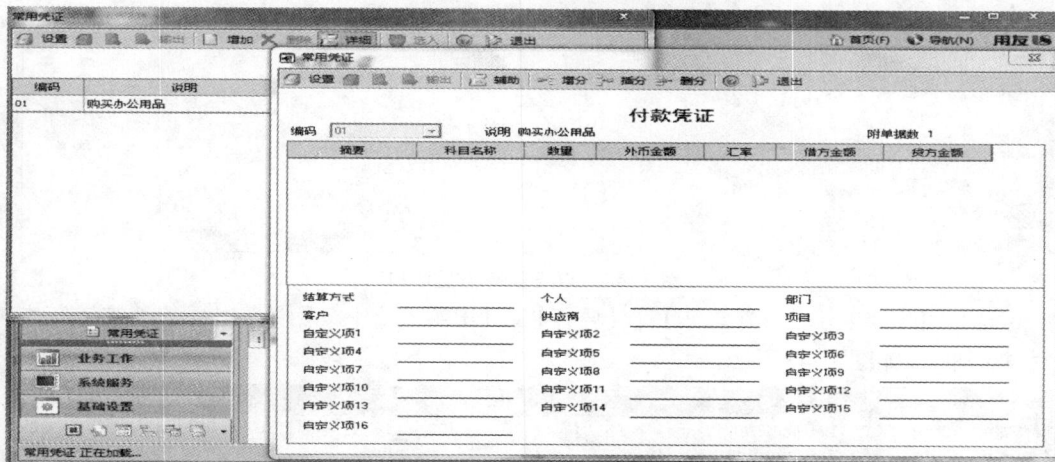

图 3-43 增加常用凭证

【任务二】出纳和主管签字

一、任务描述

北京阳光信息技术有限公司的会计主管马芳已经将1月份的11笔经济业务全部录入本公司的账套中，按照业务处理的流程，在记账之前需要由出纳王晶、主管陈明进行签字。

二、入职知识准备

为确保登记到账簿的每一笔经济业务的准确性和可靠性，制单员填制的每一张凭证都必须经过审核员的审核。审核凭证主要包括出纳签字、主管签字和审核凭证三方面的工作，根据会计制度规定，审核与制单不能为同一人。

出纳凭证是指带有现金、银行存款科目的凭证。企业为了加强对出纳凭证的管理，可以由出纳人员通过出纳签字功能，对制单员填制的出纳凭证进行检查核对，核对的主要内容是出纳凭证的出纳科目、金额。审查出的认为有错误或有异议的出纳凭证，应交填制人员修改后再核对。如果在总账系统参数的"权限设置"中勾选了"出纳凭证必须经由出纳签字"选项，则未经过出纳签字的凭证不能进行凭证审核。

出纳签字应先更换操作员，由具有签字权限的出纳人员来进行。

三、任务内容

1.以出纳王晶（002）的身份进行出纳签字。

2.以账套主管陈明（001）的身份进行主管签字（略）。

四、任务执行

1.在企业应用平台界面，选择左上角【重注册】，系统弹出"登录"对话框。

2.以出纳王晶（002）的身份进行注册并登录到企业应用平台，如图3-44所示。

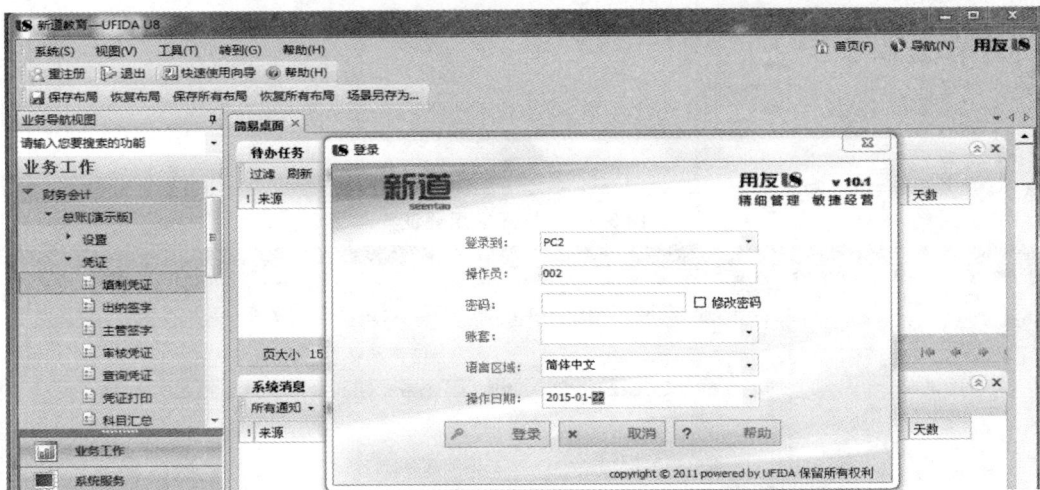

图3-44　以王晶身份重注册

3.选择【财务会计】|【总账】|【凭证】|【出纳签字】，系统弹出"出纳签字"查询条件对话框，如图3-45所示。

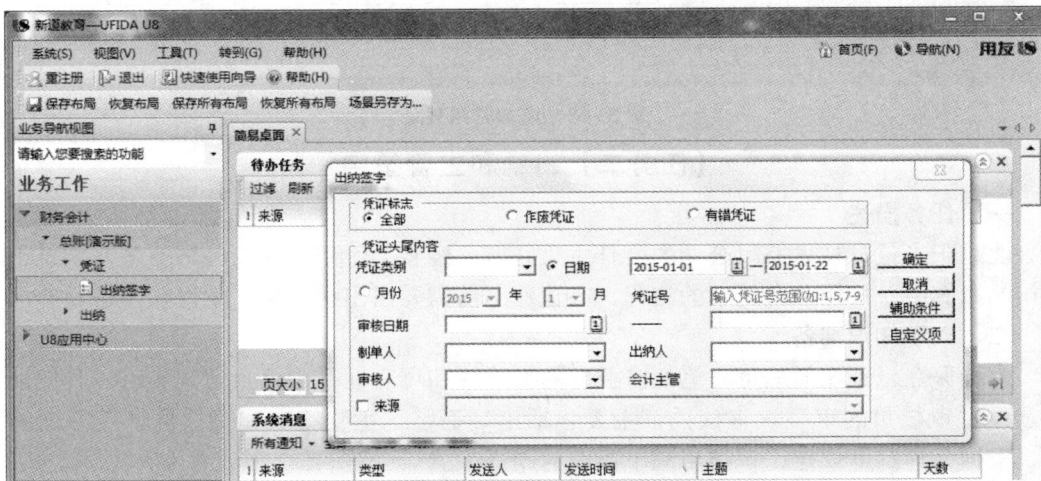

图3-45　打开出纳签字

4.输入查询条件：【凭证标志】选择【全部】，【凭证头尾内容】选择【日期】（2015-01-01至2015-01-22）。

5.单击【确定】，系统弹出"出纳签字列表"对话框，如图3-46所示。

6.双击某一要签字的凭证或者单击【确定】，系统弹出"出纳签字"对话框，如图3-47所示。

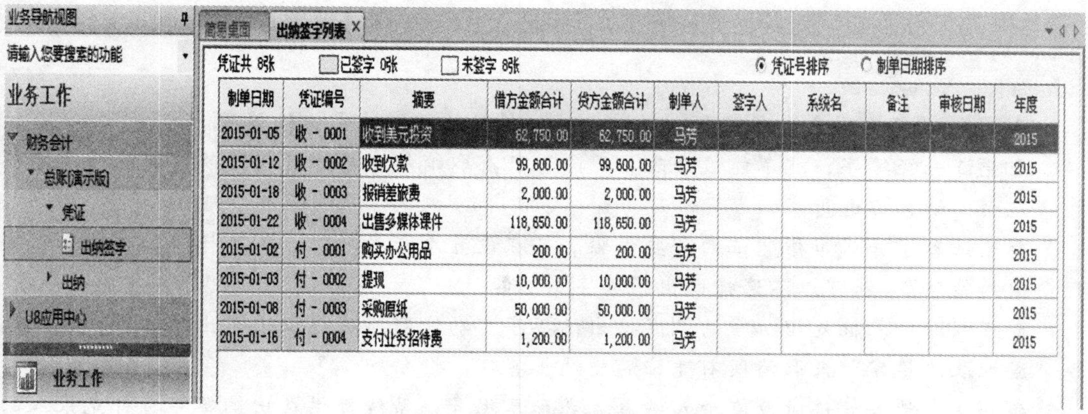

制单日期	凭证编号	摘要	借方金额合计	贷方金额合计	制单人	签字人	系统名	备注	审核日期	年度
2015-01-05	收 - 0001	收到美元投资	62,750.00	62,750.00	马芳					2015
2015-01-12	收 - 0002	收到欠款	99,600.00	99,600.00	马芳					2015
2015-01-18	收 - 0003	报销差旅费	2,000.00	2,000.00	马芳					2015
2015-01-22	收 - 0004	出售多媒体课件	118,650.00	118,650.00	马芳					2015
2015-01-02	付 - 0001	购买办公用品	200.00	200.00	马芳					2015
2015-01-03	付 - 0002	提现	10,000.00	10,000.00	马芳					2015
2015-01-08	付 - 0003	采购原纸	50,000.00	50,000.00	马芳					2015
2015-01-16	付 - 0004	支付业务招待费	1,200.00	1,200.00	马芳					2015

图 3-46　打开凭证列表

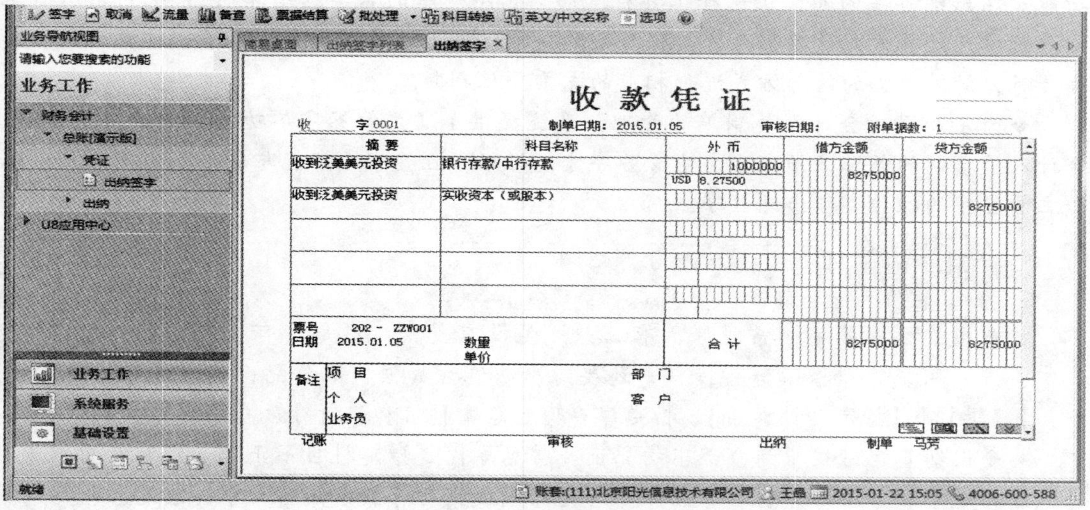

图 3-47　打开凭证

7.单击【签字】，凭证底部的“出纳”位置被自动签上出纳人姓名，如图 3-48 所示。

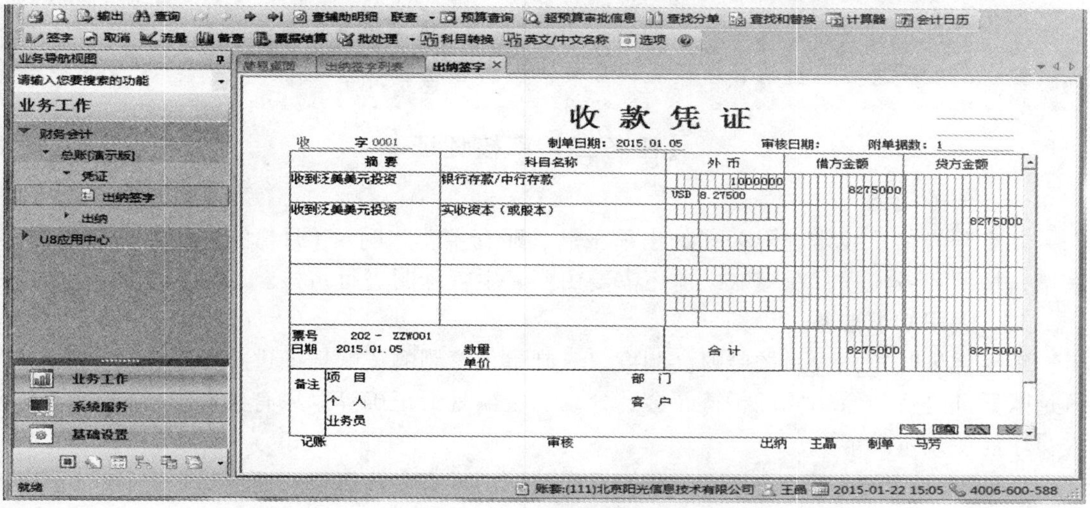

图 3-48　出纳签字

8.单击下张按钮，对其他凭证签字，全部签完后，单击【退出】，退回到凭证列表。

财务专家温馨提示

◆ 涉及"库存现金"科目和"银行存款"科目的凭证才需出纳签字。

◆ 凭证一经签字，就不能被修改、删除，只有取消签字后才可以修改或删除，取消签字只能由出纳自己进行。

◆ 凭证签字并非审核凭证的必要步骤。若在设置总账参数时，不选择"出纳凭证必须经由出纳签字"，则可以不选择"出纳签字"功能。

◆ 可以选择"批处理"中的"成批出纳签字"功能对所有凭证进行出纳签字；也可选择"成批取消签字"来取消所有凭证的出纳员签字。

◆ 如果在录入凭证时没有录入结算方式和票据号，系统提供在出纳签字时补充录入的功能。在出纳签字的界面上选择工具栏上的"出纳"中的"票据结算"，系统列示所有需要进行填充结算方式、票据号、票据日期的分录，包括已填写的分录；填制结算方式和票据号时，针对票据的结算方式进行相应的支票登记判断。

◆ 为了加强对会计人员制单的管理，系统提供了"主管签字"功能。选择该功能后，会计人员填制的凭证必须经账套主管签字才能记账，且签字人不能与制单人为同一人。账套主管签字的操作类似出纳签字。

常见问题解析

◆ 出纳无法签字。常见原因有二：一是没有授权，二是没有指定科目。建议操作：进入系统管理重新进行授权，还要对出纳进行数据权限分配；单击【会计科目】|【编辑】|【指定会计科目】，指定库存现金总账科目和银行存款总账科目。

◆ 出纳签字时找不到全部出纳凭证。常见原因是指定科目不正确。经常有同学未把库存现金和银行存款科目归到库存现金总账或银行存款总账科目中，或是只指定一个科目。建议操作：检查指定科目是否正确，重新指定科目。

◆ 账套主管没有出纳签字的权限。常见原因是在启用系统模块的时候误将出纳管理模块启用了，导致总账模块不能进行出纳签字。建议操作：可在出纳管理中进行出纳签字，如不想启用出纳管理模块，可关闭出纳管理模块。

【任务三】 审核凭证

一、任务描述

北京阳光信息技术有限公司的出纳王晶、账套主管陈明对1月份的经济业务已经签字完毕，按照业务流程，在记账之前还需要由账套主管陈明进行审核。

二、入职知识准备

审核凭证时审核人员按照财会制度，对制单员填制的记账凭证进行检查核对，主要审核记账凭证是否与原始凭证相符，会计分录、金额是否正确等。只有具有审核权限的会计人员才能使用本功能。

凭证审核同出纳签字一样需要更换操作员，由具有审核权限的操作员来进行。凭证即可逐张审核，也可以成批审核。

三、任务内容

以账套主管陈明（001）的身份审核北京阳光信息技术有限公司的凭证。

四、任务执行

1.单击【凭证】|【审核凭证】，系统弹出"凭证审核"对话框。如图3-49所示。

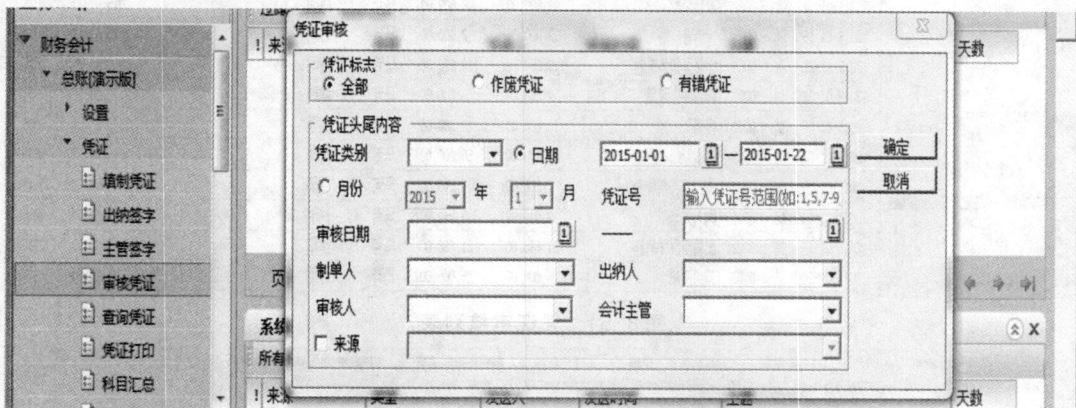

图3-49　打开凭证审核（一）

2.输入查询条件，单击【确定】，系统弹出"凭证审核列表"对话框。

3.双击要审核的凭证或单击【确定】，系统弹出"审核凭证"对话框。

4.检查要审核的凭证，确认无误后，单击【审核】，凭证底部的"审核"处自动签上审核人姓名，如图3-50所示。

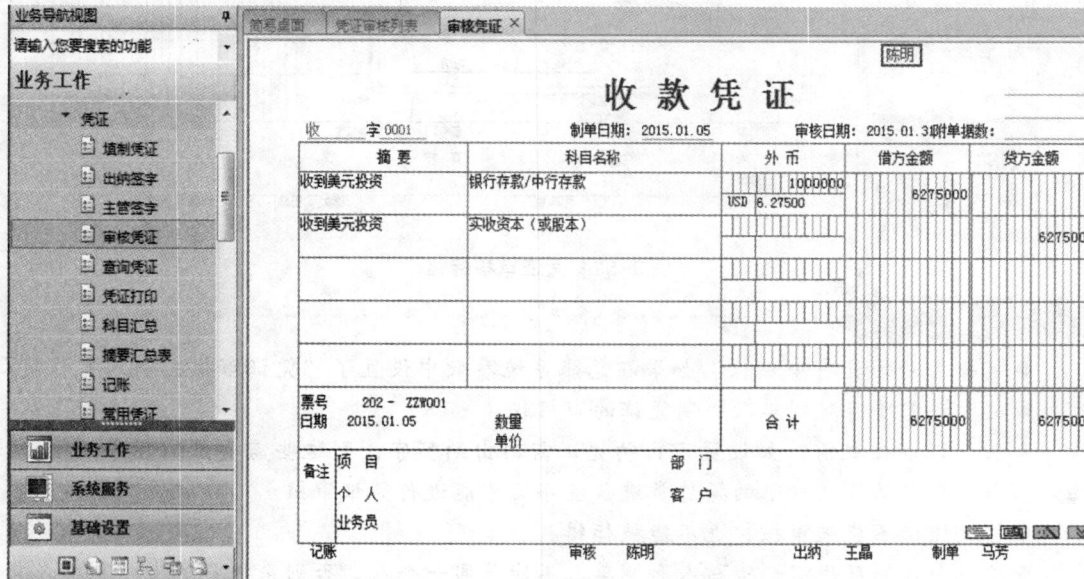

图3-50　打开凭证审核（二）

5.单击【批处理】下拉列表的【成批审核】，对其他凭证签字，系统提示"是否重新刷新凭证列表数据"，单击【确定】，如图3-51所示，然后退回到凭证列表。

6.如果发现凭证有错误，可单击【标错】，先行标错，以后再进行修改，如再次单击【标错】，则取消该张凭证的标错，如图3-52所示。

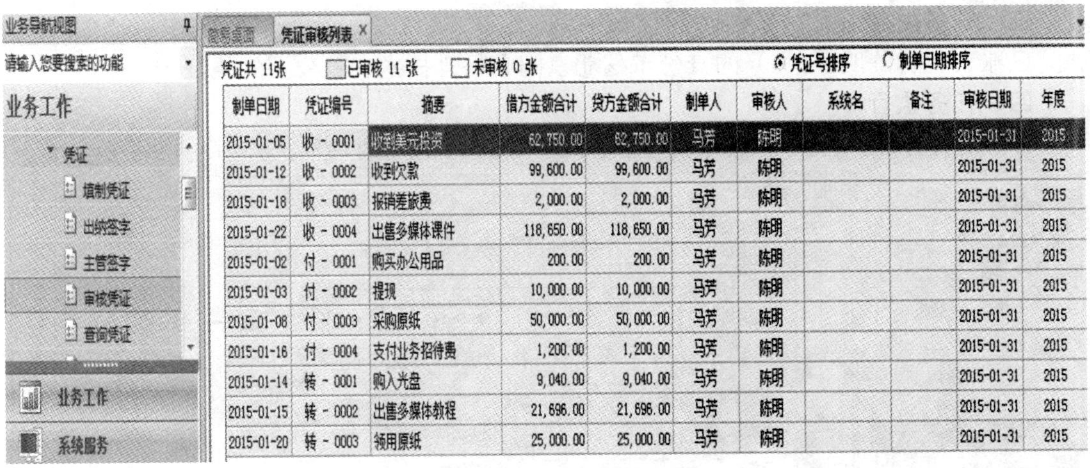

图 3-51　凭证审核列表

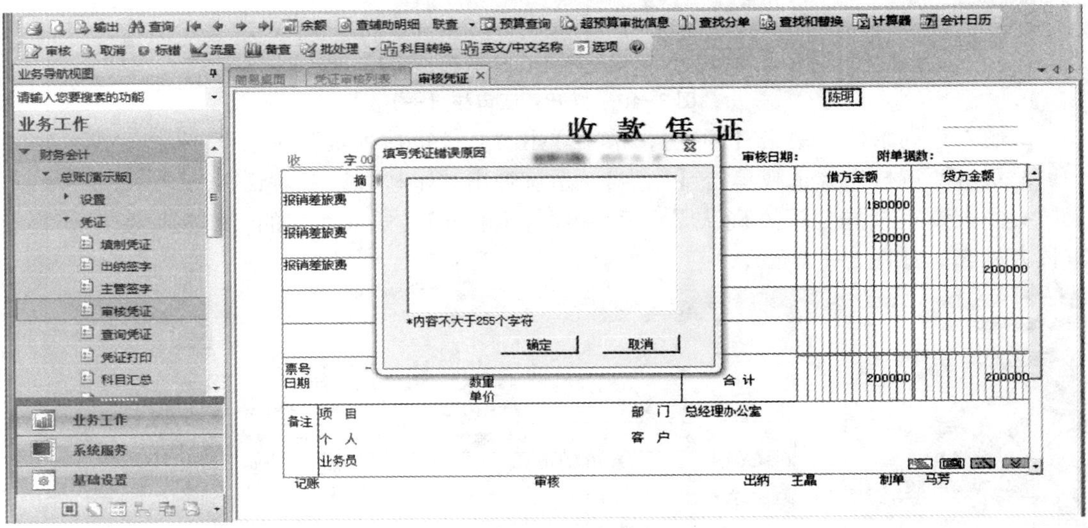

图 3-52　凭证审核标错

财务专家温馨提示

◆审核人必须具有审核权。如果在总账系统参数中设置了"凭证审核控制到操作员"时，审核人还需要有对制单人所制凭证的审核权。

◆在凭证审核之前，如设置了出纳凭证需由出纳签字，则这些需要出纳签字的凭证，就必须由具有出纳签字权限的操作员进行签字后才能进行凭证审核。

◆作废凭证不能被审核，也不能被标错。

◆按照会计制度规定，审核人和制单人不能是同一个人，否则系统会给出"制单人与审核人不能为同一人"的提示，在此需要以另一操作员身份重新登录用友总账系统方可进行审核。

◆凭证一经审核，不能被修改、删除，只有取消审核签字后才可修改或删除，已标志作废的凭证不能被审核，需先取消作废标志后才能审核。

◆对照式审核：主要是满足金融、证券等一些特殊行业的需要，通过对凭证的二次录入，达到系统自动审核凭证的目的。通过此项功能可满足对金额有特别控制的企业或单位的要求，确保经济业务处理不会发生输入错误。

常见问题解析

◆ 不能进行审核凭证操作。常见原因是操作人员无权限。在授权时因不选账套而导致授权错误，或总账参数设置了凭证审核控制到操作员，却没有进行数据权限分配。建议操作：进入系统管理中重新授权，或在企业应用平台的系统服务中选择【权限】菜单下的【数据权限分配】进行授权。

【任务四】 查询凭证

一、任务描述

北京阳光信息技术有限公司1月份的经济业务已经由相关人员签字、审核完毕，若想要查看已经签字、审核的凭证，可以通过"查询凭证"功能来完成。

二、入职知识准备

总账系统的填制凭证功能不仅是各账套数据的输入口，同时也提供了强大的信息查询功能。通过"查询凭证"功能，可以查询符合条件的凭证信息；也可通过"查看"菜单查看当前科目最新余额和外部系统制单信息、联查明细账等。

三、任务内容

以账套主管陈明（001）的身份查询北京阳光信息技术有限公司2015年1月的记账凭证。

四、任务执行

1.选择【凭证】|【查询凭证】，打开"凭证查询"对话框，如图3-53所示。

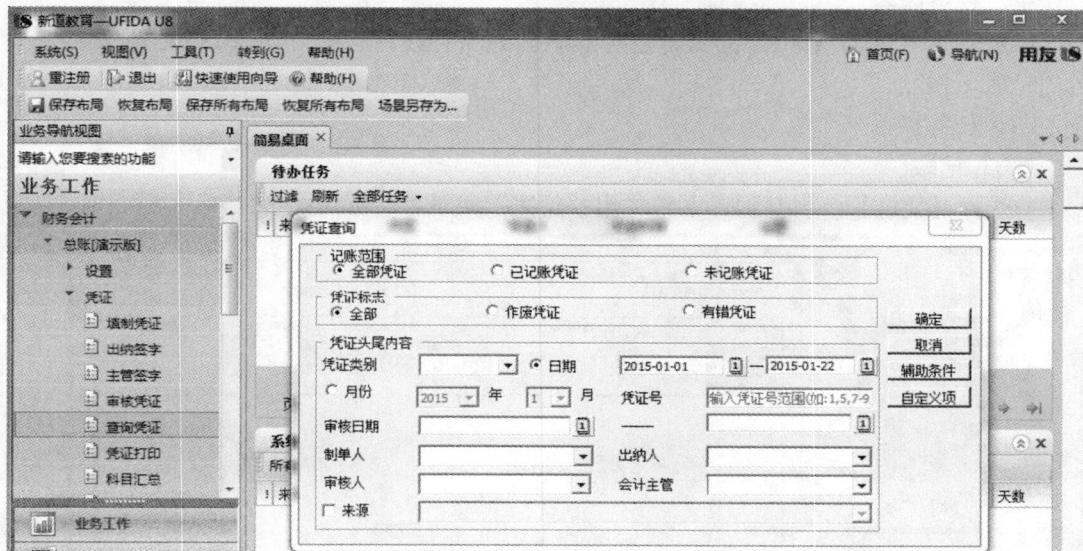

图3-53 打开凭证查询

2.输入查询条件，单击【辅助条件】，可输入更多查询条件。

3.单击【确定】，系统弹出"查询凭证列表"对话框，如图3-54所示。

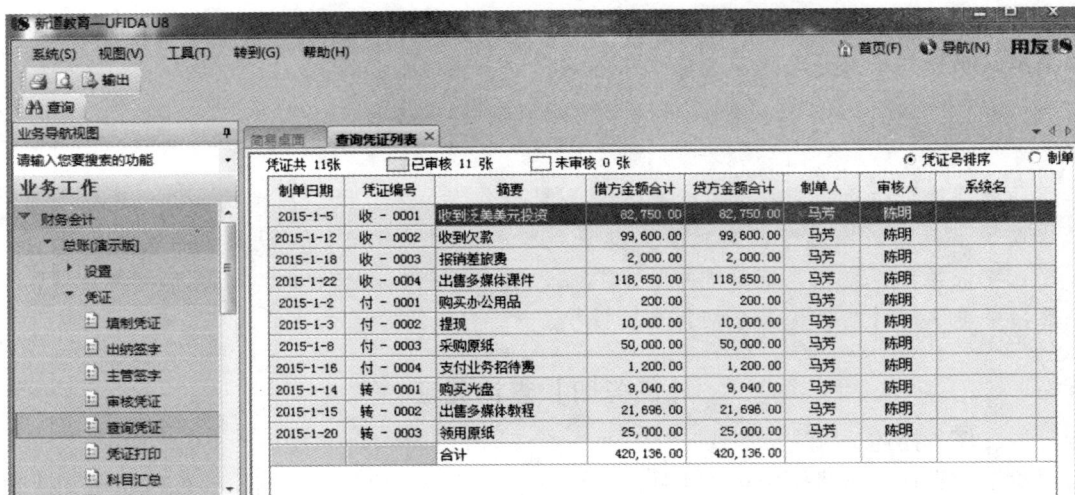

图 3-54　查询凭证列表

4.双击任意凭证行，则屏幕可显示出该张凭证。

【任务五】记账处理

一、任务描述

北京阳光信息技术有限公司的出纳王晶、账套主管陈明对 1 月的经济业务已经签字完毕，按照业务流程，可以进行记账的工作。

二、入职知识准备

记账也称为登账，是将所做的记账凭证记录到具体的相关账簿中的过程。记账一般采用向导方式，使记账过程更加明确，记账工作由计算机自动进行数据处理，不用人工干预。

三、任务内容

以账套主管陈明（001）的身份进行北京阳光信息技术有限公司 2015 年 1 月份经济业务的记账工作。

四、任务执行

（一）记账

1.选择【凭证】|【记账】，系统弹出"记账"对话框，如图 3-55 所示。

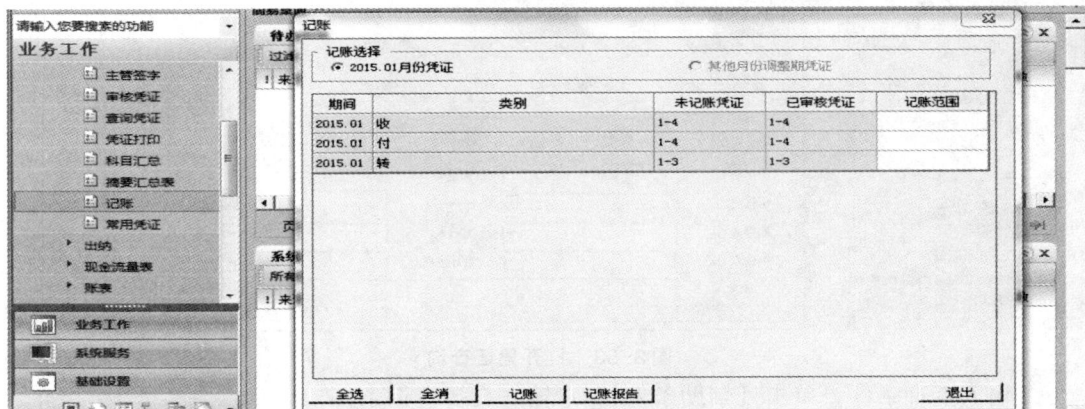

图 3-55　打开记账

2.系统弹出"选择本次记账范围",在"记账范围"栏中输入所需记账的凭证范围(只有经过审核的凭证才能进行记账),范围之间用符号"—"或","分隔;如果想对全部凭证记账的话,可选择【全选】。

3.单击【下一步】,系统弹出"记账报告"对话框。单击【打印】,可将记账报告打印出来。

4.单击【下一步】,系统弹出"记账"对话框。单击【记账】,系统开始记录有关的总账和明细账、辅助账。顺利完成后,系统出现"记账完毕!"提示,然后单击【确定】退出记账工作,如图3-56所示。

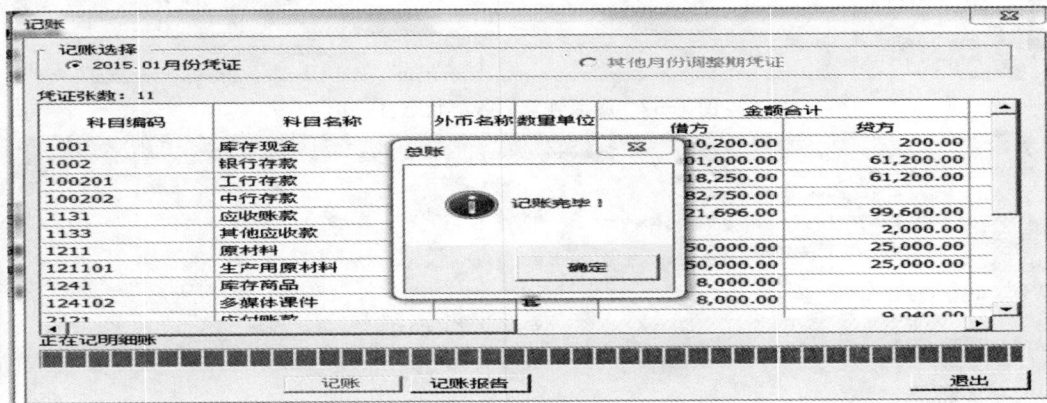

图3-56　记账完毕

财务专家温馨提示

◆首次记账时,若期初余额试算不平衡,不能记账。

◆上月未记账,本月不能记账。

◆未审核凭证不能记账,记账范围应小于等于已审核范围。

◆作废凭证不需审核可直接记账。

◆一旦因断电或其他原因造成记账过程中断,系统将自动调用"恢复记账前状态"功能恢复数据,然后再重新记账。

常见问题解析

◆无可记账凭证。常见原因有三:一是上月未结账,二是结账未审核,三是凭证都已记账。建议操作:查看上月是否已经结账,再查看凭证是否审核,最后查询所有未记账凭证,找出原因有针对性地修改。

(二)反记账

1.在总账初始对话框,选择【期末】|【对账】,打开"对账"对话框,在此按【Ctrl +H】键,系统出现"恢复记账前状态功能已被激活。"的提示信息,如图3-57所示。此时在"凭证"菜单下同时出现了一个新的菜单"恢复记账前状态"菜单项,如图3-58所示(在对账对话框中,如果再按【Ctrl +H】键,或者退出用友系统后再重新进入系统,将重新隐藏"恢复记账前状态"功能。

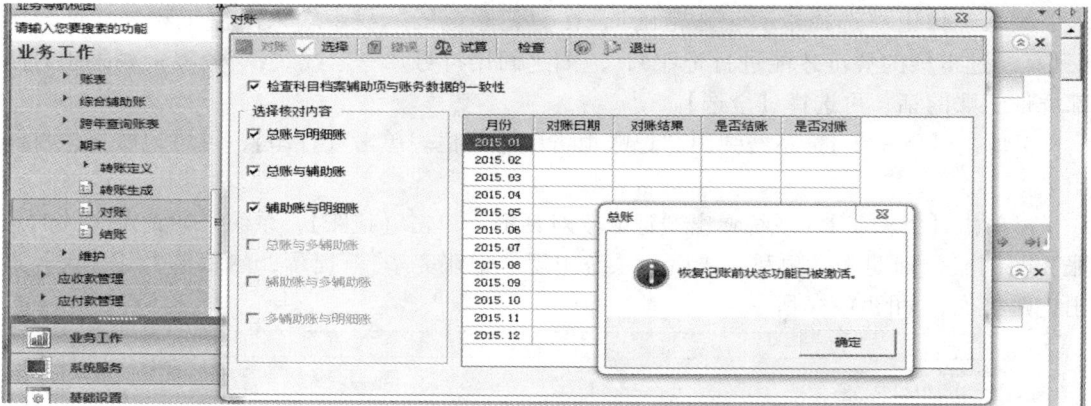

图 3-57　激活恢复记账前状态（一）

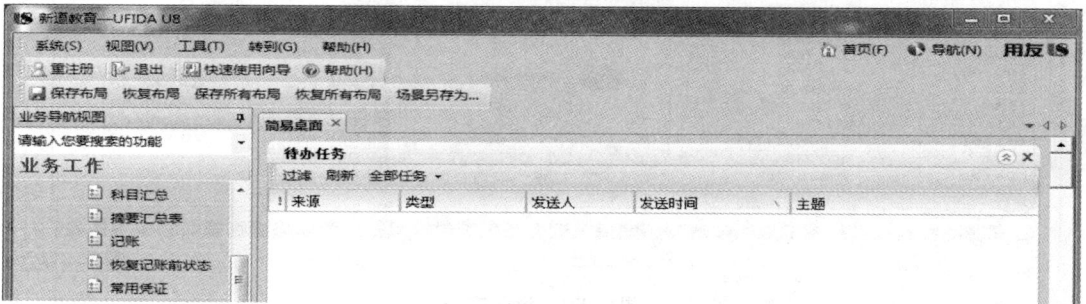

图 3-58　激活恢复记账前状态（二）

2.选择【凭证】|【恢复记账前状态】，系统弹出"恢复记账前状态"对话框，如图 3-59所示。

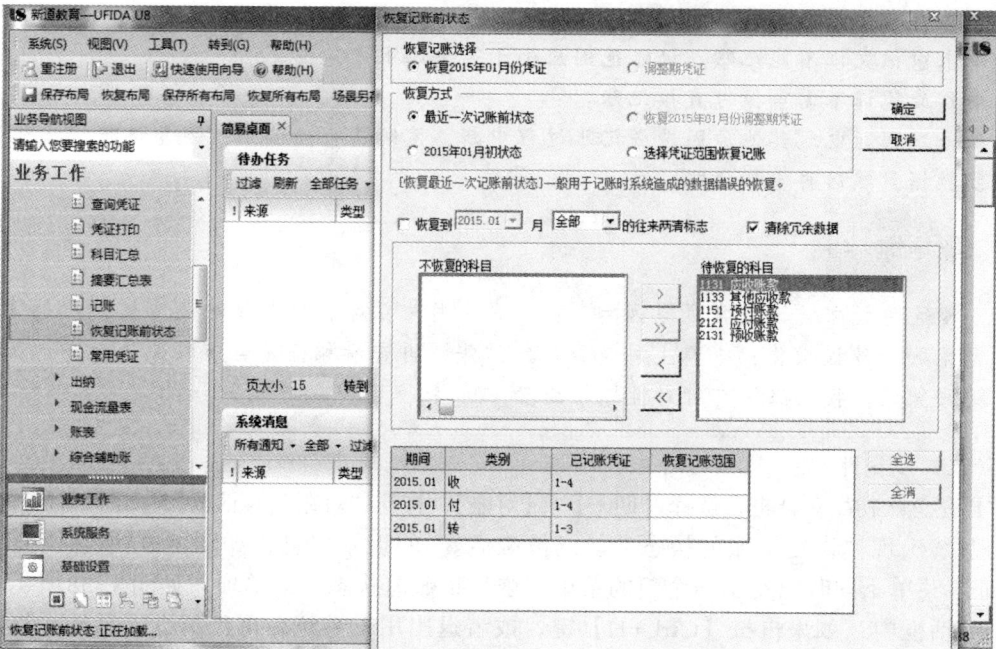

图 3-59　打开恢复记账前状态

3.选择所需要的恢复方式，单击【确定】，系统弹出"请输入口令"信息提示对话框，输入口令1（此处口令为账套主管的密码，若在增加操作员时没有设置密码的话，此处为空）单击【确定】，系统弹出"恢复记账完毕！"提示，单击【确定】，再单击【退出】，如图3-60和图3-61所示。

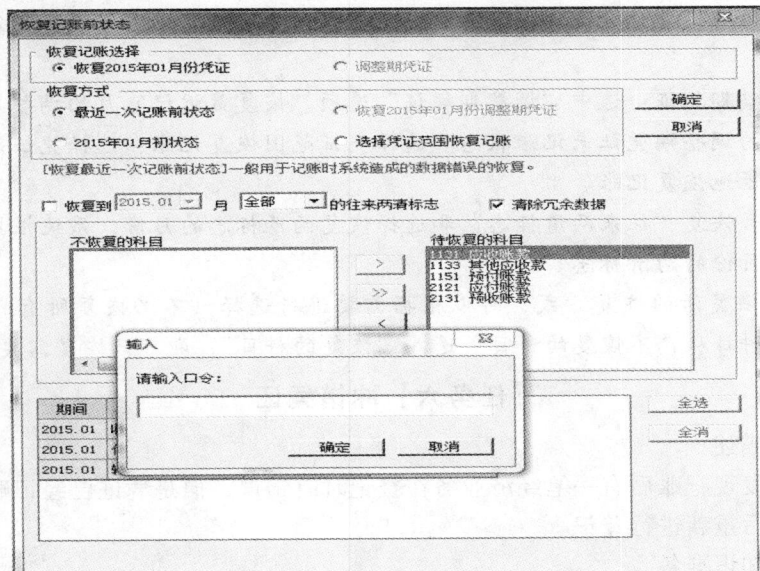

图3-60　选择恢复记账方式

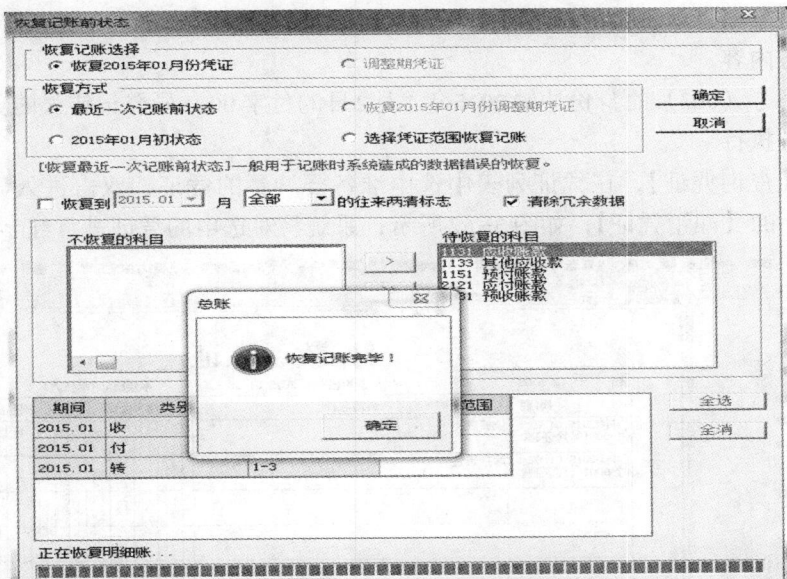

图3-61　恢复记账

财务专家温馨提示

◆已结账月份的数据不能取消记账。

◆取消记账后，一定要重新记账。

◆最近记账月的恢复：例如最后记账月为1月份，恢复记账选择"恢复2015年1月份凭证"选项。最近一次记账前状态：这种方式一般用于记账时系统造成的数据错误的恢复。最近记账月的月初状态：恢复到最近记账月的月初未记账时的状态，例如最后记账月为2015年6月，则系统提示可恢复到2015年6月月初状态。选择凭证范围恢复记账：这种方式是有选择性地恢复部分凭证。可在凭证列表中点击【恢复记账范围】确定恢复记账的范围。

◆恢复调整期凭证：选中"调整期凭证"选项。恢复最近记账月的调整期凭证：恢复到最近记账月的调整期凭证未记账状态。选择凭证范围恢复记账：选择凭证范围，对调整期凭证有选择性地恢复记账。

◆选择是否恢复"往来两清标志"和选择恢复两清标志的月份，系统根据选择在恢复时，清除恢复月份的两清标志。

◆系统提供灵活的恢复方式，可以根据需要进行选择（不必恢复所有的会计科目），将需要恢复的科目从"不恢复的科目"选入"恢复的科目"，即可只恢复需要恢复的科目。

【任务六】冲销凭证

一、任务描述

会计马芳发现记账后有一笔经济业务在登记时有错误，但是凭证已经记账，只能将此凭证冲销，然后重新进行登记。

二、入职知识准备

对于已记账的凭证，发现有错误时可以制作一张红字冲销凭证，用于冲减之前错误凭证的金额，再重新录入正确的，进行记账。

三、任务内容

以会计马芳（003）的身份冲销2015年1月2日的付字0001号登记错误的凭证。

四、任务执行

1.选择【查询凭证】，在凭证列表中选中准备要冲销的凭证，双击进入凭证界面后，单击工具栏上的【冲销凭证】，如图3-62所示，系统将对选中的凭证进行红字冲销。

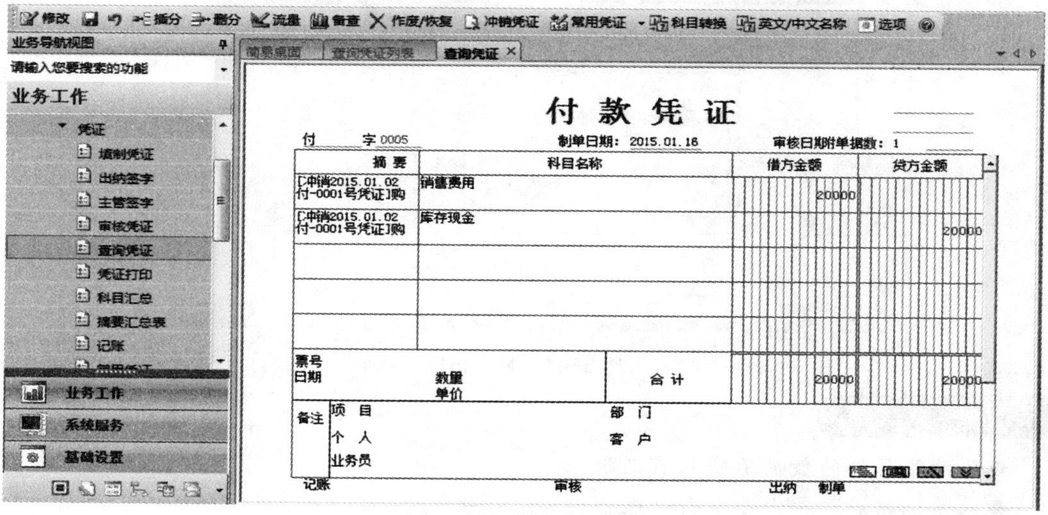

图3-62 填制冲销凭证

2.系统提示已录入冲销凭证，选择【月份】|【凭证类别】；输入"凭证号"等信息。单击【保存】，完成凭证冲销工作。系统自动生成一张红字冲销凭证，如图3-63所示。

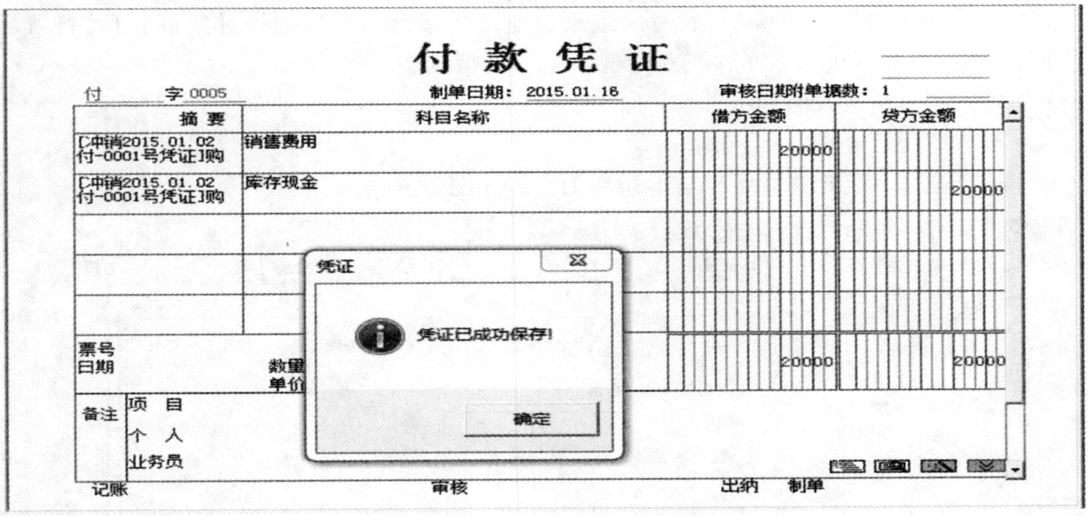

图3-63　保存冲销凭证

财务专家温馨提示

◆冲销之后，需要作一张正确的凭证来进行补充。

◆通过红字冲销法增加的凭证，应视同正常凭证进行保存和管理。

◆红字冲销只能针对已记账凭证进行。

◆冲销凭证前必须先指定要冲销的凭证。

◆冲销生成的凭证，在系统中显示为红色字体，只有在打印凭证时才会以负数显示。

常见问题解析

◆上月凭证错误。建议操作：在【填制凭证】界面，单击【冲销凭证】，在【月份】中选择上一个月的月份和凭证号进行冲销凭证操作。

【任务七】科目汇总与打印

一、任务描述

北京阳光信息技术有限公司1月份的经济业务已经全部登记入账，按照会计资料保管的规定，需要将1月份的科目汇总表查询后打印出来，并存档保管。

二、入职知识准备

凭证汇总是按条件对记账凭证进行汇总并生成一张凭证汇总表。进行汇总的凭证可以是已记账凭证，也可以是未记账凭证。通过凭证汇总功能，财务人员可在凭证未全部记账前随时查看企业目前的经营状况及其他财务信息。

三、任务内容

以账套主管陈明（001）的身份进行北京阳光信息技术有限公司科目汇总等工作的相关处理。

四、任务执行

（一）科目汇总

1.以账套主管陈明（001）的身份进入企业应用平台，然后选择【凭证】|【科目汇总】，系统弹出"凭证查找条件"对话框。

2.输入"月份"：2015.01

3.输入"凭证类别"：全部。

4.选择范围：已记账凭证。其他条件为空，如图3-64所示。

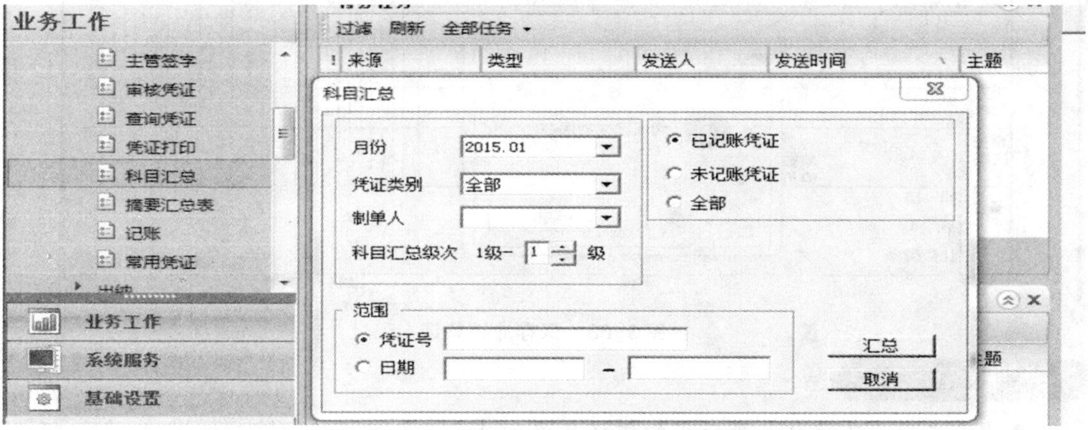

图3-64　打开科目汇总过滤

5.单击【汇总】，显示所有已记账凭证的汇总表，如图3-65所示。

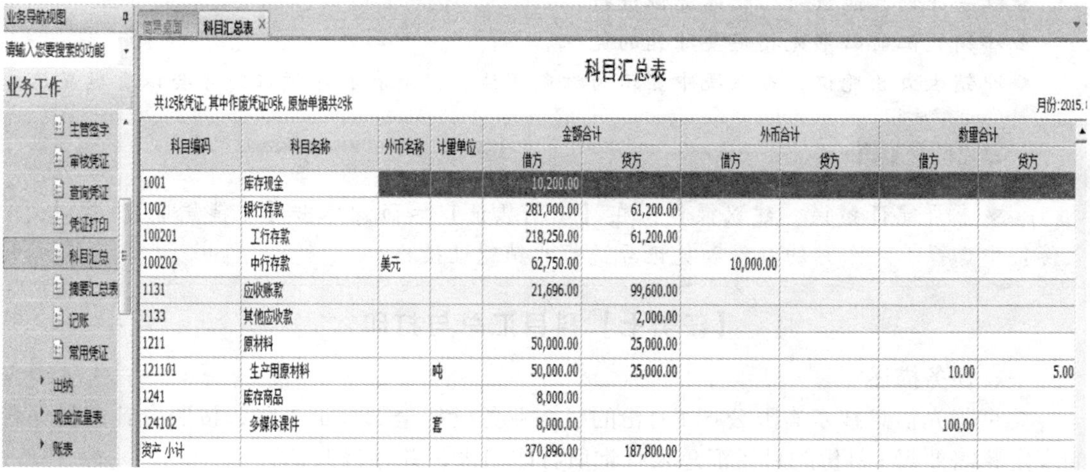

科目汇总表

共12张凭证，其中作废凭证0张，原始单据共23张　　　　　　　　　　　　　　　　月份：2015.0

科目编码	科目名称	外币名称	计量单位	金额合计		外币合计		数量合计	
				借方	贷方	借方	贷方	借方	贷方
1001	库存现金			10,200.00					
1002	银行存款			281,000.00	61,200.00				
100201	工行存款			218,250.00	61,200.00				
100202	中行存款	美元		62,750.00		10,000.00			
1131	应收账款			21,696.00	99,600.00				
1133	其他应收款				2,000.00				
1211	原材料			50,000.00	25,000.00				
121101	生产用原材料		吨	50,000.00	25,000.00			10.00	5.00
1241	库存商品			8,000.00					
124102	多媒体课件		套	8,000.00				100.00	
资产 小计				370,896.00	187,800.00				

图3-65　查看科目汇总表

在科目汇总表中，系统提供快速定位功能和查询光标所在行专项明细账功能，如果要查询其他条件的科目汇总表，可再调用查询功能。

（二）凭证打印

打印凭证可以通过两种方法进行。

1.在"填制凭证"对话框中，直接单击【打印】，可以打印当前凭证。

2.单击【凭证】|【打印凭证】，弹出"凭证打印"对话框。在"凭证打印"对话框

中，根据用户的凭证打印要求进行相应设置，然后单击【打印】开始打印。

学习情境三　　　　　　　　出纳管理

出纳管理是总账系统为出纳人员提供的一套管理工具，包括出纳签字，库存现金和银行存款日记账的输出，支票登记簿的管理以及银行对账功能，并可对银行长期未达账项提供审计报告。

北京阳光信息技术有限公司1月份的经济业务已经全部登记完毕，在月末结账处理前，要和银行进行对账，并将银行提供的对账单录入到系统中，与本公司的银行存款账目进行对账与核销。由于财务部已经指定了王晶为出纳，所以此情境中的工作需要由王晶来完成。本学习情境结构图如图3-66所示。

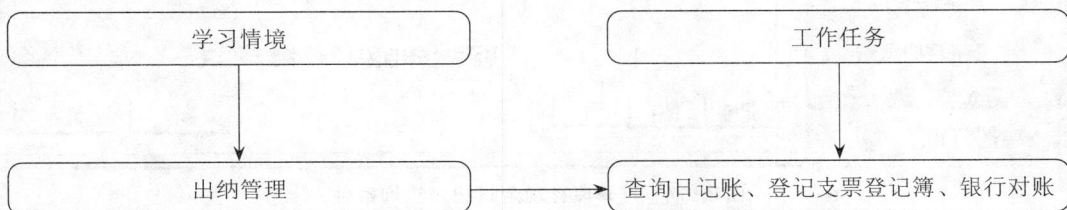

图3-66　出纳管理学习情境结构

【任务一】查询日记账

一、任务描述

北京阳光信息技术有限公司的出纳王晶对2015年1月份的库存现金、银行存款账户的账目进行查询与校对。

二、入职知识准备

日记账是指库存现金和银行存款日记账。日记账由计算机登记，日记账的作用只是用于输出。只要建立会计科目时在【日记账】选项打上【√】，即表明该科目要登记日记账。

欲查询库存现金、银行存款日记账等账簿，须选择【设置】|【会计科目】|【指定科目】，预先指定库存现金、银行存款以及现金流量科目。

银行存款日记账的查询与库存现金日记账的查询基本相同，所不同的只是银行存款日记账设置有"结算号"栏，它主要是对账用的。

资金日报表是反映库存现金、银行存款日发生额及余额情况的报表，手工方式下，资金日报表由出纳人员逐日填写，反映当天营业终止时库存现金、银行存款的收支情况及余额。电算化方式下，资金日报表功能主要用于查询、输出或打印资金日报表，提供当日借、贷金额合计和余额，以及发生的业务量等信息。

三、任务内容

以出纳王晶（002）的身份进行北京阳光信息技术有限公司日记账的查询工作。

四、任务执行

（一）库存现金日记账

1.选择【出纳】菜单下的【库存现金日记账】，系统弹出"库存现金日记账查询条件"对话框，如图3-67所示。

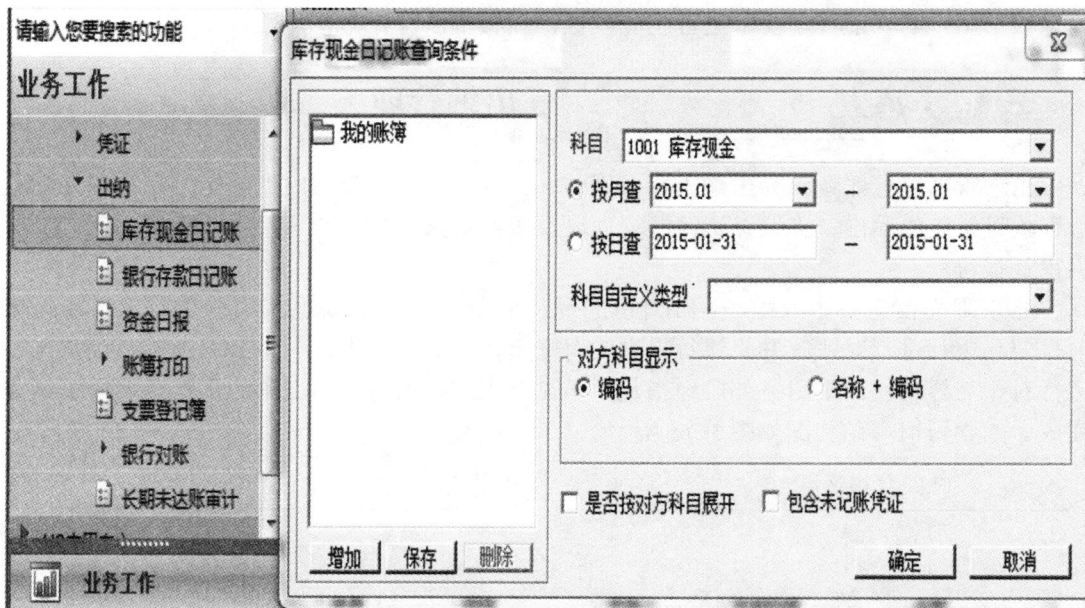

图 3-67　打开库存现金日记账查询条件

2.选择科目【1001库存现金】，默认月份"2015.01"，单击【确定】，系统弹出"库存现金日记账"界面，如图3-68所示。

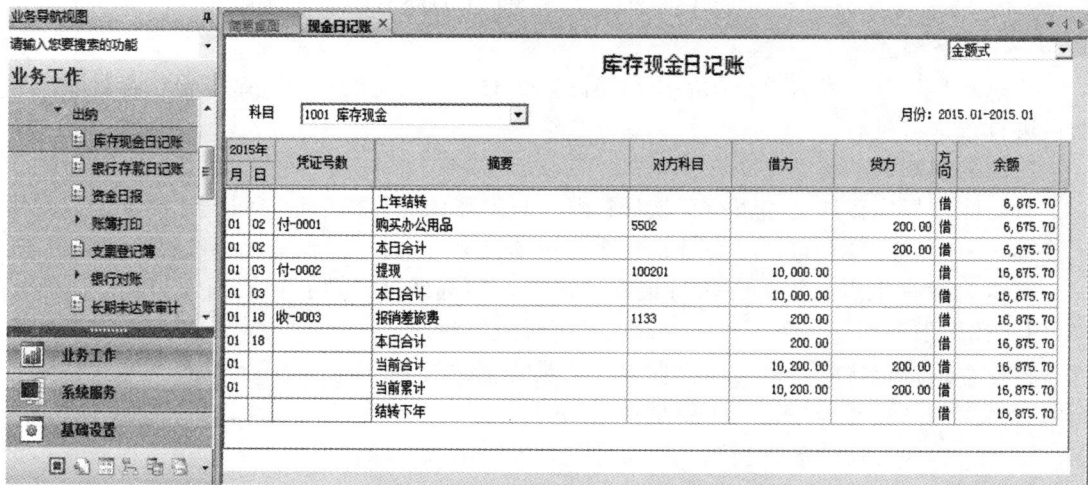

图 3-68　查看库存现金日记账

3.双击具体的记录或将光标置于某行再单击【凭证】，就可出现该记录的来源凭证。

4.单击【总账】，可查看此科目的三栏式总账，单击【退出】。

财务专家温馨提示

◆在科目下拉列表框中对科目的选择，只限于在科目设置时将其设置为指定库存现金科目。勾选"包含未记账凭证"，则查询出来的结果包含了所有符合条件而未记账的库存现金凭证的记录。

◆如果在选项中设置了"明细账查询权限控制到科目"，那么账套主管应赋予出纳王晶"库存现金"和"银行存款"科目的查询权限。

（二）银行存款日记账

1.选择【出纳】菜单下的【银行存款日记账】，系统弹出"银行存款日记账查询条件"对话框。

2.在此输入查询条件，然后单击【确定】，如图3-69所示，进入银行存款日记账界面，在银行存款日记账中，若双击某记录也可联查到生成该记录的记账凭证。

图3-69　查看银行存款日记账

财务专家温馨提示

◆在科目下拉列表框中对科目的选择，只限于在科目设置时将其设置为指定银行存款科目。

（三）资金日报

1.选择【出纳管理】菜单下的【资金日报】，系统弹出"资金日报表查询条件"对话框，如图3-70所示。

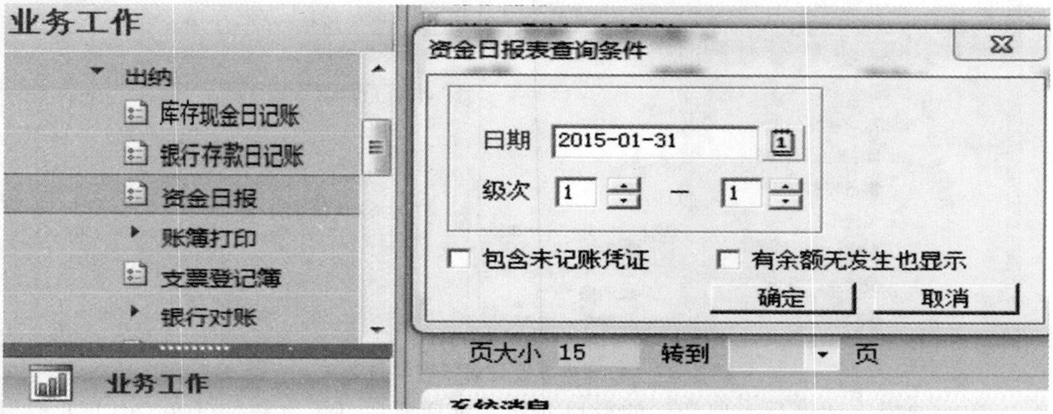

图3-70　打开资金日报查询条件

2.输入查询条件，然后单击【确定】，即可查询符合条件的记录。

财务专家温馨提示

◆ 只有在"会计科目"设置中设置了"银行账"辅助核算的科目才能使用支票登记簿。

◆ 若使用支票登记簿功能，还需在"结算方式"设置中，对需使用支票登记簿的结算方式勾选"是否票据管理"选项。

常见问题解析

◆ 资金日报表没有数据。常见原因是日期选择错误。建议操作：资金日报表只反映库存现金、银行存款查询当日的发生额及余额情况，查看有资金往来的凭证的日期，确认凭证已经出纳签字和记账，然后重新查询资金日报表。

【任务二】登记支票登记簿

一、任务描述

北京阳光信息技术有限公司的出纳王晶对2015年1月份的一笔尚未登记入账的支票在支票登记簿中进行登记。

二、入职知识准备

在手工记账时，出纳员通常利用支票领用登记簿登记支票的领用情况，为此，总账系统特为出纳员提供了"支票登记簿"功能，以供其详细登记支票领用人、领用日期、支票用途、是否报销等情况。

三、任务内容

以出纳王晶（002）的身份进行支票登记簿登记的工作。1月25日，销售部宋佳借转账支票一张，支票号155，预计金额5 000元。进行支票领用登记。

四、任务执行

1.选择【出纳管理】菜单下的【支票登记簿】，系统弹出"银行科目选择"对话框，如图3-71所示。

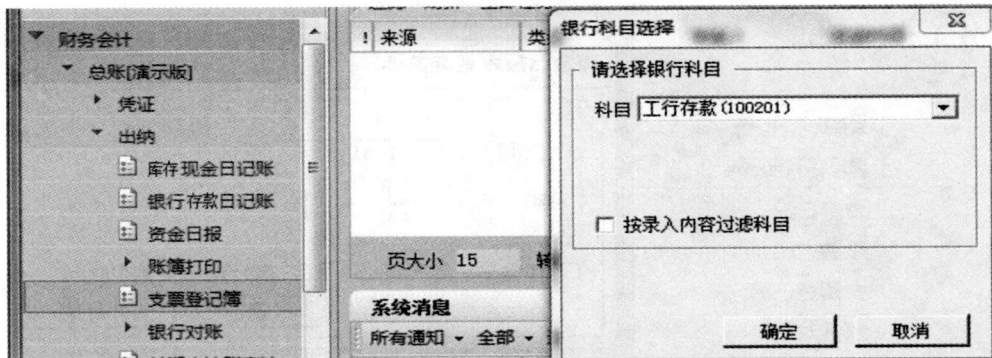

图3-71　打开支票登记簿银行科目选择

2.在此选择需要进行支票登记的科目名称，选择科目【工行存款（100201）】，然后单击【确定】，系统弹出所选科目的支票登记记录，如图3-72和图3-73所示。

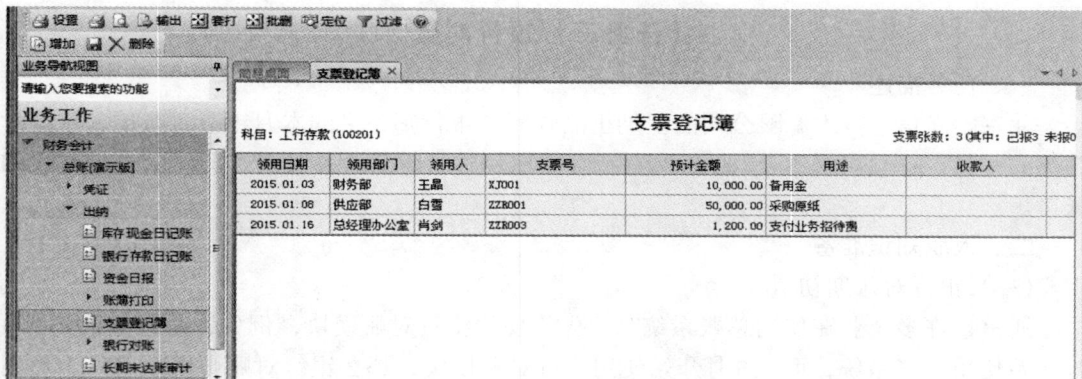

图 3-72　查看支票登记簿

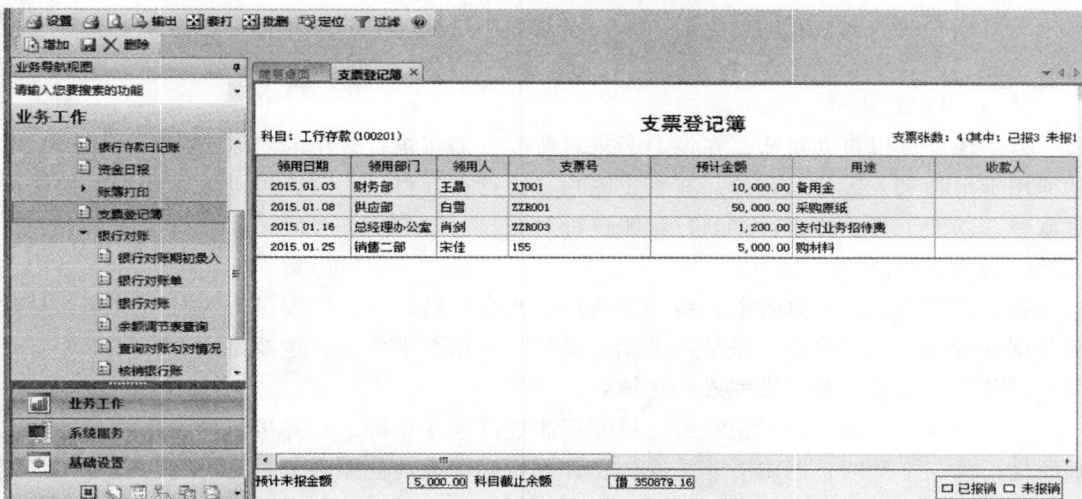

图 3-73　新增支票

财务专家温馨提示

◆只有在会计科目中设置了银行账辅助核算的科目才能使用支票登记簿。

◆只有在结算方式设置中选择票据控制,才能选择登记"银行存款"科目。

◆领用支票时,出纳须使用"支票登记簿"功能据实登记领用日期、领用部门、领用人、支票号、备注等。

◆支票支出后,经办人持原始单据(发票)报销,会计人员据此填制记账凭证,在录入该凭证时,系统要求录入该支票的结算方式和支票号,填制完成该凭证后,系统自动在支票登记簿中将支票写上报销日期,该号支票即为已报销。对报销的支票,系统用不同的颜色区分。

◆支票登记簿中的报销日期栏,一般是由系统自动填写的,但对于有些已报销而由于人为原因而造成系统未能自动填写报销日期的支票,可进行手工填写。

◆已报销的支票不能进行修改。但可以取消报销标志,再行修改。

◆在实际应用中,如果要求领用人亲笔签字等,最好不使用支票登记簿,这会增加输入的工作量。

【任务三】 银行对账

一、任务描述

北京阳光信息技术有限公司的出纳王晶收到了银行邮寄来的本月银行对账单，依据对账单的信息，王晶将对本公司1月的银行存款账目进行比对，并核销、勾对已经校对后的账目。

二、入职知识准备

（一）银行对账期初

通常，许多企业在使用总账系统时，先不使用银行对账模块，例如，某企业2015年1月开始使用总账系统，而在5月开始使用银行对账模块，那么银行对账则应该有一个启用日期（启用日期应为使用银行对账模块前最后一次手工对账的截止日期），并在此录入最后一次对账企业与银行方的调整前余额，以及启用日期之前的企业银行存款日记账和银行对账单的未达账项。

（二）银行对账单

要实现计算机自动对账，在每月月末对账前，需将银行开出的对账单输入计算机。本功能用于平时录入银行对账单。在指定账户（银行存款科目）后，可录入本账户下的银行对账单，以便于与企业银行存款日记账进行对账。

（三）银行对账

在会计期末，除了对收入、费用类账户余额进行结转外，还要进行对账。对账是对账簿数据进行核对，以检查记账是否正确，以及账簿是否平衡。它主要是通过核对总账与明细账、总账与辅助账数据来完成账账核对。

一般说来，实行计算机记账后，只要记账凭证录入正确，计算机自动记账后各种账簿都应是正确、平衡的，但由于非法操作、计算机病毒或其他原因，有时可能会造成某些数据被破坏，因而引起账账不符，为了保证账证相符、账账相符，应经常使用本功能进行对账，至少一个月一次，一般可在月末结账前进行。

银行对账通常采用自动对账与手工对账相结合的方式。

自动对账即由计算机根据对账依据将银行存款日记账未达账项与银行对账单进行自动核对、勾销。对账依据通常是"结算方式+结算号+方向+金额"或"方向+金额"。对于已核对上的银行业务，系统将自动在银行存款日记账和银行对账单双方写上两清标志，并视为已达账项，否则，视其为未达账项。由于自动对账是以银行存款日记账和银行对账单双方对账依据完全相同为条件，所以为了保证自动对账的正确和彻底，必须保证对账数据的规范合理。

手工对账是对自动对账的补充。采用自动对账后，可能还有一些特殊的已达账项没有对出来，而被视为未达账项，为了保证对账更彻底、正确，可通过手工对账进行调整勾销。

下面4种情况中，只有第一种情况能自动核销已对账的记录，后3种情况均需通过手工对账来强制核销。

● 对账单文件中一条记录和银行存款日记账未达账项文件中一条记录完全相同。

● 对账单文件中一条记录和银行存款日记账未达账项文件中多条记录完全相同。

● 对账单文件中多条记录和银行存款日记账未达账项文件中一条记录完全相同。

● 对账单文件中多条记录和银行存款日记账未达账项文件中多条记录完全相同。

（四）余额调节

在对银行账进行两清勾对后，计算机自动整理汇总未达账和已达账，生成"银行存款余额调节表"，以检查对账是否正确。该余额调节表为至对账截止日期的余额调节表，若无对账截止日期，则为最新的余额调节表。如果余额调节表显示账面余额不平，应查"银行初期录入"中的相关项目是否平衡，"银行对账单"录入是否正确，"银行对账"中勾对是否正确、对账是否平衡，如不正确，进行调整。

（五）对账结果查询

对账结果查询，主要用于查询企业银行存款日记账和银行对账单的对账结果。它是对余额调节表的补充，可进一步了解对账后对账单上勾对的明细情况（包括已达账项和未达账项），从而进一步查询对账结果。检查无误后，可通过核销银行账来核销已达账项。

三、任务内容

以出纳王晶（002）的身份进行银行对账的工作。

1. 北京阳光信息技术有限公司工行存款银行账的启用日期为 2015 年 1 月 1 日，工行人民币户企业银行存款日记账调整前余额为 193 829.16 元，银行对账单调整前余额为 233 829.16 元，未达账项一笔，系银行已收企业未收款 40 000 元。

2. 输入 1 月份工行开出的银行对账单（见表 3-7）。

表 3-7　　　　　　　　　　　　　**银行对账单列表**

日期	结算方式	票号	借方金额	贷方金额
2014-12-30				40 000
2015-01-03	201	XJ001		10 000
2015-01-06				60 000
2015-01-21	202	ZZR001		50 000
2015-01-29	202	ZZR002	99 600	

3. 对 1 月份的银行账进行自动对账处理。

4. 查询 1 月份的余额调节表。

四、任务执行

（一）银行对账期初录入

1. 在总账系统中，选择【出纳】|【银行对账】|【银行对账期初录入】，系统弹出"银行科目选择"对话框，如图 3-74 所示。

2. 选择科目"工行存款（100201）"，单击【确定】，系统弹出"银行对账期初"对话框，如图 3-75 所示。

3. 确定启用日期"2015.01.01"。

4. 输入单位日记账的调整前余额 193 829.16 元；输入银行对账单的调整前余额 233 829.16 元，如图 3-76 所示。

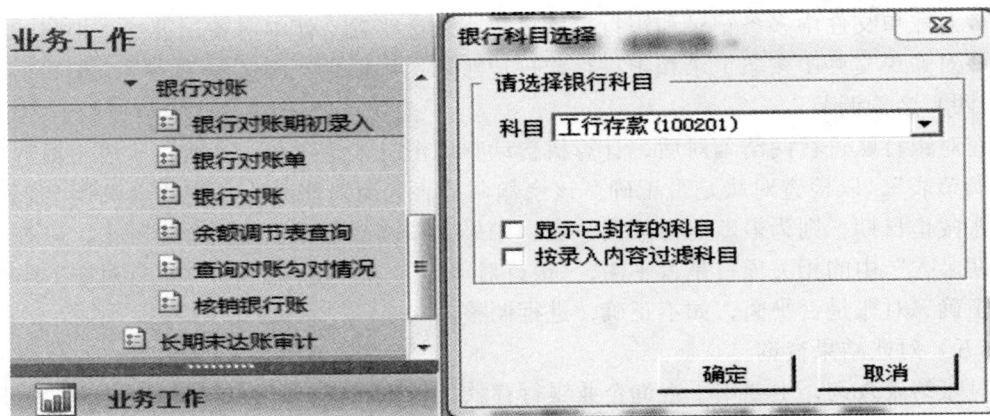

图3-74　打开银行对账期初科目选择

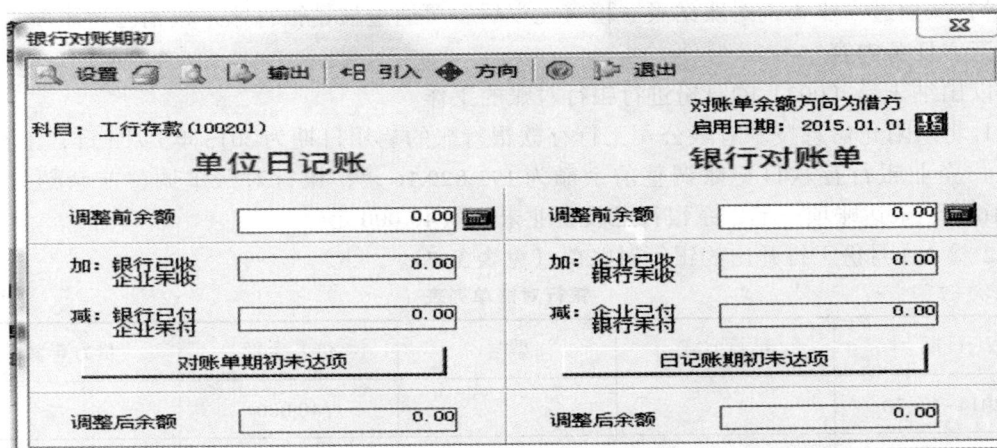

图3-75　打开银行对账期初

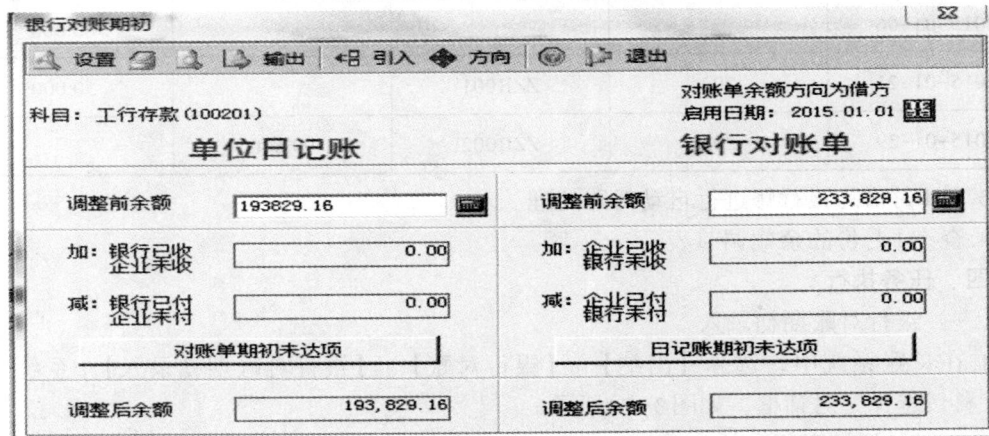

图3-76　输入银行对账期初余额

5.单击【对账单期初未达项】，系统弹出"银行方期初"对话框，如图3-77所示。

6.单击【增加】，输入日期"2014.12.31"，结算方式"202"，票号"156"，借方金额"40 000.00"，如图3-78所示。

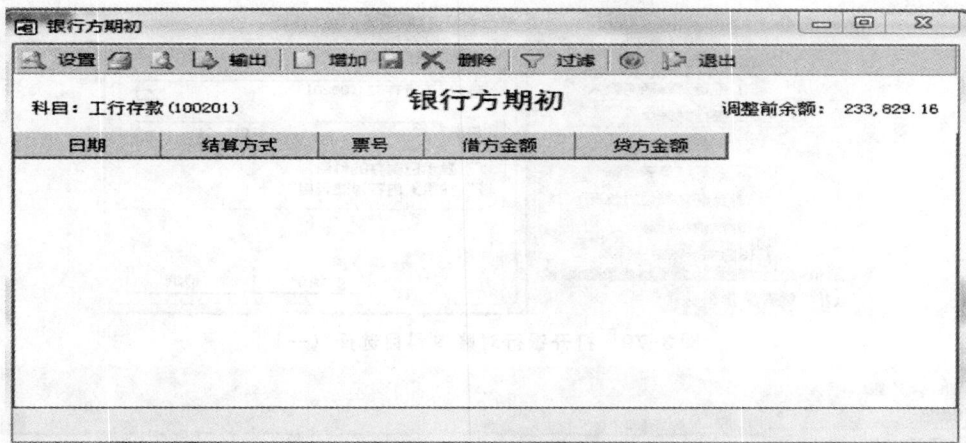

图3-77　打开银行方期初

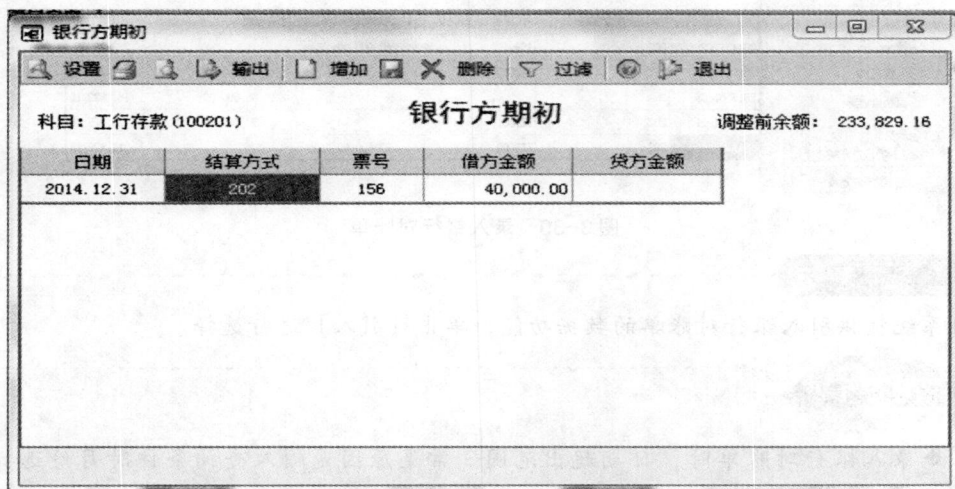

图3-78　新增银行方期初数据

7.单击【保存】，再在工具栏上单击【退出】。

财务专家温馨提示

◆第一次使用银行对账功能前，系统要求录入日记账及对账单未达账项，在开始使用银行对账之后不再使用。

◆在录入完企业银行存款日记账、银行对账单期初未达账项后，请不要随意调整启用日期，尤其是向前调，这样可能会造成启用日期后的期初数不能再参与对账。

（二）银行对账单

1.选择【出纳】|【银行对账】|【银行对账单】，系统弹出"银行科目选择"对话框，如图3-79所示。

2.选择银行对账科目，选择科目"工行存款（100201）"，月份"2015.01—2015.01"，单击【确定】，系统弹出"银行对账单"对话框。

3.在"银行对账单"对话框中，单击【增加】输入银行对账单的数据，如图3-80所示，输入完毕，单击【保存】进行保存，再单击【退出】退出"银行对账单"对话框。

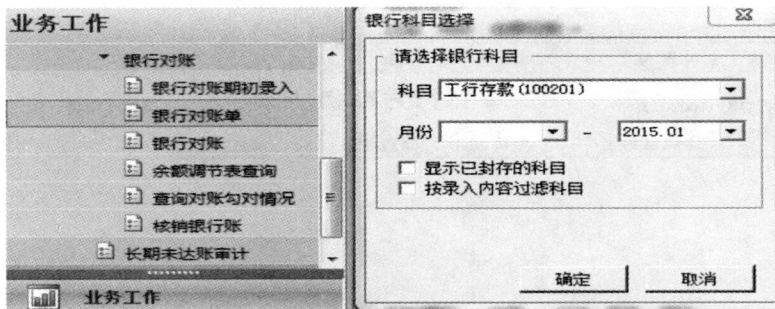

图3-79 打开银行对账单科目选择（一）

图3-80 录入银行对账单

财务专家温馨提示

◆ 系统提供引入银行对账单的数据功能，单击【引入】进行选择。

常见问题解析

◆ 录入银行对账单时，日期超出范围。常见原因是输入查询条件时月份选择错误。建议操作：按［ESC］键退出后，重新进入，选择月份时选择当前月份即可。

（三）银行对账

1.自动对账。

（1）选择【出纳】|【银行对账】|【银行对账】。打开"银行科目选择"对话框，如图3-81所示。

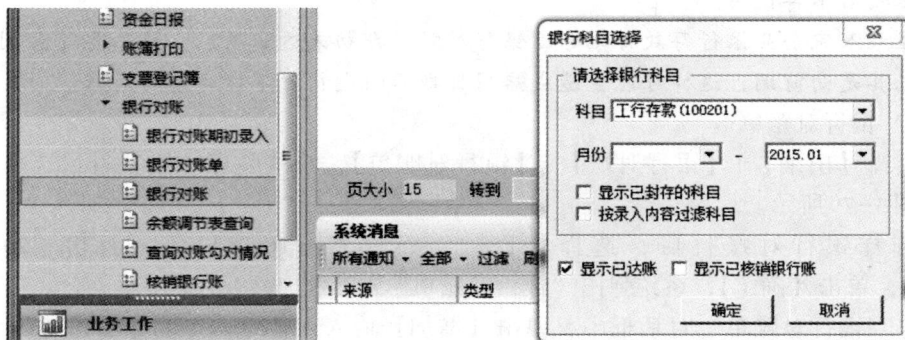

图3-81 打开银行对账科目选择（二）

（2）选择科目"工行存款（100201）"，月份"2015.01—2015.01"，单击【确定】，系统弹出"银行对账"对话框，如图3-82所示。

图3-82　打开银行对账

（3）单击【对账】，打开"自动对账"对话框，如图3-83所示。

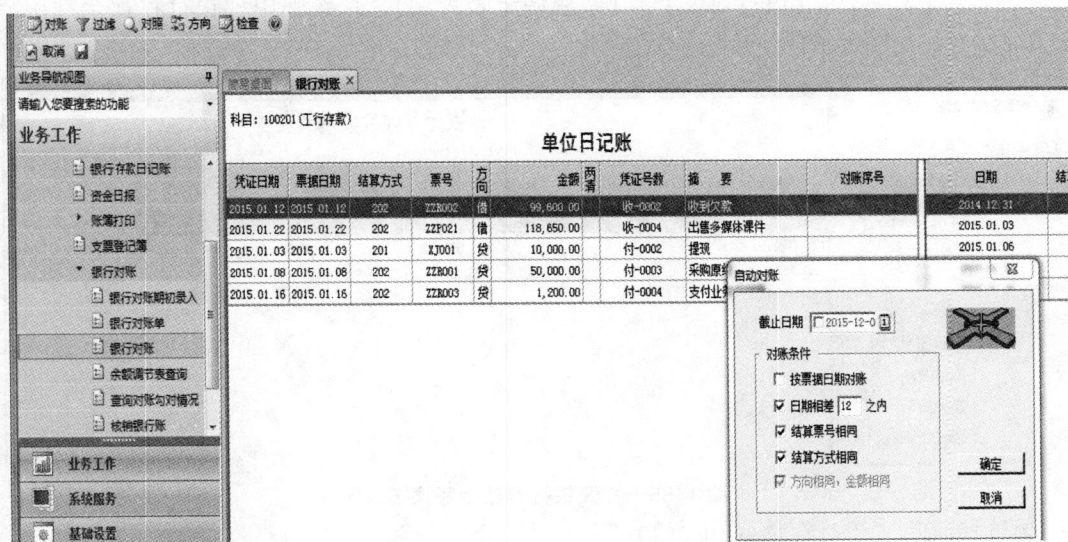

图3-83　自动对账

（4）输入截止日期"2015-01-31"，默认系统提供的其他对账标志。

（5）单击【确定】，显示自动对账结果，如图3-84所示。

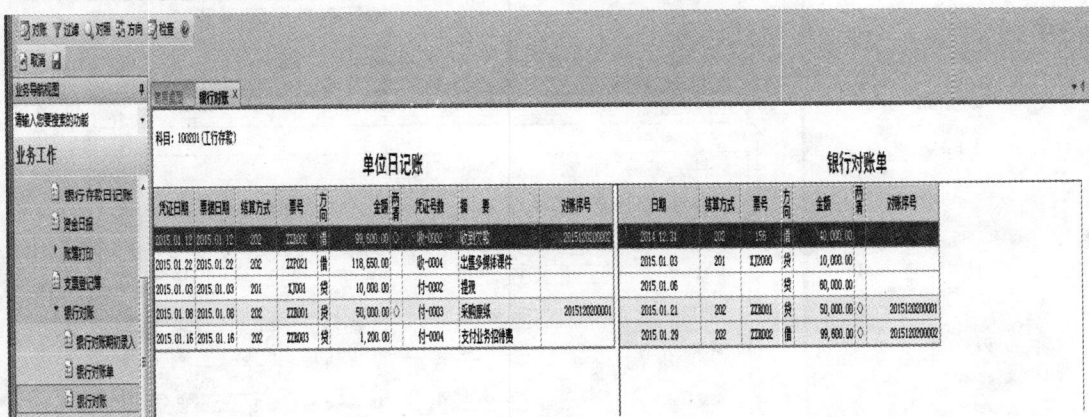

图3-84　对账结果

2.手工对账。

（1）在银行对账对话框，对于一些应勾对上而未勾对上的账项，可双击"两清"栏直接进行手工调整。手工对账的标志为Y，以区别于自动对账标志。

（2）对账完毕，单击【检查】，检查结果平衡，单击【确定】。

财务专家温馨提示

◆对账条件中的方向相同、金额相同是必选条件，对账截止日期可以不输入。

◆对于已达账项，系统自动在银行存款日记账和银行对账单双方的"两清"栏打上圆圈标志。

◆在自动对账不能完全对上的情况下，可采用手工对账。

（四）余额调节表查询

1.选择【出纳】|【银行对账】|【余额调节表查询】，系统弹出"银行存款余额调节表"对话框，如图3-85所示。

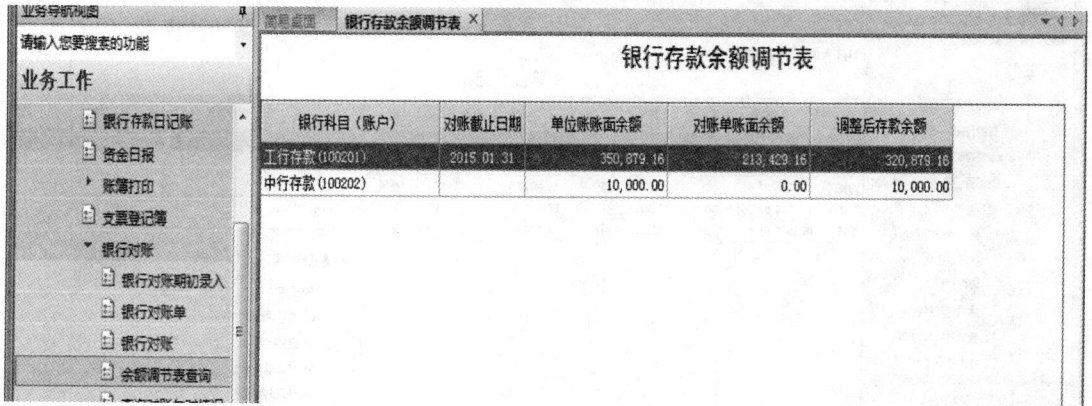

图3-85　打开银行存款余额调节表

2.选择科目"工行存款（100201）"。

3.单击【查看】或双击该行，即显示该银行账户的银行存款余额调节表，如图3-86所示。

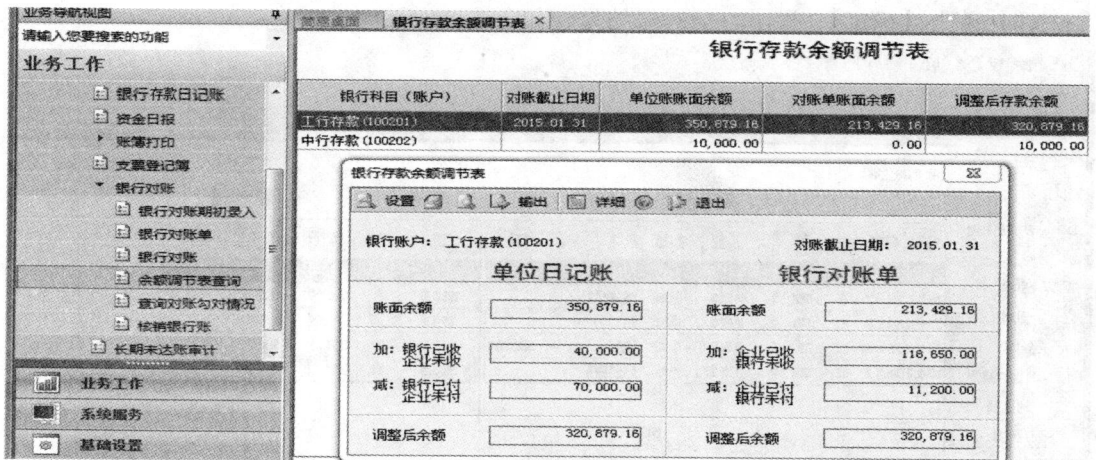

图3-86　查看银行存款余额调节表

4.单击【打印】，打印银行存款余额调节表。

（五）查询对账勾对情况

选择【出纳】|【银行对账】|【查询对账勾对情况】，系统弹出"银行科目选择"对话框，在此输入过滤条件，系统弹出"查询银行勾对情况"对话框，如图3-87所示，单击【确定】。在"查询银行勾对情况"对话框的科目栏中，选择不同的银行科目进行查询。在该对话框中，有银行对账单页和单位日记账页两页，可选择不同的页面进行查询。

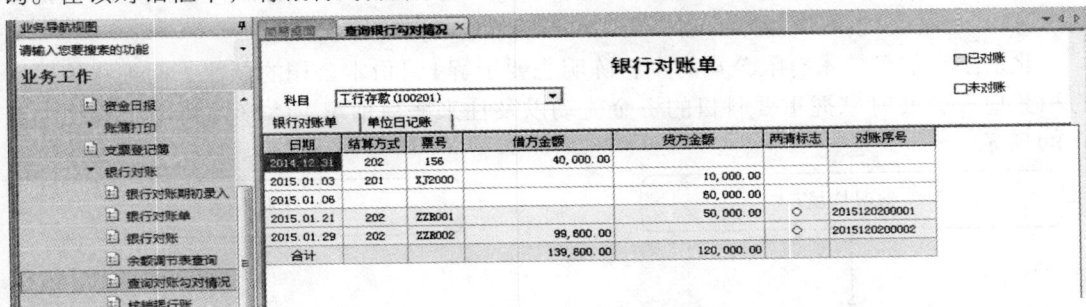

图3-87　查询银行勾对情况

（六）核销银行账

正确对账后，已达账项数据就没有必要再保留了，因此要核销银行账。选择【出纳】|【银行对账】|【核销银行账】，系统弹出"核销银行账"对话框，如图3-88所示，在此选择需要核销的银行科目，系统出现"您是否确实要进行银行账核销"提示，选择【是】，出现"核销完毕"提示，然后退出。

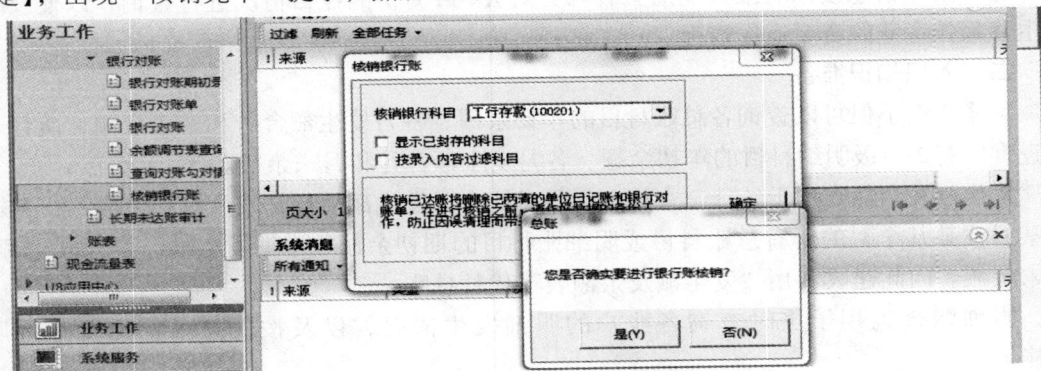

图3-88　核销银行账

财务专家温馨提示

◆银行对账不平时，不能使用核对功能，核销不影响银行存款日记账的查询和打印。核销错误可以进行反核销。

常见问题解析

◆1月份银行余额调节表平衡，但在2月份录入银行对账单时，余额不正确了。常见原因是已做了核销银行账操作。建议操作：在核销银行账中按【Alt+U】键反核销，再录入对账单就正确了。建议年底做一次核销银行账操作。

学习情境四　账表管理与查询

企业发生的经济业务，经过制单、审核、记账等程序后，就形成了正式的会计账簿，除了前面介绍的库存现金和银行存款的查询和输出外，账簿管理还包括基本会计核算账簿（总账、余额表、明细账、序时账、多栏账等）的查询输出，以及各种辅助账的查询和输出。

北京阳光信息技术有限公司的主管陈明想要了解1月份本公司的总账、明细账等账簿的相关情况，及时掌握重要科目的资金流动以及往来账目情况。本学习情境结构图如图3-89所示。

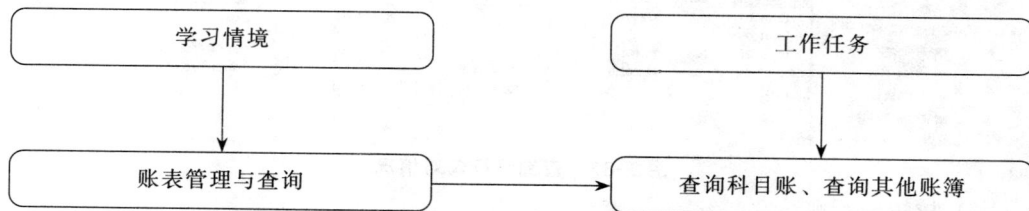

图3-89　账表管理与查询学习情境结构

【任务一】　查询科目账

一、任务描述

北京阳光信息技术有限公司的会计马芳对公司1月份的账目情况进行查询，以便及时向主管报告企业的资金运作情况。

二、入职知识准备

总账查询不但可以查询各总账科目的年初余额、各月发生额合计和月末余额，而且还可查询所有2-6级明细科目的年初余额、各月发生额合计和月末余额。

发生额及余额表用于统计、查询各级科目的本月发生额、累计发生额和余额等，可输出某月或某几个月的所有总账科目或明细账科目的期初余额、本期发生额、累计发生额、期末余额。因此建议利用"发生额及余额表"代替总账。

明细账查询用于平时查询各账户的明细发生情况，以及按任意条件组合查询明细账。

所谓序时账就是以流水账的形式反映单位的经济业务。

三、任务内容

以会计马芳（003）的身份进行北京阳光信息技术有限公司2015年1月份账表的查询工作。

四、任务执行

（一）总账

1.选择【账表】|【科目账】|【总账】，系统弹出"总账查询条件"对话框。在科目栏中输入需要查询的科目，也可单击【　　】，在系统弹出的科目浏览对话框中进行选择，在"总账查询条件"对话框中勾选【包含未记账凭证】，可以查询总账，如图3-90所示。

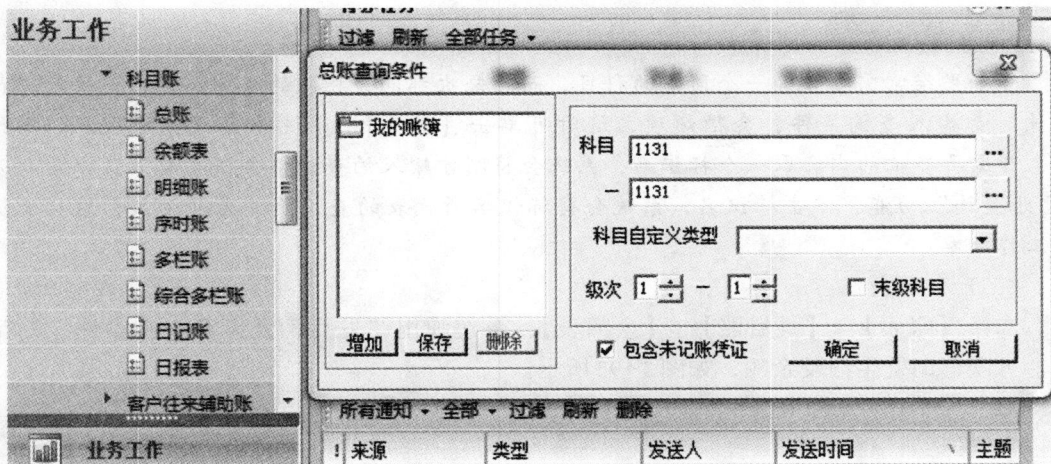

图3-90　打开总账查询条件

2.在总账查询对话框的某记录上双击，直接联查到该记录的明细账，在明细账对话框直接双击指定记录，可联查到该记录的原始凭证，从而实现3级联查，如图3-91和图3-92所示。

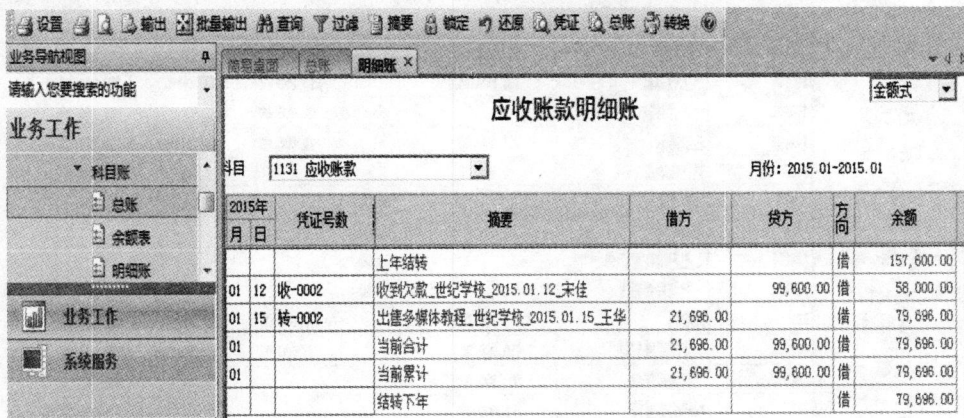

图3-91　打开应收账款明细账

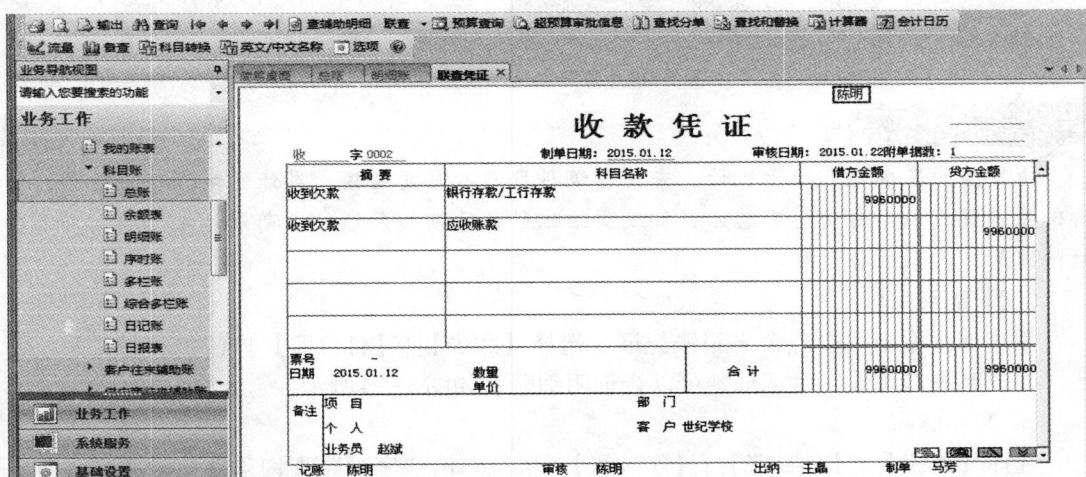

图3-92　联查凭证

财务专家温馨提示

◆如果经常需要查询一个固定的科目，而且每次都包含相同的查询条件，若每次进行查询时都输入查询条件，会很烦琐，这时可单击【保存】，系统弹出“我的账簿”对话框，给需要查询的内容取一个标识名，系统会将刚才输入的查询条件保存起来，以后打开“总账查询”功能，单击标识名，系统会将标识名所代表的查询条件自动带入，这样会提高工作效率。

（二）余额表

选择【账表】|【科目账】|【余额表】，系统弹出“发生额及余额查询条件”对话框，可以查询发生额及余额，如图3-93所示。

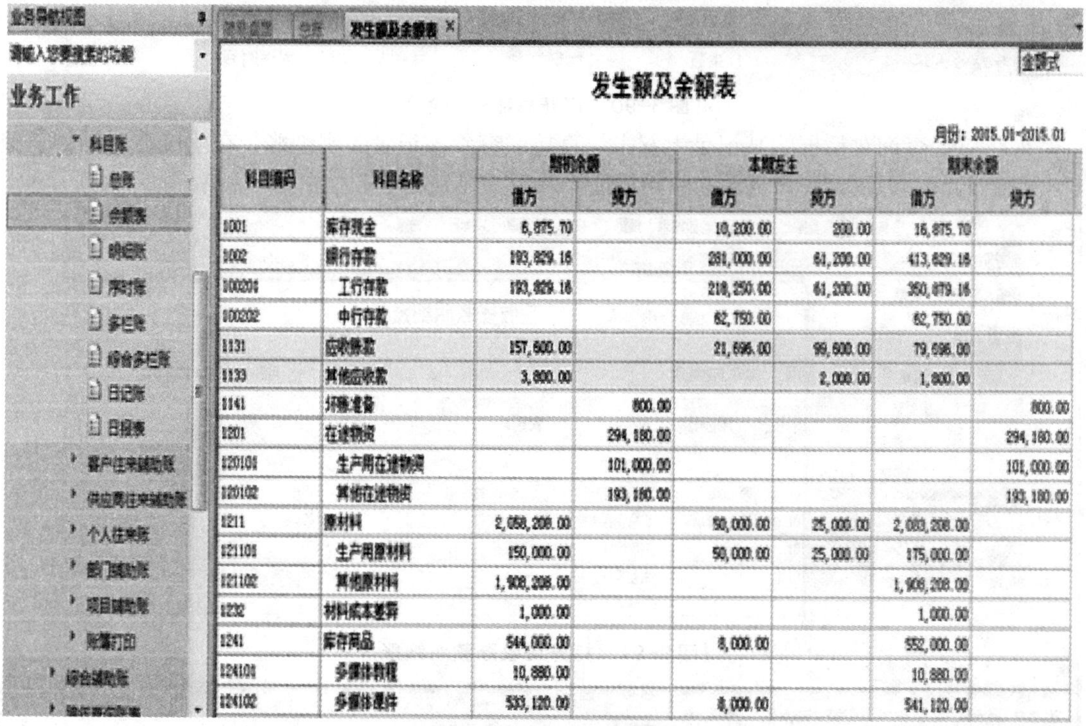

发生额及余额表

月份：2015.01-2015.01

科目编码	科目名称	期初余额		本期发生		期末余额	
		借方	贷方	借方	贷方	借方	贷方
1001	库存现金	6,875.70		10,200.00	200.00	16,875.70	
1002	银行存款	193,829.16		281,000.00	61,200.00	413,629.16	
100201	工行存款	193,829.16		218,250.00	61,200.00	350,879.16	
100202	中行存款			62,750.00		62,750.00	
1131	应收账款	157,600.00		21,696.00	99,600.00	79,696.00	
1133	其他应收款	3,800.00			2,000.00	1,800.00	
1141	坏账准备		800.00				800.00
1201	在途物资		294,180.00				294,180.00
120101	生产用在途物资		101,000.00				101,000.00
120102	其他在途物资		193,180.00				193,180.00
1211	原材料	2,058,208.00		50,000.00	25,000.00	2,083,208.00	
121101	生产用原材料	150,000.00		50,000.00	25,000.00	175,000.00	
121102	其他原材料	1,908,208.00				1,908,208.00	
1232	材料成本差异	1,000.00				1,000.00	
1241	库存商品	544,000.00		8,000.00		552,000.00	
124101	多媒体教程	10,880.00				10,880.00	
124102	多媒体课件	533,120.00		8,000.00		541,120.00	

图3-93　打开发生额及余额表

财务专家温馨提示

◆发生额及余额表用于统计、查询各级科目的本月发生额、累计发生额和余额等，可输出某月或某几个月的所有总账科目或明细账科目的期初余额、本期累计发生额、期末余额，因此可用来代替总账。

（三）明细账

在查询过程中可以包含未记账凭证。选择【账表】|【科目账】|【明细账】，系统弹出“明细账查询条件”对话框，可以查询明细账，如图3-94所示。

（四）序时账

选择【账表】|【科目账】|【序时账】，系统弹出“序时账查询条件”对话框，可以查询序时账，如图3-95所示。

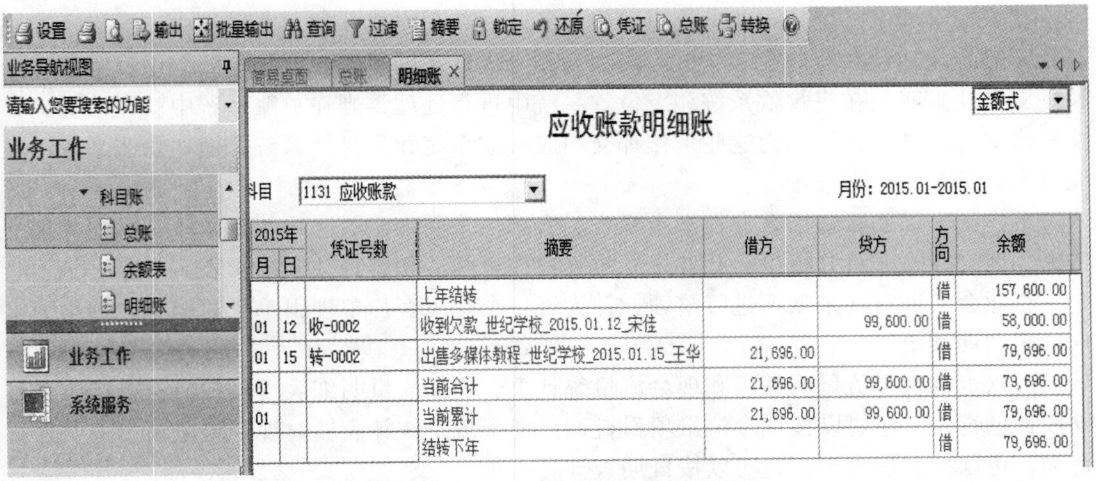

应收账款明细账

科目 1131 应收账款　　月份：2015.01-2015.01

2015年月	日	凭证号数	摘要	借方	贷方	方向	余额
			上年结转			借	157,600.00
01	12	收-0002	收到欠款_世纪学校_2015.01.12_宋佳		99,600.00	借	58,000.00
01	15	转-0002	出售多媒体教程_世纪学校_2015.01.15_王华	21,696.00		借	79,696.00
01			当前合计	21,696.00	99,600.00	借	79,696.00
01			当前累计	21,696.00	99,600.00	借	79,696.00
			结转下年			借	79,696.00

图 3-94　打开应收账款明细账

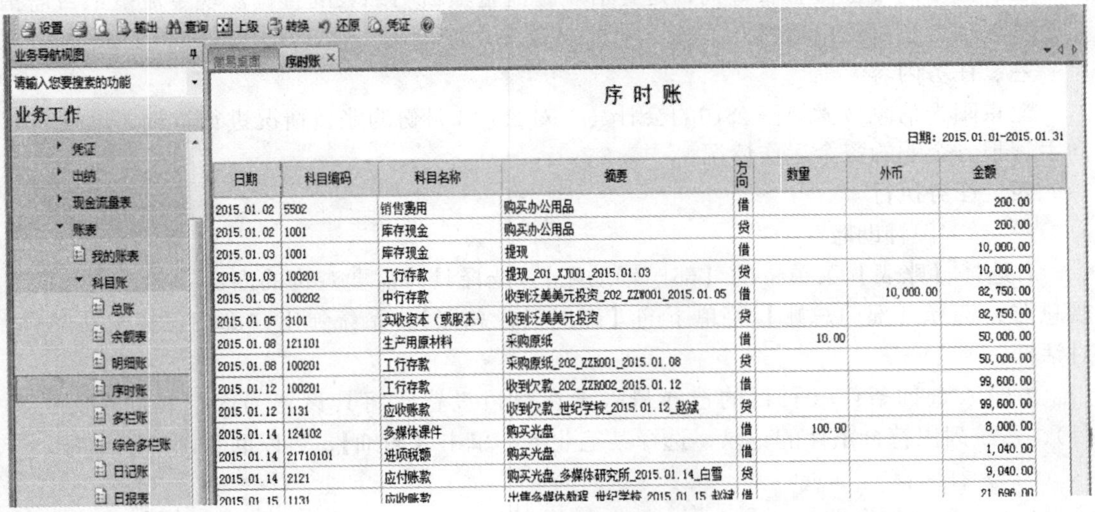

序 时 账

日期：2015.01.01-2015.01.31

日期	科目编码	科目名称	摘要	方向	数量	外币	金额
2015.01.02	5502	销售费用	购买办公用品	借			200.00
2015.01.02	1001	库存现金	购买办公用品	贷			200.00
2015.01.03	1001	库存现金	提现	借			10,000.00
2015.01.03	100201	工行存款	提现_201_XJ001_2015.01.03	贷			10,000.00
2015.01.05	100202	中行存款	收到泛美美元投资_202_ZZW001_2015.01.05	借		10,000.00	82,750.00
2015.01.05	3101	实收资本（或股本）	收到泛美美元投资	贷			82,750.00
2015.01.08	121101	生产用原材料	采购原纸	借	10.00		50,000.00
2015.01.08	100201	工行存款	采购原纸_202_ZZR001_2015.01.08	贷			50,000.00
2015.01.12	100201	工行存款	收到欠款_202_ZZR002_2015.01.12	借			99,600.00
2015.01.12	1131	应收账款	收到欠款_世纪学校_2015.01.12_赵斌	贷			99,600.00
2015.01.14	124102	多媒体课件	购买光盘	借	100.00		8,000.00
2015.01.14	21710101	进项税额	购买光盘	借			1,040.00
2015.01.14	2121	应付账款	购买光盘_多媒体研究所_2015.01.14_白雪	贷			9,040.00
2015.01.15	1131	应收账款	出售多媒体教程_世纪学校_2015.01.15_赵斌	借			21,696.00

图 3-95　打开序时账

（五）多栏账

在查询多栏账之前，必须先定义查询格式。对多栏账栏目进行定义有两种方式：自动编制栏目、手动编制栏目。一般先进行自动编制再进行手动调整，可提高录入效率。操作步骤同上。

【任务二】查询其他账簿

一、任务描述

北京阳光信息技术有限公司的主管陈明对2015年1月份的账目情况进行查询，以便及时掌握企业的资金运作情况。

二、入职知识准备

辅助核算账簿管理包括个人往来、部门核算、项目核算账簿的总账、明细账的查询输出，以及部门收支分析和项目统计表的查询输出。当供应商往来和客户往来采用总账系统核算时，其核算账簿的管理在总账系统中进行；否则，应在应收款、应付款系统中进行。

往来账管理是一个公司业务的重要组成部分，在用友软件的总账模块中，提供了往来账管理的功能，包括客户往来、供应商往来和个人往来的管理。如果在账套中设置了客户和供应商往来账是在应收款系统和应付款系统中进行处理，则在总账系统中就无法看到该往来账款的清理工作。因为这些工作都交由应收款系统和应付款系统，而在总账系统中只能看到科目总账和明细账。

客户往来辅助账包括客户往来余额表、客户往来明细账、客户往来两清、客户往来催款单、客户往来账龄分析等。此处只介绍客户往来两清和客户往来余额表。

企业会定期对往来款项进行整理，并为每一个往来客户整理出一张对账单，称之为客户往来"催款单"。

可以查询现金流量明细表和现金流量统计表。现金流量明细表可以按月份查询，也可以按日期查询，还可以按现金流量项目查询。现金流量统计表针对现金流量项目分类进行查询，可以按月份查询，也可以按日期查询。

在总账中的现金流量表查询，是针对现金流量项目明细表的查询。现金流量项目需指定是流入项目还是流出项目。

三、任务内容

北京阳光信息技术有限公司的会计马芳对公司1月份的账目情况进行查询，以便及时向主管报告企业的资金运作情况。

四、任务执行

（一）部门辅助账

1.选择【账表】菜单下的【部门辅助账】，选择具体需要查询的内容。如查询部门三栏总账，选择【部门总账】菜单下的【部门三栏总账】，系统弹出"部门三栏总账条件"对话框。

2.输入查询条件（科目的选择只限于在科目设置时将其设置为部门辅助核算的科目），系统列出符合条件的记录，选择某笔业务，单击【明细】，可以联查部门明细账。

（二）往来账

1.客户往来辅助账。

（1）客户往来两清。

选择【账表】菜单下的【客户往来辅助账】|【客户往来两清】，系统弹出"客户往来两清"对话框。

在"客户往来两清"对话框中，输入需要进行两清的科目、客户、截止月份，该对话框中的"日期""部门""项目""业务员"是两清的依据。条件录入完毕，单击【确定】，系统筛选出符合条件的记录。

单击【自动】，即可进行自动勾对，系统会提示勾对的结果。被勾对的记录的两清栏已被打上了标记，单击【取消】将两清操作取消，也可以单击【检查】进行两清平衡检查。

财务专家温馨提示

◆选择两清功能时，对录入凭证的辅助信息有严格的要求，不符合要求的系统无法识别。若使用手工勾对，在该记录的两清栏上双击鼠标，做上两清标记，手动取消两清方式，也可以双击该记录的两清栏，然后进行平衡检查，系统可以处理"一借一贷""一借多贷""多借一贷"的勾对。

（2）客户往来催款单。

选择【账表】菜单下的【客户往来辅助账】|【客户往来催账单】，弹出"客户往来催账单"对话框，输入查询条件，在此可以选择是否包含已作了两清的部分，系统筛选出符合条件的记录，选择某记录，单击【设置】，系统弹出"客户催账单设置"对话框，在函证信息中输入需要给客户的说明。

2.个人往来账。

选择【账表】菜单下的【个人往来账】，选择具体需要查询的内容，如选择【个人往来明细账】下的【个人明细账查询】，系统弹出个人明细账查询条件对话框。

财务专家温馨提示

◆ 在此输入查询条件，系统筛选出符合条件的记录（如果所选定的个人没有业务发生，系统会自动提示该个人无业务发生），在选定的记录上双击鼠标或单击工具栏上的【凭证】，可以打开该记录的相关业务凭证。

（三）项目辅助账

选择【账表】菜单下的【项目辅助账】，选择具体需要查询的内容，如选择【项目明细账】，系统弹出"项目明细账条件"对话框。输入查询条件，系统筛选列出符合条件的记录，在选定的记录上双击鼠标或单击【凭证】，系统弹出该记录的凭证。

（四）现金流量表

1.选择【账表】菜单下的【现金流量表】|【现金流量明细表】，弹出"现金流量明细表"对话框。

2.录入查询条件，系统筛选出符合条件的记录，在选定的记录上双击鼠标或单击工具栏上的【凭证】，系统弹出该记录的凭证。

学习情境五　　　期末处理

期末处理主要包括自动转账、对账、月末处理及年末处理。与日常业务相比，数量不多，但业务种类繁杂且时间紧迫。在计算机环境下，由于各会计期间的许多期末业务具有较强的规律性，且方法很少改变，如费用计提、分摊的方法等，由计算机来处理这些有规律的业务，不但可以减少会计人员的工作量，而且可以加强财务核算的规范性。

阳光信息技术有限公司2015年1月份总账经济业务已经完成，现在要对总账进行期末的相关结转以及结账的工作。本学习情境结构图如图3-96所示。

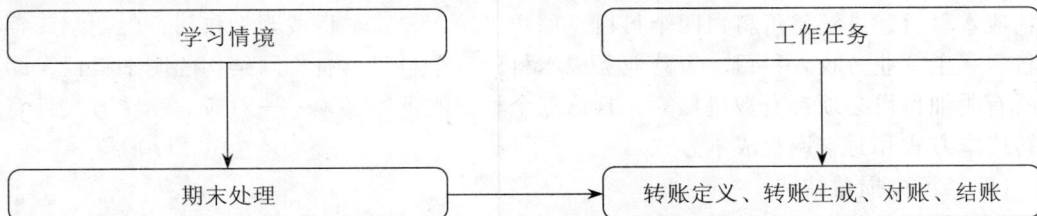

图3-96　期末处理学习情境结构

【任务一】 转账定义

一、任务描述

北京阳光信息技术有限公司的会计马芳对2015年1月份期末的相关结转类业务进行定义，以便企业日后进行相同经济业务结转时也可以使用。

二、入职知识准备

转账分为外部转账和内部转账，外部转账是指将其他系统生成的凭证转入总账系统中；内部转账是指在总账系统内部把某个或某几个会计科目中的余额或本期发生额结转到一个或多个会计科目中。总账系统中转账定义主要包括自定义转账、对应结转、全月平均法销售成本结转、商品售价（计划价）销售成本结转、汇兑损益结转、期间损益结转等。

（一）自定义结转

自定义结转主要用来完成费用分配、费用分摊、税金计算、提取各项费用、部门核算、项目核算、个人核算、客户核算和供应商核算的结转等。

在此功能可以完成的转账业务主要有：

● "费用分配"的结转，如工资分配等。

● "费用分摊"的结转，如制造费用等。

● "税金计算"的结转，如增值税等。

● "提取各项费用"的结转，如报纸杂志费等。

●各项辅助核算的结转。

如果使用应收款、应付款系统，则在总账系统中，不能按客户、供应商辅助项进行结转，只能按科目总数进行结转。

（二）对应结转

对应结转不仅可进行两个科目一对一结转，还可进行科目的一对多结转。对应结转的科目可为上级科目，但其下级科目的科目结构必须一致（相同明细科目），如有辅助核算，则两个科目的辅助账也必须一一对应，该结转功能只结转期末余额。

（三）销售成本结转

销售成本结转是将月末商品（或产成品）销售数量乘以库存商品（或产成品）的平均单价计算各类商品销售成本并进行结转。

商品售价（计划价）销售成本结转是按售价（计划价）结转销售成本或调整月末成本。选择期末转账定义中的"售价（计划价）销售成本结转"，屏幕显示销售成本设置对话框。差异额计算方法：分为售价法/计划价法。售价法：差异额=收入余额×差异率（商业企业多用此法）。计划价法：差异额=成本余额×差异率（工业企业多用此法）。凭证类别：所生成凭证的类别。计算科目：由用户指定库存商品科目、商品销售收入科目、商品销售成本科目、进销差价科目四个科目。用户可输入总账科目或明细科目，但要求库存商品科目、主营业务收入科目、主营业务成本科目三个科目具有相同结构的明细科目，即要求所有明细科目必须都有数量核算，且这三个科目的下级必须一一对应。结转方式：月末结转成本方式和月末调整成本方式。

（四）汇兑损益结转

汇兑损益结转用于期末自动计算外币账户的汇兑损益，并自动生成汇兑损益转账凭证。汇兑损益处理外币账户有外汇存款、外币现金、外币结算的各项债权及债务，但不包括所有者权益类账户、成本类账户和损益类账户。

（五）期间损益结转

期间损益结转是指在一个会计期间终了时，将损益类科目的发生额结转到本年利润科目中，从而及时反映企业的盈亏情况的结转。主要用于管理费用、销售费用、财务费用、销售收入、营业外收支等科目向本年利润的结转。

三、任务内容

以会计马芳（003）的身份登录，进行北京阳光信息技术有限公司账套总账系统的期末转账定义。

1.自定义结转。

（1）计算当月应负担的报刊费（642÷12＝53.5），部门选择总经理办公室。

借：管理费用——其他（550307）　　（取对方计算结果）JG（）

　　贷：其他应付款——其他（218101）　　642 / 12

（2）计算短期借款利息（月利率0.165％）。

借：财务费用——利息支出（550401）　　（取对方计算结果）JG（）

　　贷：其他应付款——借款利息（218102）（短期借款科目的期末贷方余额×

　　　　　　　　　　　　　　　　　　　　　0.165％）QM（2101，月）*0.00165

（3）计算应交所得税（所得税税率25％）。

借：所得税费用（5701）　　　　（取对方计算结果）JG（）

　　贷：应交税费——应交所得税（217107）（本年利润科目的当期净发生额×25%）JE

　　　　　　　　　　　　　　　　　　　　　　（3131，月）*0.25

2.销售成本结转。

借：主营业务成本——多媒体教程（540101）

　　　　　　　　——多媒体课件（540102）

　　贷：库存商品——多媒体教程（124101）

　　　　　　　　——多媒体课件（124102）

3.期间损益结转。

（1）结转支出类账户。

借：本年利润（3131）

　　贷：主营业务成本——多媒体教程（540101）

　　　　　　　　　　——多媒体课件（540102）

　　　　管理费用——办公费（550303）

　　　　　　　　——招待费（550305）

　　　　　　　　——差旅费（550304）

　　　　　　　　——其他（550307）

　　　　财务费用——利息支出（550401）

（2）结转收入类账户。

借：主营业务收入——多媒体教程（510101）

　　　　　　　　——多媒体课件（510102）

　　　　贷：本年利润（3131）

　　（3）结转所得税费用。

　　借：本年利润（3131）

　　　　贷：所得税费用（5701）

四、任务执行

（一）自定义结转

1.以第一笔摊销报刊费的自定义转账设置为例，选择【期末】|【转账定义】|【自定义转账】，屏幕显示自动转账设置对话框。

2.单击【增加】，可定义一张自定义转账凭证，屏幕弹出凭证主要信息录入对话框。

3.在图3-97所示的"转账目录"对话框输入转账序号"0001"、转账说明"摊销报刊费"、凭证类别"转 转账凭证"，单击【确定】，开始定义转账凭证分录信息。

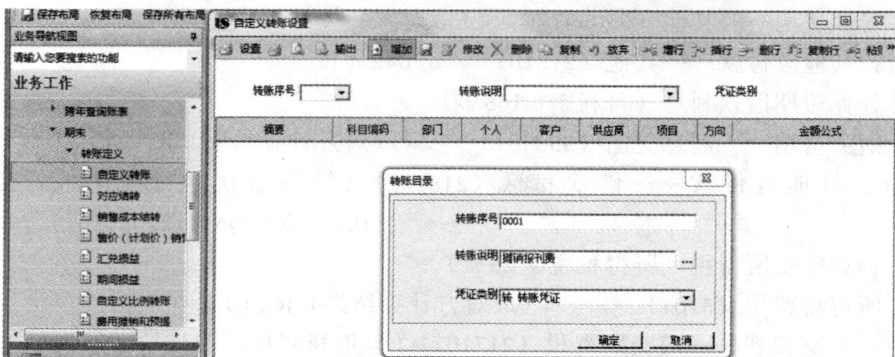

图3-97　新增自定义转账目录

4.单击【增行】，在第一行中输入科目编码"550307"，方向为"借"。然后双击【金额公式】单元格，在单元格右边的【...】中进行取数公式设置，在弹出的公式选项对话框中，从左侧的公式名称列表上选择"取对方科目计算结果"，右侧函数名称列表中会显示对应的函数名"JG（）"，如图3-98所示。

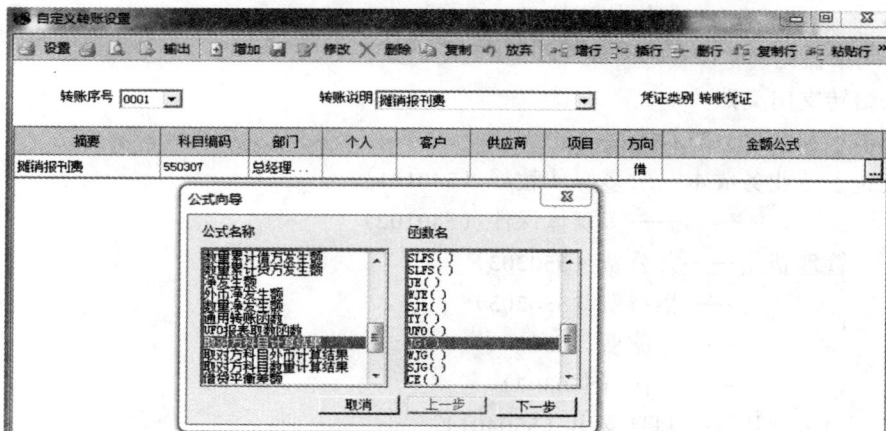

图3-98　设置金额公式（一）

5.单击【下一步】，进入到科目指定对话框，如图3-99所示，由于此自定义结转只有一个借方和一个贷方，所以无需指定具体的取数科目，直接点击【完成】即可。

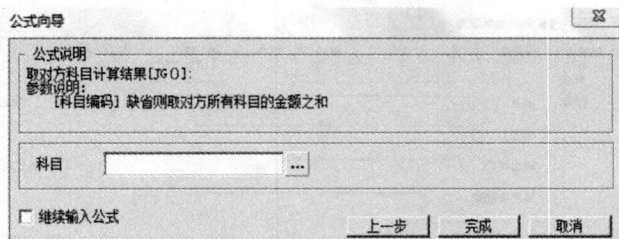

图 3-99 设置金额公式（二）

6.若选择的函数为"期末余额"时（第二笔自定义结转的贷方即为贷方期末余额），单击【下一步】，弹出科目公式向导对话框，需要根据具体的业务来选择对应的科目名称、期间以及方向，然后单击【完成】退出，如图 3-100 所示。如果需要在公式的后面输入数据的取数比例，可以将公式定义后，用鼠标点击公式的括号后面，直接利用小键盘将比例输入即可。

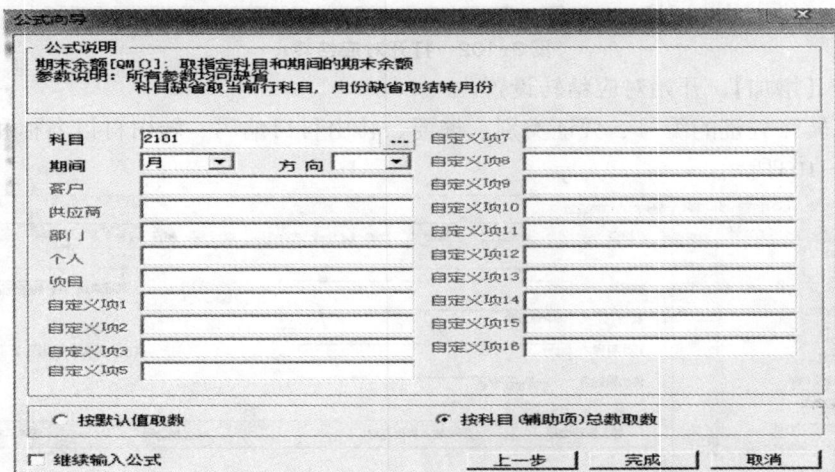

图 3-100 设置金额公式（三）

7.同样的操作，将贷方的信息通过增行的方式定义到列表内，如图 3-101 所示。借、贷方的信息全部设置完成后，即可单击【增加】，以同样的方式，定义其他的转账凭证。

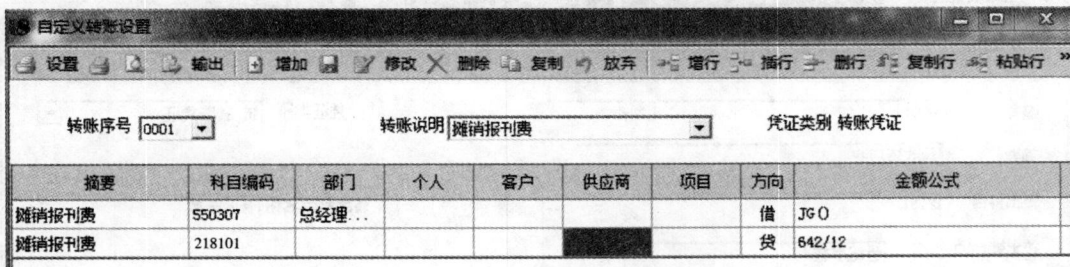

摘要	科目编码	部门	个人	客户	供应商	项目	方向	金额公式
摊销报刊费	550307	总经理…					借	JG 0
摊销报刊费	218101						贷	642/12

图 3-101 自定义转账目录设置完成

（二）对应结转

1.选择【期末】|【转账定义】|【对应结转】，屏幕显示"对应结转设置"对话框，如图 3-102 所示。

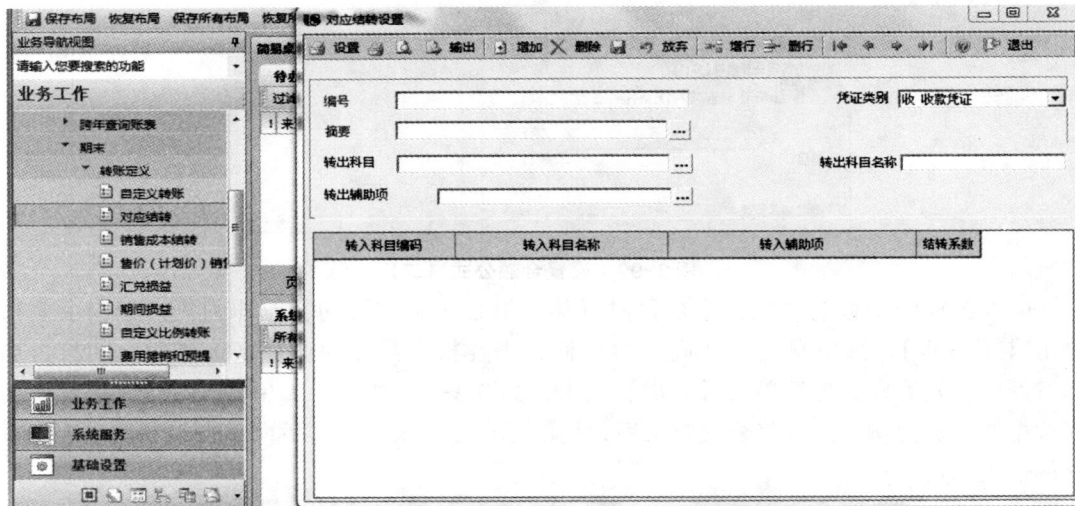

图3-102 打开对应结转

2.单击【增加】，开始对应结转设置。

3.输入转账凭证的编号、凭证类别、摘要、转出科目编码、转出科目名称和转出辅助项，如图3-103所示。

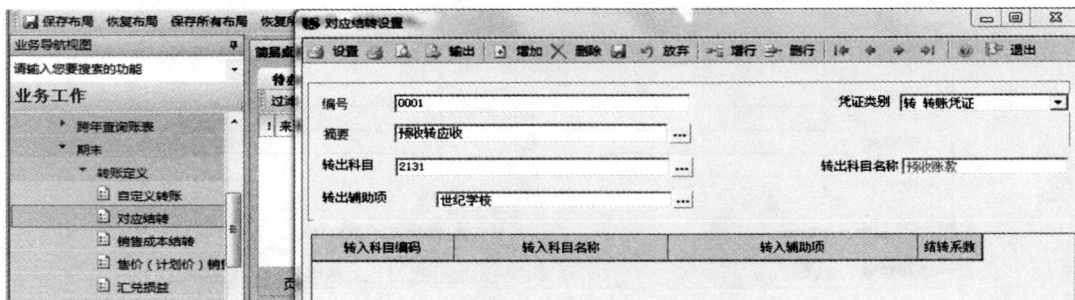

图3-103 录入结转信息

4.点击【增行】，增加一空行开始输入转入科目编码、转入科目名称、转入辅助项和结转系数等项，如图3-104所示。

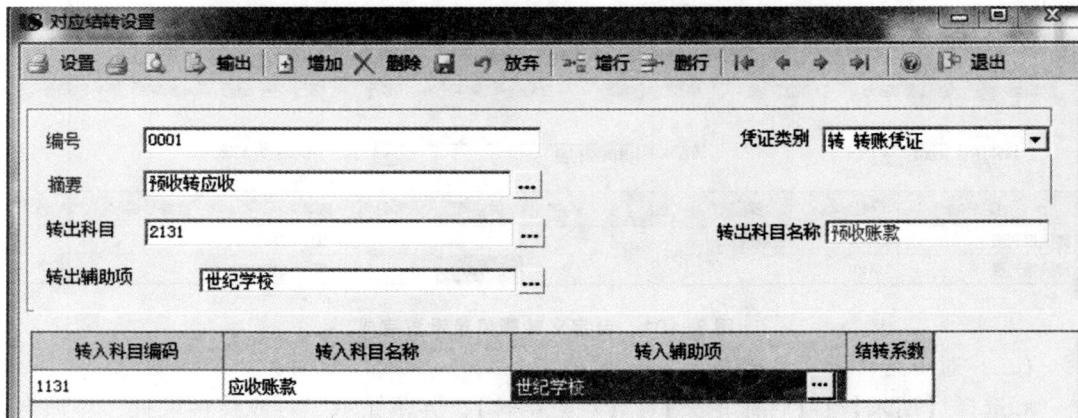

图3-104 录入结转信息

5.输入完成后点击【保存】保存转账凭证的设置。

6.按【删除】可删除当前对应结转凭证。

（三）销售成本结转

选择【期末】|【转账定义】|【销售成本结转】，屏幕显示"销售成本结转设置"对话框，如图3-105所示，在此界面中，选择凭证类别（一般均为转账凭证），输入库存商品科目"1241"、商品销售收入科目"5101"、商品销售成本科目"5401"，其他采用默认即可，设置完成后单击【确定】。

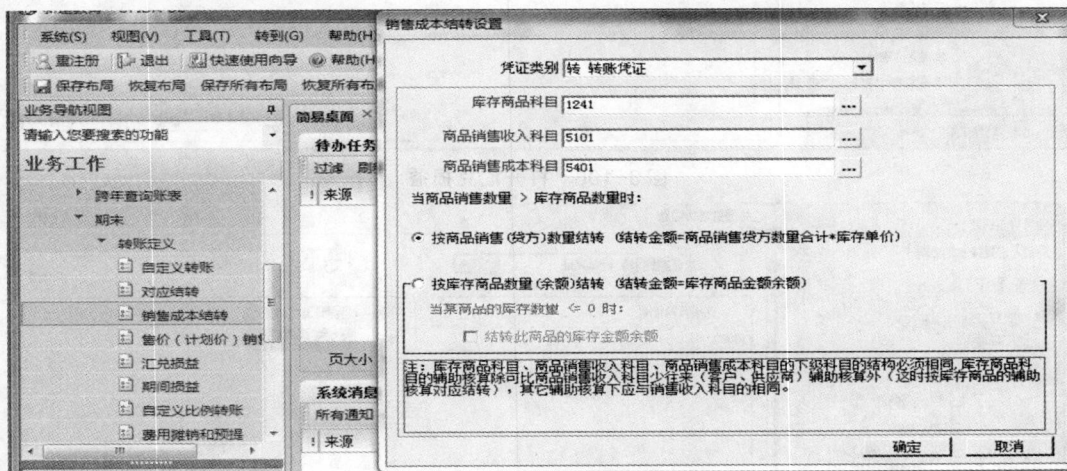

图3-105　设置销售成本结转

财务专家温馨提示

◆库存商品科目、销售收入科目、销售成本科目可以有项目核算、往来核算，若只有销售收入有往来核算，而此外两个科目的其他辅助核算完全相同，则结转时不按往来进行转账，而只按库存商品科目和销售成本科目的辅助核算结转，否则三个科目的辅助核算要完全一致。

◆当库存商品科目的期末数量余额小于商品销售收入科目的贷方数量发生额，若不希望结转后造成库存商品科目余额为负数，可选择按库存商品科目的期末数量余额结转。

◆请关注权限管理的用户注意结转凭证不受金额权限控制，不受辅助核算及辅助项内容的限制。

◆只有在选项中选择了"自定义项作为辅助核算"，销售成本结转才按自定义项展开。

（四）汇兑损益

1.选择【期末】|【转账定义】|【汇兑损益】，屏幕显示"汇兑损益结转设置"对话框，如图3-106所示。

2.在"汇兑损益入账科目"处输入该账套中汇兑损益科目的科目编码，也可单击【…】或按【F2】键参照科目录入，如图3-107所示。将光标移到要计算汇兑损益的外币科目上，按空格键选择需要计算汇兑损益的科目，或用鼠标双击要计算汇兑损益的科目，选择完毕后，单击【确定】即可。

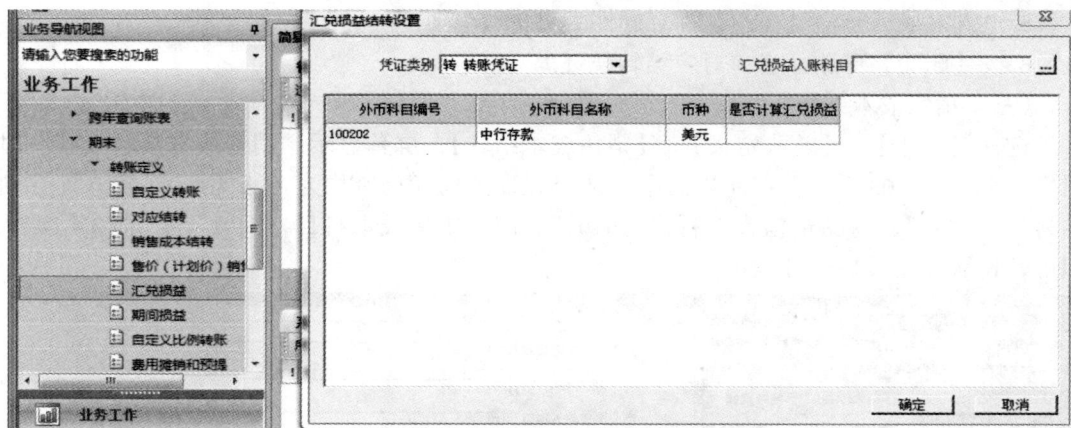

图 3-106　打开汇兑损益

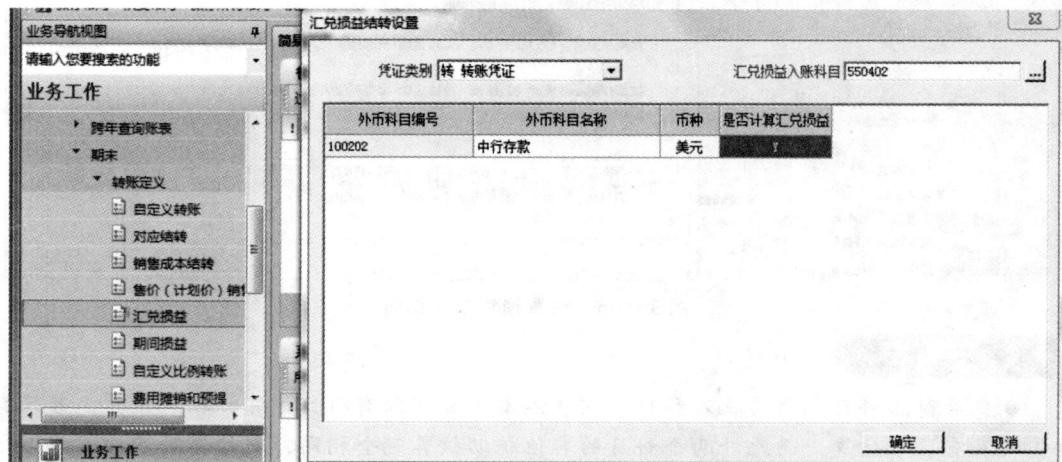

图 3-107　设置汇兑损益结转信息

财务专家温馨提示 - - - - - - - - - - - - - -

◆为了保证汇兑损益计算正确，填制某月的汇兑损益凭证时必须先将本月的所有未记账凭证先记账。

◆汇兑损益入账科目若有辅助核算，则必须与外币科目的辅助账类一致或少于外币科目的辅助账类，且不能有数量外币核算。

◆若启用了应收账款系统和应付账款系统，且在应收账款系统和应付账款系统的选项中选择了"详细核算"，应先在应收账款系统和应付账款系统做汇兑损益，生成凭证并记账，再在总账作相应科目的汇兑损益。

◆请关注权限管理的用户注意事项结转凭证不受金额权限控制，不受辅助核算及辅助项内容的限制。

◆只有在选项中选择了自定义项作为辅助核算，汇兑损益才按自定义项结转。

（五）期间损益

1.选择【期末】|【转账定义】|【期间损益】，屏幕显示"期间损益结转设置"对话框。

2.表格上方的本年利润科目是本年利润的入账科目，可单击【┉】或按【F2】参照录入。如果本年利润科目有多个下级科目时，要与相应的损益科目对应。

3.在下面的对应结转表中录入明细级的本年利润科目，单击【确定】退出。

财务专家温馨提示 -

◆损益科目结转表中将列出所有的损益科目。如果您希望某损益科目参与期间损益的结转，则应在该科目所在行的本年利润科目栏填写相应的本年利润科目，若不填本年利润科目，则不转此损益科目的余额。

◆损益科目结转表每一行损益科目的期末余额将转到该行的本年利润科目中去。

◆若损益科目结转表的每一行损益科目与本年利润科目都有辅助核算，则辅助账类必须相同。

◆损益科目结转表中的本年利润科目必须为末级科目，且为本年利润入账科目的下级科目。

【任务二】 转账生成

一、任务描述

转账定义的工作已经完成，会计马芳将已经定义好的结转业务，按照结转的顺序生成北京阳光信息技术有限公司2015年1月份的期末结转凭证。

二、入职知识准备

在定义完转账凭证后，每月月末只需选择本功能即可快速生成转账凭证。选择"期末"中的"转账生成"功能，即可由计算机生成转账凭证。在此生成的转账凭证将自动追加到总账系统的未记账凭证中去，通过审核、记账后才能真正完成结转工作。

由于转账凭证中定义的公式基本上取自账簿，因此在进行月末转账之前，必须将所有未记账凭证全部记账，否则生成的转账凭证中的数据可能不准确。特别是对于一组相关转账分录，必须按顺序依次进行转账生成、审核、记账。

结转一般在月末进行，且每月只结转一次。

若转账科目有辅助核算，但未定义具体的转账辅助项，则可以选择"按所有辅助项结转"或"按有发生额的辅助项结转"。若按所有辅助项结转，则转账科目的每一个辅助项生成一笔分录；若按发生额辅助项结转，则转账科目下每一个有发生额的辅助项生成一笔分录。

三、任务内容

以会计马芳（003）的身份登录；根据已设置完成的自定义转账分录，生成自动转账凭证，并对凭证进行审核、记账。

四、任务执行

1.选择【期末】|【转账生成】，显示"转账生成"界面，在此界面中会提供可选择的转账方式，如图3-108所示。

2.选择准备要生成凭证的转账工作（如自定义转账、对应结转等），定义好结转的月份和要结转的凭证。在"是否结转"栏内选择是否结转，选中后显示不同的背景颜色（这里的转账凭证是在转账定义中设置好的凭证）。

3.选择完毕后，按【确定】，屏幕显示由系统生成的转账凭证，如图3-109所示。

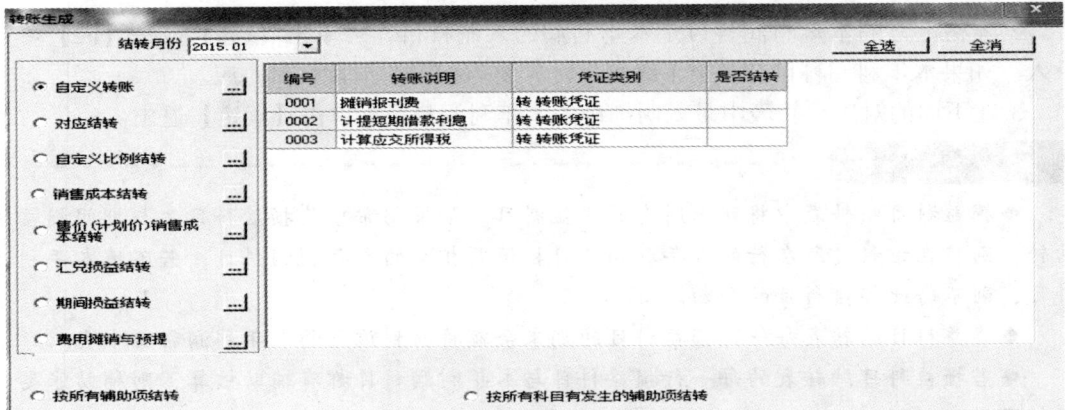

图3-108　打开转账生成

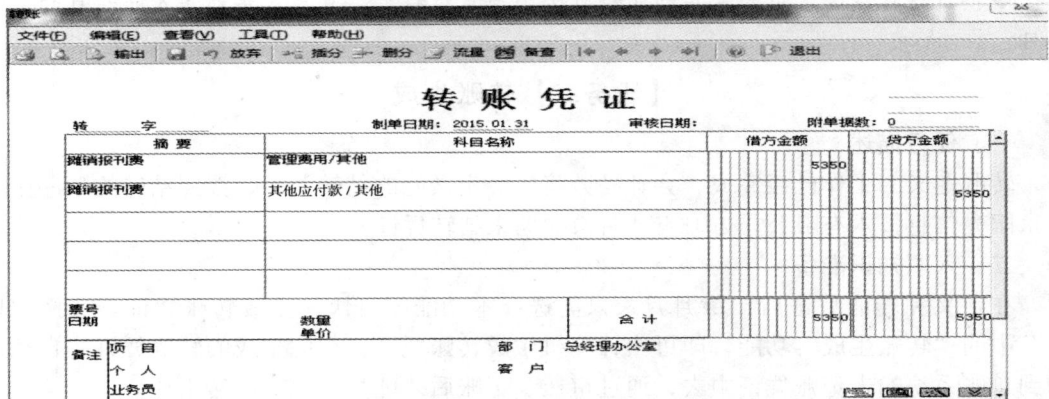

图3-109　生成转账凭证

4.按【首页】【上页】【下页】【末页】可翻页查看将要生成的转账凭证。

5.若凭证类别、制单日期和附单据数与实际情况略有出入，可直接在当前凭证上进行修改。

6.当确定系统显示的凭证是希望生成的转账凭证时，按【保存】，凭证左上方将显示"已生成"的字样，同时将当前凭证追加到未记账凭证中，如图3-110所示。

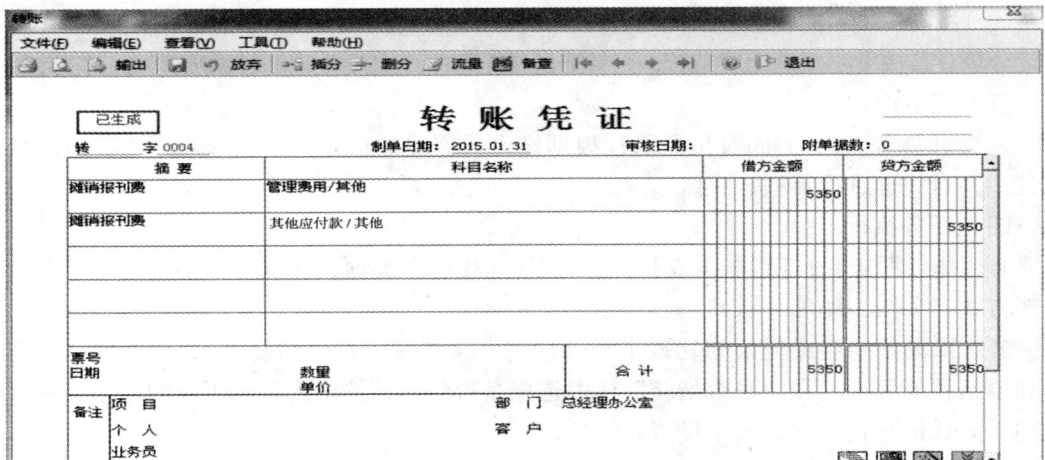

图3-110　保存凭证

财务专家温馨提示

　　◆转账生成的顺序：以北京阳光信息技术有限公司的期末转账为例，摊销报刊费（审核、记账）——计提短期借款利息（审核、记账）——销售成本结转（审核、记账）——期间损益结转（审核、记账）——计算应交所得税（审核、记账）——结转期间损益（审核、记账）。

　　◆转账生成之前，注意转账月份为当前会计月份。

　　◆进行转账生成之前，先将相关经济业务的记账凭证登记入账。

　　◆转账凭证每月只生成一次。

　　◆若使用应收款系统、应付款系统，则总账系统中，不能按客户、供应商进行结转。

　　◆生成的转账凭证，仍需审核才能记账。

　　◆以账套主管陈明（001）的身份对生成的除了期间损益结转之外的自动转账凭证进行审核、记账，此操作若不进行，后面的期间损益结转的数据将会出错。

　　◆以账套主管陈明（001）的身份对生成的期间损益结转自动转账凭证进行审核、记账。

　　◆对于自动转账生成的凭证，需要在每一张凭证生成后对该张凭证进行审核、记账，方能进行下一张凭证的自动转账生成工作，这也是为了让数据能够更准确。

常见问题解析

　　◆期间损益转结凭证金额错误。常见原因是没有先执行其他转账生成，直接进行期间损益结转。建议操作：先删除错误的期间损益结转凭证，对自定义结转、对应结转、汇兑损益结转、销售成本结转等凭证进行审核、记账后，再进行期间损益的结转。

　　◆转账生成的凭证只有一条分录。常见原因是转账公式设置为两个借（贷）方。建议操作：修改转账公式分录为一借一贷。

【任务三】 对账

一、任务描述

　　北京阳光信息技术有限公司2015年1月份的所有凭证已经全部登记完毕，在月末结账前要进行账簿之间的对账，对账平衡后，才能结账。

二、入职知识准备

　　对账是对账簿数据进行核对，以检查记账是否正确，以及账簿是否平衡。它主要通过核对总账与明细账、总账与辅助账数据来完成账账核对。因为在编制凭证时需要借贷平衡，凭证方可保存，所以有时可能会造成某些数据被破坏，因而引起账账不符。为了保证账证相符、账账相符，使用本功能进行对账，至少一月一次，一般可在月末结账前进行。

三、任务内容

　　以账套主管陈明（001）的身份登录；对1月份的会计核算工作进行对账。

四、任务执行

1.选择【期末】|【对账】，系统弹出"对账"对话框，如图3-111所示。

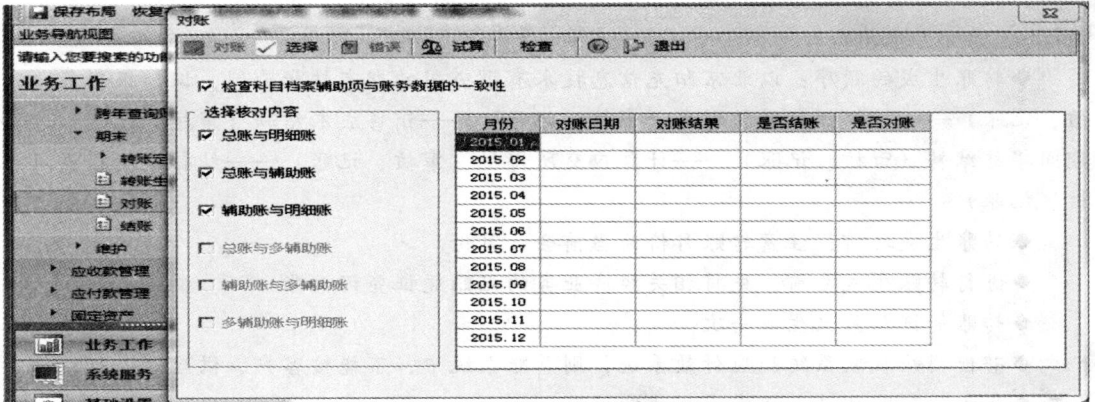

图 3-111　打开期末对账

2.将光标置于要进行对账的月份"2015.01"，单击【选择】。

3.单击【对账】，开始自动对账，如图3-112所示，并显示对账结果。

图 3-112　进行自动对账

4.单击【试算】，可以对各科目余额进行试算平衡，如图3-113所示。

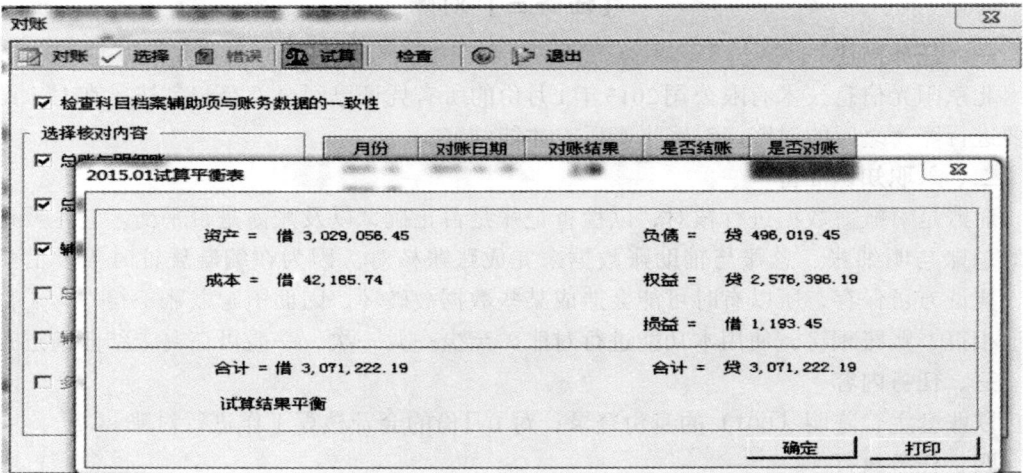

图 3-113　检查试算平衡

5.单击【确定】。

【任务四】 结账

一、任务描述

北京阳光信息技术有限公司2015年1月份的所有工作已经全部完成，账套主管陈明进行月末结账，以便进行下一个月的经济业务登记。

二、入职知识准备

在手工会计处理中，都有结账的过程，在计算机会计处理中也应有这一过程，以符合会计制度的要求，因此系统特别提供了"结账"功能。结账只能每月进行一次。

三、任务内容

以主管陈明（001）的身份登录，对1月份的会计核算工作进行结账。

四、任务执行

（一）结账

1.选择【期末】|【结账】，系统弹出"结账"对话框，如图3-114所示。

图3-114 打开结账

2.单击要结账月份"2015.01"，单击【下一步】，如图3-115所示。

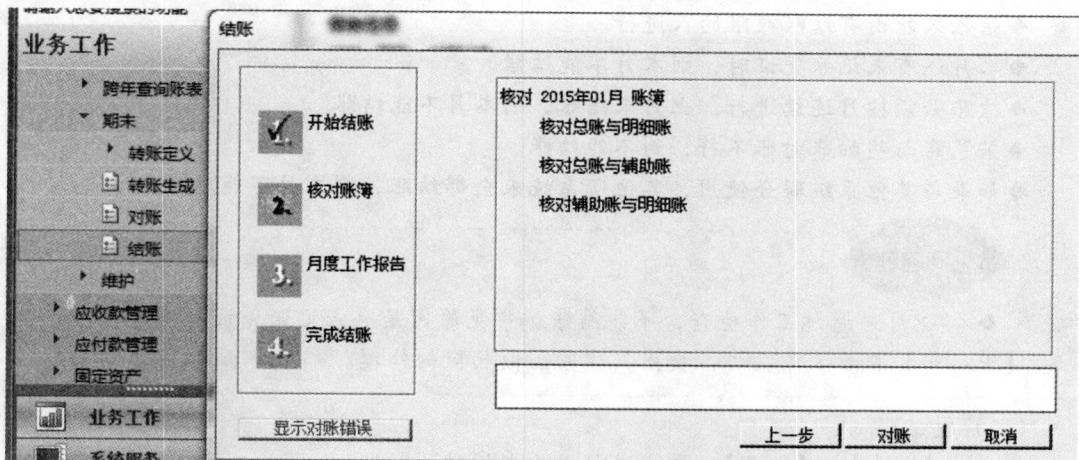

图3-115 选择月份进行对账

3.单击【对账】，系统对要结账的月份进行账账核对，如图3-116所示。

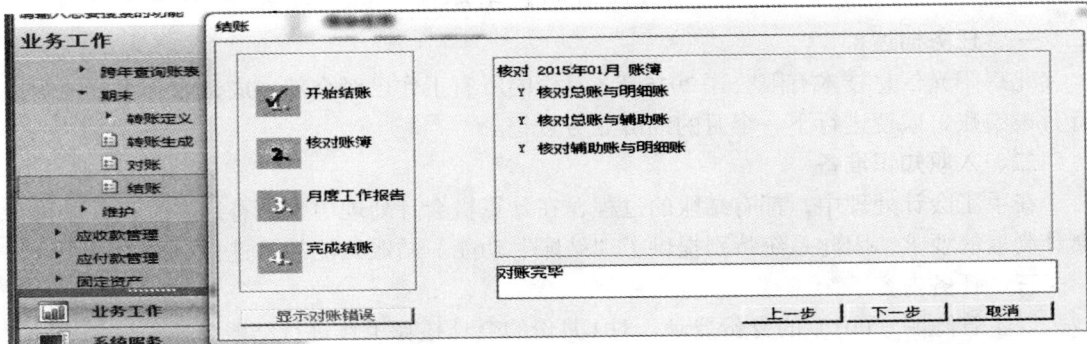

图3-116　期末对账

4.单击【下一步】，系统显示"2015年01月工作报告"，如图3-117所示。

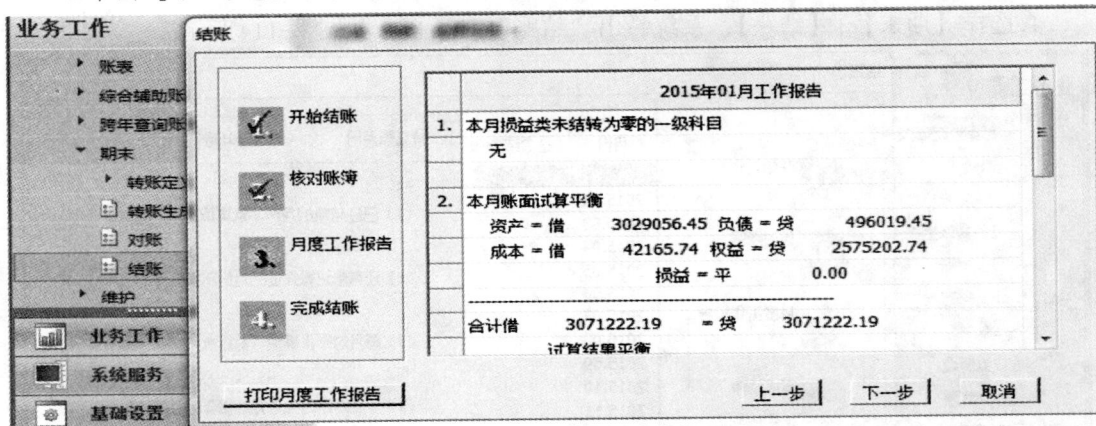

图3-117　对账结果报告显示

5.查看工作报告后，单击【下一步】|【结账】，若符合记账要求，系统将进行结账，否则不予结账。

财务专家温馨提示

◆结账只能由有结账权限的人进行。

◆本月还有未记账凭证时，则本月不能结账。

◆结账必须按月连续进行，上月未结账，则本月不能结账。

◆若总账与明细账对账不符，则不能结账。

◆如果与其他系统联合使用，其他子系统未全部结账，则本月不能结账。

常见问题解析

◆×年×月未通过工作检查，不能结账。常见原因是有未记账凭证。建议操作：单击【上一步】查看工作报告，找出具体原因做相应的处理。

（二）反结账

1.选择【期末】|【结账】，系统弹出"结账"对话框。

2.选择要取消结账的月份"2015.01"。

3.按【Ctrl+Shift+F6】键，激活"取消结账"功能。

4.输入口令1，单击【确定】，取消结账标志。

财务专家温馨提示 ···

◆当在结完账后，由于非法操作、计算机病毒或其他原因可能会造成数据被破坏，这时可以使用"取消结账"功能，反结账操作只能由账套主管选择。

职业知识与能力考核

■ 入职基本知识测试题

一、判断题

1.由不同操作员录入的记账凭证只能由凭证录入人员本人对其进行记账操作。　　　（　　）

2.任何用户都不能审核自己填制的凭证，通常也不能修改他人填制的凭证。　　　（　　）

3.为完成辅助核算过程，用户在录入凭证时，需要根据科目设置要求输入相应的辅助信息。（　　）

4.记账与结账工作都必须在本月所有凭证均输入计算机之后才可进行。　　　　（　　）

5.结账前，发现机内账簿登记错误，可采用画线更正法对其进行更正。　　　　（　　）

6.银行对账中的勾对，是指在银行存款日记账中删除已达账项，并调整银行存款余额。（　　）

7.手工对账只能识别一笔对一笔的业务；如果有一笔对多笔，多笔对一笔，或多笔对多笔的业务，则只能进行自动对账。　　　　　　　　　　　　　　　　　　　　　　　（　　）

8.在初次使用银行对账功能时，所录入的日记账对账前余额与对账单对账前余额一定是相等的。　　　　　　　　　　　　　　　　　　　　　　　　　　　　　　（　　）

9.自定义转账中的取数公式，是指根据凭证模型生成记账凭证时由系统自动计算凭证金额所依照的公式，所有财务软件的金额公式编写规则都是相同的。　　　　　　　　　　（　　）

10.对应结转通常只允许输入两个科目，这些科目的下级科目必须一一对应，科目若有辅助核算，其设置也必须完全一致。　　　　　　　　　　　　　　　　　　　（　　）

二、单项选择题

1.为了方便用户输入记账凭证中的摘要内容，系统采取的快捷而有效的辅助手段是（　　　）。

A.支持五笔字型输入法　　　　　　　　B.提供摘要库设置与使用功能

C.一张凭证只填一行摘要　　　　　　　D.限制摘要内容的长度

2.关于记账凭证的修改，以下说法正确的是（　　　）。

A.已经过审核员审核签字的凭证不能直接修改　　B.间接修改法是指不留痕迹的修改方法

C.凭证修改应交由原制证人员来操作　　　　　　D.任何人都可以直接修改未经审核的记账凭证

3.要以多栏式账页形式输出明细账的科目必须为（　　　）。

A.总账科目　　　　　B.明细科目　　　　　C.最末级科目　　　　　D.非末级科目

4.造成财务软件期末结账不能自动完成的可能原因是（　　　）。

A.记账凭证中用错科目　　　　　　　　B.明细分类账未全部打印

C.尚有记账凭证未过账　　　　　　　　D.存有备份账套数据的光盘被丢失

5.用友软件中，往来两清自动勾对的操作命令是（　　　）。

A."两清"　　　　　B."自动"　　　　　C."勾对"　　　　　D."输出"

6.在使用银行对账功能时，对于"银行对账单"，以下说法正确的是（　　　）。

A.由系统自动录入　　　　　　　　　　B.由操作员手工录入

C.由软件根据日记账自动生成　　　　　D.由软件根据收付款凭证自动生成

7.以下账表单据中，与本期记账凭证录入内容无关的是（　　　）。

A.期初余额表　　　　　　　　　　　　B.期末余额表

C.往来明细账　　　　　　　　　　　　D.银行存款余额调节表

8.自动转账凭证金额的输入方法正确的是（　　　）。

A.在凭证生成后由用户输入

B.在凭证生成过程中由用户输入

C.在凭证定义时由用户设置公式，在凭证生成时由系统自动生成

D.在凭证定义时直接由用户输入金额

9.期间损益结转是指在一个会计期间终结时对损益类科目余额的结转，一般将所有损益类科目的余额转入的科目是（　　　）。

A.主营业务收入　　　　B.主营业务成本　　　　C.本年利润　　　　D.所得税费用

10.自定义转账所生成的记账凭证一般为（　　　）。

A.收款凭证　　　　　　B.付款凭证　　　　　　C.收付款凭证　　　　D.转账凭证

三、多项选择题

1.以下凭证辅助处理方法中，能够提高凭证处理速度的做法的是（　　　）。

A.定义并使用常用凭证　　　　　　　　B.利用编码提示功能

C.设置与使用自动转账凭证　　　　　　D.设置与利用摘要库

2.以下辅助核算项目中，每月可以多次进行的是（　　　）。

A.往来业务销账　　　　　　　　　　　B.银行对账

C.查阅职员辅助账　　　　　　　　　　D.输出客户往来余额表

3.由系统进行银行存款的自动对账时，作为对账依据的项目通常有（　　　）。

A.票据号　　　　B.借贷方向　　　　C.金额　　　　D.日期

4.用计算机进行自动银行对账时，需要手工操作的内容有（　　　）。

A.首次使用时录入期初未达账　　　　　B.自动方式对账

C.录入银行对账单　　　　　　　　　　D.计算并生成余额调节表

5.以下会计业务中，适合进行自动转账处理的是（　　　）。

A.期末损益转结　　　　　　　　　　　B.支付零星办公用品费用

C.摊销无形资产　　　　　　　　　　　D.偶然发生营业外收入

■ 职业能力测试题

（一）系统参数（可参考表3-1）

（二）期初余额表（见表3-8）

表3-8　　　　　　　　　　　　　　　**期初余额表**　　　　　　　　　　　　单位：元

科目名称	方向	年初余额	科目名称	方向	年初余额
库存现金（1001）	借	233 209.00	—应交城建税（222105）	贷	392.00
银行存款（1002）	借	530 068.46	—应交所得税（222106）	贷	25 000.00
—工行高新支行（100201）	借	530 068.46	——应交个人所得税（22210601）	贷	
应收票据（1121）	借	200 000.00	——应交企业所得税（22210602）	贷	25 000.00
—银行承兑汇票（112101）	借	200 000.00	——应交教育费附加（222112）	贷	168.00
—商业承兑汇票（112102）	借		其他应付款（2241）	贷	

科目名称	方向	年初余额	科目名称	方向	年初余额
应收账款（1122）	借	544 400.00	—社会保险费（224101）	贷	
坏账准备（1131）	贷	2 722.00	—住房公积金（224102）	贷	
预付账款（1123）	借	80 000.00	长期借款（2501）	贷	1 000 000.00
原材料（1403）	借	1 556 156.54	实收资本（4001）	贷	8 000 000.00
库存商品（1405）	借	1 688 688.00	资本公积（4002）	贷	800 000.00
—107胶（140501）	借	541 100.00	本年利润（4103）	贷	
—高合氢硅油（140502）	借	333 120.00	利润分配（4104）	贷	75 000.00
—高温硅橡胶（140503）	借	315 988.00	—未分配利润（410415）	贷	75 000.00
—混炼胶（140504）	借	498 480.00	主营业务收入（6001）	贷	
固定资产（1601）	借	6 742 000.00	—107胶（600101）	贷	
累计折旧（1602）	贷	1 259 590.00	—高合氢硅油（600102）	贷	
无形资产（1701）	借		—高温硅橡胶（600103）	贷	
生产成本（5001）	借		—混东胶（600104）	贷	
—基本生产成本（500101）	借		主营业务成本（6401）	借	
—107胶（50010101）	借		—107胶（640101）	借	
—高台氢硅油（50010102）	借		—高合氢硅油（640102）	借	
—高温硅橡胶（50010103）	借		—高温硅橡胶（640103）	借	
—混京胶（50010104）	借		—混京胶（640104）	借	
—辅助生产成本（500102）	借		营业税金及附加（6403）	借	
制造费用（5101）	借		销售费用（6601）	借	
—折旧费用（510101）	借		—广告费（660101）	借	
—工资及福利（510102）	借		—工资及福利（660102）	借	
短期借款（2001）	贷		—折旧费（660103）	借	
—工行高新支行（200101）	贷		—维修费（660104）	借	
应付账款（2202）	贷	175 050.00	—业务招待费（660105）	借	
—一般应付款（220201）	贷	146 550.00	管理费用（6602）	借	
—暂估应付款（220202）	贷	28 500.00	—办公费（660202）	借	
应付职工薪酬（2211）	贷	111 000.00	—工资及福利（660203）	借	
—应付工资（221101）	贷	78 000.00	—计提坏账准备（660204）	借	
—应付职工福利（221102）	贷	23 000.00	—折旧费（660205）	借	

续表

科目名称	方向	年初余额	科目名称	方向	年初余额
—社会保险费（221103）	贷	2 000.00	—业务招待费（660206）	借	
—住房公积金（221104）	贷	8 000.00	财务费用（6603）	借	
预收账款（2203）	贷	120 000.00	—利息支出（660301）	借	
应交税费（2221）	贷	31 160.00	—利息收入（660302）	借	
—应交增值税（222101）	贷		—手续费（660303）	借	
——进项税额（22210101）	贷		所得税费用（6801）	借	
——销项税额（22210102）	贷		合　计		
—未交增值税（222102）	贷	5 600.00			

（三）辅助核算账户期初余额（见表3-9至表3-12）

表3-9　　　　　　　　　　　　应收账款（1122）期初余额

日期	客户名称	摘要	方向	余额
2014-12-15	包头市核新环保技术有限责任公司	销售107胶7.3吨，18 500元／吨（含税）	借	135 050.00
2014-11-30	河北鑫通橡塑制品有限公司	销售高温硅橡胶2 000千克，103元／千克，混炼胶830千克，245元／千克（含税）	借	409 350.00

表3-10　　　　　　　　　　　　预收账款（2203）期初余额

日期	客户名称	摘要	方向	余额	结算方式
2014-12-13	杭州明珠化学清洗有限公司	收到杭州明珠化学清洗有限公司预付的货款	贷	120 000.00	转账支票

表3-11　　　　　　　　　应付账款——一般应付款（220201）期初余额

日期	供应商名称	摘要	方向	余额
2014-12-07	包头市恒顺达物资有限责任公司	购买金属硅5.8吨，13 800元／吨（含税）	贷	80 400.00
2014-11-25	太原市元汇通物资有限公司	购买氯甲烷13.5吨，4 900元／吨（含税）	贷	66 150.00

表3-12　　　　　　　　　　　　预付账款（1123）期初余额

日期	供应商名称	摘要	方向	余额	结算方式
2014-12-19	衢州惟嘉贸易有限公司	预付惟嘉贸易货款	借	80 000.00	转账支票

（四）业务处理与填制分录提示

1.2015年1月1日销售人员邢东瀛需出差河北，预借差旅费，付现金500元，在总账系统里填制一张凭证。

借：其他应收款——邢东瀛　　　　　　　　　　　　　　　　　500

　贷：库存现金　　　　　　　　　　　　　　　　　　　　　　　　500

2. 2015年1月1日，根据工行高新支行银行回单收到银行利息入账单，金额为300元，在总账系统里填制相应凭证。

借：银行存款——工行高新支行　　　　　　　　　　　　　　　　　　　　300

贷：财务费用——利息收入　　　　　　　　　　　　　　　　　　　　　　300

3. 2015年1月1日从工行高新支行以银行存款缴纳上月未交增值税5 600元，城建税392元，教育费附加168元及企业所得税25 000元，在总账系统里填制一张凭证。

借：应交税费——未交增值税　　　　　　　　　　　　　　　　　　　　5 600

　　　　——应交城建税　　　　　　　　　　　　　　　　　　　　　392

　　　　——应交教育费附加　　　　　　　　　　　　　　　　　　　168

　　　　——应交所得税（应交企业所得税）　　　　　　　　　　25 000

贷：银行存款——工行高新支行　　　　　　　　　　　　　　　　　31 160

4. 2015年1月1日从工行高新支行以银行存款缴纳上月代扣代缴的企业承担部分社会保险费2 000元和个人承担部分住房公积金8 000元，根据要求在总账系统里填制一张凭证。

借：应付职工薪酬——社会保险费　　　　　　　　　　　　　　　　　2 000

　　　　——住房公积金　　　　　　　　　　　　　　　　　　　　8 000

贷：银行存款——工行高新支行　　　　　　　　　　　　　　　　　10 000

5. 2015年1月1日，从工行高新支行取得短期借款200 000元用于流动资金周转，月利率为6.3‰，到期日为2015年5月31日，在总账系统里填制一张凭证。

借：银行存款——工行高新支行　　　　　　　　　　　　　　　　200 000

贷：短期借款　　　　　　　　　　　　　　　　　　　　　　　　200 000

6. 2015年1月3日，采购部王进进报销业务招待费570元，以现金支付，在总账系统里填制一张凭证。

借：管理费用——业务招待费　　　　　　　　　　　　　　　　　　　　570

贷：库存现金　　　　　　　　　　　　　　　　　　　　　　　　　　570

7. 2015年1月5日，销售人员邢东瀛从河北出差回来，报销差旅费300元，交还财务多余预借现金200元，在总账系统里填制一张凭证。。

借：销售费用——差旅费　　　　　　　　　　　　　　　　　　　　　　300

　　库存现金　　　　　　　　　　　　　　　　　　　　　　　　　200

贷：其他应收款——邢东瀛　　　　　　　　　　　　　　　　　　　500

8. 2015年1月7日收到恒顺达物资采购金属硅的价款，数量3吨，单价9 550元/吨，税率17%。

借：银行存款　　　　　　　　　　　　　　　　　　　　　　　33 520.50

贷：应收账款——恒顺达　　　　　　　　　　　　　　　　　33 520.50

9. 1月15日，通过银行现金支票代发形式，发放上月工资，按要求在总账系统里手工填制一张记账凭证。（支票号286702）

借：应付职工薪酬——应付工资　　　　　　　　　　　　　　　　78 000

贷：银行存款——工行高新支行　　　　　　　　　　　　　　　78 000

资料来源　第六届"用友杯"全国大学生会计信息化技能大赛试题（有改动）。

【操作要求与提示】

1. 以账套主管（001）的身份登录企业应用平台，并在【财务会计】|【总账】|【设置】的期初余额处将本公司的年初余额录入。

2. 对于有辅助核算的科目，要双击黄色区域，在明细中录入，并进行汇总。

3. 填制凭证并审核、记账。

项目四

固定资产系统管理

知识目标 ◀-----------------------------

①了解固定资产系统的基本功能。

②熟悉固定资产系统的业务处理流程。

③掌握固定资产系统初始设置的主要内容和方法。

④掌握固定资产日常业务处理的基本方法。

⑤掌握固定资产折旧的处理方法。

能力目标 ◀-----------------------------

①能够熟练进行固定资产系统的初始设置。

②能够熟练进行固定资产增加、减少、变动的处理。

③能够熟练进行折旧的计提与计算。

④能够熟练进行月末结账与取消结账。

固定资产通常是指使用期限超过12个月的房屋、建筑物、机器、机械、运输设备以及其他与生产经营有关的设备、器具和工具等。固定资产是企业开展日常业务必备的物质基础，固定资产核算对企业财务状况和经营成果都有着重大影响，固定资产是企业财务管理的重要内容。

固定资产的主要特点是资产的价值大、种类多、分布较为分散。加强固定资产的核算和管理，最大限度地杜绝资产的浪费和流失，促进资源的有效利用是一项重要而艰巨的管理任务。利用固定资产系统进行固定资产的日常核算和管理，不仅可以帮助企业便捷地实现固定资产增减变动和折旧核算，而且能够自动生成有关账表，及时提供企业所需的固定资产信息。在实际工作过程中，固定资产系统的工作过程与岗位对照如图4-1所示。

部门岗位	财务部——出纳	财务部——财务主管	物资管理部——财产物资会计
工作过程	对传递到总账系统的凭证进行出纳签字	启用固定资产系统 对传递到总账系统的凭证进行审核和记账	建立固定资产核算账套 → 设置基础档案 → 录入原始数据 → 期末处理 → 日常业务处理

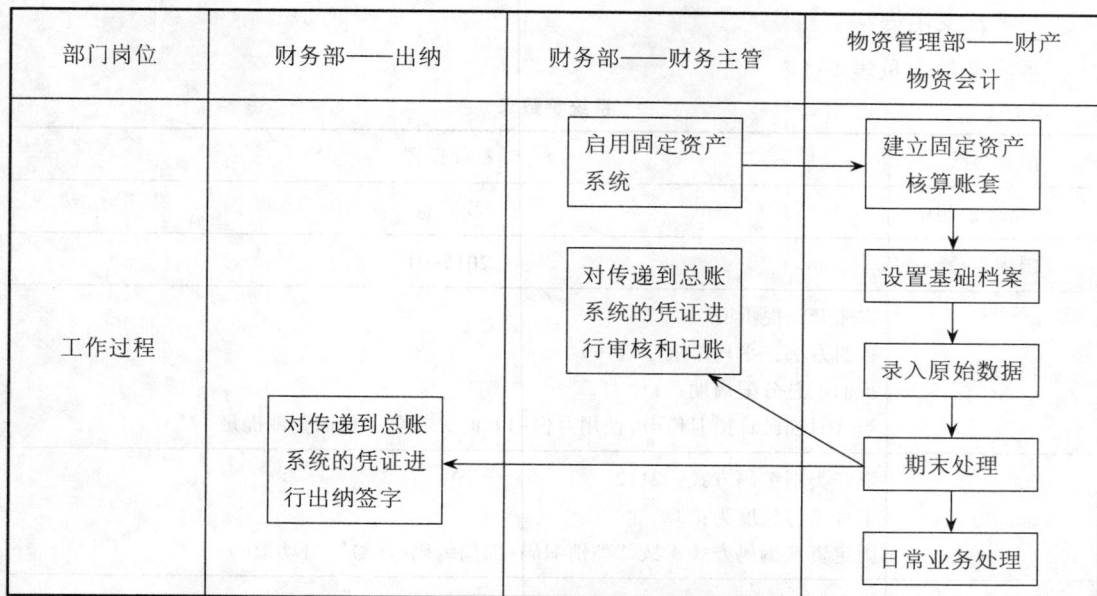

图 4-1 固定资产系统工作过程与岗位对照

学习情境一 固定资产系统初始化

固定资产系统初始化设置是指在进行固定资产业务处理之前必须完成的系统功能设置和固定资产核算数据的录入，主要包括启用固定资产系统、建立固定资产系统账套、设置资产类别、设置相关对应科目和录入固定资产原始卡片。本学习情境结构图如图 4-2 所示。

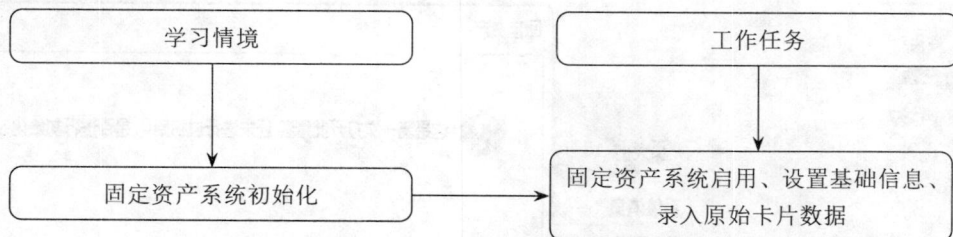

学习情境 → 固定资产系统初始化 → 固定资产系统启用、设置基础信息、录入原始卡片数据 ← 工作任务

图 4-2 固定资产系统初始化学习情境结构图

【任务一】固定资产系统启用

一、任务描述

以会计主管马芳（003）的身份登录，登录日期为 2015 年 1 月 1 日，完成北京阳光信息技术有限公司固定资产系统的启用。

二、入职知识准备

固定资产系统在初次使用的时候必须经过启用与初始化，才能用于固定资产的日常管理，其中，启用固定资产系统的具体操作对象包括账套的启用月份、折旧信息、资产编码方式、财务接口等。

三、任务内容

系统参数表见表4-1。

表4-1 系统参数表

控制参数	参数设置
约定与说明	我同意
启用月份	2015-01
折旧信息	本账套计提折旧 折旧方法：平均年限法（一） 折旧汇总分配周期：1个月 当（月初已计提月份=可使用月份-1）时，将剩余折旧全部提足
编码方式	资产类别编码方式：2112 卡片序号长度为：3 固定资产编码方式：按"类别编码+部门编码+序号"自动编码
财务接口	与账务系统进行对账 对账科目：固定资产对账科目：固定资产（1501） 累计折旧对账科目：累计折旧（1502）

四、任务执行

1.以会计主管马芳（003）的身份登录企业应用平台，选择【业务工作】|【财务会计】|【固定资产】。

2.登录"固定资产系统"，进入注册界面。如果是第一次进入固定资产系统，系统将提示是否进行初始化，如图4-3所示。

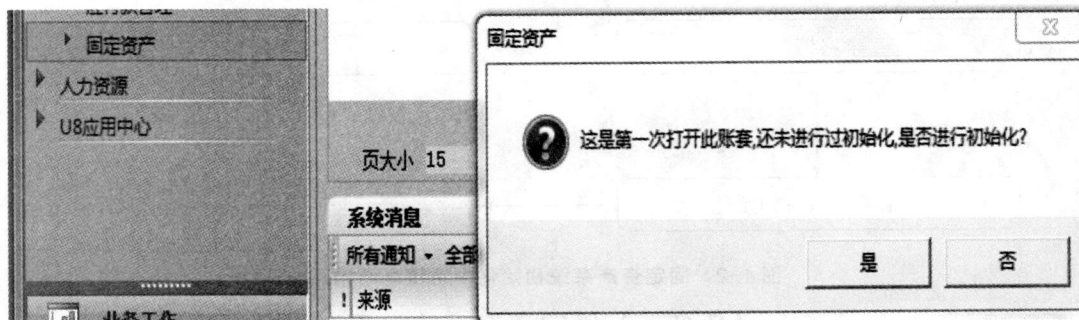

图4-3 打开固定资产系统

3.单击【是】，进入"初始化账套向导"对话框，如图4-4所示。选择【我同意】，单击【下一步】，进行初始化设置。

4.启用月份。系统以启用月份开始计提折旧，此月份前的固定资产作为期初值使用。对于"固定资产"启用月份的修改要到【基础设置】|【基本信息】|【系统启用】中，单击【下一步】，如图4-5所示。

5.折旧信息。须选中【本账套计提折旧】，否则系统不计提折旧。用户可以根据本单位的实际情况进行设置。设置完毕，单击【下一步】，如图4-6所示。

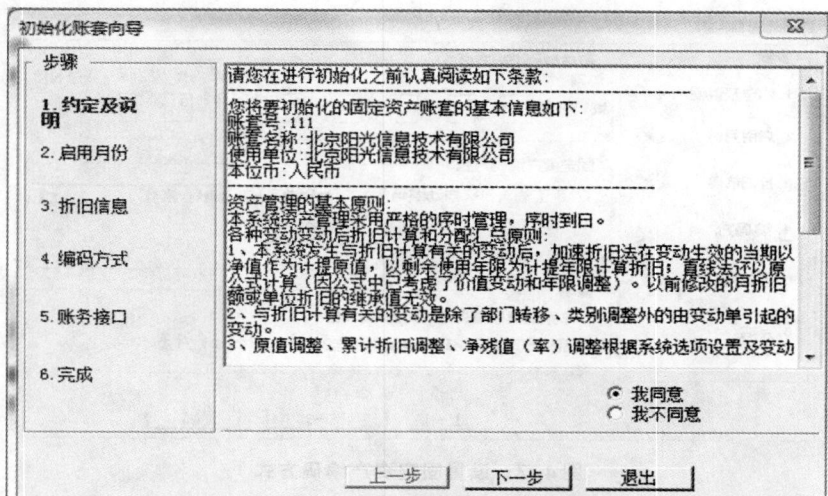

图4-4　打开初始化账套向导

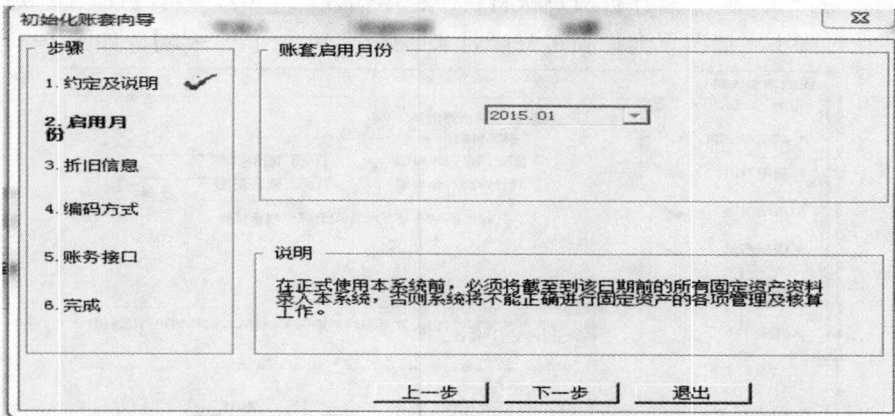

图4-5　设置启用月份

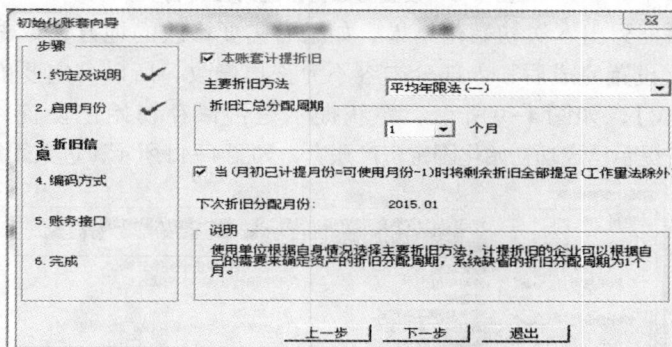

图4-6　选择折旧方法和期间

6.编码方式。在此设置固定资产类别的编码方式和固定资产的编码方式。选中【自动编码】，在下拉列表框中，选择【类别编码+部门编码+序号】，调整"序号长度"为"3"，然后单击【下一步】，如图4-7所示。

7.账务接口。选择向财务系统（总账）传输数据后，固定资产将与账务系统对接，这

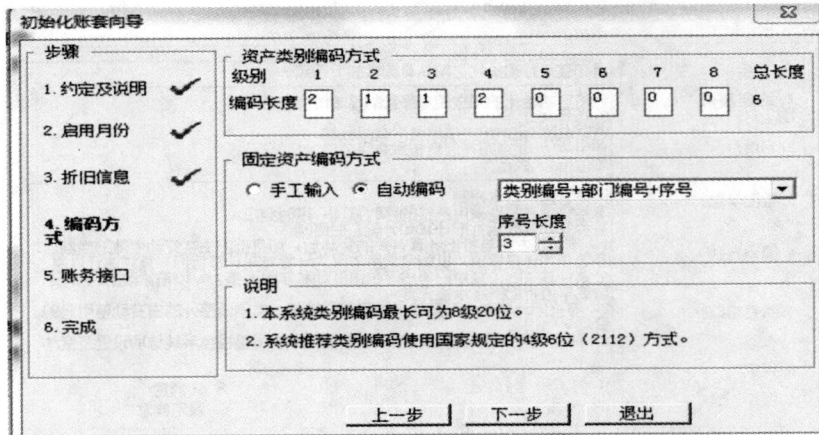

图 4-7　设置固定资产编码方式

样可以进行固定资产核算业务的自动转账工作。在"固定资产对账科目"栏中输入"1501，固定资产"，在"累计折旧对账科目"栏中输入"1502，累计折旧"，一般情况下不选择"在对账不平情况下允许固定资产月末结账"，单击【下一步】，如图 4-8 所示。

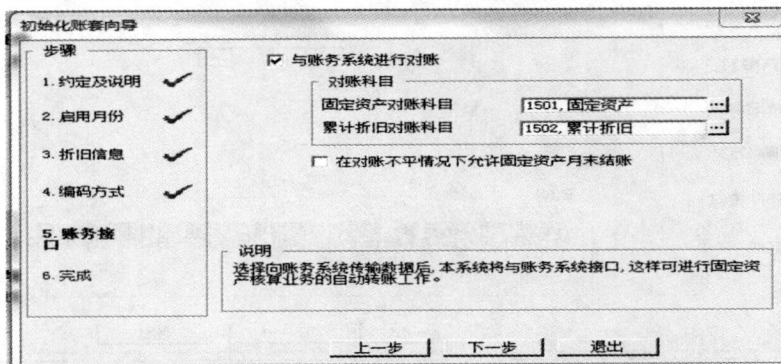

图 4-8　设置与账务系统对账科目

8.完成。对话框列出本次初始化结果，如果有需要修改的地方，单击【上一步】进行重新设置，初始化设置完成后，大部分内容不允许再修改，所以一定要确认无误后再保存设置，单击【完成】，如图 4-9 所示，系统提示是否保存初始化设置，单击【是】，如图 4-10 所示，系统提示已成功初始化固定资产账套，如图 4-11 所示，进入固定资产管理窗口。

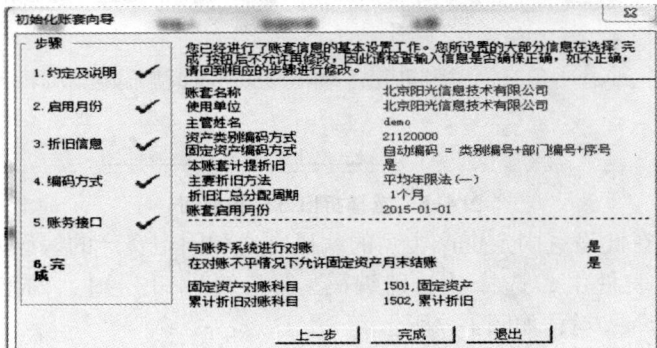

图 4-9　初始化设置内容校验

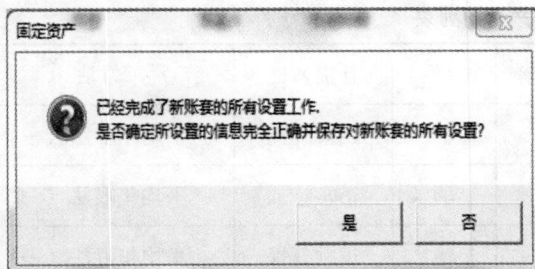

图 4-10　完成固定资产系统初始化（一）　　　图 4-11　完成固定资产系统初始化（二）

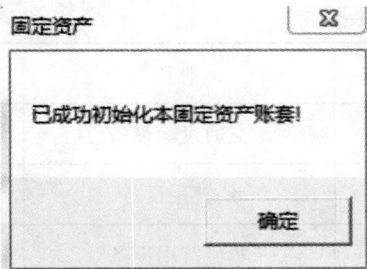

【任务二】 设置基础信息

一、任务描述

以会计主管马芳（003）的身份设置北京阳光信息技术有限公司固定资产的基础参数、类别、部门对应折旧科目等基础信息。

二、入职知识准备

系统启用完毕后，如果想要正常使用的话，还需进行相关的基础设置，这些设置是针对固定资产系统而言的，与其他系统不相通。

一般手工记账时，在开始记账前，一些基本设置要做到心中有数，这些设置包括卡片项目、卡片样式、折旧方法、部门、资产分类、使用状况、增减方式等。要采用电算化，必须在账套内设置手工记账时采用的信息，这些基础设置是使用固定资产系统进行资产管理和核算的基础。

系统的各项基础设置中除固定资产分类必须由用户设置外，其他各部分都有默认的内容，当这些内容满足需要时，可不再设置。

三、任务内容

（一）选项

固定资产系统补充参数表见表 4-2。

表 4-2　　　　　　　　　　　　　固定资产系统补充参数表

控制参数	参数设置
补充参数	业务发生后立即制单 月末结账前一定要完成制单登账业务 固定资产默认入账科目：1501 累计折旧默认入账科目：1502 减值准备默认入账科目：1503 增值税进项税额默认入账科目：21710101 固定资产清理默认入账科目：1601

（二）固定资产类别

固定资产类别列表见表 4-3。

表4-3　　　　　　　　　　固定资产类别列表

编码	类别名称	净残值率	单位	计提属性	方法
01	交通运输设备	4%	辆	正常计提	平均年限法（一）
011	经营用设备	4%	辆	正常计提	平均年限法（一）
012	非经营用设备	4%	辆	正常计提	平均年限法（一）
02	电子设备及其他通信设备	4%	台	正常计提	平均年限法（一）
021	经营用设备	4%	台	正常计提	平均年限法（一）
022	非经营用设备	4%	台	正常计提	平均年限法（一）

（三）部门及对应折旧科目

部门及对应折旧科目列表见表4-4。

表4-4　　　　　　　　　　部门及对应折旧科目列表

部门	对应折旧科目
综合部、供应部	管理费用/折旧费
销售部	销售费用
制造部	制造费用/折旧费

（四）增减方式

增减方式列表见表4-5。

表4-5　　　　　　　　　　增减方式列表

增加方式名称	对应入账科目	减少方式名称	对应入账科目
直接购入	工行存款（100201）	出售	固定资产清理（1601）
投资者投入	股本（3101）	盘亏	待处理固定资产损溢（190102）
接受捐赠	营业外收入（5301）	投资转出	固定资产清理（1601）
盘盈	以前年度损益调整（5801）	捐赠转出	固定资产清理（1601）
在建工程转入	在建工程——其他（150603）	报废	固定资产清理（1601）
融资租入	长期应付款（2221）	毁损	固定资产清理（1601）

四、任务执行

（一）选项

1.打开"设置"菜单，单击【选项】，弹出"选项"对话框，有"基本信息"、"折旧信息"、"与账务系统接口"、"编码方式"和"其他"五个选项卡，如图4-12所示。

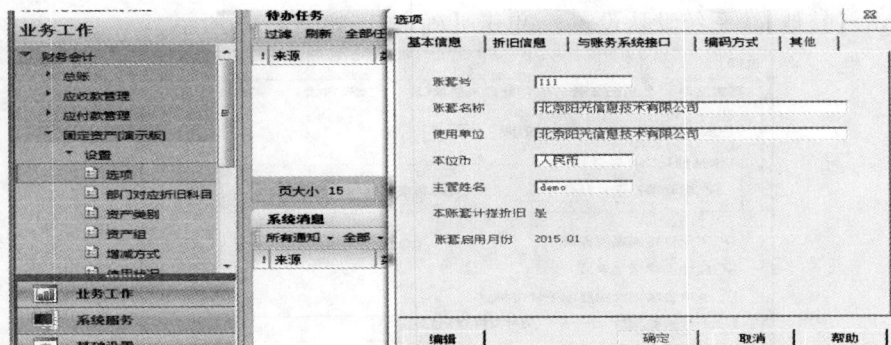

图 4-12　打开选项

2. 单击【与账务系统接口】，然后单击【编辑】，使对话框处于可编辑状态，如图 4-13 所示。

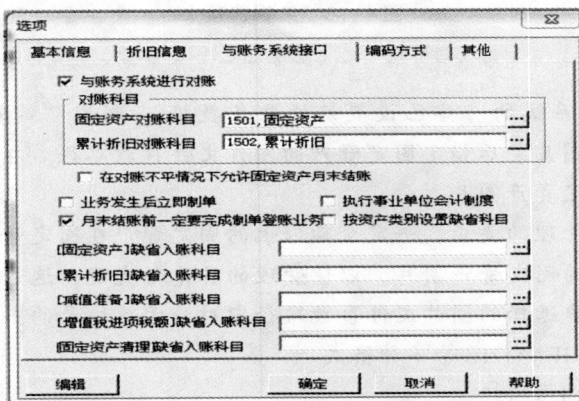

图 4-13　编辑与账务系统接口选项卡

3. 选择"业务发生后立即制单"复选框，在"［固定资产］缺省入账科目"栏中输入"1501，固定资产"，在"［累计折旧］缺省入账科目"栏中输入"1502，累计折旧"，在"［减值准备］缺省入账科目"栏中输入"1503，固定资产减值准备"，在"［增值税进项税额］缺省入账科目"栏中输入"21710101，进项税额"，在"［固定资产清理］缺省入账科目"栏中输入"1601，固定资产清理"，然后单击【确定】，如图 4-14 所示。

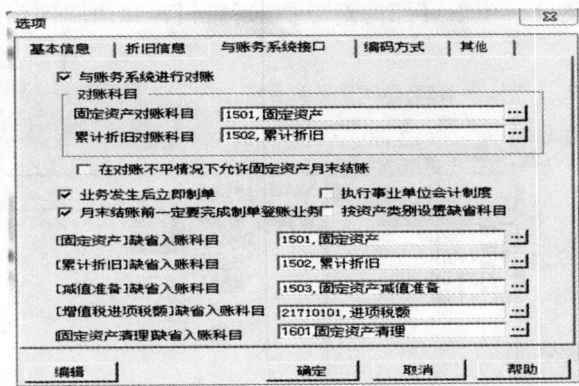

图 4-14　编辑与账务系统接口选项卡

4.单击【其他】，系统默认设置，单击【确定】，如图4-15所示。

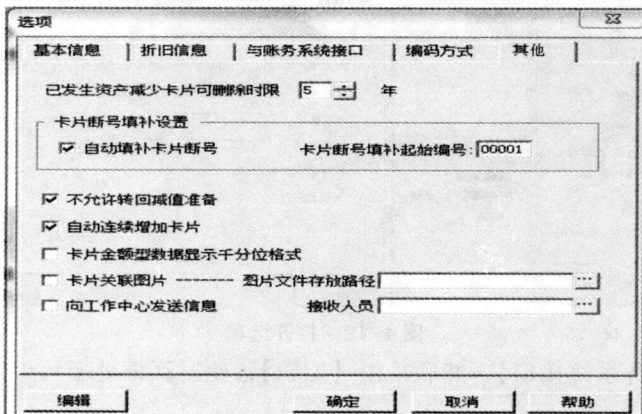

图4-15　编辑选项卡

━━【财务专家温馨提示】━━━━━━━━━━━━━━━━━━━━━━━━━━━━

◆窗口中列出本系统的一些已设置好的业务数据，利用"编辑"键可进行适当修改。选中"卡片关联图片"后指定固定资产的图片文件存放路径。在卡片管理中可查询到与该卡片相对应的固定资产图片。

◆根据固定资产管理的要求，一定金额以上的固定资产在固定资产卡片中要能联查到扫描或数码相机生成的固定资产图片，以便管理的具体与直观，这是用友财务软件新增的功能。系统能查询用户选择的图片文件存放路径中对应卡片编号的图片文件。图片文件可保存为JPG、BMP、GIF和DIB等多种格式。

（二）部门对应折旧科目

固定资产计提折旧后必须把折旧归入成本或费用，根据不同使用者的具体情况按部门或类别归集。当按部门归集折旧费用时，某一部门所属的固定资产折旧费用将归集到一个比较固定的科目，所以部门对应折旧科目设置就是给部门选择一个折旧科目，录入卡片时，该科目自动显示在卡片中，不必一个一个输入，可提高工作效率。然后在生成部门折旧分配表时每一部门按折旧科目汇总，生成记账凭证。注意在使用本功能前，必须已建立好部门档案，可在基础设置中设置，也可在本系统的"部门档案"中设置。

1.打开"设置"菜单，单击【部门对应折旧科目】，弹出"部门对应折旧科目"对话框，如图4-16所示。

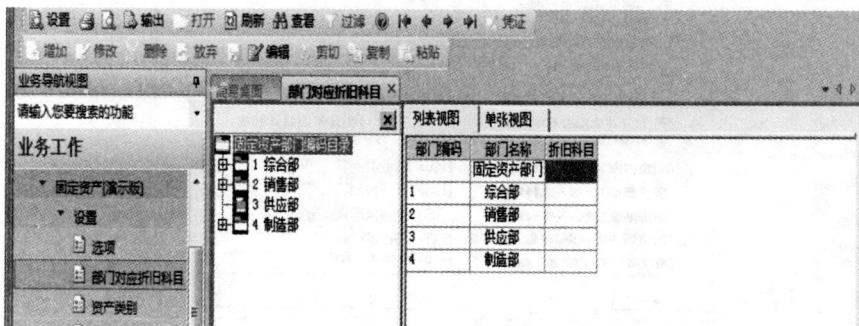

图4-16　打开部门对应折旧科目

2.选择左边列表框中的"综合部"名下的"总经理办公室"，然后单击【修改】，如图4-17所示。输入对应的折旧科目编码，"550306"，然后单击【保存】，如图4-18所示。以同样的方法对其他部门进行设置。全部设置完成后，可刷新列表查看已经设置好的科目信息，如图4-19所示。

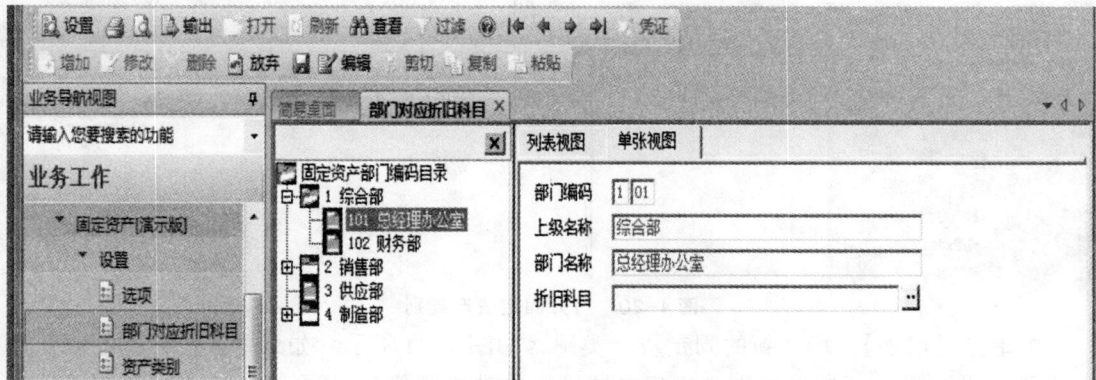

图4-17　修改部门对应折旧科目（一）

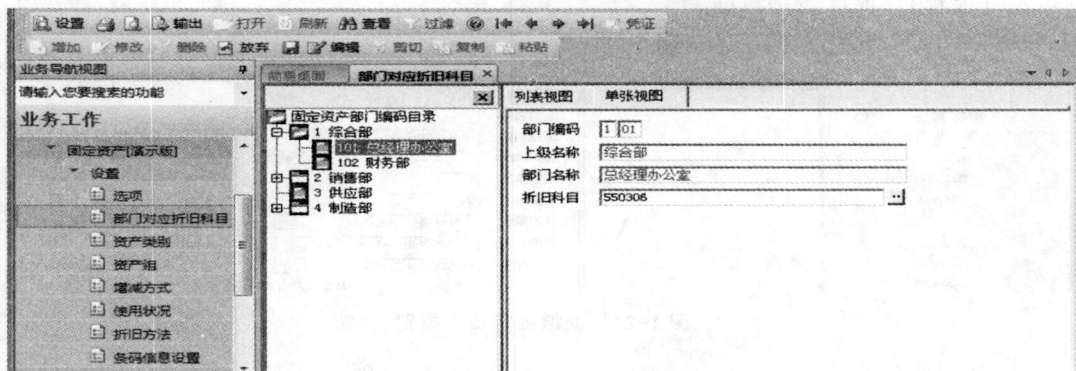

图4-18　修改部门对应折旧科目（二）

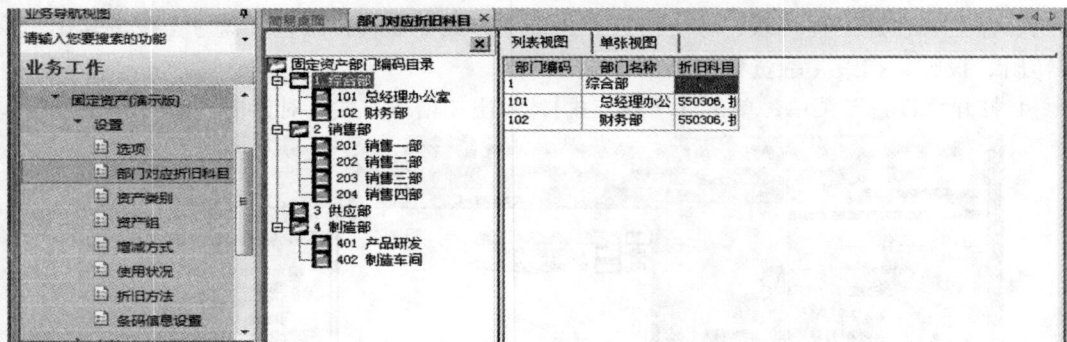

图4-19　修改部门对应折旧科目（三）

（三）资产类别

固定资产的种类繁多，规格不一，要强化固定资产管理，及时准确做好固定资产核算，必须科学地进行固定资产的分类，为核算和统计管理提供依据。企业可根据自身的特点和管理要求，确定一个较为合理的固定资产分类方法。如果使用者以前对固定资产没有明确分类，可参考《固定资产分类与代码》一书，选择本企业的资产类别进行设置。

1.打开"设置"菜单，单击【资产类别】，弹出"资产类别"对话框，如图4-20所示。

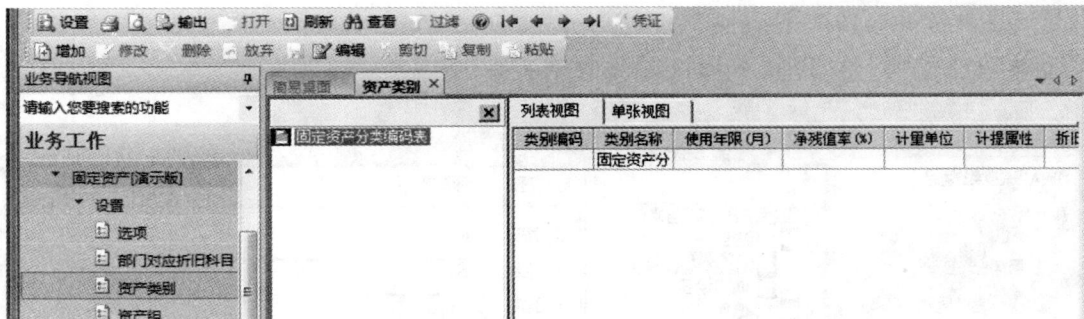

图4-20　打开固定资产类别

2.单击【增加】，增加新的固定资产类别，如图4-21所示。如果要在已分类的固定资产类别下再分类，须用鼠标在类别目录或列表中选中该类别，再单击【增加】即可，最后单击【保存】，保存新增数据。

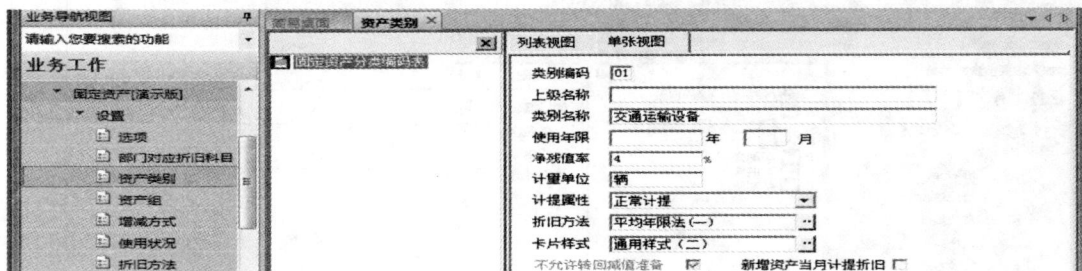

图4-21　新增固定资产类别

（四）增减方式

增减方式包括增加方式和减少方式两类。增加方式主要有：直接购入、投资者投入、捐赠、盘盈、在建工程转入、融资租入等；减少方式主要有：出售、盘亏、投资转出、捐赠转出、报废、损毁、融资租出等。

1.打开"设置"菜单，单击【增减方式】，弹出"增减方式"对话框，如图4-22所示。

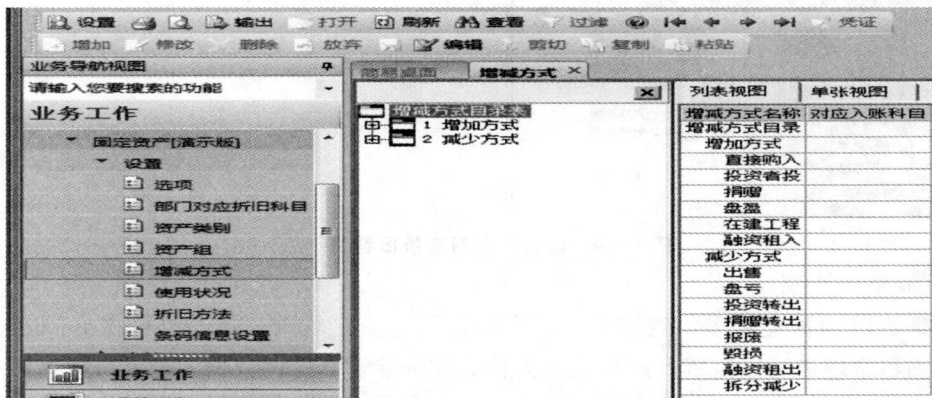

图4-22　打开增减方式

2.在"增减方式目录表"中选择"1增加方式",在列表中选中想要修改的方式后单击【修改】,输入对应入账科目,如图4-23和图4-24所示。

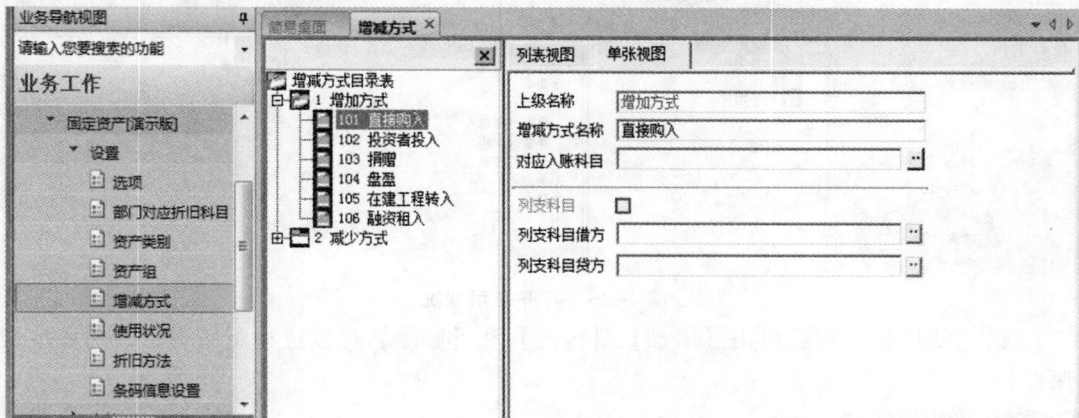

图4-23　修改增减方式(一)

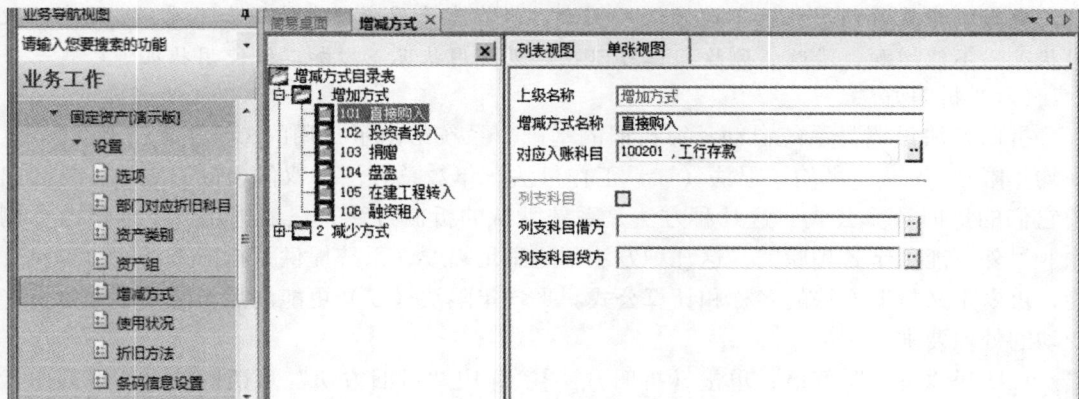

图4-24　修改增减方式(二)

财务专家温馨提示

◆此处设置的对应入账科目是为了在生成凭证时使用。例如,以购入方式增加固定资产时该科目设置为"银行存款",投资者投入时该科目设置为"实收资本",该科目将默认在贷方;资产减少时,该科目可设置为"固定资产清理",将默认在借方。

◆单击【删除】,可删除原来的设置。需要提示的是,已使用(卡片已选用过)的不能删除,非明细级方式不能删除,系统默认的增减方式中"盘盈、盘亏、损毁"不能删除。

(五)使用状况

从固定资产核算和管理的角度,需要明确固定资产的使用状况,一方面可以正确地计算和计提折旧;另一方面便于统计固定资产的使用情况,提高固定资产的利用效率。系统预置的使用状况包括使用中、未使用和不需用三大类。其中使用中包括在用、季节性停用、经营性出租、大修理停用这4种情况。

1.打开"设置"菜单,单击【使用状况】,弹出"使用状况"对话框,如图4-25所示。

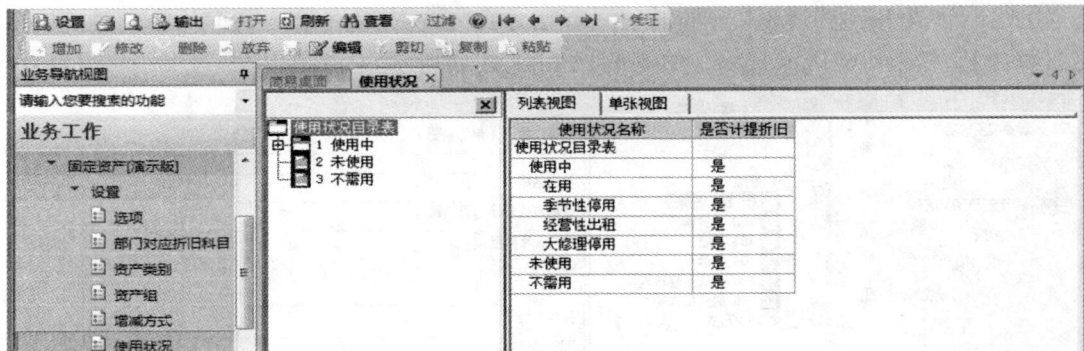

图 4-25　打开使用状况

2.选定使用状况项后单击【增加】、【修改】和【删除】可以进行重新设置，然后单击【保存】。

财务专家温馨提示

◆ 系统预置的使用状况不能修改、删除，只能有使用中、未使用和不需用3种一级使用状况，不能增加、修改、删除，但可以在一级使用状况下增加二级使用状况。

（六）折旧方法

折旧方法设置是系统自动计算折旧的基础。系统给出了常用的5种方法：不提折旧、平均年限法（一）、平均年限法（二）工作量法、年数总和法、双倍余额递减法，并列出了它们的折旧计算公式。这几种方法是系统默认的折旧方法，只能选用，不能修改、删除。另外可能由于各种原因，这几种方法不能满足需要，系统提供了折旧方法的自定义功能，可以定义折旧方法的名称和计算公式。平均年限法（二）更能满足新准则下固定资产变动的处理要求。

1.打开"设置"菜单，单击【折旧方法】，弹出"折旧方法"对话框，对话框列出了已有的折旧方法。

2.单击【增加】，弹出折旧方法设置对话框，如图4-26所示，增加自定义的折旧方法。当发现自定义的公式有误时，可以通过该功能修改。在折旧方法目录中选中要修改的折旧方法，单击【修改】，选择要修改的地方改正即可。如果认为不再需要某一个自定义折旧方法，而固定资产又没有用该方法计提折旧，该方法可以删除。在折旧方法目录中选中要删除的折旧方法，单击【删除】即可。

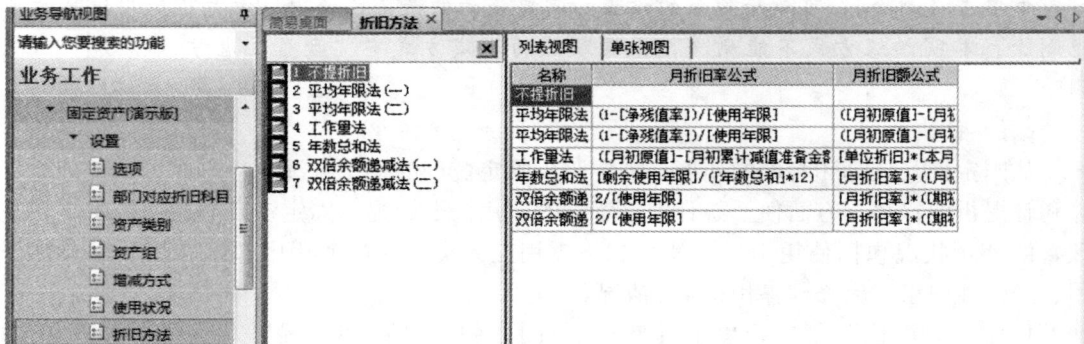

图 4-26　打开折旧方法设置

3.先输入折旧方法名称，再利用系统提供的"折旧项目"列表和"数字符号编辑"工具栏进行定义，如图4-27所示。要先定义"月折旧率"，再定义"月折旧额"。在月折旧率或月折旧额的编辑栏中编写公式时，要先把鼠标指针移到编辑栏中，然后双击折旧项目目录中的项目，折旧项目就到编辑栏中了，或选中要在公式中使用的项目，单击【→】，编辑好月折旧率或月折旧额的自定义公式后单击【确定】进行保存，完成新折旧方法的定义，如图4-28所示。

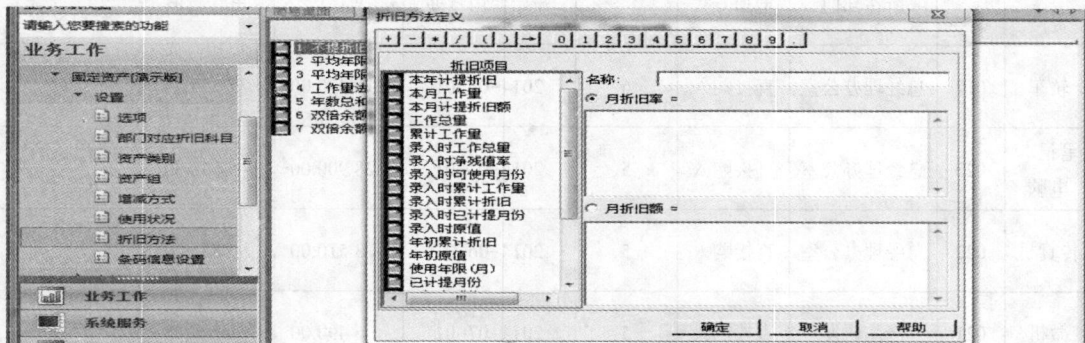

图4-27 新增折旧方法（一）

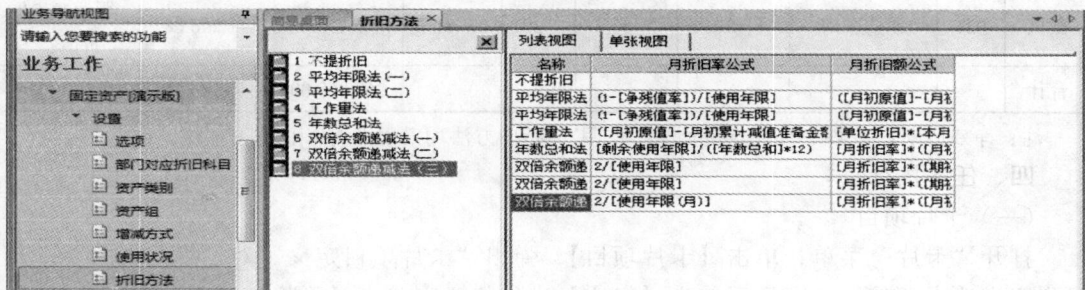

图4-28 新增折旧方法（二）

【任务三】 录入原始卡片数据

一、任务描述

以会计主管马芳（003）的身份录入北京阳光信息技术有限公司的固定资产信息。

二、入职知识准备

固定资产系统初始化的最后一项工作就是要把期初的原始卡片录入到系统中，这也是固定资产系统初始化阶段最重要的工作。

卡片项目是固定资产卡片上显示的用来记录资产资料的栏目，如原值、资产名称、使用年限、折旧方法等卡片最基本的项目。用友ERP-U8 V10.1固定资产系统提供了一些常用卡片必需的项目，称为系统项目。如果这些项目不能满足固定资产特殊管理的需要，则可以通过卡片项目定义来定义需要的项目。定义的项目称为自定义项目，这两部分构成卡片项目目录。

卡片样式指卡片的显示格式，包括格式（表格线、对齐形式、字体大小、字形等）、所包含的项目和项目的位置等。由于不同的企业使用的卡片样式可能不同，即使是同一企业内部对不同的固定资产也会由于管理内容和侧重点的不同而使用不同样式的卡片，所以本系统提供卡片样式自定义功能，以增大灵活性，可以使用默认的样式，也可以修改默认的样式，或者定义新的卡片样式。

三、任务内容

固定资产原始卡片列表见表4-6。

表4-6　　　　　　　　　　固定资产原始卡片列表

固定资产	类别编号	所在部门	增加方式	可使用年限	开始使用日期	原值	累计折旧	对应折旧科目名称
轿车	012	总经理办公室	直接购入	6	2014-06-01	215 470.00	37 254.75	管理费用/折旧费
笔记本电脑	022	总经理办公室	直接购入	5	2014-07-01	28 900.00	5 548.80	管理费用/折旧费
传真机	022	总经理办公室	直接购入	5	2014-06-01	3 510.00	1 825.20	管理费用/折旧费
微机	021	产品研发	直接购入	5	2014-07-01	6 490.00	1 246.08	制造费用/折旧费
微机	021	制造车间	直接购入	5	2014-07-01	6 490.00	1 246.08	制造费用/折旧费
合计						260 860.00	47 120.91	

注：净残值率均为4%，使用状况均为"在用"，折旧方法均采用平均年限法（一）。

四、任务执行

（一）卡片项目

打开"卡片"菜单，单击【卡片项目】，弹出"卡片项目定义"对话框。在左侧的项目列表中选中要编辑的项目后单击【修改】进行修改，单击【删除】可删除选中的项目，单击【增加】进行项目增加，最后单击【保存】，保存设置。

（二）卡片样式

1.打开"卡片"菜单，单击【卡片样式】，弹出"卡片样式"对话框，如图4-29所示。

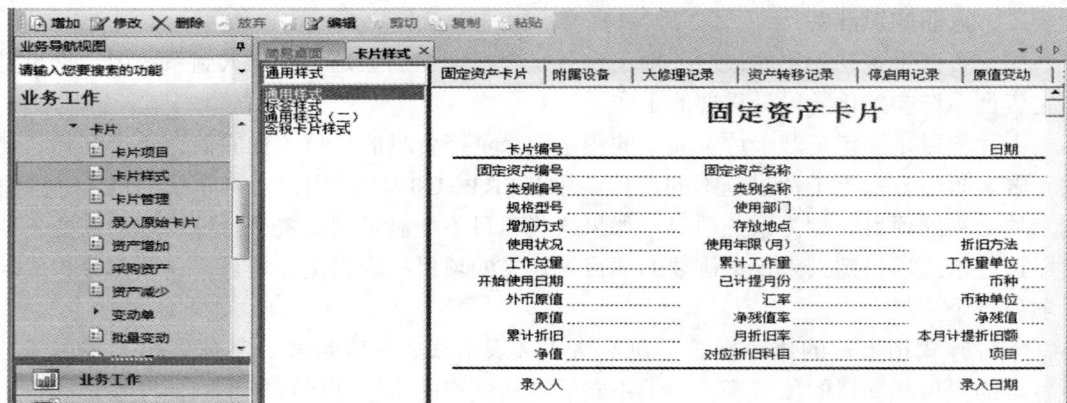

图4-29　打开卡片样式

2.系统提供了一个通用样式，单击【修改】，可以按照企业的管理要求进行修改。单击【增加】，可以增加新的卡片样式。系统会提示"是否以当前卡片样式为基础建立新样式?"单击【是】。单击【编辑】，可对卡片上的项目进行修改。输入本次新增卡片样式名称，最后单击【保存】，保存本次卡片项目设置。

（三）卡片管理

1.卡片查询。

（1）打开"卡片"菜单，单击【卡片管理】，弹出"卡片管理"对话框，如图4-30所示。系统提供了查看单张卡片、查看卡片汇总信息、自定义查询等功能。

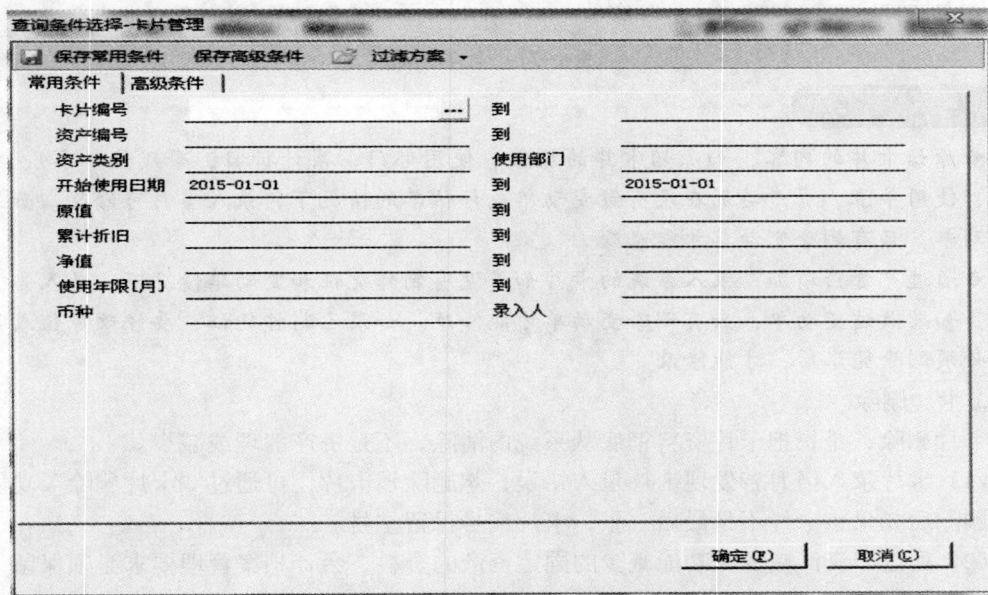

图4-30　打开卡片管理

（2）在"卡片管理"对话框中的查询条件下拉列表框中选择"自定义查询"。如果该查询是临时查询，单击【查找】，不保存自定义的查询条件。如果日常业务处理中经常用到某一查询条件，可保存该条件，以便日后再查询时直接调用，单击【添加查询】，弹出"查询定义"对话框，输入自定义查询的名称后编辑查询条件。单击【新增行】，即可输入查询条件，每一行就是一个查询条件，如果定义的查询条件由多个条件组成，各个条件可用关系符组合起来。查询条件输入后单击【确定】，右侧列表将显示查询条件的卡片列表。

2.卡片修改。

当用户在使用过程中发现卡片录入有错误，或需要修改卡片内容时，可通过卡片修改功能实现。这种修改也称为无痕迹修改，即在变动清单和查看历史状态时不体现，所以修改时请注意。

从卡片管理列表中双击调出要修改的卡片，单击【修改】，即可进行修改，如图4-31所示。

图4-31　卡片修改

财务专家温馨提示

◆原始卡片的内容，如原始卡片的原值、使用部门、累计折旧、净残值（率）、折旧方法、使用年限、资产类别在没有做变动单或评估单的情况下，录入当月可修改。如果做过变动单，只有删除变动单才能修改。

◆通过"资产增加"录入系统的卡片如果没有制作凭证和变动单情况下，录入当月可修改。如果做过变动单，只有删除变动单才能修改。如果已制作凭证，要修改原值或累计折旧必须删除凭证后，才能修改。

3.卡片删除。

卡片删除，是指把卡片资料彻底从系统内清除，不是资产清理或减少。

（1）卡片录入当月若发现卡片录入错误，想删除该卡片，可通过"卡片删除"功能实现，删除后如果该卡片不是最后一张，卡片编号保留空号。

（2）通过"资产减少"功能减少的固定资产的资料，会计档案管理要求必须保留一定的时间，所以本系统在账套"选项"中要设定删除的年限，对减少的固定资产的卡片只有在超过了该年限后，才能通过"卡片删除"将原始资料从系统彻底清除，在设定的年限内，不允许删除。

（3）从卡片管理列表中选择要删除的固定资产卡片，单击【删除】，即可删除该卡片，如图4-32所示。

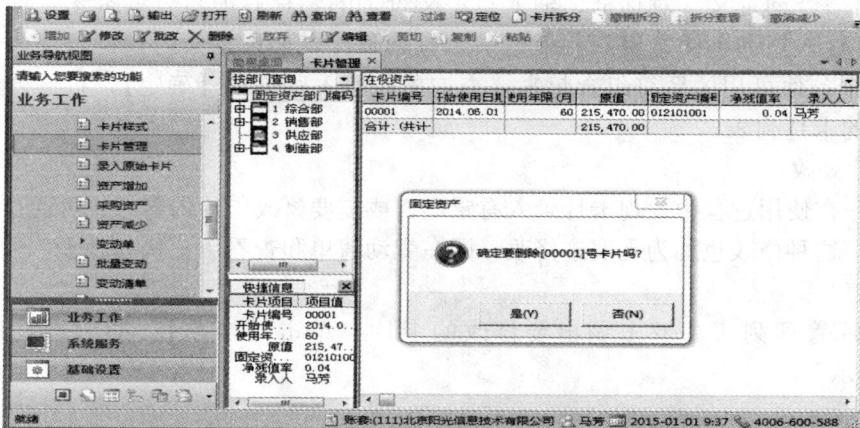

图4-32　卡片删除

财务专家温馨提示

◆卡片做过一次月末结账后不能删除，做过变动单或评估单的卡片需要删除时，要先删除相关的变动单或评估单。删除已制作过凭证的卡片时，要先删除相应凭证，然后再删除卡片，此外，不是本月录入的卡片，不能删除。

4.卡片打印。

固定资产卡片可打印输出，卡片打印提供两种打印结果：一是卡片；二是卡片列表。卡片打印分为两种形式：单张打印和批量打印。

（1）打印单张卡片。打印单张卡片是指将正在查看的那张卡片的主卡及各附属表打印输出。在单张卡片查看界面，单击【打印】就可以直接打印该卡片。单击【打印预览】查看该卡片的打印预览，如果对效果满意，可单击【打印】，输出该卡片。如果对预览的结果不满意，单击【打印设置】重新设置打印效果。

（2）打印卡片列表。卡片列表指卡片管理中以列表形式显示的卡片集合。在卡片管理界面中，首先根据查询条件选择操作显示出符合条件的卡片列表，单击【打印预览】，屏幕显示该列表打印效果；单击【打印】，直接打印该列表。

（3）批量打印卡片。如果同时输出的卡片量较大，可使用系统提供的批量打印卡片功能，不必选中单张卡片一张一张地打印。批量打印卡片实际上是前两种打印的结合，批量打印输出的卡片是打印列表集合中列示的卡片。在"卡片管理"界面中，选择不同的查询条件，列示要打印的卡片列表。例如要打印设备类卡片，则从查询条件下拉列表框中选择"按类别查询"，然后选择"设备类"，则右侧的列表中列示的就是要批量打印的卡片集合。单击【打印】，选择"批量打印卡片"，单击【确定】即可。

（四）原始卡片

固定资产卡片记录了固定资产核算和管理的基础数据，在使用固定资产系统进行核算前，必须将建账以前的数据录入到系统中，保持历史数据的连续性。原始卡片不限制必须在第一个期间结账前录入，任何时候都可以录入原始卡片，即原始卡片可以分期录入。但是需要注意"与财务系统对账"选项的设置。

1.单击【卡片】|【录入原始卡片】，系统弹出"固定资产类别档案"对话框，如图4-33所示。

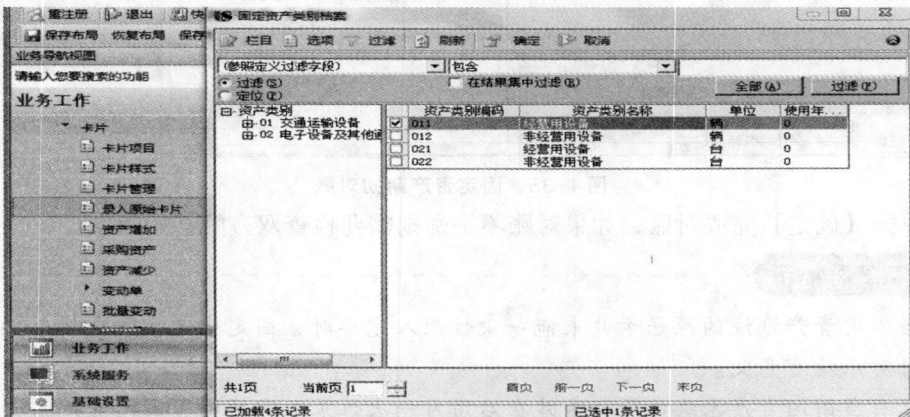

图4-33　打开录入原始卡片

2.选择"交通运输设备"中的"非经营用设备"，单击【确定】，打开录入原始卡片对话框，录入相关信息后，单击【保存】，系统弹出"数据成功保存！"提示框，单击【确定】，如图4-34所示。

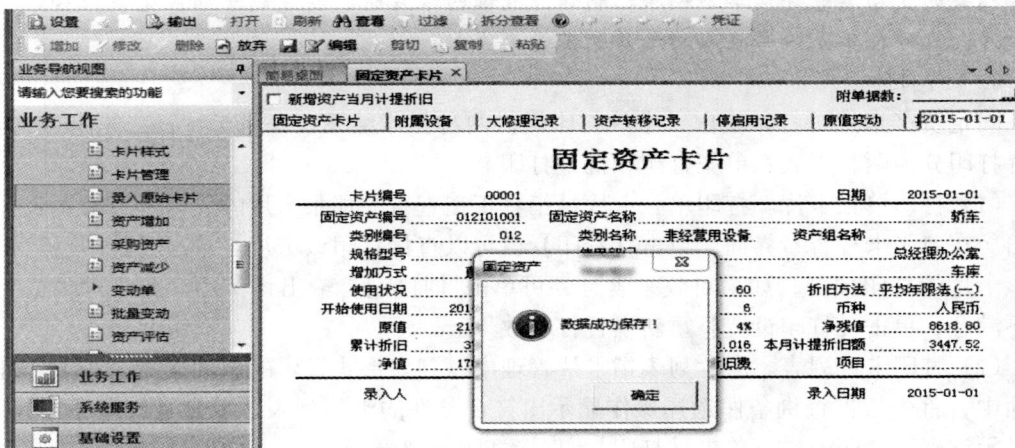

图4-34　新增固定资产原始卡片

财务专家温馨提示 -

◆在原始卡片界面中，除主卡外，还有若干的附属页签，附属页签上的信息只供参考，不参与计算，也不回溯。

◆直接购入、接受捐赠、实物投资的固定资产需要录入相关的进项税额。

（五）期初对账

1.单击【财务会计】|【固定资产】|【处理】|【对账】，系统弹出"与财务对账结果"对话框，如图4-35所示。

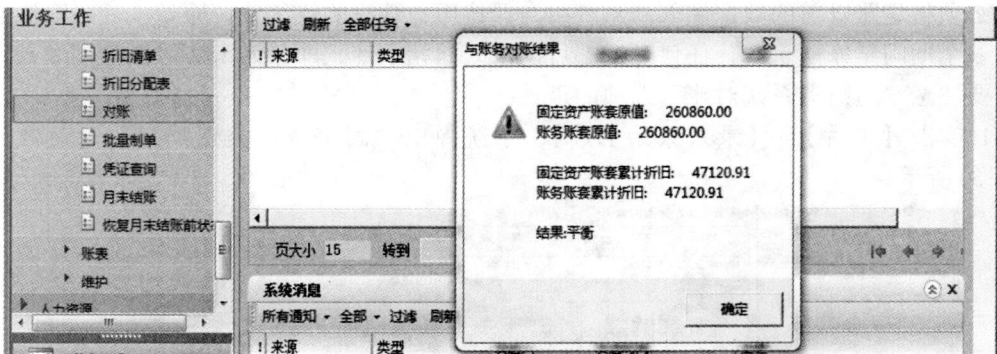

图4-35　固定资产期初对账

2.单击【确定】完成对账，如果对账不平衡则需要检查双方的初始数据。

财务专家温馨提示 -

◆当固定资产系统的原始卡片未能一次性录入完毕时，固定资产系统自然小于总账系统，此时对账没有意义。

◆只有当固定资产系统的原始卡片在启用月一次性录入完毕时，固定资产系统的数据才能等于总账系统的数据，此时有必要实施对账。

学习情境二　固定资产系统日常业务处理

固定资产系统日常业务处理的主要内容包括固定资产的增加、减少、调拨、计提折旧等。其中，计提折旧在电算化会计中处理的时间和手工会计有所不同。手工会计通常在月末计提折旧，而电算化会计通常先计提折旧，尤其是在发生固定资产减少的业务时，由于减少的固定资产按会计制度的规定，当月仍需计提折旧，所以只有先计提折旧，才能进行固定资产减少的业务处理。本学习情境结构图如图4-36所示。

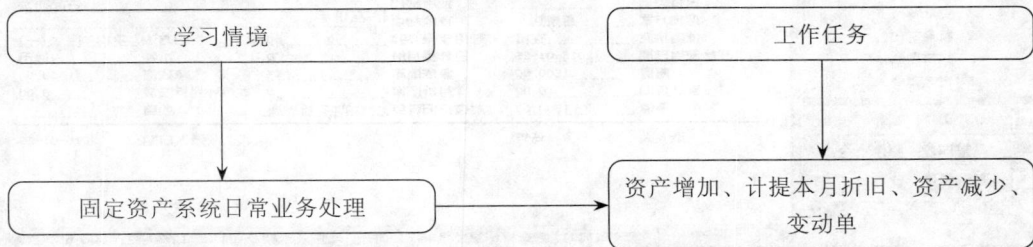

图4-36　固定资产系统日常业务处理学习情境结构

【任务一】　资产增加

一、任务描述

以会计主管马芳（003）的身份对北京阳光信息技术有限公司本月新购进的固定资产进行登记并生成凭证。

二、入职知识准备

"资产增加"即新增固定资产卡片，在系统日常使用过程中，可能会通过购进或其他方式增加企业固定资产，该部分固定资产通过"资产增加"操作录入系统。当固定资产开始使用日期的会计期间等于录入会计期间时，才能通过"资产增加"录入。

三、任务内容

2015年1月份发生的业务：1月25日，产品研发部门购买扫描仪一台，价值1 500元，净残值率4%，预计使用年限5年。

四、任务执行

1.打开【卡片】|【资产增加】，弹出 资产类别参照对话框，如图4-37所示。

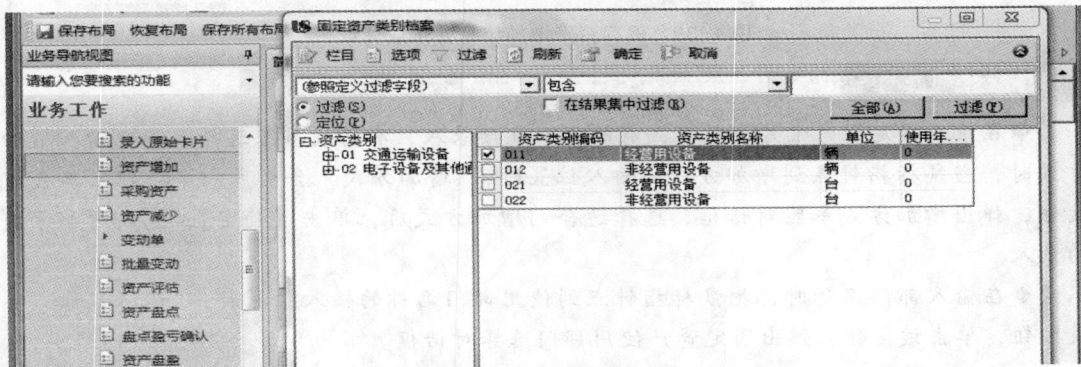

图4-37　打开资产增加

2.选择好要增加的资产类别后，弹出 "固定资产卡片" 对话框，输入新增的固定资产卡片内容，如图4-38所示。

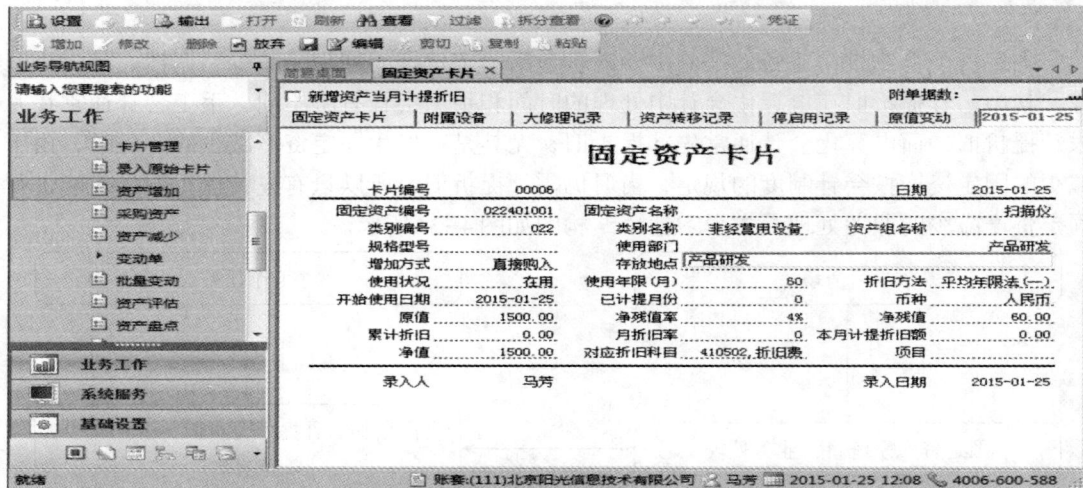

图4-38　录入增加资产的信息

3.卡片增加完成后，单击【保存】，系统自动弹出生成凭证界面，然后修改凭证类型和制单日期，单击【保存】，弹出 "数据成功保存！" 的提示，录入的卡片保存入系统，如图4-39所示。

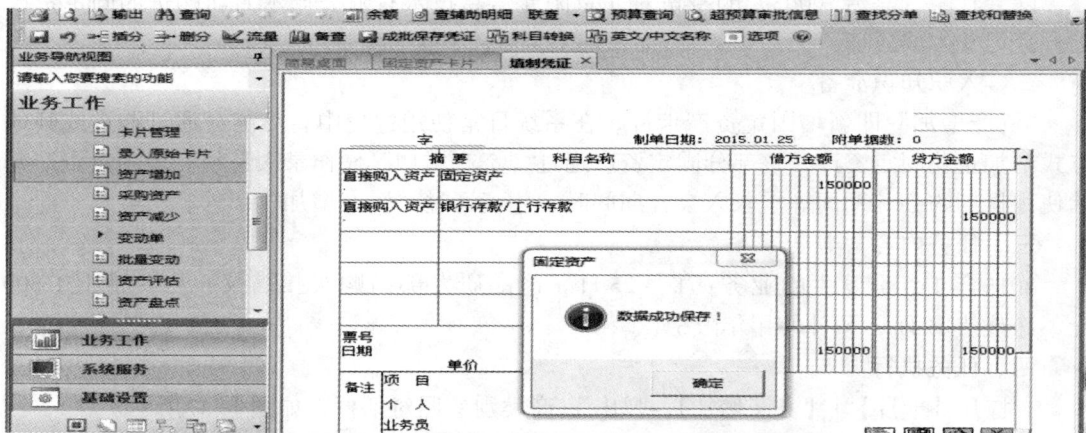

图4-39　保存资产增加信息并生成凭证

财务专家温馨提示

◆在录入固定资产卡片资料时，有的可以直接录入，有的须参照选择。如在输入增加方式时，当鼠标指针点到增加方式的输入位置时，"增加方式" 会变成一个按钮，单击该按钮，弹出增加方式参照对话框，选择适合的增加方式后，单击【确定】，完成增加方式的录入。

◆在输入部门名称时，把鼠标指针点到使用部门名称的输入位置时，"部门名称" 变成按钮，单击该按钮，弹出固定资产使用部门选择对话框。

◆选择 "多部门使用" 后，单击【确定】，弹出 "使用部门" 对话框，单击【增加】

后出现一行空记录,,双击"使用部门"栏下的空格,或选定"使用部门"栏下的空格,单击【空格键】,就在空栏的右边出现"放大镜",弹出"部门参照"对话框,选定使用部门后,单击【确定】,完成使用部门的录入。填写完"使用比例%"、"对应折旧科目"和"对应项目"后,单击【确定】,完成录入操作。最多可填写20个使用部门。

◆单击【其他选项卡】,如附属设备、大修理记录、资产转移记录、停启用记录、原值变动、减少信息等,可以录入附属设备或以前卡片发生的各种变动。附属选项卡上的信息只供参考,不参与计算。

◆单击【图片】,可以联查到与本固定资产相对应的图片。如果没有设置在固定资产系统中进行图片查询,则此处的按钮将不显示。图片需要用户先将一张本卡片中的固定资产的图片放入指定的文件夹,再将该图片文件的文件名更改为本卡片中的卡片编码(不是固定资产编码)。

常见问题解析

◆卡片录入时提示"原始卡片的开始日期不能在本月或本月之后。"常见原因是当期增加固定资产卡片不能在原始卡片录入的菜单下进行。建议操作:期初资产是通过"原始卡片录入"菜单增加,当期资产增加是通过"资产增加"菜单增加。

◆无法修改卡片上的项目。常见原因是当月录入的资产,只能在次月修改。建议操作:将本月业务结账,在进行次月业务时再修改。

【任务二】计提本月折旧

一、任务描述

以会计主管马芳(003)的身份计提本月北京阳光信息技术有限公司的固定资产折旧。

二、入职知识准备

计提固定资产折旧是固定资产减少的主要内容,计提折旧在手工会计和电算化会计中处理的时间有所不同。

自动计提折旧是固定资产系统的主要功能之一。系统每期计提折旧一次,根据录入系统的资料自动计算每项资产的折旧,并自动生成折旧分配表,然后制作记账凭证,将本期的折旧费用自动登账。系统除了执行自动计提折旧功能以外,还将自动计提各个资产当期的折旧额,并将当期的折旧额自动累加到累计折旧项目。

折旧清单显示的是所有应计提折旧的固定资产所计提折旧数额的列表。单期的折旧清单中列示了资产名称、计提原值、月折旧率、单位折旧、月工作量、月折旧额等信息。全年的折旧清单中同时列出了各固定资产在12个计提期间中月折旧额、本年累计折旧等信息。

折旧分配表是编制记账凭证,把计提折旧额分配到成本和费用的依据。什么时候生成折旧分配凭证根据用户在初始化或选项中选择的折旧分配汇总周期确定,如果选定的是1个月,则每期计提折旧后自动生成折旧分配表;如果选定的是3个月,则只有到三的倍数的期间,即第3、6、9、12期间计提折旧后才自动生成折旧分配凭证。折旧分配表有两种类型:部门折旧分配表和类别折旧分配表,只能选择其中一个制作记账凭证。

三、任务内容

登录日期为2015年1月31日，计提本月折旧费用。

四、任务执行

（一）工作量输入

如果账套内的资产使用"工作量法"计提折旧，每月计提折旧前必须录入资产当月的工作量，本功能提供当月工作量的录入和以前期间工作量信息的查看。

打开"处理"菜单，单击【工作量输入】，弹出"工作量"对话框，显示当月需要计提折旧的固定资产，并在固定资产所对应的工作量一栏中输入本月的工作量。

（二）计提折旧

1.打开"处理"菜单，双击【计提本月折旧】，弹出"是否要查看折旧清单？"的提示信息，如图4-40所示。

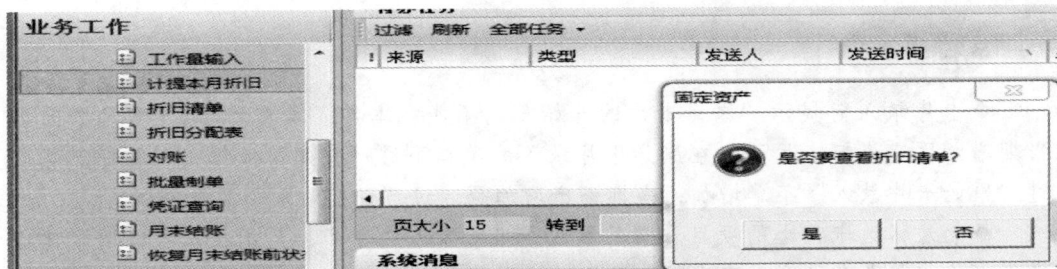

图4-40　打开计提本月折旧（一）

2.单击【是】，弹出"本操作将计提本月折旧，并花费一定时间，是否要继续？"对话框，如图4-41所示，再次单击【是】，自动打开"折旧清单"对话框，如图4-42所示。

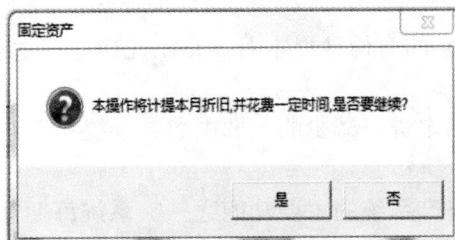

图4-41　打开计提本月折旧（二）

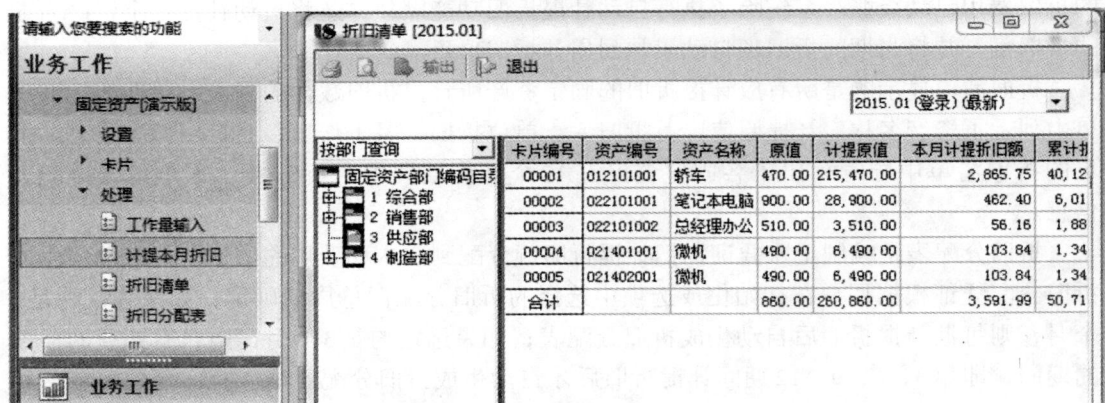

图4-42　打开折旧清单

3.单击【退出】，系统进入"折旧分配表"对话框，同时系统提示计提折旧完成，单击【确定】，选中"按部门分配"，如图4-43和图4-44所示。

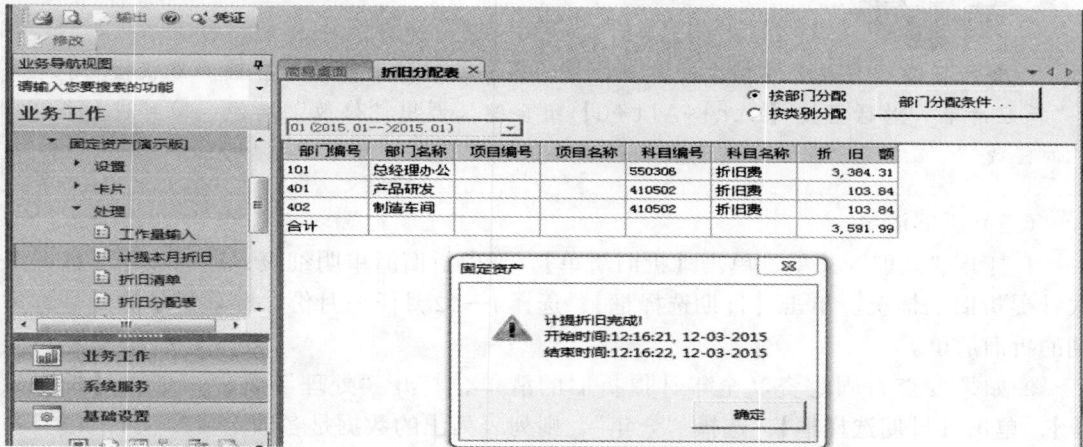

图4-43　打开折旧分配表（一）

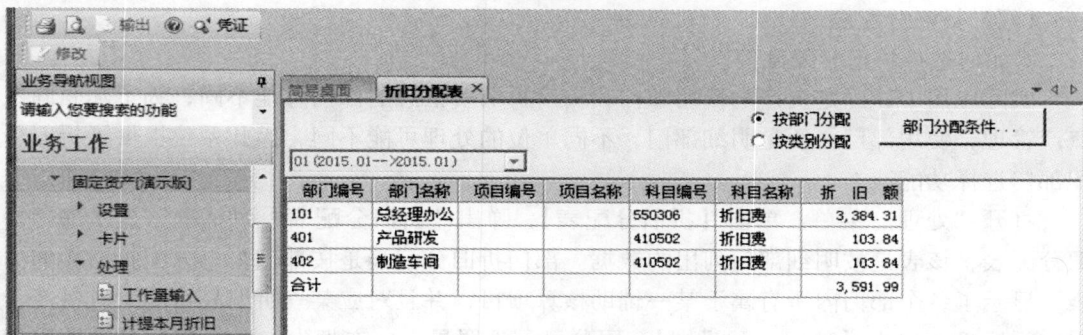

图4-44　打开折旧分配表（二）

4.然后单击【凭证】，系统自动生成凭证，将凭证类型定义为"转账凭证"，单击【保存】，凭证被保存后，如图4-45所示，单击【退出】。

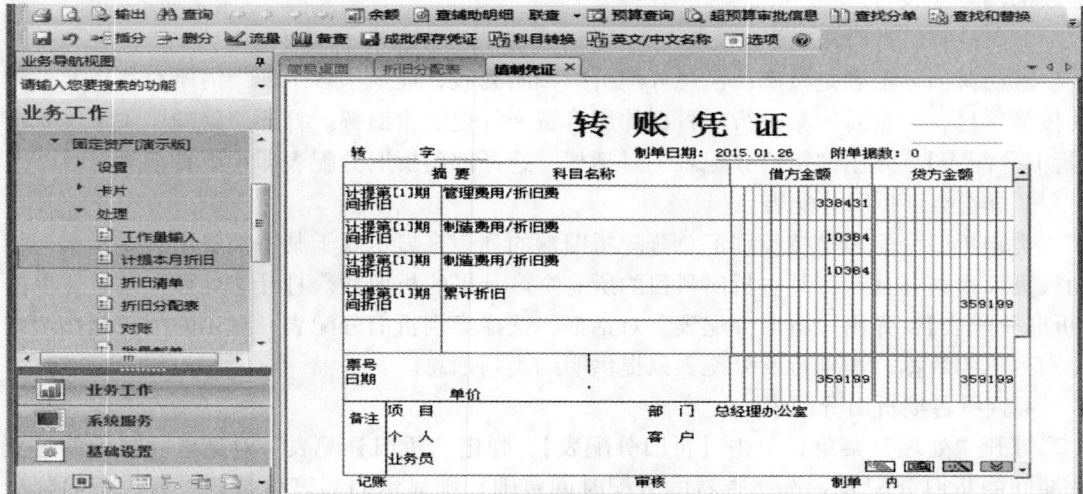

图4-45　生成折旧凭证

5.在弹出的"折旧分配表"对话框中单击【退出】。

常见问题解析

◆折旧数据错误无法修改。常见的原因是不知道修改折旧的方法。建议操作：在"折旧清单"对话框按【Ctrl+Alt+G】组合键，调出"修改"功能，即可进行折旧的修改。

（三）折旧清单

1.打开"处理"菜单，单击【折旧清单】，弹出折旧清单明细表，显示该账套最近一次计提折旧的情况。单击【日期选择框】，选择1—12月任一月份，屏幕显示的就是选定期的折旧清单。

2.如果要查看固定资产全年计提折旧的清单，打开"处理"菜单，单击【折旧清单】，单击【日期选择框】，选择"全年"，则列表列出的数据是各固定资产在1—12月各期计提折旧的数据。

（四）折旧分配表

1.如何选择折旧分配部门。

实际应用中，固定资产的使用部门和资产折旧要汇总的部门可能不同，为了加强固定资产管理，使用部门必须是明细部门，不同单位的处理可能不同，因此系统提供了折旧分配部门选择功能。

打开"处理"菜单，单击【折旧分配表】，弹出"折旧分配表"对话框，显示部门折旧分配表，该表是按明细部门列出的数据。部门折旧分配表是按部门汇总分配折旧额的列表，显示了各个部门内所有属于某一辅助核算项目，并且对应某一折旧科目的所有资产计提的折旧额。单击【部门分配设置】，屏幕显示设置界面，在框内打钩的部门是被选中的要汇总分配的部门。选择要汇总分配的部门，在其前面的框内打钩。单击【确定】，将按选择的结果列出部门折旧分配表，以后每次均按此条件生成部门折旧分配表，直至下一次修改部门分配设置。

2.查看部门折旧分配表。

部门折旧分配表是按部门汇总分配折旧额的列表，显示了各个部门内所有属于某一辅助核算项目，并且对应某一折旧科目的所有资产计提的折旧额。打开"处理"菜单，单击【折旧分配表】，弹出"折旧分配表"对话框，选择部门折旧分配表即可查看该表。

3.查看类别折旧分配表。

类别折旧分配表是按类别汇总分配折旧额的列表，显示属于某一类资产且属于某一辅助核算项目，并且对应某一折旧科目的所有资产计提的折旧额。打开"处理"菜单，单击【折旧分配表】，弹出"折旧分配表"对话框，选择类别折旧分配表，显示的列表是按明细类别列出的数据，类别折旧分配表只提供明细类别汇总。

4.查看各期折旧分配表。

打开"处理"菜单，单击【折旧分配表】，弹出"折旧分配表"对话框。显示的是登录期间的折旧分配表。选择查看的分配时间范围，则显示的列表就是要查看的折旧分配表，如果该期已结账，查看到的是据以制作凭证的分配表，不能同时查看部门和类别分配表，如果还没有制作记账凭证，保持最后查看分配表的状态，并且已结账期间的部门折旧分配表的分配条件不能修改。

5.根据折旧分配表制作记账凭证。

系统计提折旧后，自动生成折旧分配表，折旧分配表是制作记账凭证的依据。系统提供两种类型的折旧分配表，部门折旧分配表和类别折旧分配表，但是制作记账凭证时只能依据一个表。要依据哪一个表制作记账凭证，要在该表的查看状态下单击【制单】。

【任务三】 资产减少

一、任务描述

以会计主管马芳（003）的身份处理本月北京阳光信息技术有限公司的固定资产减少业务。

二、入职知识准备

固定资产在使用过程中，总会由于各种原因，如毁损、出售、盘亏等，退出企业，该部分操作称为"资产减少"。系统提供资产减少的批量操作，为同时清理一批资产提供方便。

三、任务内容

登录日期为2015年1月26日，产品研发部门毁损微机一台。

四、任务执行

1.打开"卡片"菜单，单击【资产减少】，弹出"资产减少"对话框，如图4-46所示。

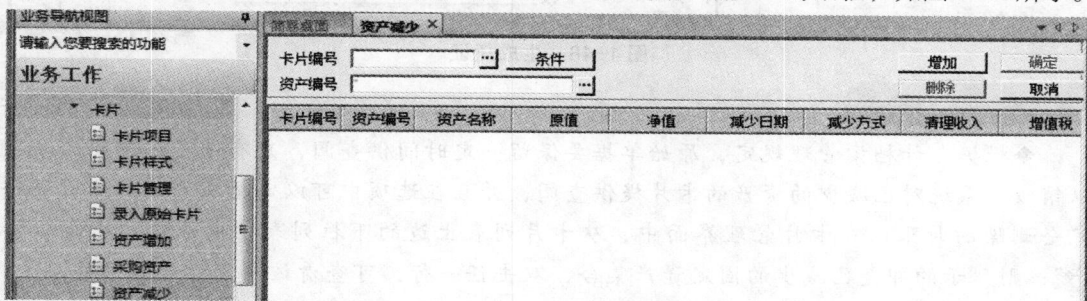

图4-46　打开资产减少

2.输入要进行资产减少的卡片编码或单击【┈】，选择卡片编码或卡片号，选择要减少的固定资产名称，单击【确定】，返回"资产减少"对话框，单击【增加】，出现减少方式对话信息行，如图4-47所示。

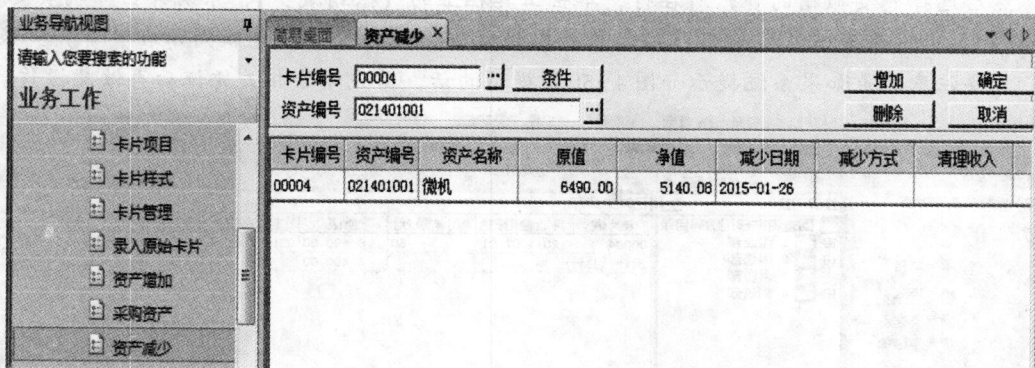

图4-47　输入资产减少信息

3.输入资产减少的方式编码或单击【□】，选择相应的方式，并输入其他信息。

4.单击【确定】，进入凭证生成界面，修改凭证类型、摘要等信息，单击【保存】，单击【退出】，弹出"所选卡片已经减少成功!"的提示，如图4-48所示，录入的卡片保存入系统，单击【确定】退出。

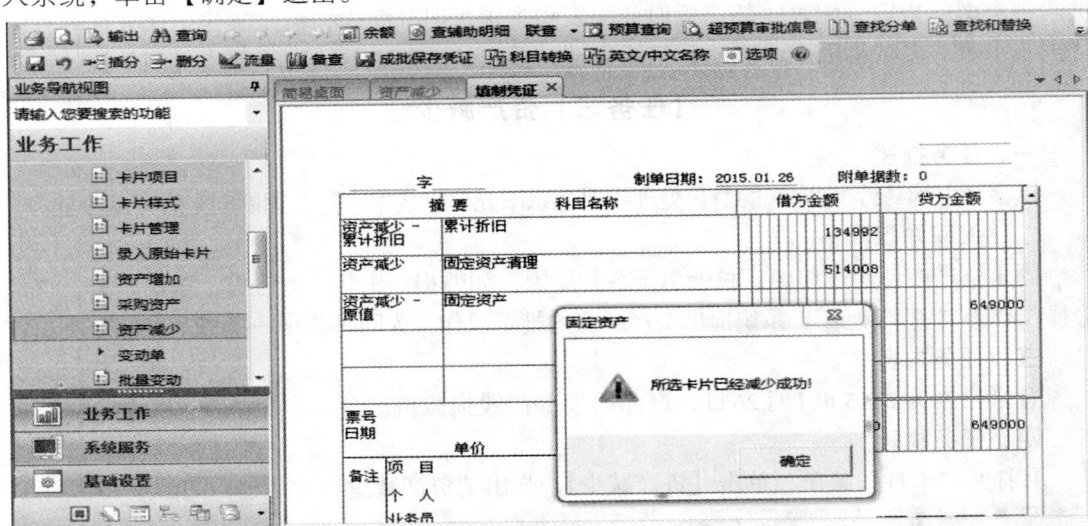

图4-48　生成凭证

财务专家温馨提示

◆根据会计档案管理规定，原始单据要保留一定时间供查阅，只有过了该期间的才可以销毁。系统对已减少的资产的卡片提供查阅，并且在选项中可以定义从系统将这些资料完全删除的时限。在卡片管理界面中，从卡片列表上边的下拉列表框中选择"已减少资产"，则列示的即是已减少的固定资产集合，双击任一行，可查看该固定资产的卡片。

◆针对固定资产清理的各种业务在固定资产系统中只能完成上述操作，后续业务需要到总账系统中做补充处理，比如清理收入和清理费用所对应的营业外收支的结转。

◆已经减少的固定资产如果想撤销"减少"，可以在"卡片管理"界面进行，在"卡片管理"界面中选择"已减少资产"类别，系统显示已经减少的资产信息行，如图4-49所示。然后选择想要撤销的资产所在行，单击工具栏上的【撤销减少】，系统弹出"确实要恢复××号卡片的资产吗?"，单击【确定】则撤销减少，此时资产将重新列示在"资产列表"中。需要注意的是如果系统提示如图4-50的提示的话，需先删除相关凭证后再做此操作。

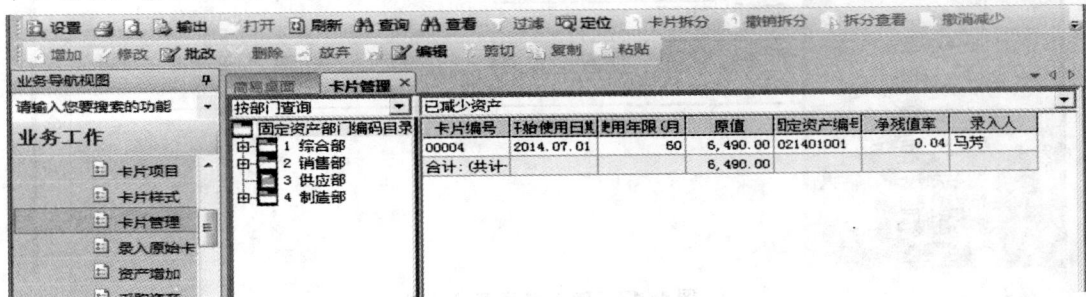

图4-49　打开卡片管理

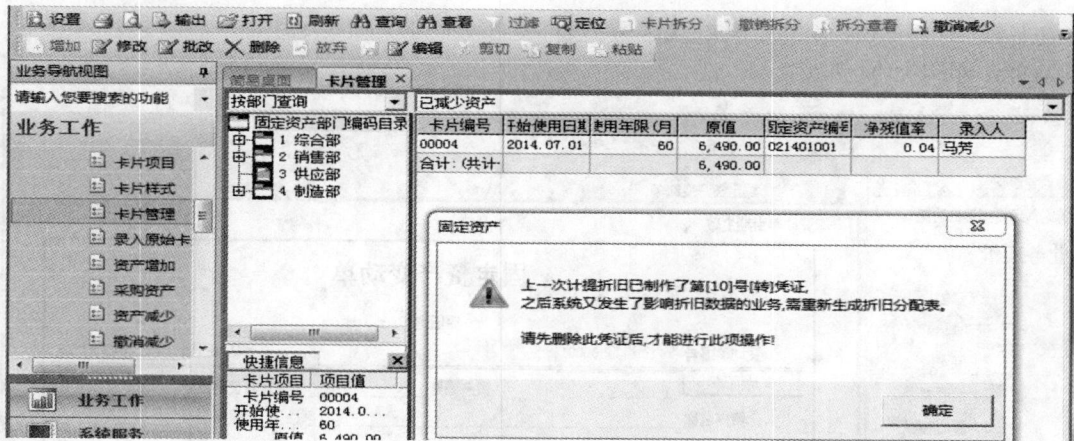

图 4-50　撤销已经减少的资产

常见问题解析

◆当月资产减少业务无法进行。常见原因是按现行的会计制度，系统设置了计提折旧后才能使用资产减少功能。建议操作：先进行计提折旧，再进行资产减少业务处理。

◆资产减少了无法找回。常见原因是该业务已经批量制单生成了凭证。建议操作：删除已经生成的凭证后，在"卡片管理"下拉框中选择"已减少资产"，找到已减少的资产，执行【卡片】菜单下的【撤销减少】操作，即可修复。

【任务四】变动单处理

一、任务描述

以会计主管马芳（003）的身份处理北京阳光信息技术有限公司固定资产的变动业务。

二、入职知识准备

固定资产在使用过程中，可能会有调整卡片上某些项目的要求，并且这种变动要求留下原始凭证，制作的原始凭证称为"变动单"。固定资产的变动包括原值变动、部门转移、使用状况变动、使用年限调整、折旧方法调整、净残值率调整、工作总量调整、累计折旧调整、资产类别调整和变动单管理等。修改其他项目，如名称、编号和自定义项目等均可直接在卡片上进行。本月录入的卡片和本月增加的资产是不允许进行变动处理的。

三、任务内容

登录日期为 2015 年 1 月 26 日。

2015 年 1 月份发生的业务如下：

1.资产原值变动：1 月 26 日，总经理办公室的轿车添置 10 000 元新配件。

2.资产部门转移：1 月 26 日，总经理办公室的传真机移交供应部使用。

四、任务执行

（一）原值增加与减少

原值变动有原值增加和原值减少两种。

1.打开"卡片"菜单，单击【变动单】，选择"原值增加"，弹出"固定资产变动单"对话框，如图4-51所示。

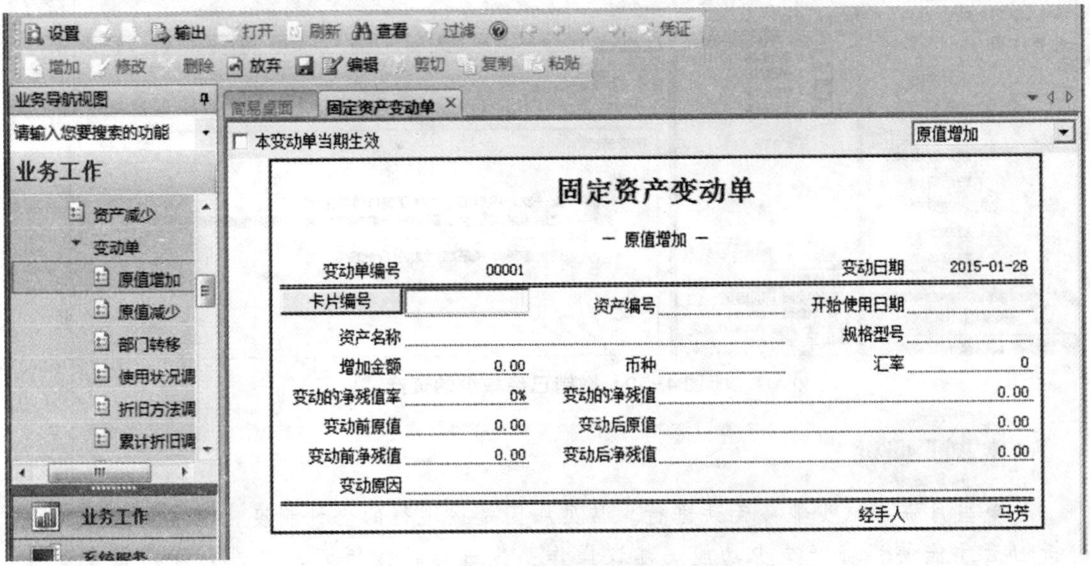

图4-51　打开固定资产原值增加变动单

2.单击【卡片编号】或【变动单】或【固定资产编号】，出现固定资产的名称、开始使用日期、规格型号、变动的净残值率、变动前净残值、变动前原值等相关信息。输入"增加金额"，系统自动计算出"变动的净残值率"、"变动后原值"、"变动后净残值"且不允许修改，如图4-52所示。如果默认的变动的净残值率或变动的净残值不正确，可手工修改其中的一个，另一个自动计算。输入变动原因。

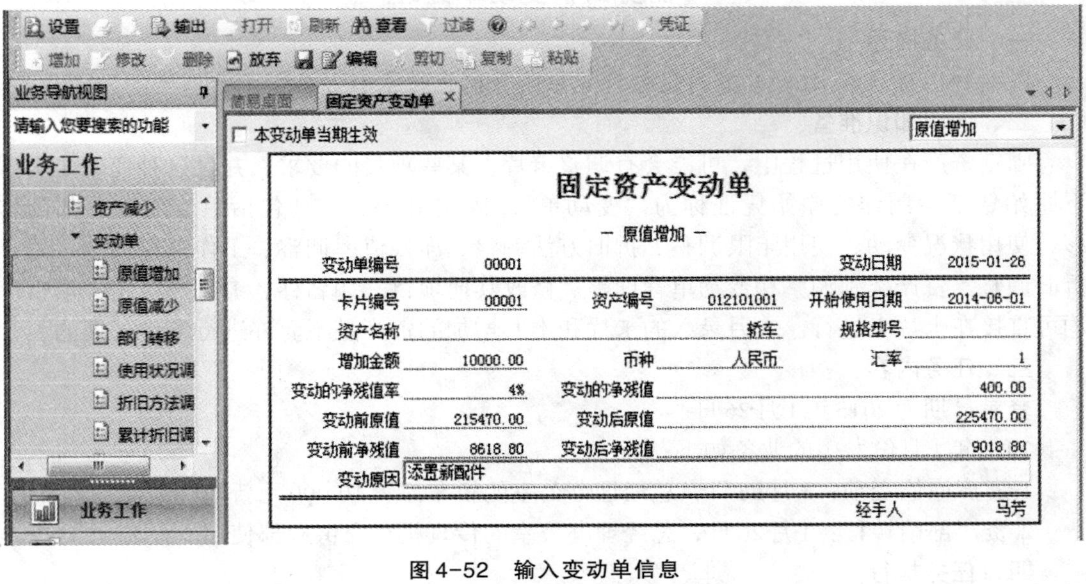

图4-52　输入变动单信息

3.单击【保存】，即完成该变动单操作，如图4-53所示。卡片上相应的项目（原值、净残值、净残值率）根据变动单而改变。

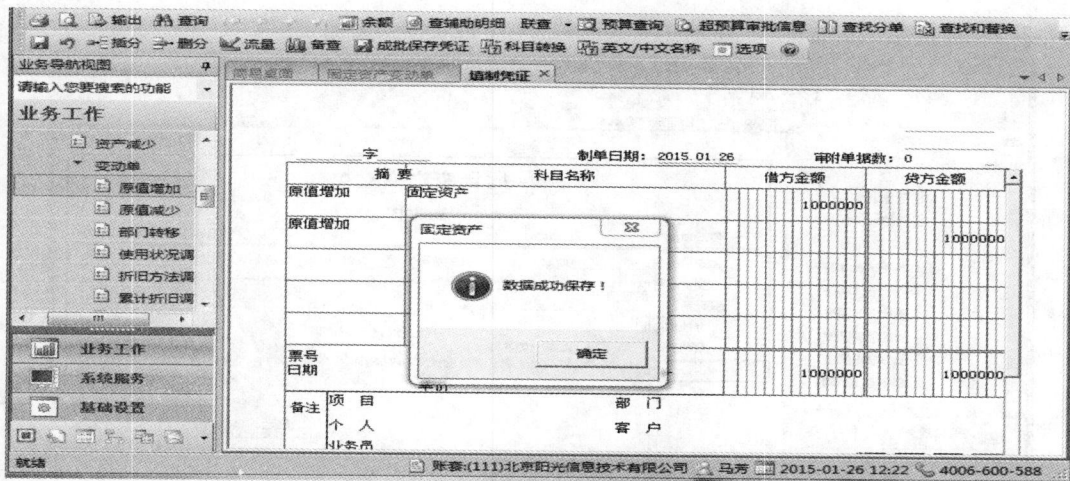

图4-53　保存变动单并生成凭证

财务专家温馨提示

◆变动单不能修改，只有当月可删除重做，所以请仔细检查后保存。

（二）部门转移

固定资产在使用过程中，因内部调配而发生的部门变动，通过部门转移功能实现。

1.打开"卡片"菜单，单击【变动单】，选择"部门转移"菜单，弹出"固定资产变动单"对话框，如图4-54所示。输入卡片编号或固定资产编号，自动列出固定资产的名称、开始使用日期、规格型号、变动前部门、存放地点等信息，然后输入变动后的使用部门、新存放地点和变动原因，如图4-55所示。

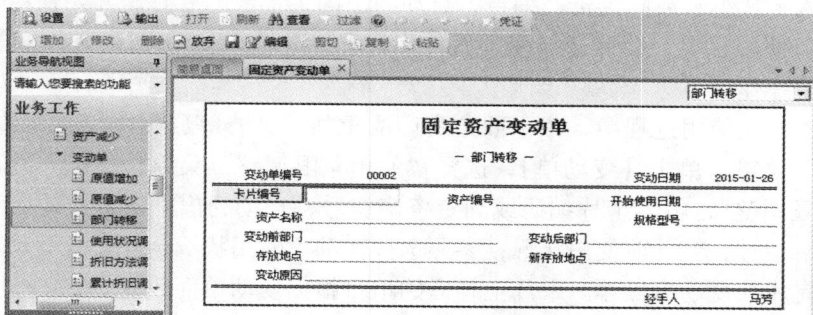

图4-54　打开固定资产部门转移变动单

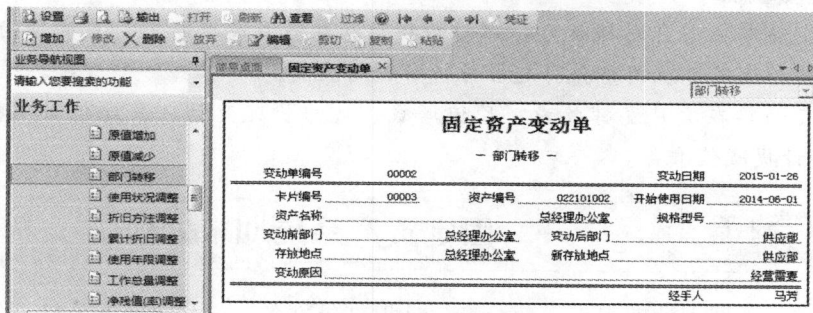

图4-55　输入变动单信息

2.单击【保存】，系统弹出保存成功的提示，即完成该变动单操作，如图4-56所示。

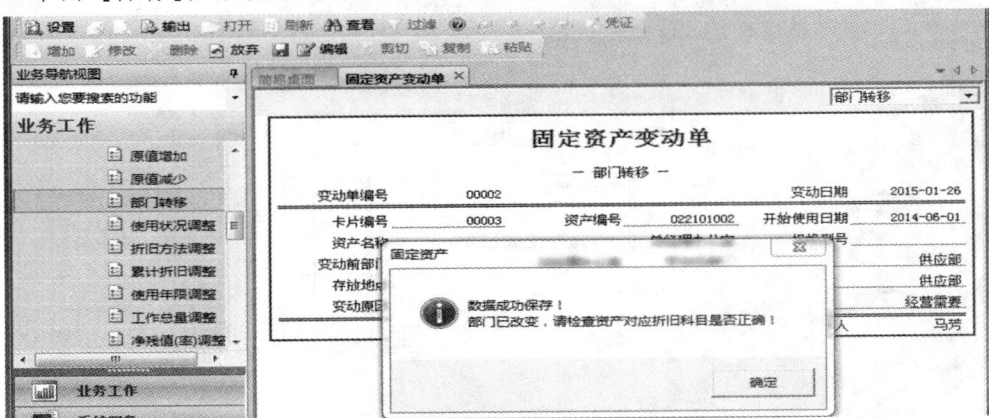

图4-56　保存变动单

财务专家温馨提示

◆卡片上相应的项目（使用部门、存放地点）根据变动单而改变。

◆当月原始录入或新增的固定资产不允许做此种变动业务。

五、知识拓展

使用状况变动：

1.固定资产的使用状况包括在用、未使用、不需用、停用、封存5种。固定资产在使用过程中，使用状况可能发生变化，需要通过使用状况变动功能进行调整。打开"卡片"菜单，单击【变动单】，选择"使用状况变动"，弹出"固定资产变动单—使用状况调整"对话框，输入卡片编号或固定资产编号，自动列出固定资产的名称、开始使用日期、规格型号、变动前使用状况，参照选择变动后使用状况，并输入变动原因，单击【保存】，即完成该变动单操作。

2.固定资产在使用过程中，由于固定资产的重估、大修等原因可能会调整使用年限。打开"卡片"菜单，单击【变动单】，选择"使用年限调整"菜单，弹出"固定资产变动单—使用年限调整"，输入卡片编码或固定资产编号，自动列出固定资产的名称、开始使用日期、规格型号、变动前使用状况，参照选择变动后使用状况，并输入变动原因，单击【保存】，即完成该变动单操作。卡片上相应的项目根据变动单而改变。

财务专家温馨提示

◆以下变动单在当月发挥效力：部门转移变动在当月改变折旧对应的部门费用科目；折旧方法调整和使用年限调整会引起当月折旧额的改变。

◆以下变动单在次月发挥效力：原值增减、使用状况变动、累计折旧调整、净残值（率）调整和计提减值准备。

学习情境三　固定资产系统期末处理

固定资产系统期末处理工作主要包括：计提减值准备、批量制单、账表的查询、与总账对账以及月末结账。本学习情境结构图如图4-57所示。

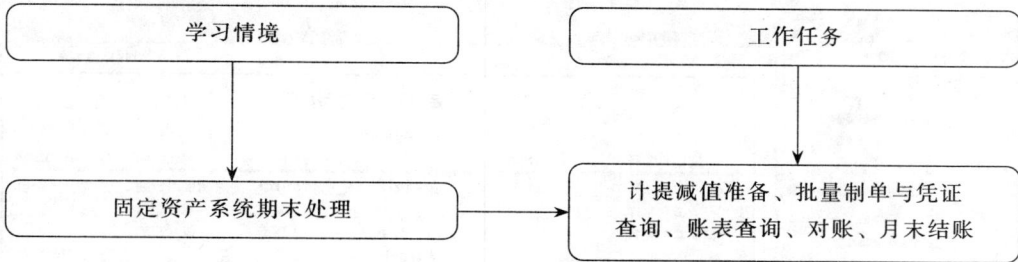

图4-57 固定资产系统期末处理学习情境结构

【任务一】 计提减值准备

一、任务描述

以会计主管马芳（003）的身份计提北京阳光信息技术有限公司本月固定资产的减值准备。

二、入职知识准备

按照会计制度的规定，企业至少应当于每年年度终了，对固定资产使用寿命和预计净残值进行复核。如有确凿证据表明固定资产使用寿命预计数与原先的估计数有差别的话，应当调整其寿命；固定资产预计净残值的预计数与原先估计数有差异的话，也应当进行调整。

三、任务内容

登录日期为2015年1月31日，计提固定资产减值准备。

四、任务执行

1.单击【卡片】|【变动单】|【计提减值准备】，进入"固定资产变动单——计提减值准备"对话框，如图4-58所示。

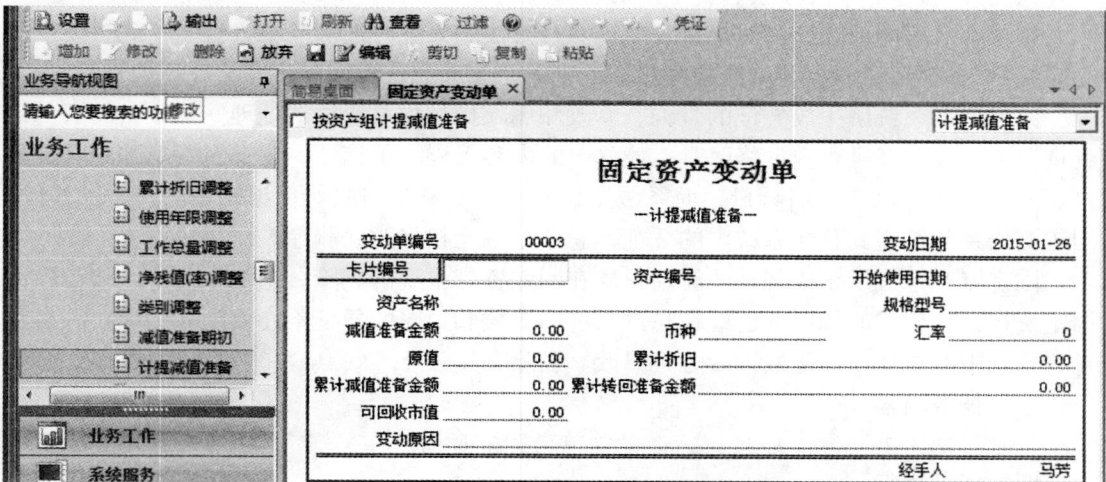

图4-58 打开固定资产减值准备变动单

2.单击【卡片编号】调出卡片参照对话框，选择准备要计提减值准备的固定资产，返回"固定资产变动单——计提减值准备"对话框，输入相关信息，如图4-59所示。

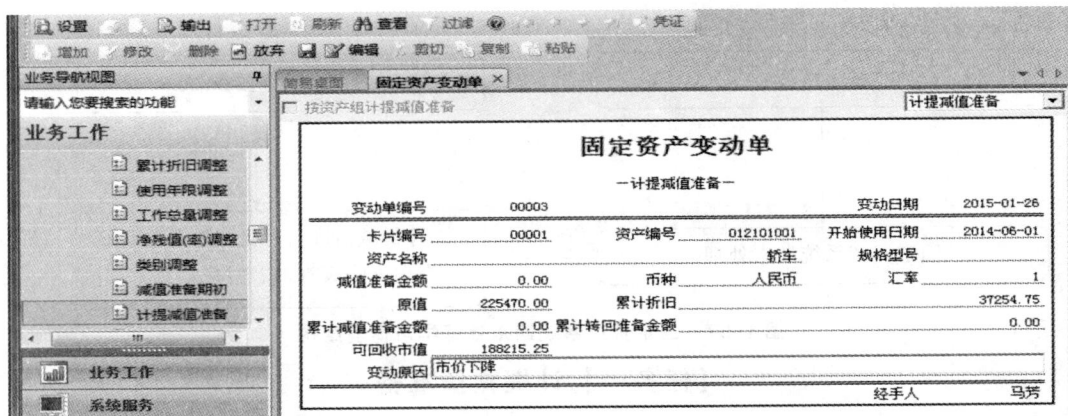

图 4-59　输入变动单信息

财务专家温馨提示

◆企业会计准则规定：只对发生减值的固定资产计提减值准备，未发生减值的不计提。

◆按照现行制度的规定，固定资产减值准备一经计提在以后会计期间不得转回。

【任务二】 批量制单与凭证查询

一、任务描述

以会计主管马芳（003）的身份处理北京阳光信息技术有限公司本月固定资产系统的凭证。

二、入职知识准备

制单即制作记账凭证。固定资产系统和财务系统之间存在数据的自动传输，该传输通过制作传送到账务的凭证实现。系统需要制单或修改凭证的情况包括：资产增加（录入新卡片）、资产减少、卡片修改、资产评估、原值变动、累计折旧调整、折旧分配等。

制单有"立即新增"和"批量制单"两种办法。如在"选项"中设置了"业务发生后立即制单"，那么在需要制单的相关业务发生后，系统会自动调出不完整凭证供修改。

固定资产系统所生成凭证的查询、修改和删除操作均可通过"处理"菜单中的"凭证查询"来完成。在进行凭证修改时，能修改的内容仅局限于摘要、用户自行增加的凭证分录、系统默认分录的折旧科目，而系统默认分录的金额是与原始单据相关的，不能修改。固定资产系统传递到总账系统中的凭证，总账系统无权修改、删除。

固定资产系统所生成凭证的删除只能在固定资产系统内删除。总账系统中无权删除由固定资产系统生成的凭证。已经在总账系统中审核和记账的凭证不能修改和删除，只有将总账系统中的审核与记账取消后方可修改、删除。

三、任务内容

登录日期为2015年1月31日，批量制单与凭证查询。

四、任务执行

（一）批量制单

1.单击【处理】|【批量制单】，打开"批量制单"对话框，如图4-60所示。

2.单击【制单选择】，在某个业务行的"选择"栏双击选中，如图4-61所示。

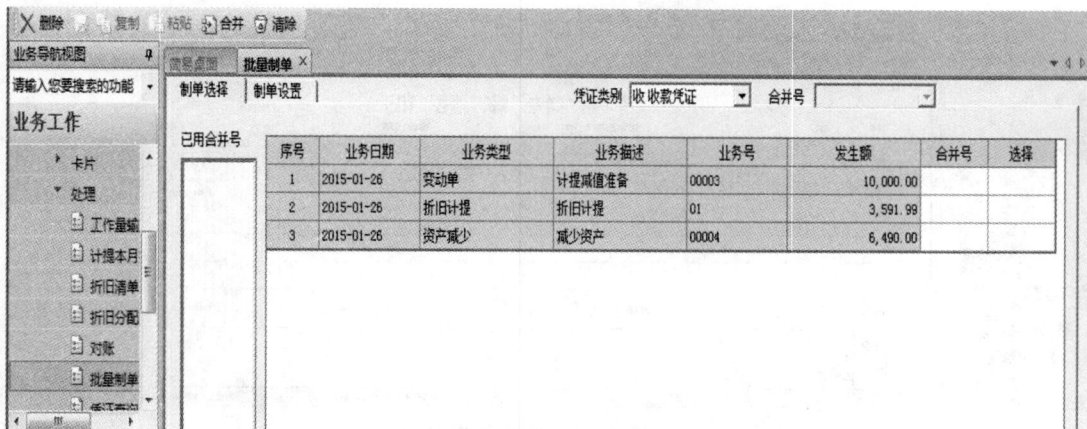

图4-60 打开批量制单

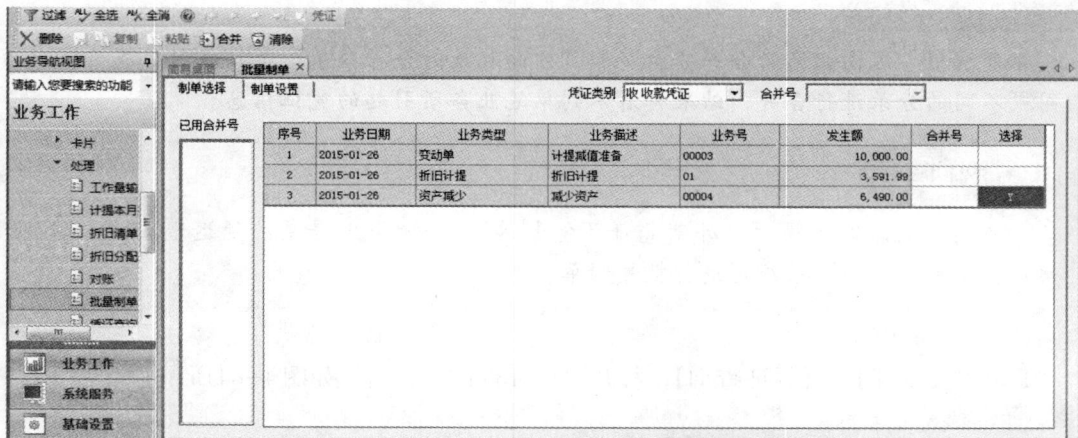

图4-61 选择制单业务

3.单击工具栏上的【制单设置】，进入"制单设置"对话框，填入相关信息，如图4-62所示。然后单击工具栏上的【凭证】，进入"填制凭证"对话框，选择凭证类别，输入摘要，然后保存凭证，如图4-63所示。

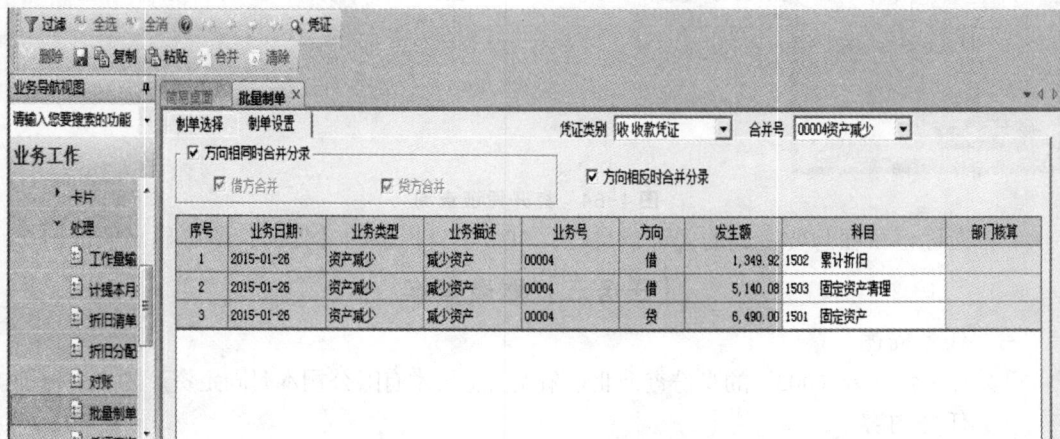

图4-62 制单设置

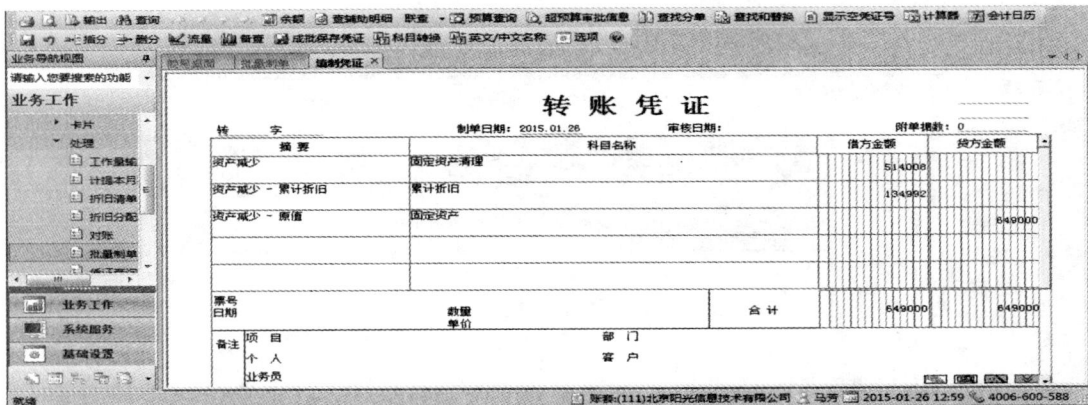

图 4-63　生成凭证

财务专家温馨提示

◆复选框"方向相同时合并分录"和"方向相反时合并分录"是指将科目或者辅助项相同或不同的分录进行合并，结果将看不到单笔业务所引起的凭证信息。

常见问题解析

◆批量制单时，提示"外部凭证不能制单"。通常可能是系统延迟造成的。建议操作：重新注册登录系统再进行批量制单。

（二）凭证查询

1.单击【处理】|【凭证查询】，打开"凭证查询"界面，如图4-64所示。

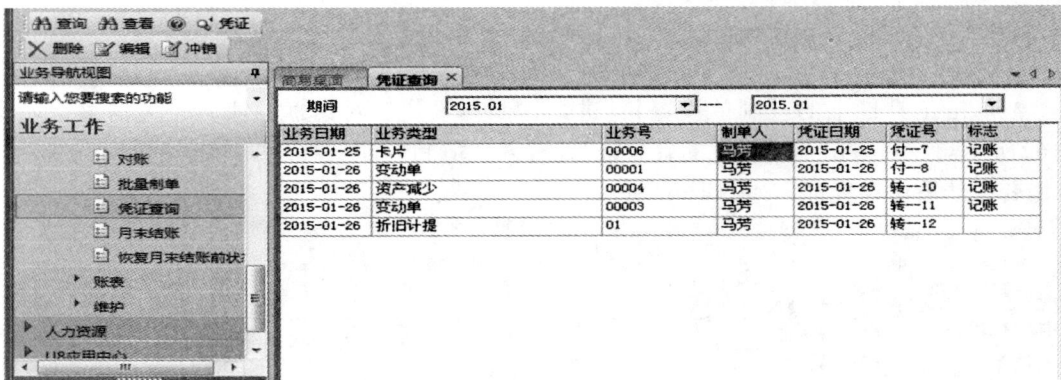

图 4-64　打开凭证查询

2.将光标停留在想要查询的凭证信息行，单击工具栏上的【凭证】即可显示凭证信息。

【任务三】账表查询

一、任务描述

以会计主管马芳（003）的身份查询北京阳光信息技术有限公司本月固定资产的相关账簿。

二、任务内容

登录日期为2015年1月31日，进行账表查询。

三、任务执行

（一）查询分析表

1.单击【固定资产】|【账表】|【我的账表】，单击【分析表】，将光标锁定在"部门构成分析表"上，单击工具栏上的【打开】，系统弹出条件选择对话框，如图4-65所示。

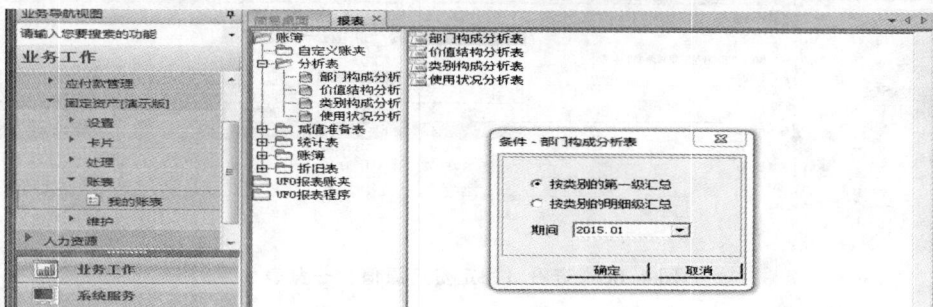

图4-65　打开部门构成分析表

2.选择分析条件和汇总期间后，单击【确定】，显示"部门构成分析表"，如图4-66所示。双击要查询的各级使用部门或资产类别，可查询本期间的（部门、类别）明细账。

图4-66　查看部门构成分析表

（二）查询统计表

1.单击【固定资产】|【账表】|【我的账表】，单击【统计表】，双击【（固定资产原值）一览表】，系统弹出条件选择对话框，如图4-67所示。

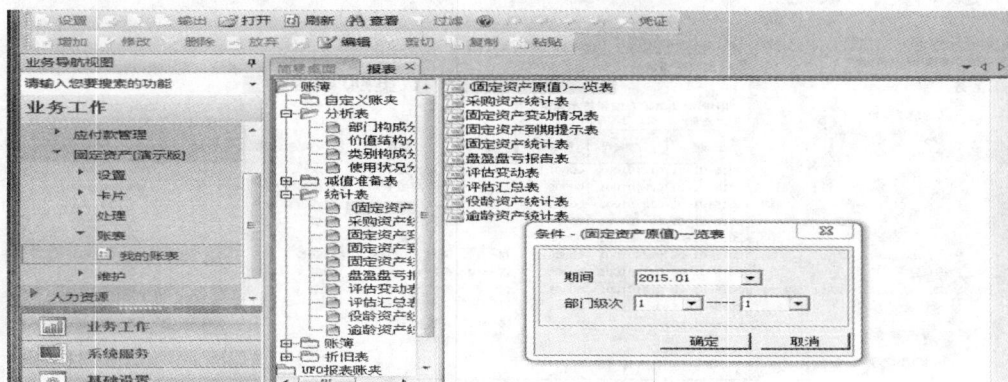

图4-67　打开（固定资产原值）一览表

2.选择统计期间和汇总部门后，单击【确定】，显示"（固定资产原值）一览表"，如图4-68所示。

图4-68　查看（固定资产原值）一览表

（三）查询账簿

1.单击【固定资产】|【账表】|【我的账表】|【账簿】，双击【（部门、类别）明细账】，系统弹出条件选择对话框，如图4-69所示。

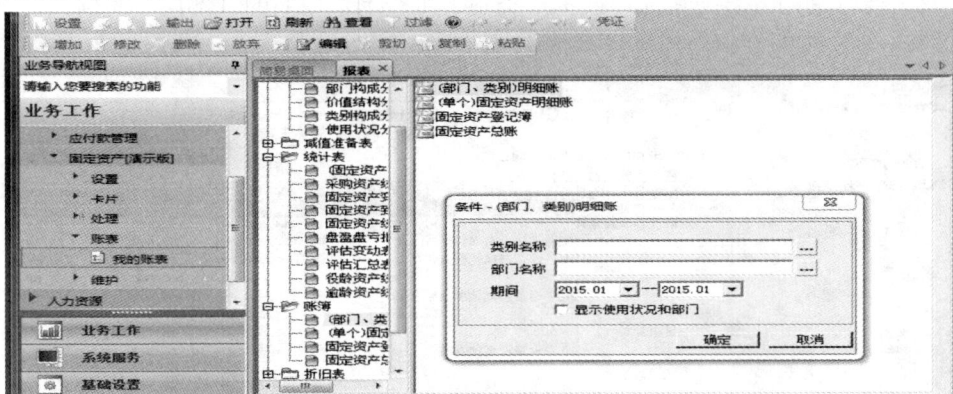

图4-69　打开（部门、类别）明细账

2.参照输入要进行资产管理的类别名称、部门名称和查询的期间范围，并选择是否在明细账里显示使用情况和部门后，单击【确定】，显示"（部门、类别）明细账"，如图4-70所示。

图4-70　查看（部门、类别）明细账

3.双击明细账记录行，可联查相关的固定资产卡片或记账凭证。

（四）查询折旧表

1.单击【固定资产】|【账表】|【我的账表】|【折旧表】，双击【（部门）折旧计提汇总表】，系统弹出条件选择对话框，如图4-71所示。

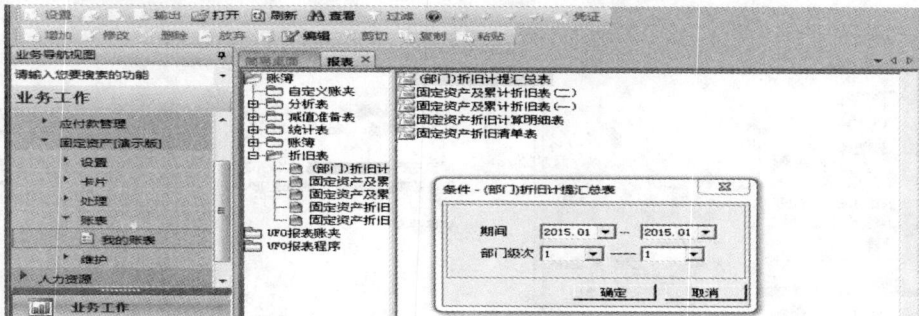

图4-71　打开（部门）折旧计提汇总表

2.选择汇总期间和部门后，单击【确定】，显示"（部门）折旧计提汇总表"，如图4-72所示。

图4-72　查看（部门）折旧计提汇总表

【任务四】对账

一、任务描述

以会计主管马芳（003）的身份进行北京阳光信息技术有限公司总账与固定资产的对账工作。

二、入职知识准备

固定资产系统生成凭证传递到总账系统后，凭证经由总账系统进行相应的出纳签字、审核和科目汇总，才能在总账系统中进行记账。系统在运行过程中，应保证本系统管理的固定资产的价值和账务系统中固定资产科目的数值相等。而两个系统的资产价值是否相等，通过执行本系统提供的对账功能实现，对账操作不限制执行的时间，任何时候均可进行对账。系统在执行月末结账时自动对账一次，给出对账结果，并根据系统初始化时是否选中"在对账不平情况下允许固定资产月末结账"来判断是否可以进行结账处理。只有系统初始化或在选项中选择了"与财务系统进行对账"，才可以执行对账。

三、任务内容

登录日期为2015年1月31日，与总账系统对账。

四、任务执行

1.打开"处理"菜单，选择【对账】，系统自动进行对账的工作，最终将弹出"与财务对账结果"对话框，提示对账平衡或者对账不平衡，如图4-73所示。

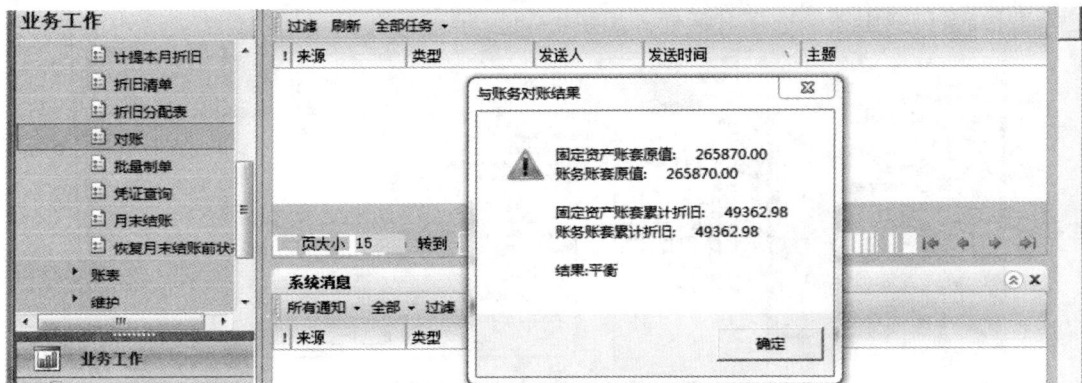

图4-73　与账务系统对账

2.如果对账不平衡，则需要检查是否属正常情况。如果已经将全部固定资产卡片录入系统，那么必须调整，直至对账平衡。

【任务五】月末结账

一、任务描述

以会计主管马芳（003）的身份进行北京阳光信息技术有限公司固定资产系统本月账目的结账工作。

二、入职知识准备

当固定资产系统完成了本月全部制单业务后，才可以进行月末结账。月末结账每月进行一次，结账后当期的数据不能修改，因此要十分谨慎。12月底结账时系统要求完成本年制单业务，也就是说必须确保批量制单表中没有业务才能结账。

三、任务内容

登录日期为2015年1月31日，结账与反结账。

四、任务执行

（一）结账

1.打开"处理"菜单，单击【月末结账】，系统弹出"月末结账"对话框，如图4-74所示。

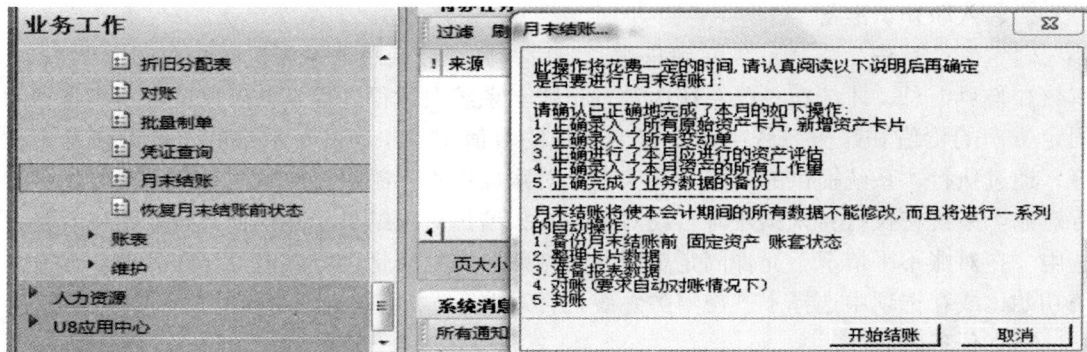

图4-74　打开月末结账

2.单击【开始结账】，系统弹出"与财务对账结果"对话框，如图4-75所示。

3.单击【确定】，系统提示"月末结账成功完成！"对话框，如图4-76所示。

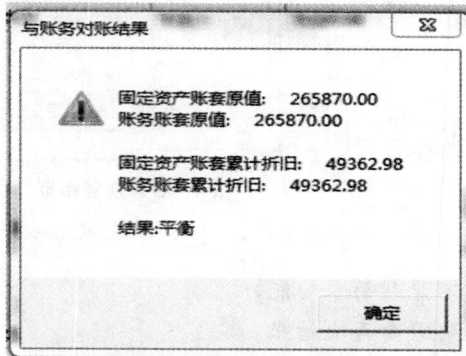

与账务对账结果

固定资产账套原值：　265870.00
账务账套原值：　　　265870.00

固定资产账套累计折旧：　49362.98
账务账套累计折旧：　　　49362.98

结果:平衡

确定

图4-75　进行月末结账

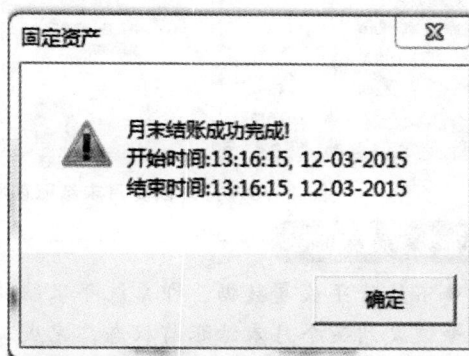

固定资产

月末结账成功完成！
开始时间:13:16:15, 12-03-2015
结束时间:13:16:15, 12-03-2015

确定

图4-76　月末结账完成

4.单击【确定】，系统会提示可操作日期已转成下一期间的日期，只有以下一期间的日期登录，才可以对账套进行操作，如图4-77所示。

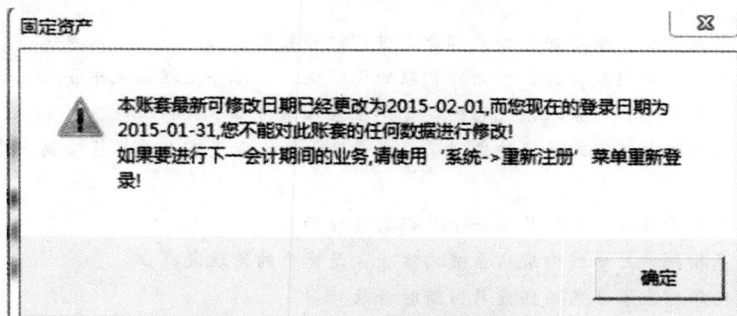

固定资产

本账套最新可修改日期已经变更为2015-02-01，而您现在的登录日期为2015-01-31，您不能对此账套的任何数据进行修改！
如果要进行下一会计期间的业务，请使用'系统->重新注册'菜单重新登录！

确定

图4-77　月末结账完成提示

常见问题解析

◆固定资产系统无法进行月末结账。常见原因是当期业务没有进行制单处理，或是未进行本月资产的折旧计提，或是与总账系统对账不平衡。建议操作：先确定是三种原因的哪一个，再按相应的原因进行处理。

◆与账务系统对账不平衡，无法结账。常见原因是计提折旧后对账套进行了影响折旧计提计算或分配的操作。建议操作：在固定资产系统删除计提折旧的凭证，再重新进行折旧计提。

（二）反结账

1.打开"处理"菜单，单击【恢复月末结账前状态】，系统弹出恢复月末结账前状态对话框，如图4-78所示。

2.单击【是】，系统立即执行反结账操作。反结账完成后，系统提示"成功恢复账套月末结账前状态！"对话框，如图4-79所示，然后单击【确定】。

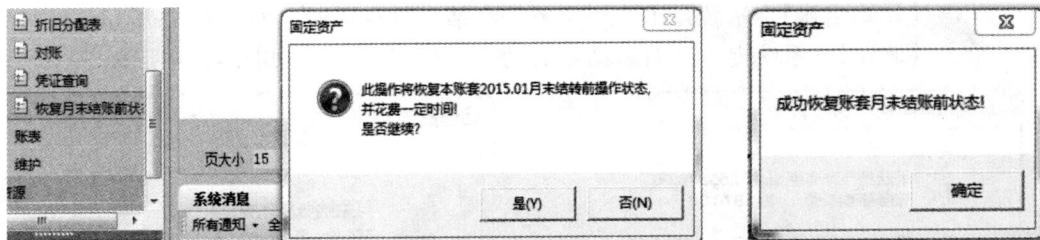

图4-78　打开恢复月末结账前状态　　　　　　图4-79　恢复结账

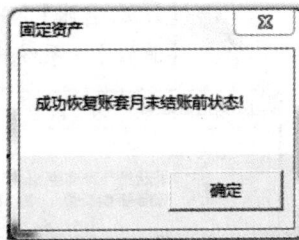

财务专家温馨提示

◆ 不能跨年恢复数据，即系统年末结转后，不能利用本功能。

◆ 恢复到某个月末结账前状态，完成工作后仍需要再次结账。

职业知识与能力考核

■ 入职基本知识测试题

一、判断题

1.固定资产核算系统中，新增固定资产都是通过"初始数据录入"功能录入系统。（　　）

2.当固定资产的使用部门改变时，需制作相应的记账凭证在账务处理系统中登记。（　　）

3.固定资产核算系统中，新录入系统的固定资产在录入当月都不提折旧。（　　）

4.电算化后，如果对每项固定资产均建立了固定资产卡片，则没有必要再设立固定资产登记簿。

（　　）

5.在新增固定资产卡片时，新卡片第一个月仍需计提折旧。（　　）

6.卡片删除，是指把卡片资料彻底从系统内清除，是资产的清理或减少。（　　）

7.固定资产变动单可在本年内的任意月份随时修改。（　　）

8.当月录入的固定资产原始卡片，可以做固定资产原值增加和固定资产原值减少操作。（　　）

9.固定资产卡片删除后，卡片编号与卡片一起被删除，不保留。（　　）

10.在固定资产系统下，单击【设置】|【选项】，可以修改初始化过程中已设置的所有参数。

（　　）

二、单项选择题

1.固定资产账套启用（　　）的所有固定资产在启用系统的当月都应由系统计提折旧。

A.前　　　　　　　　B.后　　　　　　　　C.两者都要　　　　　　D.两者都不要

2.固定资产变动包括（　　）。

A.部门转移　　　　　B.净残值调整　　　　C.工作量调整　　　　　D.三者都是

3.固定资产核算系统中，信息查询输出功能可以输出固定资产（　　）。

A.卡片　　　　　　　B.明细账　　　　　　C.折旧费　　　　　　　D.以上全部

4.固定资产核算系统中，执行（　　）操作后，才能开始处理下一个月的业务。

A.生成凭证　　　　　B.账簿输出　　　　　C.结账　　　　　　　　D.对账

5.固定资产减值准备必须按（　　）计提。

A.单项　　　　　　　B.批量　　　　　　　C.类别　　　　　　　　D.总体

6.在固定资产系统中，固定资产的部门使用比例之和可以是（　　）。

A.任意　　　　　　　B.可以大于100%　　　C.只要不大于100%　　D.必须为100%

7.固定资产系统可以删除卡片的条件是（　　）。

A.上月录入的卡片，本月删除　　　　　　　　B.本月录入的卡片，本月删除

C.以上都对　　　　　　　　　　　　　　　　D.以上都不对

8.固定资产系统初始设置不包括（　　）。

A.建立固定资产子账套　　　　　　　　　　　B.固定资产类别设置

C.固定资产评估　　　　　　　　　　　　　　D.原始卡片录入

9.（　　）参数不能在初始化过程中设置。

A.主要折旧方法　　　　B.使用年限　　　　C.固定资产编码方式　　　D.折旧汇总分配周期

10.固定资产系统期末允许结账的条件有（　　）。

A.若本账套计提折旧，且本月计提折旧完成

B.提取本月折旧后，又改变了某项固定资产的折旧方法

C.有两项固定资产增加未制单

D.对账不平

三、多项选择题

1.固定资产增加方式主要包括（　　）。

A.投资者投入　　　　B.盘盈　　　　　　C.在建工程转入　　　D.融资租入

2.固定资产减少方式主要包括（　　）。

A.捐赠转出　　　　　B.毁损　　　　　　C.出售　　　　　　　D.投资转出

3.固定资产的变动包括（　　）。

A.净残值调整　　　　B.部门转移　　　　C.资产类别调整　　　D.累计折旧调整

4.固定资产折旧分配表包括（　　）。

A.期间折旧分配表　　B.类别折旧分配表　C.季度折旧分配表　　D.部门折旧分配表

5.固定资产系统需要制单或修改凭证的情况包括（　　）。

A.资产减少　　　　　B.资产评估　　　　C.卡片修改　　　　　D.折旧分配

■ 职业能力测试题

（一）固定资产系统基本情况

固定资产折旧方法采用平均年限法（一），按月计提折旧。

1.业务控制参数。

（1）启用月份；2015.01；固定资产类别编码方式为2-1-1-2，固定资产卡片编码方式：按"类别编码+序号"自动编码；已注销的卡片5年后删除；当（月初已计提月份=可使用月份−1）时，要求将剩余折旧全部提足。

（2）用平均年限法（一）按月计提折旧；卡片序号长度为3；要求与总账系统进行对账，固定资产对账科目"1601固定资产"；累计折旧对账科目"1602累计折旧"。

（3）对账不平衡的情况下允许月末结账。

2.初始设置。

（1）资产类别（见表4-7）。

表4-7　　　　　　　　　　　　　　固定资产类别列表

编码	类别名称	单位	折旧年限	净残值率（%）	计提属性	折旧方法	卡片式样
01	土地及建筑物	幢	20年	5	正常计提	平均年限法（一）	通用二
02	生产设备	台	10年	5	正常计提	平均年限法（一）	通用二
03	交通设备	辆	4年	5	正常计提	平均年限法（一）	通用二
04	电子设备	台	3年	5	正常计提	平均年限法（一）	通用二

（2）2015年1月初固定资产使用及折旧情况资料（见表4-8）。

表4-8 　　　　　　　　　　　　　　　　　　固定资产列表

固定资产编号	固定资产名称	类别编号	所在部门	增加方式	可使用年限	开始使用日期	单位	数量	原值	累计折旧	使用状况	净残值率
01001	办公楼	01	经理室	直接购入	20	2011-3-15	幢	1	2 300 000	409 687	在用	5%
01002	仓库	01	仓库	直接购入	20	2011-3-15	幢	1	1 300 000	231 562	在用	5%
01003	食堂	01	企管部	直接购入	20	2011-3-15	幢	1	380 000	67 687	在用	5%
01004	厂房	01	硅粉车间30%，分馏车间30%，生胶车间40%	直接购入	20	2011-3-15	幢	1	1 800 000	320 625	在用	5%
02001	管道系统	02	硅粉车间	直接购入	10	2013-11-10	套	1	79 000	8 130	在用	5%
02002	球罐	02	硅粉车间	直接购入	10	2014-1-20	台	1	89 000	7 750	在用	5%
02003	电仪	02	分馏车间	直接购入	10	2014-4-12	台	1	50 000	3 166	在用	5%
02004	操作平台	02	分馏车间	直接购入	10	2014-5-13	台	1	60 000	3 325	在用	5%
02005	机构平台	02	生胶车间	直接购入	10	2014-2-09	台	1	80 000	6 333	在用	5%
02006	锅炉	02	生胶车间	直接购入	10	2014-11-12	台	1	29 000	229	在用	5%
02007	烟囱	02	生胶车间	直接购入	10	2014-10-10	台	1	36 000	570	在用	5%
03001	东风卡车	03	销售部	直接购入	4	2014-11-11	辆	1	42 000	831	在用	5%
03002	桑塔纳2000	03	企管部	直接购入	4	2012-1-21	辆	1	150 000	103 906	在用	5%
03003	奥迪A4	03	经理室	直接购入	4	2013-10-8	辆	1	320 000	88 666	在用	5%
04001	电脑1	04	经理室	直接购入	3	2014-2-10	台	1	6 000	1 583	在用	5%
04002	电脑2	04	企管部	直接购入	3	2014-2-10	台	1	6 000	1 583	在用	5%
04003	电脑3	04	销售部	直接购入	3	2014-2-10	台	1	6 000	1 583	在用	5%
04004	电脑4	04	财务部	直接购入	3	2014-2-10	台	1	6 000	1 583	在用	5%
04005	复印机	04	财务部	直接购入	3	2014-2-10	台	1	3 000	791	在用	5%
合计									6 742 000	1 259 590	在用	

（3）部门及对应折旧科目（见表4-9）。

表4-9　　　　　　　　　　　　　　**部门及对应折旧科目列表**

部门	对应折旧科目
硅粉车间、分馏车间、生胶车间	510101 "制造费用——折旧费"
经理室、企管部、采购部、财务部、仓库	660205 "管理费用——折旧费"
销售部	660103 "销售费用——折旧费"

（4）增减方式（见表4-10）。

表4-10　　　　　　　　　　　　　　**增减方式列表**

增减方式目录	对应入账科目
增加方式：直接购入	100201 "银行存款——工行高新支行"
减少方式：报废	1606 "固定资产清理"

（二）固定资产系统日常业务

1.1月12日，从宏图三胞购入EPSON打印机一台，单位售价3 000元，价税合计3 510元（增值税率为17%），预计使用3年，净残值率为5%，以转账支票方式（支票号14630）支付，打印机已交付财务部使用。由固定资产模块生成1张凭证（合并）传递到总账系统。（注：固定资产名称为EPSON打印机）

借：固定资产　　　　　　　　　　　　　　　　　　　　　　　　　　　　　3 000
　应交税费——应交增值税（进项税额）　　　　　　　　　　　　　　　　　510
　贷：银行存款——工行高新支行　　　　　　　　　　　　　　　　　　　　　　　3 510

2.1月31日，按部门计提本月累计折旧（以固定资产模块计提数为准）。

借：管理费用——折旧费　　　　　　　　　　　　　　　　　　　　　　25 780.4
　制造费用——折旧费　　　　　　　　　　　　　　　　　　　　　　10 541.7
　销售费用——折旧费　　　　　　　　　　　　　　　　　　　　　　　　990
　贷：累计折旧　　　　　　　　　　　　　　　　　　　　　　　　　　　37 312.1

3.1月31日，出售企管部使用的桑塔纳2 000汽车一辆（不考虑交易税），减少方式为出售，收到汽车出售款50 000元，以现金方式收讫。由固定资产模块生成1张凭证（合并）传递到总账系统。其他凭证在总账系统中填制。（注：先完成上题的提取折旧）

借：固定资产清理　　　　　　　　　　　　　　　　　　　　　　　　　46 094
　累计折旧　　　　　　　　　　　　　　　　　　　　　　　　　　　103 906
　贷：固定资产　　　　　　　　　　　　　　　　　　　　　　　　　　150 000
收到汽车出售款：
借：库存现金　　　　　　　　　　　　　　　　　　　　　　　　　　　50 000
　贷：固定资产清理　　　　　　　　　　　　　　　　　　　　　　　　　50 000
结转固定资产清理：
借：固定资产清理　　　　　　　　　　　　　　　　　　　　　　　　　　3 906
　贷：营业外收入　　　　　　　　　　　　　　　　　　　　　　　　　　3 906

资料来源　第六届"用友杯"全国大学生会计信息化技能大赛试题（有改动）。

【操作要求与提示】

1.用账套主管（001）的身份进入企业应用平台并启用固定资产系统账套。

2.将固定资产的相关基础设置以及原始卡片（可参照书中内容）录入到系统。

3.按照书中讲授的步骤对本月的经济业务进行一一处理。

4.对生成的凭证进行审核、记账。

5.与总账系统对账，对账成功后进行结账。

薪资系统管理

知识目标 ◄┄┄┄

① 了解薪资系统的基本功能。

② 熟悉薪资系统的业务处理流程。

③ 掌握薪资系统初始设置的主要内容和方法。

④ 掌握薪资系统基础设置的主要内容和方法。

⑤ 掌握薪资系统日常业务处理的主要内容和方法。

能力目标 ◄┄┄┄

① 能够按业务要求设置薪资系统的账套。

② 能够按业务要求正确设置工资项目及公式。

③ 能够熟练进行工资数据的处理与核算。

④ 能够完成薪资系统的期末结账。

所谓薪资就是企业管理者对企业员工报酬的支付标准、发放水平、要素结构进行确定、分配和调整的过程。职工薪酬是企业绩效管理的核心，是企业人力资源管理的重要内容。

在启用了薪资系统后，有关薪资的核算业务将在薪资系统中进行。薪资系统与总账系统在数据上有共享关系，薪资系统的工资分摊结果会通过转账凭证传输给总账系统。如果用户启用了成本核算系统，薪资系统还会将工资费用分摊的数据传输给成本核算系统。

薪资系统可以设置单个工资类别和多个工资类别。尤其要注意的是，如果是多个工资类别，在操作过程中，应分别在各个工资类别中按业务流程执行相应的步骤。在实际工作过程中，薪资系统的工作过程与岗位对照如图5-1所示。

部门岗位	财务部——账套主管	财务部——会计
工作过程	了解企业工资管理制度和财务核算要求 ↓ 进行系统初始化设置 记账凭证审核	核算员工工资数据 ↓ 进行工资费用分摊并生成相关记账凭证 ↓ 薪资系统月末结账
典型单据		考勤记录、工资表、工资汇总表

图5-1　薪资系统工作过程与岗位对照

学习情境一　薪资系统初始设置

薪资系统的初始设置是指在进行工资业务处理之前必须在系统中完成的功能设置和档案录入，主要包括启用薪资系统、建立工资账套、设置工资类别、设置人员档案、设置工资项目和设置公式等内容。本学习情境结构图如图5-2所示。

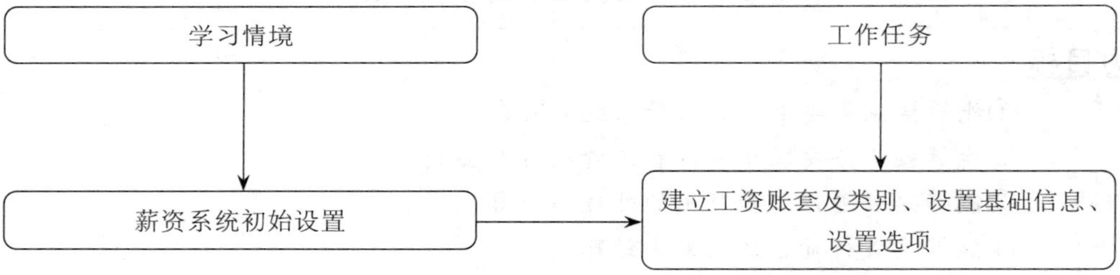

图5-2　薪资系统初始设置学习情境结构图

【任务一】建立工资账套及类别

一、任务描述

以会计主管马芳（003）的身份启用北京阳光信息技术有限公司的薪资账套并建立工资类别。

二、入职知识准备

在使用薪资系统之前，应该在系统管理中建立了账套，并且在建立账套后或在企业门户中已经启用薪资系统的操作，否则不能启用薪资系统。

工资账套与企业账套是不同的概念。企业账套在系统管理中建立，是针对整个ERP系统而言的，而工资账套只针对用友ERP系统中的薪资系统，即工资账套是企业账套的一个组成部分。

如果企业所有人员的工资统一管理，人员的工资项目、工资计算公式全部相同，则工资类别个数为单个；如果企业或单位按周或一月多次发放工资，或有多种不同类别的人员，工资发放项目不尽相同，计算公式也不一样，则工资类别的个数应设置为多个。人员编码即单位人员编码长度。可以根据需要自由定义人员编码长度，但总长度不能超过10位字符。

三、任务内容

登录日期为2015年1月1日。

1.账套信息：

工资类别个数：多个；

核算币种：人民币；

个人所得税：要求代扣个人所得税；

扣零处理：不进行扣零处理；

人员编码长度：3位；

启用日期：2015年1月。

2.工资类别信息：

（1）工资类别：001正式人员；

部门选择：所有部门。

（2）工资类别：002临时人员；

部门选择：销售一部、产品研发。

四、任务执行

（一）建立工资账套

1.进入"企业应用平台"，在"业务工作"列表框中选择"人力资源"，单击【薪资管理】，系统提示建账信息。

2.单击【工资类别】，输入"多个"，然后单击【下一步】进行其他信息的设置，全部设置完成后单击【完成】，如图5-3至图5-5所示。

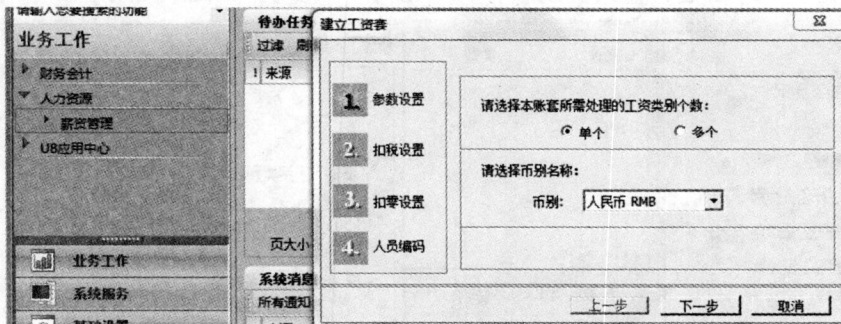

图5-3　打开建立工资账套

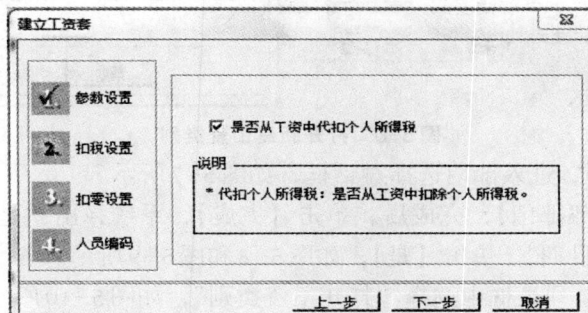

图5-4　参数设置

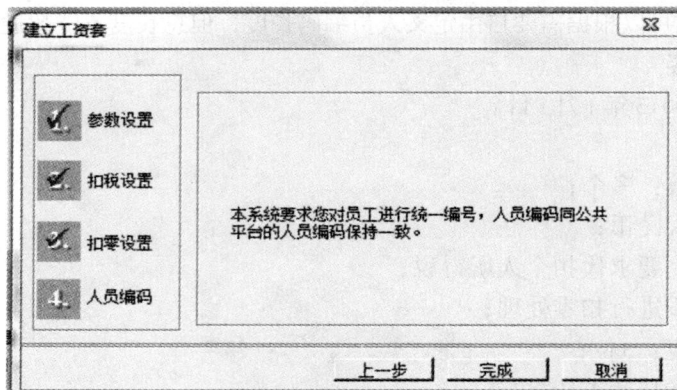

图5-5　扣税及其他设置

财务专家温馨提示 --

◆扣零是指系统在每次发放工资时依据扣零类型（扣零至元、扣零至角、扣零至分）将零头扣下，积累取整，在下次发放工资时补上。扣零设置一般在发放现金工资时使用，如果单位采用银行代发工资则不需选此项。凡选择此项，系统自动在工资项目中增加"本月扣零"和"上月扣零"两个项目，此后不必在计算公式中设置有关扣零处理的计算公式，"应发合计"中也不包括"上月扣零"，"扣款合计"中不包括"本月扣零"。

（二）设置工资类别

1.进入薪资系统后，选择"工资类别"下拉列表中的"新建工资类别"，系统弹出"新建工资类别"对话框，输入类别名称，单击【下一步】，如图5-6所示。

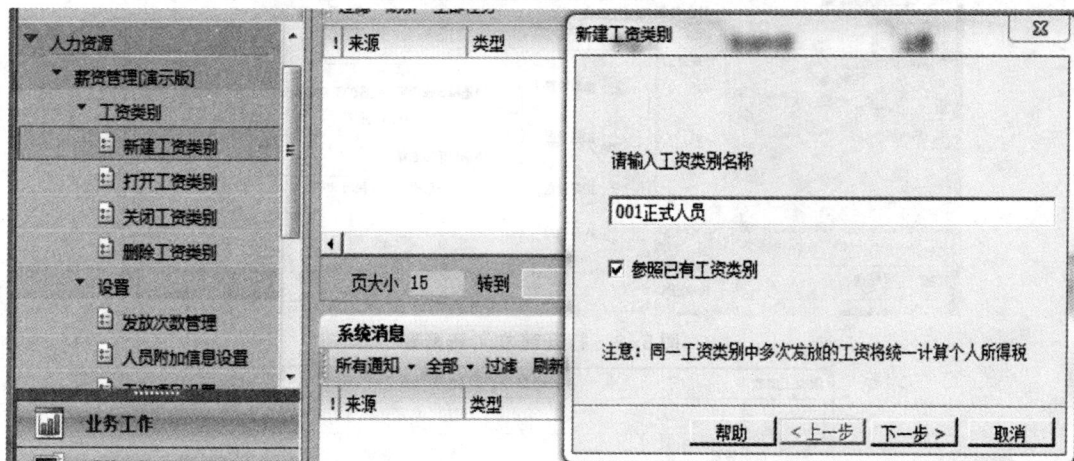

图5-6　打开新建工资类别

2.单击【下一步】，进入部门选择对话框，如图5-7所示。

3.单击【选定全部部门】，完成后，单击【完成】，系统弹出"是否以2015-01-01为当前工资类别的启用日期"，单击【是】，如图5-8和图5-9所示。

4.在"工资类别"列表框中选择"打开工资类别"，如图5-10所示。

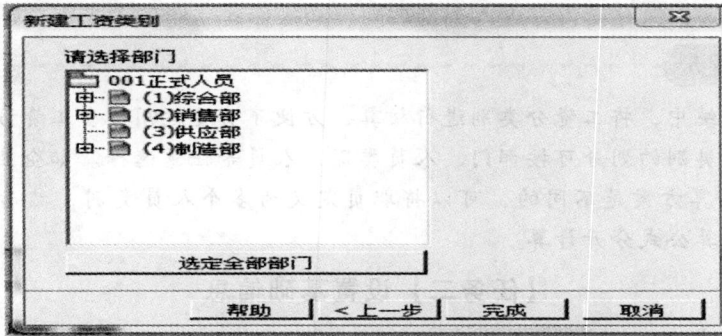

图5-7　工资类别部门选择（一）

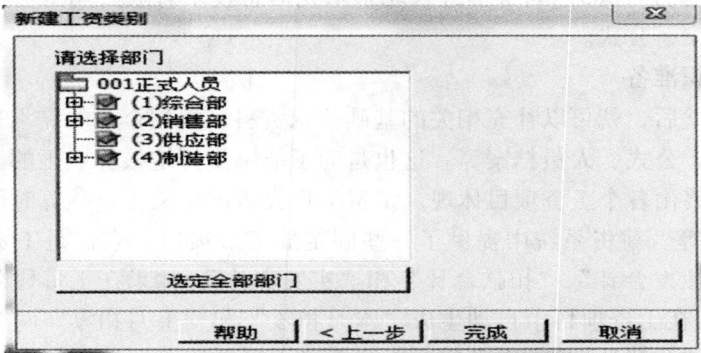

图5-8　工资类别部门选择（二）

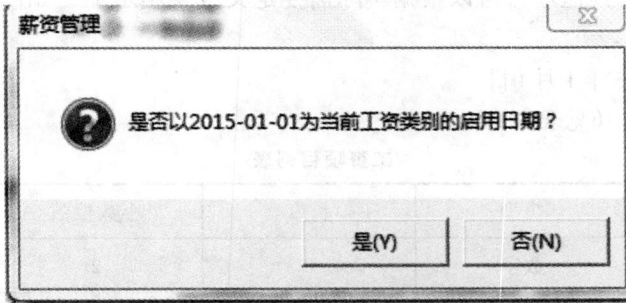

图5-9　完成工资类别设置

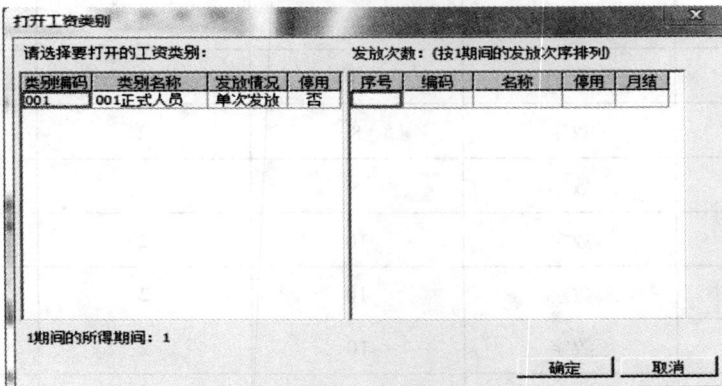

图5-10　打开工资类别

5.单击【确定】保存设置并进入类别。同样的操作建立第二个工资类别。

财务专家温馨提示 -

◆在薪资系统中，将工资分类别进行核算，方便了有些运用多套工资方案进行核算的企业和集团。其类别的划分可按部门、人员类别、人员等任意选择。如企业退休职工和在职职工的工资核算方案是不同的，可以将职员定义为多个人员类别，然后分多个工资类别，分开设置核算公式分开计算。

【任务二】设置基础信息

一、任务描述

以会计主管马芳（003）的身份进入北京阳光信息技术有限公司工资类别中，设置工资项目、人员档案、公式。

二、入职知识准备

薪资账套建立后，就可以补充相关的基础信息资料，根据企业的需求来设定人员附加信息、工资项目、公式、人员档案等。这也是为了能够更好地核算职工的工资薪酬。

工资数据最终由各个工资项目体现。工资项目设置即定义工资核算时所涉及的项目名称、类型和宽度等。薪资系统中提供了一些固定的工资项目，它们是工资账中不可缺少的，主要包括"应发合计"、"扣款合计"和"实发合计"。如果在工资建账时设置了"扣零处理"，则系统在工资项目中自动生成"本月扣零"和"上月扣零"两个指定名称的项目；如果选择了"扣税处理"，则系统在工资项目中自动生成"代扣税"项目，这些项目不能删除和重命名。其他项目可以根据实际需要定义或参照增加，如基本工资和奖金等。

三、任务内容

登录日期为2015年1月1日。

1.工资项目设置（见表5-1）。

表5-1　　　　　　　　　　　　　　**工资项目列表**

项目名称	类型	长度	小数位数	增减项
基本工资	数字	8	2	增项
奖励工资	数字	8	2	增项
交通补助	数字	8	2	增项
应发合计	数字	10	2	增项
请假扣款	数字	8	2	减项
养老保险金	数字	8	2	减项
扣款合计	数字	10	2	减项
实发合计	数字	10	2	增项
代扣税	数字	10	2	减项
请假天数	数字	8	2	其他

2.人员档案设置。

（1）工资类别：001正式人员。

①工资项目：基本工资、奖励工资、交通补助、应发合计、请假扣款、养老保险金、扣款合计、实发合计、代扣税、请假天数。

②计算公式（见表5-2）：

表5-2　　　　　　　　　　　　　　　　**计算公式列表**

工资项目	定义公式
请假扣款	请假天数×20
养老保险金	（基本工资＋奖励工资）×0.05
交通补助	iff（人员类别＝"管理人员"or人员类别＝"销售人员"，100，50）

③人员档案（见表5-3）：

表5-3　　　　　　　　　　　　　　　　**人员档案列表**

人员编号	人员姓名	部门名称	人员类别	账号	中方人员	是否计税	身份证号码	性别
101	肖剑	总经理办公室	管理人员	20010090001	是	是	210104195502020011	男
102	陈明	财务部	管理人员	20010090002	是	是	210104195502020012	女
103	王晶	财务部	行政人员	20010090003	是	是	210104195502020013	女
104	马芳	财务部	行政人员	20010090004	是	是	210104195502020014	女
201	赵斌	销售一部	管理人员	20010090005	是	是	210104195502020015	男
202	宋佳	销售二部	销售人员	20010090006	是	是	210104195502020016	男
203	孙建	销售三部	管理人员	20010090007	是	是	210104195502020017	男
204	王华	销售四部	销售人员	20010090008	是	是	210104195502020018	男
301	白雪	供应部	采购人员	20010090009	是	是	210104195502020019	男
401	周月	产品研发	开发人员	20010090010	是	是	210104195502020020	女
402	李彤	制造车间	生产人员	20010090011	是	是	210104195502020021	男

注：以上所有人员的代发银行均为中国银行中关村分行。

（2）工资类别：002临时人员。

①工资项目：基本工资、奖励工资。

②人员档案（见表5-4）：

表 5-4 人员档案列表

人员编号	人员姓名	部门名称	人员类别	账号	身份证号	性别
205	刘青	销售一部	销售人员	20010080001	210104195502020022	女
403	邢海	产品研发	开发人员	20010080002	210104195502020023	男

四、任务执行

（一）人员附加信息

1. 在【设置】中选择【人员附加信息设置】，进入"人员附加信息设置"对话框，如图 5-11 所示。

2. 单击【增加】，在下方的"栏目参照"中选择"性别"，单击【确定】保存设置，企业也可根据不同工资类别的需要选择不同的附加信息，如图 5-12 所示。

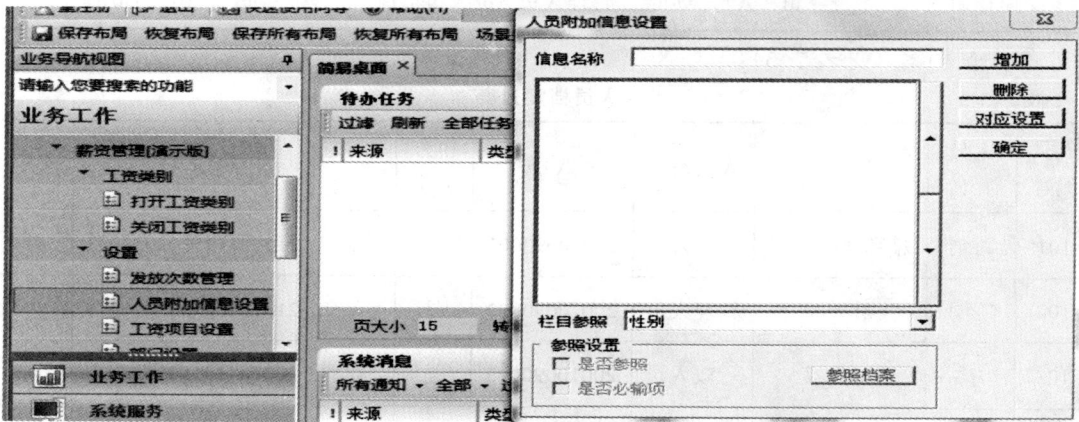

图 5-11 打开人员附加信息设置

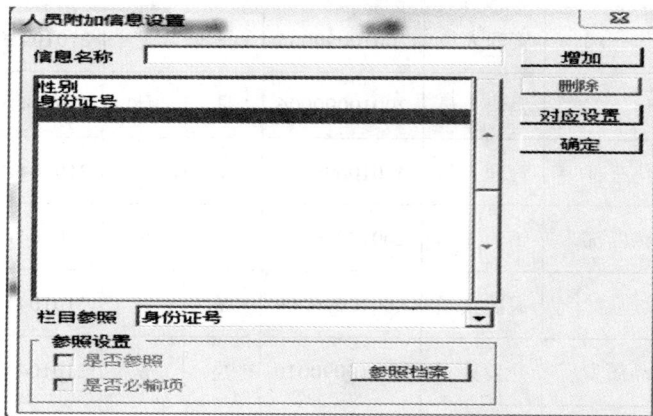

图 5-12 增加人员附加信息

（二）工资项目

1. 在工资类别关闭的情况下，选择"设置"中的"工资项目"，单击【增加】，将工资账套需要的工资项目添加进来，如图 5-13 所示。

2. 打开工资类别，在"设置"中单击【工资项目设置】，弹出"工资项目设置"对话框。

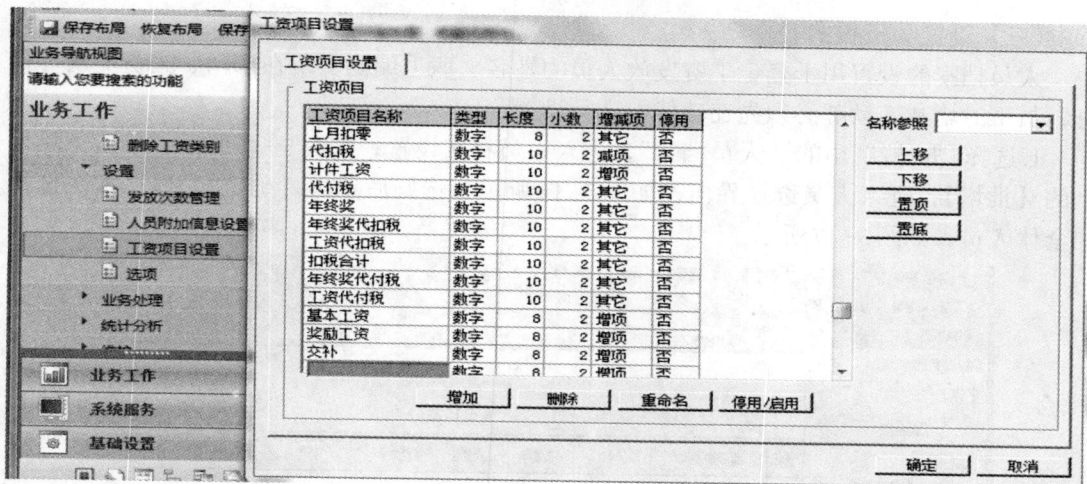

图5-13　增加公共工资项目

3.单击【增加】并在右边"名称参照"下拉列表框中初步选择需要增加的工资项目内容。

4.选完后单击【上移】或【下移】来排列工资项目的内容，最后单击【确定】，如图5-14所示。

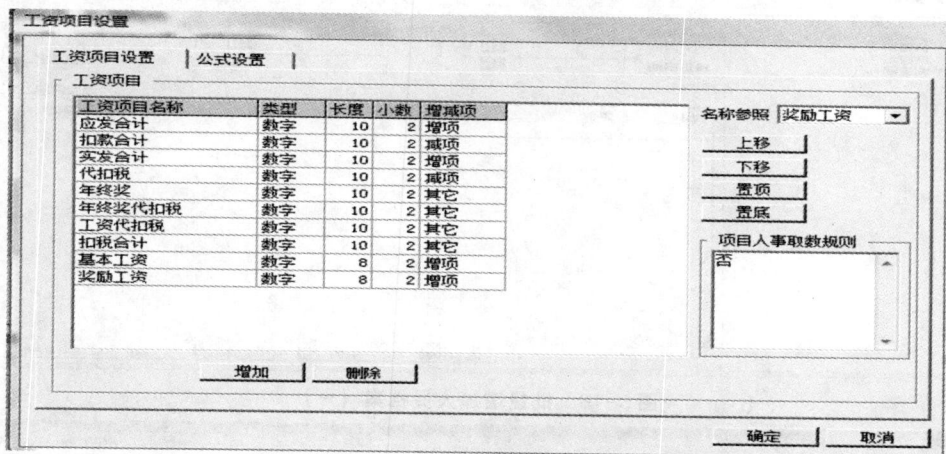

图5-14　在工资类别中增加工资项目

财务专家温馨提示

◆工资项目对于多个工资类别的工资账套而言，是所有工资类别所需要使用的全部工资项目，对于单工资类别而言，就是此工资账套所需要使用的全部项目。

◆当企业采用银行代发形式发放工资时，需要确定银行名称及账号长度。发放工资的银行可以按需要设置多个。同一工资类别中的人员由于在不同的工作地点，需由不同的银行代发工资，或者不同的工资类别由不同的银行代发工资，均需一并设置相应的银行名称。

◆对于多个工资类别的账套，如果已经建立工资类别，需要关闭工资类别才能设置所有工资类别所需要的公共工资项目。

（三）设置人员档案

人员档案的设置用于登记工资发放人员的姓名、职工编码、所在部门、人员类别等信息，员工的增减变动都必须先在功能中进行设置。

1.选择"设置"中的"人员档案"，进入人员档案设置，如图5-15所示。单击工具栏上的【批增】，进入人员选择界面，如图5-16所示，选好后单击【确定】，显示本次选择的全体人员，如图5-17所示。

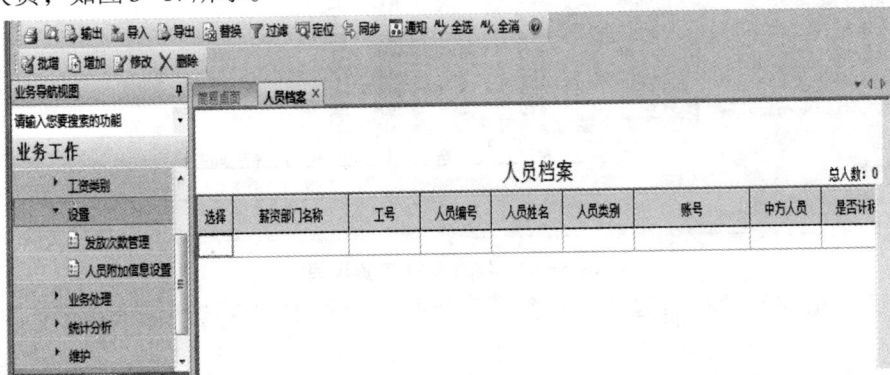

图5-15　打开人员档案

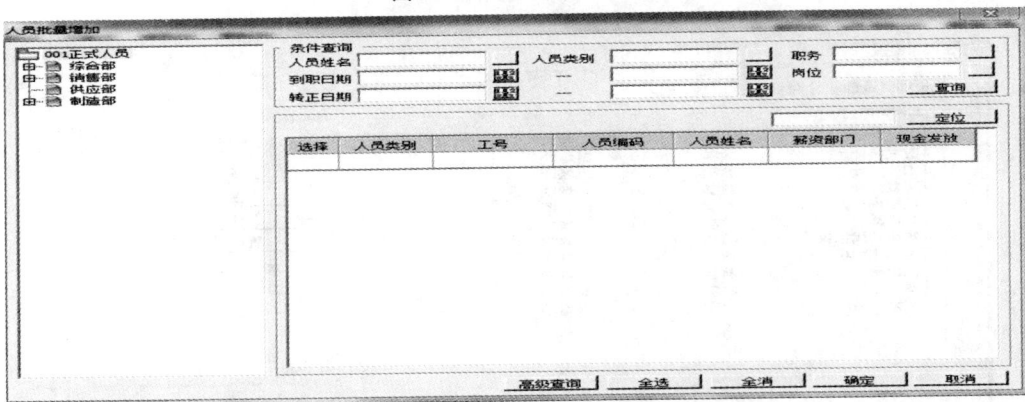

图5-16　批量增加人员档案（一）

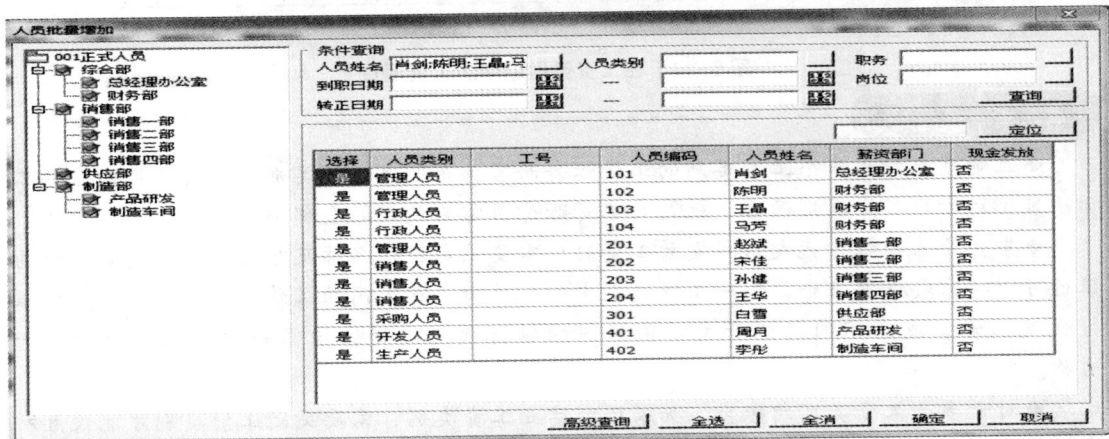

图5-17　批量增加人员档案（二）

2.在人员档案界面，单击工具栏上的【修改】，打开"人员档案"对话框，根据资料对人员档案进行修改和补充，如图5-18所示。

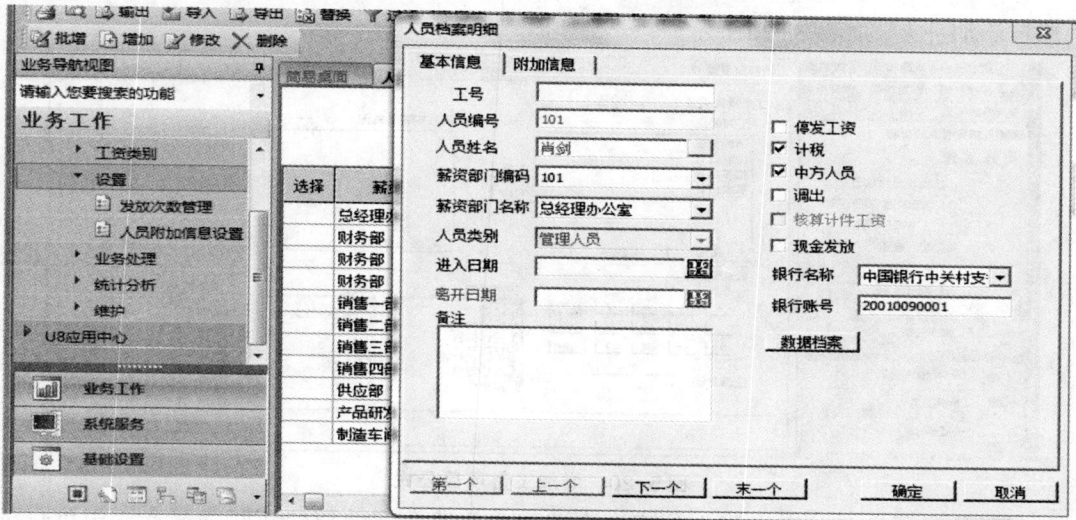

图5-18　修改人员档案（一）

3.修改完成后，单击【确定】，系统提示"写入该人员档案信息吗？"对话框，单击【确定】保存，如图5-19所示。

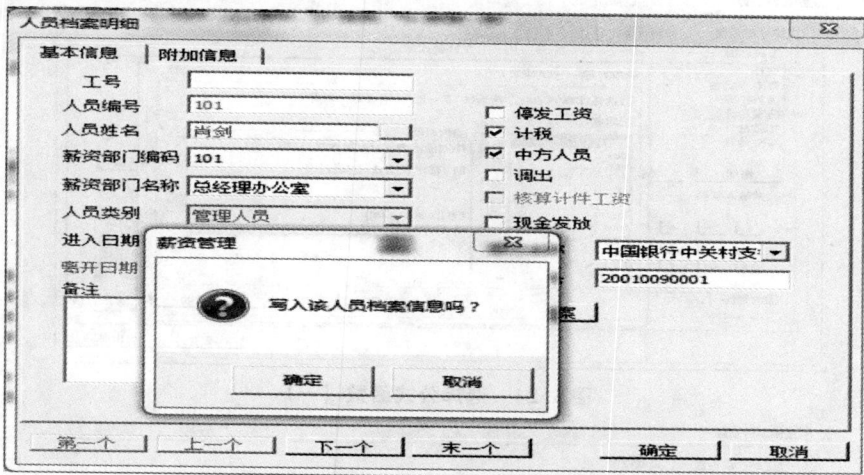

图5-19　修改人员档案（二）

（财务专家温馨提示）----------------------------------

◆职员是分类别设置的，即在一个工资子账套设置好后，进入另一个工资子账套需要重新设置。但是在"单个类别"工资子账套中则不需要设置，系统会自动将两个工资子账套中的职员累加。

◆人员编号、姓名、类别来源于公共平台的人员档案信息，薪资系统不能修改，要在公共平台中修改，系统会自动将修改的信息同步到薪资系统中。

（四）定义公式

由于不同的工资类别，工资发放项目不尽相同，计算公式也不相同，因此在进入某个工资类别后，应选择本工资类别所需要的工资项目，再设置工资项目对应的计算公式。

1.在"工资项目设置"菜单中单击【公式设置】，单击【增加】，将准备设置公式的工资项目添加进来，如图5-20所示。

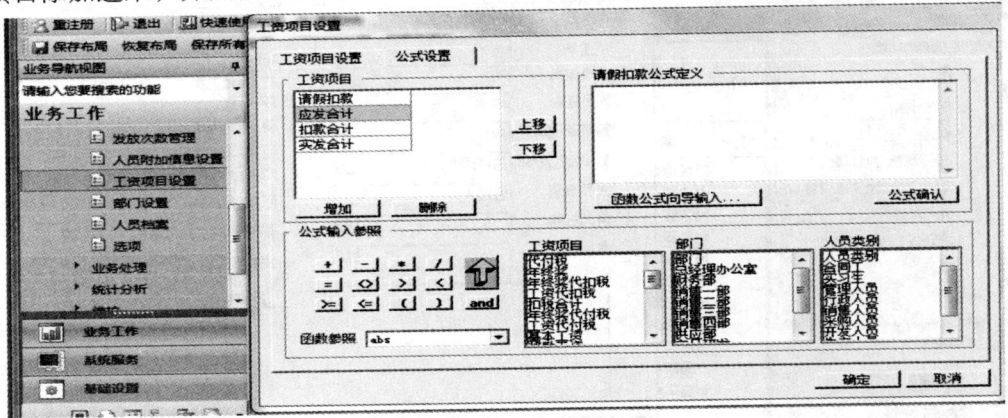

图5-20　增加工资项目公式

2.在公式定义对话框中输入公式，需要的函数要在"函数公式向导输入"中进行选择，如图5-21和图5-22所示，其他项目可在界面的"工资项目""部门""人员类别"中直接选择。

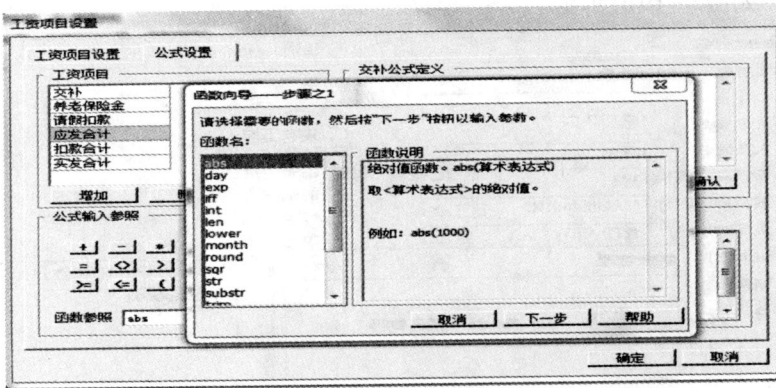

图5-21　选择公式函数（一）

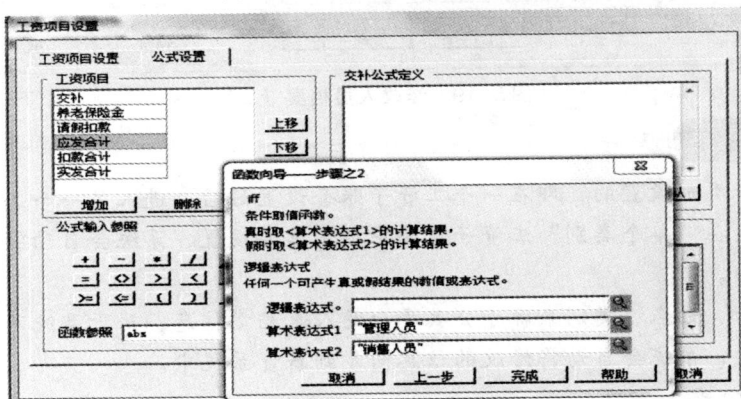

图5-22　选择公式函数（二）

3.输完一个公式，要单击【公式确认】，对所填的公式进行保存与检查。全部公式设置完毕后，单击【确定】退出。

财务专家温馨提示

◆设置计算公式即定义工资项目之间的运算关系。计算公式设置的正确与否关系到工资核算的最终结果。定义公式可以通过选择工资项目、运算符、关系符和函数等组合完成。设置计算公式可以直接输入，也可利用公式向导参照输入。

◆"or"的前后需要加空格。

常见问题解析

◆无法设置工资公式。常见原因是没有录入人员档案或是没有打开工资类别。建议操作：先确定已经打开一个"工资类别"，查看人员档案是否有数据，再进行工资公式设置。

◆工资项目无法参照。常见原因是打开工资类别前没有设置所有类别需要使用的工资项目。建议操作：在没有打开任何工资类别的时候，将所有工资类别涉及的所有工资项目一次设置完毕。

【任务三】 设置选项

一、任务描述

以会计主管马芳（003）的身份进入北京阳光信息技术有限公司薪资系统的选项中进行修改。

二、入职知识准备

个人所得税是根据《中华人民共和国个人所得税法》对个人所得征收的一种税。手工情况下每个月末财务部门都要对超过扣除基数金额的部分进行纳税申报。系统提供只对工资薪金所得征收所得税的申报。

鉴于许多企业、事业单位计算职工个人所得税的工作量较大，系统中提供了个人所得税自动计算功能，用户只需要定义所得税率并设置扣税基数就可以由系统自动计算个人所得税。这样既减轻了用户的工作负担，又提高了工作效率。

三、任务内容

登录日期为2015年1月1日，修改代扣个人所得税的计税基数为1 000元。

四、任务执行

1.在"设置"下双击【选项】，打开"选项"对话框，如图5-23所示。

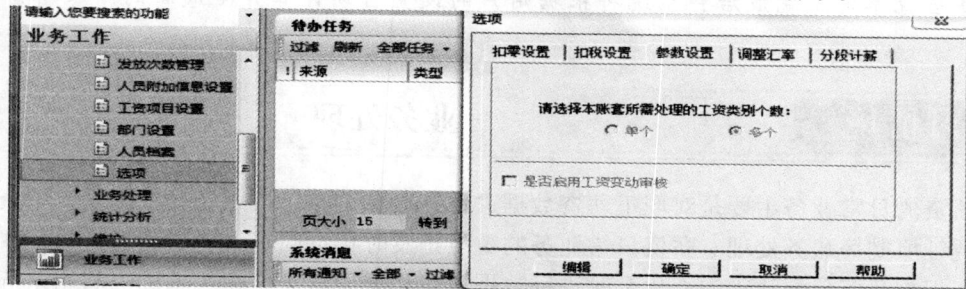

图5-23　打开选项

2.单击【扣税设置】，单击【编辑】，修改扣税依据，如图5-24所示。

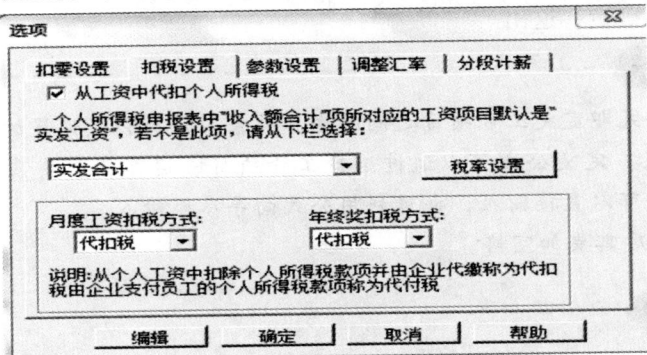

图5-24　编辑选项扣税参数

3.单击对话框右侧【税率设置】来设置企业适合的税率以及纳税基数，如图5-25所示。

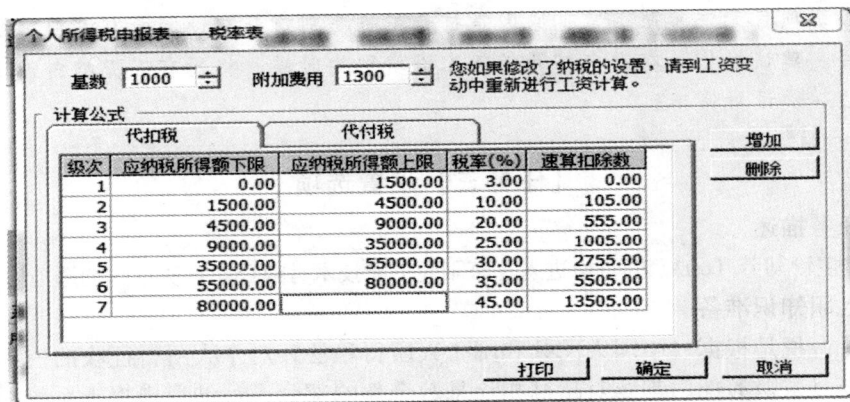

图5-25　编辑选项税率设置

4.修改完成后单击【确定】退出。

财务专家温馨提示

◆ 系统默认以"实发合计"作为扣缴基数。

◆ "个人所得税"的税率定义窗口初始为国家颁布的工资、薪金所得所使用的7级超额累进税率，税率为3%～45%，级数为7级，费用基数为3 500元，用户可以根据实际需要调整费用基数、附加费用以及税率。

◆ 当税率定义完成后，系统将根据用户的设置自动计算并生成新的个人所得税申报表。

学习情境二　　　　　　　　　业务处理

薪资的日常业务主要是对职工薪资数据进行计算和调整，按照计算数据发放工资以及进行凭证填制等账务处理。薪资日常业务的重点是及时根据职工人员变动对人员档案进行调整。根据薪资分配政策的变化及时进行数据更新和准确核算。在此基础上利用系统的报表功能对工资进行报表分析，为企业制定和调整分配政策提供参考。本学习情境结构图如图5-26所示。

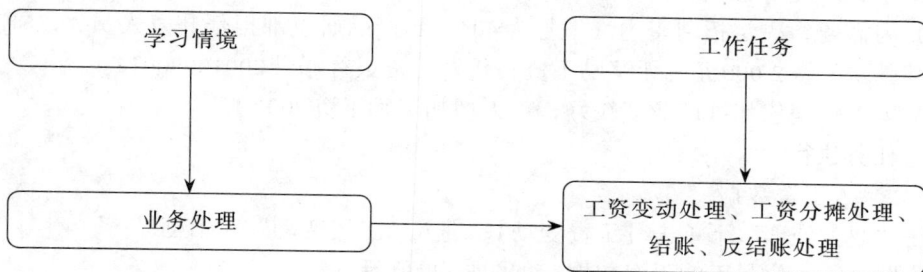

图5-26 薪资系统业务处理学习情境结构图

【任务一】 工资变动处理

一、任务描述

以会计主管马芳（003）的身份分别录入北京阳光信息技术有限公司临时人员和正式人员工资类别的职工工资数据。

二、入职知识准备

第一次使用薪资系统必须将所有人员的基本工资数据输入计算机，每月发生的工资数据变动也在此进行调整，如奖金的录入、扣款信息的录入等。工资变动处理之前，需要事先设置好工资项目及计算公式。工资数据录入以后，要进行工资计算与汇总，系统会自动计算并生成每个职工应发工资和实发工资。

三、任务内容

登录日期为2015年1月1日。

1.1月初人员工资情况（见表5-5和表5-6）。

表5-5　　　　　　　　　　临时人员工资情况表

姓名	基本工资	奖励工资
刘青	2 000	200
邢海	3 000	300

表5-6　　　　　　　　　　正式人员工资情况表

姓名	基本工资	奖励工资
肖剑	5 000	500
陈明	3 000	300
王晶	2 000	200
马芳	2 500	200
赵斌	3 000	350
宋佳	2 000	200
孙建	4 500	450
王华	3 000	300
白雪	4 500	450
周月	4 500	450
李彤	3 500	350

2.1月份工资变动情况。

（1）考勤情况：王华请假2天；赵斌请假1天。

（2）因需要，决定招聘李力（编号为404）到产品研发部担任开发人员，以补充技术力量，其基本工资2 000元，无奖励工资，代发工资银行账号20010090012。

（3）因去年销售部推广业绩较好，每人增加奖励工资200元。

四、任务执行

（一）录入工资数据

1.在"业务处理"下单击【工资变动】，进入"工资变动"对话框。

2.分别录入每位员工的工资数据，如图5-27所示。

图5-27　录入员工工资

（二）计算与汇总

1.在"业务处理"下单击【工资变动】，进入"工资变动"对话框。

2.在"工资变动"对话框，单击工具栏中的【计算】，系统将根据设置好的公式计算工资数据，如图5-28所示。

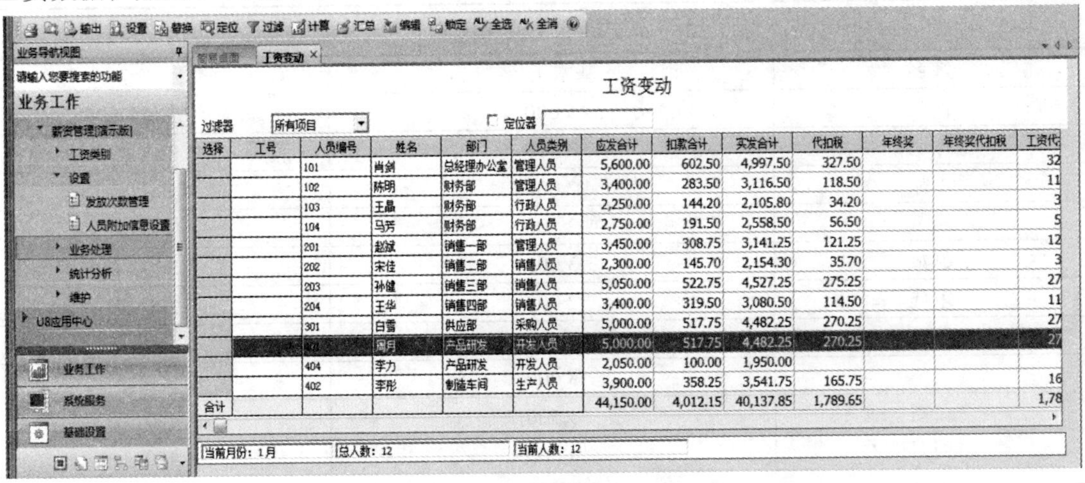

图5-28　计算工资数据

3.单击工具栏中的【汇总】，汇总工资数据。

4.单击工具栏中的【退出】，退出"工资变动"对话框。

（三）工资数据替换

工资数据录入以后，由于某种原因，会时常出现替换工资的情况，这时可以使用工资替换功能。

1.在"业务处理"下单击【工资变动】，进入"工资变动"对话框。

2.在"工资变动"对话框，选中准备要进行替换的人员，单击工具栏中的【替换】，打开"工资项目数据替换"对话框，如图5-29所示。

图5-29 打开替换工资

3.选中要进行替换的工资项目，如图5-30所示，输入替换条件和替换公式，如图5-31所示，单击【确定】，系统提示"数据替换后将不可恢复，是否继续？"，如图5-32所示，单击【是】，系统提示"4条记录被替换，是否重新计算？"，单击【是】，如图5-33所示。

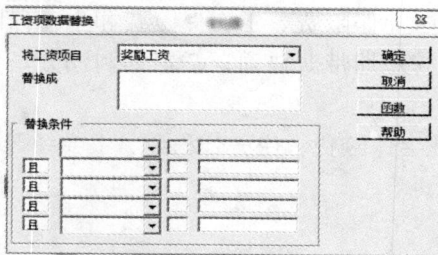

图5-30 替换工资数据设置（一）

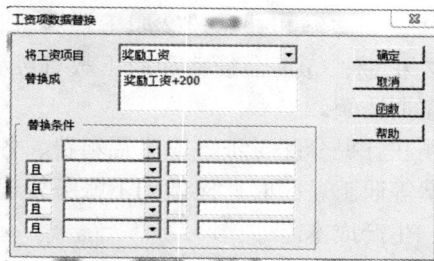

图5-31 替换工资数据设置（二）

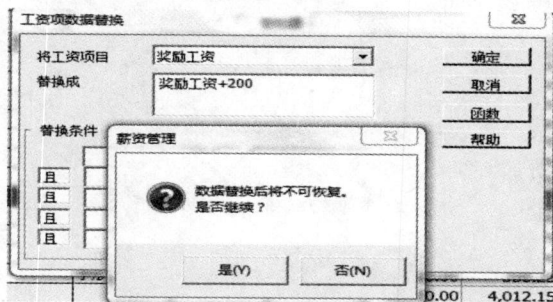

图5-32 替换工资数据（一）

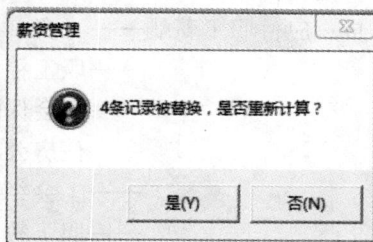

图5-33 替换工资数据（二）

财务专家温馨提示

◆如果工资数据变化较大可以使用替换功能进行操作。在修改了某些数据，重新设置公式，进行了数据替换或在个人所得税中执行了自动扣税等操作后，必须调用"计算"和"汇总"功能对个人工资数据重新计算，以保证数据正确。

常见问题解析

◆无法删除离职人员的工资数据。常见原因是该人员未做工资停发处理。建议操作：修改该人员档案，做停发处理即可。

◆工资总额超过扣税额，但代扣税额为零。常见原因是该人员档案中的"是否扣税"选项没有设置。建议操作：重新设置人员档案中的"是否扣税"选项。

【任务二】 工资分摊处理

一、任务描述

以会计主管马芳（003）的身份分配北京阳光信息技术有限公司本月的职工工资费用。

二、入职知识准备

工资费用是人工费用的主要部分，需要对工资费用计提分配，编制会计凭证，供总账处理之用。职工福利费、工会经费和职工教育经费分别按应发工资的14%、2%和1.5%[①]计提。职工福利费也是按照部门类别分摊到相应的成本费用类账户，工会经费和职工教育经费记入当期损益。养老保险金是按照工资的15%提取。

按照《企业会计准则第9号——职工薪酬》的规定，职工薪酬包括短期薪酬、离职后福利、辞退福利和其他长期职工福利等内容。其中，短期薪酬具体包括以下内容：①职工工资、奖金、津贴和补贴；②职工福利费；③医疗保险费、工伤保险费和生育保险费；④住房公积金；⑤工会经费和职工教育经费；⑥短期带薪缺勤；⑦短期利润分享计划；⑧其他短期薪酬。

公司在计提分配工资、职工福利费、各种社会保险费、住房公积金、工会经费和职工教育经费等职工薪酬时，应做如下账务处理：

借：生产成本
　　制造费用
　　管理费用
　　销售费用等
　贷：应付职工薪酬——工资
　　　　　　　　——职工福利费
　　　　　　　　——社会保险费
　　　　　　　　——住房公积金
　　　　　　　　——工会经费
　　　　　　　　——职工教育经费

---

① 职工教育经费支出，不超过工资薪金总额2.5%的部分准予扣除，超过部分准予结转以后纳税年度扣除。

实际缴纳保险金时按照现行会计准则，企业一般做如下处理：

借：管理费用

　　贷：其他应付款——社会保险

在明确了工资费用计提分配等账务处理之后，可以在薪资系统中正确定义计提分配工资、职工福利费、各种社会保险费、住房公积金、工会经费和职工教育经费等会计凭证，正确计算应付职工薪酬金额和应计入成本费用的薪酬金额。

三、任务内容

登录日期为 2015 年 1 月 31 日，由马芳按照分摊比例进行北京阳光信息技术有限公司2015 年 1 月份的职工工资分摊，并生成凭证传递到总账系统。

1.工资分摊。

应付工资总额等于工资项目"基本工资+奖励工资+交通补助"，应付福利费、工会经费、职工教育经费、养老保险金等也以此为计提基数。

工资费用分摊的转账分录表见表 5-7。

表 5-7　　　　　　　　　　　　工资费用分摊的转账分录表

人员类别	工资分摊	工资总额（100%）科目编码		应付福利费（14%）科目编码		工会经费（2%）职工教育经费（1.5%）养老保险金（15%）科目编码	
		借方	贷方	借方	贷方	借方	贷方
总经理办公室	管理人员	550301	215101	550302	215102	550307	218103
财务部	管理人员	550301	215101	550302	215102		
	行政人员	550301	215101	550302	215102		
销售一部	管理人员	5502	215101	5502	215102		
销售二部	销售人员	5502	215101	5502	215102		
销售三部	管理人员	5502	215101	5502	215102		
销售四部	销售人员	5502	215101	5502	215102		
供应部	采购人员	550301	215101	550302	215102		
产品研发	开发人员	410501	215101	410501	215102		
制造车间	生产人员	410102	215101	410102	215102		

2.工资数据记账。

请将薪资系统生成的凭证自动传递到总账系统，登录总账系统对已生成的工资分摊凭证进行审核、记账。

四、任务执行

1.在"业务处理"下单击【工资分摊】，如图 5-34 所示。

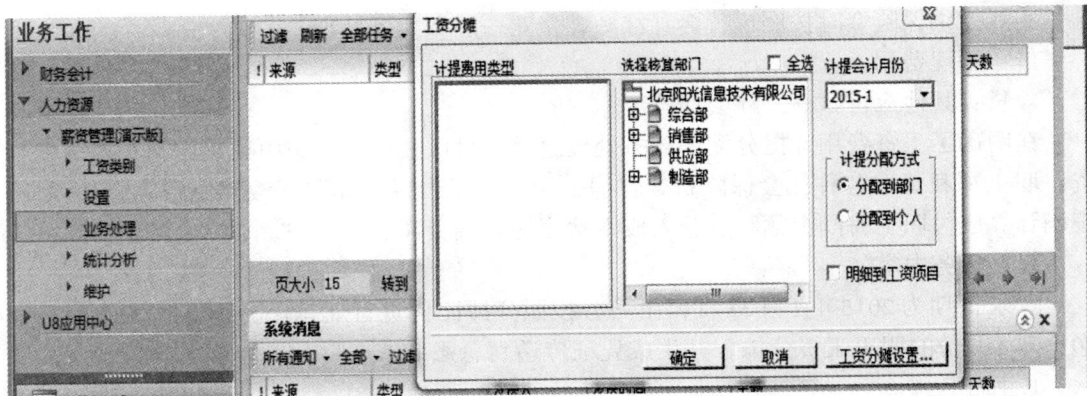

图5-34　打开工资分摊

2.单击【工资分摊设置】，打开"分摊类型设置"对话框，如图5-35所示。

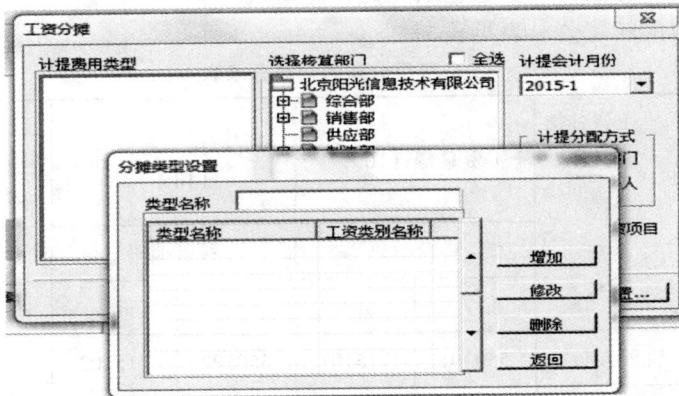

图5-35　打开分摊类型设置

3.单击【增加】，打开"分摊计提比例设置"对话框，输入计提类型名称和分摊计提比例，如图5-36所示。

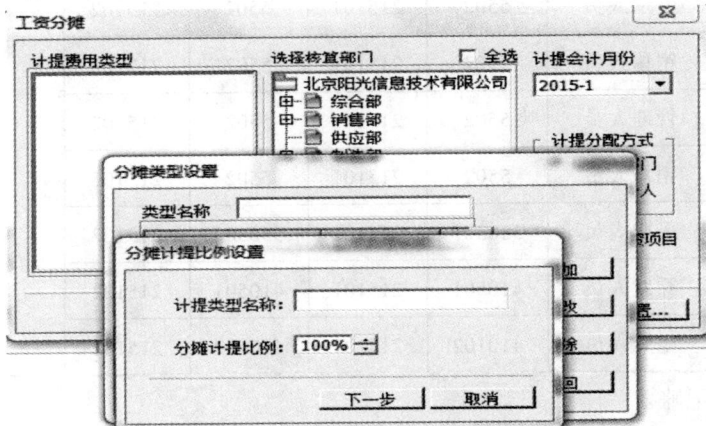

图5-36　打开分摊计提比例设置

4.单击【下一步】，打开"分摊构成设置"对话框，参照输入部门、人员类别、工资项目、借贷方科目等栏目，如图5-37所示。

图5-37　录入工资分摊构成

5.单击【完成】，返回"分摊类型设置"对话框，继续设置其他分摊。

6.全部分摊设置完成后，返回到"工资分摊"对话框，就会显示已经设置好的分摊类型列表，如图5-38所示。

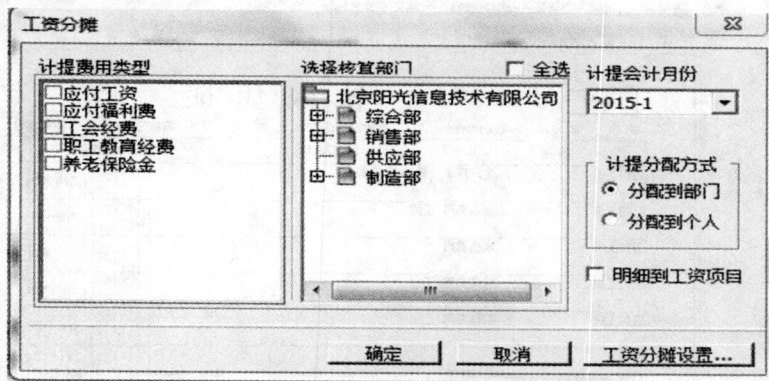

图5-38　工资分摊列表

7.在"计提费用类型"处选择准备要生成凭证的类型、部门，计提方式选择"分配到部门"，选中"明细到工资项目"，如图5-39所示。

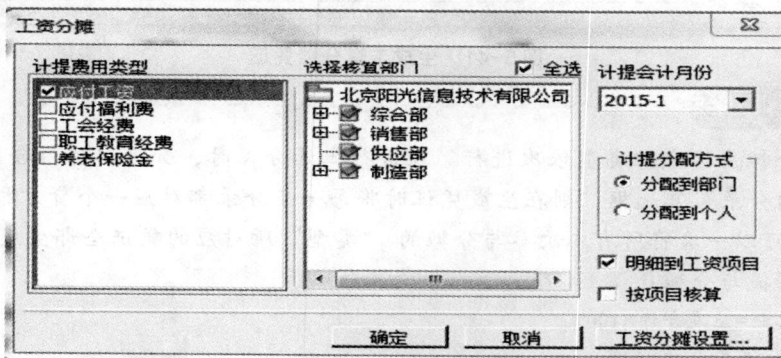

图5-39　选择分摊核算部门

8.单击【确定】，打开"应付工资一览表"，如图5-40所示。

9.单击工具栏上的【制单】，弹出"填制凭证"界面，修改凭证类别后，单击【保存】，如图5-41所示，同理将其他类型生成凭证。

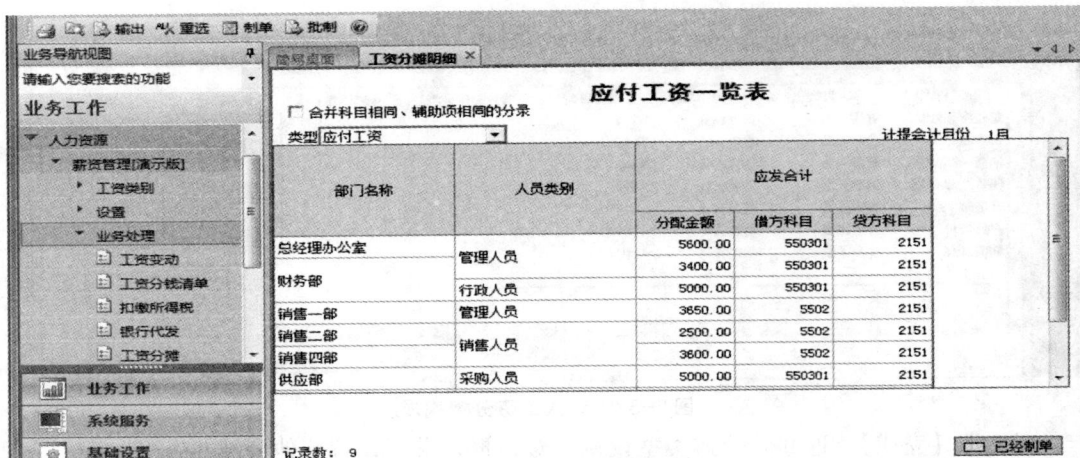

图 5-40 查看工资分摊明细表

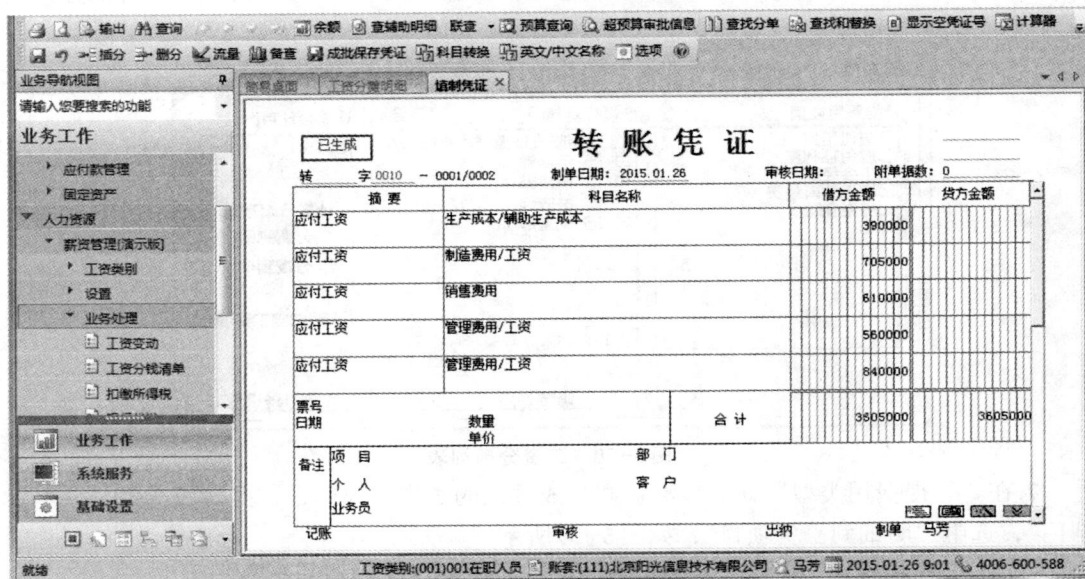

图 5-41 生成工资分摊凭证

财务专家温馨提示

◆工资分摊应按分摊类型依次进行。在进行工资分摊时，如果取消"合并科目相同、辅助项相同的分录"复选框，则在生成凭证时将每一条分录都对应一个贷方科目；如果单击【批制】，可以一次将所有本次参与分摊的 "类型" 所对应的凭证全部生成。

◆工资计提与分摊：

应付工资总额＝应发合计×100%

职工福利费＝应发合计×14%

工会经费＝应发合计×2%

职工教育经费＝应发合计×1.5%

养老保险金＝应发合计×15%

常见问题解析

◆工资分摊凭证不能带出科目。常见原因是"计提类型"、"会计科目"和"明细到工资项目"选项设置有误。建议操作：检查并重新设置"计提类型"、"会计科目"和"明细到工资项目"选项。

◆工资分摊时没有数据。常见原因是分摊设置时出现错误。建议操作：检查分摊公式的设置，注意人员类别和部门要对应，不能选中部门中没有的人员类别。

【任务三】结账

一、任务描述

以会计主管马芳（003）的身份进行北京阳光信息技术有限公司1月份薪资系统的结账工作。

二、入职知识准备

与其他会计操作一样，工资核算到了会计期末，也需要进行相应的期末结账。因为结账是薪酬系统每期期末必须进行的。通过期末结账，可以将本期的工资数据经过处理结转到下一期，并自动生成下期新的工资明细表。

期末结账只有在会计年度的1—11月份才能进行。如果想对多个工资类别进行处理，则需要打开多个工资类别，逐个进行期末结算。如果本期的工资数据未汇总，系统将不允许进行期末的结账。同时，如果进行了期末结账，就不能对数据进行修改删除了。

三、任务内容

登录日期为2015年1月31日，将请假天数、请假扣款、奖励工资等工资项目在月末清零。

四、任务执行

1.在"薪资管理"窗口中，单击【业务处理】|【月末处理】，打开"月末处理"选项，如图5-42所示。

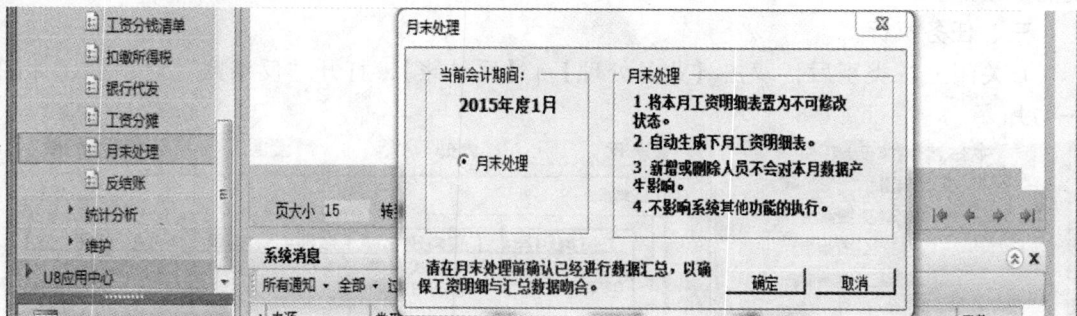

图5-42　打开月末处理

2.仔细阅读信息，单击【确定】，系统弹出"月末处理之后，本月工资将不许变动！继续月末处理吗？"，如图5-43所示。

3.单击【是】，系统提示"是否选择清零项？"，如图5-44所示，单击【是】，选择需要清零的项目，如图5-45所示。

4.单击【确定】，系统提示"月末处理完毕！"，如图5-46所示。

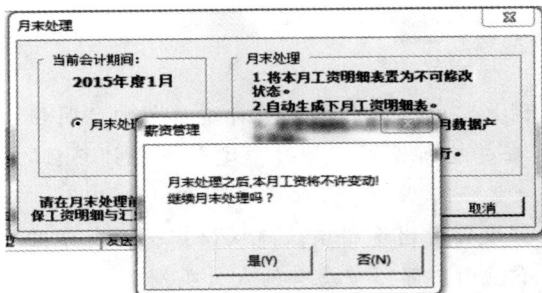

图 5-43　打开月末处理

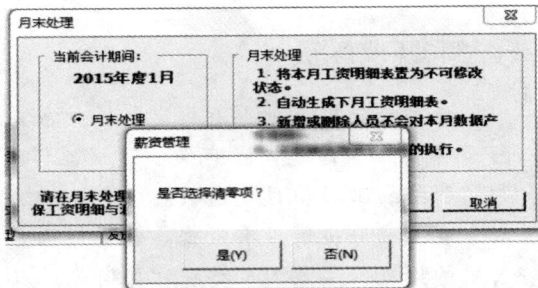

图 5-44　薪资系统项目清零（一）

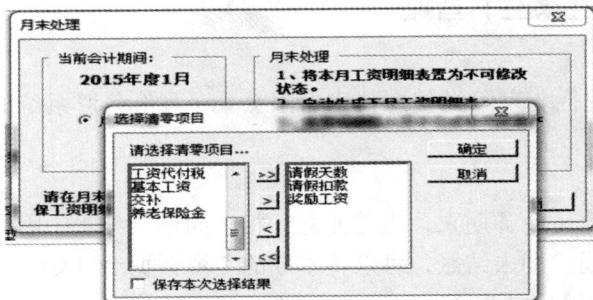

图 5-45　薪资系统项目清零（二）

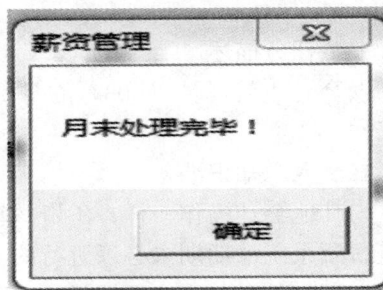

图 5-46　月末处理完毕提示

【任务四】反结账处理

一、任务描述

以会计主管马芳（003）的身份进行北京阳光信息技术有限公司1月份薪资系统的反结账工作。

二、任务内容

登录日期为2015年1月31日，进行北京阳光信息技术有限公司2015年1月份薪资系统的反结账。

三、任务执行

1.关闭工资类别后，双击【业务处理】|【反结账】，打开"反结账"对话框，如图5-47所示。

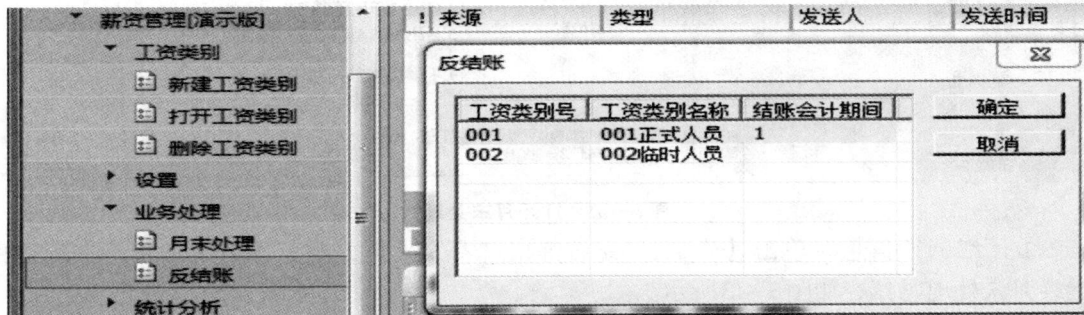

图 5-47　打开反结账

2.选择要反结账的工资类别后，单击【确定】，系统提示反结账对话框，如图5-48所示。

3.单击【确定】，完成反结账操作，如图5-49所示。

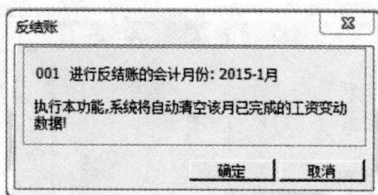

图 5-48　选择对应的工资类别

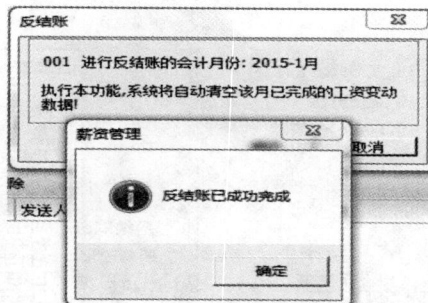

图 5-49　完成反结账

财务专家温馨提示

◆在进行月末处理后，如果发现还有一些业务或其他事项要在已进行月末处理的月份进行账务处理，可以由账套主管使用反结账功能，取消已结账的标志。

◆有下列情况之一不允许反结账：总账系统已结账；汇总工资类别的会计月份与反结账的会计月份相同，并且包括反结账的工资类别。

◆反结账在关闭工资类别的情况下方可使用。

常见问题解析

◆不能进行反结账。常见原因是总账已经结账。建议操作：以下月日期登录进行本月的反结账。

学习情境三　　　　　　　　　**统计分析**

薪资的统计分析主要是依据职工薪资的数据利用系统的报表功能对工资进行报表分析，为企业制定和调整分配政策提供参考，本学习情境结构图如图 5-50 所示。

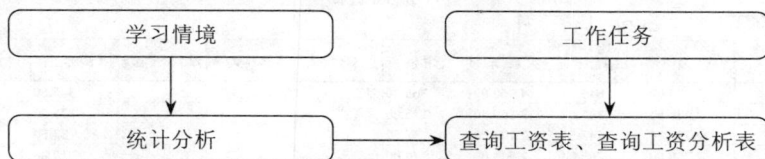

图 5-50　薪资系统统计分析学习情境结构

【任务一】查询工资表

一、任务描述

以会计主管马芳（003）的身份进行登录，查看北京阳光信息技术有限公司薪资系统的工资表。

二、任务内容

登录日期为 2015 年 1 月 31 日，查询北京阳光信息技术有限公司本月工资表。

三、任务执行

1.选择【统计分析】|【账表】|【工资表】，弹出"工资表"对话框，如图 5-51

所示。

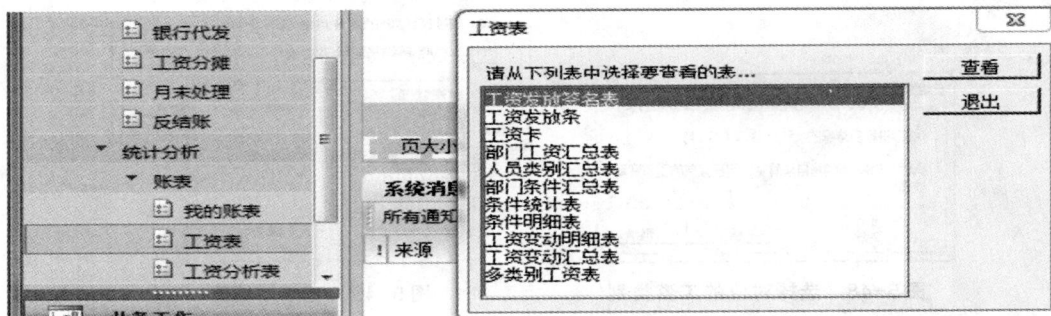

图 5-51　打开工资表

2.选择"工资发放条"后，单击【查看】，系统弹出"选择分析部门"对话框，如图 5-52 所示。

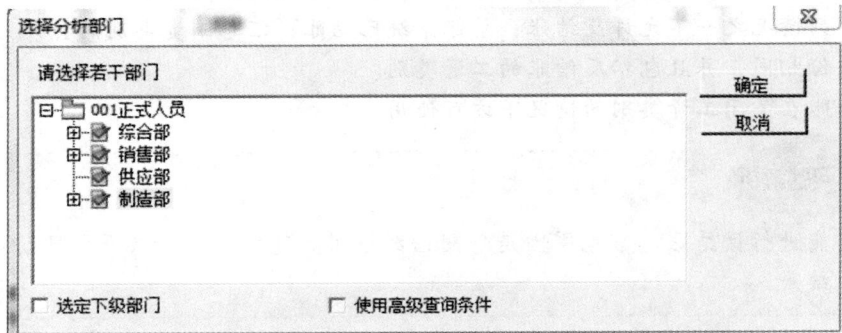

图 5-52　选择查看的部门

3.选择全部部门，单击【确定】，打开"工资发放条"，如图 5-53 所示。

工资发放条
2015 年 01 月

部门 全部　　　　会计月份 一月　　　　　　　　　　　　　　　　　　　　人数：12

人员编号	姓名	应发合计	扣款合计	实发合计	代扣税	代付税	年终奖	年终奖代扣税	工资代扣税	扣税合计	年终奖代付税
101	肖剑	5,600.00	640.00	4,960.00	365.00				365.00	365.00	
102	陈明	3,400.00	300.00	3,100.00	135.00				135.00	135.00	
103	王晶	2,250.00	147.50	2,102.50	37.50				37.50	37.50	
104	马芳	2,750.00	205.00	2,545.00	70.00				70.00	70.00	
201	赵斌	3,650.00	357.50	3,292.50	160.00				160.00	160.00	
202	宋佳	2,500.00	165.00	2,335.00	45.00				45.00	45.00	
203	孙健	5,250.00	577.50	4,672.50	320.00				320.00	320.00	
204	王华	3,600.00	370.00	3,230.00	155.00				155.00	155.00	
301	白雪	5,000.00	542.50	4,457.50	295.00				295.00	295.00	
401	周月	5,000.00	542.50	4,457.50	295.00				295.00	295.00	
404	李力	2,050.00	131.50	1,918.50	31.50				31.50	31.50	
402	李彤	3,900.00	377.50	3,522.50	185.00				185.00	185.00	
合计		44,950.00	4,356.50	40,593.50	2,094.00	0.00	0.00	0.00	2,094.00	2,094.00	0.00

制表：　　　　　审核：

工资类别:(001)001在职人员　账套:(111)北京阳光信息技术有限公司　马芳　2015-01-31 9:05　4006-600-588

图 5-53　打开工资发放条

【任务二】查询工资分析表

一、任务描述

以会计主管马芳（003）的身份进行登录，查看北京阳光信息技术有限公司薪资系统的工资分析表。

二、任务内容

登录日期为2015年1月31日，查询本月工资分析表。

三、任务执行

1.选择【统计分析】|【账表】|【工资分析表】，弹出"工资分析表"对话框，如图5-54所示。

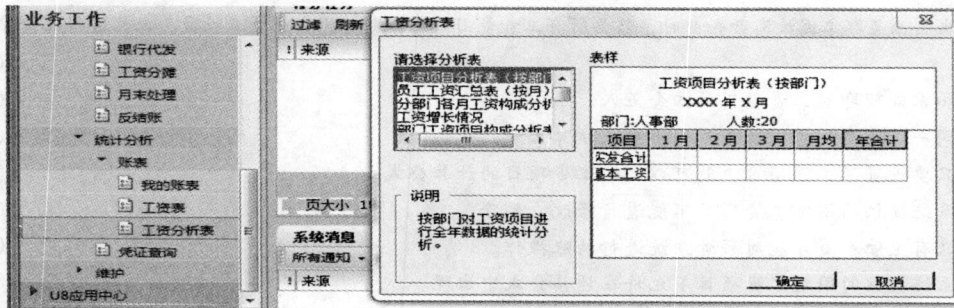

图5-54　打开工资分析表

2.选择"员工工资汇总表（按月）"，单击【确定】，打开"员工工资汇总表选项"对话框，如图5-55所示。

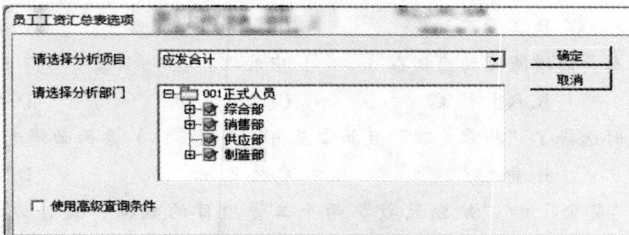

图5-55　选择员工工资汇总表选项

3.选择要分析的项目和部门，单击【确定】，打开"员工工资汇总表"，如图5-56所示。

图5-56　打开员工工资汇总表

常见问题解析

◆ 银行代发一览表无数据。常见原因是没有选择开户银行和账户。建议操作：修改人员档案并补填其银行和账户信息。

职业知识与能力考核

■ 入职基本知识测试题

一、判断题

1.设置人员类别后，可以按不同人员类别分配工资费用，进行会计处理。 （　　）

2.当企业某职工因故离开企业时，只要所有工资费用结清，即可删除此员工档案，以便进行人员管理。 （　　）

3.扣零处理即对工资数据的四舍五入。 （　　）

4.同一工资类别可以使用不同币别来核算工资。 （　　）

5.只要设置了工资项目，就可以定义工资项目的计算公式。 （　　）

6.系统提供的固定工资项目不能进行修改、删除。 （　　）

7.只有主管人员才能对薪资系统进行结账操作。 （　　）

8.系统提供的固定工资项目不允许在计算公式中出现。 （　　）

9.职工的工资数据必须在"工资变动"中录入计算机。 （　　）

10.在薪资系统中，不同部门的人员编码可以重复。 （　　）

二、单项选择题

1.考勤记录的录入是在（　　）中进行的。

A.初始设置　　　B.工资变动　　　C.扣缴所得税　　　D.月末处理

2.在薪资系统中，人员的增减变动应该在（　　）中处理。

A.人员类别　　　B.人员档案　　　C.工资变动　　　D.数据上报

3.如果在工资建账时选择了"扣零处理"且扣零至角，则（　　）票面必须选择。

A.壹角　　　B.壹元　　　C.拾元　　　D.壹佰元

4.如果只想输入"奖金"和"缺勤天数"两个工资项目的数据，最佳方法是利用系统提供的
（　　）功能。

A.筛选　　　B.页编辑　　　C.替换　　　D.过滤器

5.如果企业本月给所有管理人员多发100元奖金，最佳方法是利用系统提供的（　　）功能。

A.筛选　　　B.页编辑　　　C.替换　　　D.过滤器

6.如果不希望在工资发放条中显示某个工资项目，则可以通过（　　）实现。

A.新建表　　　B.修改表　　　C.删除　　　D.重建表

7.如果希望查询某个员工全年的工资数据，应该查询（　　）。

A.工资发放签名表　　　B.工资条　　　C.工资卡　　　D.人员类别工资汇总表

8.关于薪资系统的说法不正确的是（　　）。

A.系统默认固定工资项目为"应发合计""扣款合计""实发合计"

B.若在参数设置中选择了代扣税功能，则系统在工资项目中自动添加"代扣税"项目

C.若在参数设置中选择了扣零，则系统在工资项目中自动添加"本月扣零""上月扣零"两个项目。

D.薪资系统只提供处理单个工资类别功能

9.薪资系统在进行月末结账时，要进行清零处理，也就是要对（　　）进行清零处理，并重新输入

下月新数据。

  A.固定项目　　　　B.变动项目　　　　C.基本项目　　　　D.常用项目

10.如果查看本月工资在5 000元以上的人员名单，最佳方法是利用系统提供的（　　）按钮。

  A.页编辑　　　　B.替换　　　　C.过滤器　　　　D.筛选

三、多项选择题

1.薪资系统初始化设置的内容包括（　　）。

  A.建立工资账套　　B.建立人员档案　　C.录入工资数据　　D.扣缴个人所得税

2.工资项目设置包括（　　）。

  A.工资项目名称　　B.类型　　　　C.增减项　　　　D.计算公式

3.薪资系统启用后如果需要对相关的选项进行设置，在【设置】|【选项】中可以修改的内容有（　　）。

  A.扣零设置　　　　B.扣税设置　　　　C.参数设置　　　　D.调整汇率

4.必须在打开工资类别的情况下才能进行操作的有（　　）。

  A.增加部门　　　　B.增加人员档案　　C.增加人员类别　　D.关闭工资类别

5.新建工资类别时，必须指定的内容包括（　　）。

  A.工资类别名称　　B.工资类别包含的部门　　C.工资类别编号　　D.工资类别所属账套

■ 职业能力测试题

（一）薪资基本情况（启用时间：2015年1月1日）

1.工资类别。

单个工资类别；从工资中代扣个人所得税；其他参数采用默认。

2.工资项目（见表5-8）。

表5-8　　　　　　　　　　　　　**工资项目表**

工资项目名称	类型	长度	小数	增减项
基本工资	数字	8	2	增项
奖金	数字	8	2	增项
交通补贴	数字	8	2	增项
工龄津贴	数字	8	2	增项
加班津贴	数字	8	2	增项
医疗保险	数字	8	2	减项
养老保险	数字	8	2	减项
失业保险	数字	8	2	减项
住房公积金	数字	8	2	减项
缺勤扣款	数字	8	2	减项
缺勤天数	数字	8	2	其他
计税工资	数字	8	2	其他

3.银行名称。

银行名称为"工行山东省分行高新支行"。账号长度为19位，录入时自动带出的账号长度为15位。

4.人员档案（见表5-9）。

表5-9　　　　　　　　　　　　　**人员档案表**

人员编号	人员姓名	性别	行政部门	人员类别	银行账号
001	郭永力	男	经理室	管理人员	6222021606007089501
002	王永祥	男	企管部	管理人员	6222021606007089502
003	徐明华	女	财务部	管理人员	6222021606007089503
004	吴道铭	男	财务部	管理人员	6222021606007089504
005	董亚婷	女	采购部	采购人员	6222021606007089505
006	王进进	女	采购部	采购人员	6222021606007089506
007	邢东瀛	男	销售部	营销人员	6222021606007089507
008	解 鹏	男	销售部	营销人员	6222021606007089508
009	屈晓晨	男	硅粉车间	生产人员	6222021606007089509
010	吴月娥	女	分馏车间	生产人员	6222021606007089510
011	张玮瑜	男	分馏车间	生产人员	6222021606007089511
012	吴佳桐	女	生胶车间	生产人员	6222021606007089512
013	韩海滨	男	生胶车间	生产人员	6222021606007089513
014	杨凤琴	女	仓库	管理人员	6222021606007089514

5.公式设置。

计税工资 = 基本工资 + 奖金 + 交通补贴 + 工龄津贴 + 加班津贴 − 医疗保险 − 养老保险 − 失业保险 − 住房公积金 − 缺勤扣款

住房公积金＝（基本工资+奖金+交通补贴+工龄津贴+加班津贴）*0.12

失业保险＝（基本工资+奖金+交通补贴+工龄津贴+加班津贴）*0.01

医疗保险＝（基本工资+奖金+交通补贴+工龄津贴+加班津贴）*0.02

养老保险＝（基本工资+奖金+交通补贴+工龄津贴+加班津贴）*0.08

缺勤扣款＝iff（缺勤天数<=2,（基本工资/30）*缺勤天数*0.5,（基本工资/30）*缺勤天数）

基本工资＝iff（人员类别="管理人员",5000,iff（人员类别="营销人员",3000,iff（人员类别="采购人员",3500,iff（人员类别="生产人员",2000,0)）））

（二）薪资业务处理（登录日期为2015年1月25日）

1.修改选项中扣税设置的计税依据为"计税工资"项目。

2.根据表5-10的个税税率表完成个人所得税税率申报表——税率表的调整。

3.根据表5-11的员工工资数据完成工资变动表的编制。

4.根据表5-12给出的分摊比例进行工资分摊，合并生成一张凭证（计提工资、计提个人所得税、计提个人承担部分社保费、计提个人承担部分住房公积金）传递至总账。

表 5-10 　　　　　　　　　　　　　　　**个税税率表**　　　　　　　　　　　个税免征额 3 500 元

级数	全月应纳税所得额	税率（%）	速算扣除数（元）
1	不超过 1 500 元	3	0
2	超过 1 500 元至 4 500 元的部分	10	105
3	超过 4 500 元至 9 000 元的部分	20	555
4	超过 9 000 元至 35 000 元的部分	25	1 005
5	超过 35 000 元至 55 000 元的部分	30	2 755
6	超过 55 000 元至 80 000 元的部分	35	5 505
7	超过 80 000 元的部分	45	13 505

表 5-11 　　　　　　　　　　　　　　　**员工工资表**　　　　　　　　　　　金额单位：元

人员编号	人员姓名	行政部门	基本工资	奖金	交通补贴	工龄津贴	加班津贴	缺勤天数
001	郭永力	经理室	3 500	3 000	200	300		
002	王永祥	企管部	3 000	1 000	200	300		
003	徐明华	财务部	3 000	1 300	200	100		2
004	吴道铭	财务部	3 000	800	200	150	100	
005	董亚婷	采购部	2 500	800	200	150		1
006	王进进	采购部	2 500	800	200	100		
007	邢东瀛	销售部	2 500	4 500	200	100		
008	解　鹏	销售部	2 500	3 700	200	100		
009	屈晓晨	硅粉车间	2 000	2 200	200	200	300	
010	吴月娥	分馏车间	2 000	2 400	200	150	250	
011	张玮瑜	分馏车间	2 000	3 300	200	150	300	
012	吴佳桐	生胶车间	2 000	1 800	200	250		1
013	韩海滨	生胶车间	2 000	2 700	200	100		
014	杨凤琴	仓库	2 000	1 000	200	250	200	

表 5-12　　　　　　　　　　　**工资分摊比例表**

项目	比例
应付工资	100%
应付福利费	14%
养老保险	8%
医疗保险	2%
失业保险	1%
住房公积金	12%

资料来源　第六届"用友杯"全国大学生会计信息化技能大赛试题（有改动）。

【操作要求与提示】

1.建立工资账套并设置工资类别与基础信息。

2.在薪资系统的选项中修改税率。

3.在工资变动表中录入人员工资，并进行计算与汇总。

4.根据分摊比例进行工资分摊并生成凭证，审核、记账。

项目六

应收款系统管理

知识目标

① 了解应收款系统的基本功能。

② 熟悉应收款系统的业务处理流程。

③ 掌握应收款系统初始设置的主要内容和方法。

④ 掌握应收款系统日常业务处理的主要内容和方法。

⑤ 掌握应收款系统期末处理的操作方法。

能力目标

① 能够按业务要求设置应收款系统的初始化。

② 能够按业务要求进行应收单与收款单的录入、审核、制单等操作。

③ 能够熟练进行核销、转账处理、票据管理与坏账的处理。

④ 能够熟练进行应收款系统的月末处理。

应收款管理主要用于工商企业对业务往来账款进行核算与管理。应收款系统提供应收单据、收款单据的录入、审核、核销、转账、汇兑损益、制单等处理，提供各类应收和收款单据、详细核销信息、报警信息、凭证等内容的查询，提供总账表、余额表、明细账等多种账表查询功能，提供应收账款分析、收款账龄分析、欠款分析等丰富统计分析功能。在实际工作过程中，应收款系统的工作过程与岗位对照如图6-1所示。

部门岗位	财务部——应收会计	信息部——系统管理员
工作过程	系统设置	设置系统参数、设置基础信息、录入期初余额
	日常业务处理	应收单据处理、收款单据处理、核销处理、票据处理、转账处理、坏账处理、制单处理及查询
	期末处理	月末结账
典型单据	应收单、收款单	

图6-1 应收款系统的工作过程与岗位对照

一、应收款系统与其他系统的关系

应收款系统与总账系统、销售系统、应付款系统、财务分析系统可以集成使用，它们之间的数据联系表现为：销售系统提供的发票传送给应收款系统，并生成凭证，对发票进行收款结算处理；总账系统接收应收款系统传递的凭证，并能查询其所生成的凭证；应收款系统与应付款系统之间可以进行转账处理；应收款系统向财务分析系统提供各种分析的数据。

二、应收款系统基本操作流程

应收款系统主要提供了系统初始化设置、日常处理、单据查询、账表管理、其他处理及期末处理等功能，具体包括如下内容：

●系统初始化设置：包括系统参数设置、单据类型设置、账龄区间的设置、坏账初始设置及期初余额录入等。

●日常处理：包括应收单据和收款单据的录入、审核、核销、转账、汇兑损益、坏账、制单处理等。

●单据查询：包括各类单据、详细核销信息、报警信息、凭证等内容的查询。

●账表管理：包括总账、明细账、余额表等多种账表查询功能和应收账款分析、收款账龄分析、欠款分析等统计分析功能。

●其他处理：包括对核销、转账等功能。

●期末处理：包括月末结账和取消月结等功能。

三、 应收款系统的两种方案选择

该系统提供了"详细核算"和"简单核算"两种应用方案，满足用户不同管理的需要。

（一）详细核算

如果企业的销售业务以及应收款核算与管理业务比较复杂，或者企业需要追踪每一笔业务的应收款、收款等情况，或者企业需要将应收款核算到产品一级，那么企业可以选择详细核算应用方案。

详细核算应用方案的功能主要包括记录应收款项（包括由于商品交易和非商品交易所形成的所有应收项目）的形成、处理应收项目的收款及转账情况、对应收票据进行记录和管理、随应收项目的处理过程自动生成凭证并传递给总账系统、对外币业务及汇兑损益进行处理及提供针对多种条件的各种查询和分析。

（二）简单核算

简单核算应用方案的功能主要包括接收销售系统的发票，对其进行审核以及对销售发票进行制单处理并传递给总账系统。

企业通过在应收款系统中设置"应收账款核算模型"来决定具体选择哪种方案。具体采用哪种方案，应在总账初始化时进行设置，一旦选定，则不能修改，用户一定要结合实际情况慎重选择。

四、应用系统的前期准备工作

在应用系统之前，应该对现有的数据资料进行整理以便能够及时、顺利、准确地运用系统。

为了便于系统的初始化，应该准备如下数据和资料：

（1）有业务往来的所有客户的详细资料，包括客户的名称、地址、联系电话、开户银行、所属总公司、信用额度、最后的交易情况等。可以根据系统客户目录中的内容来准备资料。

（2）用于销售的所有存货的详细资料，包括存货的名称、规格型号、价格、成本等数据。可以根据系统存货目录中的内容来准备资料。

（3）定义好发票、应收单的格式。

学习情境一　应收款系统初始设置

阳光公司已经成功完成了账套号"111"公司账套的建立，从2015年1月1日起，启用了应收款系统。

应收款系统的初始化包括两个方面的内容：首先是在系统中设置系统参数；其次是输入基本的业务信息，从而使业务处理具备信息基础。本学习情境结构图如图6-2所示。

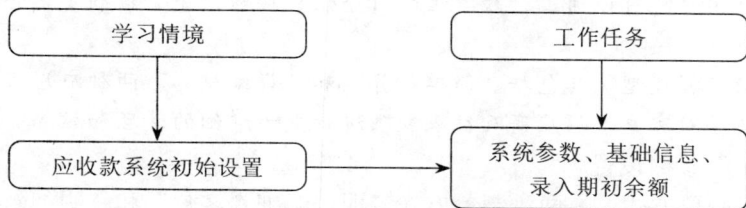

```
┌──────────────┐            ┌──────────────┐
│    学习情境    │            │    工作任务    │
└──────┬───────┘            └──────┬───────┘
       │                           │
       ▼                           ▼
┌──────────────┐            ┌──────────────────┐
│ 应收款系统初始设置 │───────────▶│ 系统参数、基础信息、 │
└──────────────┘            │   录入期初余额    │
                            └──────────────────┘
```

图6-2　应收款系统初始化设置学习情境结构图

【任务一】　设置系统参数

一、任务描述

阳光公司2015年1月1日启用了应收款系统，首先对应收款系统参数进行初始设置。

二、入职知识准备

应收款系统参数设置，目的是通过初始设置，体现企业对应收款管理的具体要求，建设一个适合企业的应收款系统。

启动应收款系统后，应先设置运行所需要的账套参数，以便系统根据所设定的选项进行相应处理。应收款系统参数设置窗口有四个：常规、凭证、权限与预警、核销设置。

（一）"常规"参数设置

1．单据审核日期依据。其包括"单据日期"和"业务日期"两种。如果选择"单据日期"，则在单据处理功能中进行单据审核时，自动将单据的审核日期（即入账日期）记为该单据的审核日期。如果选择"业务日期"，则在单据处理功能中进行单据审核时，自动将单据的审核日期（即入账日期）记为当前业务日期（即登录日期）。因为单据审核后记账，故单据审核日期依据"单据日期"还是"业务日期"，决定业务总账、业务明细账、余额表等的查询期间取值。使用"业务日期"则无此要求。但在账套使用过程中，选择"单据日期"进行单据审核较为灵活。

2．坏账处理方式。系统提供的坏账处理方式有两种，即备抵法和直接转销法。如果选择备抵法，还应选择系统提供的三种具体备抵的方法，即应收余额百分比法、销售收入百分比法、账龄分析法。这三种方法需要在初始设置中录入坏账准备期初余额和计提比例或输入账龄区间等，并在坏账准备处理中进行后续处理。

财务专家温馨提示 -

◆在账套使用过程中，如果当年已经计提过坏账准备，则坏账处理方式不允许修改，只能在下一年度修改。

◆代垫费用类型。代垫费用类型具有解决从销售系统传递的代垫费用单在应收款系统用何种单据类型进行接收的功能。系统默认为其他应收单，用户也可在单据类型设置中自行定义单据类型，然后在系统选项中进行选择。该选项可以随时更改。

◆汇兑损益方式。其包括"外币余额结清时计算"和"月末处理"两种汇兑处理结算方式。一般应选择"月末处理"。

◆登记支票。"登记支票"是系统提供给用户自动登记支票登记簿的功能。若选择"登记支票"，则系统自动将具有票据管理结算方式的付款单登记支票登记簿。若不选择"登记支票"，则用户也可以通过付款单上的【登记】按钮，手工填制支票登记簿。该选项可以随时修改。

◆应收账款核算模型。其包括"简单核算"和"详细核算"两种应用模型。建议选择"详细核算"，便于对客户、供应商及往来款项进行更为详细的管理和核算。

（二）"凭证"参数设置

1.受控科目制单方式。有两种制单方式，即"明细到客户"和"明细到单据"可供选择。

明细到客户：当将一个客户的多笔业务合并生成一张凭证时，如果核算此多笔业务的控制科目相同，系统将自动将其合并成一条分录。使用这种方式能够在总账系统中根据客户查询详细信息。

明细到单据：当将一个客户的多笔业务合并生成一张凭证时，系统会将每笔业务形成一条分录。使用这种方式能够在总账系统中查看每个客户的每笔业务的详细情况。

2.非控科目制单方式。有"明细到客户""明细到单据"和"汇总制单"三种方式可供选择。"汇总制单"是指将多个客户的多张单据合并生成一张凭证时，如果核算此多张单据的非控制科目相同，且其所带辅助核算项目也相同，则系统自动将其合并成一条分录，便于精简总账的数据，在总账系统中只能查看该科目的总发生额。

3.控制科目依据。应收款系统控制科目是指所有带有客户往来辅助核算的科目，可以"按客户分类"、"按客户"和"按地区"作为设置控制科目的依据。

4.销售科目依据。可以选择"按存货分类"和"按存货"来作为设置存货的销售收入科目、应交增值税科目和销售退回科目的依据。在此设置的销售科目是系统自动制单科目取值的依据。

5.核销是否生成凭证。选中此复选框，系统会判断核销双方的单据当时的入账科目是否相同，若不相同，需要生成一张调整凭证；否则，不需要进行制单。

6.红票对冲是否生成凭证。选中此复选框，则对于该类业务，当对冲单据所对应的受控科目不相同时，系统生成一张转账凭证，并且在期末结账时对是否已生成凭证记录进行检查；否则，无须对此制单进行期末检查。

7.凭证是否可编辑。选中此复选框，则可以对生成凭证中的各个项目进行编辑；否则，不可以对生成凭证中的各个项目进行编辑。

（三）"权限与预警"参数设置

录入发票时显示提示信息：选中该复选框，则在录入发票时，系统会显示该客户的信用额度以及最后的交易情况；否则不出现任何提示信息，可以提高录入速度。

（四）"核销设置"参数设置

1.应收款的核销方式。系统提供了"按单据"和"按产品"两种应收款的核销方式。按单据核销，系统将满足条件的未结算单据全部列出，由用户选择要结算的单据，根据用户所选择的单据进行核销。按产品核销，系统将满足条件的未结算单据按存货列出，由用户选择要结算的存货，根据用户所选择的存货进行核销。

如果企业付款时，没有指定具体支付哪个存货款项，则可以采用按单据核销。对于单位价值较高的存货，企业可以采用按产品核销，即付款指定到具体存货上。

2.规则控制格式。系统提供了"严格"和"提示"两种规则控制方式。如果选择"严格"，则核销时严格按照选择的核销规则进行核销；如不符合，则不能完成核销。如果选择"提示"，核销时如不符合核销规则，提示后，由用户选择是否完成核销。

3.核销规则。系统默认按"客户"核销，可按"客户"+"其他"项进行组合选择。如果选择"客户"+"部门"，则表示核销时，需客户相同，且部门相同。其他以此类推。系统提供了客户、部门、业务员、合同、订单、项目、发（销）货单等选项可供组合。

4.收付款单审核后核销。此选项系统默认为不选择。表示收付款单审核后不立即进行核销操作。该选项可修改为选择，并默认为自动核销，表示收付款单审核后立即进行自动的核销操作；若选择为手工核销，则表示收付款单审核后，立即自动进入手工核销界面，由用户手工完成核销。

三、任务内容

以北京阳光信息技术有限公司（以下简称阳光公司）账套主管陈明（001）的身份进行登录，登录日期为2015年1月1日。根据业务需要，设置应收款系统参数，见表6-1。

表6-1　　　　　　　　　　　　　　　**应收款系统参数设置**

常规参数	单据审核日期依据：单据日期 坏账处理方式：应收余额百分比法 自动计算现金折扣：√ 其他采用系统默认设置
凭证参数	采用系统默认设置
权限与预警参数	取消控制操作员权限
核销设置	应收款核销方式：按单据

四、任务执行

1.以账套主管陈明（001）的身份登录应收款系统，单击【设置】|【选项】，打开

"账套参数设置"窗口，如图6-3所示。

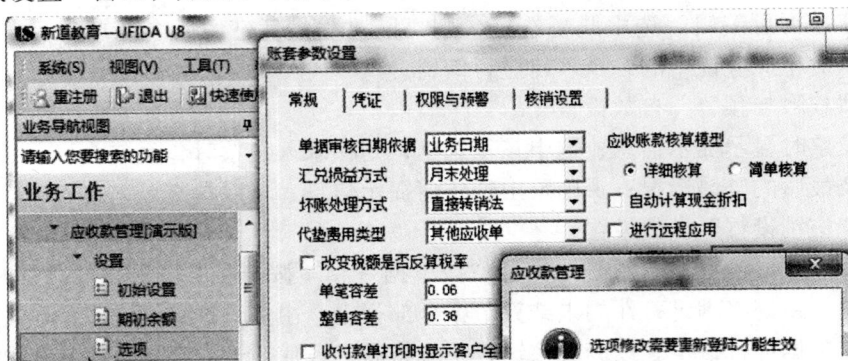

图6-3 账套参数设置

2.单击【编辑】按钮，选择"常规"选项卡，根据任务内容进行设置，如图6-4所示。

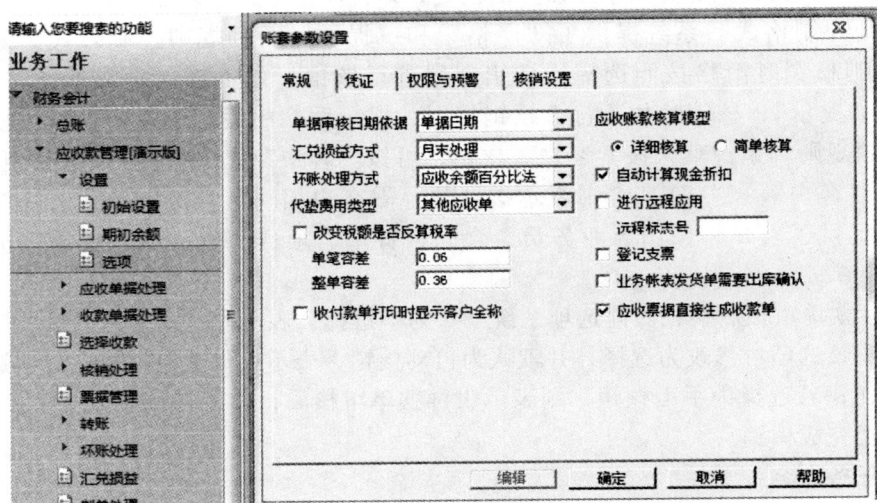

图6-4 常规选项设置

3.选择"凭证"选项卡，根据任务内容进行设置，如图6-5所示。

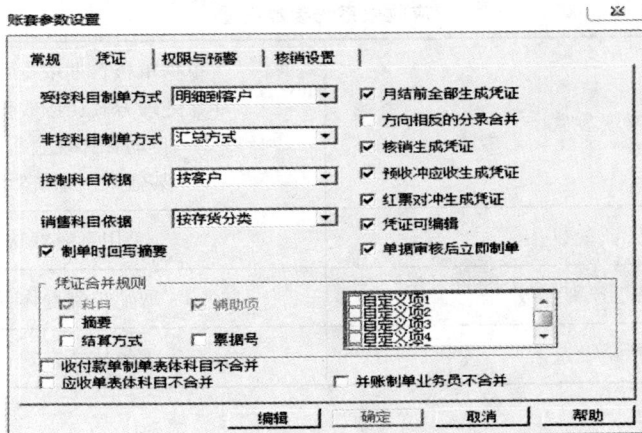

图6-5 凭证选项设置

4.选择"权限与预警"选项卡，根据任务内容进行设置，如图6-6所示。

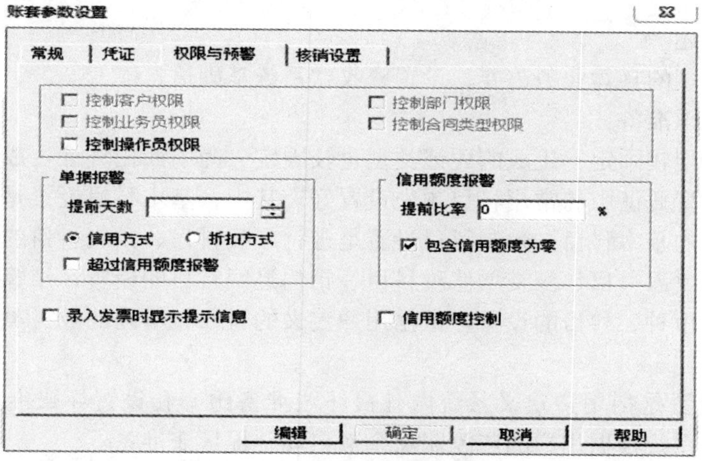

图6-6　权限与预警选项设置

5.选择"核销设置"选项卡，根据任务内容进行设置，如图6-7所示。

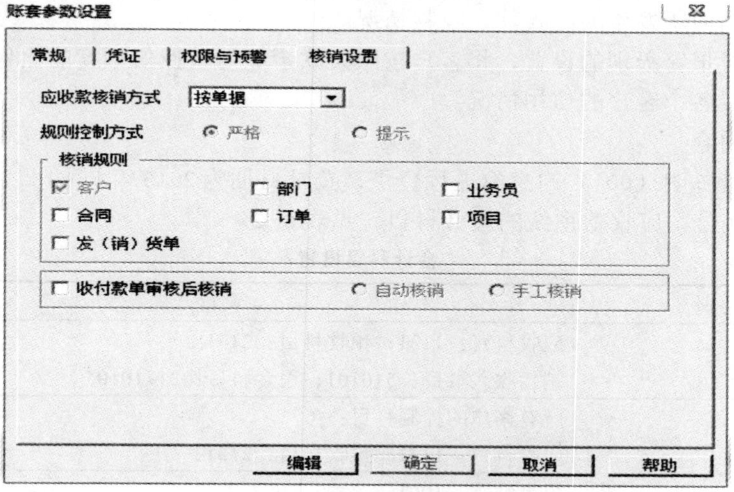

图6-7　核销选项设置

财务专家温馨提示

◆在修改账套参数设置时，需要先单击【编辑】按钮，才可进行选项的修改。修改后，可单击【确定】按钮保存修改或单击【取消】按钮取消修改。

◆如果以单据日期为审核日期，则月末结账时单据必须全部审核。

◆"应收账款核算模型"选项在系统启用时或还没有进行任何业务处理（包括期初数据录入）时，才允许从"简单核算"改为"详细核算"；但从"详细核算"改为"简单核算"随时可以进行。

◆汇兑损益方式：如果执行【月末处理】，系统将会在每个月的月末计算汇兑损益，在计算汇兑损益时，界面中显示所有的外币余额不为0或本币余额结清时，才能计算汇兑损益。

【任务二】 设置基础信息

一、任务描述

根据阳光公司的具体业务需要，设置应收款系统基础信息。

二、入职知识准备

系统业务类型较固定，生成的凭证类型也较固定，为了简化凭证生成的操作，可以在此处将各业务类型凭证中的常用科目预先设置好。其中，基本科目设置是定义应收款系统凭证制单所需要的基本科目。控制科目设置是进行应收科目、预收科目的设置；产品科目设置是进行销售收入科目、应交增值税科目、销售退回科目的设置；结算方式科目设置是进行结算方式、币种、科目的设置。依据用户定义的科目，不同的业务类型，生成凭证时自动带出科目。

坏账初始设置是指用户定义系统内计提坏账准备比率和设置坏账准备期初余额的功能，它的作用是系统根据用户的应收账款余额自动计提坏账准备。

账期内账龄区间设置指用户定义账期内应收款时间间隔的功能，它的作用是便于用户根据自己定义的账款时间间隔，进行账期内应收账款或收款的账龄查询和账龄分析，清楚了解在一定期间内所发生的应收款、收款情况。

可以通过对报警级别的设置，将客户按照欠款余额与其授信额度的比例分为不同的类型，以便于掌握各个客户的信用情况。

三、任务内容

以账套主管陈明（001）的身份进行登录，登录日期为2015年1月1日。

1. 设置阳光公司应收款系统的会计科目，见表6-2。

表6-2　　　　　　　　　　会计科目设置

科目类别	设置方式
基本科目设置	应收科目：1131；预收科目：2131 销售收入科目：510101；税金科目：21710105
控制科目设置	所有客户的控制科目： 应收科目：1131；预收科目：2131
结算方式科目设置	现金结算：1001 其他结算方式对应的科目均为：100201

2. 对阳光公司的坏账准备进行设置，其中，提取比率0.5%，坏账准备期初余额为800元，坏账准备科目1132（坏账准备），对方科目5901（资产减值损失）。

3. 设置阳光公司的应收款系统账龄区间，见表6-3。

表6-3　　　　　　　　　应收款系统账龄区间设置

序号	起止天数	总天数
01	0～30	30
02	31～60	60
03	61～90	90
04	91～120	120
05	121以上	

4.设置阳光公司的应收款系统报警级别，见表6-4。

表6-4 **应收款系统报警级别设置**

序号	起止比率	总比率	级别名称
01	0以上	10	A
02	10%~30%	30	B
03	30%~50%	50	C
04	50%~100%	100	D
05	100%以上		E

5.阳光公司在应收款系统开具销售发票，取消销售普通发票和专用发票中表头项目"销售类型"。对阳光公司的应收款管理进行单据标号设置，允许手工修改销售专用发票的单据编号。

四、任务执行

（一）设置科目

1.以账套主管陈明（001）的身份打开应收款系统，选择【设置】|【初始设置】，打开"初始设置"窗口，如图6-8所示。

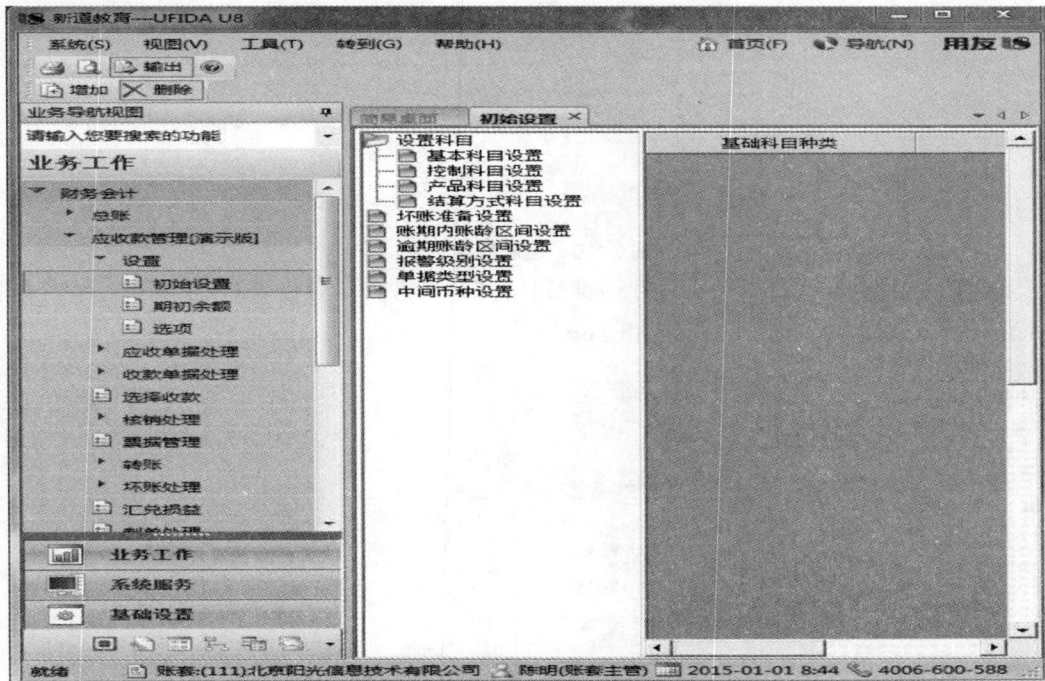

图6-8 应收款系统初始设置

2.在"初始设置"窗口中，选择【设置科目】|【基本科目设置】，根据表6-2对应收款系统的基本科目进行设置，如图6-9所示。

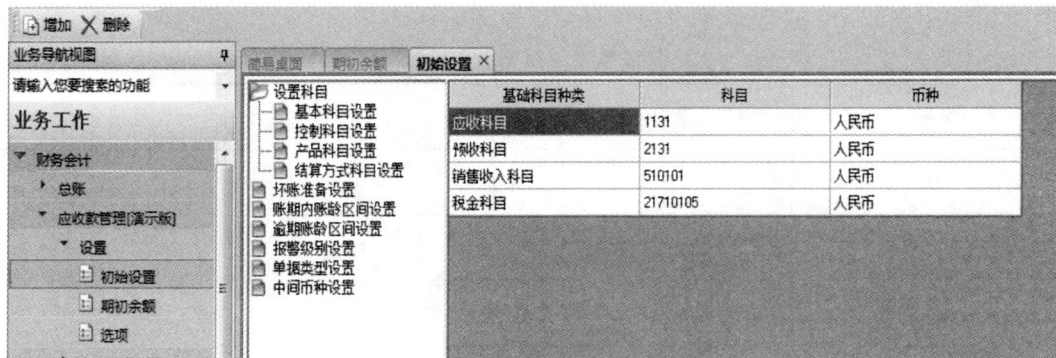

图 6-9　基本科目设置

3.在"初始设置"窗口中，选择【设置科目】|【控制科目设置】，根据表6-2对应收款系统的控制科目进行设置，如图6-10所示。

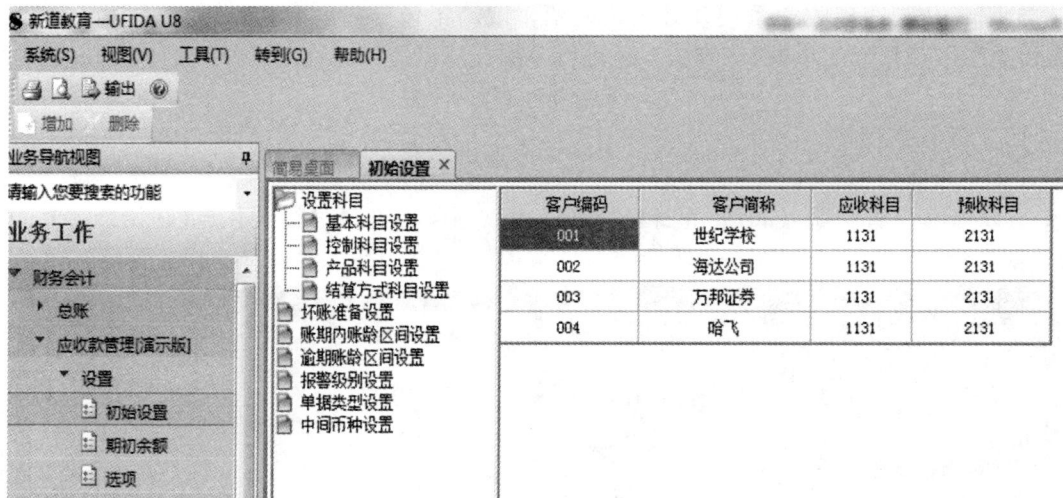

图 6-10　控制科目设置

4.在"初始设置"窗口选择【设置科目】|【结算方式科目设置】，根据表6-2对应收款系统的结算方式科目进行设置，如图6-11所示。

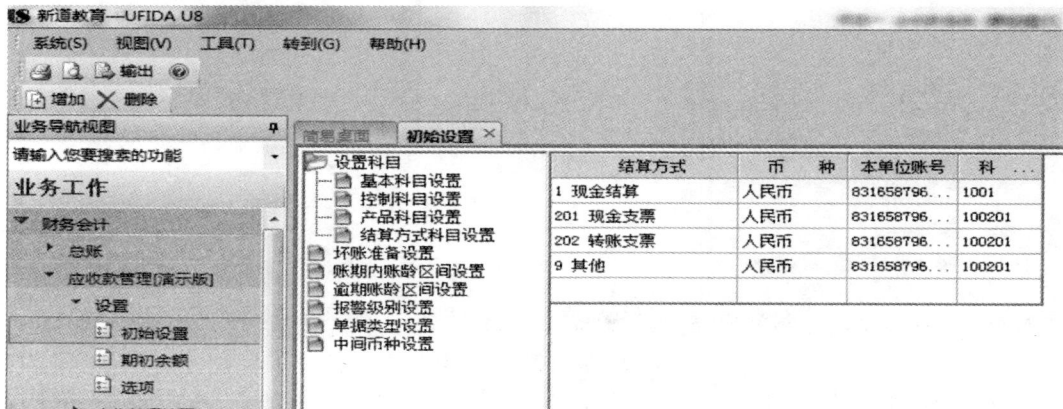

图 6-11　结算方式科目设置

财务专家温馨提示

◆应先设置"应收账款"和"预收账款"科目辅助核算为"客户往来"，系统自动带出受控，选择【基础设置】|【基础档案】|【财务】|【会计科目】进行设置。

◆在收款时，只要告诉系统结算时使用的结算方式，就可以由系统自动生成该种结算方式所使用的会计科目。如果不设置，则在编制收款凭证时可以手工输入会计科目。

（二）设置坏账准备

1.在应收款系统中，选择【设置】|【初始设置】|【坏账准备设置】，打开坏账准备设置窗口，如图6-12所示。

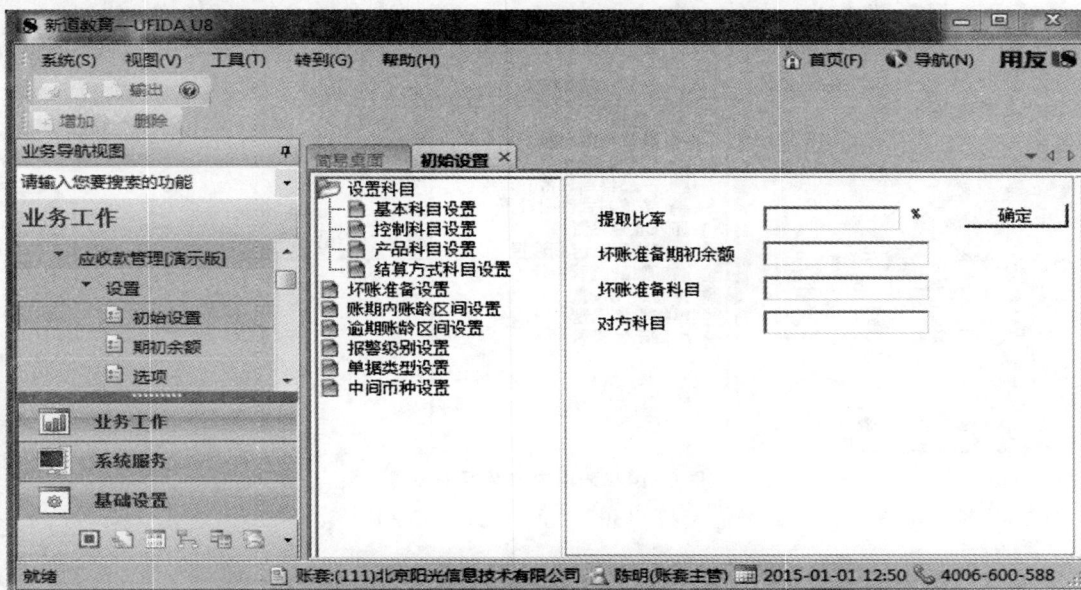

图6-12　坏账准备设置

财务专家温馨提示

◆如果在应收账款管理系统的选项中，坏账处理方式为"直接转销法"，则该功能菜单不显示。

2.录入任务内容描述中的坏账准备设置数据，单击【确定】保存设置，如图6-13所示。

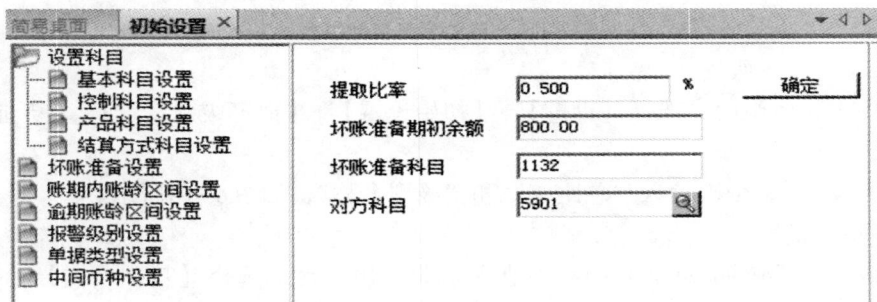

图6-13　坏账准备参数设置

财务专家温馨提示 -----------------------------------

◆ 应首先选择【基础设置】|【基础档案】|【财务】|【会计科目】，新增"资产减值损失"（5901）科目。

（三）设置账期内账龄区间

1.在应收款系统中，选择【设置】|【初始设置】|【账期内账龄区间设置】，打开账期内账龄区间设置窗口，如图6-14所示。

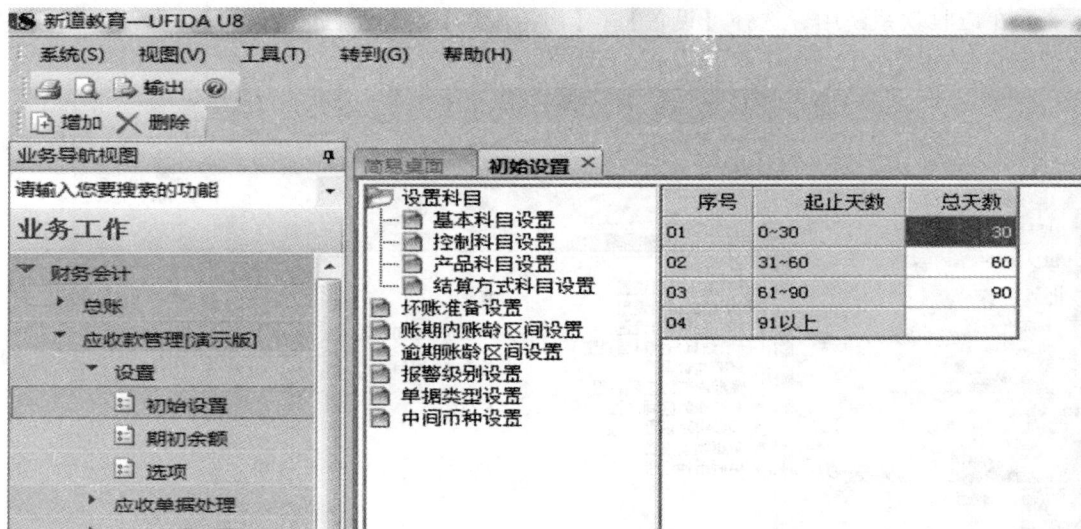

图6-14　账期内账龄区间设置

2.根据表6-3，依次输入总天数"30""60""90""120"，如图6-15所示。

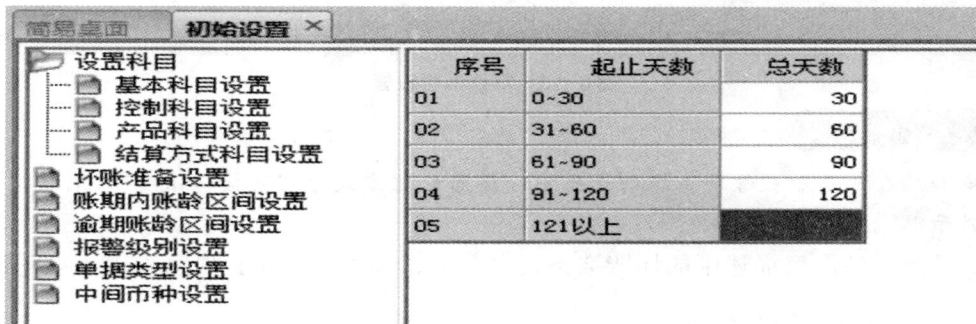

图6-15　账龄区间参数设置

（四）设置报警级别

1.在应收款系统中，选择【设置】|【初始设置】|【报警级别设置】，打开报警级别设置窗口。

2.根据表6-4，依次输入"总比率"和"级别名称"，如图6-16所示。

（五）单据设置

1.以账套主管陈明（001）的身份进入企业应用平台，选择【基础设置】|【单据设置】|【单据格式设置】，如图6-17所示，进入"单据格式设置"窗口。

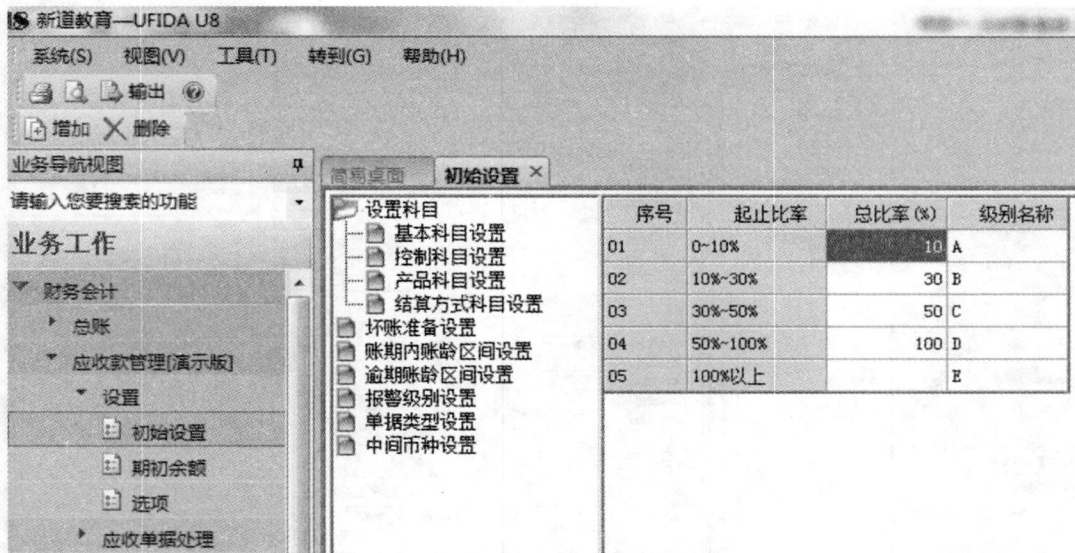

图 6-16　报警级别设置

图 6-17　单据格式设置

　　2.选择【销售管理】|【销售专用发票】|【显示】，双击【销售专用发票显示模板】，单击【表头项目】，打开"表头"窗口，将"销售类型"选项前的"√"取消，如图 6-18 所示。

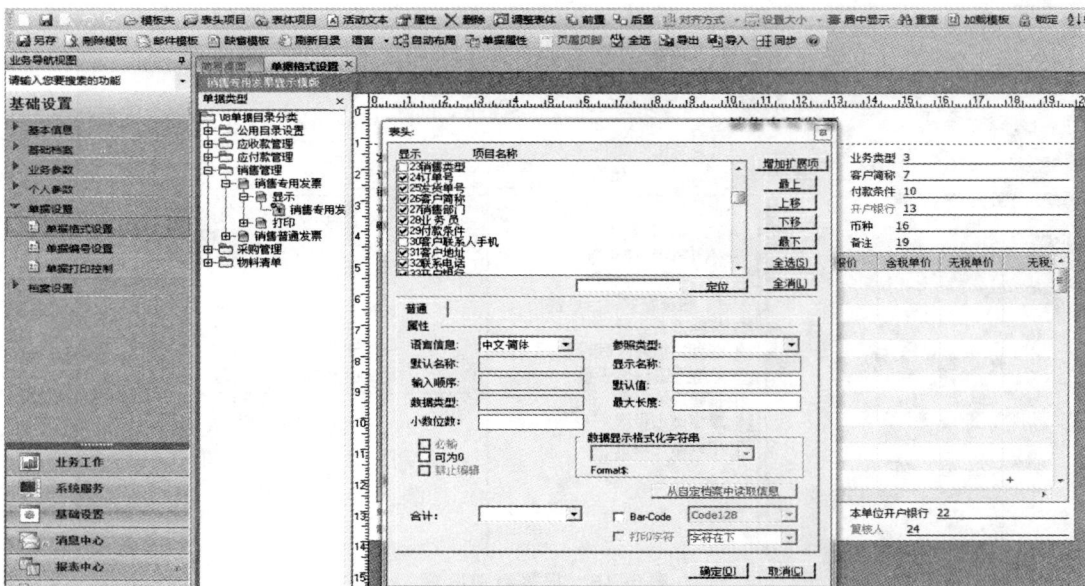

图6-18 单据编号设置（一）

3.单击【确定】，此时"销售类型"项目从表头项目消失，在单击【保存】（软盘图标）进行保存。

4.同理设置销售普通发票。

5.以账套主管陈明（001）的身份进入企业应用平台，单击【基础设置】|【单据设置】|【单据编号设置】，打开"单据编号设置"对话框。

6.选择单据类型"销售专用发票"，单击修改按钮【🛠】，选择"手工改动，重号时自动重取"，如图6-19所示。

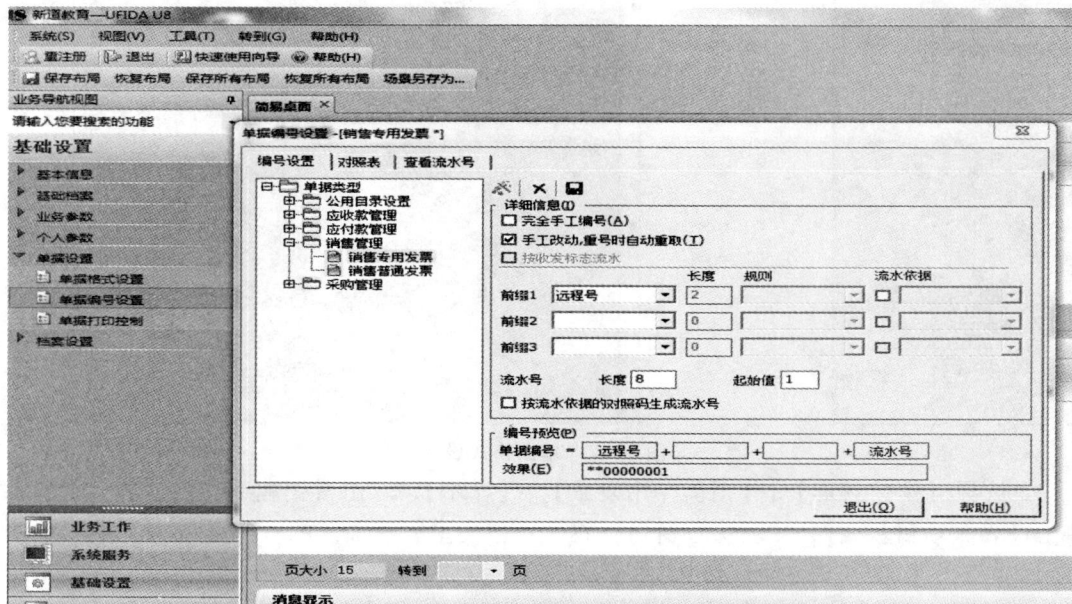

图6-19 单据编号设置（二）

7.单击【保存】(软盘图标),单击【退出】按钮。

【任务三】录入期初余额

一、任务描述

将阳光公司期初单据录入应收款系统,建立期初数据并与总账系统对账。

二、入职知识准备

通过期初余额功能,用户可将正式启用账套前的所有应收业务数据录入到系统中,作为期初建账的数据。本次任务中,需要在期初余额录入窗口,录入应收款系统单据的期初余额。这些单据包括未结算完的发票和应收单、预收款单据以及未结算完的应收票据等。当进入第二年度处理时,系统会自动将上年度未处理完的单据转为下一年度的期初余额。

三、任务内容

以会计主管马芳(003)的身份进行登录,录入阳光公司的应收款系统期初余额(资料见表6-5),登录日期为2015年1月1日。

表6-5　　　　　　　　　　　　　应收账款期初余额表

日期	客户	摘要	方向	金额(元)	业务员
2014-12-25	世纪学校	销售商品	借	99 600	赵斌
2014-12-10	海达公司	销售商品	借	58 000	宋佳

四、任务执行

1.以会计主管马芳(003)的身份进入应收款系统,选择【设置】|【期初余额】,打开"期初余额－－查询"对话框,如图6-20所示。

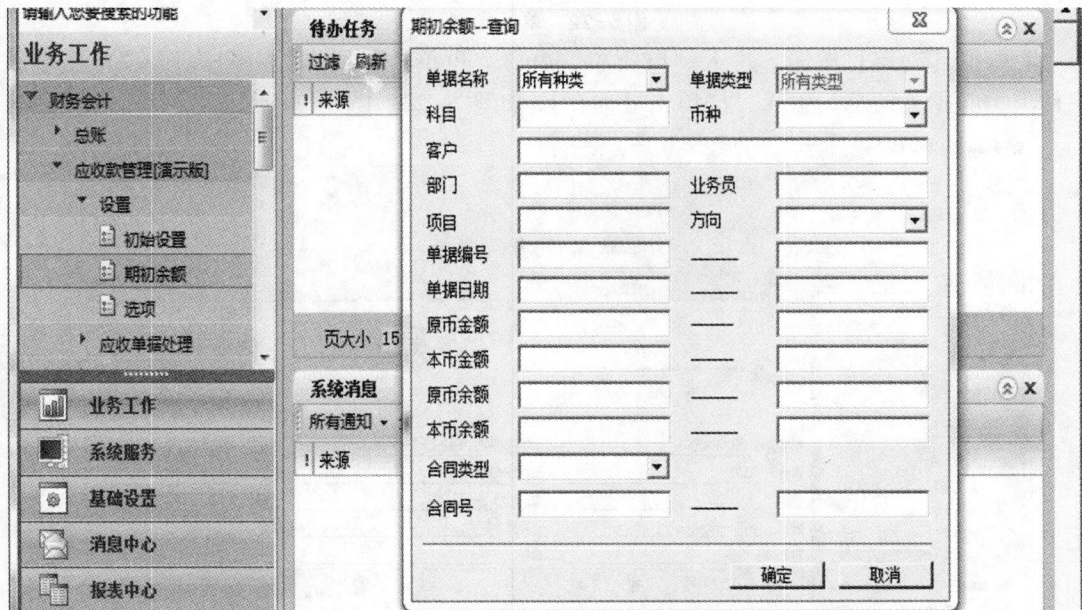

图6-20　应收款管理期初余额录入

2.单击【确定】按钮,进入"期初余额明细表"窗口,如图6-21所示。

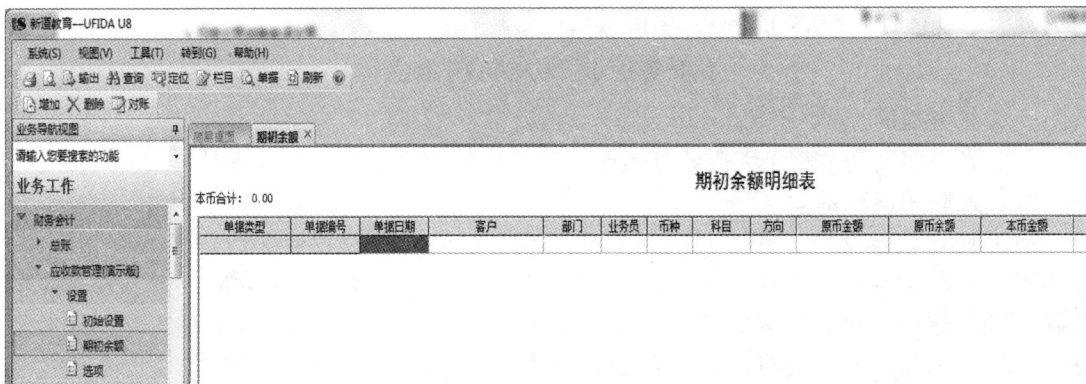

图6-21　新增期初应收单

3.单击【增加】，打开"单据类别"窗口。单据名称选择"应收单"，单据类型选择"其他应收单"，如图6-22所示。

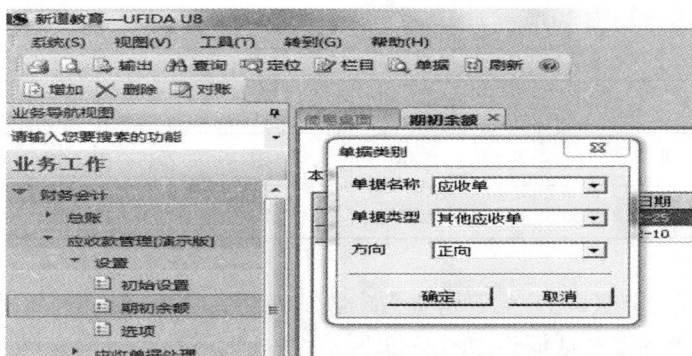

图6-22　单据类别

4.单击【确定】按钮，进入"应收单"窗口。再单击【增加】，根据表6-5依次输入期初单据的相关信息，输入完毕单击【保存】，如图6-23、图6-24所示。

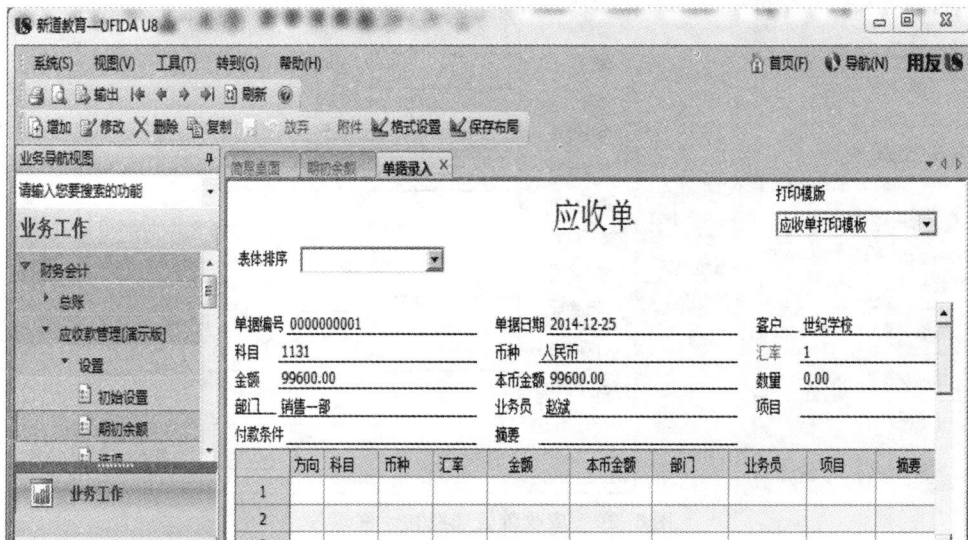

图6-23　期初应收单

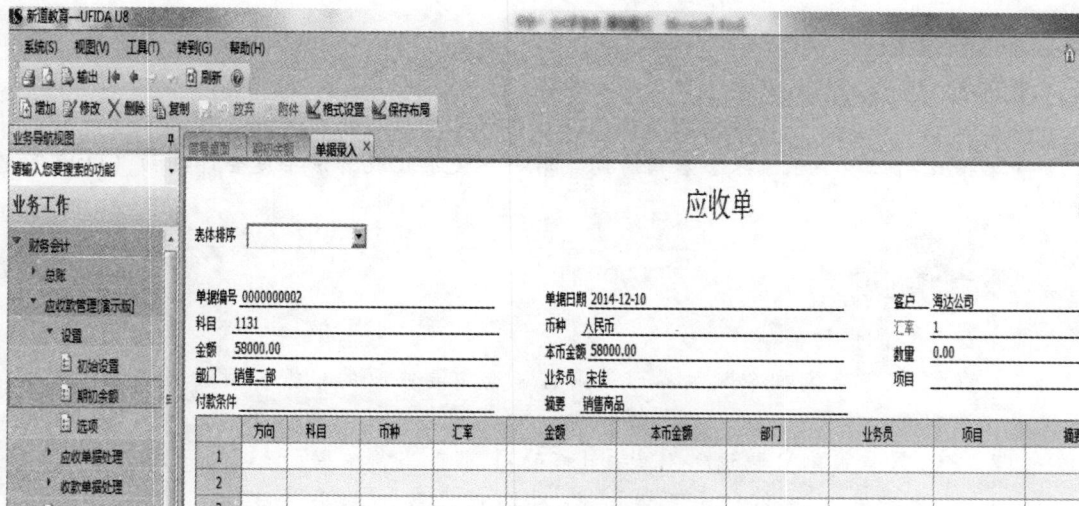

图6-24　录入期初余额

5.退出"应收单"窗口，返回"期初余额明细表"窗口，单击【刷新】，如图6-25所示。再单击【对账】，结果如图6-26所示。

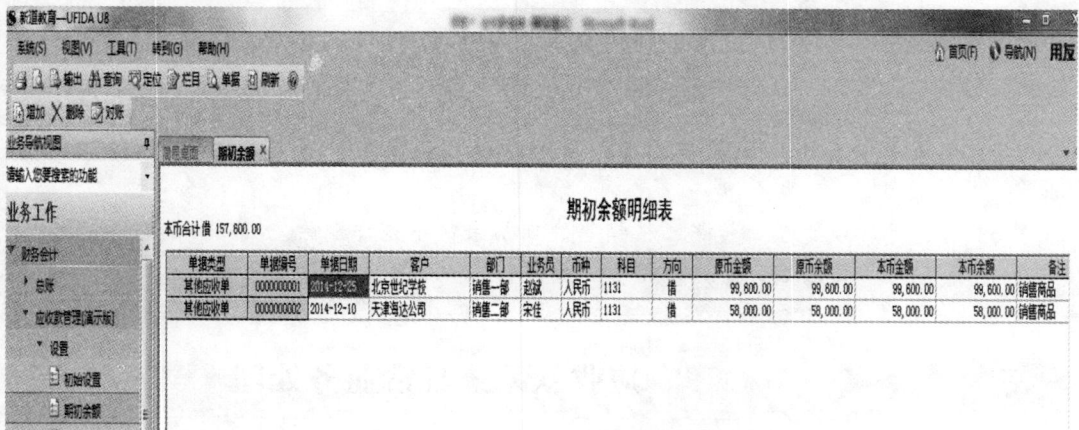

图6-25　应收款系统期初余额明细表

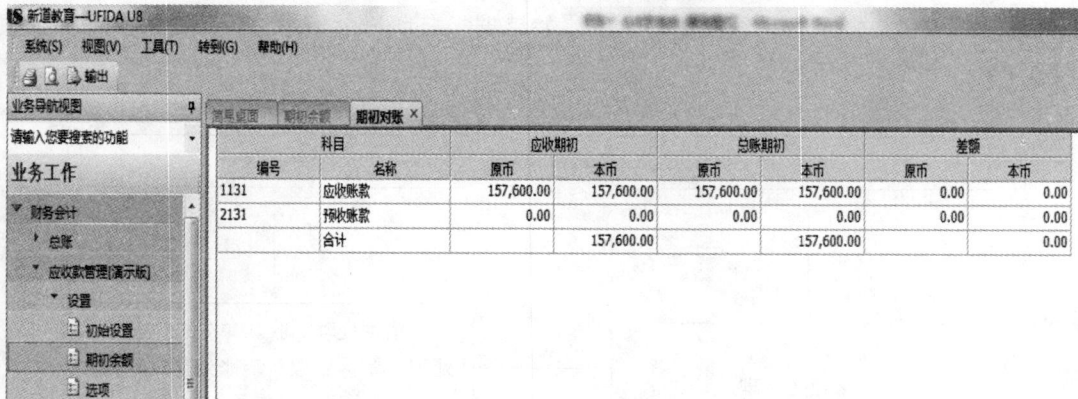

图6-26　应收款系统期初对账

财务专家温馨提示

◆ 在录入应收单时只需录入表头部分内容。

◆ 应收单中的会计科目必须录入正确，否则将无法与总账系统进行对账。

◆ 单据日期必须小于该账套启用时间（第一年使用）或者该年度会计期初（以后年度使用）。

常见问题解析

◆ 如何修改期初余额？

1. 如果当前在期初余额主界面，则首先选中要修改的单据，然后双击鼠标，可以进入该单据的界面。

2. 当进入某张单据界面后，单击【修改】，修改当前单据。

3. 修改完成后，单击【保存】，保存当前修改；单击【放弃】，则取消此次修改。

4. 已进行后续处理如转账、核销等的期初余额不允许修改。

5. 第一个月结账后，不允许增加、删除、修改、引入期初余额。

◆ 如何删除期初余额？

1. 如果当前在期初余额主界面，则首先选中要删除的单据，然后单击【删除】，可以进入该单据的删除主界面。

2. 如果当前已经处于某张单据的界面，则可以直接单击【删除】，删除当前的单据。

3. 已进行后续处理如转账、核销等的期初余额不允许删除。

4. 第一个月结账后，不允许增加、删除、修改、引入期初余额。

学习情境二 　　　　　　　　　**应收款系统日常业务处理**

在使用应收款系统管理往来款项的条件下，用户日常往来业务形成的单据全部在应收款系统输入并生成凭证，系统根据录入的原始单据，自动记录和汇总与各往来单位的款项数据，并向用户提供往来账款的统计分析。

应收款系统日常业务处理学习情境结构图如图6-27所示。

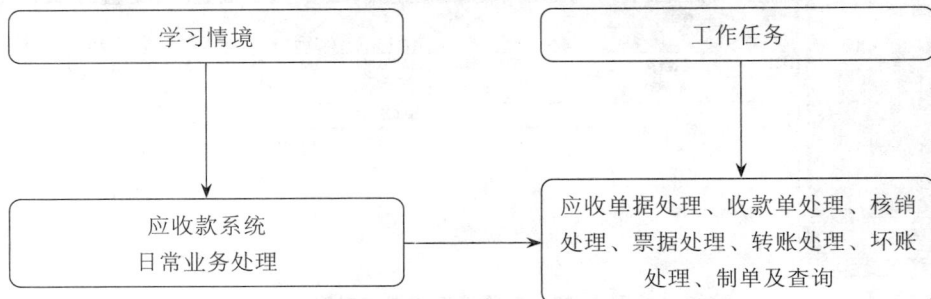

```
┌──────────────┐              ┌──────────────┐
│   学习情境    │              │   工作任务    │
└──────────────┘              └──────────────┘
       │                             │
       ↓                             ↓
┌──────────────┐   →   ┌────────────────────────────┐
│  应收款系统   │       │ 应收单据处理、收款单处理、核销 │
│ 日常业务处理  │       │ 处理、票据处理、转账处理、坏账 │
└──────────────┘       │  处理、制单及查询             │
                       └────────────────────────────┘
```

图6-27　应收款系统日常业务处理学习情境结构图

【任务一】 应收单据处理

一、任务描述

根据阳光公司应收款业务完成单据处理。

二、入职知识准备

应收款日常核算的原始单据主要有销售单据与收款单据。单据录入即增加应收款，是应收款系统处理的起点，在此对销售业务中各类发票及销售业务之外的应收单进行录入。销售发票是指销售业务中的各类普通发票和专用发票。应收单是销售业务之外的应收单单据（如代垫运费等）。

如果启用销售系统，则销售发票及代垫费用产生的其他应收单不在应收款系统中录入，需要在销售系统填制销售发票，复核后，传递给应收款系统。若没有启用销售系统，则所有应收单据在应收款系统中进行录入，而存货出库成本的核算还需在总账系统中手工进行结转。本书默认没有启用销售系统。

三、任务内容

以会计主管马芳（003）的身份进入应收款系统，完成阳光公司应收单据处理。

1.2015年1月2日，阳光公司销售部售给北京世纪学校计算机10台，含税单价6 500元，开出销售专用发票，货已发出。

2.2015年1月4日，阳光公司销售部出售给上海万邦证券21英寸显示器20台，无税单价2 500元，开出销售专用发票，货已发出，同时开出现金支票代垫运费5 000元。

四、任务执行

（一）业务1

1.2015年1月2日，以会计主管马芳（003）的身份进入应收款系统，选择【应收单据处理】|【应收单据录入】，打开"单据类别"窗口。"单据类型"选择"销售专用发票"，单击【确定】，打开销售专用发票录入窗口，如图6-28所示。

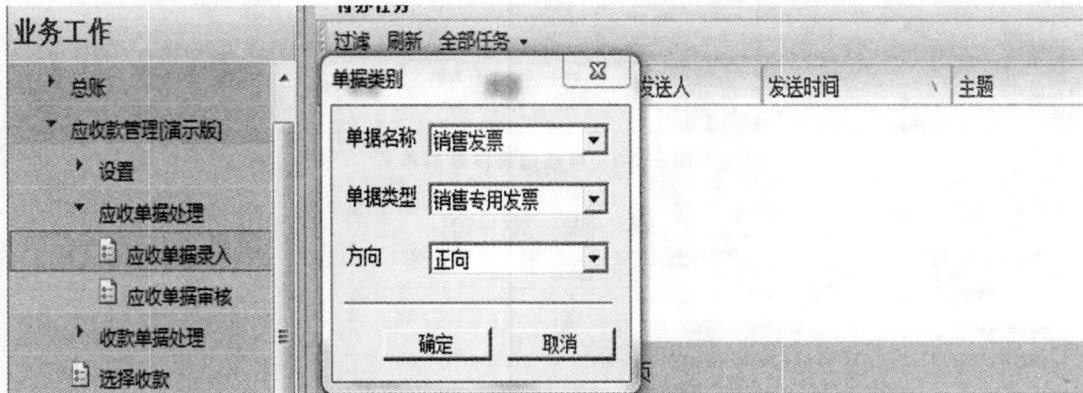

图6-28　新增销售发票

2.单击【增加】，录入销售专用发票信息，如图6-29所示。

3.单击【保存】，再单击【审核】，系统提示"是否立即制单？"，如图6-30所示。

4.单击【是】，进入"填制凭证"窗口，凭证类别选择"转账凭证"，单击【保存】，如图6-31所示。

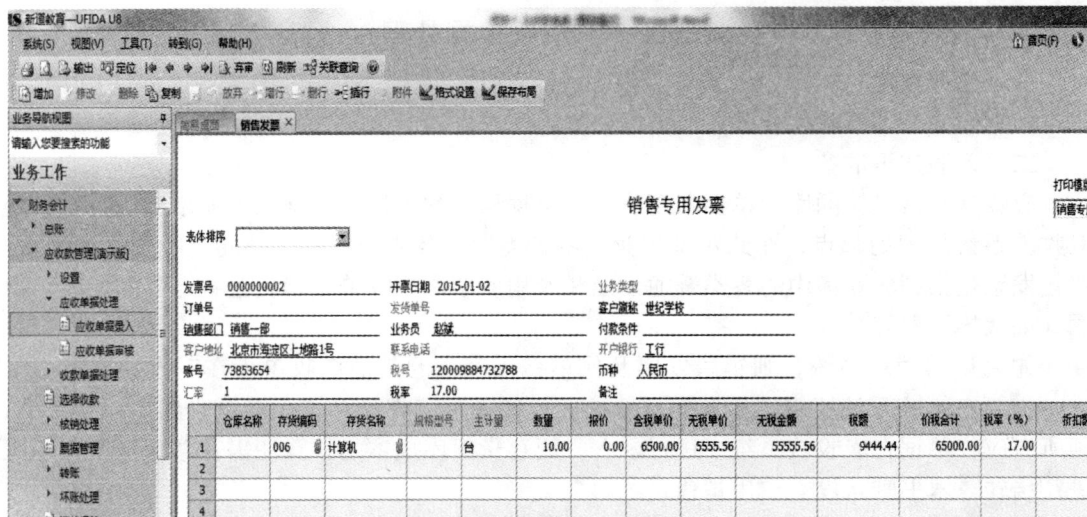

图 6-29　销售专用发票录入

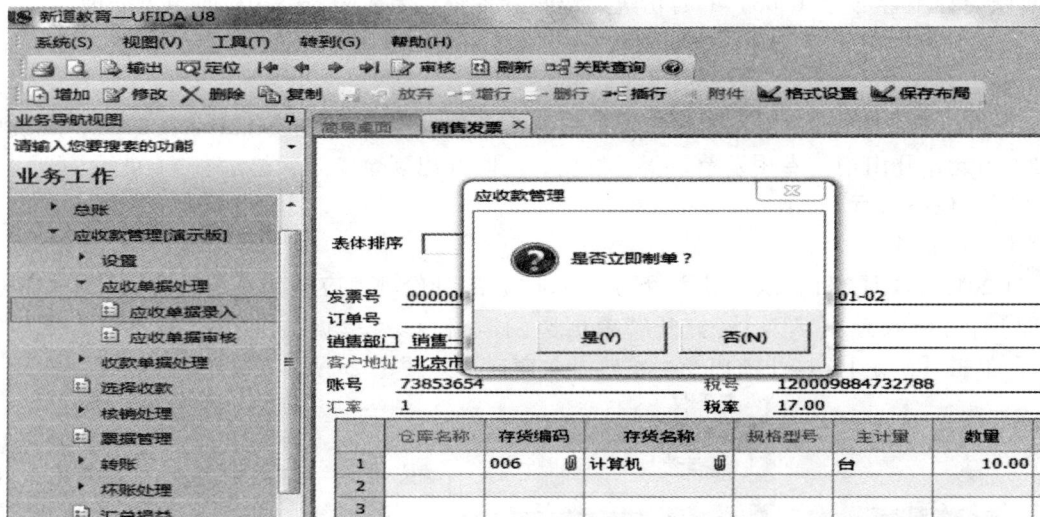

图 6-30　审核销售发票制单

转 账 凭 证

转　字 0015	制单日期：2015.01.02	审核日期：	附单据数：	
摘　要	科目名称		借方金额	贷方金额
销售专用发票	应收账款		6500000	
销售专用发票	主营业务收入/计算机			5555556
销售专用发票	应交税费/应交增值税/销项税额			944444
票号 日期	数量 单价	合　计	6500000	6500000
备注 项　目　　　　　部　门 个　人　　　　　客　户 业务员				

图 6-31　发票制单凭证

财务专家温馨提示 -

　　◆由于凭证设置了"序时控制"，前面若干任务内容已经生成很多凭证，且日期最大的也都到了2015年1月31日。若要按照业务发生日期生成凭证，则要进入总账系统中的【选项】，取消"序时控制"选项，凭证才能成功保存。否则，系统会提示制单不序时，拒绝保存。

　　◆只有经过审核之后的应收款单据才可以被系统确认为有效，在应收单填制保存后就可以立即对该张单据进行审核，审核后系统会提示"是否立即制单？"，此时可以直接制单。如果录入销售发票不直接审核，也可以使用应收款系统的"应收单据审核"功能集中审核，再到"制单处理"中制单。

　　◆对于已审核的单据，在没有生成凭证前，如需取消审核，可以在单据明细表中直接单击【弃审】，或者双击该记录打开已审核的单据，然后单击该单据工具栏上的【弃审】；如果需要弃审已经生成凭证的应收单据，则应先删除凭证，再对该应收单据进行弃审。

　　（二）业务2

　　1.2015年1月4日，以会计主管马芳（003）的身份进入应收款系统，选择【应收单据处理】|【应收单据录入】，打开"单据类别"窗口，如图6-32所示。"单据类型"选择"销售专用发票"，单击【确定】按钮，打开销售专用发票录入窗口。

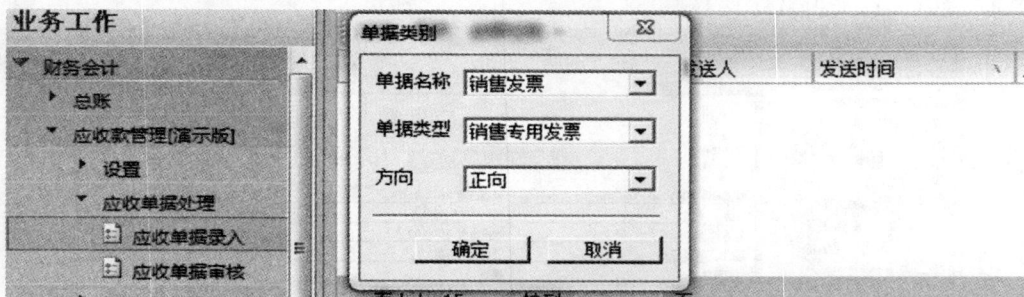

图6-32　新增销售发票

　　2.单击【确定】按钮，录入销售专用发票信息，单击【保存】，如图6-33所示。

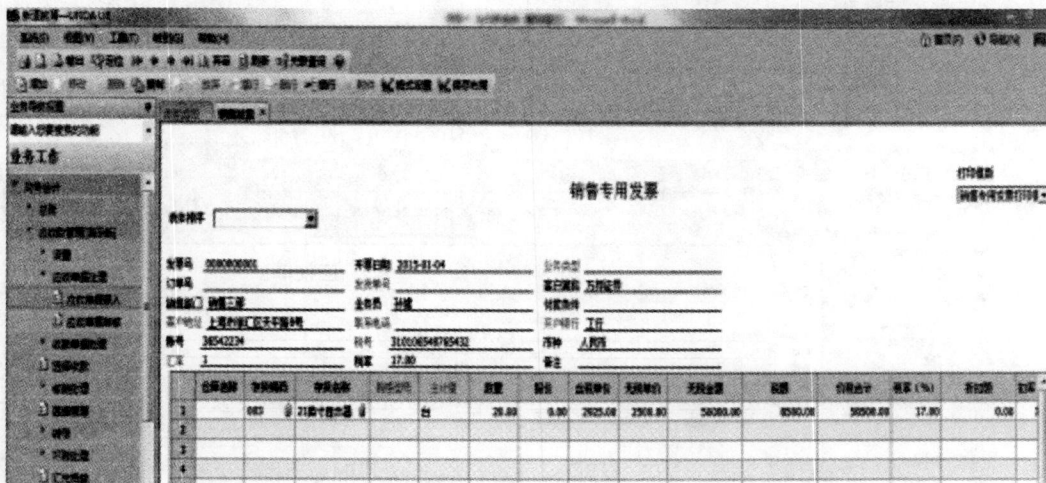

图6-33　销售专用发票

3.审核销售专用发票，暂不制单。

4.在应收款系统中，选择【应收单据处理】|【应收单据录入】，打开"单据类别"窗口，单据名称选择"应收单"，单据类型选择"其他应收单"，如图6-34所示。

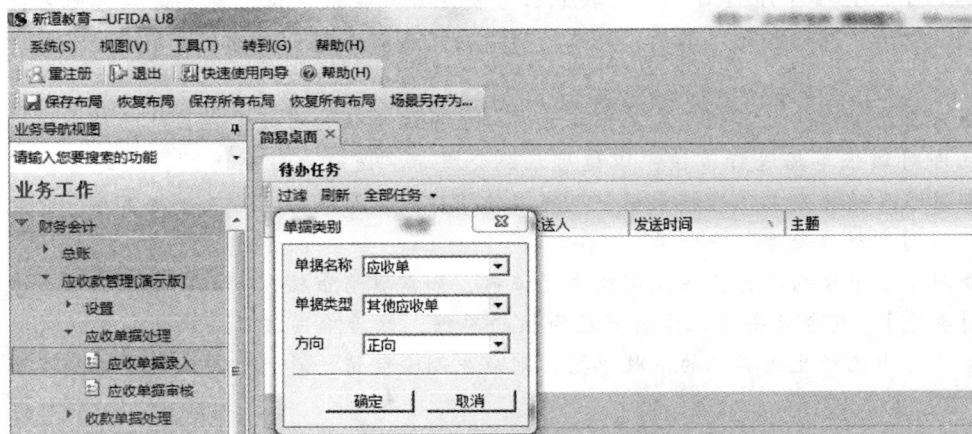

图6-34　新增应收单

5.单击【确定】按钮，打开"应收单"窗口，单击【增加】，录入应收单相关信息，如图6-35所示，单击【保存】。

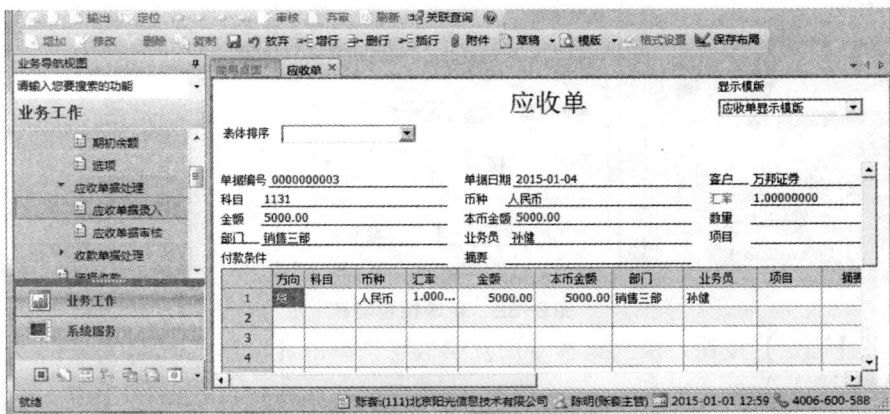

图6-35　应收单录入

6.单击【审核】，审核这张应收单，暂不制单，如图6-36所示。

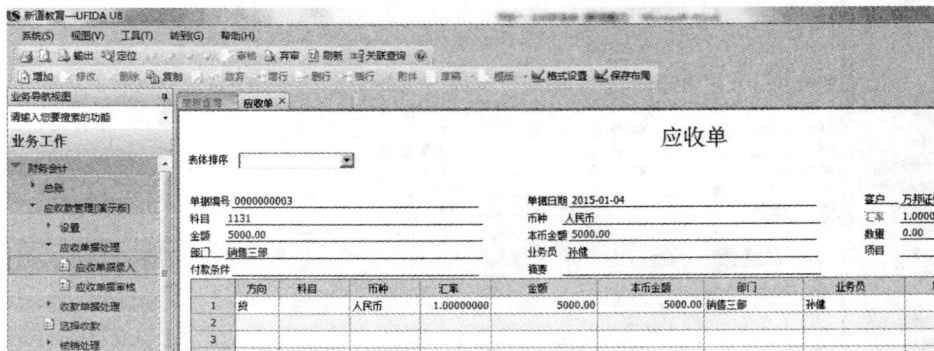

图6-36　审核应收单

7.在应收款系统中，选择【制单处理】，打开"制单查询"窗口，选中【发票制单】|【应收单制单】选项，如图6-37所示。

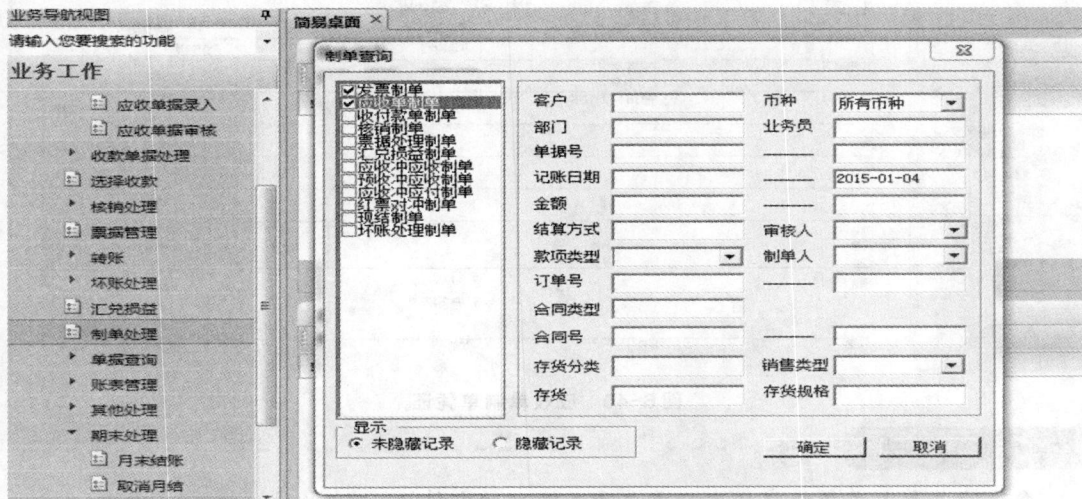

图6-37　选择制单单据

8.单击【确定】，打开应收制单列表，单击【全选】，如图6-38所示。

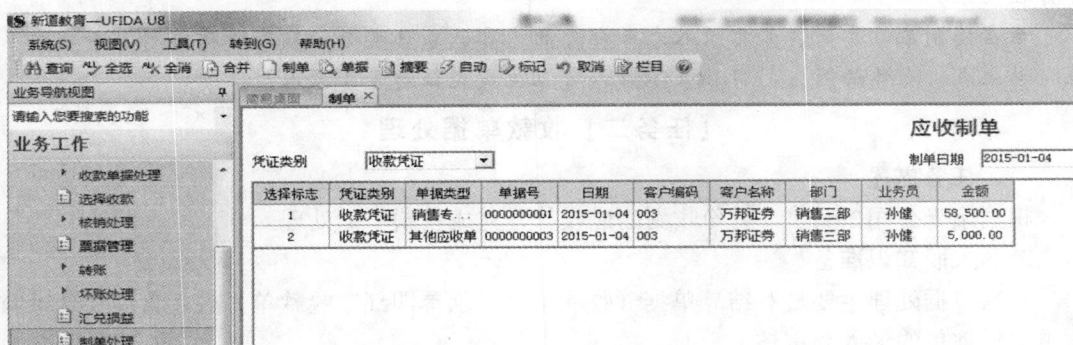

图6-38　应收单制单列表

9.单击【制单】，生成两张凭证，保存如图6-39、图6-40所示。

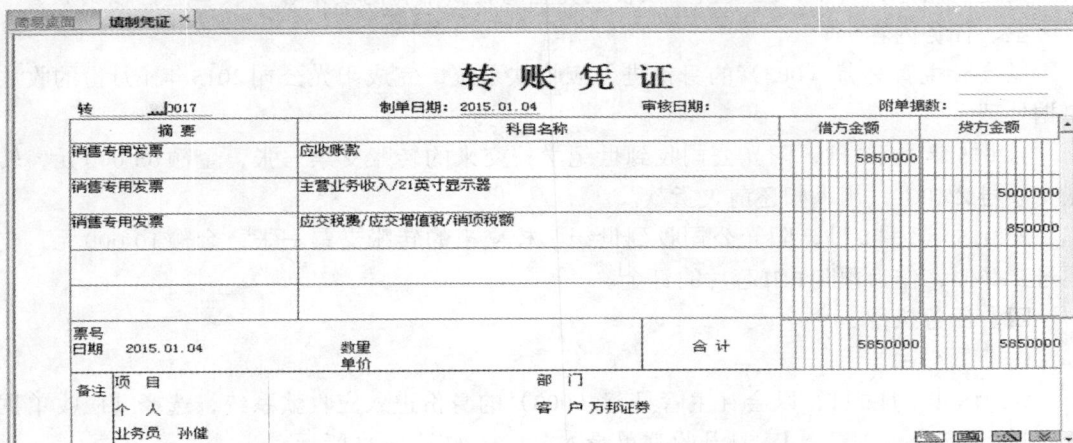

图6-39　发票制单凭证

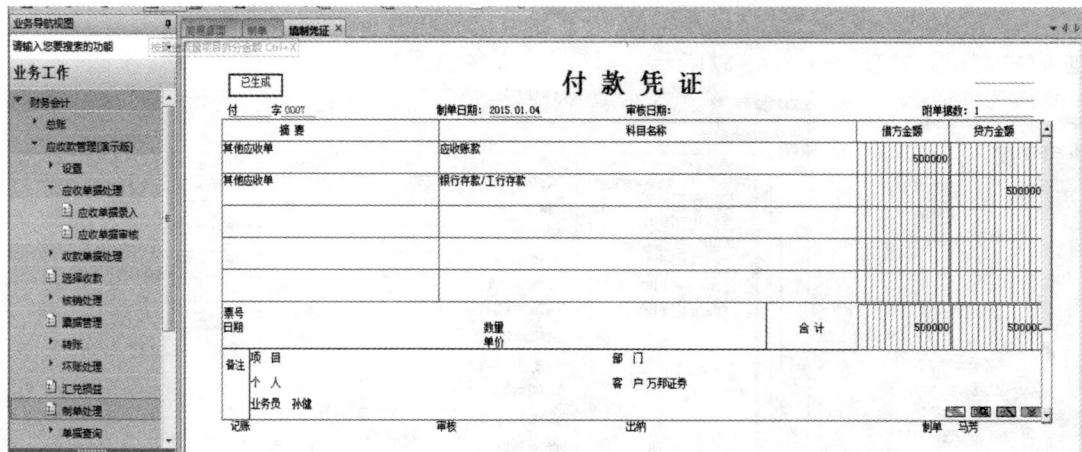

图 6-40　应收单制单凭证

财务专家温馨提示

◆在应收单制单凭证窗口中，需要手工输入贷方科目"100201"。

◆如果在应收单列表中，在单击【制单】前，单击【合并】，则生成的两张凭证将会合并在一张凭证中。

◆在填制应收单时，只需录入表头部分的内容，表体部分的内容除对方科目外均由系统自动生成。表体的对方科目如果不录入可以生成凭证后手工录入。

【任务二】收款单据处理

一、任务描述

根据阳光公司2015年1月份收到的应收款，完成收款单据处理。

二、入职知识准备

收款单据处理主要是对结算单据（收款单、付款单即红字收款单）进行管理，包括收款单、付款单的录入与审核。

应收款管理的收款单是用来记录企业所收到的客户款项，款项类型包括应收款、预收款和其他费用等，其中，应收款、预收款类型的收款单将与发票、应收单进行核销。

三、任务内容

以会计主管马芳（003）的身份进入应收款系统，完成阳光公司2015年1月份的收款单据处理。

1.2015年1月5日，阳光公司收到世纪学校交来的转账支票一张，金额65 000元，转账支票号ZZ001，用以归还前欠货款。

2.2015年1月9日，阳光公司收到世纪学校交来的转账支票一张，金额10 000元，支票号ZZ003，作为预购PIII芯片的订金。

四、任务执行

（一）业务1

1.2015年1月5日，以会计主管马芳（003）的身份进入应收款系统，选择【应收单据处理】|【应收单据录入】，打开收款单录入窗口，如图6-41所示。

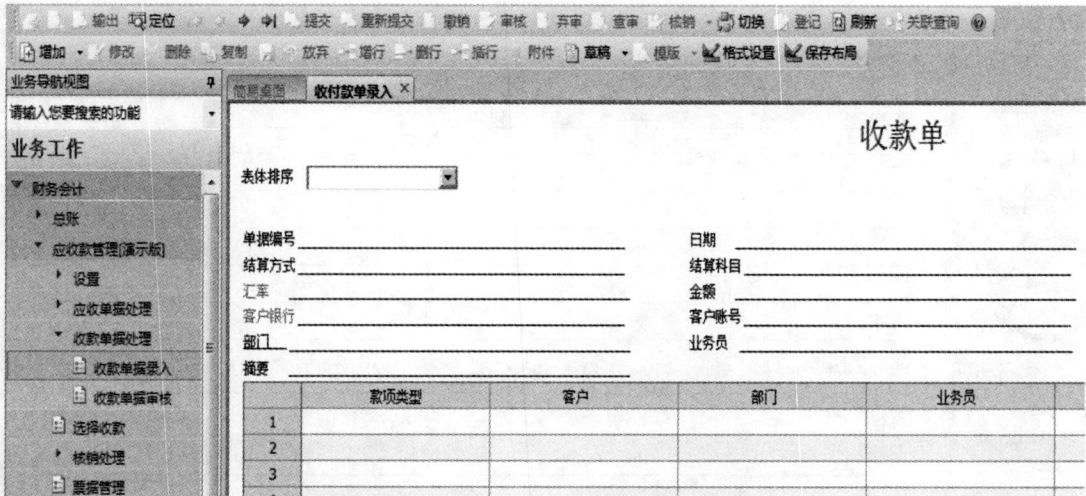

图6-41 收款单

2.单击【增加】，录入收款单相关信息，单击【保存】，如图6-42所示。

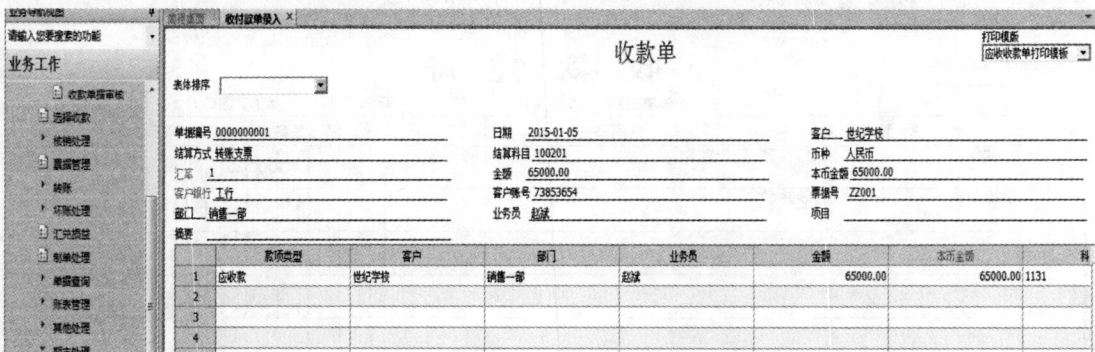

图6-42 收款单据录入

3.单击【审核】，审核这张收款单，系统提示"是否立即制单?"，单击【是】，如图6-43所示。

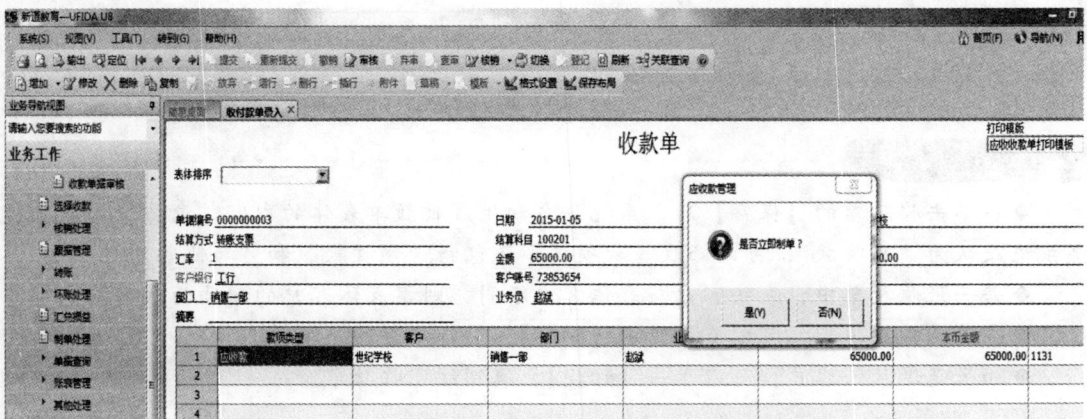

图6-43 审核收款单自动制单

4.进入"填制凭证"窗口，如图6-44所示；单击【保存】，如图6-45所示。

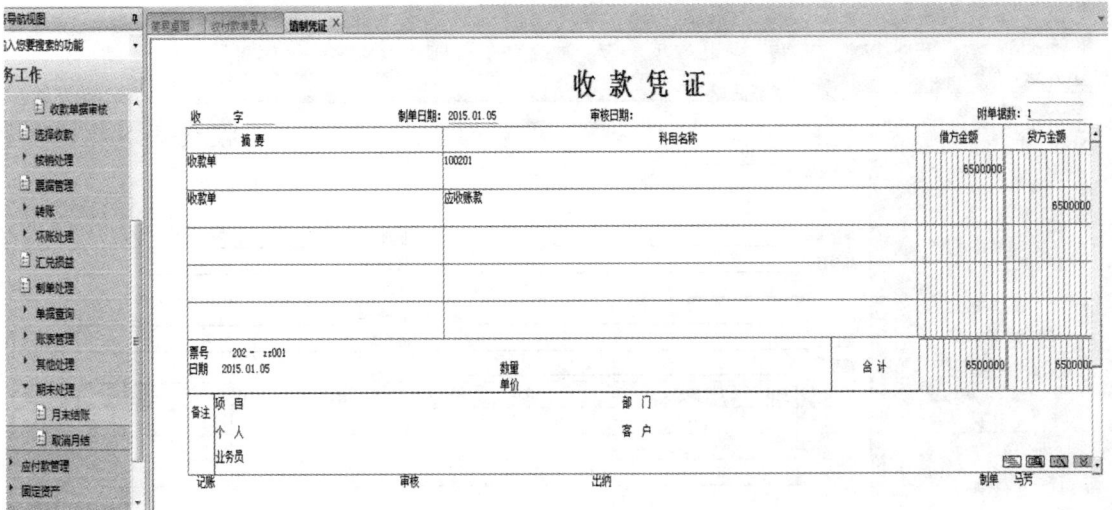

图6-44 收款单制单

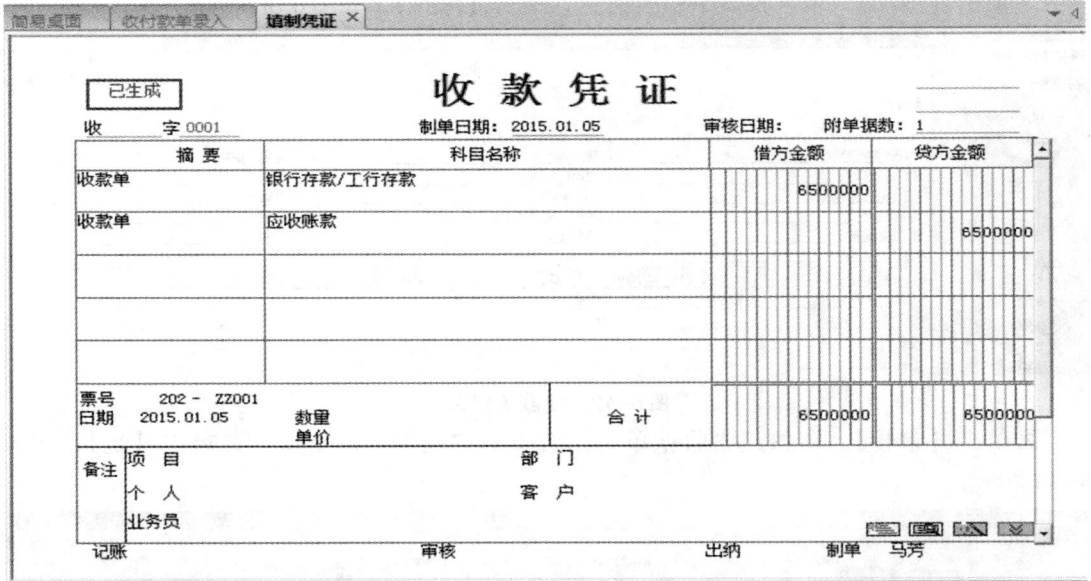

图6-45 收款单制单凭证

财务专家温馨提示

◆在单击收款单的【保存】后，系统会自动生成收款单表体的内容。表体中的款项类型系统默认为"应收款"，可以修改。款项类型还包括"预收款"和"其他费用"。

◆若一张收款单中，表头客户与表体客户不同，则视表体客户的款项为代付款。

◆在填制收款单后，可以直接单击【核销】，进行单据核销操作。

◆如果是退款给客户，可以单击【切换】，填制红字收款单。

（二）业务2

1.2015年1月9日，以会计主管马芳（003）的身份进入应收款系统，选择【应收单据处理】|【应收单据录入】，打开收款单录入窗口。

2.单击【增加】，录入收款单相关信息，将收款单表体中的款项类型修改为"预收款"，再单击【保存】，如图6-46所示。

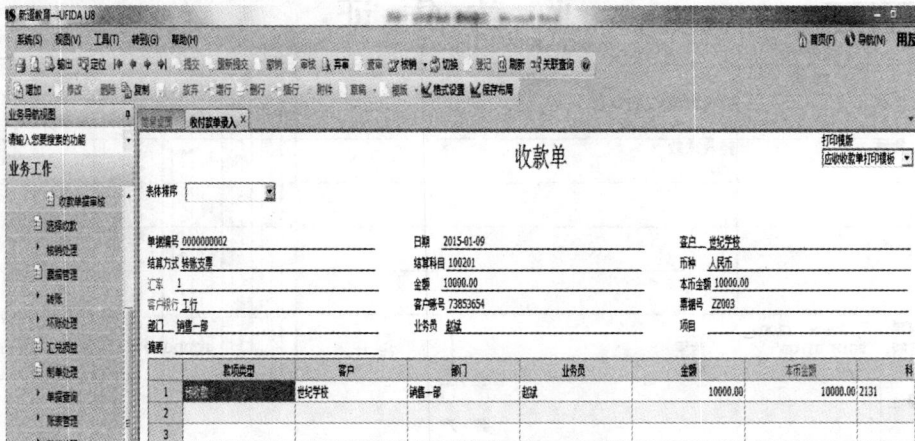

图6-46　预收款单据

3.单击【审核】，审核这张收款单，系统提示"是否立即制单?"，单击【是】，如图6-47所示。

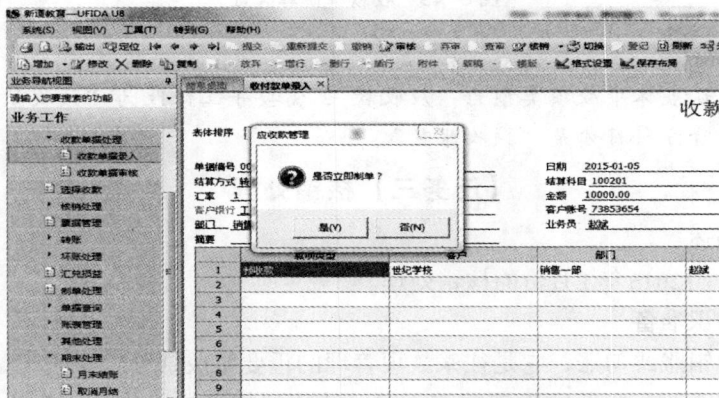

图6-47　收款单审核自动制单

4.进入"填制凭证"窗口，如图6-48所示；单击【保存】，如图6-49所示。

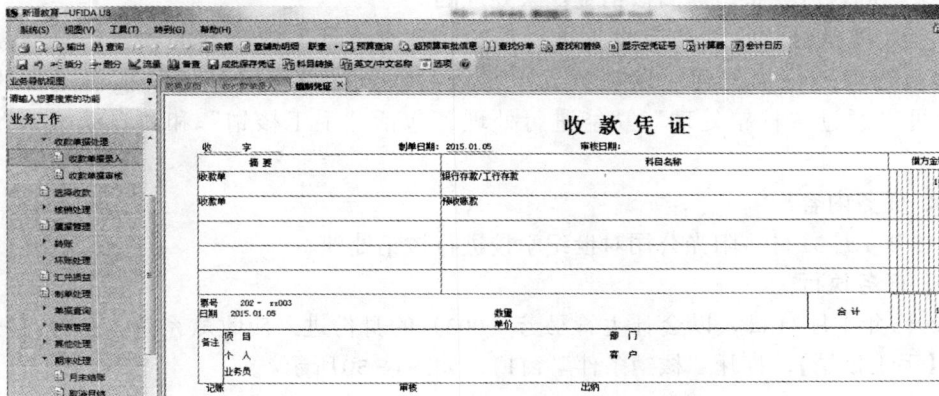

图6-48　收款单制单

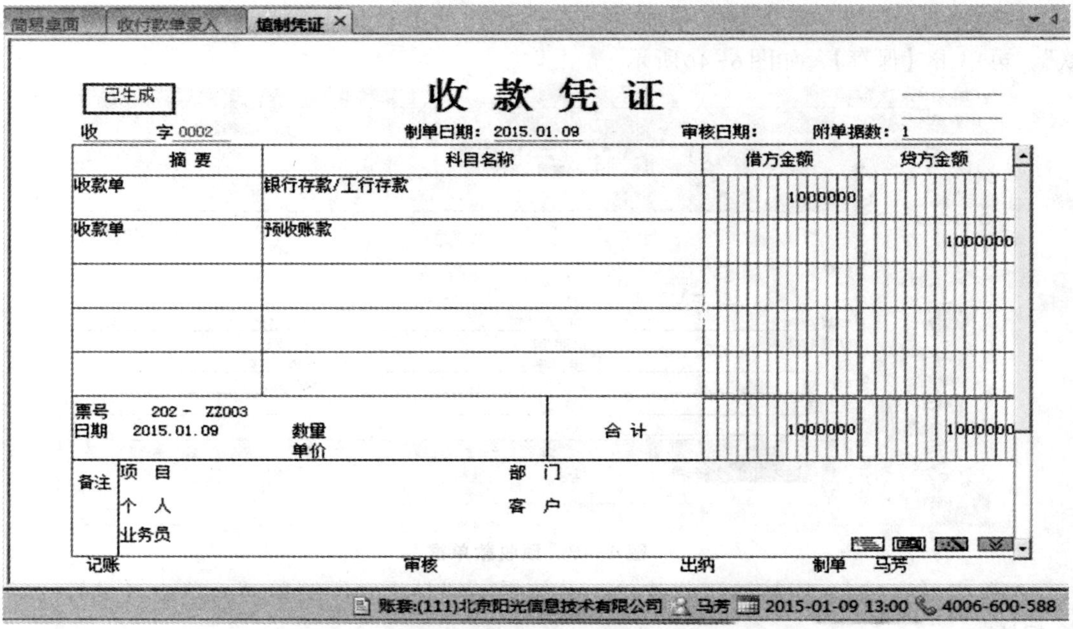

图6-49　收款单制单凭证

财务专家温馨提示 -

◆收款单默认表体中款项类型为"应收款",需要手工修改为"预收款",审核后制单生成的凭证中的贷方科目才是"预收账款"。

【任务三】核销处理

一、任务描述

完成阳光公司2015年1月份的核销处理。

二、入职知识准备

核销,也称销账或勾账,它是往来款项管理的重要组成部分。在手工条件下把销账称为抽单,就是将未收到货款的发票放在一起,待收到相应的货款时,将其抽出另外保管,并在应收账款明细账上打勾,表示核销。电算化系统下,往来账的核销是通过找到收款单与单据之间的对应关系,标明核销金额来处理的。

核销处理是将已收款与应收款进行核销,建立收款与应收款的核销记录,以加强往来款项管理。核销处理可以在收款单录入后,直接单击【核销】按钮进行核销处理,也可以通过"核销处理"功能进行处理,包括"手工核销"和"自动核销"两种方式。

三、任务内容

2015年1月31日,阳光公司对世纪学校进行核销处理。

四、任务执行

1.2015年1月31日,以会计主管马芳(003)的身份进入应收款系统,选择【核销处理】|【手工核销】,打开"核销条件"窗口,如图6-50所示。

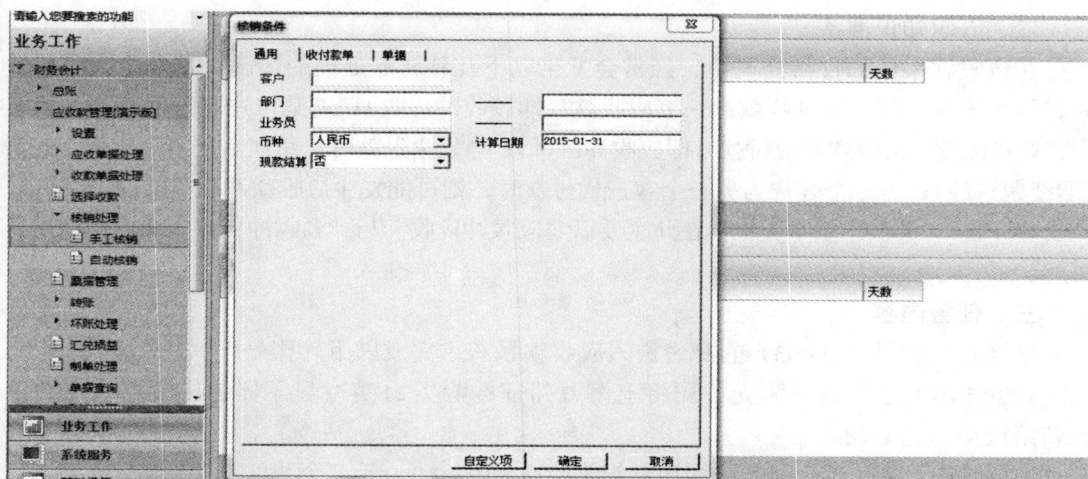

图6-50 核销条件

2.选择客户"世纪学校",单击【确定】。打开单据核销窗口,手工输入"本次结算金额"为"65 000.00",上下列表中的结算金额合计必须保持一致,如图6-51所示。单击【保存】,系统核销后单据核销列表中将不再显示任何单据。

单据日期	单据类型	单据编号	客户	款项类型	结算方式	币种	汇率	原币金额	原币余额	本次结算金额	订单号
2015-01-05	收款单	0000000001	世纪学校	应收款	转账支票	人民币	1.00000000	65,000.00	65,000.00	65,000.00	
2015-01-09	收款单	0000000002	世纪学校	预收款	转账支票	人民币	1.00000000	10,000.00	10,000.00		
合计								75,000.00	75,000.00	65,000.00	

单据类型	单据编号	到期日	客户	币种	原币金额	原币余额	可享受折扣	本次折扣	本次结算	订
其他应收单	0000000001	2014-12-25	世纪学校	人民币	99,600.00	99,600.00	0.00			
销售普…	0000000001	2015-01-02	世纪学校	人民币	65,000.00	65,000.00	0.00	0.00	65,000.00	
					164,600.00	164,600.00	0.00		65,000.00	

账套(111)北京阳光信息技术有限公司 马芳 2015-01-31 13:17 4006-600-588

图6-51 手工核销

财务专家温馨提示

◆ 若想取消核销,选择【其他处理】|【取消操作】,打开"取消操作条件"窗口,操作类型选择"核销",单击【确定】,可以恢复核销之前的状态,用以修改核销错误操作;也可使用"自动核销"方式进行核销处理。

【任务四】转账处理

一、任务描述

根据阳光公司2015年1月份的业务完成转账处理。

二、入职知识准备

在应收款系统的日常处理中，经常会发生以下几种转账处理的情况：某客户有预收款时，可用该客户的一笔预收款冲一笔应收款（即预收冲应收）；若某客户既是供应商又是客户，则可能发生应收款冲应付款（即应收冲应付）；当发生退款时，用红字发票对冲蓝字发票（即红票对冲）；当一个客户为另一个客户代付款时，则可能发生应收款冲应收款的情况（即应收冲应收）。其操作基本类似，在此主要以"应收冲应收"与"预收冲应收"操作为例进行讲解。

三、任务内容

以会计主管马芳（003）的身份进入应收款系统，完成以下转账处理：

1.2015 年 1 月 10 日，阳光公司将上海万邦证券购买 21 英寸显示器的应收款 58 500.00元转给天津海达公司。

2.2015 年 1 月 11 日，阳光公司用世纪学校交来的 10 000 元订金冲抵其期初应收款项。

四、任务执行

（一）业务 1

1.2015 年 1 月 10 日，以会计主管马芳（003）的身份进入应收款系统，选择【转账】|【应收冲应收】，打开"应收冲应收"窗口，如图 6-52 所示。

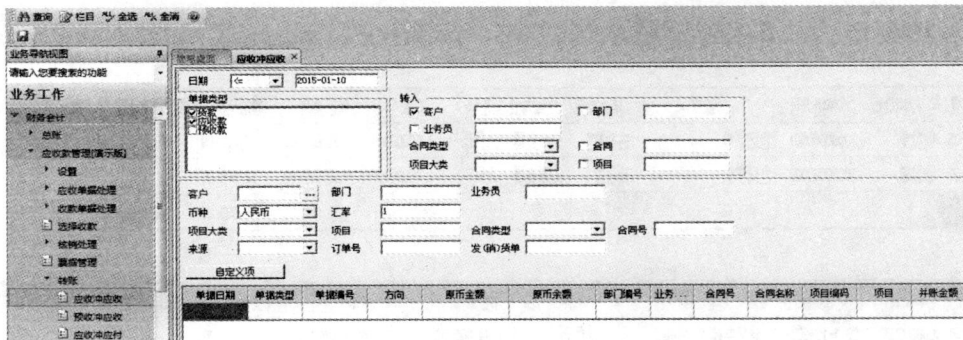

图 6-52　应收冲应收转入和转出户设置

2.客户选择"上海万邦证券"，转入户选择"天津海达公司"，单击【查询】，在第 1行"并账金额"中输入"58 500.00"，如图 6-53 所示，系统自动进行转出和转入处理。

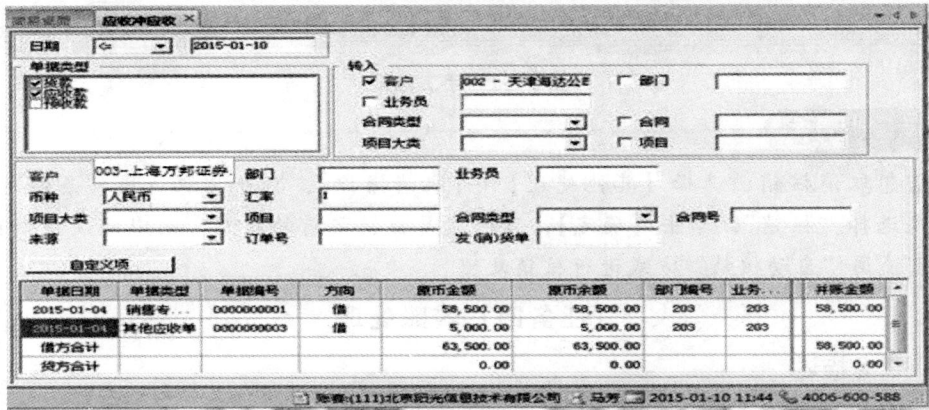

图 6-53　输入并账金额

3.单击【保存】按钮，系统提示"是否立即制单"，单击【是】按钮，如图6-54所示。

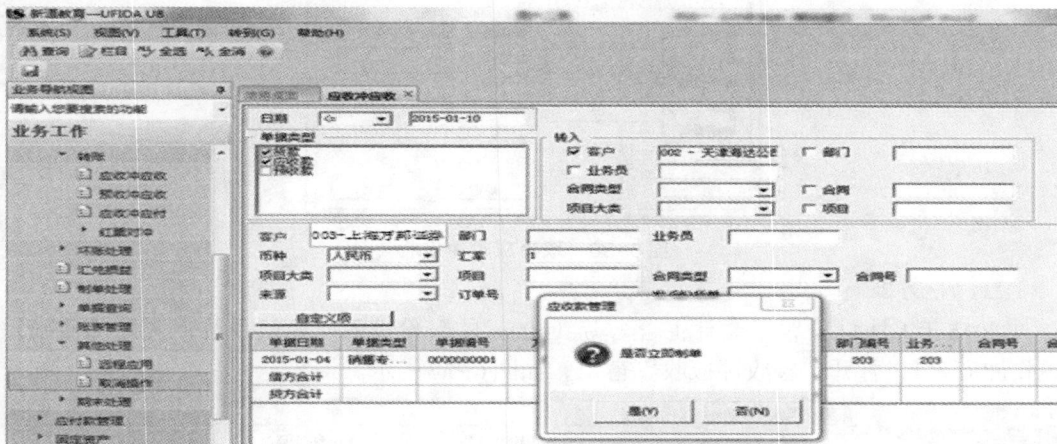

图6-54　应收冲应收转账立即制单

财务专家温馨提示

◆确定并账金额后，也可单击【否】按钮，不立即制单，此时要选择【制单处理】|【并账制单】，才能生成应收冲应收凭证。

4.进入"填制凭证"窗口，凭证类别选择"转账凭证"，单击【保存】，如图6-55所示。

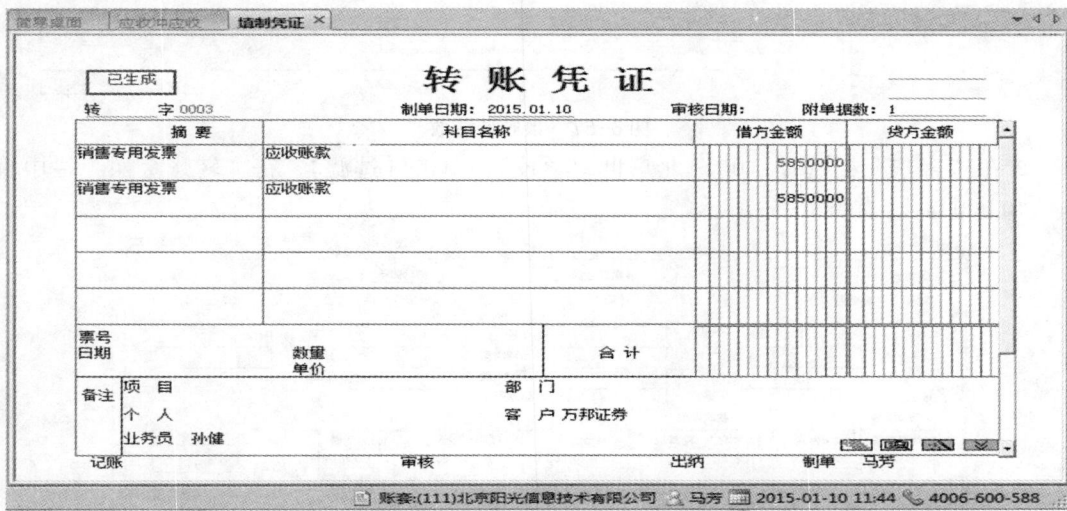

图6-55　应收冲应收转账凭证

财务专家温馨提示

◆每一笔应收款的并账金额不能大于其余额。

◆应收款系统提供了"取消应收冲应收"功能，选择【其他处理】|【取消操作】，打开"取消操作条件"窗口，如图6-56所示，操作类型选择"应收冲应收"，单击【确定】，可以进行恢复应收冲应收之前的状态操作。但其前提是应收冲应收转账并没有制

单；若已制单，则必须先删除并单制单凭证，才能执行取消应收冲应收操作。

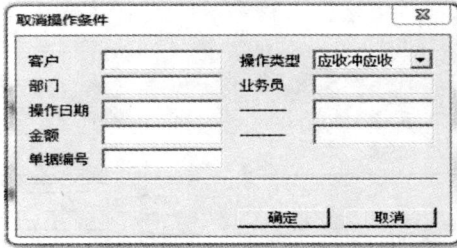

图6-56 取消应收冲应收

（二）业务2

1.2015年1月11日，以会计主管马芳（003）的身份进入应收款系统，选择【转账】|【预收冲应收】，打开"预收冲应收"窗口，如图6-57所示。

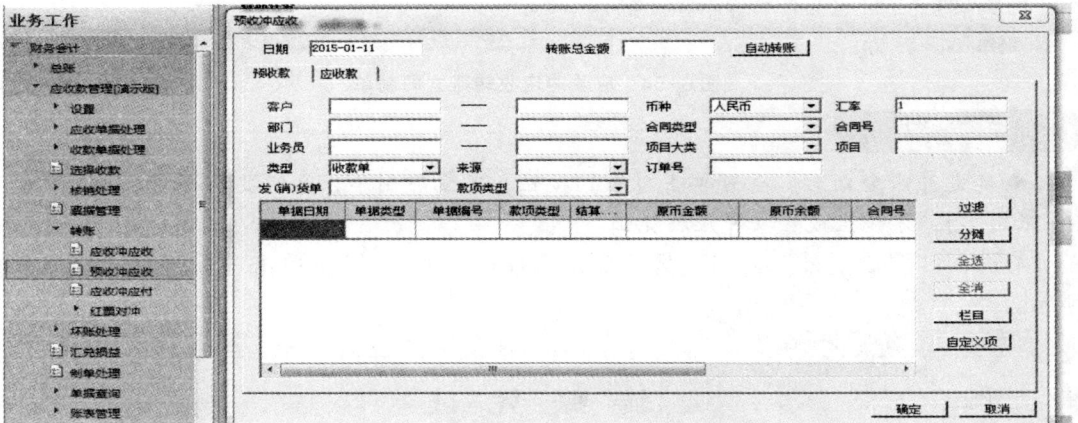

图6-57 预收冲应收

2.在"客户"栏选择"001-北京世纪学校"，单击【过滤】，在"转账金额"栏中输入"10 000.00"，如图6-58所示。

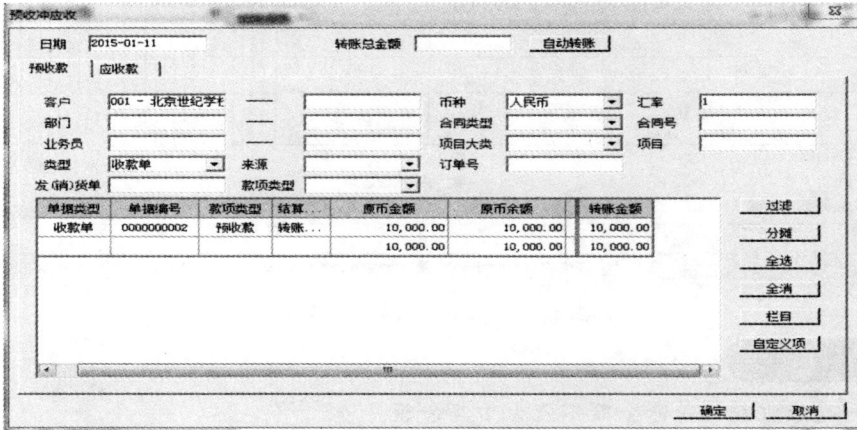

图6-58 设置客户及转账金额

3.单击"应收款"选项卡，单击【过滤】，如图6-59所示，在"转账金额"栏中输入"10 000.00"。

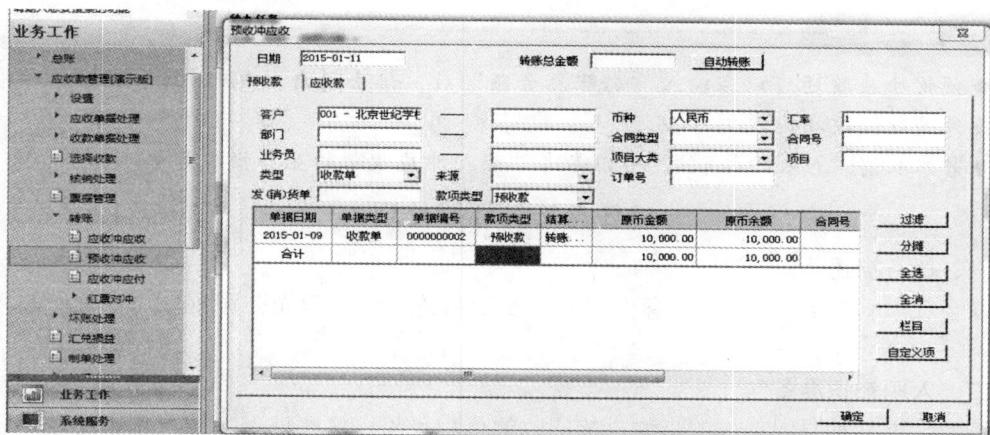

图6-59　录入转账金额

4.单击【确定】，系统提示"是否立即制单"，如图6-60所示。

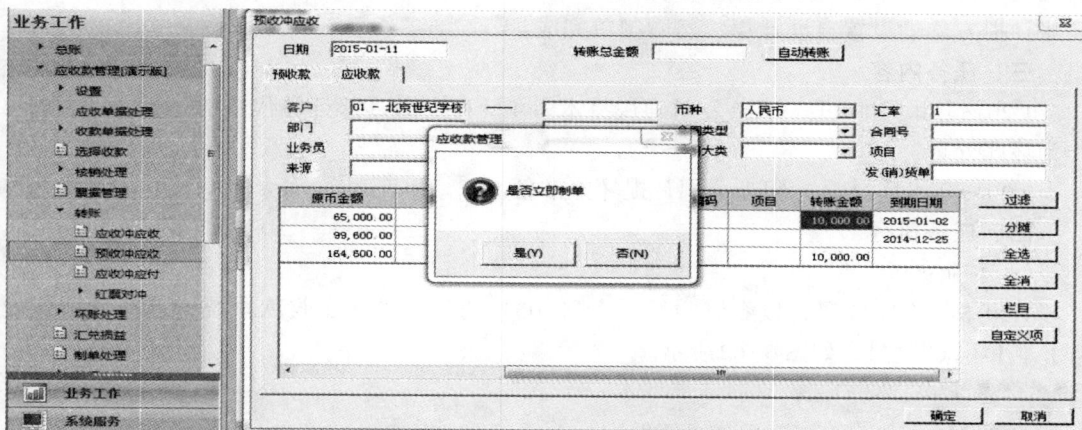

图6-60　立即制单

5.单击【是】，进入"填制凭证"窗口，凭证类别选择"转账凭证"，单击【保存】，如图6-61所示。

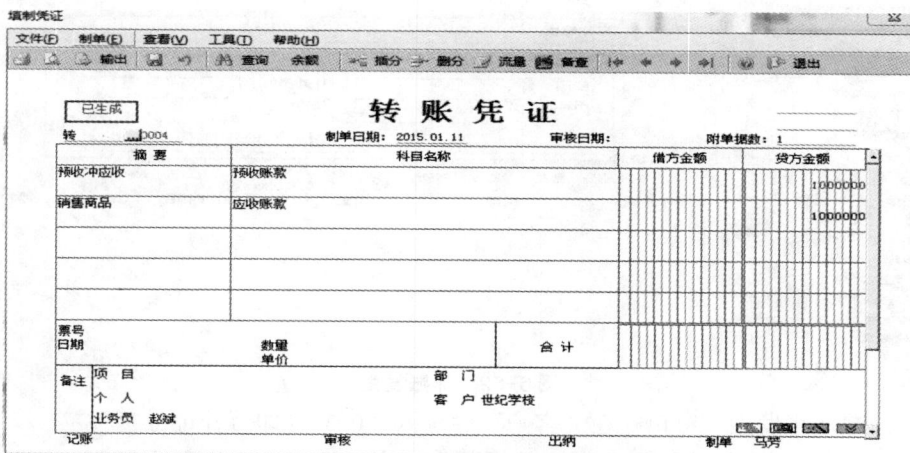

图6-61　预收冲应收转账凭证

财务专家温馨提示 ------------------------------------

◆ 预收冲应收还可以在输入"转账总金额"后，单击【自动转账】，系统会自动根据过滤条件进行预收冲应收工作。

◆ 若想取消"预收冲应收"，可以参考"应收冲应收"的业务操作方法。

【任务五】 坏账处理

一、任务描述

以会计主管马芳（003）的身份进入应收款系统，完成阳光公司2015年1月份的坏账处理。

二、入职知识准备

坏账是由某种原因造成的货款不能回收的信用风险。坏账处理功能可用来处理坏账发生、坏账收回、坏账计提和坏账查询等操作。其中，坏账的发生和收回是根据往来款业务情况在日常核算中进行的；而坏账的计提只能在期末进行，并且由应收款系统根据用户对坏账计提方法的设置自动计算，然后制单完成。

三、任务内容

1.2015年1月17日，阳光公司确认将本月4日为上海万邦证券代垫的运费5 000.00元作为坏账处理。

2.2015年1月31日，阳光公司计提坏账准备。

四、任务执行

（一）业务1

1.2015年1月17日，以会计主管马芳（003）的身份进入应收款系统，选择【坏账处理】|【坏账发生】，如图6-62所示。

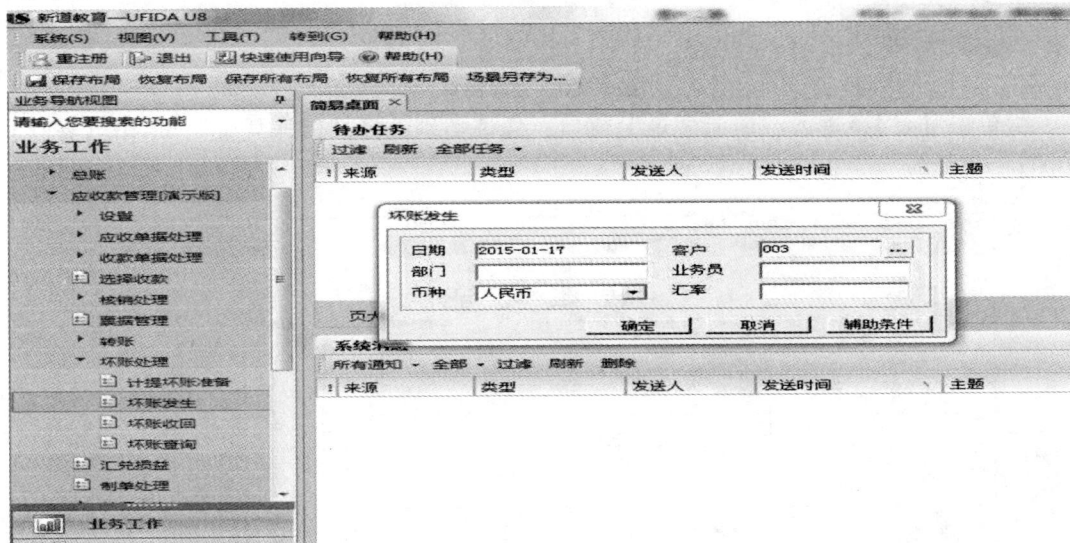

图6-62　坏账发生

2.打开"坏账发生"窗口。在"客户"栏录入"003"（即万邦证券）。

3.单击【确定】，打开"坏账发生单据明细"窗口。在"本次发生坏账金额"栏中输入"5 000.00",如图6-63所示。

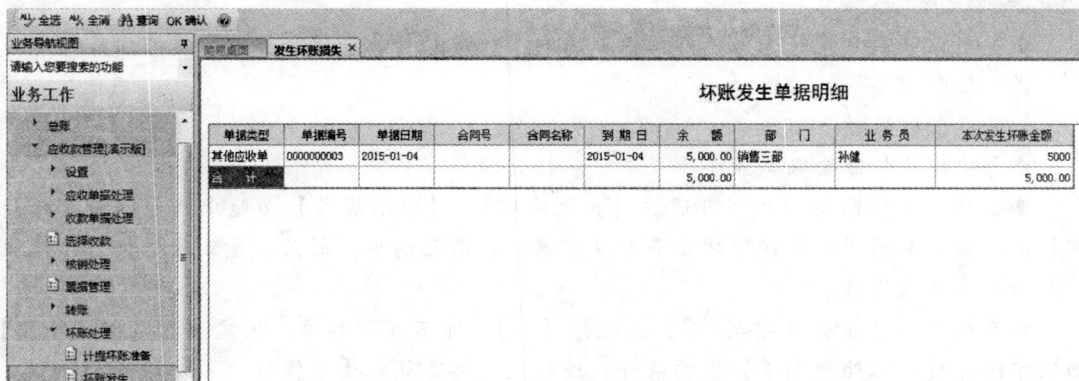

图6-63　坏账发生单据明细

4.单击工具栏左上角的【OK确认】,系统提示"是否立即制单",如图6-64所示。

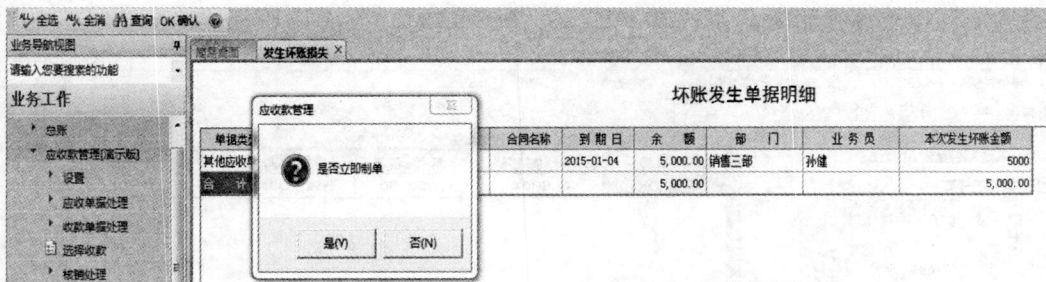

图6-64　立即制单

5.单击【是】,进入"填制凭证"窗口,凭证类别选择"转账凭证",单击【保存】,如图6-65所示。

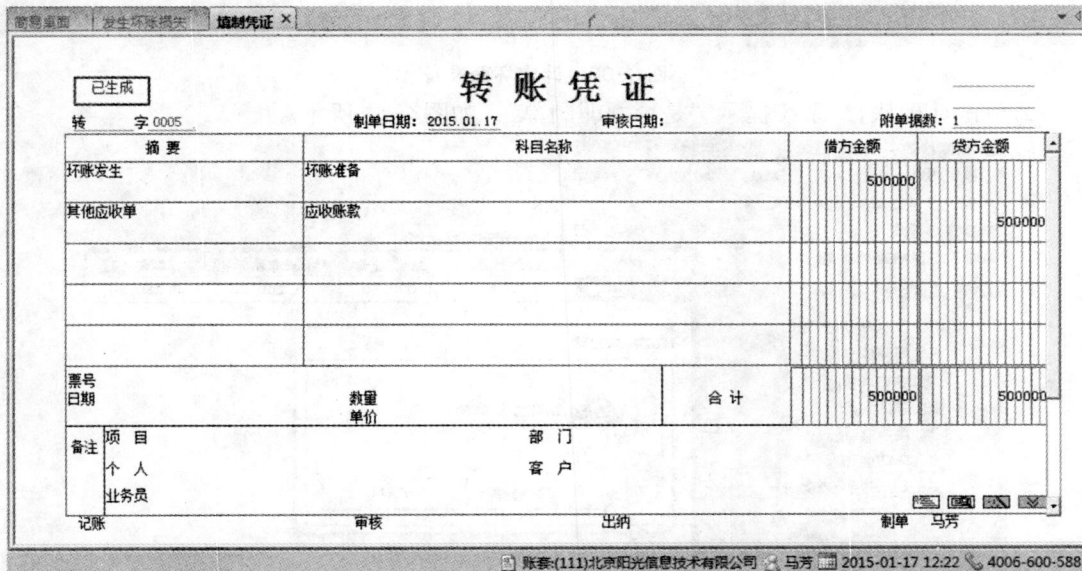

图6-65　坏账凭证生成

财务专家温馨提示----------------------------------

◆本笔业务实质是将上海万邦证券冻结的应收账款转为坏账，编制分录即为：

借：坏账准备　　　　　　　　　　　　　　　　　　　　　　　　　　5 000

　　贷：应收账款　　　　　　　　　　　　　　　　　　　　　　　　5 000

◆每次发生坏账金额只能小于或等于单据金额。

◆若想取消坏账处理，则可通过【其他处理】|【取消操作】功能中的【取消坏账处理】来完成，其前提是坏账处理业务并没有制单；若已制单，则必须先删除凭证，才能执行取消坏账处理操作。

◆系统提示"是否立即制单"，若选择【否】，即不立即制单，则需要在【制单处理】功能中选择【坏账处理制单】查询条件，进行发生坏账凭证生成操作。

（二）业务2

1.2015年1月31日，以会计主管马芳（003）的身份进入应收款系统，选择【坏账处理】|【计提坏账准备】，打开"应收账款百分比法"窗口。系统自动计算应收账款坏账准备本次计提金额，如图6-66所示。

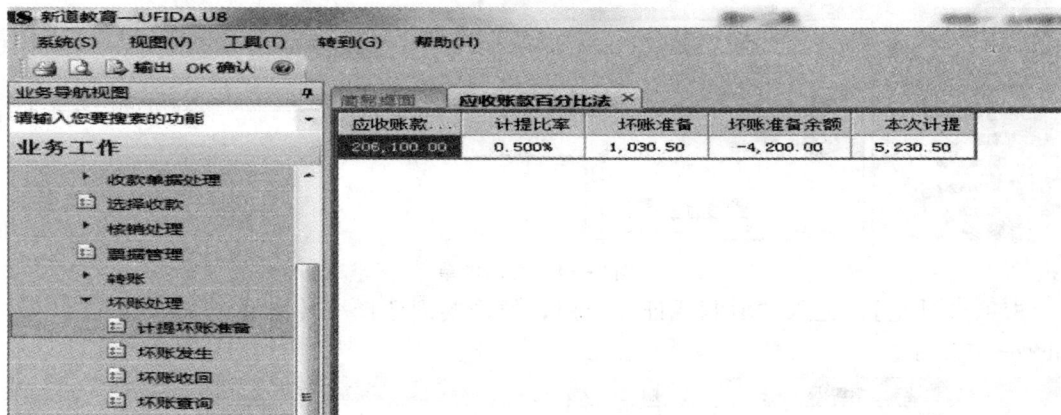

图6-66　计提坏账准备

2.单击【确认】，系统提示"是否立即制单"，如图6-67所示。

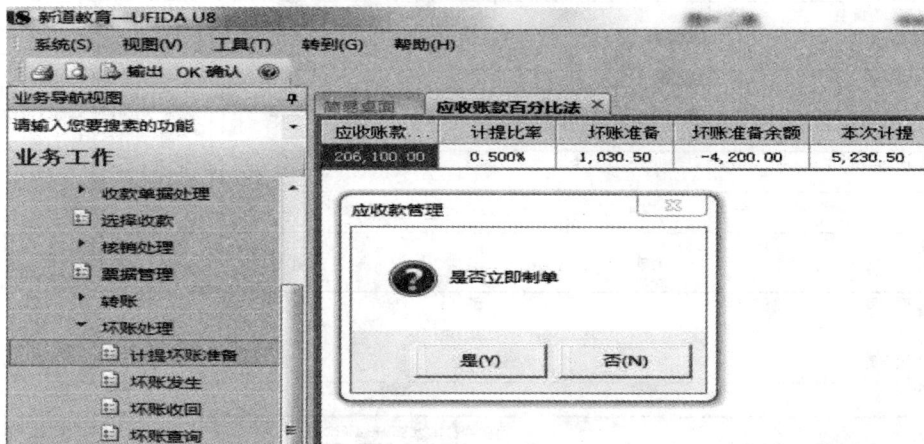

图6-67　立即制单

3.单击【是】，进入"填制凭证"窗口，凭证类别选择"转账凭证"，单击【保存】，如图6-68所示。

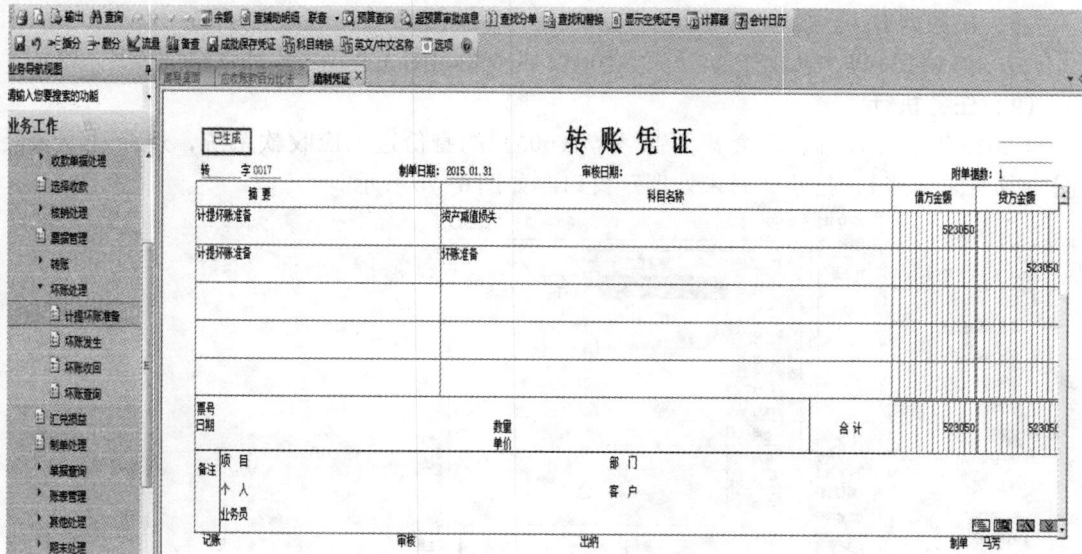

图6-68　计提坏账准备凭证

财务专家温馨提示

◆ 系统自动按照应收账款余额百分比法计算本期应计提坏账准备金额。

◆ 应收款系统生成的凭证，还要更换操作员进入总账系统进行签字、审核和记账操作。

学习情境三　应收款系统期末业务处理

期末业务处理是指用户进行的期末结账工作。在完成应收款系统日常业务处理后，需要进行月末结账。只有月末结账后，才能开始下月工作。应收款系统期末业务处理情景结构图如图6-69所示。

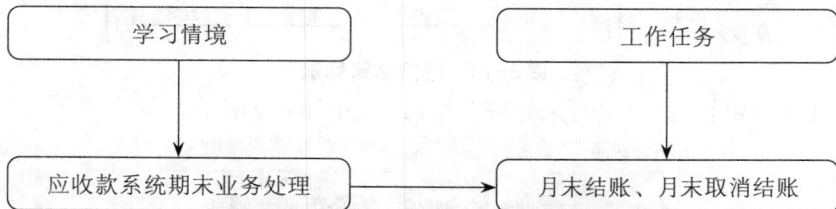

图6-69　应收款系统期末业务处理情景结构图

【任务一】月末结账

一、任务描述

以会计主管马芳（003）的身份对阳光公司应收款系统进行月末结账。

二、入职知识准备

如果当月应收款业务已全部处理完毕，就可以执行月末结账。月末结账是在系统引导方式下进行的。在进行月末处理时，一次只能选择一个月进行结账，前一个月如果没有结账，则本月不能结账；单据在结账前应该全部审核；结算单还有未审核的，不能结账。

三、任务内容

2015年1月31日，以会计主管马芳（003）的身份对阳光公司应收款系统执行月末结账。

四、任务执行

1.2015年1月31日，以会计主管马芳（003）的身份进入应收款系统，选择【期末处理】|【月末结账】，打开"月末处理"窗口，如图6-70所示。

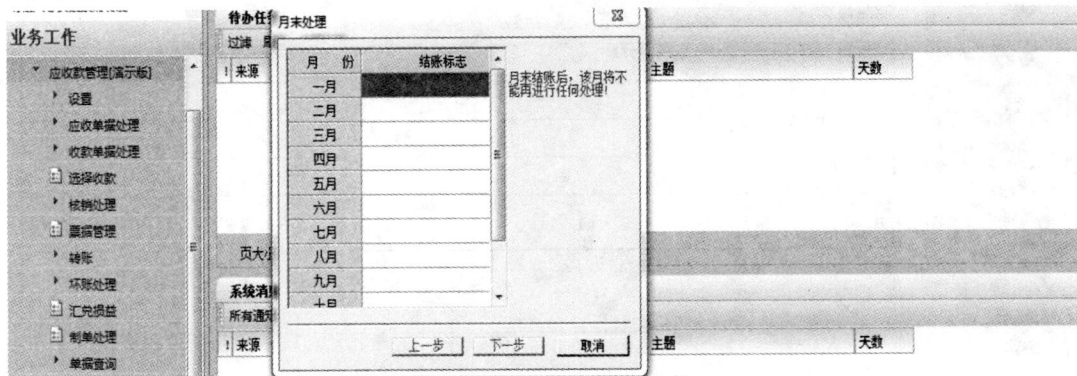

图6-70　打开月末处理（一）

2.双击一月份的"结账标志"栏，使其变成"Y"字样，如图6-71所示。

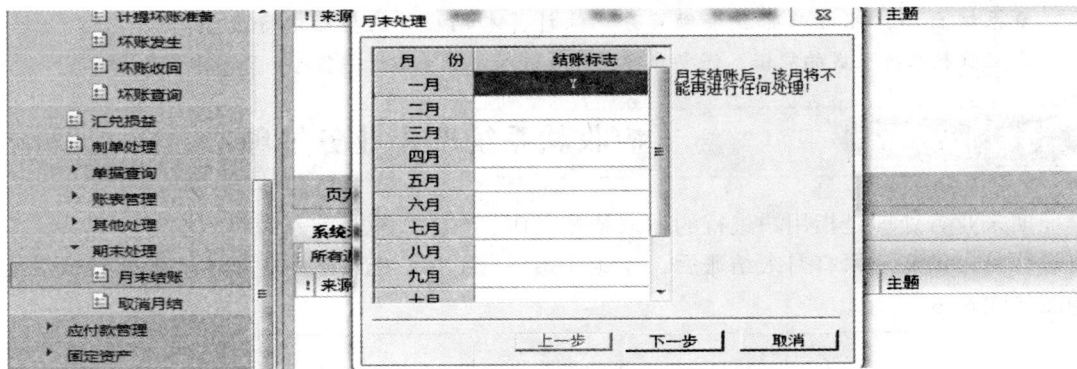

图6-71　选择结账标识

3.单击【下一步】，打开"月末处理"窗口，如图6-72所示。

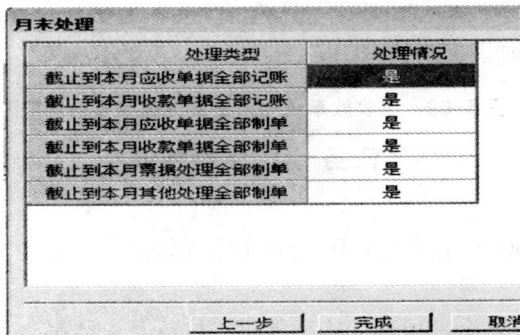

处理类型	处理情况
截止到本月应收单据全部记账	是
截止到本月收款单据全部记账	是
截止到本月应收单据全部制单	是
截止到本月收款单据全部制单	是
截止到本月票据处理全部制单	是
截止到本月其他处理全部制单	是

图6-72　打开月末处理（二）

4.“处理情况”栏中均为“是”字时（否则系统将提示不能结账的原因），单击【完成】，系统提示“1月份结账成功”，如图6-73所示，单击【确定】返回。

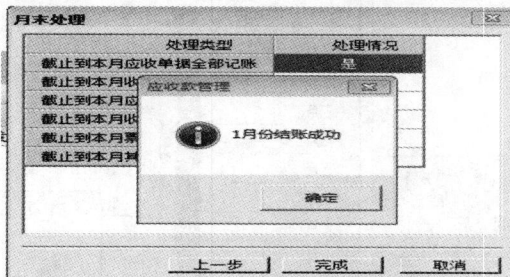

图6-73　月末结账成功

`财务专家温馨提示`

◆应收款系统与销售系统集成使用时，在销售系统结账后，才能对应收款系统进行结账处理。

◆如果在“选项”的“账套参数设置”窗口的“常规”页签中，单据审核日期依据选择“单据日期”，则应收单据在结账前应全部审核；如果在“选项”的“账套参数设置”窗口的“凭证”页签中，选择了“月结前全部生成凭证”选项，则月末处理前应该把所有业务生成凭证；年度末结账，应对所有核销、坏账、转账等处理全部制单。在执行了月末结账功能后，该月将不能再进行任何处理。

【任务二】月末取消结账

一、任务描述

阳光公司的会计主管马芳对应收款系统进行月末取消结账。

二、入职知识准备

在执行了月末结账功能后，发现该月还有未处理的业务，或该月有关业务处理有误，需要修改，则可以对应收款系统执行取消结账处理。

三、任务内容

2015年1月31日，阳光公司的会计主管马芳进行取消月结操作。

四、任务执行

1.2015年1月31日，以会计主管马芳（003）的身份进入应收款系统，选择【期末处理】|【取消月结】，打开“取消结账”窗口，如图6-74所示。

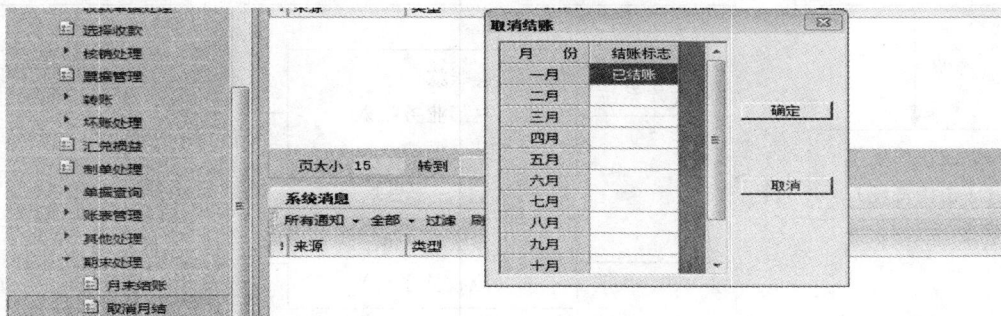

图6-74　取消结账

2.单击【确定】，系统提示"取消结账成功"，如图6-75所示。

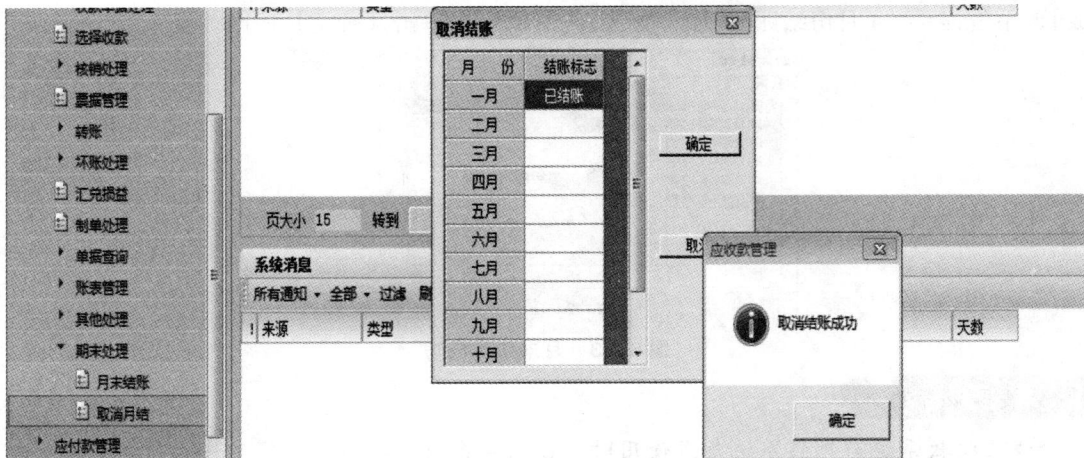

图6-75　取消结账成功

五、知识拓展——应收款系统与供应链系统的集成使用

用友ERP-U8 V10.1财务软件中不仅包括财务管理系统，还提供了供应链系统。供应链系统包括采购管理、销售管理、库存管理、存货核算4个子系统，是以企业购、销、存业务环节中的各项活动为对象，记录各项业务的发生，并有效跟踪其发展过程，为财务核算、业务分析和管理决策提供依据。

当应收款系统与供应链系统集成使用时，在销售系统中生成的销售发票复核后会自动生成应收单并传递至应收款系统。应收单需要在应收款系统审核确认后，才能形成应收款项。以普通销售为例，用户在销售系统中填制销售订单并审核，根据审核后的销售订单生成发货单并审核，同时根据审核后的销售订单生成销售专用发票并复核。在应收款系统中，审核应收单，并生成销售收入凭证。具体操作流程如图6-76所示。

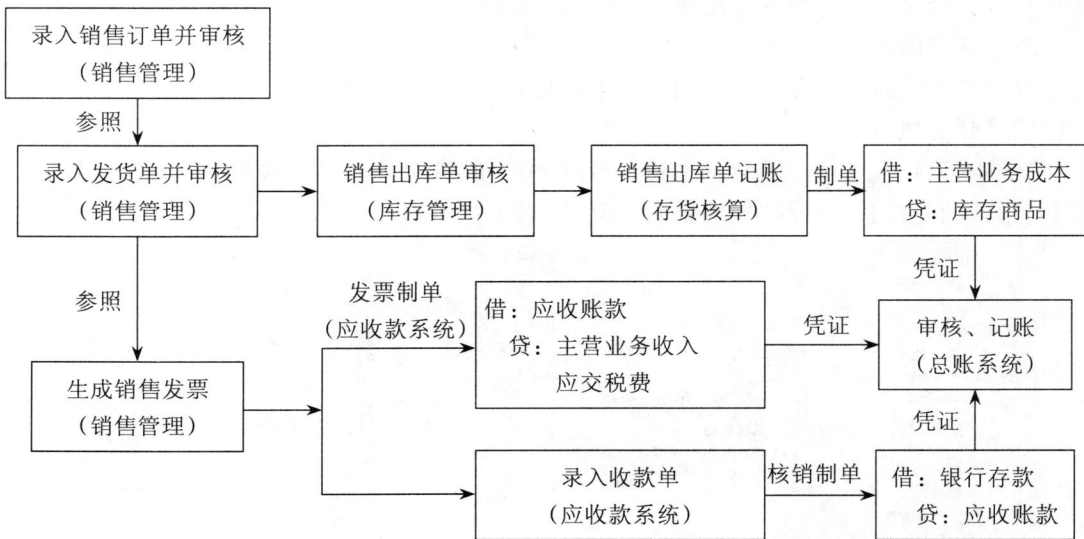

图6-76　应收款系统与供应链系统集成使用流程

财务专家温馨提示 -

◆如果是现结,应收单也必须在应收款系统审核后,才能确认收取的款项。

◆由销售发票自动生成的应收单不能直接修改。如果需要修改,则必须在销售系统中先取消发票的复核,修改后再次复核,根据修改后的发票生成的应收单就是已经修改后的单据了。

◆只有审核后的应收单或收款单才能制单。

◆已经制单的应收单或收款单不能直接删除。若想删除已经审核的单据或发票,先将其生成的凭证删除,打开应收单据处理中的应收单据审核界面,在"应收单审核"窗口中选择相应的单据后点击工具栏上的【弃审】,最后在工具栏上选择中【删除】。

职业知识与能力考核

■ 入职基本知识测试题

一、判断题

1.在应收款系统中,对于一张付款单来说只能单向导入、导出,即不允许一张单据循环导入、导出。 (　　)

2.在应收款系统的应收冲应付的转账处理功能中,如果在转账金额中输入了数据则不能修改。 (　　)

3.在应收款系统中,手工核销及自动核销均可一次对多个客户进行核销处理。 (　　)

4.在应收款系统的单据编号设置功能中,可以将收款单的编号设置为"允许手工修改"。 (　　)

5.在应收款系统中,不能对专用发票进行单据格式的设计。 (　　)

6.在应收款系统中,所有账龄区间都可以根据需要修改和删除。 (　　)

7.应收款系统中提供了两种设置产品销售科目的依据,即"按单据"和"按客户"。 (　　)

8.在应收款系统中,如果已经计提过坏账准备,则坏账准备的全部参数将永远不能被修改。(　　)

9.在应收款系统中,系统默认的代垫费用类型为"其他应收"。 (　　)

10.在应收款系统中,如果贴现净额或背书金额大于票据余额,系统自动将其差额作为利息,但可以修改。 (　　)

二、单项选择题

1.在应收款系统中,期初数据的准备不包括(　　)。

A.设置存货档案　　　B.设置供应商档案　　　C.设置客户方式　　　D.设置结算方式

2.在应收款系统中不能随时修改的账套参数是(　　)。

A.坏账处理方式　　　B.应收款核销方式　　　C.代垫费用类型　　　D.单据审核日期依据

3.在应收款系统中,收款单据的类型主要包括(　　)。

A.销售普通发票　　　B.收款单　　　C.其他应收单　　　D.销售专用发票

4.明光公司应收款项通过总账系统核算,并进行分客户管理,则其"应收账款"科目应选择(　　)辅助核算方式。

A.客户往来　　　B.供应商往来　　　C.部门核算　　　D.个人往来

5.在应收款系统的取消操作功能中,不能完成(　　)操作。

A.取消核销　　　B.取消票据处理　　　C.取消并账　　　D.取消制单

6.在应收款系统中,如果已经做过坏账处理,则即使在下一年中,也不能再修改的坏账准备的数据是(　　)。

A.提取比率　　　　　B.坏账准备期初余额　　　C.坏账准备科目　　　　D.对方科目

7.在应收款系统的应收冲应付的转账处理功能中，如果输入转出户及转入户的条件应单击（　　）按钮。

A.转出户　　　　　　B.转入户　　　　　　　　C.过滤　　　　　　　　D.全选

8.在应收款系统的单据查询功能中，不能完成（　　）查询。

A.发票　　　　　　　B.结算单　　　　　　　　C.应收单　　　　　　　D.应付单

9.如果在应收款系统中生成的凭证已经在总账中记账，又需要对形成凭证的原始单据进行修改，则可以通过（　　）操作，然后对原始单据进行相应的修改。

A.冲销凭证　　　　　B.取消操作　　　　　　　C.取消记账　　　　　　D.删除凭证

10.在应收款系统中，已经传递到总账系统中的凭证可以在（　　）功能中删除。

A.制单处理　　　　　B.单据查询　　　　　　　C.账表管理　　　　　　D.期末处理

三、多项选择题

1.在应收款系统中，制单类型主要包括（　　）。

A.并账制单　　　　　B.收款单制单　　　　　　C.核销制单　　　　　　D.结算单制单

2.在应收款系统中，如果（　　），系统自动将其差额作为利息，不能修改。

A.转出金额小于票据余额　　　　　　　　B.贴现净额小于票据余额

C.背书金额大于票据余额　　　　　　　　D.贴现金额大于票据余额

3.应收款系统提供的分析功能一般有（　　）。

A.应收款的账龄分析　　　　　　　　　　B.应收账款的周转分析

C.应收款的欠款分析　　　　　　　　　　D.坏账分析

4.在应收款系统中，结算单列表显示的是款项类型为（　　）的记录，而款项类型为其他费用的记录不允许在此作为核销记录。

A.应付款　　　　　　B.应收款　　　　　　　　C.预收款　　　　　　　D.预付款

5.在应收款系统的取消操作功能中，不能直接进行取消票据处理的情况包括（　　）。

A.票据在处理后已经制单　　　　　　　　B.票据转出后生成的应收单已经核销

C.计息后又进行了其他处理　　　　　　　D.票据结算后又进行了处理

■ 职业能力测试题

（一）应收款账户期初余额（应收款系统启用时间：2015年1月1日）（见表6-6、表6-7）

表6-6

应收账款（1122）期初余额

日期	客户名称	摘要	方向	余额
2014-12-15	包头市核新环保技术有限责任公司	销售107胶7.3吨，18 500元／吨（含税）	借	135 050.00
2014-11-30	河北鑫通橡塑制品有限公司	销售高温硅橡胶2 000千克，103元／千克，混炼胶830千克，245元／千克（含税）	借	409 350.00

表6-7

预收账款（2203）期初余额

日期	客户名称	摘要	方向	余额	结算方式
2014-12-13	杭州明珠化学清洗有限公司	收到杭州明珠化学清洗有限公司预付的货款	贷	120 000.00	转账支票

（二）应收款业务处理

本公司销售部邢东瀛向包头市核新环保技术有限责任公司销售高含氢硅油7吨，销售单价为15 000元/吨；混炼胶500千克，销售单价为210元/吨；销售类型为普通销售。发货日期为2015年1月10日，从成品仓库发货并出库，同日，开具增值税专用发票一份（发票号码779612），商品已于当日出库并审核，货款尚未收到。经财务部门确认该笔应收款项，并在应收模块中根据发票形成应收账款传到总账系统。

资料来源　第六届"用友杯"全国大学生会计信息化技能大赛试题（有改动）。

【操作要求与提示】

1.应收款在应收款系统做期初其他应收单，预收款在应收款系统做期初预收款单。

2.根据复核后的销售发票生成应收单，在应收款系统中审核单据并制单。

项目七

应付款系统管理

知识目标 ◄--------------------------------

① 了解应付款系统的基本功能。

② 熟悉应付款系统的业务处理流程。

③ 掌握应付款系统初始设置的主要内容和方法。

④ 掌握应付款系统日常业务处理的主要内容和方法。

⑤ 掌握应付款系统期末处理的操作方法。

能力目标 ◄--------------------------------

① 能够按业务要求设置应付款系统的初始化。

② 能够按业务要求进行应付单与付款单的录入、审核、制单等操作。

③ 能够熟练进行核销、转账处理、票据管理。

④ 能够熟练进行应付款系统的月末处理。

应收与应付是企业经营活动的两个方面，应付款管理主要用于核算和管理供应商往来款项。

应付款系统，通过发票及其他应付单、付款单等单据的录入，对企业的往来账款进行综合管理，及时、准确地提供供应商的往来账款余额资料，提供各种分析报表，帮助企业合理地进行资金的调配，提高资金的利用效率。

应付款系统记录采购业务及其他业务所形成的往来款项，处理应付款支付、转账等情况，也提供票据处理功能。应付款系统接收来自于采购管理系统的采购发票，经过审核之后，形成应付账款；应付账款和付款数据也可以传递到应收款系统，进行往来业务之间的核销（如应收冲应付）；应付款系统的业务单据经过制单生成的记账凭证会传递到总账系统中。

在实际工作过程中，应付款系统的工作过程与岗位对照如图7-1所示。

部门岗位	财务部——账套主管	财务部——应付会计
工作过程	系统设置	设置系统参数、设置基础信息、录入期初余额
	日常业务处理	应付单据处理、付款单据处理、票据处理、转账处理、制单处理
	期末处理	应付款系统月末结账
典型单据	增值税发票、入库单、支票、承兑汇票	

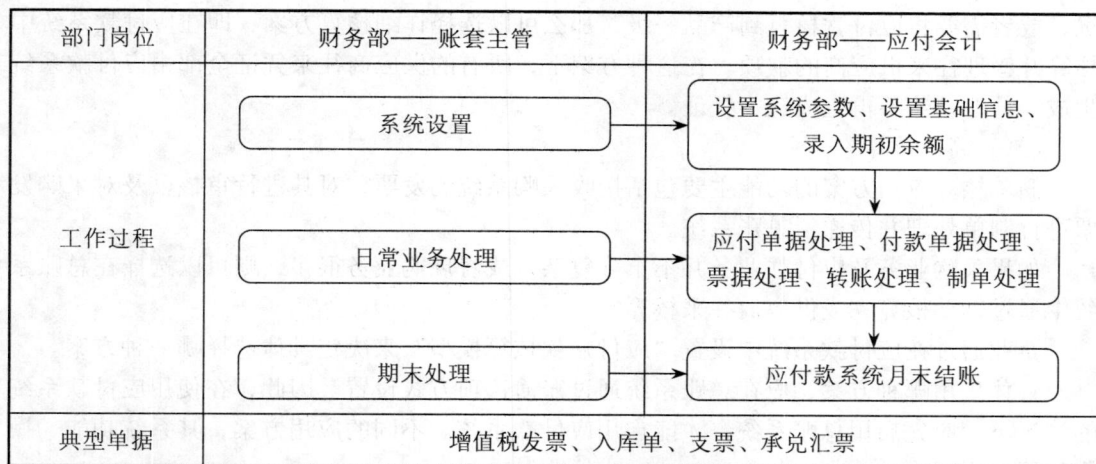

图7-1　应付款系统工作过程与岗位对照图

一、应付款系统与其他系统的关系

应付款系统与总账系统、销售系统、应收款系统、财务分析系统可以集成使用，它们之间的数据联系表现为：采购管理系统提供的发票传送给应付款系统，并生成凭证，对发票进行付款结算处理；总账系统接收应付款系统传递的凭证，并能查询其所生成的凭证；应付款系统与应收款系统之间可以进行转账处理；应付款系统向财务分析系统提供各种分析的数据。

二、应付款系统基本操作流程

应付款系统主要提供系统初始化设置、日常处理、单据查询、账表管理、其他处理和月末处理等功能，具体包括以下内容：

1.系统初始化设置：包括系统参数定义、单据类型设置、账龄区间的设置及期初余额表录入等。

2.日常处理：包括应付单据和付款单据的录入、审核、核销、转账、汇兑损益、制单等处理。

3.单据查询：包括各类单据、详细核销信息、报警信息、凭证等内容查询。

4.账表管理：包括总账、明细账、余额表等多种账表查询功能和应付账款分析、应付账款账龄分析、欠款分析等统计分析功能。

5.其他处理：包括对核销、转账等处理进行恢复的功能。

6.月末处理：包括月末结账和取消结账功能。

三、应付款系统的两种方案选择

根据对供应商往来款项核算和管理程度的不同，应付款系统提供了详细核算和简单核算两种应用方案。

（一）详细核算

该种方案能够帮助了解每一供应商每笔业务详细的应付情况、付款情况及余额情况并进行账龄分析，对供应商及往来款项进行管理，从而根据供应商的具体情况，制订付款方案。

若企业的采购业务及应付款业务繁多，或者需要追踪每一笔业务的应付款、付款等情况，或者需要将应付款核算到产品一级，那么可以选择详细核算方案，即在应付款系统中核算并管理往来供应商的款项。在这种方案下，所有的供应商往来凭证全部由应付款系统生成，其他系统不再生成这类凭证。

（二）简单核算

简单核算应用方案的功能主要包括接收采购系统的发票，对其进行审核以及对采购发票进行制单处理并传递给总账系统。

如果采购业务及应付款业务并不十分复杂，或者现购业务很多，则可以选择在总账系统中通过辅助核算完成供应商往来核算。

企业通过在应付款系统中设置"应付账款核算模型"来决定具体选择哪一种方案。

具体采用哪种方案，应在总账系统通过账簿选项方式设置。因此，在使用应付款系统的情况下，应先启用总账系统，才能启用应付款系统。不同的应用方案，其系统功能、操作流程均不同。

四、应用系统的前提准备工作

（一）期初数据的准备

为便于系统初始化，应该准备如下数据和资料：有业务往来的所有供应商的详细资料；供应商的分类方式；用于采购的所有存货的详细资料；存货的分类方式；上一期期末、本期期初所有供应商的应付账款、预付账款、应付票据等。这些期初数据最好能够精确到某一笔具体的业务或发票。

（二）日常处理的准备

为便于日常业务处理，应准备好如下数据和资料：采购业务之外，能够经常形成应付款的业务有哪些（目的是将应付单划分为不同的类型，以便按业务类型统计应付款）；发票、应付单的格式（目的是便于定义单据样式）；核算采购、付款等业务的科目（目的是预先设置各种凭证的科目）；进行收付款单的整理。

学习情境一　　　　　应付款系统初始设置

阳光公司已经成功完成了账套号"111"公司账套的建立，从2015年1月1日起，启用了应付款系统。

应付款系统的初始化包括两个方面的内容：首先是在系统中设置系统参数；其次是输入基本的业务信息，从而使业务处理具备信息基础。本情境的结构图如图7-2所示。

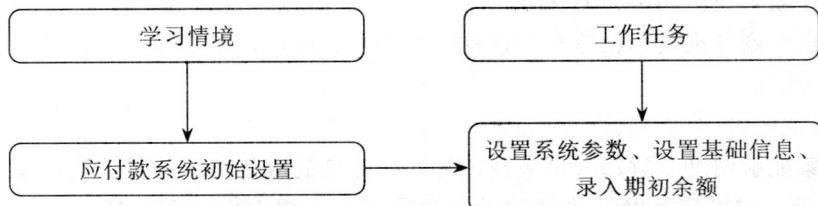

图7-2　应付款系统初始设置的情境结构图

【任务一】 设置系统参数

一、任务描述

阳光公司2015年1月1日启用了应付款系统，对应付款系统账套参数进行初始设置。

二、入职知识准备

应付款系统参数设置主要包括"常规"、"凭证"、"权限与预警"及"核销设置"参数设置等，目的是通过系统参数设置，体现出企业对应付款项管理的具体要求，建设一个适合于企业应付款系统的子账套的过程。

（一）"常规"参数设置

1.单据审核日期依据：包括"单据日期"和"业务日期"两种依据。若选择"单据日期"，在进行单据审核时，系统自动将审核日期（即入账日期）记为该单据的单据日期。若选择"业务日期"，在进行单据审核时，系统自动将审核日期（即入账日期）记为当前业务日期（即登录日期）。在账套使用过程中，选择按"单据日期"进行单据审核较为灵活。

2.汇兑损益方式：包括"外币余额结清时计算"和"月末处理"两种。一般应选择"月末处理"。

3.自动计算现金折扣：若选中该复选框，需对单据核销界面中的"栏目"进行设置，将"可享受折扣和本次折扣"设置为显示状态，系统会在核销界面显示可享受折扣和本次折扣。

4.应付账款核算模型：包括"简单核算"和"详细核算"两种。系统缺省，选择"详细核算"。

5.应付票据直接生成付款单：若选中该复选框，则应付票据保存时，同时生成付款单。

（二）"凭证"参数设置

1.受控科目制单方式：有"明细到供应商"和"明细到单据"两种。"明细到供应商"是指将一个供应商的多笔业务合并生成一张凭证时，如果核算多笔业务的控制科目相同，则系统自动将其合并成一条分录，便于在总账系统中根据供应商来查询其详细信息。"明细到单据"是指将一个供应商的多笔业务合并生成一张凭证时，系统会自动将每一笔业务形成一条分录，便于在总账系统中查看供应商的每一笔业务的详细情况。建议选择"明细到单据"方式。

2.非控科目制单方式：有"明细到供应商"、"明细到科目"和"汇总方式"三种。"汇总方式"是指将多个供应商的多笔业务合并生成一张凭证时，如果核算这多笔业务的非控科目相同，且其所带辅助核算项目也相同，则系统自动将其合并成一条分录，便于精简总账中的数据，在总账系统中只能看到该科目的一个总发生额。

3.控制科目依据：系统控制科目是指所有带有供应商往来辅助核算的科目。

4.采购科目依据：可以选择"按存货分类"和"按存货"两种方式作为设置存货采购、采购税金等科目的依据。在此设置的采购科目是系统自动制单科目取值的依据。

5.核销生成凭证：选择此复选框，系统会判断核销双方单据的入账科目是否相同；若不相同，则需要生成一张调整凭证；否则，不需要进行制单。

6.预付冲应付是否生成凭证：选中此复选框，对于该类业务，当对冲单据所对应的受控科目不相同时，系统生成一张转账凭证，并且在期末结账时对是否已生成凭证记录进行检查；否则，无须对此制单和进行期末检查。

7.凭证可编辑：选中此复选框，可以对已生成的凭证进行编辑；否则对已生成的凭证上的各个项目都不可以进行编辑。

（三）"权限与预警"参数设置

启用供应商权限：只有在应付款系统中有该选项。只有在账套参数设置对供应商进行记录及数据权限控制时，该选项才可以设置。

（四）"核销设置"参数设置

1.应付款核销方式：核销是指付款冲销应付款的操作。系统提供"按单据"和"按产品"两种应付款的核销方式。按单据核销是指在款项结算时，系统将满足条件的未结算单据全部列出，由用户选择需要结算的单据并进行核销。按产品核销是指在款项结算时，系统将满足条件的未结算单据按存货全部列出，由用户选择需要结算的存货并进行核销。一般企业选择"按单据"核销即可。

2.规则控制方式：系统提供了"严格"和"提示"两种规则控制方式。如果选择"严格"，则核销时严格按照选择的核销规则进行核销，如不符合，则不能完成核销。如果选择"提示"，则在核销时如不符合规则，提示后，由用户选择是否完成核销。

3.核销规则：系统默认为按"供应商"核销，可按"供应商"+"其他"选项进行组合选择。如果选择"供应商"+"部门"，则表示核销时，需供应商相同，且部门相同。其他以此类推。系统提供了供应商、部门、业务员、合同、订单、项目等选项以便组合。

4.收付单审核后核销：此选项默认为不选择，表示收付单审核后不进行立即核销操作。可修改为选择，并默认为"自动核销"，表示收付款单审核后立即进行自动核销操作；若选择"手工核销"，则表示收付款单审核后，立即进入手工核销界面，由用户手工完成核销。

三、任务内容

以账套主管陈明（001）的身份进行登录，登录日期为2015年1月1日。根据业务需要，设置应付款系统参数，见表7-1。

表7-1　　　　　　　　　　　　　　　**系统参数设置**

常规参数	采用系统默认设置
凭证参数	采用系统默认设置
权限与预警参数	取消控制操作员权限，其他采用系统默认设置
核销设置参数	采用系统默认设置
收付款控制	采用系统默认设置

四、任务执行

1.打开应付款系统，选择【设置】|【选项】，如图7-3所示，打开"账套参数设置"窗口。

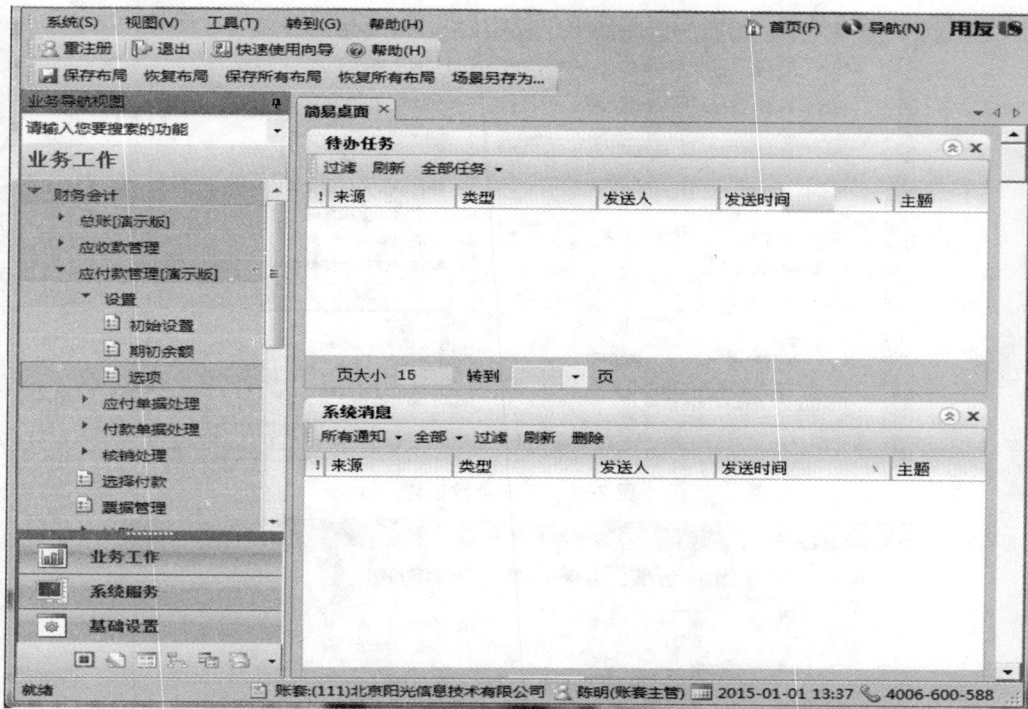

图7-3 应付款系统设置选项

2.在"账套参数设置"窗口中，单击【编辑】，选择"常规"选项卡，根据任务内容进行具体设置，如图7-4所示。

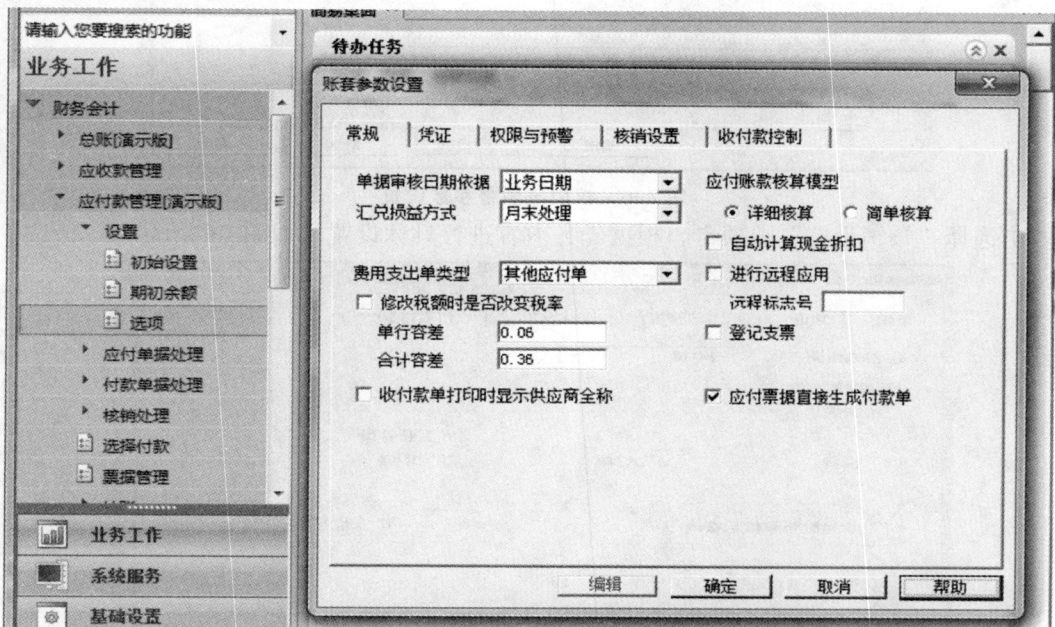

图7-4 常规参数设置

3.选择"凭证"选项卡，根据任务内容进行具体设置，如图7-5所示。

4.选择"权限与预警"选项卡，根据任务内容进行具体设置，如图7-6所示。

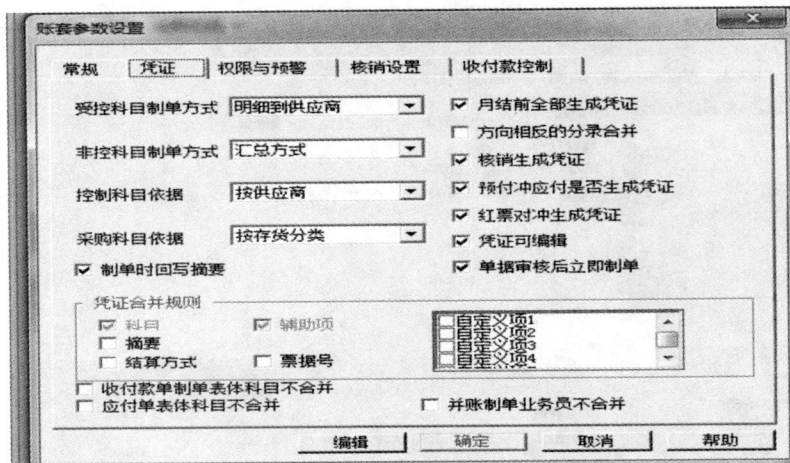

图 7-5 凭证参数设置

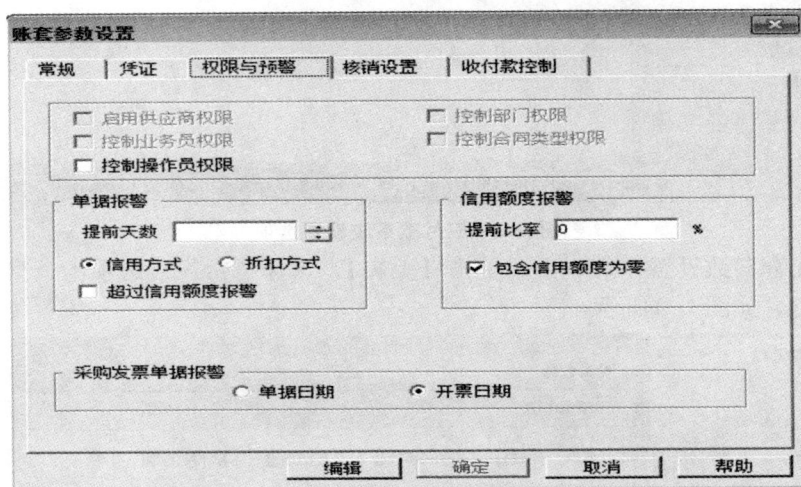

图 7-6 权限与预警参数设置

5.选择"核销设置"选项卡，根据任务内容进行具体设置，如图7-7所示。

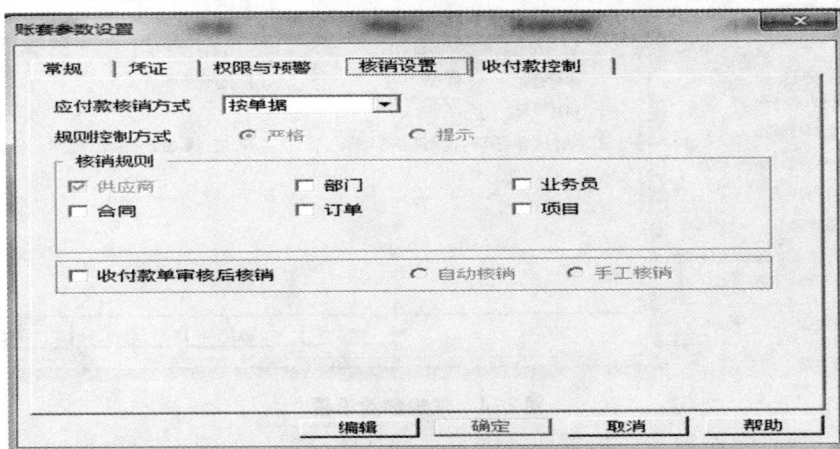

图 7-7 核销设置参数设置

6.选择"收付款控制"选项卡，进行具体设置，如图7-8所示。

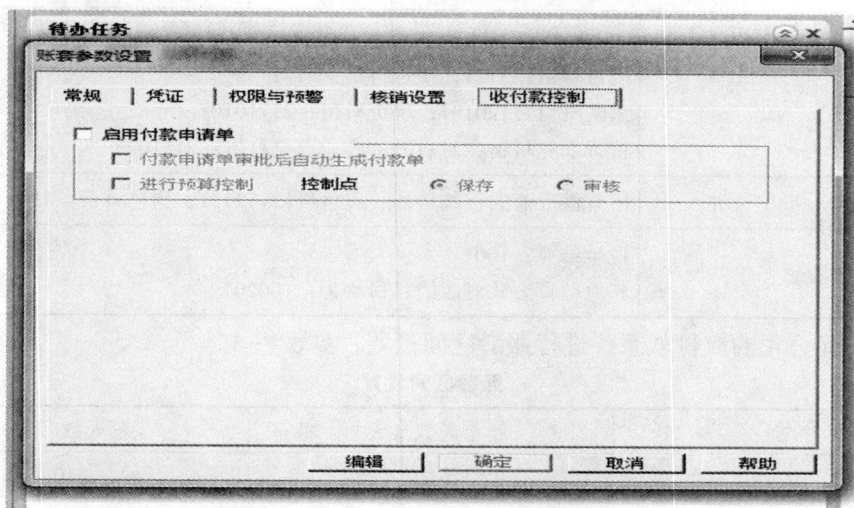

图7-8　收付款控制参数设置

财务专家温馨提示

◆ 在设置账套参数时，需要先单击【编辑】，才可进行选项的修改，修改后，可单击【确定】保存修改或单击【取消】取消修改。

◆ "应付账款核算模型"选项在系统启用时或还没有进行任何业务处理（包括期初数据录入）时，才允许从"简单核算"改为"详细核算"；但从"详细核算"改为"简单核算"，随时可以进行。

【任务二】 设置基础信息

一、任务描述

根据阳光公司具体业务需要，设置应付款系统基础信息。

二、入职知识准备

企业应付业务类型较固定，生成的凭证类型也较固定，为了简化凭证生成的操作，可以在此处将各业务类型凭证中的常用科目预先设置好。其中，基本科目设置是定义应付款系统凭证制单所需要的基本科目。控制科目设置是进行应付科目、预付科目的设置；产品科目设置是进行采购科目、采购税金科目的设置；结算方式科目设置是进行结算方式、币种、科目的设置。依据用户定义的科目、不同的业务类型，生成凭证时自动带出科目。

"账期内账龄区间设置"是指用户定义账期内应付账款时间间隔的功能，它的作用是便于用户根据自己定义的账款时间间隔，进行账期内应付账款账龄查询和账龄分析，清楚了解在一定期间内所发生的应付款、付款情况。

通过对报警级别的设置，可以将供应商按照供应商欠款余额与其授信额度的比例分为不同的类型，以便掌握各个供应商的信用情况。

三、任务内容

以账套主管陈明（001）的身份进行登录，登录日期为2015年1月1日。

1.设置阳光公司应付款系统的会计科目，见表7-2。

表7-2 　应付款系统会计科目

科目类别	设置方式
基本科目设置	应付科目：2121；预付科目：1141 采购科目：120101；税金科目：21710101 银行承兑科目：211101；商业承兑科目：211102
控制科目设置	所有供应商的控制科目：应付科目：2121；预付科目：1141
结算方式科目设置	现金结算：1001 其他结算方式对应的科目均为：100201

2.对阳光公司的应付款系统进行账龄区间设置，见表7-3。

表7-3 　账龄区间设置

序号	起止天数（天）	总天数（天）
01	1~30	30
02	31~60	60
03	61以上	

3.对阳光公司的应付款系统进行报警级别设置，见表7-4。

表7-4 　报警级别设置

序号	起止比率	总比率	级别名称
01	0~20%	20%	D
02	20%~40%	40%	C
03	40%~60%	60%	B
04	60%以上		A

4.对阳光公司的应付款系统进行单据编号设置，允许手工修改采购专用发票的单据编号。

四、任务执行

（一）设置科目

1.在应付款系统中，选择【设置】|【初始设置】，打开"初始设置"窗口，如图7-9所示。

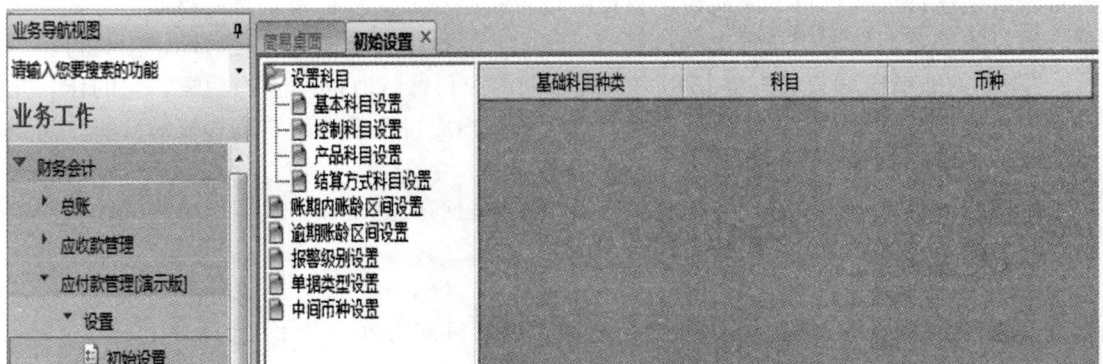

图7-9　初始设置

2.在"初始设置"窗口中，选择【设置科目】|【基本科目设置】，根据表7-2设置基本科目，如图7-10所示。

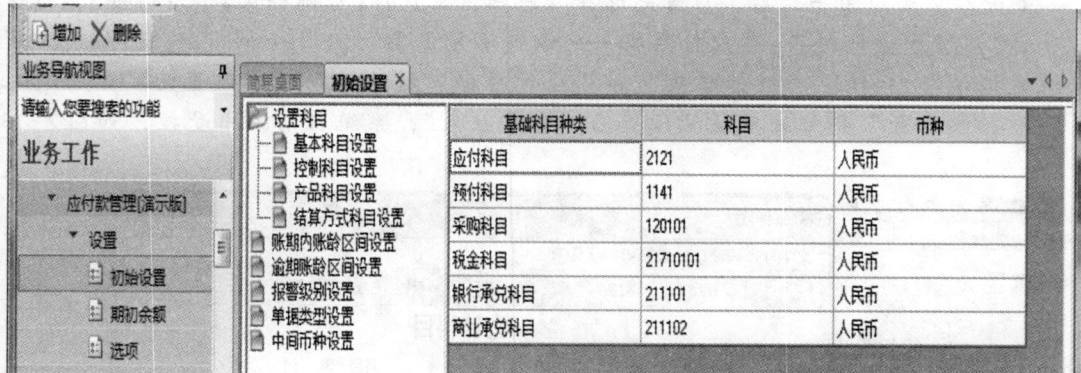

图7-10　基本科目设置

3.在"初始设置"窗口中，选择【设置科目】|【控制科目设置】，根据表7-2对应付款系统进行控制科目设置，如图7-11所示。

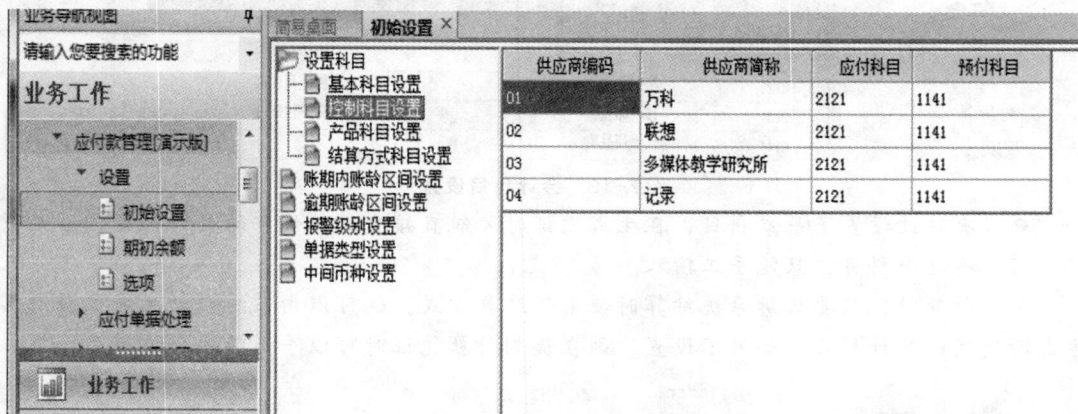

图7-11　控制科目设置

4.在"初始设置"窗口中，选择【设置科目】|【结算方式科目设置】，设置"结算方式"、"科目"，如图7-12所示。

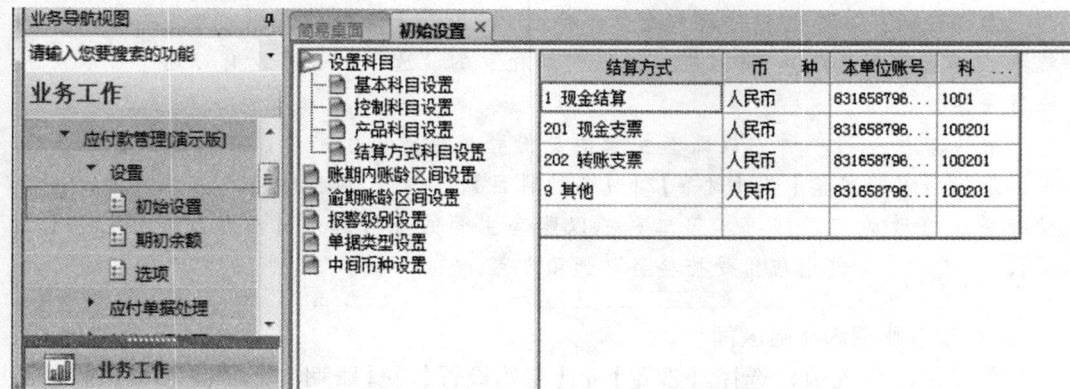

图7-12　结算方式科目设置

财务专家温馨提示

◆进入企业应用平台后，应首先选择【基础设置】|【基础档案】|【财务】|【会计科目】，增加会计科目："应付票据——银行承兑汇票"211101和"应付票据——商业承兑汇票"211102。"应付账款"和"应付票据"科目辅助核算设置为"供应商往来"，"预收账款"科目辅助核算设置为"客户往来"，系统自动带出受控，如图7-13所示。

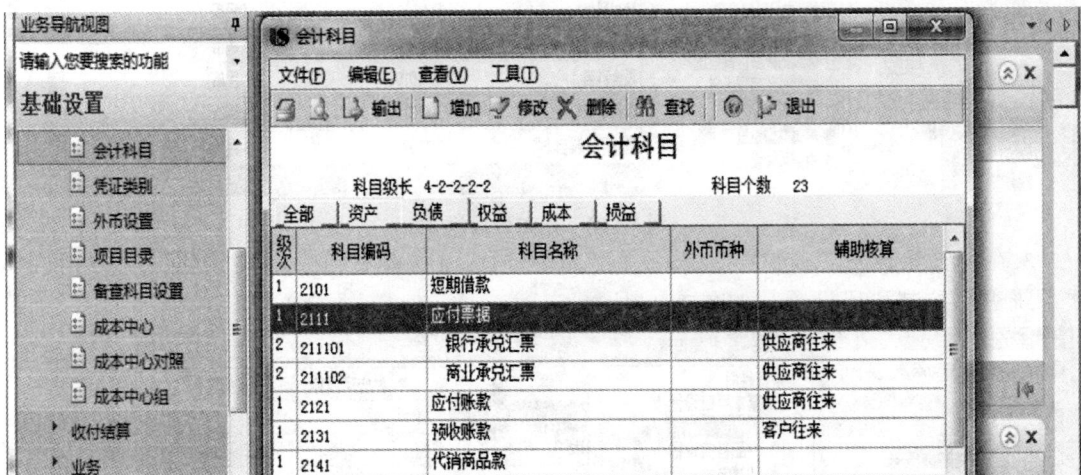

图7-13　会计科目设置

◆只有在此设置了基本科目，在生成凭证时才能直接生成凭证中的会计科目，否则凭证中将没有这个科目，只能手工输入。

◆在付款时，只要告诉系统结算时使用的结算方式，就可以由系统自动生成该种结算方式所使用的会计科目。如果不设置，则在编制付款凭证时可以手工输入会计科目。

常见问题解析

◆需要添加应付款的对应科目时，系统可能会弹出"不能使用应付系统受控科目"。

原因分析：在修改应付款系统会计科目"辅助核算"时，系统的受控科目均为系统默认（应付款系统）。并且在"总账初始化"的"选项"也并没有勾选"可以使用应付受控科目"。

解决方法：第一种：以账套主管的身份登录企业应用平台，在【设置】选项卡下，选择【基础档案】|【财务】|【会计科目】，找到"应付账款"会计科目，将其受控系统修改为空白即可。第二种：以账套主管的身份进入【总账初始化】|【选项】，勾选"可以使用应付受控科目"选项即可。

（二）设置账期内账龄区间

1.在应付款系统中，选择【设置】|【初始设置】|【账期内账龄区间设置】，打开"账期内账龄区间设置"窗口，如图7-14所示。

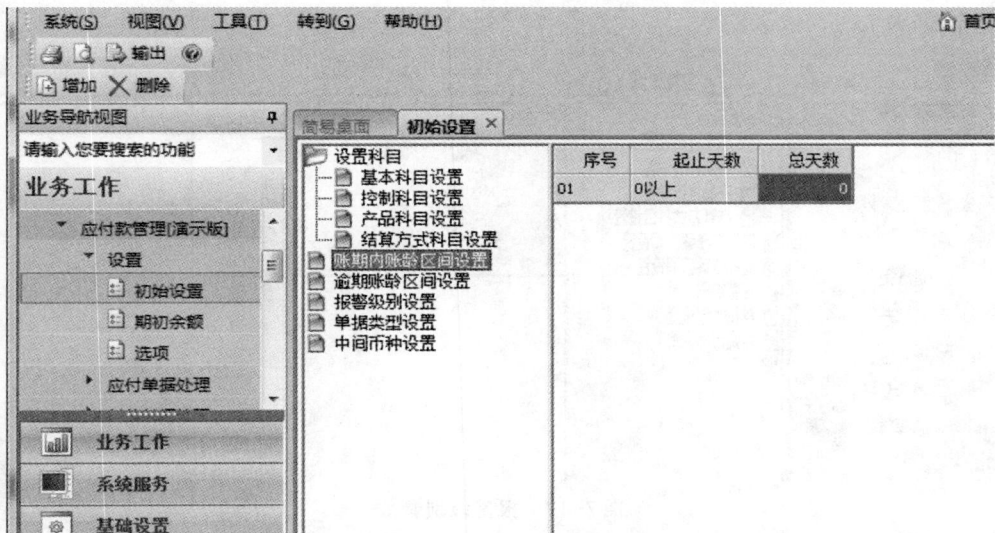

图 7-14　账期内账龄区间设置

2.根据表7-3，依次输入总天数"30"和"60"，如图7-15所示。

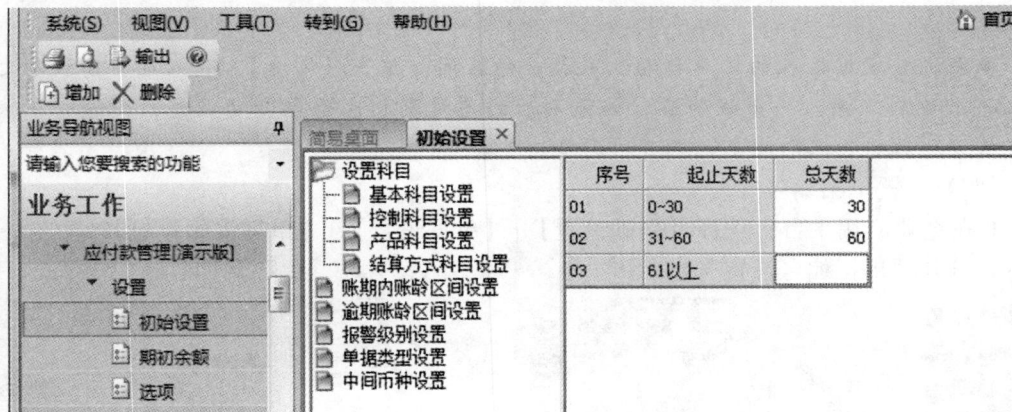

图 7-15　账期内账龄区间参数

（三）设置报警级别

1.在应付款系统中，选择【设置】|【初始设置】|【报警级别设置】，打开"报警级别设置"窗口，如图7-16所示。

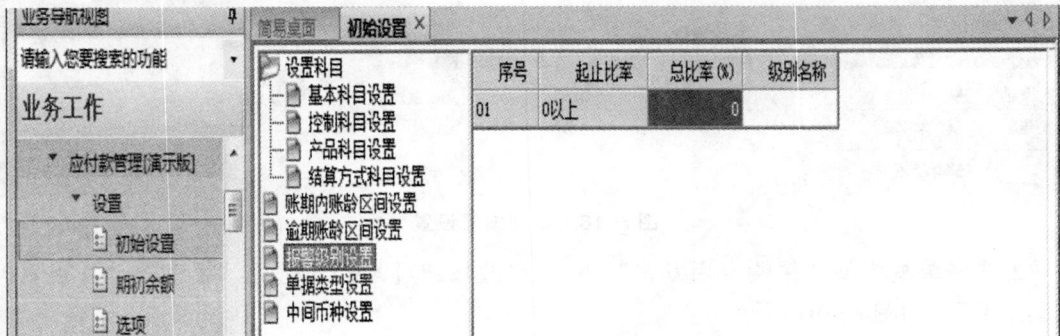

图 7-16　报警级别设置

2.根据表7-4，依次输入"总比率"和"级别名称"，如图7-17所示。

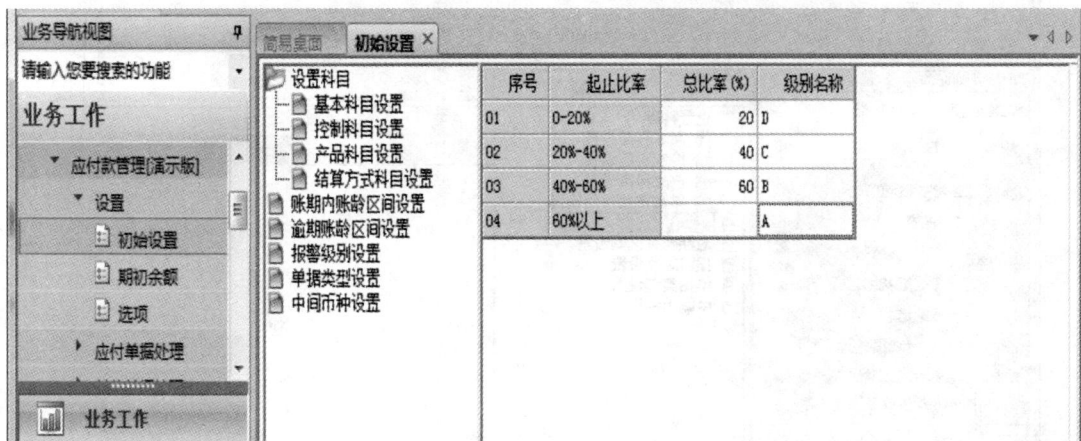

图 7-17　报警级别参数

财务专家温馨提示

◆ 序号由系统自动生成，不能修改、删除。应直接输入该区间的最大比率及级别名称。

◆ 系统会根据输入的比率自动生成相应的区间。单击【增加】，可以在当前级别之前插入一个级别。插入一个级别后，该级别后的各级别总比率会自动调整；删除一个级别后，该级别后的各级别比率也会自动调整。

（四）设置单据编号

1.在企业应用平台，选择【基础设置】|【单据设置】|【单据编码设置】，如图7-18所示，打开"单据编号设置"窗口。

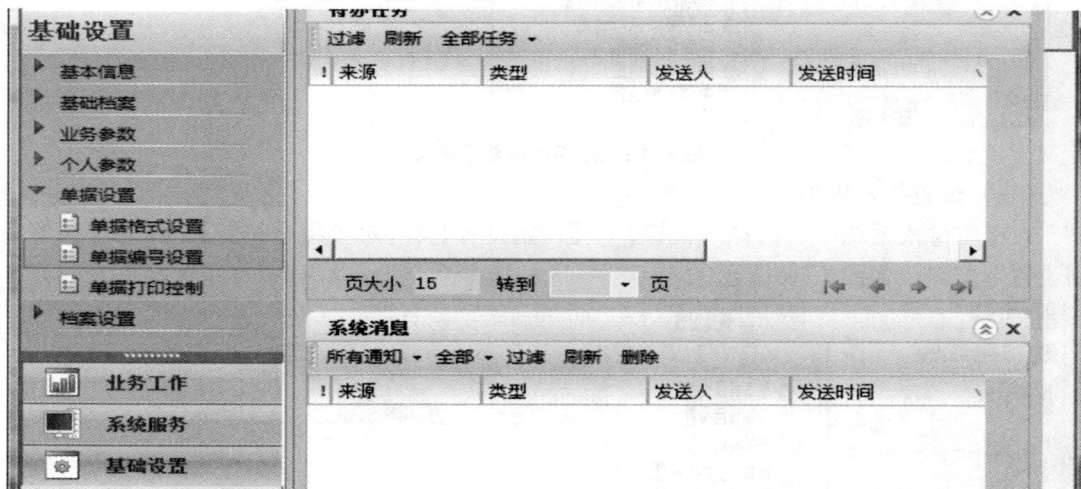

图 7-18　单据编号设置

2.选择单据类型"采购专用发票"，单击修改按钮【　】，选择"手工改动，重号时自动重取"，如图7-19所示。

3.单击【保存】（软盘图标），单击【退出】。

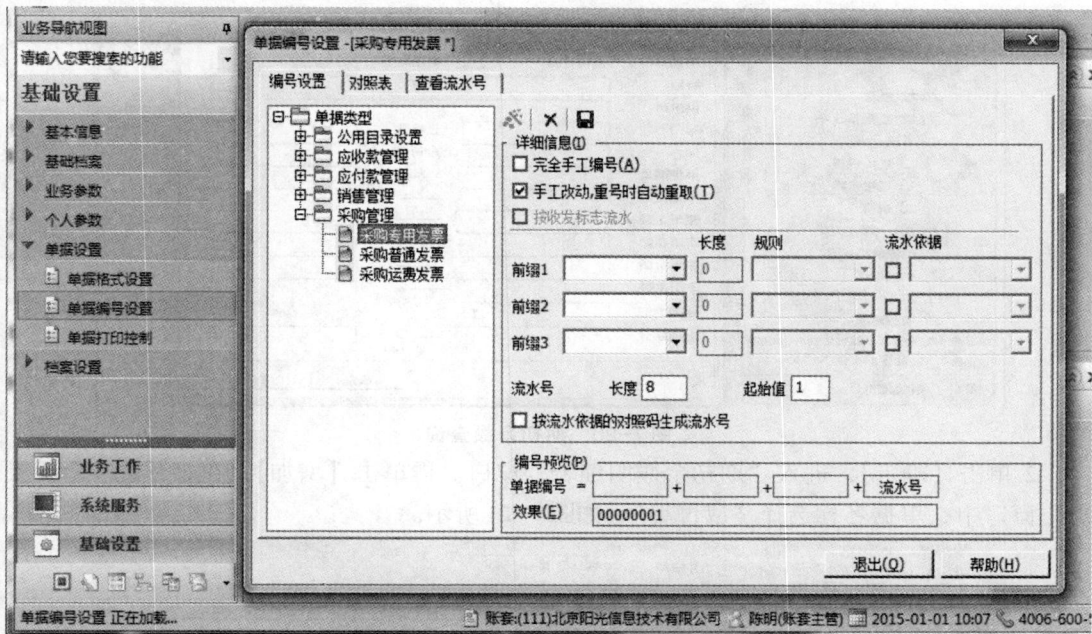

图7-19　采购专用发票单据编号设置

【任务三】录入期初余额

一、任务描述

将阳光公司期初单据录入应付款系统，建立期初数据并与总账系统对账。

二、入职知识准备

在初次使用应付款系统时，应将未处理完的所有供应商的应付账款、预付账款、应付票据等单据数据全部录入到系统中，作为期初建账的数据。系统可对其进行管理，保证数据的连续性和完整性。当进入第二年度处理时，系统会自动将上年度未处理完的单据转为下一年度的期初余额。在下一会计年度的第一个会计期间，可以进行期初余额的调整。

三、任务内容

以会计主管马芳（003）的身份进行登录，录入阳光公司的应付款系统期初余额，登录日期为2015年1月1日。

应付款系统启用时，阳光公司应付账款期初余额见表7-5。

表7-5　　　　　　　　　　　　　应付账款期初余额

日期	供应商	方向	金额（元）	业务员
2014-11-12	万科	贷	276 850	白雪

四、任务执行

1.在应付款系统中，选择【设置】|【期初余额】，打开"期初余额--查询"对话框，如图7-20所示。

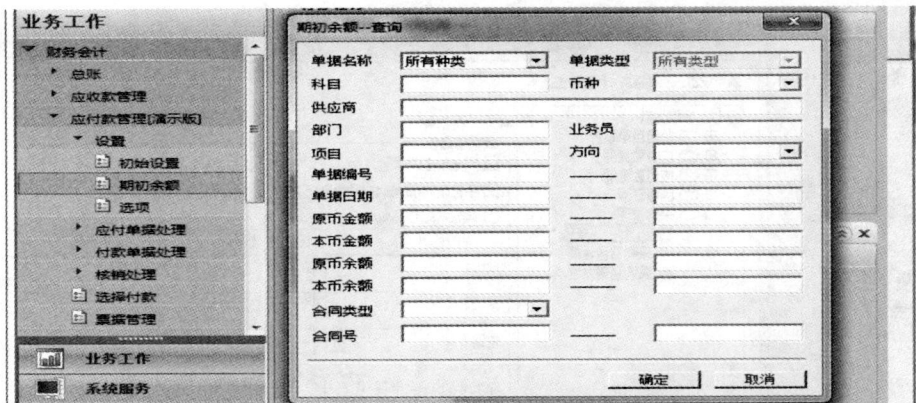

图7-20　期初余额查询

2.单击【确定】，进入"期初余额明细表"窗口。再单击【增加】，在打开的"单据类别"窗口中，单据名称选择"应付单"，如图7-21所示。

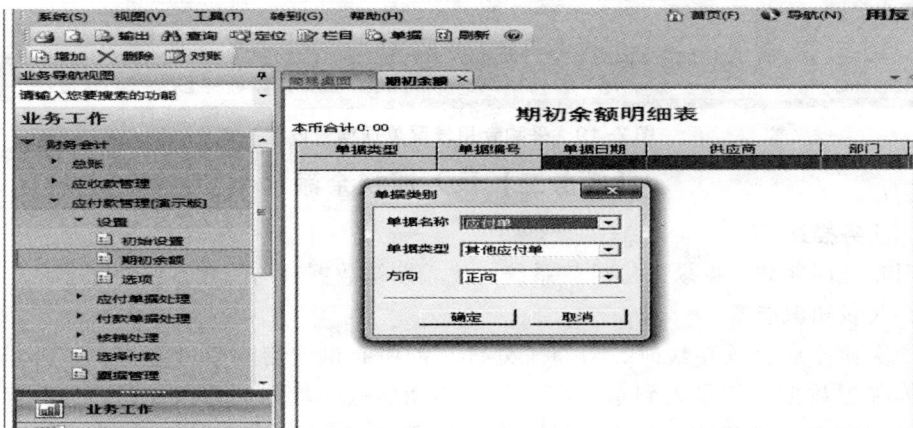

图7-21　期初余额明细表

3.单击【确定】，进入"应付单"窗口，单击【增加】，根据表7-5依次输入期初应付账款的相关信息，如图7-22所示。

图7-22　应付单

4.单击【保存】，再关闭应付单，返回到"期初余额明细表"窗口；单击【刷新】，如图7-23所示；再单击【对账】，结果如图7-24所示。

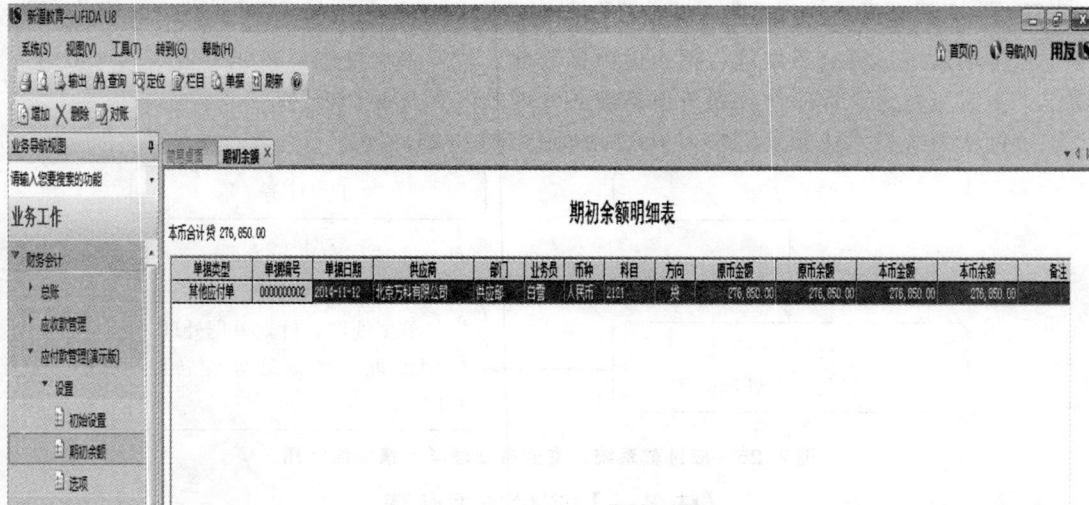

图7-23　刷新期初余额

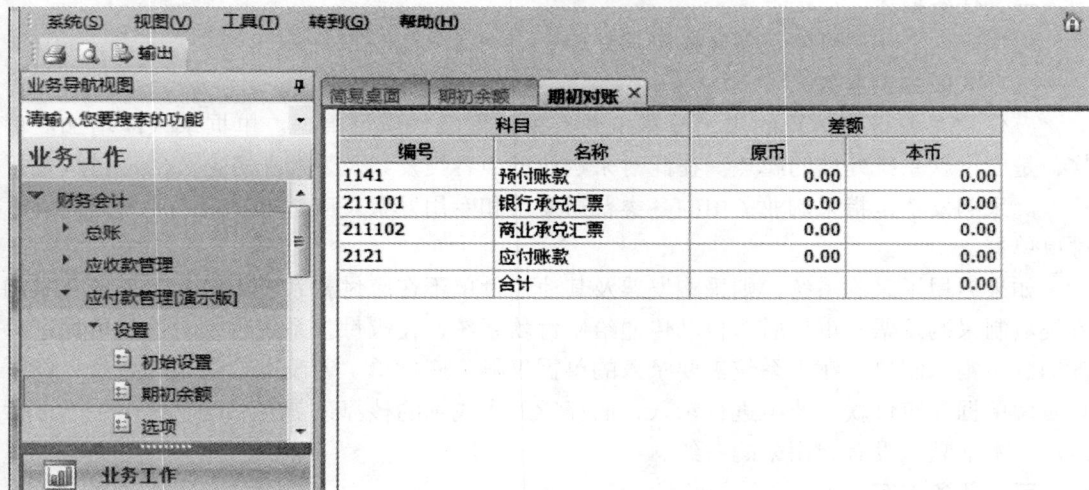

图7-24　应付款期初对账

财务专家温馨提示

◆退出了录入期初余额的单据，单击【刷新】，可看到新录入的期初余额数据资料。

◆期初余额所录入的票据保存后自动审核。

◆当完成全部应付款期初余额录入后，应通过【对账】将应付款系统期初余额与总账系统期初余额进行核对。

◆如果期初余额已被保存，若想在第二年继续使用期初余额数据的话，可以进行修改。但是如果第一年已经结账的话，则期初余额只能查询不能修改。

◆录入预付款的单据类型仍然是"付款单"，但是款项类型为"预付款"。

学习情境二 | 应付款系统日常业务处理

应付款系统日常业务处理包括应付单据处理、付款单据处理、核销处理、转账处理等操作。本情境就是掌握应付款系统日常业务处理的内容及操作方法。

应付款系统日常业务处理学习情境结构图如图7-25所示。

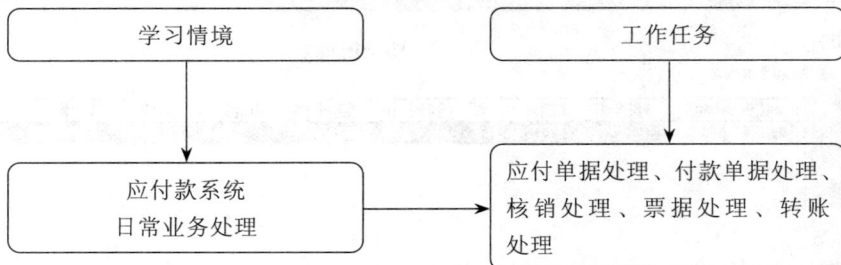

```
┌──────────────┐          ┌──────────────┐
│   学习情境    │          │   工作任务    │
└──────┬───────┘          └──────┬───────┘
       │                         │
       ▼                         │
┌──────────────┐   ┌─────────────────────────────┐
│  应付款系统   │──▶│ 应付单据处理、付款单据处理、  │
│ 日常业务处理  │   │ 核销处理、票据处理、转账     │
└──────────────┘   │ 处理                        │
                   └─────────────────────────────┘
```

图7-25 应付款系统日常业务处理学习情境结构图

【任务一】 应付单据处理

一、任务描述

根据阳光公司应付款业务完成单据处理。

二、入职知识准备

应付款系统日常核算的原始单据主要有采购发票与应付单据。单据录入即增加应付款，是应付款系统处理的起点。在此对采购业务中各类发票及采购业务之外的应付单进行录入。采购发票是指采购业务中的各类普通发票和专用发票。应付单是采购业务之外的应付单单据。

如果启用了采购系统，则采购发票及其他应付单不在应付款系统中录入，需要在采购系统填制采购发票，审核后，自动传递给应付款系统，在应付款系统可以对这些单据进行查询、核销、制单，在本系统需要录入的单据仅限于应付单。若没有启用采购系统，则所有应付单据在应付款系统中进行录入，而存货入库成本的核算还需在总账系统中手工进行结转。本书默认没有启用采购系统。

三、任务内容

以会计主管马芳（003）的身份进入应付款系统，完成阳光公司应付单据处理：

1.2015年1月7日，阳光公司从联想公司采购键盘300只，无税单价95.00元，增值税税率17%。

2.2015年1月7日，阳光公司从联想公司购买硬盘200个，无税单价700元，另外，在采购的过程中，发生了一笔运输费200.00元，增值税税率为11%。

四、任务执行

（一）业务1

1.2015年1月7日，以会计主管马芳（003）的身份进入应付款系统，选择【应付单据处理】|【应付单据录入】，如图7-26所示。

2.打开"单据类别"窗口，单据名称选择"采购发票"，单据类型选择"采购专用发票"，单击【确定】，如图7-27所示，打开"专用发票"录入窗口。

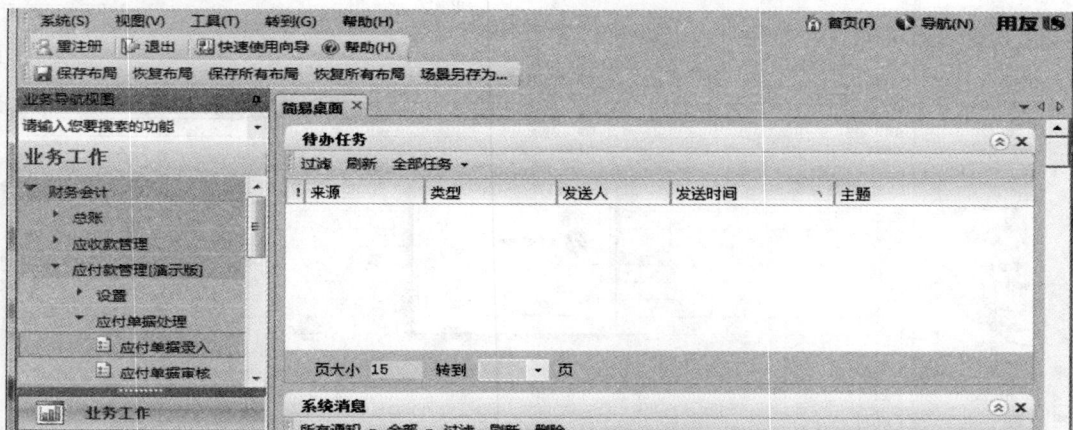

图7-26　应付单据录入

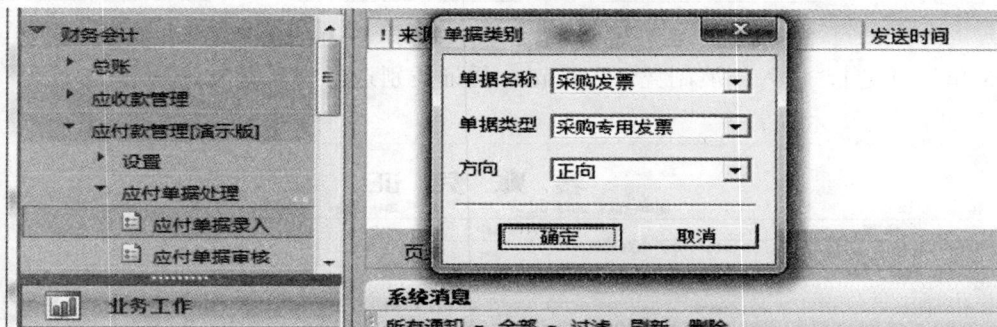

图7-27　单据类别

3.单击【增加】，录入采购专用发票信息，如图7-28所示。

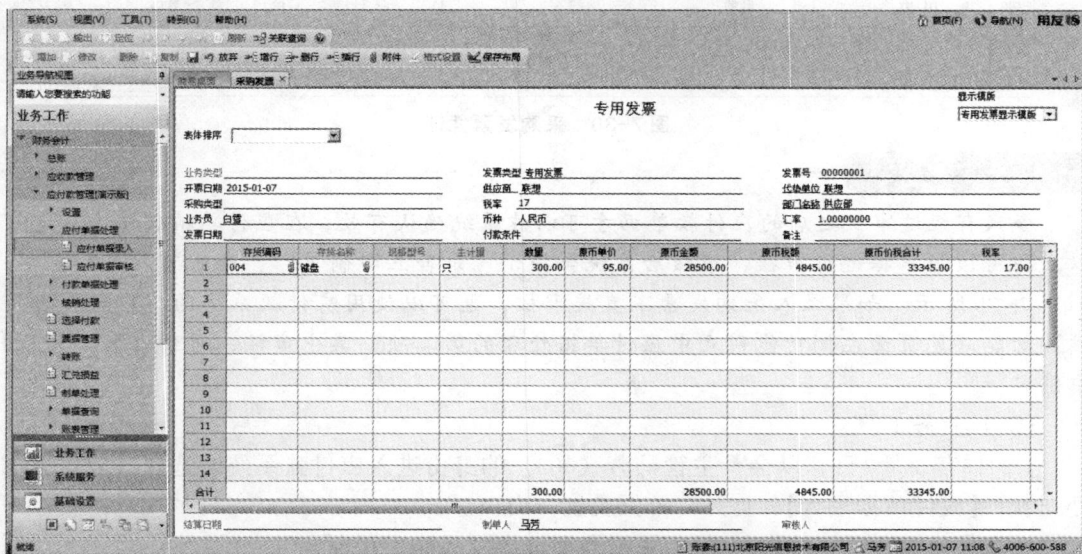

图7-28　采购专用发票录入

4.单击【保存】，再单击【审核】，系统提示"是否立即制单?"，如图7-29所示。

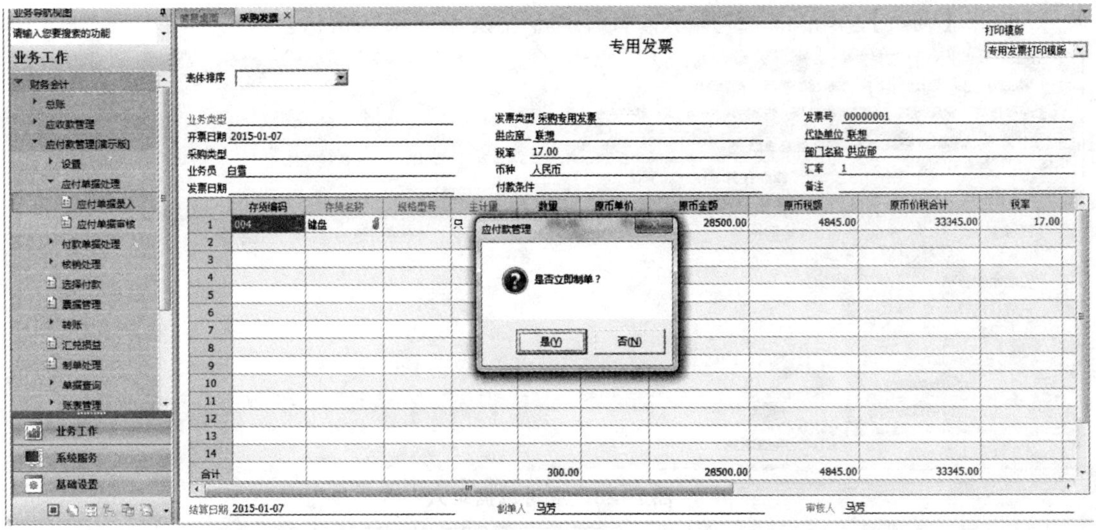

图7-29　审核立即制单提示（一）

5.单击【是】，进入"填制凭证"窗口，凭证类别选择"转账凭证"，单击【保存】，如图7-30所示。

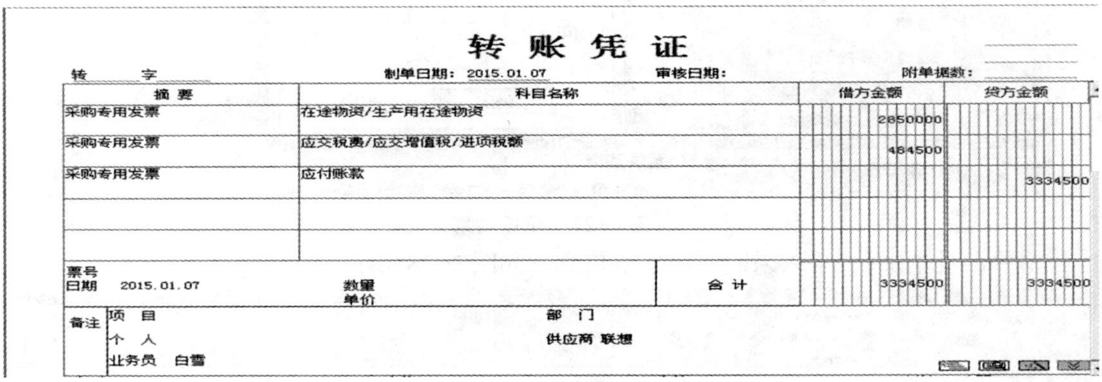

图7-30　采购发票凭证

财务专家温馨提示

◆只有经过审核之后的应付款单据才可以被系统确认有效，在应付单填制保存后就可以立即对该张单据进行审核，审核后系统会提示"是否立即制单?"，此时可以直接制单，如图7-29所示。如果录入采购发票不直接审核，也可以使用应付款系统的"应付单据审核"功能（见页面左侧功能列表中应付单据处理的第二项）集中审核，再到【制单处理】中制单。

（二）业务2

1.2015年1月7日，以会计主管马芳（003）的身份进入应付款系统，选择【应付单据处理】|【应付单据录入】，打开"单据类别"窗口。

2.单据名称选择"采购发票"，单据类型选择"采购专用发票"。

3.单击【确定】，打开"专用发票"录入窗口。再单击【增加】，录入采购专用发票信息，如图7-31所示。

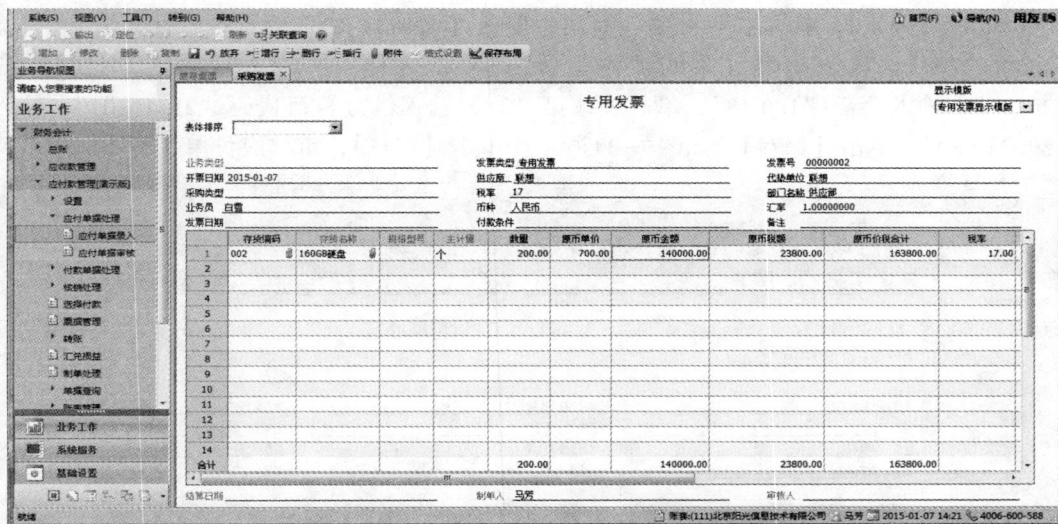

图 7-31 专用发票

4. 单击【保存】，再单击【审核】，暂不制单，单击【否】，如图 7-32 所示。

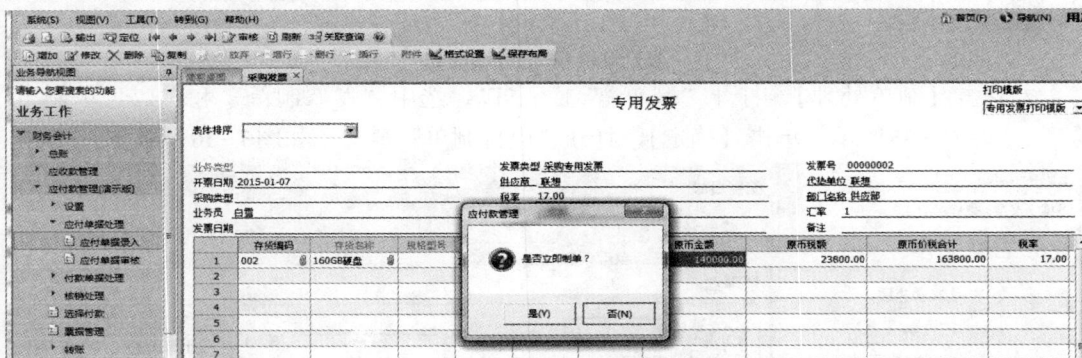

图 7-32 审核立即制单提示（二）

5. 在应付款系统，选择【应付单据处理】|【应付单据录入】，打开"单据类别"窗口，单据名称选择"应付单"，如图 7-33 所示。

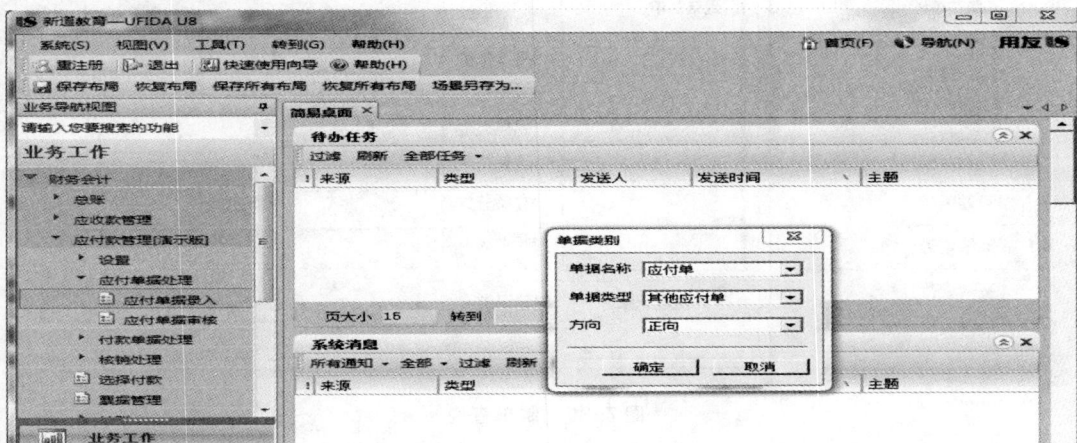

图 7-33 单据类别

6.单击【确定】，打开"应付单"窗口，单击【增加】，供应商选择"北京联想"，输入金额"200"，输入摘要"采购硬盘运费"；单击表体第一行，输入借方科目代码"120101"，输入金额"180.18"，单击表体第二行，输入借方科目代码"21710101"，输入金额"19.82"，单击【保存】，如图7-34所示。单击【审核】，审核应付单，暂不制单。

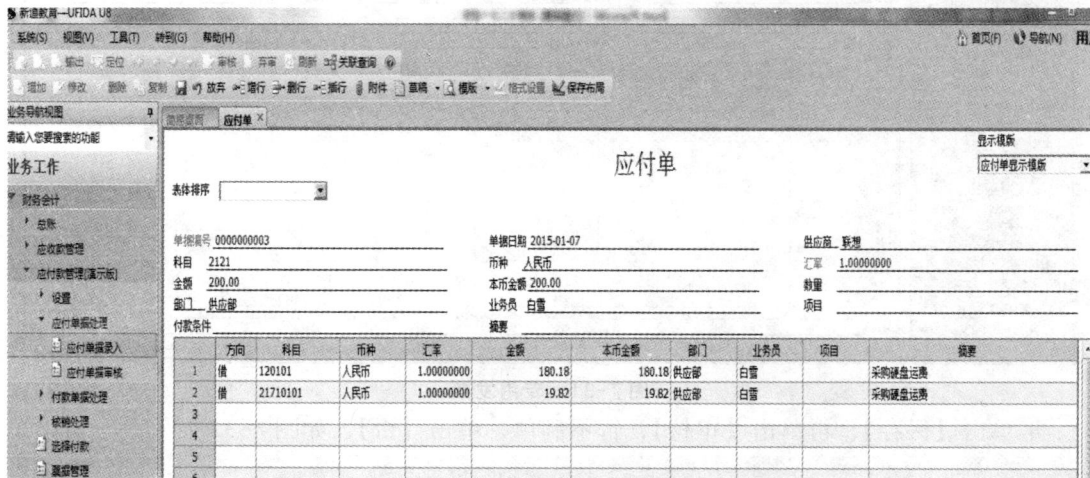

图7-34　采购普通发票

7.双击【制单处理】，打开"制单查询"窗口，选中"发票制单"和"应付单制单"选项，如图7-35所示。单击【确定】，打开"应付制单"窗口，如图7-36所示。

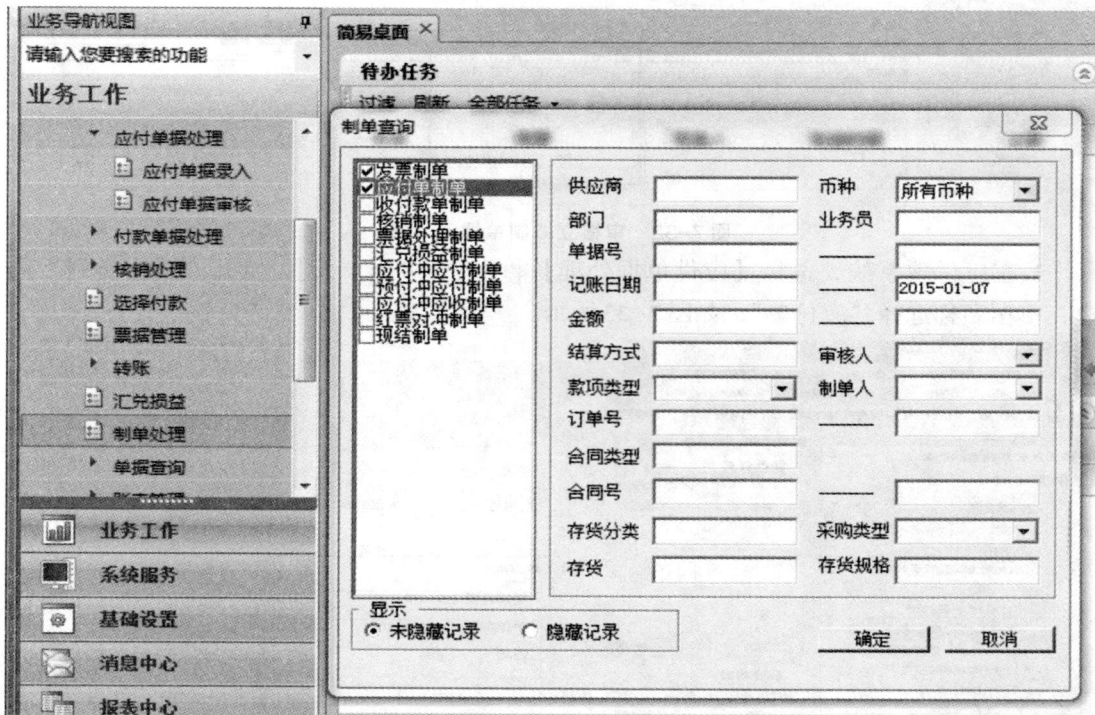

图7-35　制单查询

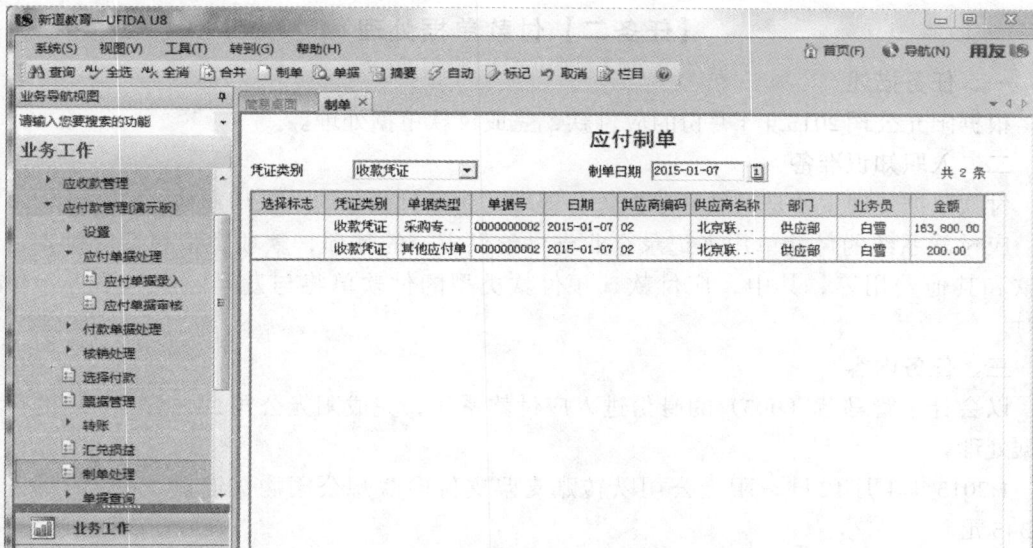

图7-36　采购发票制单列表

8.单击【全选】，单击【合并】，再单击【制单】，进入"填制凭证"窗口，凭证类别选择"转账凭证"，单击【保存】，如图7-37所示。

图7-37　采购发票和应付单合并生成凭证

财务专家温馨提示

◆在制单处理中，如果在单击【制单】前，不单击【合并】，就可以实现对发票和应付单单据分别制单。

◆"营改增"以后，运输企业年营业额在500万元以上，为增值税一般纳税人，对外提供运输劳务，按照11%的税率计算销项税额；低于500万元的为增值税小规模纳税人，对外提供运输服务，按照征收率3%计算应交增值税。

◆如果在启用应付款系统的同时启用采购系统，则应在采购系统中填制"增值税专用发票"，在应付款系统中对采购系统传递过来的"增值税专用发票"进行应付款及付款核销等操作。

【任务二】付款单据处理

一、任务描述

根据阳光公司2015年1月份的应付款，完成付款单据处理。

二、入职知识准备

付款单据处理主要是对结算单据进行管理，包括付款单的录入与审核。

应付款系统的付款单用来记录企业支付给供应商的款项，款项类型包括应付款、预付款和其他费用等，其中，应付款、预付款类型的付款单将与发票、应付单进行核销勾对。

三、任务内容

以会计主管马芳（003）的身份进入应付款系统，完成阳光公司2015年1月份的付款单据处理。

1.2015年1月12日，阳光公司以转账支票支付向联想公司购买键盘300只的货税款33 345元。

2.2015年1月15日，阳光公司以转账支票向万科公司预付货款100 000元。

四、任务执行

（一）业务1

1.2015年1月12日，以会计主管马芳（003）的身份进入应付款系统，选择【付款单据处理】|【付款单据录入】，打开"付款单据录入"窗口，如图7-38所示。

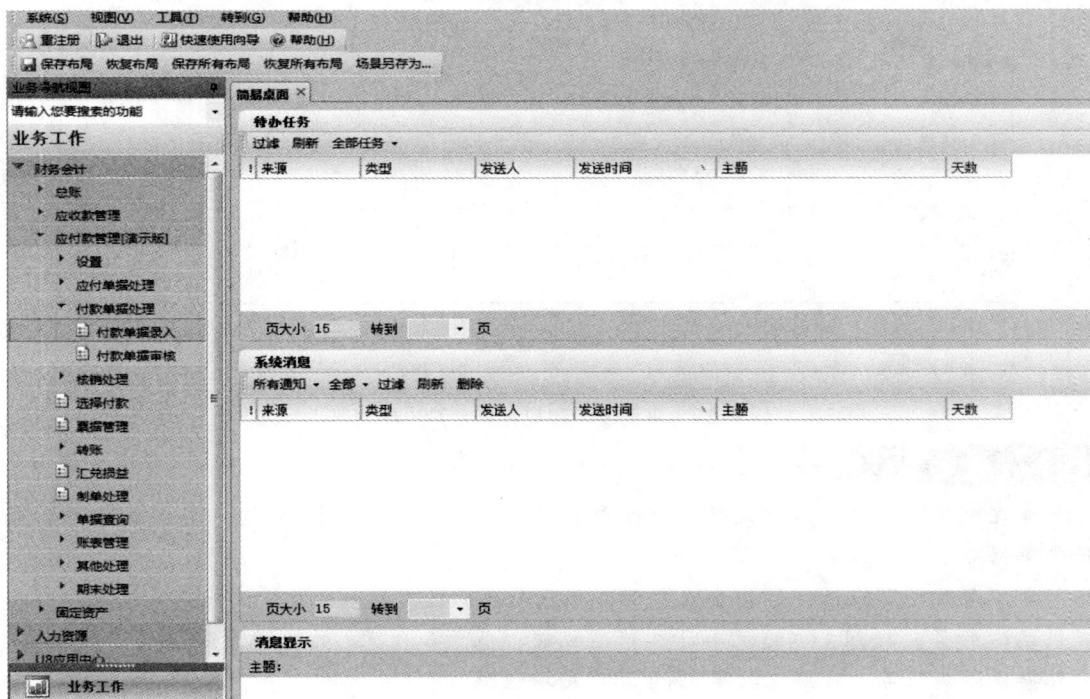

图7-38　付款单据录入

2.单击【增加】，录入付款单相关信息，单击【保存】，如图7-39所示。

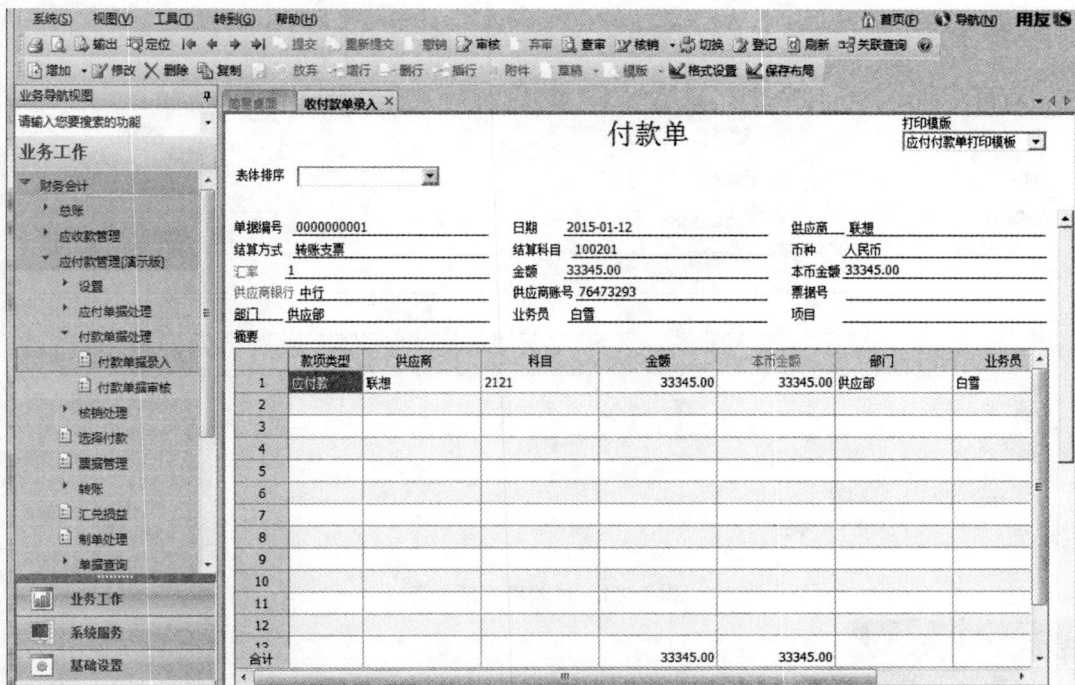

图7-39　付款单

3.单击【审核】，审核该付款单，系统提示"是否立即制单？"，如图7-40所示。单击【是】，进入"填制凭证"窗口，凭证类别选择"付款凭证"，单击【保存】，如图7-41所示。

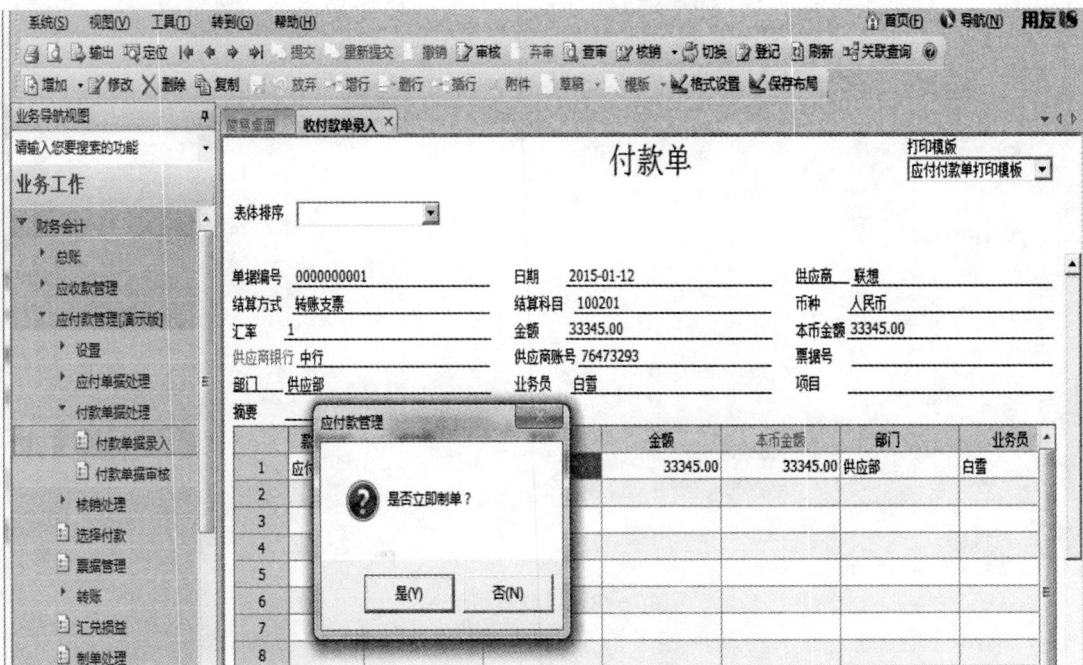

图7-40　审核立即制单

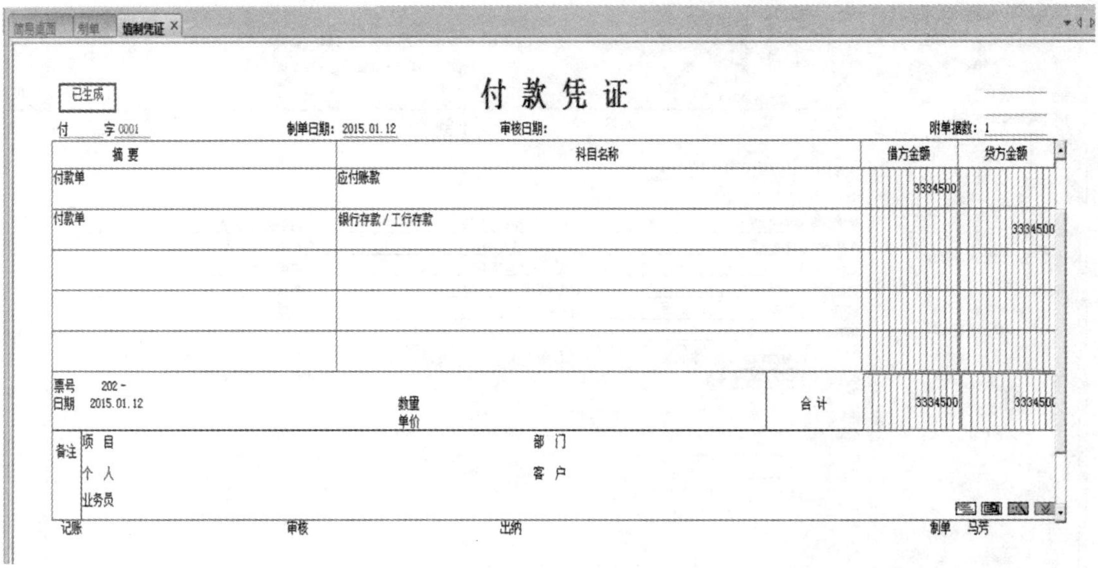

图7-41　付款单生成凭证

财务专家温馨提示

◆在填制付款单后，可以直接单击【核销】，进行单据核销操作。

◆如果是供应商退款，可以单击【切换】，填制红字付款单。

（二）业务2

1.2015年1月15日，以会计主管马芳（003）的身份进入应付款系统，选择【付款单据处理】|【付款单据录入】，如图7-42所示，打开"付款单据录入"窗口。

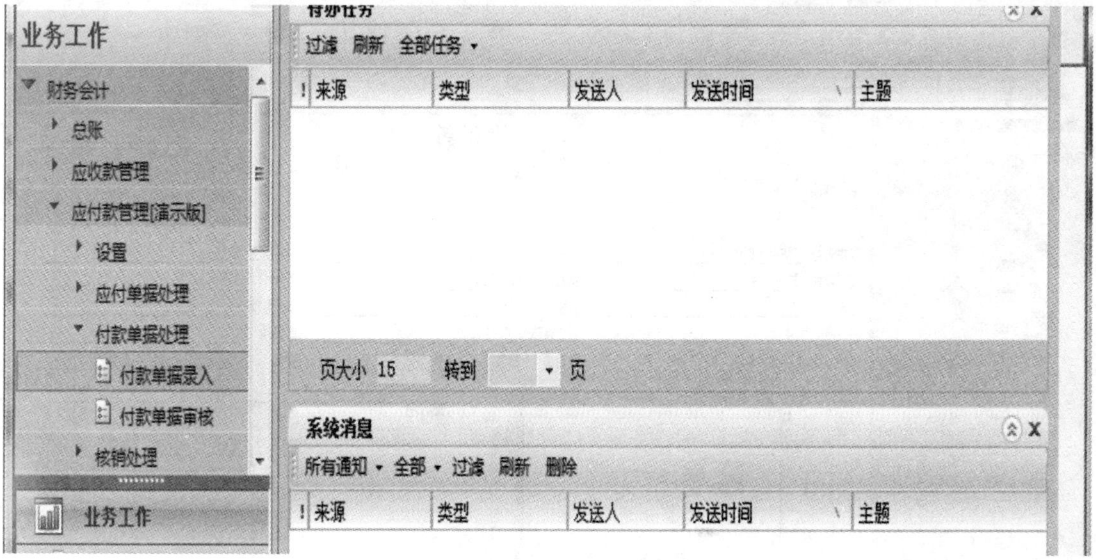

图7-42　付款单据录入

2.单击【增加】，录入付款单相关信息，将付款单表体中的"款项类型"修改为"预付款"，再单击【保存】，如图7-43所示。

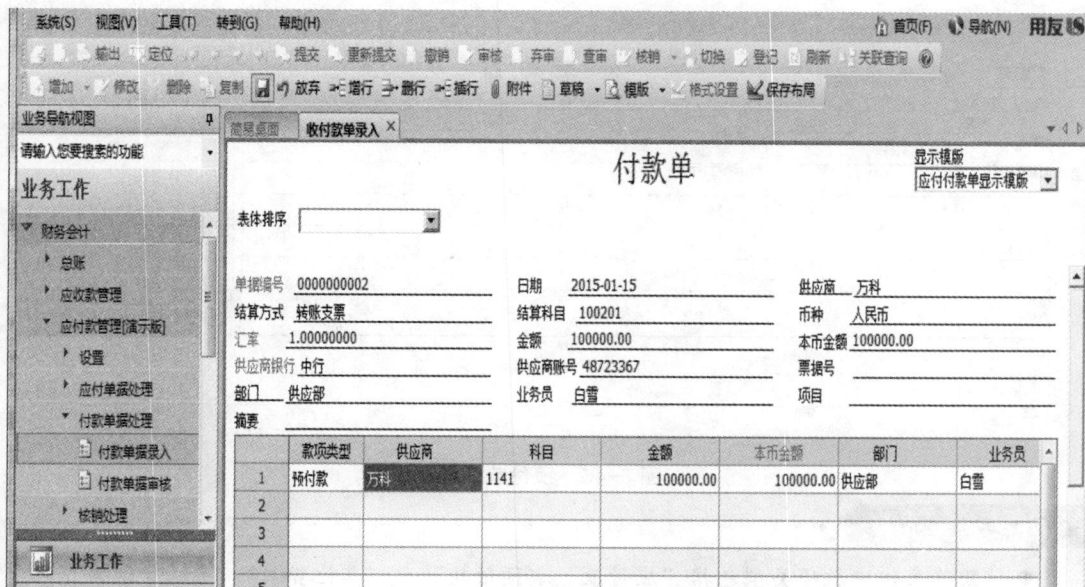

图7-43　付款单

3.单击【审核】，审核该付款单，系统提示"是否立即制单?"，如图7-44所示。单击【是】，进入"填制凭证"窗口，单击【保存】，如图7-45所示。

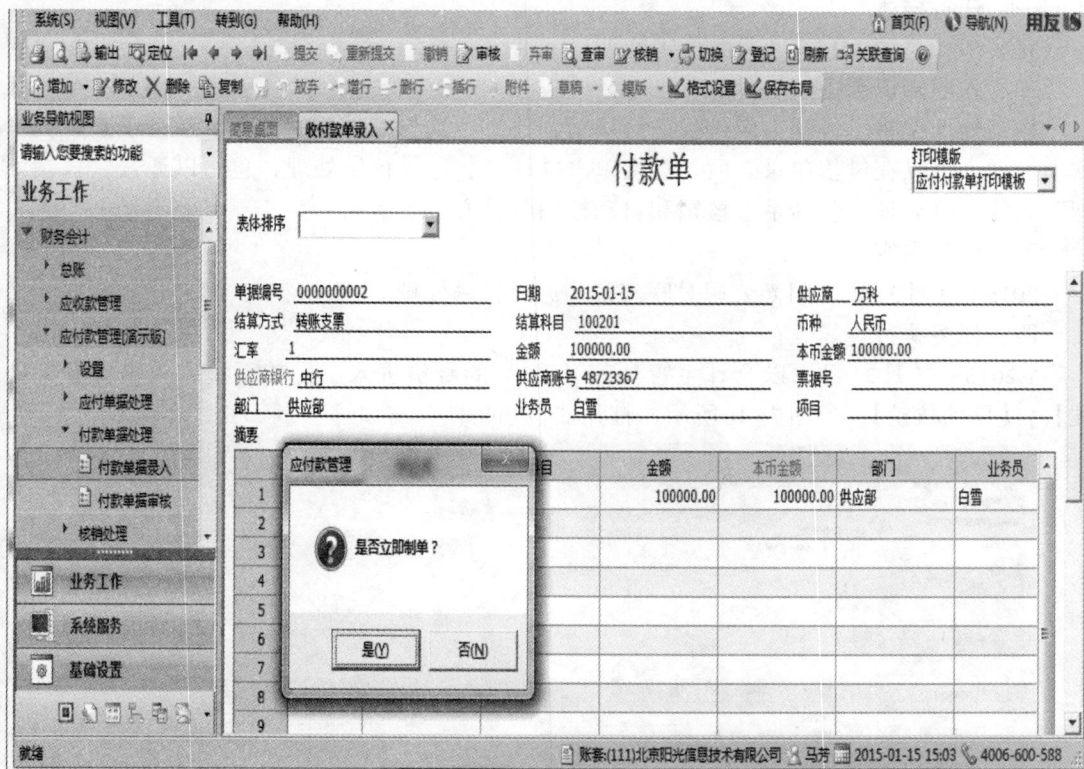

图7-44　审核立即制单

图 7-45　预付款凭证

◆ 付款单表体中款项类型包括"应付款"、"预付款"和"其他费用"。系统默认为"应付款"，需要手工修改为"预付款"，这样审核后制单生成的凭证中，贷方科目才是"预付账款"。

【任务三】核销处理

一、任务描述

完成阳光公司 2015 年 1 月的核销处理。

二、入职知识准备

核销处理是将已付款与应付款进行核销，建立付款与应付款的核销记录，以加强往来款项管理，可以在付款单录入后，直接单击【核销】进行核销处理，也可以通过"核销处理"功能进行处理，包括手工核销和自动核销两种方式。

三、任务内容

2015 年 1 月 31 日，阳光公司对联想公司进行核销处理。

四、任务执行

1.2015 年 1 月 31 日，以会计主管马芳（003）的身份进入应付款系统，单击【核销处理】|【自动核销】，如图 7-46 所示，打开"核销条件"窗口。

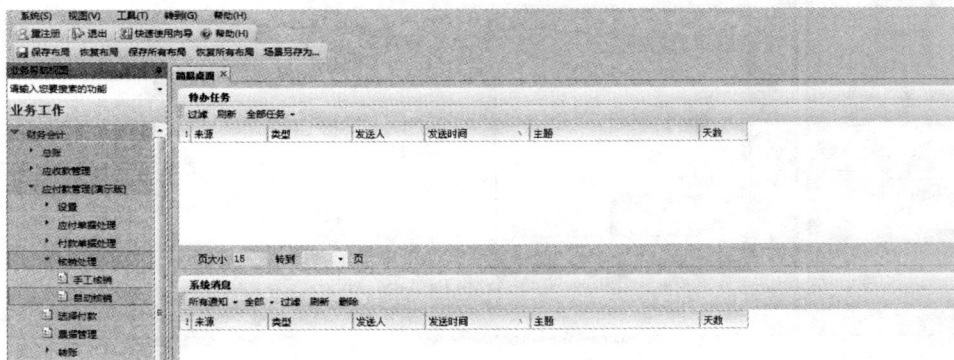

图 7-46　自动核销

2.单位名称选择"联想公司"，单击【确定】。系统提示"是否进行自动核销"，如图

7-47所示。单击【是】，系统自动对符合条件的记录进行核销，并给出"自动核销报告"，图7-48所示。

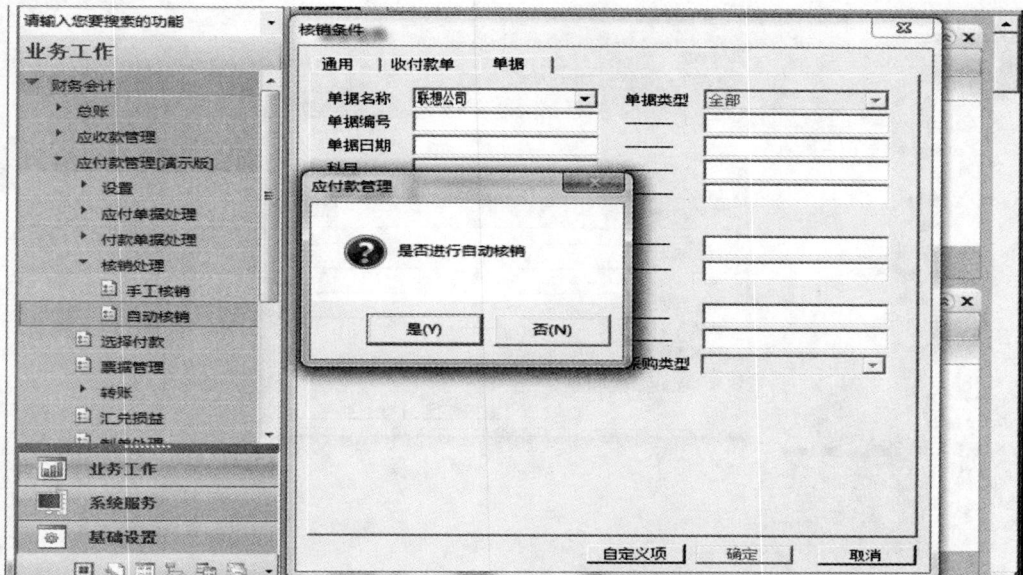

图7-47　自动核销条件

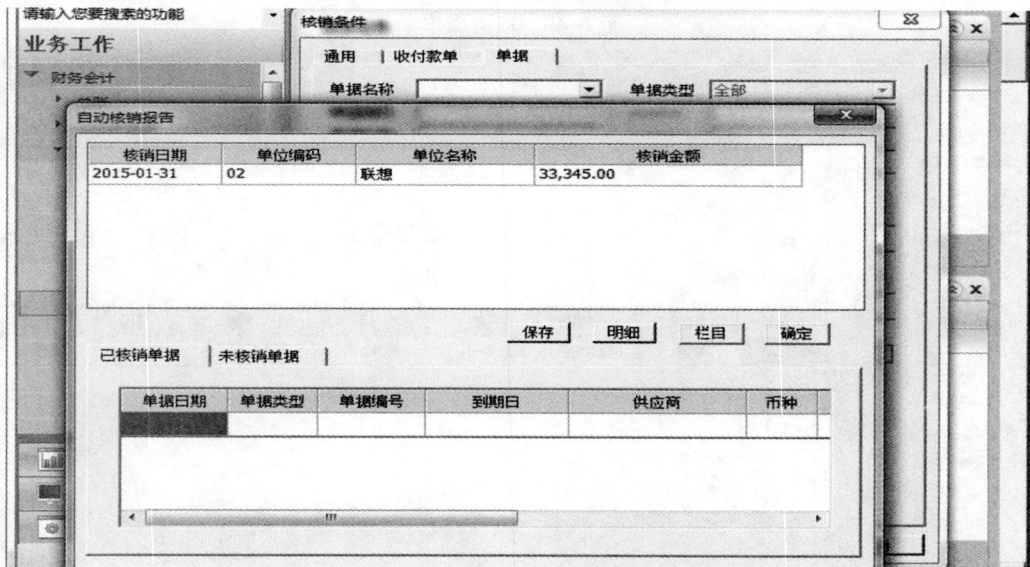

图7-48　自动核销报告

3.单击【确定】退出核销。

财务专家温馨提示

◆ 应付款系统中提供了"取消核销"功能，选择【其他处理】|【取消操作】，打开"取消操作条件"窗口，操作类型选择"核销"，单击【确定】，可以恢复核销前状态，用以修改或核销错误操作，如图7-49、图7-50所示。

图7-49　取消操作

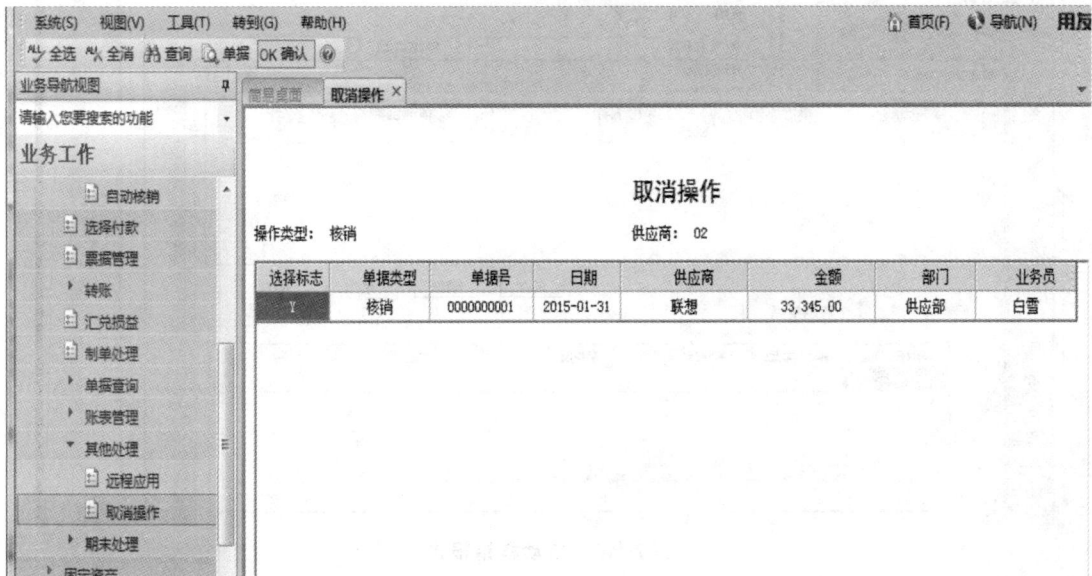

图7-50　取消核销单据

◆也可以使用"手工核销"方式进行核销处理：在应付款系统中，选择【核销处理】|【手工核销】，供应商选择"联想"，单击【确定】。打开"单据核销"窗口，在"本次结算"栏内输入结算金额"33 345.00"，上下列表中的本次结算金额合计必须保持一致，如图7-51所示。单击【保存】，系统核销后，单据核销列表中将不再显示任何单据。

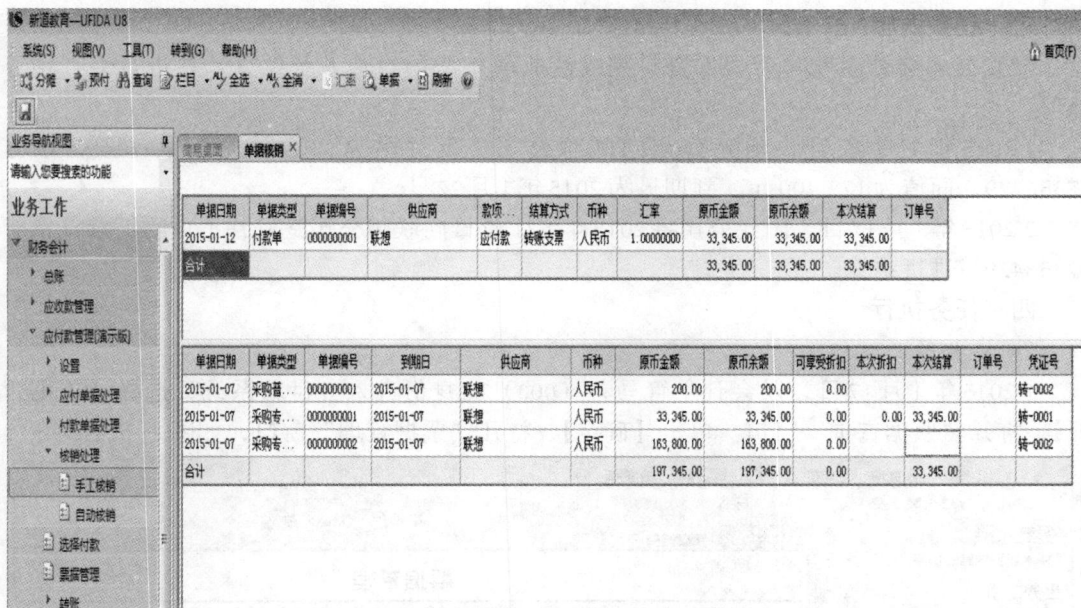

图 7-51　手工核销

【任务四】 票据处理

一、任务描述

根据阳光公司2015年1月份收到的商业汇票完成票据处理工作。

二、入职知识准备

当支付给供应商商业承兑汇票时，将该汇票录入应付款系统。如果应付款系统在【选项】中设置账套参数时，选中"应付票据直接生成付款单"选项，如图7-52所示，则系统保存当前票据，同时生成一张付款单。如果未选中，则需要单击【付款单录入】才能生成付款单。

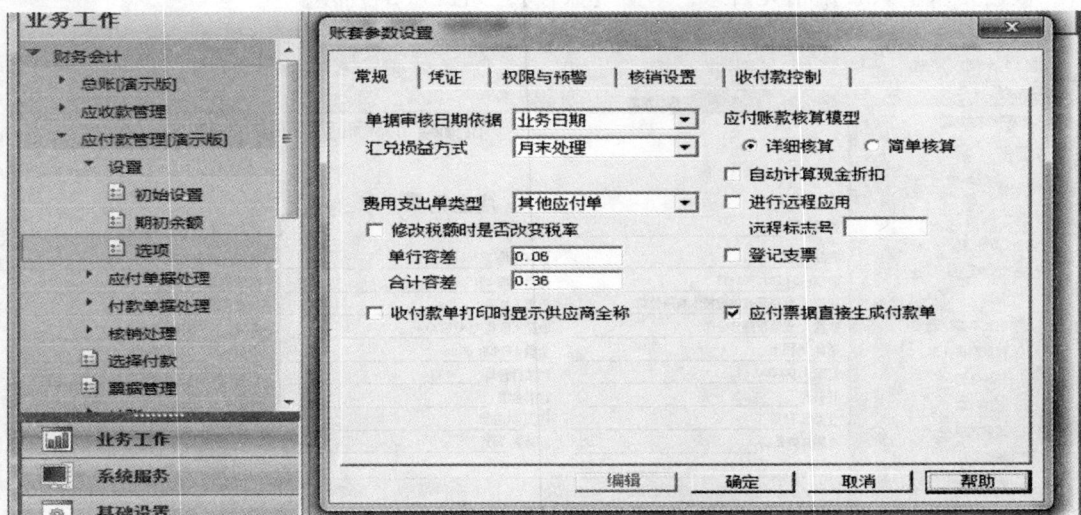

图 7-52　参数设置

三、任务内容

阳光公司会计主管马芳根据资料完成商业承兑汇票的录入及结算，并进行会计核算处理：

1.2015 年 1 月 17 日，阳光公司向联想公司签发并承兑商业承兑汇票一张，票号77356479，面值为 177 400 元，到期日为 2015 年 1 月 27 日。

2.2015 年 1 月 17 日，阳光公司将 2015 年 1 月 17 日向联想公司签发并承兑的汇票（票号77356479）进行结算。

四、任务执行

（一）业务 1

1.2015 年 1 月 17 日，以会计主管马芳（003）的身份进入应付款系统，选择【票据管理】，打开"票据查询"窗口。单击【确定】，打开"票据管理"窗口，如图 7-53 所示。

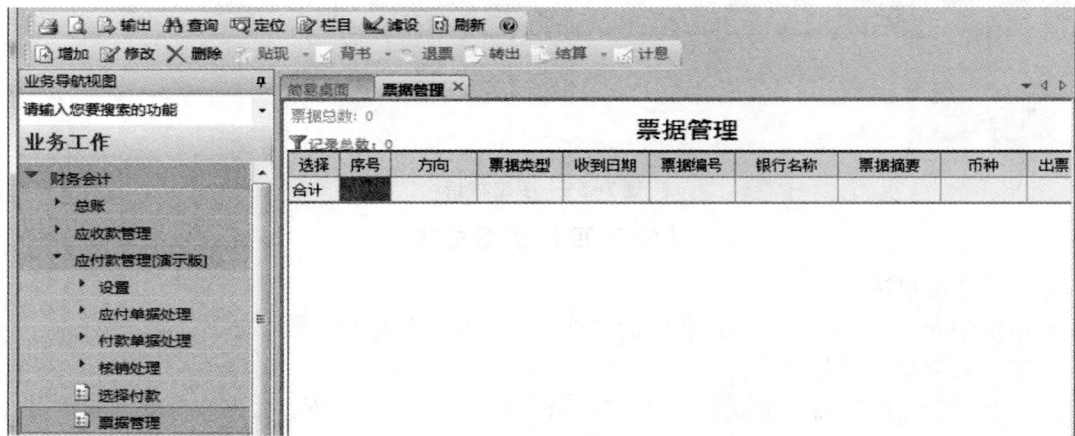

图 7-53　票据管理

2.单击【增加】，在"票据类型"对话框中选择"商业汇票"，进入"商业汇票"窗口。根据要求输入票据相关信息，单击【保存】，如图 7-54 所示。

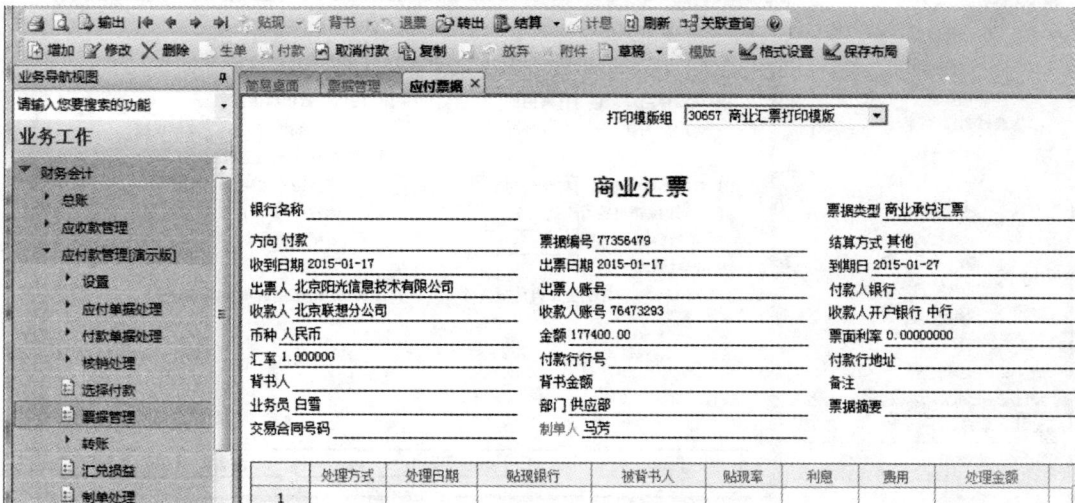

图 7-54　商业汇票

3.在应付款系统中，单击【付款单据处理】|【付款单据审核】，进入"付款单查询条件"窗口，如图7-55所示。修改单据日期后，单击【确定】，进入"收付款单列表"窗口，审核由商业承兑汇票自动生成的付款单，如图7-56所示。

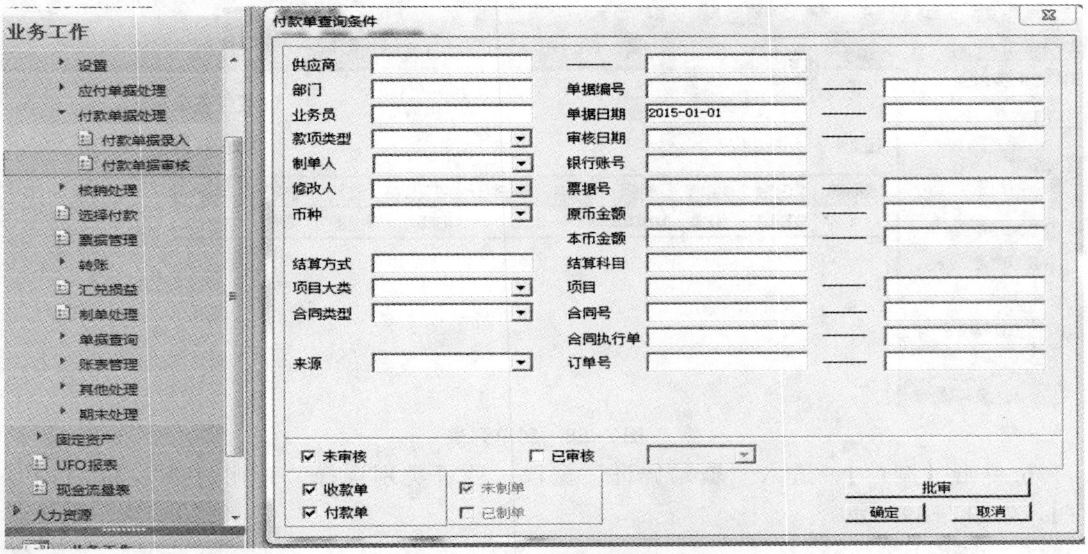

图7-55　付款单据查询

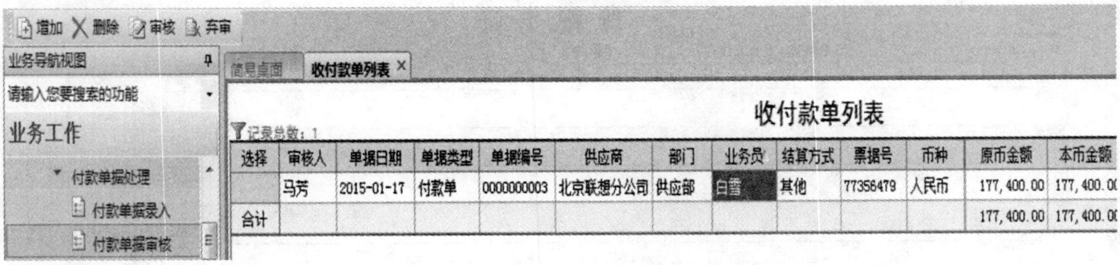

图7-56　审核付款单

4.在应付款系统中，双击【制单处理】，打开"制单查询"窗口，选中"收付款单制单"选项，如图7-57所示。

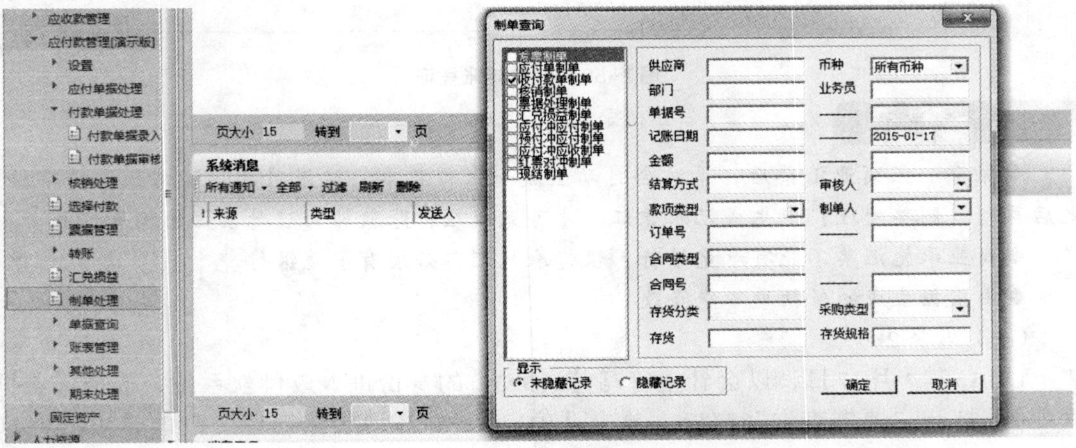

图7-57　制单查询

5.单击【确定】，进入"收付款单制单"列表，选中付款单单据，如图7-58所示。

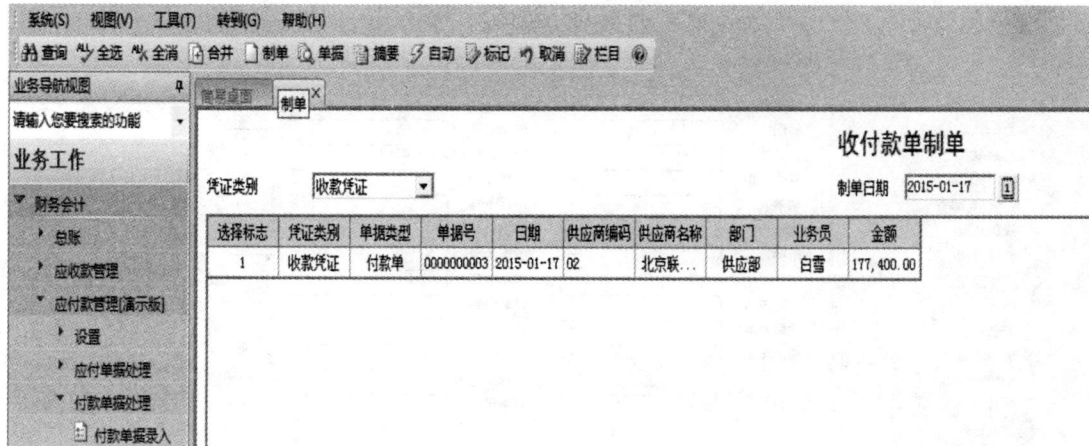

图7-58　制单列表

6.单击【制单】，进入"填制凭证"窗口，凭证类别选择"转账凭证"，单击【保存】，如图7-59所示。

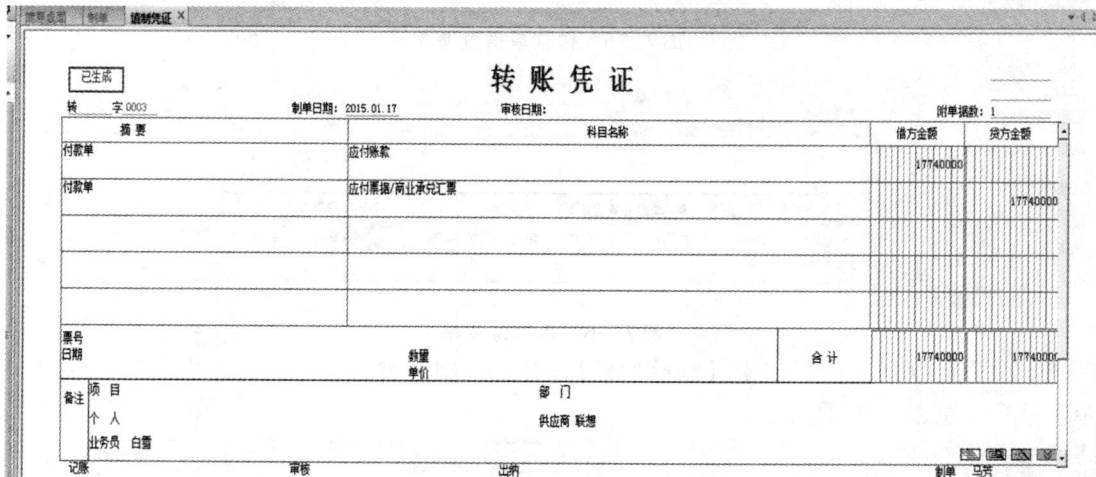

图7-59　生成转账凭证

财务专家温馨提示

◆保存一张商业汇票后，系统会自动生成一张付款单，这张付款单还需经过"审核"之后再到【制单处理】中生成记账凭证，才可完成应付账款转为应付票据的核算过程。

◆商业承兑汇票不能有承兑银行，银行承兑汇票必须有承兑银行。

◆由票据生成的付款单不能修改。

（二）业务2

1.2015年1月17日，以会计主管马芳（003）的身份进入应付款系统，选择【票据管理】，打开"票据查询"窗口。单击【确定】，打开"票据管理"窗口，如图7-60所示。

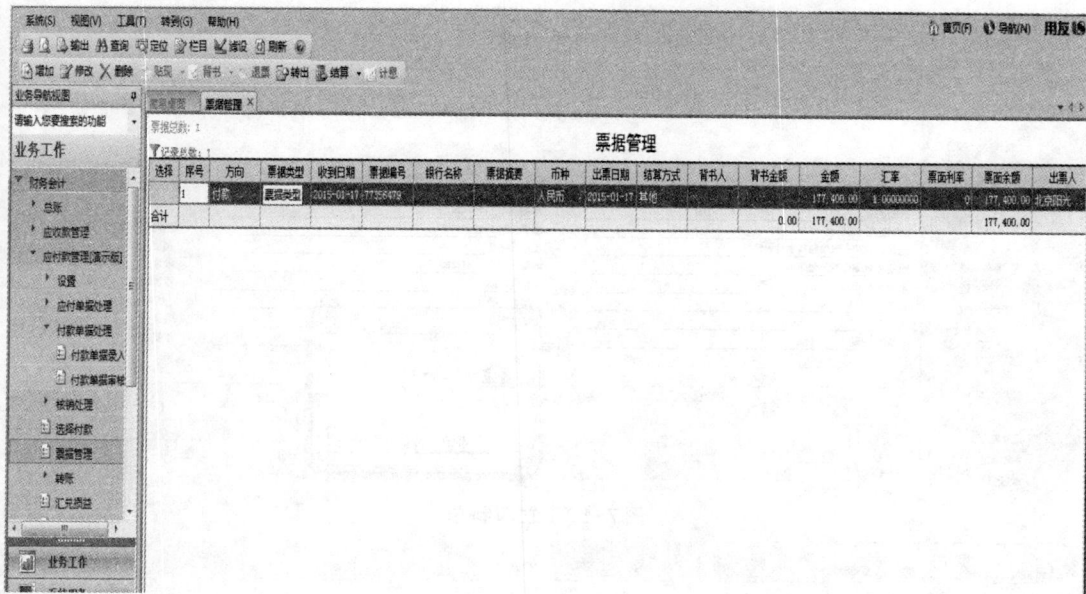

图 7-60 票据管理

2.双击需结算的商业票据，单击【结算】，打开"票据结算"窗口，如图7-61所示。

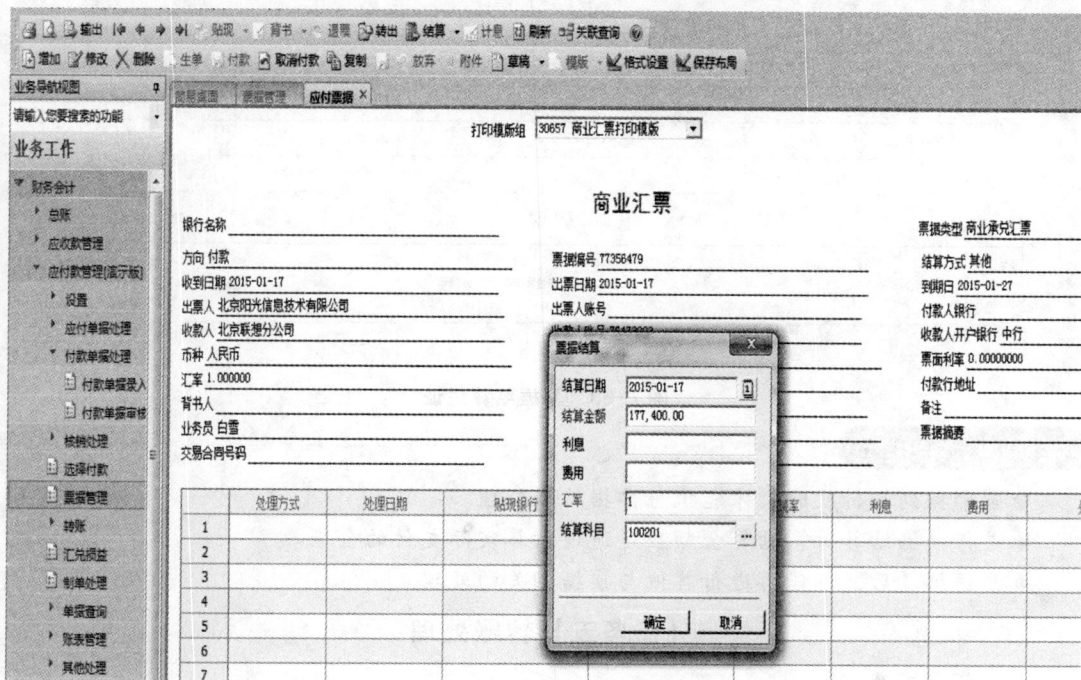

图 7-61 票据结算

3.选择结算科目"100201"，单击【确定】，系统提示"是否立即制单"，如图7-62所示。单击【是】，进入"填制凭证"窗口，凭证类别选择"付款凭证"，单击【保存】，如图7-63所示。

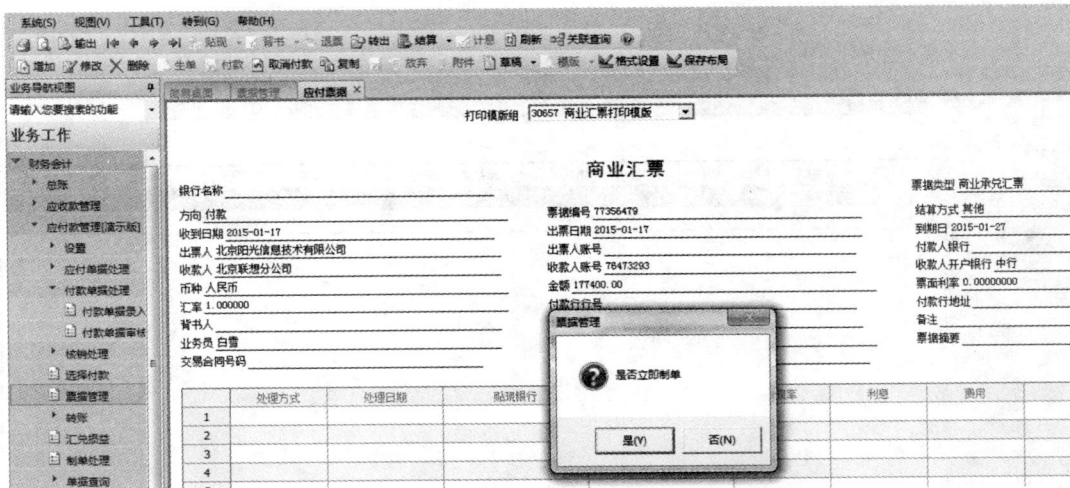

图7-62　立即制单

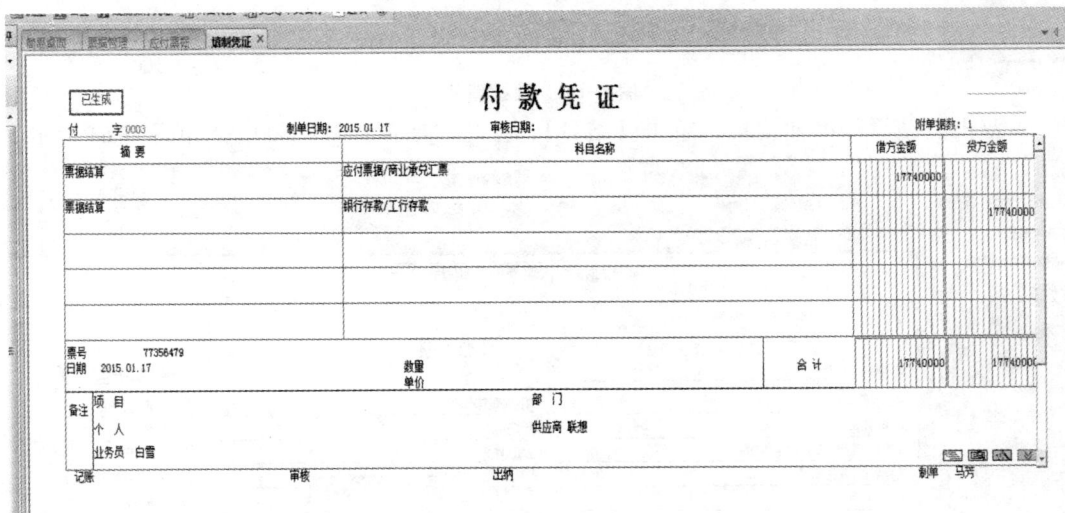

图7-63　票据结算凭证

财务专家温馨提示

◆当票据到期付款时，才能执行票据结算处理。

◆进行票据结算时，结算金额应是通过结算实际支付的金额。

◆票据结算后，不能再进行其他与票据相关的处理。

【任务五】转账处理

一、任务描述

以会计主管马芳（003）的身份进入应付款系统，完成阳光公司2015年1月份的转账处理。

二、入职知识准备

应付款系统中的转账处理业务包括应付冲应付、预付冲应付、应付冲应收和红票对冲。其操作基本类似，在此主要以应付冲应付与预付冲应付操作为例进行讲解。

三、任务内容

1.2015年1月31日，阳光公司经三方同意将2014年12月20日形成的应向万科公司支付的货税款176 750元转为向记录纸厂的应付账款。

2.2015年1月31日，阳光公司经双方同意，将向万科公司的应付款100 000元（2014年12月20日）与预付款进行冲抵。

四、任务执行

（一）业务1

1.2015年1月31日，以会计主管马芳（003）的身份进入应付款系统，选择【转账】|【应付冲应付】，如图7-64所示，打开"应付冲应付"窗口。

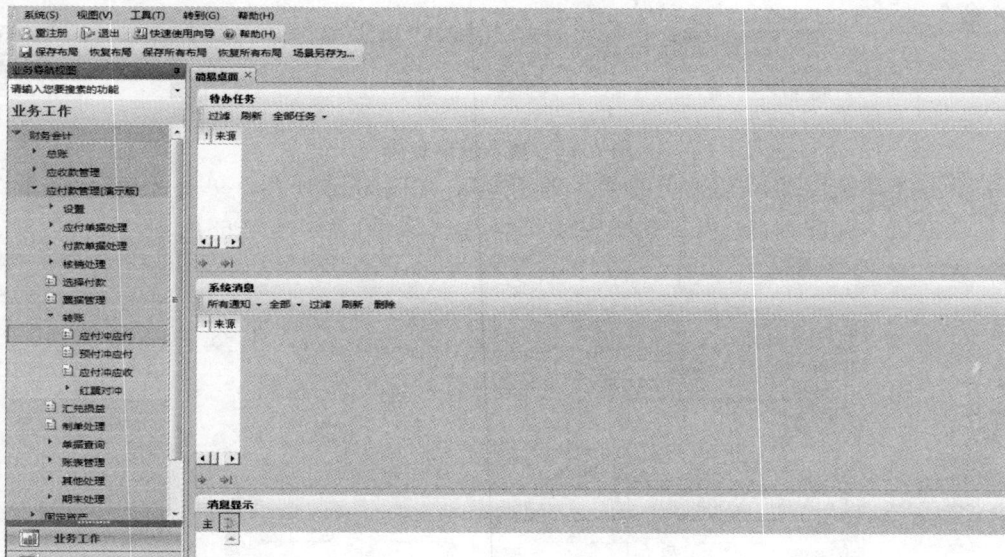

图7-64　应付冲应付

2.选择转出户供应商"北京万科有限公司"，转入户供应商"上海信息记录纸厂"，如图7-65所示。

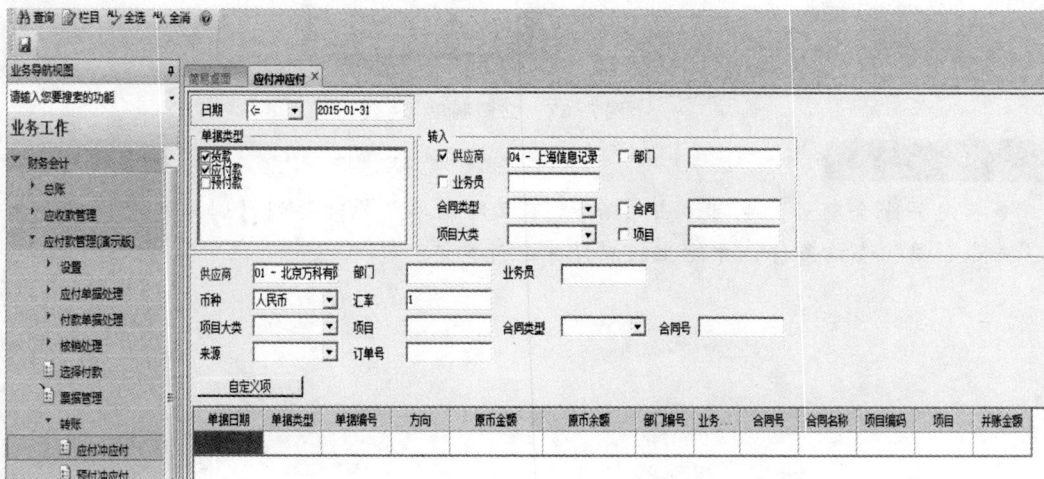

图7-65　应付冲应付转入转出户设置

3. 单击【查询】，在第1行的"并账金额"中输入"176 750.00"，如图7-66所示，系统自动进行转出和转入处理。

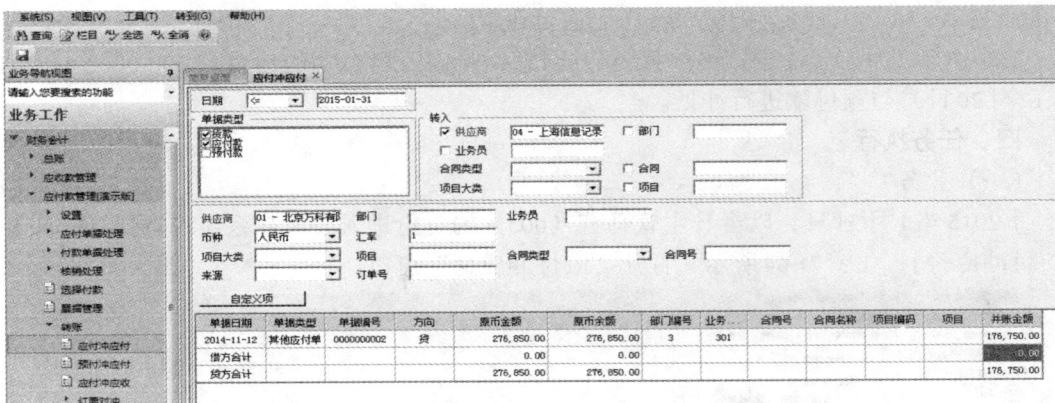

图7-66　输入并账金额

4. 单击【保存】，系统提示"是否立即制单"，如图7-67所示。单击【是】，进入"填制凭证"窗口，凭证类别选择"转账凭证"，单击【保存】，如图7-68所示。

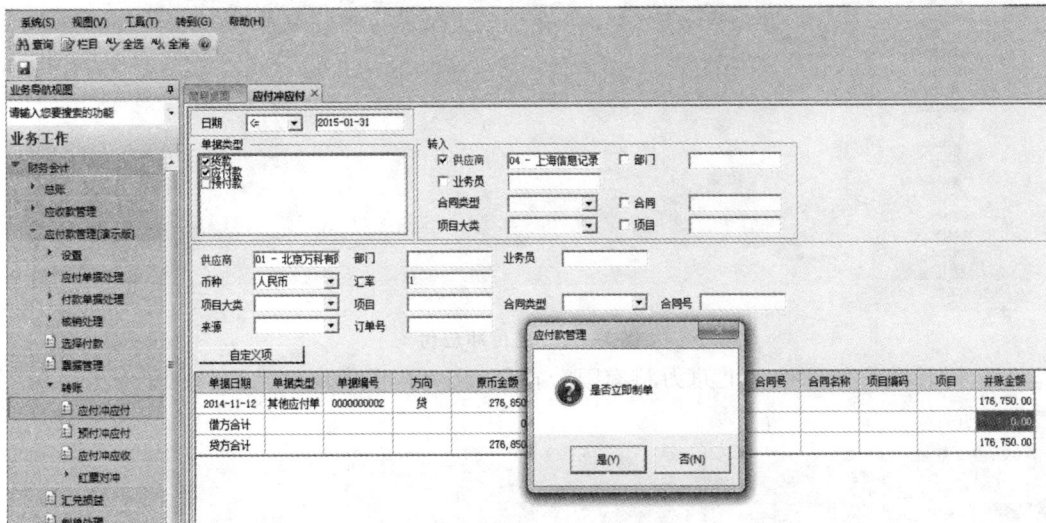

图7-67　立即制单

财务专家温馨提示

◆ 确定并账金额后，也可单击【否】，不立即制单，此时要到【制单处理】功能中选择"并账制单"查询条件，才能生成应付冲应付凭证。

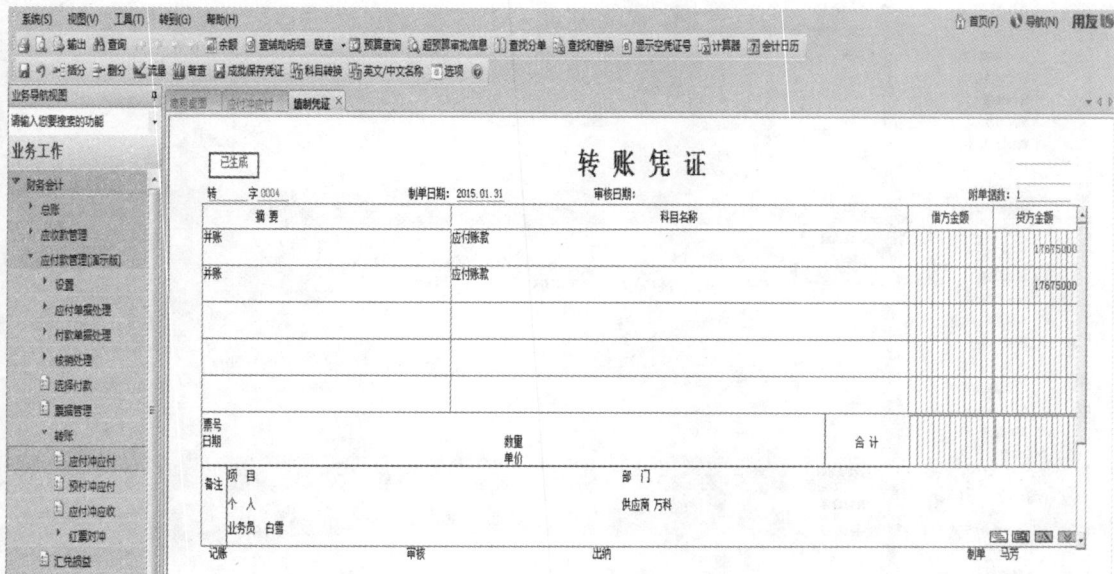

图7-68　应付冲应付转账凭证

财务专家温馨提示

◆每一笔应付款的并账金额不能大于其余额。

◆应付款系统中提供了"取消应付冲应付"功能，选择【其他处理】|【取消操作】打开"取消操作条件"窗口，操作类型选择"应付冲应付"，单击【确定】，可以进行恢复应付冲应付之前状态的操作，如图7-69所示。前提是应付冲应付转账业务并没有制单。若已制单，则必须先删除并单制单凭证，才能执行取消应付冲应付操作。

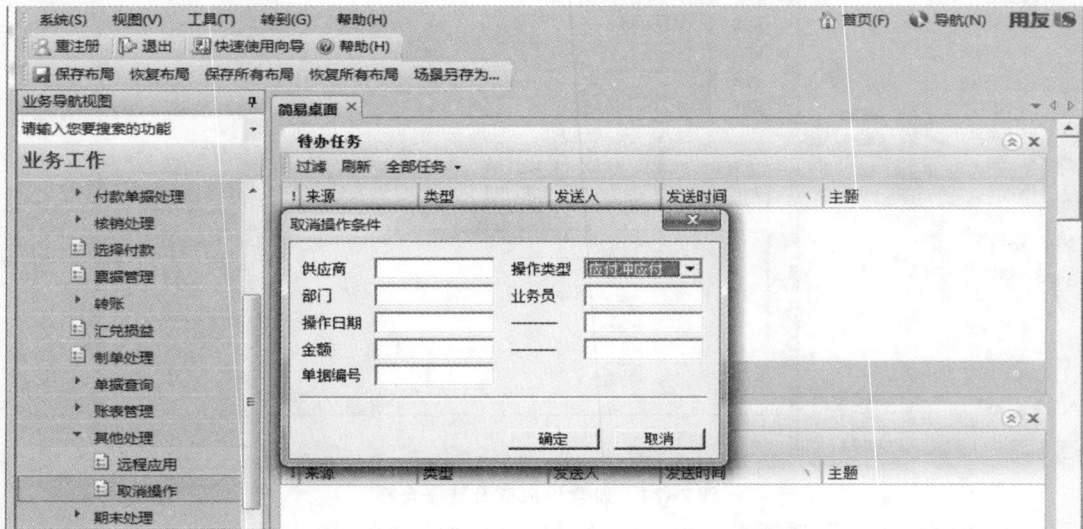

图7-69　取消应付冲应付

（二）业务2

1.2015年1月31日，以会计主管马芳（003）的身份进入应付款系统，选择【转账】|【预付冲应付】，如图7-70所示，打开"预付冲应付"窗口。

图7-70　预付冲应付

2.在"供应商"栏选择"北京万科有限公司",单击【过滤】,在"转账金额"栏中输入"100 000",如图7-71所示。

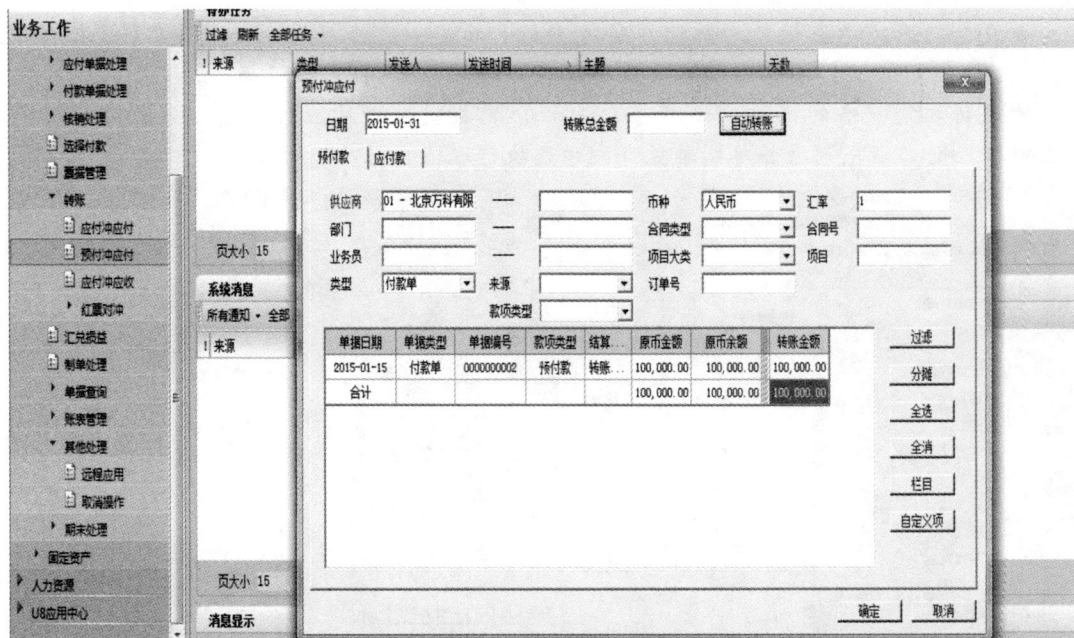

图7-71　设置供应商及转账金额

3.单击"应付款"选项卡,单击【过滤】,在"转账金额"栏中输入"100 000",如图7-72所示。

4.单击【确定】,系统提示"是否立即制单",如图7-73所示。单击【是】,进入"填制凭证"窗口,凭证类别选择"转账凭证",单击【保存】,如图7-74所示。

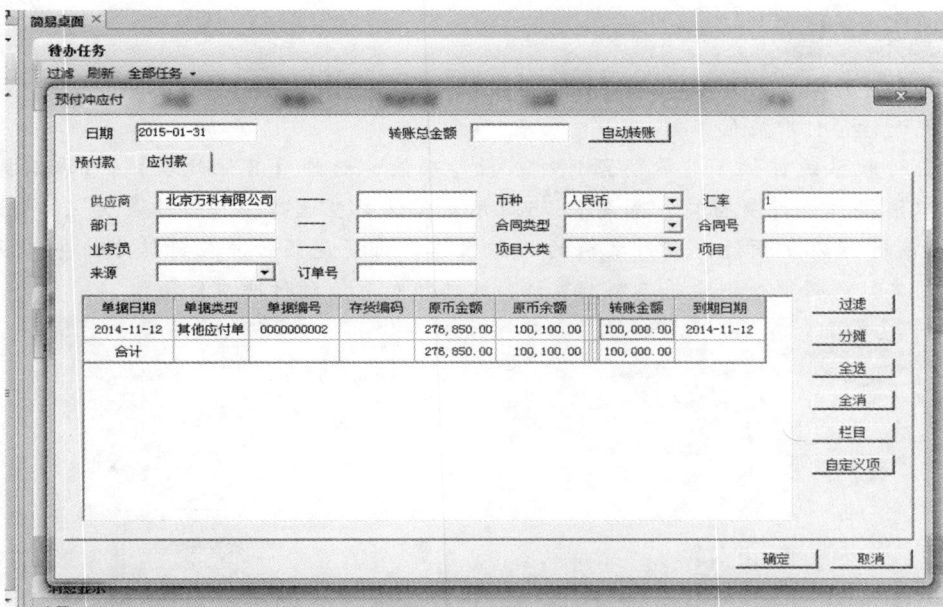

图 7-72　录入转账金额

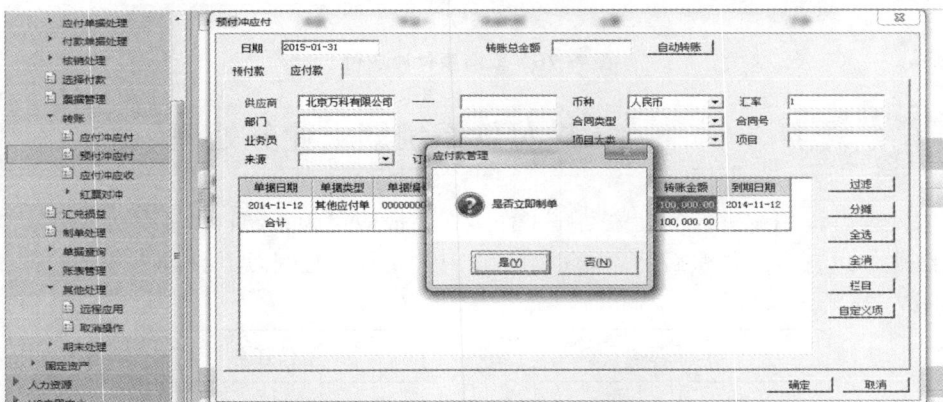

图 7-73　立即制单

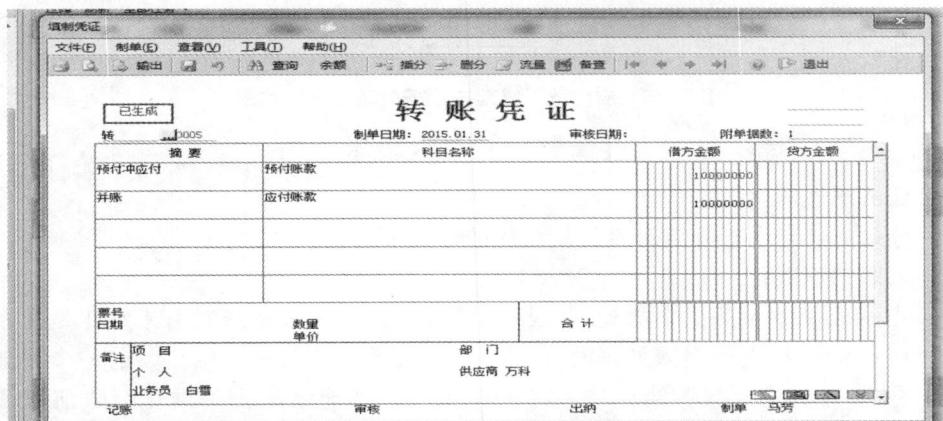

图 7-74　预付冲应付转账凭证

财务专家温馨提示

◆ 预付冲应付还可以在输入"转账总金额"后，单击【自动转账】，系统会自动根据过滤条件进行预付冲应付工作。

◆ 应付款系统提供了"取消预付冲应付"功能，选择【其他处理】|【取消操作】，打开"取消操作条件"窗口，如图7-75所示，操作类型选择"预付冲应付"，单击【确定】，可以进行恢复预付冲应付之前的状态操作。前提是预付冲应付转账业务并没有制单。若制单，则必须先删除并单制单凭证，才能执行取消预付冲应付操作。

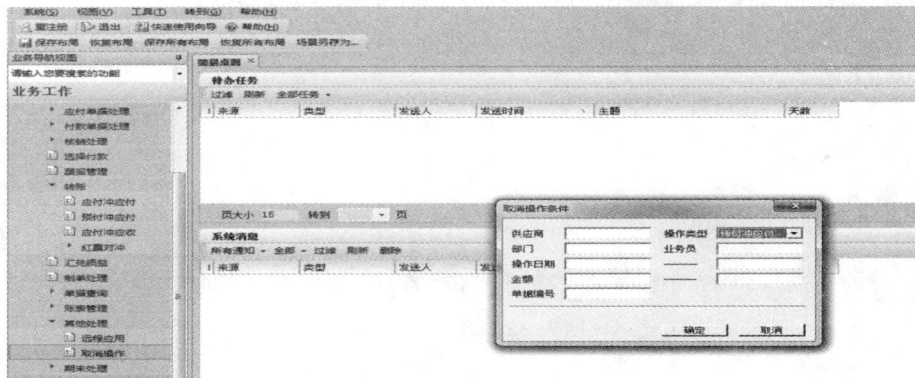

图7-75　取消预付冲应付

学习情境三　　　应付款系统期末业务处理

期末处理是指用户进行的期末结账工作。在完成应付款系统日常业务处理后，需要进行月末结账。只有月末结账后，才能开始下个月的工作。应付款系统期末业务处理情景结构图如图7-76所示。

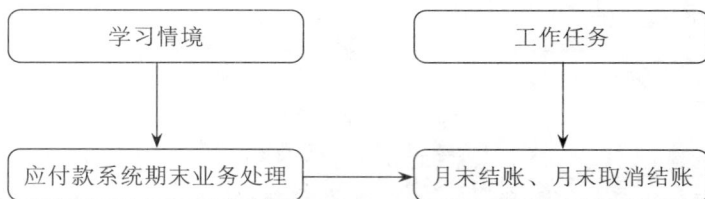

图7-76　应付款系统期末业务处理情景结构图

【任务一】月末结账

一、任务描述

阳光公司的会计主管马芳对应付款系统进行月末结账。

二、入职知识准备

如果当月应付款业务已全部处理完毕，就可以执行月末结账。月末结账是在系统引导方式下进行的。在进行月末处理时，一次只能选择一个月进行结账，前一个月如果没有结账，则本月不能结账；结算单还有未核销的，不能结账；单据在结账前应该全部审核。

三、任务内容

2015年1月31日，以会计主管马芳（003）的身份对阳光公司应付款系统执行月末结账。

四、任务执行

1.2015年1月31日，以会计主管马芳（003）的身份进入应付款系统，选择【期末处理】|【月末结账】，如图7-77所示，打开"月末处理"窗口。

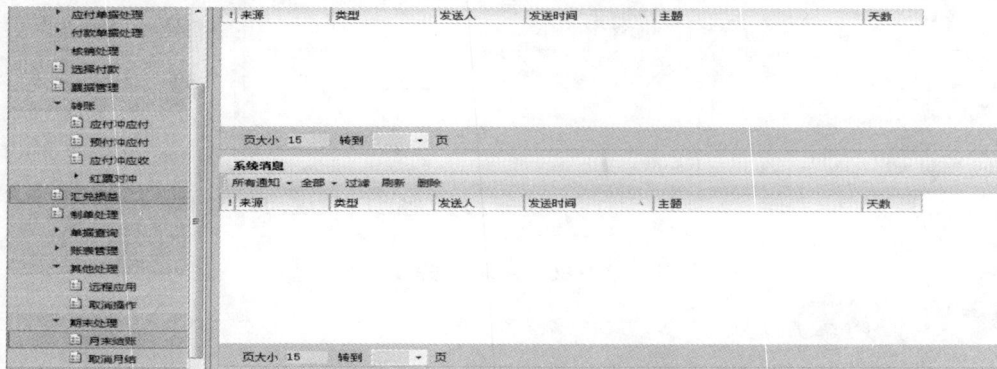

图7-77 月末结账

2.双击"一月"的"结账标志"栏，使其变成"Y"字样，如图7-78所示。

3.单击【下一步】，打开月末处理情况窗口，如图7-79所示。

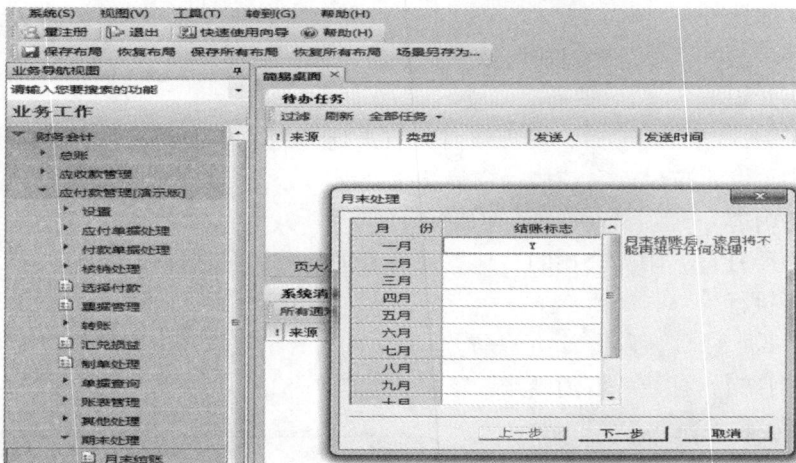

图7-78 月末处理

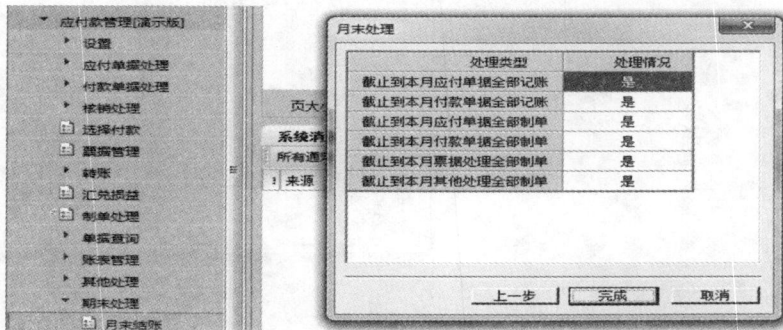

图7-79 月末处理情况

4."处理情况"栏中均为"是"字时（否则系统将提示不能结账的原因），单击【完成】，系统提示"1月份结账成功"。单击【确定】返回，如图7-80所示。

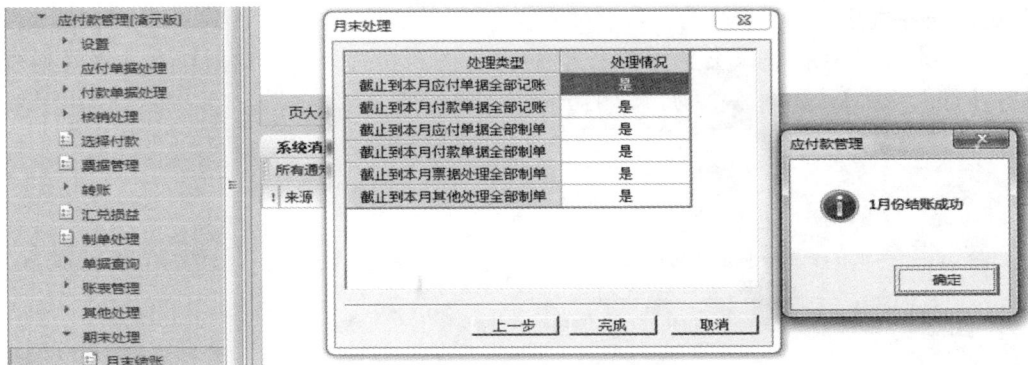

图7-80　月末结账成功

财务专家温馨提示

◆只有当月结账后，才能执行下月的工作。

◆月结后，该月将不能进行任何处理。

【任务二】月末取消结账

一、任务描述

阳光公司的会计主管马芳对应付款系统进行取消结账操作。

二、入职知识准备

在执行了月末结账功能后，发现该月还有未处理的业务，或该月有关业务处理有误，需要修改，则可以对应付款系统执行取消结账处理。

三、任务内容

2015年1月31日，阳光公司的会计主管马芳进行取消月结操作。

四、任务执行

1.2015年1月31日，以会计主管马芳（003）的身份进入应付款系统，选择【期末处理】|【取消月结】，打开"取消结账"窗口，如图7-81所示。

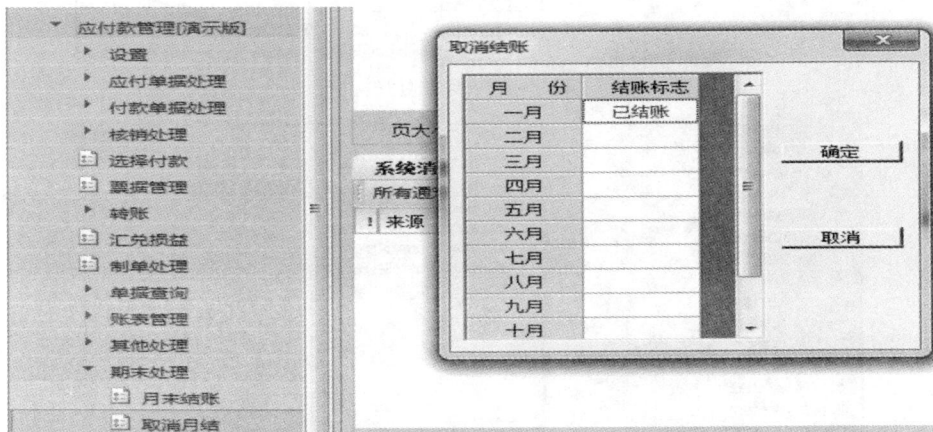

图7-81　取消结账

2.单击【确定】，系统提示"取消结账成功"，如图7-82所示。

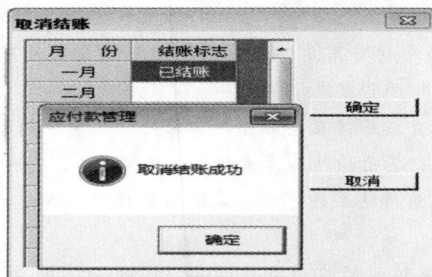

图7-82　取消结账成功

五、知识拓展——应付款系统与供应链系统的集成使用

当应付款系统和供应链系统中的采购系统集成使用，则采购发票由采购系统录入，在应付款系统可以对这些单据进行审核、弃审、查询、核销、制单等操作。此时应付款系统需要录入的单据仅限于应付单。如果没有使用采购系统，则各类发票和应付单均应在应付款系统录入。

以普通采购为例，用户在采购系统中填制采购发票，并与在库存系统中生成并审核的入库单进行结算处理，结算后的采购发票传递到应付款系统形成应付单。在应付款系统中，审核应付单，并生成采购凭证。具体操作流程如图7-83所示。

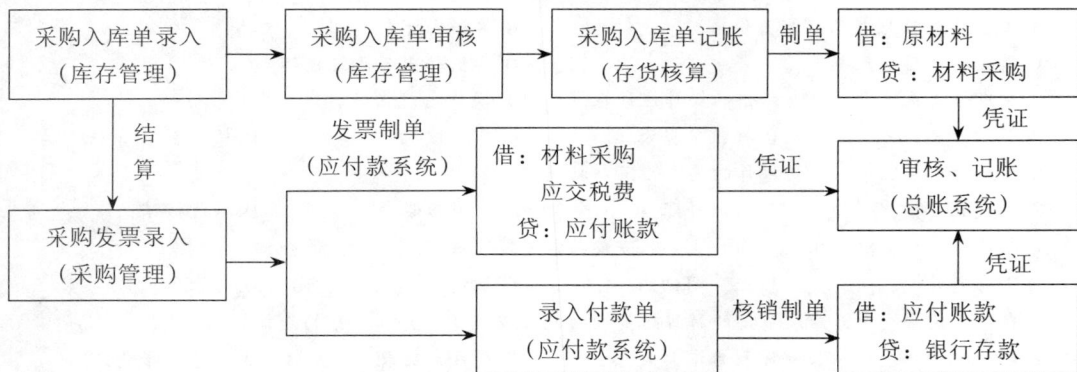

图7-83　应付款系统与供应链系统集成使用流程图

财务专家温馨提示

◆只有采购结算后的采购发票才能自动传递到应付款系统，并且需要在应付款系统中审核确认，才能形成应付账款。

◆在应付款系统中可以根据采购发票制单，也可根据应付单或其他单据制单。

◆在应付款系统中可以在采购结算后针对每笔业务制单，也可以月末一次制单。

职业知识与能力考核

■ 入职基本知识测试题

一、判断题

1.在应付款系统中的科目账查询结果一般来说应该与总账中的供应商往来账的查询结果相同，但是，如果在其他系统使用应付款系统的受控科目进行了制单，则有可能导致对账结果不一致。　　（　　）

2.在应付款系统中，通过业务账表查询，可以及时地了解一定期间内应收应付款项的发生、收款付款的汇总情况、累计情况及期末结存汇总情况。　　　　　　　　　　　　　　　　（　　　）

3.在应付款系统中，单据报警的作用是对快要到期的单据或即将不能享受现金折扣的单据进行列示，系统提供自动报警和人工查询两种方式。　　　　　　　　　　　　　　　　（　　　）

4.如果应付款系统中生成的凭证已经在总账系统中记账，又需要对形成凭证的单据进行修改，则可以删除凭证，然后对原始单据进行其他操作后再重新生成凭证。　　　　　　　　　　（　　　）

5.在详细核算应用方案下，应付款系统可以向采购系统提供采购发票的付款结算情况及记账凭证。
　　　　　　　　　　　　　　　　　　　　　　　　　　　　　　　　　　　　　　（　　　）

6.如果应付款系统采用简单核算的应用方案，那么只能对往来明细进行查询而不能进行分析。
　　　　　　　　　　　　　　　　　　　　　　　　　　　　　　　　　　　　　　（　　　）

7.如果应付款系统采用详细核算的应用方案，则在应付款系统中可以对应付业务进行记录和管理。
　　　　　　　　　　　　　　　　　　　　　　　　　　　　　　　　　　　　　　（　　　）

8.在应付款系统的"应付冲应付"的转账处理功能中，每次可以选择多个转入单位。（　　　）

9.在应付款系统的"红票对冲"的转账处理功能中，手工对冲只能对一个供应商进行红票对冲，可自行选择红票对冲的单据，提高红票对冲的灵活性。　　　　　　　　　　　　　　（　　　）

10.在应付款系统的"票据管理"功能中，结算金额加上利息减去费用后的金额应小于等于票据余额。
　　　　　　　　　　　　　　　　　　　　　　　　　　　　　　　　　　　　　　（　　　）

二、单项选择题

1.在应付款系统中，取消票据处理的前提条件是（　　　）。

A.票据处理日期在已结账月份内　　　　　　B.票据已计息

C.票据处理后已经制单　　　　　　　　　　D.票据转出后已经核销

2.在应付款系统中，取消核销的操作应该在（　　　）操作之前完成。

A.收款单据录入　　　B.收款单据审核　　　C.手工核销　　　D.核销制单

3.在应付款系统中，取消操作的类型应不包括（　　　）。

A.取消记账　　　　　B.取消并账　　　　　C.取消转账　　　D.取消核销

4.在应付款系统中，账表查询的业务账查询功能不能完成对（　　　）的查询。

A.业务总账　　　　　B.业务明细账　　　　C.核销单　　　　D.对账单

5.在应付款系统中，账表查询的科目账查询功能可以完成对（　　　）的查询。

A.科目总账　　　　　B.科目汇总表　　　　C.科目余额表　　D.汇总记账凭证

6.在应付款系统中，业务账表应不包括（　　　）。

A.业务总账　　　　　B.业务明细账　　　　C.业务余额表　　D.凭证汇总表

7.在应付款系统的单据查询中，发票查询的条件应不包括（　　　）。

A.未审核　　　　　　B.已审核　　　　　　C.已核销　　　　D.已制单

8.在应付款系统中，如果要对一张凭证进行删除操作，该凭证应满足的条件是（　　　）。

A.满足总账系统序时要求　　　　　　　　　B.凭证未审核

C.凭证日期不能在本系统的已结账月　　　　D.凭证日期不能大于业务日期

9.在应付款系统中，如果需要删除由收款单所生成的记账凭证，应在（　　　）功能中完成。

A.收款单据录入　　　B.收款单据审核　　　C.制单处理　　　D.凭证查询

10.在应付款系统中，如果采用"详细核算"方案，则以下说法中错误的是（　　　）。

A.采购系统向应付款系统提供已结算的采购发票

B.应付款系统向采购系统提供采购发票的付款情况

C.应付款系统向UFO提供分析数据

D.应付款系统与网上银行进行付款单的导入、导出

三、多项选择题

1.在应付款系统中，不能取消票据处理的原因可能有（ ）。

A.票据处理的日期在已结账的月份内　　　　B.票据处理后已经制单

C.票据转出后所生成的应付单已经核销　　　D.票据已经结算

2.在应付款系统中，取消操作的类型主要包括（ ）。

A.取消核销　　　　B.取消记账　　　　C.取消转账　　　　D.取消并账

3.在应付款系统中，账表管理统计分析的内容主要包括（ ）。

A.应付账龄分析　　B.欠款分析　　　　C.付款账龄分析　　D.付款预测

4.在应付款系统中，业务账表主要包括（ ）。

A.业务总账　　　　B.业务明细账　　　C.业务余额表　　　D.对账单

5.在应付款系统中，删除凭证的前提条件是（ ）。

A.未核销　　　　　B.未审核　　　　　C.未经出纳签字　　D.未在总账中记账

■ 职业能力测试题

（一）应付款账户期初余额（应付款系统启用时间：2015年1月1日）（见表7-6、表7-7）

表7-6　　　　　　　　　应付账款——一般应付款（220201）期初余额

日期	供应商名称	摘　要	方向	余额
2014-12-07	包头市恒顺达物资有限责任公司	购买金属硅5.8吨，13 800元／吨（含税）	贷	80 040.00
2014-11-25	太原市元汇通物资有限公司	购买氯甲烷13.5吨，4 900元／吨（含税）	贷	66 150.00

表7-7　　　　　　　　　　　预付账款（1123）期初余额

日期	供应商名称	摘　要	方向	余额	结算方式
2014-12-19	衢州惟嘉贸易有限公司	预付惟嘉贸易货款	借	80 000.00	转账支票

（二）应付款业务处理

1.2015年1月7日，收到恒顺达物资寄过来的采购专用发票一张，内容为发票号CG0088，开票日期2015年1月3日，金属硅3吨，单价9 550元，税率17%，对应2014年12月25日的期初采购入库单，要求填制一张采购专用发票，并进行结算。根据相关单据生成财务凭证传递到总账系统。

2.2015年1月11日，财务部开具一张转账支票（票号为13278）给太原市元汇通物资有限公司，金额为66 150元，用于支付年初的所欠货款。财务人员在应付模块中填制相应单据并核销后形成凭证传到总账系统。

资料来源　第六届"用友杯"全国大学生会计信息化技能大赛试题（有改动）。

【操作要求与提示】

1.应付款在应付款系统做期初其他应收单，预付款在应付款系统做期初付款单。

2.根据结算后的采购发票生成应付单，在应付款系统中审核单据并制单。

3.在应付款系统中录入付款单，并进行核销应付单处理。

项目八

UFO报表系统管理

知识目标
1. 了解UFO报表系统的基本功能。
2. 熟悉UFO报表系统的业务处理流程。
3. 掌握UFO报表系统初始设置的主要内容和方法。
4. 掌握UFO报表系统格式设计的主要内容和方法。
5. 掌握UFO报表系统数据处理的主要内容和方法。

能力目标
1. 能够按业务要求设置自定义报表。
2. 能够按业务要求运用报表模板。
3. 能够熟练进行报表数据的处理。

会计报表是综合反映企业某一特定日期财务状况和某一会计期间经营成果、现金流量的书面文件，是财务部门提供会计信息资料的一种重要手段。通过日常会计核算，虽然可以提供反映会计主体经营活动和财务收支情况的会计信息，但是这些资料分散在会计凭证和会计账簿中，难以满足会计信息使用者的需要，也难以满足企业内部加强经营管理的需要。因此，有必要在日常会计核算的基础上，根据会计信息使用者的需要定期对日常会计核算资料进行加工处理及分类。通过编制会计报表，可以总结、综合、清晰反映会计主体的财务状况、经营成果以及收支情况。因此，UFO报表系统在整个会计信息系统中占有非常重要的地位。

UFO报表系统主要完成报表格式设计和报表数据处理，从账务子系统或者其他业务系统中取得有关会计核算信息生成会计报表，进行报表分析，生成各种分析图，并按预定格式输出各种会计报表。

UFO报表系统是用友ERP-U8 V10.1管理系统的重要组成部分。在实际工作过程中，UFO报表系统的工作过程与岗位对照图如图8-1所示。

部门岗位	财务部——会计主管	财务部——会计	财务部——出纳	财务部——审核记账员（会计主管可兼任）
工作过程	建账与财务分工；基础设置；系统初始化　　报表格式设计；报表公式设计；报表数据管理	总账填制凭证及月末自动转账凭证；固定资产系统凭证；薪资系统凭证；应收应付系统凭证　　期末对账与结账	出纳签字　　银行对账	审核凭证　　记账
典型单据	企业需要的各种报表，如资产负债表、现金流量表、利润表等	各种原始凭证，如发票、入库单、出库单、报销单、工资计算表、折旧分配表等	银行对账单、银行存款余额调节表	记账凭证、各种原始凭证

图8-1　UFO报表系统工作过程与岗位对照图

学习情境一　　　　　　**报表设置**

报表设置是指在UFO报表系统中根据需要设置报表格式和对会计报表进行公式编辑，以使UFO报表系统在以后的各个会计期间根据所设置的格式和公式，达到能够根据实际的会计期间和相应的经营业务自动取数、计算的功能。本学习情境结构图如图8-2所示。

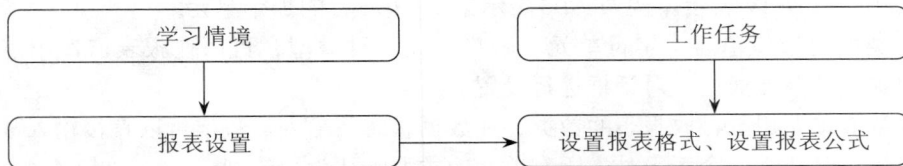

图8-2　报表设置学习情境结构图

【任务一】设置报表格式

一、任务描述

以账套主管陈明（001）的身份进行登录，登录日期为2015年1月31日，编制阳光公司本月的货币资金表。

二、入职知识准备

UFO报表提供了格式设计功能，可以设置报表尺寸，组合单元，画表格线，调整行高列宽，设置字体和颜色，设置显示比例等。

（一）UFO报表系统的主要概念

1.报表窗口。

UFO报表系统有三个重要窗口，分别是系统窗口、报表窗口和图表窗口。

系统窗口：启动UFO报表后的窗口是系统窗口，此时窗口中没有打开文件。系统窗口包含"文件""工具""帮助"等系统菜单，在系统菜单窗口中选择【文件】|【新建】即可进入报表窗口。

报表窗口：报表窗口是对报表进行格式设计和数据处理等一系列报表操作的重要窗口。它包含的报表菜单有"文件""编辑""格式""数据""工具""窗口""帮助"。

图表窗口：与报表窗口相似，其区别在于工作区和工具栏图标的设置。图表工作区用于显示图表，工具栏图标用于图表的相关操作。它包含的图表菜单有"图表""编辑""格式""帮助"。

2.格式状态与数据状态。

UFO报表系统将报表制作分为两大部分来处理，即报表格式设计工作与报表数据处理工作。UFO报表在格式设计状态下进行有关格式设计的操作，如表尺寸、行高、列宽、单元属性、单元风格、组合单元、关键字及定义报表的单元公式（计算公式）、审核公式及舍位平衡公式。在格式状态下，只能看到报表的格式，报表的数据全部隐藏。在格式状态下进行的操作对本报表所有的表页都发生作用。在格式状态下不能进行数据的录入、计算等操作。

UFO报表系统在数据状态下管理报表的数据，如输入数据、增加或删除表页、审核、舍位平衡、制作图形、汇总、合并报表等。在数据状态下不能修改报表的格式，能看到报表的全部内容，包括格式和数据。

报表工作区的左下角有一个【格式】或【数据】按钮（见表8-4），表示报表处于"格式"或"数据"状态，点击这个按钮可以在"格式"状态和"数据"状态之间切换。

3.单元和单元类型。

单元是组成报表的最小单位，单元名称由所在行、列标识，行号用数字1~9 999表示，列标用字母A~IV表示。例如：B5表示第2列第5行的那个单元。

单元类型有数值单元、字符单元、表样单元三种类型，可以在报表窗口中点击"格式"菜单中的"单元属性"对话框进行设置。

（1）数值单元用于存放报表的数据，在数据状态下输入。数字可以直接输入或由单元公式运算生成。建立一个新表时，所有单元的类型默认为数值型。

（2）字符单元也是报表的数据，只不过不一定是数值数据，但在数据状态下输入。字符单元的内容可以是汉字、字母、数字及键盘可输入的各种符号组成的一串字符，一个单元中最多可输入63个字符或31个汉字。字符单元的内容也可由单元公式生成。

（3）表样单元是报表的格式，用来定义一个没有数据的空表所需的所有文字、符号或数字。一旦单元被定义为表样，那么在其中输入的内容对所有表页都有效。表样单元在格式状态下输入和修改，在数据状态下不允许修改。

4.组合单元和区域。

（1）组合单元。由于一个单元只能输入有限个字符，在实际工作中有的单元有超长输入情况，这时，用户可以采用系统提供的组合单元。组合单元由相邻的两个或更多的单元组成，这些单元必须是同一种单元类型（表样、数值、字符），报表系统在处理报表时将组合单元视为一个单元。用户可以组合同一行相邻的几个单元，可以组合同一列相邻的几个单元，也可以把一个多行多列的平面区域设为一个组合单元。组合单元的名称可以用区域的名称或区域中的单元的名称来表示。例如，把 C4 到 C7 定义为一个组合单元，这个组合单元可以用"C4：C7"表示。

（2）区域。区域由一张表页上的一组单元组成，自起点单元至终点单元是一个完整的长方形矩阵。在报表系统中，区域是二维的，最大的区域是一个表的所有单元（整个表页），最小的区域是一个单元。例如，A2 到 D8 的长方形区域表示为"A2：D8"，起点单元与终点单元用"："连接。

5.表页和 N 维表。

（1）表页是由许多单元组成的表。一张报表最多可容纳 99 999 张表页，其中所有表页具有相同的格式，但包含的数据各不相同。表页在报表中的序号在表页的下方以标签的形式出现，称为"页标"，页标用"第 1 页"至"第 99 999 页"表示。

（2）二维表。确定某一数据位置的要素称为"维"。在一张有方格的纸上填写一个数，这个数的位置可通过行和列（二维）来描述。如果将一张有方格的纸称为表，那么这个表就是二维表，通过行（横轴）和列（纵轴）可以找到这个二维表中任何位置的数据。

（3）三维表。如果将多个相同的二维表叠在一起，要从中找到某一个数据，需要增加一个要素，即表页号。这一叠表称为一个三维表。

如果将多个不同的三维表放在一起，要从这多个三维表中找到一个数据，又需增加一个要素，即表名。这时，三维表的表间操作为"四维运算"。因此，在报表系统中要确定一个数据的所有要素为：〈表名〉、〈列〉、〈行〉、〈表页〉。

一张三维报表的默认指标有以下几项：

①行数：1 ~ 9 999（默认值为 50 行）。

②列数：1 ~ 255（默认值为 7 列）。

③行高：0 ~ 160 毫米（默认值为 5 毫米）。

④列宽：0 ~ 220 毫米（默认值为 26 毫米）。

⑤表页数：1 ~ 99 999 页（默认值为 1 页）。

6.固定区及可变区。

固定区是指由固定的行数和列数组成的区域。固定区一旦设定好，其内的单元总数是不变的。

可变区是指由不固定的行数或列数组成的区域。可变区的最大行数或最大列数是在格式设计中设定的。在一个报表中只能设置一个可变区，或是行可变区或是列可变区。行可变区是指可变区中的行数是可变的；列可变区是指可变区中的列数是可变的。设置可变区后，屏幕只显示可变区的第一行或第一列，其他可变行（列）隐藏在表体内。在以后的数据操作中，可变行（列）数根据需要增减。

有可变区的报表称为可变表，没有可变区的报表称为固定表。

7.关键字。

关键字是游离于单元之外的特殊数据单元，可以唯一标识一个表页，用于在大量表页中快速选择表页。例如，一个资产负债的表文件可存放一年甚至多年的资产负债表，而要从中准确定位出某一张表页，就需要设置一些定位标识，这些标识在报表系统中称为关键字。

关键字的显示位置在格式状态下设置，关键字的值则在数据状态下录入，每个报表可以定义多个关键字。报表系统共提供了以下六种关键字：

①单位名称：字符型（最多30个字符），为编制单位的名称。

②单位编号：字符型（最多10个字符），为编制单位的编号。

③年：数字型（1980～2099），该报表的年度。

④季：数字型（1～4），该报表的季度。

⑤月：数字型（1～12），该报表的月份。

⑥日：数字型（1～31），该报表的日期。

除此之外，报表系统还增加了自定义关键字。用户在实际工作中可以根据具体情况灵活运用这些关键字。

（二）UFO报表系统中报表的格式

报表一般分为表头、表体和表尾三部分。

表头是会计报表中描述报表整体性质的部分，位于每张报表的上端，一般用于填写报表的名称、编号、编制单位、编制日期、计量单位、栏目名称等。特别是报表的表头栏目名称，是表头最主要的内容，它决定着报表的纵向结构、列数以及每一列的宽度。有的报表表头栏目比较简单，只有一层，而有的报表表头栏目却比较复杂，需要分若干层次。

表体是报表的主体，也是报表的核心。它是由若干项目和相关数据组成，或者说是由若干单元格组成的数据和字符的集合。表体的内容决定报表的横向组成，它又是报表数据的表现区域。表体在纵向上由若干行组成，这些行称为表行；在横行上由若干个栏目构成，这些栏目称为表列。

表尾是表体下面进行辅助说明的部分，包括编制人与审核人的姓名等内容。

三、任务内容

报表格式设计：根据所给的货币资金表表样（见表8-1），设计"货币资金表"的格式和单元公式（单位名称、年、月、日应设为关键字）。

表8-1　　　　　　　　　　　　　**货币资金表**

单位名称：　　　　　　　　　　年　月　日　　　　　　　　　　　　单位：元

项目	行次	期初数	期末数
库存现金	1		
银行存款	2		
合计	3		

制表人：

四、任务执行

1.设置报表尺寸。

（1）在业务工作中，选择【财务会计】|【UFO报表】，系统弹出UFO报表对话框，如图8-3所示。

图8-3　打开UFO报表

（2）选择【文件】|【新建】，即可创建一张新的会计报表，如图8-4所示。

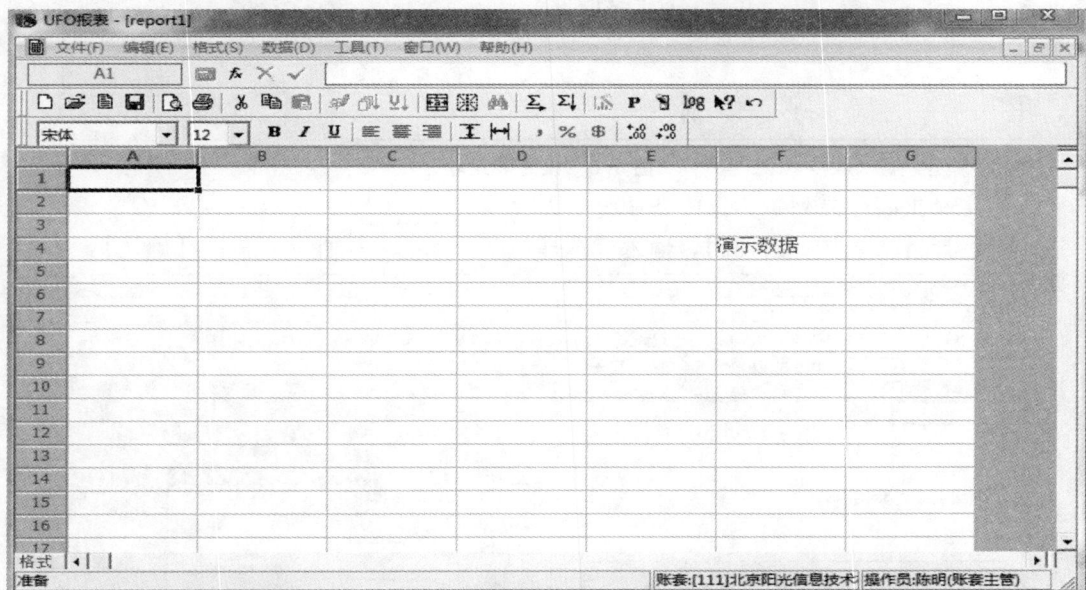

图8-4　新建报表

（3）在UFO报表对话框中，选择【格式】|【表尺寸】，系统弹出"表尺寸"对话框，如图8-5所示。

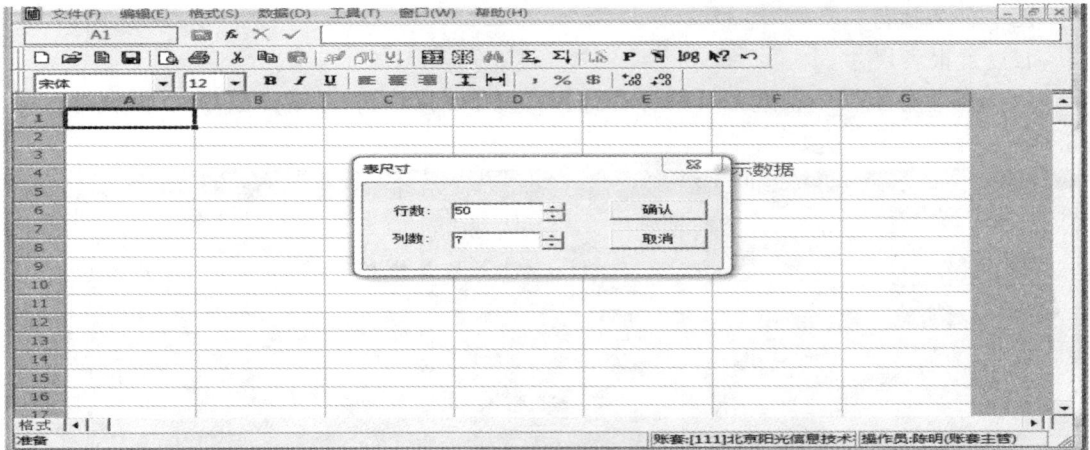

图 8-5　设置表尺寸

（4）直接输入或者单击【行数】微调按钮选择"7"，列数选择"4"。

（5）单击【确认】，如图 8-6 所示。

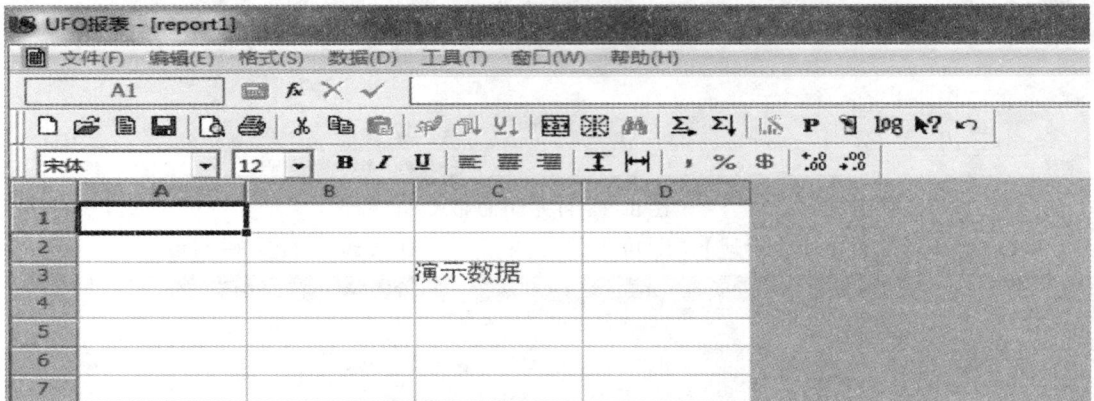

图 8-6　设置表尺寸

（6）定义报表行高列宽，选中要调整的 A1 行。

（7）选择【格式】|【行高】，输入或选择"5"，如图 8-7 所示，单击【确认】。

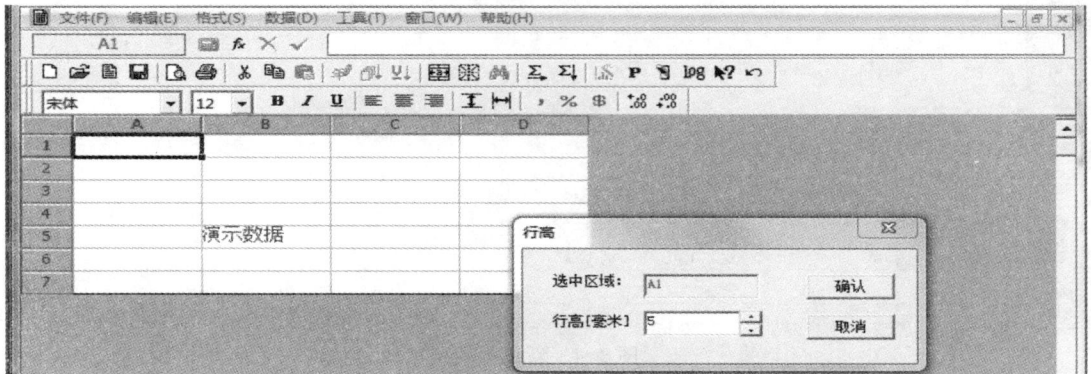

图 8-7　设置报表行高

（8）调整列宽操作同上。

2.画表格线。

（1）在表格内选定区域A3：D7。

（2）选择【格式】|【区域画线】，设置表格线，如图8-8所示。

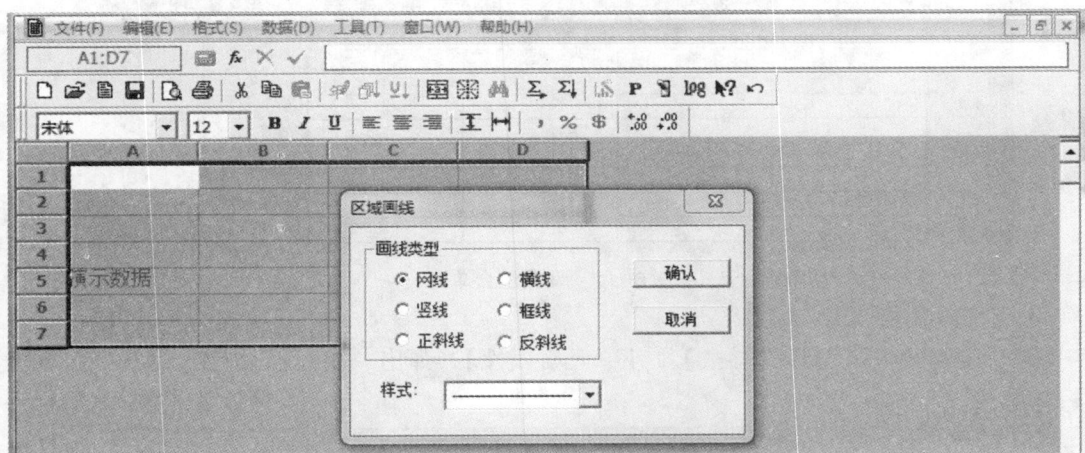

图8-8 设置报表区域画线（一）

（3）在弹出的"区域画线"对话框中，选中"网线"，并在"样式"下拉列表框中选择线的样式，单击【确认】，如图8-9所示。

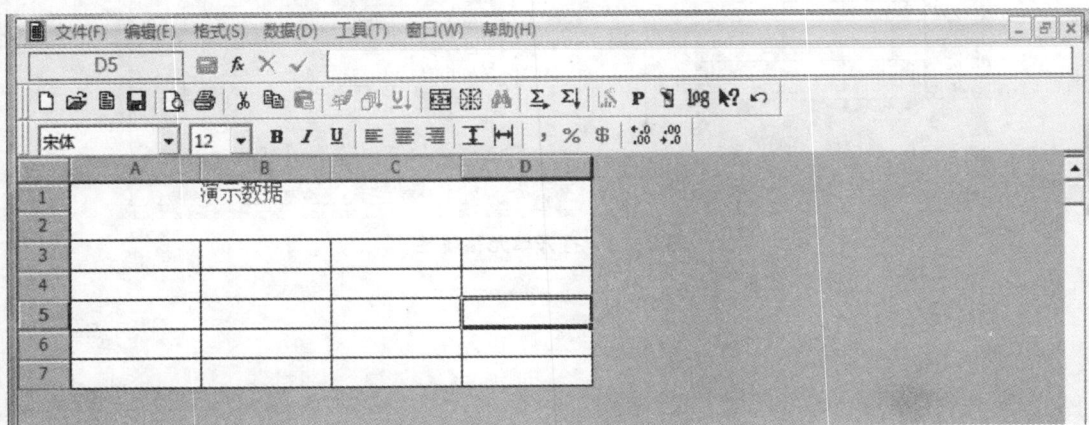

图8-9 设置报表区域画线（二）

3.定义组合单元。

（1）选定区域A1：D1，单击【格式】|【组合单元】，弹出"组合单元"对话框，如图8-10所示。

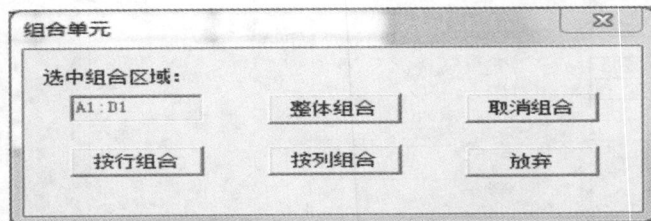

图8-10 打开组合单元

（2）单击【整体组合】，如图8-11所示。

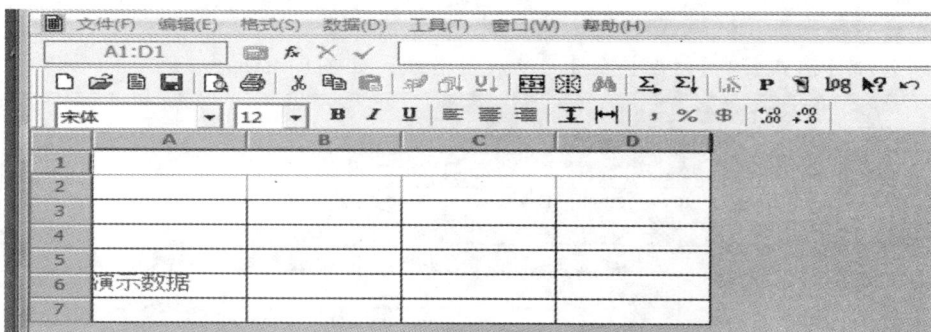

图8-11 设置组合单元

4.定义单元格属性。

（1）选定区域，选择【格式】|【单元格属性】，弹出"单元格属性"对话框，如图8-12所示。

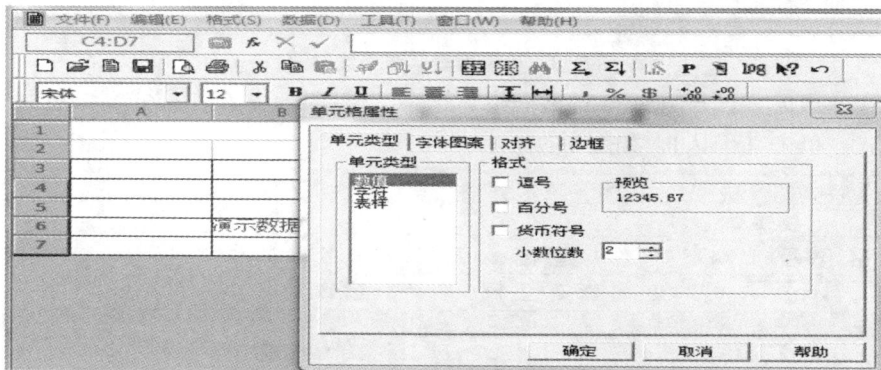

图8-12 打开单元格属性

（2）单元类型选择"数值"。

（3）单击【确定】。

5.设置关键字。

（1）选择需要输入关键字的组合单元。

（2）选择【数据】|【关键字】|【设置】，弹出"设置关键字"对话框，如图8-13所示。

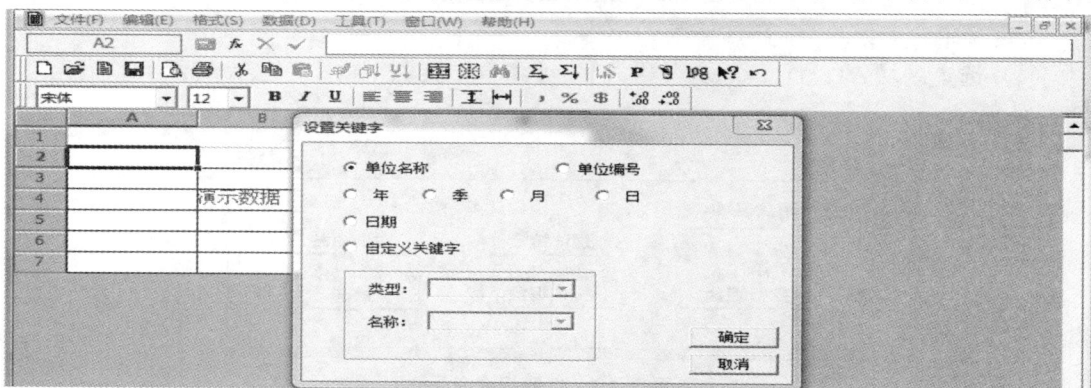

图8-13 设置关键字

（3）选中"单位名称"，单击【确定】，设置关键字成功。

（4）同理设置"年""月""日"为关键字。

财务专家温馨提示 ----------------------------------

◆关键字在格式状态下定义，关键字的值则在数据状态下输入。

◆每张报表可以同时定义多个关键字。

◆在表体中通常将单元格属性设为"数值"，而第1行与第1列等不计算数据的通常设为字符。

◆行高和列宽的定义，可以通过菜单操作，也可以直接利用鼠标拖动某行或某列来调整行高和列宽。

◆关键字位置的调整可以通过偏移表示，负数表示向左偏移，正数表示向右偏移。

【任务二】设置报表公式

一、任务描述

以账套主管陈明（001）的身份设置报表的取数公式。

二、入职知识准备

（一）UFO报表公式的种类

报表公式主要有计算公式和非计算公式。计算公式也称为单元公式，一般可分为两类：取数公式和单纯的统计、计算公式；非计算公式主要包括审核公式和舍位平衡公式等。

报表的计算公式（单元公式）必须设置，审核公式和舍位平衡公式则是根据需要设置的。

（二）UFO报表系统的数据来源

1.UFO报表系统与其他系统的主要关系。

UFO报表系统主要是从其他系统中提取编制报表所需的数据。总账、薪资、固定资产、应收款、应付款等系统均可向UFO报表系统传递数据，以生成财务部门所需的各种会计报表。

2.UFO报表系统的数据来源。

手工会计信息系统和电算化会计信息系统所编制的会计报表，其数据基本来源是一致的，对于规定编制的会计报表的格式与内容的要求也是相同的。在电算化会计信息系统中，账簿数据以账簿文件的形式存在，账簿文件是总账系统和UFO报表系统的接口。

UFO报表系统的数据来源主要有以下几种：

（1）电算化会计信息系统中的其他账务处理系统。

（2）UFO报表系统本身（如报表项目间的运算结果和报表间报表项目的运算结果）。

（3）电算化会计信息系统外部的数据输入。

（三）UFO报表定义单元公式的方法

报表公式编辑有两种方法：其一是直接输入；其二是利用函数向导输入。

在财务函数定义完毕后，可以利用报表间的勾稽关系定义审核公式。

财务专家温馨提示 --

报表的公式必须在格式状态下进行。公式中的符号都必须在英文半角状态下录入。

1.账务函数

大多数单元公式可以利用账务函数进行设计，实现从总账系统提取数据。UFO报表系统中提供了几十种账务函数，主要包括：期初数函数、期末数函数、发生额函数、累计发生额函数、条件发生额函数、对方科目发生额函数、净额函数、汇率函数等。

2.表页内的计算公式

表页内的计算公式，采用逐个单元名称的方式对若干个单元的数据进行加减乘除等运算或利用会计报表系统提供的运算函数进行计算。如资产负债表的"资产总计"等项目，一般采用设计表页内的计算公式进行取数。

3.本表他页取数计算公式

本表他页取数计算公式是指统一报表文件中不同表页之间通过数据连接获取数据。在表页间取数可以分为：取确定页号表页的数据；按一定关键字取数；用SELECT函数从本表他页取数；用关联条件从本表他页取数。

4.他页取数计算公式

对于取自于其他报表的数据，可以用"报表［.REP］→单元"格式指定要取数的某张报表的单元。

（四）UFO报表定义审核公式的方法

审核公式是UFO报表系统提供的用于检查报表数据之间勾稽关系的公式。它是报表数据之间的检查公式，主要用于：报表数据来源定义完成后，审核报表的合法性；报表数据生成后，审核报表数据的正确性。

（五）UFO报表定义舍位平衡公式的方法

舍位平衡公式用于报表数据进行进位或小数取整时调整数据。如以"元"为单位的报表在报送时可能会转换为以"千元"或"万元"为单位的报表，原来的数据平衡关系可能被破坏，因此需要进行调整，使之符合指定的平衡公式。报表经舍位之后，重新调整平衡关系的公式称为舍位平衡公式。其中，进行进位操作的称为舍位，舍位后调整关系操作的公式称为平衡调整公式。

三、任务内容

设置货币资金表中的期初数、期末数、合计的取数公式。

四、任务执行

1.直接输入运算公式。

（1）选择"C4"单元格。

（2）选择【数据】|【编辑公式】|【单元公式】，系统弹出"定义公式"对话框，如图8-14所示。

（3）直接输入总账期初函数公式：QC（"1001"，全年,,,年,,,），如图8-15所示。

（4）单击【确认】。

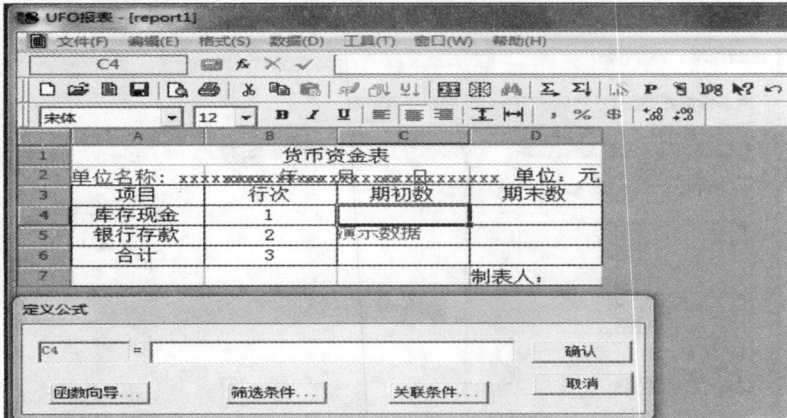

图8-14 打开定义公式（一）

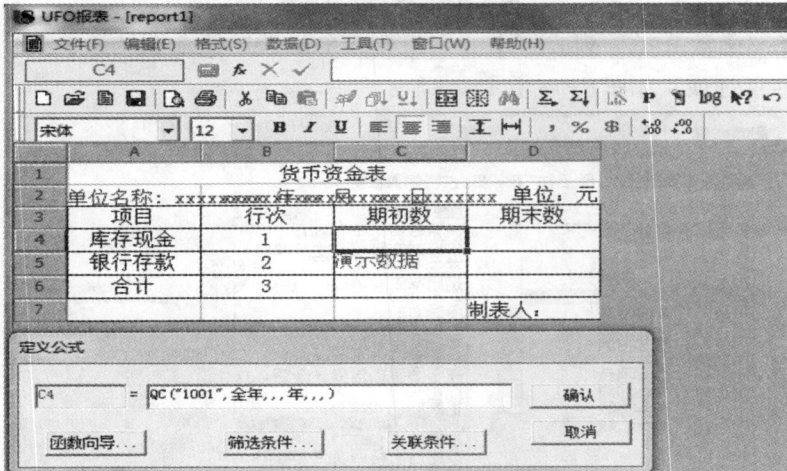

图8-15 手工输入公式

2.利用函数向导输入运算公式。

（1）选择"D4"单元格，单击【数据】|【编辑公式】|【单元公式】，系统弹出"定义公式"对话框，如图8-16所示。

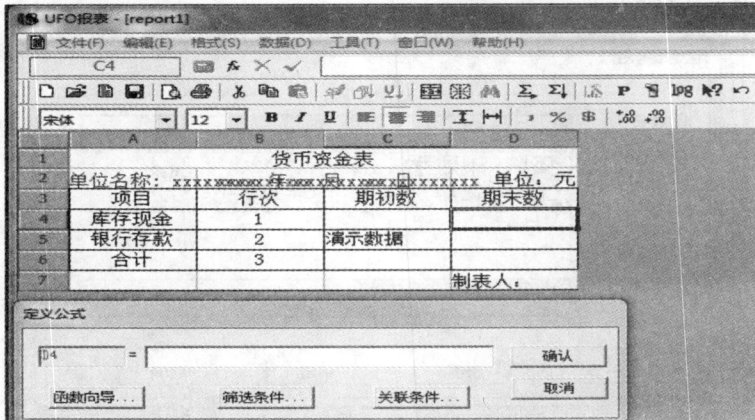

图8-16 打开定义公式（二）

（2）单击【函数向导】，系统弹出"函数向导"对话框，如图8-17所示。

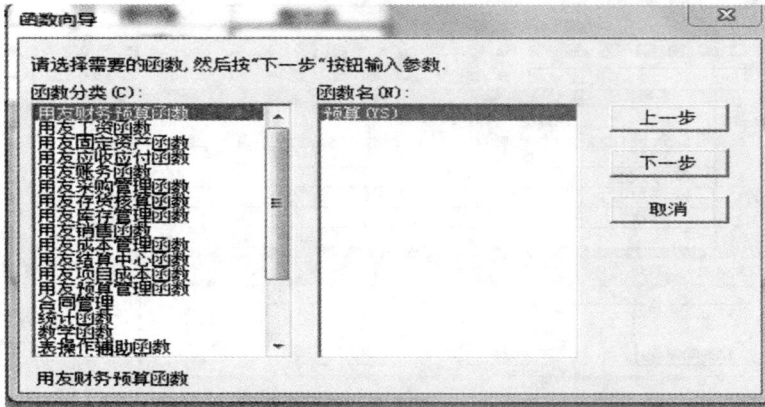

图8-17　打开函数向导

（3）选择"函数分类"列表框中的"用友账务函数"选项和"函数名"列表框中的"期末（QM）"选项，如图8-18所示。

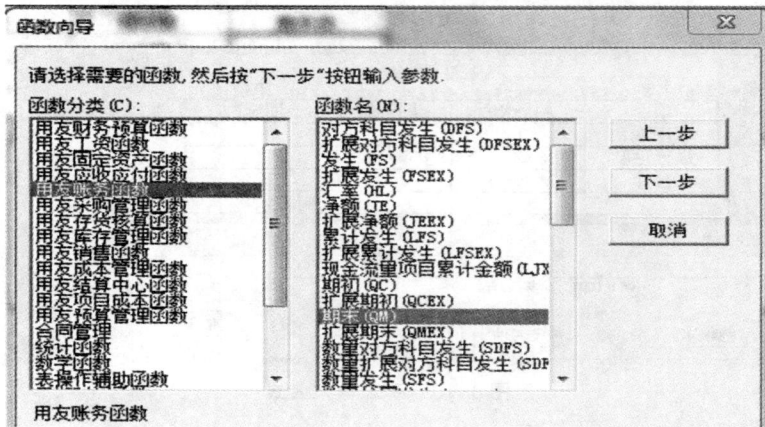

图8-18　选择函数

（4）单击【下一步】，系统弹出"用友账务函数"对话框，参照系数格式及函数名称设置函数，如图8-19所示。

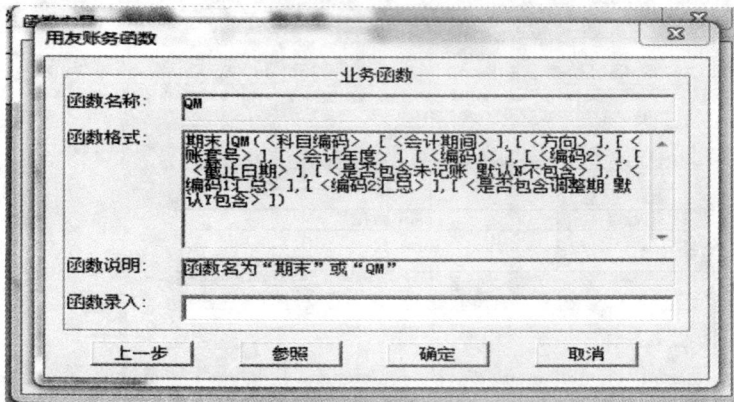

图8-19　打开用友账务函数

（5）单击【参照】，在弹出的"账务函数"对话框中选择相应的账套号和科目，如图8-20所示。

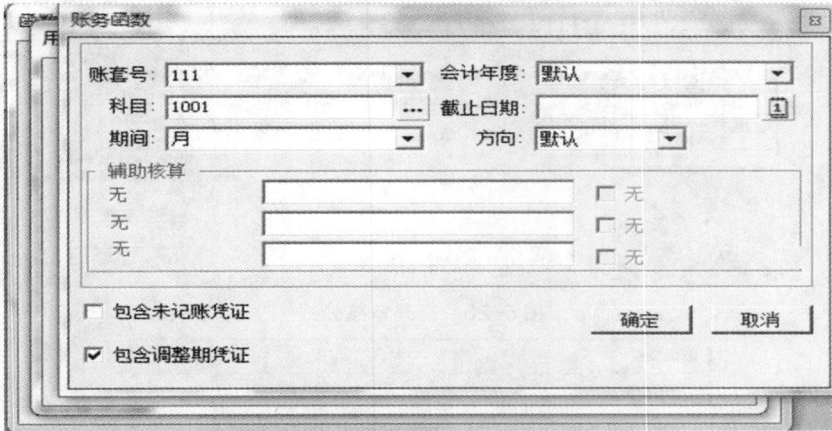

图8-20 选择账套号和科目

（6）单击【确定】，如图8-21所示；再单击【确定】，如图8-22所示。

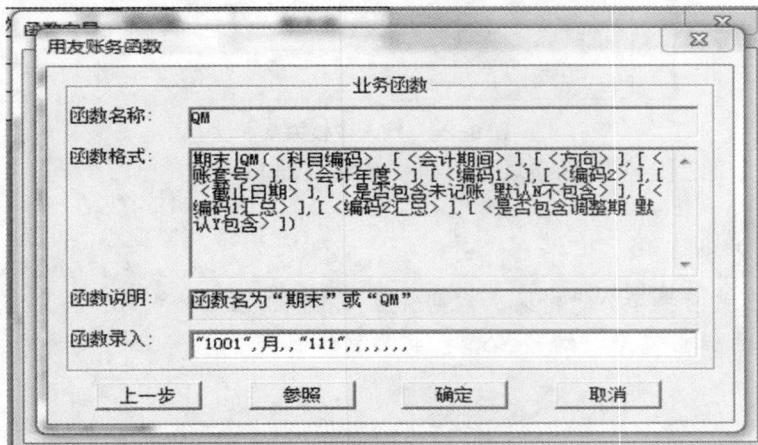

图8-21 保存函数（一）

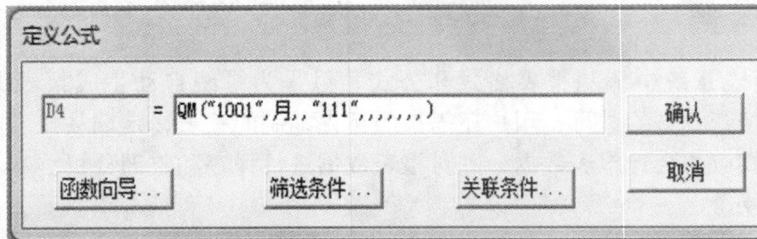

图8-22 保存函数（二）

3.定义审核公式

（1）在UFO报表对话框中，选择【数据】|【编辑公式】|【审核公式】，如图8-23所示。

（2）在弹出的"审核公式"对话框中"审核关系"列表框中输入："C16=G16"MESS"资产总计的年初数〈〉负债及所有者权益的年初数"，如图8-24所示。

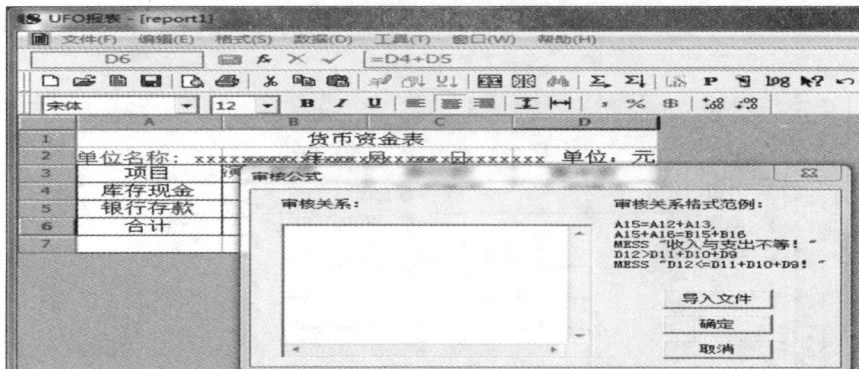

图 8-23　打开审核公式

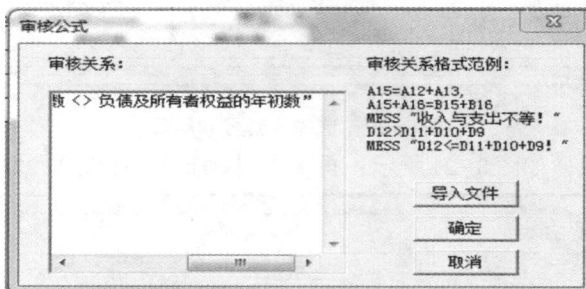

图 8-24　输入审核关系

（3）单击【确定】，便可以自动进行审核公式处理。

常见问题解析

◆录入公式后提示公式错误。常见原因：在手工录入公式时，公式的标点符号为全角状态下的标点符号。建议操作：将公式中的标点符号改为英文状态下的标点符号。

学习情境二　　　　　　　　　　**报表生成**

在 UFO 报表系统中编制报表格式和公式，只是为系统自动生成报表提供了基本条件，随着日常经营业务的进行，用户还需按照预先编制的报表，定期从账表中采集有关账簿数据，生成相应的会计报表数据，并对报表数据进行保存和整理分析。本学习情境结构图如图 8-25 所示。

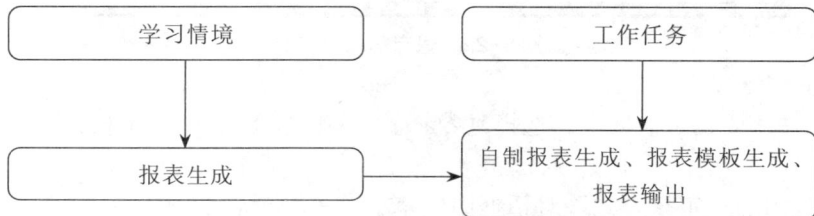

图 8-25　报表生成学习情境结构图

【任务一】　自制报表生成

一、任务描述

以账套主管陈明（001）的身份对已经设置好格式和公式的货币资金表进行取数。

二、入职知识准备

生成报表数据主要包括录入关键字和报表数据生成两个步骤。

1.录入关键字。

在格式状态下，用户设置了关键字，并对关键字的显示位置通过偏移量进行调整。关键字的内容是快速查找表页的依据，其具体值的录入必须在数据状态下进行。为方便查找表页，每张表页关键字的值最好不要完全相同，否则在查找时只能找到这些表页中的第一张。

2.报表数据生成。

当完成报表的格式设计、公式定义、录入关键字后，用户就可以计算指定账套、指定报表时间的报表数据了，这个过程被称为"整表重算"。整表重算可以在录入报表关键字后的系统提示中进行，也可以由单元公式经过整表重算生成报表数据。

三、任务内容

将货币资金表中期末数、期初数、合计的金额填入。

四、任务执行

1.单击页面左下角的【格式】，将报表状态调整为"数据"状态，如图8-26所示。

图8-26　调整报表状态

2.在UFO报表对话框中，选择【数据】|【关键字】|【录入】，弹出"录入关键字"对话框，如图8-27所示。

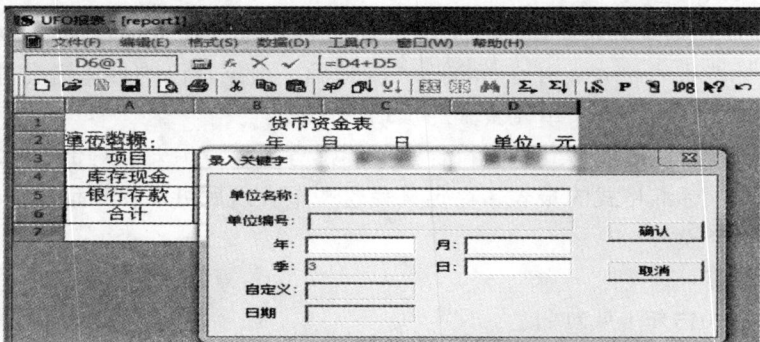

图8-27　打开关键字录入

3. 设置账表归属的单位名称、年、月、日等信息，如图8-28所示。

4. 单击【确认】，系统提示"是否重算第1页?"，如图8-29所示。

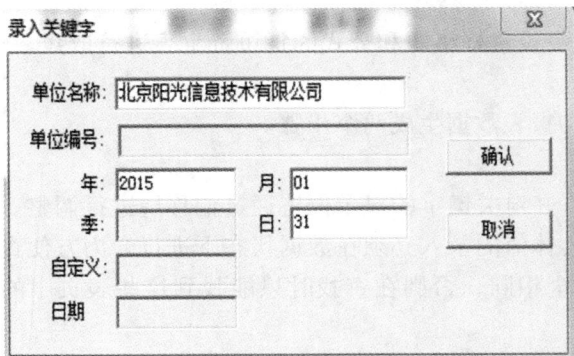

图 8-28　录入关键字

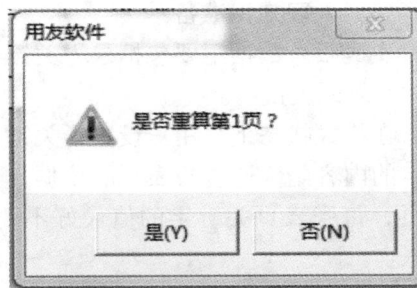

图 8-29　报表取数

5. 单击【是】，系统会自动根据单元公式计算数据；单击【否】，系统不计算数据，后期可利用"整表重算"功能生成数据。

常见问题解析

◆ 关键字位置设置错误。主要原因：操作马虎。建议操作：选择【数字】|【关键字】|【取消关键字】，进行关键字的取消操作，或选中正确的位置重新设置关键字。

◆ 关键字无法录入。常见原因：根本没有设置关键字。建议操作：将报表切换到"格式"状态（单击页面左下角的【数据】即可切换成"格式"状态），然后重新设置关键字。

◆ 把"格式"转为"数据"状态，报表仍无法生成。主要原因：没有录入关键字。建议操作：注意录入正确的关键字，尤其是时间，一定不能出错。

【任务二】 报表模板生成

一、任务描述

以账套主管陈明（001）的身份运用系统预设的报表模板生成报表。

二、入职知识准备

用友 UFO 报表系统为用户提供了16个行业的各种标准财务报表格式。各单位可以套用系统提供的标准报表格式，并在标准格式的基础上根据自己的具体情况进行局部修改，免去从头至尾建立报表、定义单元公式的烦琐工作。

利用报表模板可以迅速建立一张符合需要的财务报表。另外，对于一些本企业常用但报表模板没有提供标准格式的报表，在定义完这些报表以后可以将其定制为模板，以后使用时可以调用这个模板。

三、任务内容

登录日期为2015年1月31日。

利用报表模板和所建账套的账簿数据，生成1月份的利润表。

利用已编制好的资产负债表模板，编制资产负债表。

四、任务执行

1.在工具栏上选择【格式】|【报表模板】，系统弹出"报表模板"对话框，如图8-30所示。

2.在对话框中选择相应的行业性质和报表名称后，单击【确认】，系统提示"模板格式将覆盖本表格式！是否继续?"，如图8-31所示。

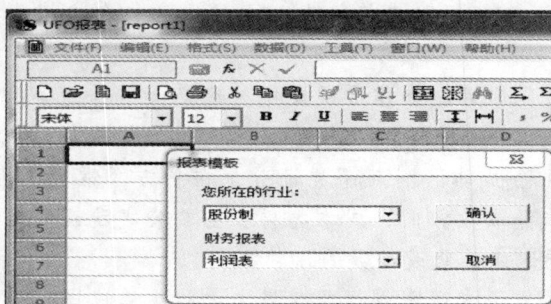

图8-30　打开报表模板　　　　图8-31　打开报表模板

3.单击【确定】，然后输入关键字后重算此表即可，如图8-32所示。

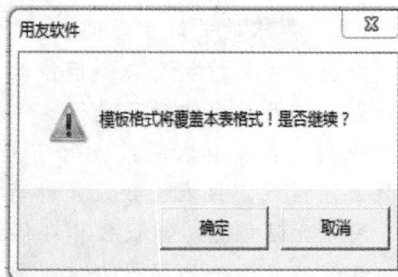

图8-32　报表取数重算

财务专家温馨提示

◆ 系统弹出报表套用报表模板以后，原有的内容包括格式和数据都会丢失。

常见问题解析

◆ 报表年初、年末数据相同。常见原因：报表时间为建立账套的时间，或是本月没有记账凭证。建议操作：将本月凭证全部记账或将报表公式勾选"包含未记账凭证"，录入月末的关键字时间。

◆ 报表为只读状态，不能修改。常见原因：操作员误操作。建议操作：把当前报表另存，打开另存的新表进行操作。

◆ 利润表没有取到数，而"主营业务成本"科目下凭证分录在贷方。常见原因：取数公式错误，报表函数设置时需要选择取数方向，成本类科目函数公式默认取借方数，所以无法取数。建议操作：修改凭证或是修改函数的取数方向。

◆ 资产负债表不平衡。常见原因是凭证未记账或损益科目未结转。建议操作：将报表与总账科目余额表对比，找出哪个科目有误，调整报表中该科目的取数公式。

◆ 会计报表不平。主要原因是报表公式错误、未结账损益等。建议操作：检查修改报表公式，如存货中应该包含生产成本科目，对比报表数据与科目余额表数据间的差异。

◆ 报表中的数据有的有千分符，有的没有。常见原因是格式错误。建议操作：在格式状态下，选中要调整的单元格，右键选择单元属性，选中数值、逗号选项即可。

【任务三】 报表输出

一、任务描述

以账套主管陈明（001）的身份对所有生成的报表进行输出、保存操作。

二、任务内容

登录日期为2015年1月31日，输出货币资金表、资产负债表、利润表。

三、任务执行

1.单击工具栏上的【保存】（软盘图标），或者选择【文件】|【保存】，系统弹出选择保存路径的对话框，如图8-33所示。

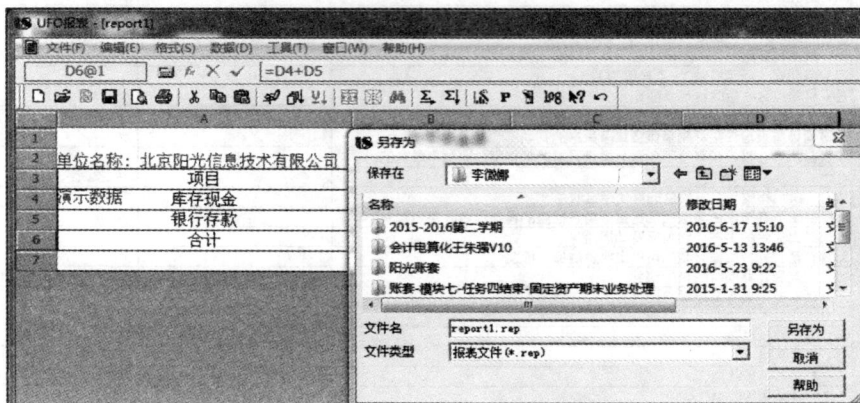

图8-33　打开报表保存路径选择

2.选择好输出路径后，修改报表的名称为"货币资金表"，如图8-34所示，然后单击【另存为】，输出成功。

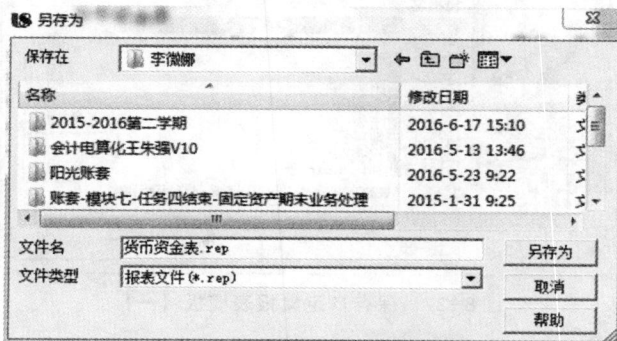

图8-34　报表保存路径选择

3.将货币资金表保存为报表模板。

（1）将报表更改为"格式"状态后，选择【格式】|【自定义模板】，打开"自定义模板"对话框，选择对应的行业名称，如图8-35、图8-36所示。

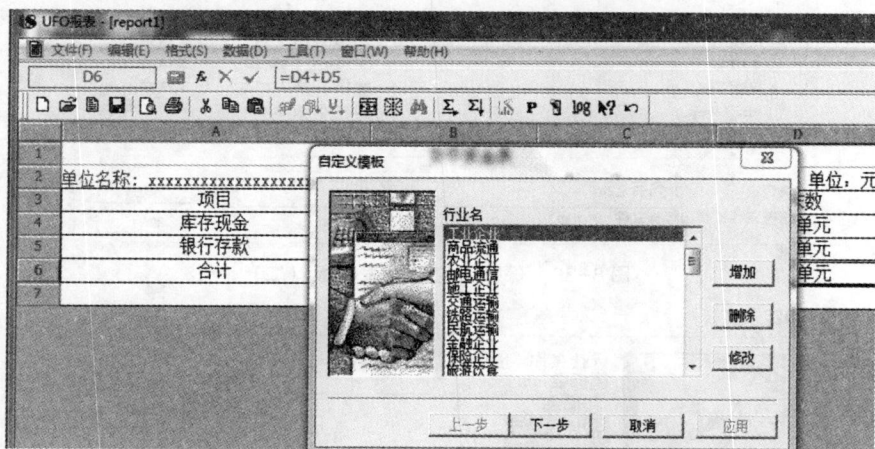

图8-35　打开自定义模板

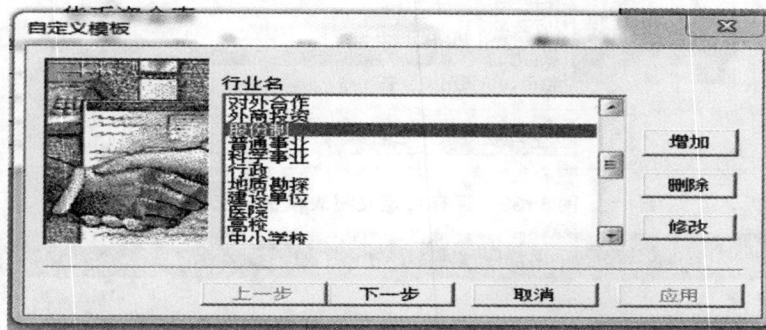

图8-36　选择自定义报表行业

（2）选中行业名称后，单击【下一步】，在行业名列表的右侧选择【增加】，打开查找模板路径的对话框，选择对应的模板文件，单击【完成】，即可将自制报表保存为报表模板，如图8-37至图8-39所示。

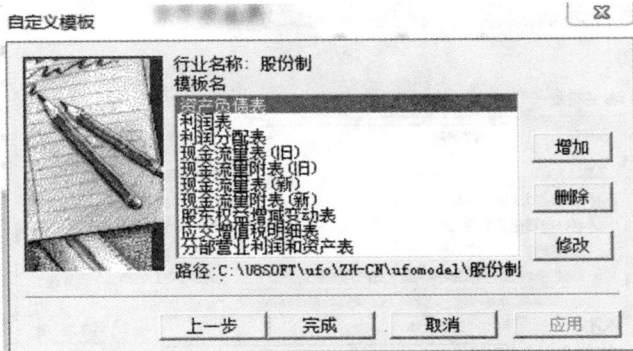

图8-37　保存自定义报表模板（一）

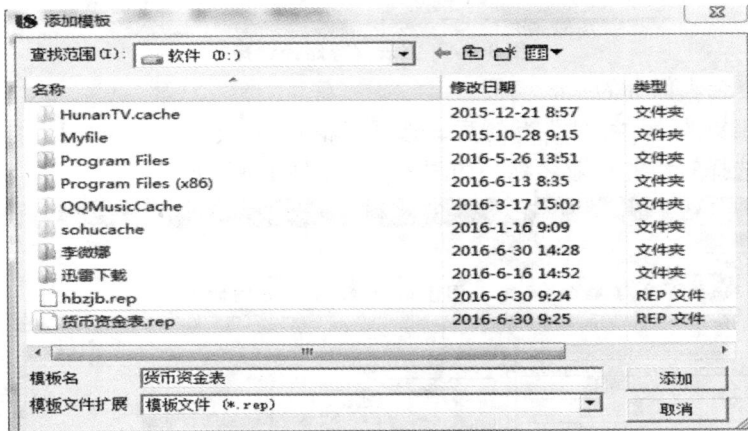

图8-38　保存自定义报表模板（二）

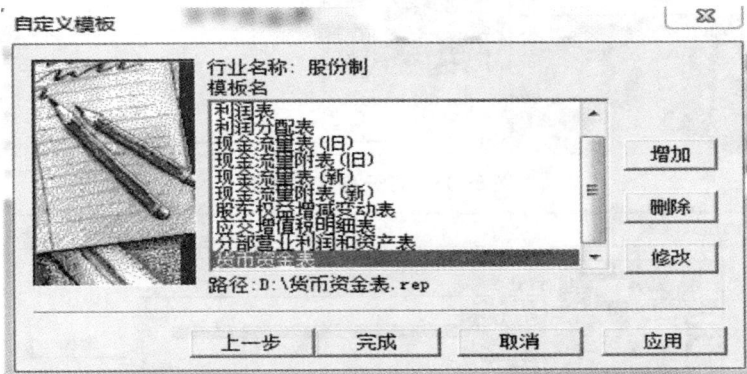

图8-39　保存自定义报表模板（三）

职业知识与能力考核

■ 入职基本知识测试题

一、判断题

1.会计报表中变动表的值和数据来源每月都不同。　　　　　　　　　　　　　　　　　　（　　）

2.报表的登账工作可由会计核算软件根据记账凭证自动完成，但会计报表数据还是必须由人工填列。

（　　）

3.表样单元是报表的格式。　　　　　　　　　　　　　　　　　　　　　（　　）

4.单元是最小的区域。　　　　　　　　　　　　　　　　　　　　　　　（　　）

5.在报表单元中的数据类型只有表样型、数值型和字符型三种。　　　　　（　　）

6.会计报表处理系统中，报表输出有屏幕显示输出和打印输出两种形式。　（　　）

7.通用会计报表处理系统可以编制用户自定义格式的报表。　　　　　　　（　　）

8.会计报表自定义过程中，可以根据需要设置适当的字形和字体。　　　　（　　）

9.会计报表处理系统中，报表删除包括删除某时期的报表和删除报表的结构两种。（　　）

10.会计报表处理系统中，如果报表审核没有通过，首先应检查审核公式是否正确。（　　）

二、单项选择题

1.下列报表中不在账务处理系统中编制和输出的是（　　　）。

A.资金日报表　　　　　　B.科目汇总表　　　　　　C.试算平衡表　　　　　　D.资产负债表

2.用友UFO报表系统在定义公式单元时属于不能默认必须输入的是（　　　）。

A.账套号　　　　　　　　B.会计年度　　　　　　　C.科目编码　　　　　　　D.科目的借贷方向

3.在用友UFO报表系统中，QM函数的含义是取（　　　）数据。

A.期初余额　　　　　　　B.期末余额　　　　　　　C.借方发生额　　　　　　D.贷方发生额

4.在用友UFO报表系统中，要想将A1：C4设置成组合单元，应选择的组合方式为（　　　）。

A.按行组合　　　　　　　B.整体组合　　　　　　　C.按列组合　　　　　　　D.取消组合

5.在用友UFO报表系统中，欲查找多张表页的C4单元的数据，可用（　　　）进行操作。

A.筛选　　　　　　　　　B.透视　　　　　　　　　C.查找　　　　　　　　　D.联查明细账

6.在用友UFO报表系统中欲查找某一时间的利润表数据，需要在（　　　）下进行查询。

A.格式状态　　　　　　　B.数据状态　　　　　　　C.打印输出　　　　　　　D.导出文件

7.下列不属于用友UFO报表系统单元类型的是（　　　）。

A.数值单元　　　　　　　B.字符单元　　　　　　　C.表样单元　　　　　　　D.日期单元

8.在用友UFO报表系统中增加表页只可以在（　　　）进行操作。

A.格式状态　　　　　　　B.数据状态　　　　　　　C.格式状态或数据状态　　D.编辑菜单

9.一个报表的不同表页的计算公式（　　　）。

A.各不相同　　　　　　　B.部分相同　　　　　　　C.完全相同　　　　　　　D.基本相同

10.在用友UFO报表系统中，不属于账务取数函数的是（　　　）。

A.QC（）　　　　　　　　B.PTOTAL（）　　　　　　C.FS（）　　　　　　　　D.LFS（）

三、多项选择题

1.下列公式中，属于UFO报表公式的有（　　　）。

A.单元公式　　　　　　　B.区域公式　　　　　　　C.审核公式　　　　　　　D.舍位平衡公式

2.在用友UFO报表系统中，下列操作中的（　　　）是在"数据"状态下进行的。

A.舍位平衡　　　　　　　B.插入表页　　　　　　　C.输入关键字　　　　　　D.整表重算

3.在用友UFO报表系统中修改（　　　）项目后系统会提示重新计算。

A.插入行、列　　　　　　B.关键字　　　　　　　　C.公式单元　　　　　　　D.显示比例

4.下列操作中的（　　　）是在"格式"状态下进行的。

A.组合单元　　　　　　　B.定义单元类型　　　　　C.关键字偏移　　　　　　D.数据透视

5.UFO报表具有的功能包括（　　　）。

A.设计报表格式　　　　　B.从总账中取数　　　　　C.文档编辑　　　　　　　D.制作动画

■ 职业能力测试题

1月31日，对项目一至项目七的【职业能力测试题】中的所有凭证记账，并在UFO报表中调用报表模板，生成本月利润表，要求保存在账套文件夹中，文件名称为：利润表。

【操作要求与提示】

1.在格式状态下将报表模板引入。

2.转换成数据状态，然后在数据中将关键字录入，并重算表页。

3.保存报表，将 report1 改为利润表，后缀 .rep 不要删除。

主要参考文献

[1] 钟爱军，徐亚文. 会计信息化应用教程［M］. 3版. 北京：科学出版社，2014.

[2] 李昕，王晓霜. 会计电算化［M］. 3版. 大连：东北财经大学出版社，2014.

[3] 翟东晖. 会计电算化应用教程——基于用友U8 V10.1版本［M］. 北京：人民邮电出版社，2015.

[4] 姜明霞，胡生夕. 会计电算化实务［M］. 大连：东北财经大学出版社，2014.

[5] 洑建红. 会计电算化实务——用友ERP-U8 V10.1［M］. 北京：人民邮电出版社，2015.

[6] 王珠强. 会计电算化——用友ERP-U8 V10.1［M］. 北京：人民邮电出版社，2015.

[7] 孙义，徐雷，陈兴霞. 会计信息化［M］. 北京：高等教育出版社，2014.